תלמוד בבלי

— מהדורת נאה —

מועד קטן חלק א

Steinsaltz Center

ירושלים

KOREN

Please note that the number ranges that appear at the bottom of each daf of the Vilna pages indicate the corresponding pages of the Koren Talmud Bavli translation and commentary.

תלמוד בבלי

הוצאת קורן ירושלים

מהדורת נאה

מסכת מועד קטן
דף ב. עד דף יג:

COMMENTARY BY

Rabbi Adin Even-Israel Steinsalt z

EDITOR-IN-CHIEF

Rabbi Dr Tzvi Hersh Weinreb

EXECUTIVE EDITOR

Rabbi Joshua Schreier

•

STEINSALTZ CENTER
KOREN PUBLISHERS JERUSALEM

מַשְׁקִין

אבֵּית הַשְּׁלָחִין בַּמּוֹעֵד •וּבַשְּׁבִיעִית, בֵּין מִמַּעְיָין שֶׁיָּצָא בַּתְּחִילָּה, בֵּין מִמַּעְיָין שֶׁלֹּא יָצָא בַּתְּחִילָּה. באֲבָל אֵין מַשְׁקִין לֹא מִמֵּי הַגְּשָׁמִים, וְלֹא מִמֵּי הַקִּילוֹן. גוְאֵין עוֹשִׂין *עוּגִיּוֹת לַגְּפָנִים. רַבִּי אֶלְעָזָר בֶּן עֲזַרְיָה אוֹמֵר: אֵין עוֹשִׂין אֶת הָאַמָּה בַּתְּחִילָּה בַּמּוֹעֵד וּבַשְּׁבִיעִית, וַחֲכָמִים אוֹמְרִים: דעוֹשִׂין אֶת הָאַמָּה בַּתְּחִילָּה בַּשְּׁבִיעִית, הוּמְתַקְּנִין אֶת הַמְקוּלְקָלוֹת בַּמּוֹעֵד. (א) וּמְתַקְּנִין אֶת קִלְקוּלֵי הַמַּיִם שֶׁבִּרְשׁוּת הָרַבִּים, וְחוֹטְטִין אוֹתָן, ווּמְתַקְּנִין אֶת הַדְּרָכִים וְאֶת הָרְחוֹבוֹת וְאֶת (ב) מִקְווֹת הַמַּיִם, וְעוֹשִׂין כׇּל צׇרְכֵי הָרַבִּים, זוּמְצַיְּינִין אֶת הַקְּבָרוֹת, חוְיוֹצְאִין אַף עַל הַכִּלְאַיִם.§ **גמ'** הַשְׁתָּא יֵשׁ לוֹמַר מִמַּעְיָין שֶׁיָּצָא בַּתְּחִילָּה, דְּאָתֵי לְאִינְפּוֹלֵי – מַשְׁקִין, מִמַּעְיָין שֶׁלֹּא יָצָא בַּתְּחִילָּה, דְּלָא אָתֵי לְאִינְפּוֹלֵי, מִיבַּעְיָא? אָמְרִי: אִצְטְרִיךְ; אִי תְּנָא מַעְיָין שֶׁיָּצָא בַּתְּחִילָּה – הֲוָה אָמֵינָא: הָכָא הוּא דְּבֵית הַשְּׁלָחִין – אִין, בֵּית הַבַּעַל – לָא, מִשּׁוּם דְּאָתֵי לְאִינְפּוֹלֵי. אֲבָל מַעְיָין שֶׁלֹּא יָצָא בַּתְּחִילָּה, דְּלָא אָתֵי לְאִינְפּוֹלֵי, אֵימָא אֲפִילּוּ בֵּית הַבַּעַל נָמֵי, קָא מַשְׁמַע לַן: לָא שְׁנָא מַעְיָין שֶׁיָּצָא בַּתְּחִילָּה, וְלָא שְׁנָא מַעְיָין שֶׁלֹּא יָצָא בַּתְּחִילָּה, בֵּית הַשְּׁלָחִין – אִין, בֵּית הַבַּעַל – לָא. וּמַאי מַשְׁמַע דְּהַאי בֵּית הַשְּׁלָחִין לִישָּׁנָא דִּצְחוּתָא הִיא – דִּכְתִיב *°"וְאַתָּה עָיֵף וְיָגֵעַ" וּמְתַרְגְּמִינַן: וְאַתְּ מְשַׁלְהֵי וְלָאֵי. וּמַאי מַשְׁמַע דְּהַאי בֵּית הַבַּעַל לִישָּׁנָא דְּמִיתַּבְתָּא הִיא – דִּכְתִיב: °"כִּי יִבְעַל בָּחוּר בְּתוּלָה", וּמְתַרְגְּמִינַן: אֲרֵי כְּמָה דְמִיתּוֹתַב עוּלֵים עִם בְּתוּלְתָּא יִתְיַיתְּבוּן בְּגַוִּיךְ בְּנָיִיךְ. מַאן תְּנָא טדִּפְסֵידָא – אִין, הַרְוָוחָה – לָא, יוַאֲפִילּוּ בִּמְקוֹם פְּסֵידָא מִיטְרַח נָמֵי לָא טָרְחִינַן? אָמַר רַב הוּנָא: ר' אֱלִיעֶזֶר בֶּן יַעֲקֹב הִיא. דִּתְנַן, *"רַבִּי אֱלִיעֶזֶר בֶּן יַעֲקֹב אוֹמֵר: מוֹשְׁכִין אֶת הַמַּיִם מֵאִילָן לְאִילָן, וּבִלְבַד שֶׁלֹּא יַשְׁקֶה אֶת הַשָּׂדֶה כּוּלָּהּ. אֵימוֹר דִּשְׁמַעְתְּ לֵיהּ לְרַבִּי אֱלִיעֶזֶר הַרְוָוחָה דְּלָא, טִירְחָא בִּמְקוֹם פְּסֵידָא מִי שְׁמַעְתְּ לֵיהּ? אֶלָּא אָמַר רַב פָּפָּא: הָא מַנִּי – רַבִּי יְהוּדָה הִיא, דְּתַנְיָא: *"מַעְיָין הַיּוֹצֵא בַּתְּחִילָּה מַשְׁקִין מִמֶּנּוּ אֲפִילּוּ שְׂדֵה בֵּית הַבַּעַל, דִּבְרֵי רַבִּי מֵאִיר. רַבִּי יְהוּדָה אוֹמֵר: כאֵין מַשְׁקִין אֶלָּא שְׂדֵה בֵּית הַשְּׁלָחִין שֶׁחָרְבָה. רַבִּי אֶלְעָזָר בֶּן עֲזַרְיָה אוֹמֵר: לֹא כָּךְ וְלֹא כָּךְ. יָתֵר עַל כֵּן אָמַר רַבִּי יְהוּדָה: לֹא יְפַנֶּה אָדָם אַמַּת הַמַּיִם וְיַשְׁקֶה לְגִינָּתוֹ וּלְחוּרְבָּתוֹ בְּחוּלּוֹ שֶׁל מוֹעֵד. מַאי חֲרֵבָה? אִילֵּימָא חֲרֵבָה מַמָּשׁ – לָמָּה לִי דְּמַשְׁקֵי לָהּ? (ג) אָמַר אַבָּיֵי: שֶׁחָרְבָה מִמַּעְיָין זֶה, וְיָצָא לָהּ מַעְיָין אַחֵר. רַבִּי אֶלְעָזָר בֶּן עֲזַרְיָה אוֹמֵר לֹא כָּךְ וְלֹא כָּךְ. לָא שְׁנָא חָרַב מַעְיָינָהּ וְלָא שְׁנָא לָא חָרַב מַעְיָינָהּ, מַעְיָין שֶׁיָּצָא בַּתְּחִילָּה – לָא. וּמַאי? דִּלְמָא עַד כָּאן לָא קָאָמַר רַבִּי יְהוּדָה בֵּית הַשְּׁלָחִין אִין, בֵּית הַבַּעַל לָא – אֶלָּא מַעְיָין שֶׁיָּצָא בַּתְּחִילָּה, דִּלְמָא

רש"י

מַשְׁקִין בֵּית הַשְּׁלָחִין בַּמּוֹעֵד. שָׂדֶה שֶׁהִיא עוֹמֶדֶת בְּצָמָא, וְצָרִיךְ לְהַשְׁקוֹתָהּ תָּמִיד – מַשְׁקִין אוֹתָהּ, אֲפִילּוּ בְּחוּלּוֹ שֶׁל מוֹעֵד. לְפִי שֶׁהוּא לוֹ הֶפְסֵד גָּדוֹל אִם אֵינוֹ מַשְׁקֶה אוֹתָהּ. וְדָבָר שֶׁל הֶפְסֵד הִתִּירוּ חֲכָמִים לִטְרוֹחַ בּוֹ בְּחוּלּוֹ שֶׁל מוֹעֵד, כְּמוֹ שֶׁשָּׁנוּ מוּלְחָן בְּמַסֶּכֶת חֲגִיגָה (דף יח.), דִּכְתִיב (דברים טז): תּוֹרָה אוֹר "שֵׁשֶׁת יָמִים תֹּאכַל מַצּוֹת וּבַיּוֹם הַשְּׁבִיעִי עֲצֶרֶת לַה' אֱלֹהֶיךָ" מָה שְׁבִיעִי עָצוּר בַּעֲשִׂיַּית מְלָאכָה – אַף שִׁשָּׁה עֲצוּרִים בַּעֲשִׂיַּית מְלָאכָה. אִי מָה שְׁבִיעִי עָצוּר בְּכׇל מְלָאכָה – אַף שִׁשָּׁה עֲצוּרִין בְּכׇל מְלָאכָה? תַּלְמוּד לוֹמַר: "הַשְּׁבִיעִי" שְׁבִיעִי – עָצוּר בְּכׇל מְלָאכָה, וְאֵין שִׁשָּׁה עֲצוּרִין בְּכׇל מְלָאכָה. הָא לֹא מָסְרָן הַכָּתוּב אֶלָּא לַחֲכָמִים, לוֹמַר לְךָ אֵיזוֹ מְלָאכָה אֲסוּרָה בְּחוּלוֹ שֶׁל מוֹעֵד וְאֵי זוֹ מוּתֶּרֶת. וּמְלָאכָה שֶׁיֵּשׁ בָּהּ הֶפְסֵד אִם אֵינוֹ עוֹשֶׂה אוֹתָהּ, כְּגוֹן לְהַשְׁקוֹת בֵּית הַשְּׁלָחִין – הִתִּירוּ חֲכָמִים: וּבַשְּׁבִיעִית. מְפָרֵשׁ בַּגְּמָרָא: מִמַּעְיָין שֶׁיָּצָא בַּתְּחִילָּה. דְּעַכְשָׁיו מַתְחִיל לִנְבּוֹעַ, שֶׁעֲדַיִין לֹא הֶחֱזִיקָה דַּרְכָּהּ: בֵּין מִמַּעְיָין שֶׁלֹּא יָצָא בַּתְּחִילָּה. אֶלָּא מַעְיָין נוֹבֵעַ מִזְּמַן מְרוּבֶּה: אֲבָל לֹא מִמֵּי גְּשָׁמִים. מִשּׁוּם דְּאִית בֵּיהּ טִירְחָא יְתֵירָא, כִּדְמְפָרֵשׁ בַּגְּמָרָא: **גמ'** דְּאָתֵי לְאִינְפּוֹלֵי. הַקַּרְקַע שֶׁסְּבִיבָהּ, דַּעֲדַיִין לֹא הֶחֱזִיקָה דַּרְכָּהּ: מַשְׁקִין. בְּחוּלּוֹ שֶׁל מוֹעֵד, וְלָא חָיְישִׁינַן דִּלְמָא נָפֵיל, וְאָזֵיל וְטָרַח טִירְחָא יְתֵירָא: מַעְיָין שֶׁלֹּא יָצָא בַּתְּחִילָּה. שֶׁכְּבָר הֶחֱזִיק דַּרְכּוֹ: מִיבַּעְיָא. דְּמַשְׁקֶה מִמֶּנּוּ בְּחוּלּוֹ שֶׁל מוֹעֵד: בֵּית הַבַּעַל. שָׂדֶה הִיא בָּעֵמֶק, וְאֵינוֹ צָרִיךְ לְהַשְׁקוֹתָהּ, וְאֵין בָּהּ הֶפְסֵד אִם אֵין מַשְׁקֶה אוֹתָהּ: קָא מַשְׁמַע לַן. מַתְנִיתִין, דְּקָתָנֵי: בֵּין מַעְיָין שֶׁלֹּא יָצָא בַּתְּחִילָּה: בֵּית הַשְּׁלָחִין אִין בֵּית הַבַּעַל. אֲפִילּוּ מִמַּעְיָין שֶׁלֹּא יָצָא בַּתְּחִילָּה – לָא: (*מְשַׁלְהֵי). וְהַ"א מִתְחַלֵּף בְּחֵי"ת: מַאן תְּנָא. דְּמַתְנִי', דִּפְסֵידָא שָׁרֵי לְמִיטְרַח בֵּהּ בְּחוֹה"מ, כְּגוֹן בֵּית הַשְּׁלָחִין: הַרְוָוחָה לָא. כְּגוֹן דְּבֵית הַבַּעַל, דְּאָסוּר לְהַשְׁקוֹתָהּ מֵאַחַר שֶׁאֵין בָּהּ הֶפְסֵד, שֶׁאֵין צָרִיךְ לְהַשְׁקוֹתָהּ אֶלָּא לְהַרְוָוחָה דְּמִילְּתָא, לְשַׁוּוֹיֵיהּ אַפְלֵי חֲרָפֵי: אֲפִילּוּ בִּמְקוֹם פְּסֵידָא מִיטְרַח לָא טָרְחִינַן. דְּקָתָנֵי מַתְנִיתִין: אֲבָל לֹא מִמֵּי גְּשָׁמִים כו' – מִשּׁוּם דְּאִית בֵּיהּ טִירְחָא: מוֹשְׁכִין הַמַּיִם מֵאִילָן לְאִילָן. בְּחוּלּוֹ שֶׁל מוֹעֵד, אִם יֵשׁ מַיִם תַּחַת אִילָן אֶחָד – עוֹשִׂין דֶּרֶךְ קָטָן מֵאִילָן לְאִילָן, כְּדֵי שֶׁיִּמָּשְׁכוּ הַמַּיִם מֵאִילָן זֶה לְאִילָן אַחֵר: (דְּלֹא יַשְׁקֶה אֶת הַשָּׂדֶה כּוּלָּהּ). דְּבֵית הַבַּעַל קָמַיְירֵי, דְּהַרְוָוחָה הִיא, אַלְמָא: דְּהַרְוָוחָה דְמִילְּתָא אָסַר ר' אֱלִיעֶזֶר: אִילֵּימָא חֲרֵבָה מַמָּשׁ. שֶׁנַּעֲשָׂה בּוּר, לָמָּה לִי לְמַשְׁקָה לְהָכִי? דְּהָא אֵין לָהּ תַּקָּנָה לְעוֹלָם: שֶׁחָרְבָה מִמַּעְיָין זֶה וְיָצָא לָהּ מַעְיָין אַחֵר. שֶׁחָרַב מַעְיָינָהּ שֶׁרְגִילָה לִשְׁתּוֹת מִמֶּנּוּ, דְּכֵיוָן שֶׁרְגִילָה לִשְׁתּוֹת, אִי לָא מַשְׁקֶה לָהּ עַכְשָׁיו – אִית לֵיהּ פְּסֵידָא יְתֵירָא. אֲפִילּוּ הָכִי לָא שָׁרֵי ר' יְהוּדָה אֶלָּא מִמַּעְיָין שֶׁיָּצָא לָהּ, דְּלָאו טִירְחָא הוּא – אֲבָל מֵי גְשָׁמִים וּמֵי קִילוֹן, דְּטִירְחָא הוּא – לָא שָׁרֵי אֲפִילּוּ לְבֵית הַשְּׁלָחִין, וְעוֹד: חֲזִינַן דְּקָאָמַר רַבִּי יְהוּדָה לֹא יְפַנֶּה (ה) מַיִם כו' אַלְמָא: דְּלָא שָׁרֵי ר' יְהוּדָה, טִירְחָא יְתֵירָא. אַלְמָא מַתְנִי' ר' יְהוּדָה הִיא, דְּהָא רַאבַ"ע לָ"ש חָרַב מַעְיָינָהּ מִמַּעְיָין שֶׁיָּצָא לָהּ בַּתְּחִילָּה, וְלָ"ש לֹא חָרַב – פַּרְוִויהוּ אָסַר: דִּלְמָא

תוספות

משקין בית השלחין. שדה שהיא מסתפקת במי גשמים וצריך להשקותה תמיד, ואם אין משקין אותה תדיר – נפסדת. והלכך משקין אותה בחוה"מ, ומשום פסידא שרו ליה רבנן. כדאמרינן בפ' "אין דורשין" (חגיגה דף יח. ושם), תניא אידך: "ששת ימים תאכל מצות וביום השביעי עצרת לה' אלהיך" מה שביעי עצור – אף ששה עצורים, אי מה שביעי עצור מכל מלאכה – אף כל ששה עצורים מכל מלאכה? תלמוד לומר: השביעי, ה"א יתירה, השביעי עצור מכל מלאכה ואין הששה עצורים מכל מלאכה. הא לא מסרן הכתוב אלא לחכמים, ללמדך איזה יום אסור ואיזה יום מותר, איזו מלאכה אסורה ואיזו מלאכה מותרת:

וחוטטין אותה. שאם נתמלאה הבור – מותר לחטט להעמיקו, שהעפר תיחות, אבל לחופרה בתחילה, שהקרקע קשה – לא, משום דאיכא טירחא יתירה:

ומציינין דליכא טירחא: **ויוצאין** על הכלאים. מצוה הוא לצאת, כדאמרינן בגמ'. ולא דמי להני אחריני דקתני ומתקנין, דהאי חובה הוא, כדמוכח בגמרא:

עיף ויגע. לאה, למים כדכתיב *"הרויתי נפש עיפה" (ירמיה לא):

מאן תנא פסידא אין. משום דלאשכחן לקמן דרבי מאיר פליג עלה דמתני', והאי סתם מתניתין לא אתיא אליביה כשאר סתמי, משום הכי קבעי התלמוד: מאן תנא?

מושכין אמת המים כו'. שאם יש שם מים תחת אילן זה – יכול למושכם במועד תחת אילן אחר, משום דאילן כבית השלחין דמי, וצריכין למים טפי, והא דתנא מושכין ולא תנא משקין – אורחא דמילתא קתני, דבענין זה רגילין להשקות אילנות: **יתר** על כן אמר רבי יהודה. עוד היה מחמיר יותר, אפילו בבית השלחין קא אסר להפנות משום דהוי טירחא יתירה:

לגינתו ולחורבתו. של בית השלחין. גינה – מקום זרעים, וחורבה – מקום שחרבו אילנותיו, וחרשו וזרעו ונטעו. ושמא הוא צריך למים יותר, ולא זו אף זו קתני. אי נמי: חרב ביתו ועשאו גינה, וצריכה מים תדיר יותר משאר בית השלחין, ומשום דאיכא טירחא יתירה – לא:

א א מיי' פ"ז מהלכות יו"ט הלכה ב ופ"א מהלכות שמיטה הלכה ח סמג לאוין עה ועשין לכבגן ב טוש"ע או"ח סי' תקלז סעיף א:
ב ב מיי' פ"ח מהלכות יו"ט שם טוש"ע שם סעיף ב:
ג ג מיי' פ"ח מהלכות י"ט הלכה ג טוש"ע שם סעיף ה:
ד ד מיי' פ"א מהלכות שמטה הלכה ט:
ה ה מיי' פ"ח מהלכות יו"ט הלכה ג טוש"ע שם סעיף ו:
ו ו מיי' שם פ"ח הלכה י טוש"ע שם סי' תקמד סעיף ב:
ז ז מיי' שם טוש"ע שם סעיף א:
ח ח מיי' פ"ז מהלכות י"ט הלכה יח:
ט ט מיי' שם הלכה ב טוש"ע שם סי' תקלז סעיף א ב:
י י מיי' שם טוש"ע שם סעיף א ב:

[והגוסחא הישנה ונפש עיפה למים לא נמצא בתנ"ך עיין תוי"ט]

רבינו חננאל

משקין בית השלחין במועד ובשביעי' בין ממעין שיצא בתחלה ובין ממעין כו' ומקשינן השתא יש לומר מעין שיצא בתחלה דחיישינן דלמא אתי לאינפולי ובני ליה אמרת משקין מעין שכבר יצא וניתקן ועמד מיבעיא. ופרקינן איצטריך לאשמעינן דאפ' מעין ישן דליכא חששא דלמא נפיל ובני ליה אין משקין אלא בית השלחין שהן נטועין וצמאין למים מלשון שלהי כדמתרגמי' והוא עיף ומשלהי. אבל בית הבעל שכבר גדל והשריש שרשים בקרקע כמו בעל שבאשתו כדכתיב והולידה והצמיחה. בין ממעין שיצא בתחלה ובין ממעין שלא יצא בתחלה אין משקין שדה בית הבעל. ואמרינן מאן תנא דחייש לפסידא דבית השלחין כדי שלא יפסידו וייבשו והתיר להשקותם ואפ' הכי לא התיר אלא דבר שאין בו טורח. אבל להשקות ממי גשמים וכיוצא בהן שיש טורח בהן לא התיר. אמר רב הונא ר' אליעזר בן יעקב היא דתנא ר' אליעזר בן יעקב אומר מושכין מים מאילן לאילן אבל לא ישקה את כל השדה ודחינן אימור דשמעת לר' אליעזר דלא שרי הרווחה מדקתני לא ישקה את כל השדה אבל שלא להטריח במקום שיש פסידא מי שמעת ליה. ובא רב פפא ואוקמה לר' יהודה דתני אין משקין מעין היוצא בתחלה אלא שדה בית השלחין שחרבה. ומקשינן אי חרבה למה לי השקאה אמר אביי מאי חרבה דקתני חרב מעיינה ויצא לה מעין אחר בתחלה וסבר ר' יהודה ל"ש מעין שיצא בתחלה ולא שנא מעין שלא יצא בתחלה אין משקין אלא בית השלחין. והא דקתני מעין שיצא בתחלה אידי דאמר ר' מאיר מעין שיצא בתחלה משקין ממנו אפי' שדה

[עי' פרש"י לקמן ד: ד"ה עוגיות]
[נ"ל משלהי]
[גי' הערוך בערך שלה ה דכתיב והוא עיף (בראשית כה) תרגומו והוא משלהי]
לקמן ו:
(דברים כה)
(ישעיה סב)
[לקמן ו.]

גליון הש"ס

מתני' ובשביעית בין ממעיין. עיין לקמן דף ו ע"ב תוס' ד"ה מרביצין:

הגהות הב"ח

(א) מתני' ומתקנין את קלקולי המים. נ"ב עי' פרש"י בקף ה ע"ה: (ב) שם ואת מקוואות המים ועושין: (ג) גמ' דמשקי לה ואמר אביי שחרבה כו' לא חרב מעיינה ממעיין שיצא בתחלה: (ד) רש"י ד"ה שלא ישקה: (ה) ד"ה שחרבה כו' דקאמר' לא יפנה אדם אמת המים כו' אלמא וכו' ל"ש חרב מעיינה ול"ש לא חרב מרווייהו אסר ממעיין שיצא לה בתחלה כצ"ל והס"ד:

יא א מיי' פ"ח מהלכות שבת הלכה ב:
יב ב מיי' שם הלכה ד:
יג ג מיי' פ"א מהלכות כלאים הלכה ב סמג לאוין רעט טוש"ע י"ד סי' רלז סעיף א:
יד ד מיי' פ"ט מהלכות שמטה הלכה ב סמג לאוין ער וסמג עשין קמט:

דִּלְמָא אָתֵי לְאִינְפּוּלֵי. אֲבָל מַעְיָן שֶׁלֹּא יָצָא בַּתְּחִילָּה, דְּלָא אָתֵי לְאִינְפּוּלֵי – אֲפִילּוּ בֵּית הַבַּעַל נַמִּי. אִם כֵּן מַתְנִיתִין אַמַּאן תַּרְמְיָהּ? אֶלָּא: לְרַבִּי יְהוּדָה לָא שְׁנָא מַעְיָן שֶׁיָּצָא בַּתְּחִילָּה וְלָא שְׁנָא מַעְיָן שֶׁלֹּא יָצָא בַּתְּחִילָּה, בֵּית הַשְּׁלָחִין – אִין, בֵּית הַבַּעַל – לָא. וְהַאי דְּקָתָנֵי מַעְיָן שֶׁיָּצָא בַּתְּחִילָּה – לְהוֹדִיעֲךָ כֹּחוֹ דְּר' מֵאִיר, דַּאֲפִילּוּ מַעְיָן הַיּוֹצֵא בַּתְּחִילָּה מַשְׁקִין מִמֶּנּוּ אֲפִילּוּ שְׂדֵה הַבַּעַל. אִתְּמַר, הַמְנַכֵּשׁ וְהַמַּשְׁקֶה מַיִם לִזְרָעִים בְּשַׁבָּת, מִשּׁוּם מַאי מַתְרִינַן בֵּיהּ? רַבָּה אָמַר: מִשּׁוּם חוֹרֵשׁ, רַב יוֹסֵף אָמַר: [א]מִשּׁוּם זוֹרֵעַ. אָמַר רַבָּה: כְּוָותִי דִּידִי מִסְתַּבְּרָא, מַה דַּרְכּוֹ שֶׁל חוֹרֵשׁ – לְרַפּוּיֵי אַרְעָא, הַאי נַמִּי מְרַפּוּיֵי אַרְעָא. אָמַר רַב יוֹסֵף: כְּוָותִי דִּידִי מִסְתַּבְּרָא, מַה דַּרְכּוֹ שֶׁל זוֹרֵעַ – לְצַמּוּחֵי פֵּירָא, הָכָא נַמִּי מְצַמַּח פֵּירָא. אֲמַר לֵיהּ אַבַּיֵי לְרַבָּה: לְדִידָךְ קַשְׁיָא, וּלְרַב יוֹסֵף קַשְׁיָא. לְדִידָךְ קַשְׁיָא: מִשּׁוּם חוֹרֵשׁ אִין, מִשּׁוּם זוֹרֵעַ לֹא? לְרַב יוֹסֵף קַשְׁיָא: מִשּׁוּם זוֹרֵעַ אִין, מִשּׁוּם חוֹרֵשׁ לֹא? וְכִי תֵּימָא כָּל הֵיכָא דְּאִיכָּא תַּרְתֵּי לָא מִיחַיַּיב אֶלָּא חֲדָא, וְהָאָמַר רַב כַּהֲנָא: *[ב]זוֹמֵר וְצָרִיךְ לָעֵצִים – חַיָּיב שְׁתַּיִם, אַחַת מִשּׁוּם נוֹטֵעַ וְאַחַת מִשּׁוּם קוֹצֵר. קַשְׁיָא. אִיתִיבֵיהּ רַב יוֹסֵף לְרַבָּה: *[ג]הַמְנַכֵּשׁ וְהַמְחַפֶּה לְכִלְאַיִם – לוֹקֶה, רַבִּי עֲקִיבָא אוֹמֵר: אַף *הַמְקַיֵּים. בִּשְׁלָמָא לְדִידִי דְּאָמֵינָא מִשּׁוּם זוֹרֵעַ – הַיְינוּ דַּאֲסִירָא זְרִיעָה בְּכִלְאַיִם, אֶלָּא לְדִידָךְ דְּאָמְרַתְּ מִשּׁוּם חוֹרֵשׁ – חֲרִישָׁה בְּכִלְאַיִם מִי אֲסִירָא? אֲמַר לֵיהּ: מִשּׁוּם מְקַיֵּים. וְהָא מִדְּקָתָנֵי סֵיפָא: ר"ע אוֹמֵר אַף הַמְקַיֵּים, מִכְּלָל דְּתַנָּא קַמָּא לָאו מִשּׁוּם מְקַיֵּים הוּא! כּוּלָּהּ ר' עֲקִיבָא הִיא, וּמַאי טַעַם קָאָמַר; מַאי טַעַם הַמְנַכֵּשׁ וְהַמְחַפֶּה בְּכִלְאַיִם לוֹקֶה – מִשּׁוּם מְקַיֵּים, שֶׁר"ע אוֹמֵר אַף הַמְקַיֵּים. מַאי טַעְמָא דְּר' עֲקִיבָא – דְּתַנְיָא: °"שָׂדְךָ (ויקרא יט) לֹא תִזְרַע כִּלְאָיִם" אֵין לִי אֶלָּא זוֹרֵעַ, מְקַיֵּים מִנַּיִין? תַּלְמוּד לוֹמַר "כִּלְאַיִם שָׂדְךָ לֹא". תְּנַן: מַשְׁקִין בֵּית הַשְּׁלָחִין בַּמּוֹעֵד וּבַשְּׁבִיעִית. בִּשְׁלָמָא מוֹעֵד מִשּׁוּם טִירְחָא הוּא, וּבִמְקוֹם פְּסֵידָא שָׁרוּ רַבָּנַן. אֶלָּא שְׁבִיעִית, בֵּין לְמַאן דְּאָמַר מִשּׁוּם זוֹרֵעַ, וּבֵין לְמַאן דְּאָמַר מִשּׁוּם חוֹרֵשׁ – זְרִיעָה וַחֲרִישָׁה בַּשְּׁבִיעִית מִי שָׁרֵי?! אָמַר אַבַּיֵי: בַּשְּׁבִיעִית בַּזְּמַן הַזֶּה, וְרַבִּי הִיא. דְּתַנְיָא, *רַבִּי אוֹמֵר: °"וְזֶה דְּבַר (דברים טו) הַשְּׁמִטָּה שָׁמוֹט" – [ד]בִּשְׁתֵּי שְׁמִיטּוֹת הַכָּתוּב מְדַבֵּר, אַחַת שְׁמִיטַּת קַרְקַע וְאַחַת שְׁמִיטַּת כְּסָפִים. בִּזְמַן שֶׁאַתָּה מְשַׁמֵּט קַרְקַע – אַתָּה מְשַׁמֵּט כְּסָפִים, וּבִזְמַן שֶׁאִי אַתָּה מְשַׁמֵּט קַרְקַע – אִי אַתָּה מְשַׁמֵּט כְּסָפִים. רָבָא אָמַר: אֲפִילּוּ תֵּימָא רַבָּנַן, אָבוֹת אֲסַר רַחֲמָנָא,

תוֹלָדוֹת

אם כן אמאן תרמייה. ואם נפשך לומר: ממאי דרמינן אליבא דר' יהודה יותר מר"א? כמו דאקשינן לעיל לר"א – הכי נמי פרכינן אליבא דרבי יהודה, ומאי אלימא להש"ס מילתא דרבי יהודה דמוכח מיניה דמתניתין אתיא אליביה, יותר מדרבי אליעזר? איכא למימר: משום דבתרתי מילי אשכחן בהדיא במילתיה דר"י כמו במתניתין, דפסידא – אין, הרווחה – לא, ובמקום פסידא נמי מיטרח לא טרח. אבל לר"א ליכא לאוכוחי ממילתיה אלא חד מילתא כדלעיל, דהרווחה אסיר. הלכך ניחא ליה לאוקמי כר' יהודה, ולא כרבי אליעזר: **כחו** דר' מאיר דמיקל. ואם תאמר: וליתני שלא יצאו בתחילה – להודיעך כחו דר' יהודה דמחמיר! (א)כח דהתירא עדיף:

משום מאי מתרינן. דאין אדם לוקה ולא נהרג אלא בהתראה, שמתרינן בו: לא תעשה הך איסורא, כדמפקינן בסנהדרין (דף מא.) מקרא, דצריך לפרש שם האיסור בהדיא: **קא** מרפויי ארעא. דבתר עיקר המלאכה אזלינן, ודומה לחורש. ורב יוסף, אע"ג דעיקר מלאכה דומה לחורש – מחשבת הנפש לאו לרפויי ארעא. ובהכי פליגי: דרבה סבר לבתר המעשה מדמינן לה, ולא אחר המחשבה. ורב יוסף סבר: בתר מחשבה אזלינן, דהויא עיקר, ולא אזלינן בתר הדמיון:

וצריך לעצים. אבל אם אין צריך לעצים – לא נאמר בו דחייב משום קצירה, דלא דמיא לקצירה דקוצרין למאכל, או מידי שצריכין לאיזה דבר, כגון רפואה וכיוצא בהן. ואי לאו שקוצרין לצורך גופו – פטור, דלא מיחייב אפילו משום תולדה. דתולדה צריך שתהא דמי לאב מלאכה: **חייב** שתים. קשיא לרבה דאזיל בתר הדמיון, דהכא זומר לא דמי כלל לנוטע – ואעפ"כ חייב משום נוטע. וקשיא לרב יוסף, דאפילו אינו מתכוין לצמוח הגפן, כיון דודאי מצמחה מחמת הזימור – חייב משום נוטע. דהא סתם קאמר רב כהנא, אפילו לא חישב ליטע. ואי קשיא: הא דאמרינן בדוכתא אחריתי (כתובות דף לז.): משום רשעה אחת אתה מחייבו, ואי אתה מחייבו משום שתי רשעיות! תריץ הכי: כגון דאיכא מיתה ומלקות. אבל תרתי מילי דאסירן, דדמיין להדדי בשתי מלקיות – תרווייהו חד רשעה הוא, ולא ממעטי מ"רשעתו" דכל שם מלקות – חד רשעה הוא. והכי נמי אמר במס' פסחים בפ' "כל שעה" (דף כד. ושם) אמר אביי: אכל פוטיתא – לוקה ארבע. ואע"ג דרב כהנא אמורא הוא – מקשי מיניה לרבה ורב יוסף משום דגברא רבה הוה, כדאשכחן (ב"ק דף קיז.) במעשה דר' יוחנן דהוה חריף טובא. ●וקשיא, ל"ג, כיון דלאו תנא הוא לא חשיב לה כל כך, ופליגי עליה:

אף

דִּלְמָא אָתֵי לְאִינְפּוּלֵי. אֲבָל מִמַּעְיָן שֶׁלֹּא יָצָא בַּתְּחִילָּה אֲפִילּוּ בֵּית הַבַּעַל נַמִּי שָׁרֵי רַבִּי יְהוּדָה, וּמַתְנִיתִין דְּקָתָנֵי נַמִּי מִמַּעְיָן שֶׁלֹּא יָצָא בַּתְּחִילָּה בֵּית הַשְּׁלָחִין אִין בֵּית הַבַּעַל לָא, לָאו רַבִּי יְהוּדָה הִיא: אִם כֵּן מַתְנִיתִין אַמַּאן תַּרְמְיָהּ. לָא ר"א בֶּן יַעֲקֹב כְּדַאֲמַרַן, וְלָא כְּר"מ דְּשָׁרֵי אֲפִילּוּ

תורה אור

בֵּית הַבַּעַל, וְלָא כְּר' אֶלְעָזָר בֶּן עֲזַרְיָה דַּאֲפִילּוּ בֵּית הַשְּׁלָחִין לָא שָׁרֵי מִמַּעְיָן שֶׁיָּצָא בַּתְּחִילָּה: אֶלָּא לְרַבִּי יְהוּדָה וְלָא שְׁנָא כו'. וּמַתְנִיתִין ר' יְהוּדָה הִיא: לְהוֹדִיעֲךָ כֹּחוֹ דְּרַבִּי מֵאִיר. דַּאֲפִילּוּ מִמַּעְיָן שֶׁיָּצָא בַּתְּחִילָּה שָׁרֵי אֲפִילּוּ לְבֵית הַבַּעַל: מְנַכֵּשׁ. תּוֹלֵשׁ עֲשָׂבִים רָעִים מִתּוֹךְ הַטּוֹבִים, וְכִי עָקְרֵי לְהוּ נָמְחֵי הָנֵי טְפֵי: מַשְׁקֶה מַיִם בִּזְרָעִים. שֶׁזּוֹרֵק מַיִם בְּעִיקְרֵי הָעֲשָׂבִים: מִשּׁוּם מַאי מַתְרִינַן בֵּיהּ. דְּמַאי מְלָאכָה קָא חָשְׁבִינַן לֵיהּ דְּוַדַּאי קוֹצֵר לָא חָשְׁבִינַן, שֶׁאֵינוֹ מִתְכַּוֵּין לִיטּוֹל הָעֲשָׂבִים אֶלָּא לְתַקֵּן עֲשָׂבִים הַטּוֹבִים שֶׁבַּשָּׂדֶה: חוֹרֵשׁ וְזוֹרֵעַ וְקוֹצֵר אֲבוֹת מְלָאכוֹת הֵן בְּפֶרֶק "כְּלָל גָּדוֹל" (שבת דף עג.): לְרַפּוּיֵי. לְרַכֵּךְ: מִשּׁוּם חוֹרֵשׁ אִין מִשּׁוּם זוֹרֵעַ לֹא. אַמַּאי לָא מִיחַיַּיב בְּתַרְוַויְיהוּ? הָא עָבֵיד תַּרְוַויְיהוּ, וְאַשְׁכְּחִינַן בִּמְלָאכָה דְּמִיחַיַּיב תַּרְתֵּי: זוֹמֵר. בְּשַׁבָּת: וְצָרִיךְ לָעֵצִים חַיָּיב. מִשּׁוּם קוֹצֵר שֶׁהֲרֵי צָרִיךְ לָעֵצִים, וְחַיָּיב מִשּׁוּם נוֹטֵעַ דְּמִשּׁוּם הַזִּימּוּר גָּדְלֵי טְפֵי: הַמְחַפֶּה. שֶׁמְּכַסֶּה אֶת הַזְּרָעִים בְּעָפָר: לוֹקֶה. מִשּׁוּם: "לֹא תִזְרַע כִּלְאָיִם" (ויקרא יט): אַף הַמְקַיֵּים. שֶׁרוֹאֶה כִּלְאַיִם זָרוּעַ וְאֵינוֹ מְבַטְּלוֹ: בִּשְׁלָמָא לְדִידִי דְּאָמֵינָא. דִּמְנַכֵּשׁ הָוֵי מִשּׁוּם זוֹרֵעַ, מִשּׁוּם הָכִי מְנַכֵּשׁ בְּכִלְאַיִם לוֹקֶה דְּהָא אֲסִירָא זְרִיעָה בְּכִלְאַיִם דִּכְתִיב: "לֹא תִזְרַע": חֲרִישָׁה. לְצוֹרֶךְ זְרִיעַת כִּלְאַיִם מִי אֲסִירָא? דִּבְשַׁעַת חֲרִישָׁה לֵיכָּא כִּלְאַיִם כְּלָל: אָמַר לֵיהּ. מְנַכֵּשׁ אֵינוֹ לוֹקֶה אֶלָּא מִשּׁוּם מְקַיֵּים: תַּלְמוּד לוֹמַר כִּלְאַיִם שָׂדְךָ לֹא. וְאַע"ג דִּכְתִיב לֹא תִזְרַע כִּלְאַיִם *גּוֹרְעִין וְדוֹרְשִׁין: לֹא כִּלְאַיִם – לֹא יְהֵא כִּלְאַיִם מִכָּל מָקוֹם, שֶׁחַיָּיב אַתָּה לְבַטְּלוֹ: בִּשְׁלָמָא מוֹעֵד. מִשּׁוּם הָכִי שָׁרֵי, דְּלָא אֲסִיר מִשּׁוּם מְלָאכָה, אֶלָּא מִשּׁוּם טִירְחָא: וְכָל מְקוֹם פְּסֵידָא שָׁרוּ רַבָּנַן. לְמִיטְרַח בְּחוּלּוֹ שֶׁל מוֹעֵד בִּמְקוֹם פְּסֵידָא, כִּדְפָרְשִׁינַן לְעֵיל: בֵּין לְמַאן דְּאָמַר מִשּׁוּם חוֹרֵשׁ. דִּפְלִיגִי רַבָּה וְרַב יוֹסֵף לְעֵיל בְּמַשְׁקֶה מַיִם לִזְרָעִים, דְּחַד אָמַר מִשּׁוּם חוֹרֵשׁ, וְחַד אָמַר מִשּׁוּם זוֹרֵעַ: חֲרִישָׁה בַּשְּׁבִיעִית מִי שָׁרֵי. הָא נָפְקָא מִ"בֶּחָרִישׁ וּבַקָּצִיר תִּשְׁבּוֹת" דְּאָמְרִינַן: אִם אֵינוֹ עִנְיָן לְשַׁבָּת שֶׁאֵינוֹ צָרִיךְ, שֶׁהֲרֵי כְּבָר נֶאֱמַר "כָּל מְלָאכָה" – תְּנֵהוּ עִנְיָן לַשְּׁבִיעִית: בַּשְּׁבִיעִית בַּזְּמַן הַזֶּה. דְּרַבָּנָן: וְרַבִּי הִיא. דְּאָמַר דְּהוּא מִדְּרַבָּנָן, וּמִילְּתָא דִּפְסֵידָא – שָׁרוּ רַבָּנַן: וְזֶה דְּבַר הַשְּׁמִטָּה שָׁמוֹט. כְּתִיב בְּהַשְׁמָטַת כְּסָפִים אַמַּאי כְּתִיב תְּרֵי זִימְנֵי "שְׁמִטָּה" "שָׁמוֹט": בִּזְמַן שֶׁאִי אַתָּה מְשַׁמֵּט קַרְקַע כו'. מִכְּלָל דְּאִיכָּא זְמַן דְּלָא מְשַׁמֵּט קַרְקַע, וְאֵיזֶה זֶה – בַּזְּמַן הַזֶּה: אֲפִילּוּ תֵּימָא רַבָּנַן. דִּפְלִיגִי עֲלֵיהּ דְּרַבִּי, וְאָמְרֵי דִּשְׁבִיעִית בַּזְּמַן הַזֶּה דְּאוֹרַיְיתָא: אָבוֹת מְלָאכוֹת. אָסַר רַחֲמָנָא בַּשְּׁבִיעִית:

תּוֹלָדוֹת

רבינו חננאל

שדה הבעל תנא איהו נמי מעין שיצא בתחלה. אתמר המנכש פי' החופר בית הזרעים והממשיך מים לזרעי' בשבת משום מאי מתרינן ביה. רבה אמר משום חורש מה דרך החורש לרפויי ארעא הכא נמי מרפי ארעא נינהו. ורב יוסף אמר משום זורע. מה דרך הזורע לאצמוחי פירא הכא נמי קא מצמחי פירא. ומקשי אביי לתרווייהו ואמאי לא מתרינן ביה משום חורש ומשום זורע דהא דמיא להא ודמיא נמי להא. וכי תימא כל היכא דאיכא מלאכה מעין שתים לא מחייבינן אלא חדא. והאמר רב כהנא הזומר וצריך לעצים חייב שתים אחת משום זורע ואחת משום קוצר ולאפירקו לנפשייהו איתיביה רב יוסף לרבה המנכש פי' חופר אצל הכלאים ולוקח העפר ומחפה בו את הכלאים כדי שיצמח והמחפה בכלאים לוקה. ר' עקיבא אומר אף המקיים. בשלמא לרב יוסף דא' מנכש משום זורע חייב היינו דאסירא זריעה בכלאים. אלא לרבה דאמר משום חורש חרישה בכלאים מי אסירא. ופריק רבה מאי לוקה דקתני משום מקיים בכלאים וכולה ר' עקיבא היא. ומה טעם קאמר והכי קתני המנכש והמחפה בכלאים לוקה. מ"ט משום מקיים שר' עקיבא אומר אף המקיים בכלאים לוקה. פי' מקיים בכלאים שמצא שדה זרועה כלאים ועבדה הוא וצמחה ונתקיים הכלאים בעבודתו שגורם לו הצמחה והפרחת פירי. מ"ט אמר קרא לא תזרע כרמך כלאים. אין לי אלא זורע תבואה בכרם מקיים מנין תלמוד לומר לא כלאים. כלומר האי לא דכתב רחמנא דרוש אותו בזרוע דהוה ליה למכתב לא תזרע כרמך ולישתוק. ואנא ידענא דאין זריעה אלא בתבואה פי' וממילא שמעינן שאסר זריעת התבואה בכלאים. *) למה עוד אמר כלאים כדכתיב וזרעתם את השנה ההיא וגו' אבל באילנות נטיעה היא כדכתיב ונטעתם כל עץ מאכל. כלאים דכתב רחמנא למה לי לרבות המקיים בכלאים בלאו. ומקשינן לרבה ורב יוסף ממתניתין דתנן משקין בית השלחין במועד ובשביעית. בשלמא מועד משום טירחא הוא דאסורה וכל מקום פסידא שרו רבנן. אלא בשביעית בין למ"ד משקה מים לזרעים חייב משום זורע. ובין למ"ד חייב משום חורש תרווייהו חרישה וזריעה בשביעית אסירי היכי שרו ופירק אביי בשביעית בזמן הזה. ורבי היא דתניא רבי אומר וזה דבר השמטה שמוט כתיב שמיטה וכתיב שמוט בב' שמיטות הכתוב מדבר אחת שמיטת קרקע ואחת שמיטת כספים. בזמן שאתה משמט קרקע כו' והאידנא דאין שמיטה בקרקע שא"י בידי עובדי כוכבים היא. שביעית בזמן הזה דרבנן ובמקום פסידא שרו רבנן. רבא אמר לא תימא מתני' רבי היא ולא רבנן. אלא אפי' תימא רבנן הניכוש והחיפוי בכלאים תולדות נינהו

ובשביעית

*) לכאורה נראה שצ"ל שאסר זריעת התבואה בכלאים כדכתיב וזרעתם את וכו' ונטעתם כל עץ מאכל למה עוד אמר כלאים לרבות המקיים כו'.

[שעשה להן סייג וגדר רש"י ע"ז סד. ועי' בתוס']

[שבת עג:]

[תוספתא כלאים פ"א] מכות כא: ע"ז סד.

[ועי' פי' ריב"ן למכות ובכל מקום פי' בסגנון אחר]

גיטין לו. קדושין לח:

הגהות הב"ח

(א) תום' ד"ה כחו כו' דר' יהודה דמחמיר וי"ל כח דהתירא:

גליון הש"ם

תום' ד"ה חייב שתים וכו' וקשיא ל"ג. עיין ב"ב דף נב ע"ב:

תולדות. כגון משקה זרעים שלא היה במקבן – לא אסר רחמנא: זמירה בכלל זריעה. שדרכו של זומר לצמוחי פירי כזורע: בצירה. בענבים כקצירה בתבואה – וקצירה אב מלאכה היא, בפ' כלל גדול (שבת דף עג.) בצירה בכלל קצירה, דשניהן חותכין: זימור. מחתך ענפים יבשין של גפן: עידור. שחופר תחת הגפנים, לרפויי ארעא: כיסוח. בעשבים, שחותך הרעים מן הטובים. ולא היינו ניכוש, דמעקר העיקרים מן הקרקע. דלזה אין עוקרין, אלא חותכין למעלה: תלמוד לומר שדך לא כרמך לא. מדלא כתיב: "לא תזרע שדך לא תזמור כרמך" אלא "שדך לא תזרע כרמך לא תזמור" משמע: שדך לא, כרמך לא: מקרסמין. היינו, זימור, אלא שקירסום שייך באילנות: מזרדין. מחתך ענפים יבשים ולחים, לפי שיש לאילן ענפים יותר מדאי: מפסגין. סומכים האילן שהוא רענן יותר מדאי: מזבלין. מניחים זבל בעיקרי האילן: מפרקין. אבנים שעל עיקרי האילן: מאבקים. ששרשיו נראין, ומכסין אותו באבק: מעשנין. עושין עשן תחת האילן, כדי שינשרו התולעים שעליו: יקשקש. היינו עידור, אלא שעידור בגפנים וקשקוש בזיתים: עוגיות. חופר גומא תחת הגפן ליתן בו מים: זריעה בכלל היתה. "ובשנה השביעית שבת שבתון" וגו': אף כל עבודה שהיא בשדה ובכרם. כגון כל הני (א) פרטי, יצא קשקוש ועידור ומים בנקעים ועוגיות שאינן בשניהן כו': לא יקשקש תחת הזיתים ולא יעדר כו'. ואם תקשי: הא אסר עידור לעיל! קא תריץ לקמן בעוגיות, הא – בחדתי, והא – בעתיקי. והוא הדין לעידור: (ב) כל הני מדרבנן. אבל מדאורייתא לא הוי אלא זמירה ובצירה, כדאמרינן לעיל: הני – אין, מידי אחרינא – לא: מלסקל. להוציא אבנים מן הכרם: (ג) סתומי פילי. שמסתם בקעים של אילן: שרי. דאית ביה משום פסידא: אברויי אילני אסור. דהוי משום רווחא, והאי דשרי קשקוש – היינו סתומי פילי, והאי דאסיר – היינו אברויי אילני: כל מקום שנאמר כלל בעשה ופרט בלא תעשה. כגון הכא, דכתיב (ויקרא כה): "ובשנה השביעית שבת שבתון יהיה לארץ" – כלל היינו עשה, "שדך לא תזרע וכרמך לא תזמור" – פרט, היינו לא תעשה: אין דנין אותו בכלל ופרט וכלל. ואף על גב דכתיב כלל בתריה, כגון הכא דכתיב בתריה: "(*שבת) שבתון" כלומר: אין לו דין דשאר כלל ופרט וכלל שכתובין כולו בעשה או בלאו, דאמר: כלל ופרט וכלל אי אתה דן אלא כעין הפרט, דמרבי כל מידי דדמי לפרט. אלא דיינינן ליה בכלל ופרט, הואיל דנשתנה משאר כלל ופרט וכלל, אמרינן: אין בכלל אלא מה שבפרט, הני – אין, מידי אחרינא – לא: דכולי עלמא לית להו דרבין כו' מאן דאמר לוקה שפיר. כדאמר, דדרשינן בכלל ופרט וכלל: אחרינא לא. להכי חורש אינו לוקה:
כי

[צ"ל שבת]

תורה אור

תולדות לא אסר רחמנא, דכתיב: °"ובשנה השביעית שבת שבתון יהיה לארץ שדך לא תזרע" וגו'. (ויקרא כה) מכדי, זמירה בכלל זריעה, ובצירה בכלל קצירה, למאי הלכתא כתבינהו רחמנא? [א]למימרא: דאהני תולדות – מיחייב, אאחרנייתא – לא מיחייב. ולא? והתניא: "שדך לא תזרע וכרמך לא תזמור", אין לי אלא זירוע וזימור, מנין לניכוש ולעידור ולכיסוח? ת"ל: "שדך לא" "כרמך לא". [ב]לא כל מלאכה שבשדך, ולא כל מלאכה שבכרמך. מנין שאין מקרסמין, ואין מזרדין, ואין מפסגין באילן – ת"ל: "שדך לא" "כרמך לא", [ג]לא כל מלאכה שבשדך ולא כל מלאכה שבכרמך. מנין שאין מזבלין, ואין מפרקין, ואין *מאבקין, ואין מעשנין באילן – ת"ל: "שדך לא" "כרמך לא", [ד]כל מלאכה שבשדך לא, וכל מלאכה שבכרמך לא. יכול לא יקשקש תחת הזיתים, [ה]ולא יעדר תחת הגפנים, [ו]ולא ימלא נקעים מים, [ז]ולא יעשה עוגיות לגפנים – ת"ל: "שדך לא תזרע" זריעה בכלל היתה, ולמה יצתה – להקיש אליה, לומר לך: מה זריעה מיוחדת, עבודה שבשדה ושבכרם – אף כל שהיא עבודה שבשדה ושבכרם! [ח]מדרבנן, וקרא – אסמכתא בעלמא. *וקשקוש בשביעית מי שרי? והא כתיב: °"והשביעית תשמטנה ונטשתה" (שמות כג). "תשמטנה" – מלקשקש, "ונטשתה" – מלסקל! אמר רב עוקבא בר חמא: *תרי קשקושי הוו; חד – אברויי אילני, וחד – סתומי פילי. [ט]אברויי אילן – אסור, [י]סתומי פילי – שרי. איתמר, החורש בשביעית, ר' יוחנן ור' אלעזר. חד אמר: לוקה, וחד אמר: [כ]אינו לוקה. לימא בדר' אבין אמר רבי אילעא קמיפלגי, דאמר *רבי אבין אמר ר' אילעא: כל מקום שנאמר כלל בעשה, ופרט בלא תעשה – אין דנין אותו בכלל ופרט וכלל. מאן דאמר לוקה – לית ליה דרבי אבין אמר רבי אילעא, ומאן דאמר אינו לוקה – אית ליה דר' אבין! לא, דכולי עלמא לית ליה דרבי אבין אמר ר' אילעא. מאן דאמר לוקה – שפיר. ומאן דאמר אינו לוקה – אמר לך: מכדי, זמירה בכלל זריעה, ובצירה בכלל קצירה, למאי הלכתא כתבינהו רחמנא? למימר דאהני תולדות הוא דמיחייב, אתולדה אחרינא – לא מיחייב. ולא? והתניא: "שדך לא תזרע וכרמך לא תזמור" אין לי אלא זירוע וזימור, °מנין לעידור ולקישקוש ולכיסוח – ת"ל: "שדך לא" "כרמך לא", לא כל מלאכה שבשדך, ולא כל מלאכה שבכרמך. ומנין שאין מקרסמין ואין מזרדין ואין מפסגין באילן – ת"ל: "שדך לא", "כרמך לא", כל מלאכה שבשדך לא, כל מלאכה שבכרמך לא. מנין שאין מזבלין ואין מפרקין ואין מעשנין באילן – ת"ל: "שדך לא" "כרמך לא", כל מלאכה שבשדך לא, וכל מלאכה שבכרמך לא. יכול לא יקשקש תחת הזיתים, ולא יעדר תחת הגפנים, ולא ימלא נקעים מים, ולא יעשה עוגיות לגפנים – תלמוד לומר: "שדך לא תזרע", זריעה בכלל היתה, ולמה יצתה – להקיש אליה, לומר לך: מה זריעה מיוחדת – עבודה שבשדה ושבכרם, אף כל שהיא עבודה שבשדה ושבכרם! מדרבנן, וקרא אסמכתא בעלמא.
כי

[פי' מסירין האבק מעליהן. ערוך]
[סוכה מד:]
שם ע"ז נ:
[סנהדר' קיג.]

אף כל שבשדה ושבכרם. וכל הני עבודות דלעיל – נוהגות בין בשדה ובין בכרם. ואפילו שיש מהן שאין עתה נוהגין כן – י"ל שבמקומן היו עושין כך, ורגילין לעשותן בשדה ובכרם: אין דנין אותו בכלל ופרט וכלל. הכי הוה שמיע ליה לר' אילעא, דכיון דהפרט בלא תעשה – הכלל האחרון אינו מוציא הפרט ממשמעותיה, ואינו כלל ופרט וכלל, דדיינין ליה בכלל ופרט. ולא נהירא לי: דמנלן דרבי אילעא ס"ל הכי? אימא דהפרט שהוא בלא תעשה – בטל, אבל הכלל עומד במקומו, לפי דבריו! ועוד: לפי לשון זה קשה לי אמאי תירץ דכולי עלמא לית להו דר' אבין? והא הוה מצי לתרוצי דכולי עלמא אית להו! דבכל מקום סוגיית התלמוד היא, דכיון דמצי למימר דכולי עלמא אית להו סברת האמורא – לא מתרצינן לית להו. ולימא הכי: דכולי עלמא אית להו דרבי אבין, מאן דאמר אינו לוקה – שפיר, ומאן דאמר לוקה – סבירא ליה כי הך ברייתא דמפקא ליה לתולדות מקרא, וקסבר: לאו אסמכתא הוא, אלא דרשה גמורה היא. ולי נראה: דהא לימא בדר' אבין אמר ר' אילעא וכו' – קאזיל בכה"ג דליכא הכא אלא כלל ופרט, דכלל בתרא לא חשיב. כיון דהאי כלל בקרא אחרינא וחשיב בכלל המרוחק זה מזה, כיון דלא הוו בחד קרא. דהכי מוכח בפ"ק דפסחים (דף ו: ושם), דאיכא למאן דאמר כיון דהוו בתרי קראי – לא מיצטרפי למיהוי כלל ופרט וכלל. והכא נמי לא הוי אלא כלל ופרט, והכי איכא(ד) הגירסא [בירושלמי דכלאים] בפ"ח: חד אמר לוקה, סבר לה כרבי אילעא. דאינו נדון בכלל ופרט, כיון דהפרט בלא תעשה – הפרט בטל, והכלל במקומו עומד. ולפיכך אמר: כל החורש בשביעית – לוקה. וחד אמר: החורש בשביעית אינו לוקה, לא סבר להא דר' אילעא, אלא דנין אותו בכלל ופרט; הני – אין, מידי אחרינא – לא. ודחי לה: דכולהו אית להו דרבי אילעא, מאן דאמר לוקה – שפיר, ומאן דאמר אינו לוקה – מכדי זמירה בכלל זריעה ובצירה כו'. ואם נפשך לומר: למאן דאמר לוקה אמאי כתב רחמנא זמירה ובצירה? שמא קסבר ללאו יתירא אתי, אי נמי קסבר: כרם משדה לא הוה יליף, הלכך הוצרך למיכתב בין בשדה בין בכרם:

טו א מיי' פ"א מהלכות שמטה הלכה ב ג:
טז ב ג ד מיי' שם הלכה ד ה:
יז ה מיי' שם הלכה ז:
יח ו ז מיי' שם הל' ט:
יט ח מיי' שם הלכה ג:
כ ט י מיי' שם הל' ז:
כא כ מיי' שם הל' ד:

רבינו חננאל

ובשביעית אבות אסר רחמנא תולדות לא אסר רחמנא שמעינן לה מדכתיב שדך לא תזרע וכרמך לא תזמור. מכדי (זריעה) [זמירה] מכלל (זמירה) [זריעה] היא דכיון שזומר ועוקץ צומח ובצירה בכלל קצירה למאי הלכתא דכ' רחמנא ללמדך דאהני תולדות מיחייב בשביעית אתולדות אחרנייתא לא מיחייב. איני והתניא שדך לא תזרע וכרמך לא וגו' אין לי שחייב בשביעית אלא זורע וזומר בלבד מנין למנכש ולעודר ולמכסח ת"ל שדך לא וגו' פי' הוה ליה למכתב לא תזרע ואנא ידענא דאין זריעה אלא בשדה. שדך דכתב רחמנא למה לי לרבות כל מלאכות שבשדה. מנין שאין מזבלין ואין מפרקין ואין מאבקין ואין מעשנין ת"ל כרמך לא לרבות כל מלאכות שבכרם שאסורות. קתני מיהא דמנכש אסור בשביעית ופרקינן האי איסורא מדרבנן היא וקרא אסמכתא כו'. יכול לא יקשקש תחת הזיתים ולא יעדר תחת הגפנים ולא ימלא נקעים מים ולא יעשה עוגיאיות לגפנים בין אילן לחברו ת"ל שדך לא תזרע. זריעה וזמירה בכלל שבת שבתון יהיה (לכם) [לארץ] היו ולמה יצאת להקיש אליה לומר לך מה זריע' מיוחד' עבודת שדות וכרמים אף כל עבודת שדות וכרמים למעוטי קשקוש ועידור וביקוע ועישון דעבודת אילנות הן ולא עבודת שדות וזרעים. והלכך שרי קשקוש בשביעית פי' *) תרי קישקושי הוו חד לאברויי אילני כלומ' להברות האילן כגון גיזום שאמרו במס' ע"ז ואסור וחד לסתומי פילי לסתום הסדקין ושרי. איתמר החורש בשביעית ר' יוחנן ור' אלעזר חד אמר לוקה. סבר לה כר' אלעא דא' מקום שאתה מוצא כלל בעשה כגון ובשנה השביעית שבת וגו' שבת לה' הרי כלל כל מלאכות שביעית. ועוד פרט בלא עשה שנאמר שדך לא תזרע וכרמך לא תזמור. א"ר אלעא כי האי גוונא אין דנין אותו בבלל ופרט **) ונאמר אין בכלל אלא מה שבפרט. זריעה וזמירה וקצירה ובצירה אין מידי אחרינא לא אלא הריני דן בכלל ופרט וכלל שנאמר ואת ענבי נזירך לא תבצור שנת שבתון יהיה לארץ. ומרבה כל מלאכה ואפילו החורש בשביעית לוקה. וחד אמר החורש בשביעית אינו לוקח לא סבר לה כר' אלעא (דאמר) [אלא ס"ל] דנין אותו בכלל ובפרט. תני אין כלומר אלו בלבד המפורשין הם במלקות מידי אחרינא לא ודחינא לא דכ"ע אית להו דר' אלעא מ"ד לוקה שפיר. ומ"ד אינו לוקה מכדי זמירה בכלל זריעה ובצירה כו': ירושלמי בשביעית פ"ב (ה"ג) מיבלין מעבירין היבלת מפרקין בעלין מאבקין עושין להן אבק מעשנין מתנינן לה מזהמין מתליעין בשביעית מה בין זוהם לעושה בית המזוהם אינו אלא כמושיב שומר. עושה בית מציל עליה והיא גדילה מחמתו. מה בין מחפה באבנים ובתבן ובקש שהוא מותר למחפה בעפר שאסור המחפה בקש ובתבן ובאבנים אינו אלא כמושיב שומר. המחפה בעפר עושה לו טינא והיא גדילה מחמתו: כי אתא רב

*) נראה לחסר בדברי רבינו וצ"ל אני והא כתיב והשביעית תשמטנה וכו' מלקשקש ומשנינן תרי קשקושי. **) גירסת רבינו הובא בתוס' ד"ה אין דנין בשם רבינו לפי מה שהגיה הב"ח והדין עמו דהאו בירושלמי שם אדרבה הגירסא כמו גירסת הש"ס כאן ע"ש.

הגהות הב"ח

(א) רש"י ד"ה אף כל כו' כל הני פרטי דפרט יצא קשקוש כו': (ב) ד"ה לא יקשקש וכו' וה"ה לעידור הס"ד ואח"כ מה"ד מדרבנן כל הני מדרבנן אבל מדאורייתא' כו': (ג) ד"ה סתומי פילי כו' נ"ב עי' פרש"י פ"ד דסוכה דף מד ע"ב: (ד) תוס' ד"ה אין כו'. והכי איתא הגירסא בפר"ח חד אמר:

גליון הש"ס

גמ' מנין לעידור ולקישקוש ולניכוש כנ"ל לענ"ד:

כב א ב ג מיי' פ"ג מהלכות שמיטה הלכה א סמג לאוין רסו:
כג ד מיי' פ"ג מהלכות ממרים הלכה ב:
כד ה מיי' פ"ג מהל' שמיטה הלכה ה:
כה ו מיי' פ"ז מהלכות לולב הלכה כ:
כו ז מיי' פ"ו מהלכות תמידין הלכה ו:

כִּי אֲתָא רַב דִּימִי אָמַר: יָכוֹל יִלְקֶה עַל הַתּוֹסֶפֶת – וְנָסֵיב לָהּ תַּלְמוּדָא לִפְטוּרָא, וְלָא יָדְעָנָא מַאי תַּלְמוּדָא וּמַאי תּוֹסֶפֶת. ר' אֶלְעָזָר אָמַר: חֲרִישָׁה, וְהָכִי קָאָמַר: יָכוֹל יִלְקֶה עַל חֲרִישָׁה, דְּאָתְיָא מִכְּלָל וּפְרָט וּכְלָל, וְנָסֵיב לֵיהּ תַּלְמוּדָא לִפְטוּרָא, דְּאִם כֵּן, כָּל הָנֵי פְּרָטֵי לָמָּה לִי? וְר' יוֹחָנָן אָמַר: יָמִים שֶׁהוֹסִיפוּ חֲכָמִים לִפְנֵי רֹאשׁ הַשָּׁנָה, וְהָכִי קָאָמַר: יָכוֹל יִלְקֶה עַל תּוֹסֶפֶת רֹאשׁ הַשָּׁנָה, דְּאָתְיָא °מִ"בֶּחָרִישׁ וּבַקָּצִיר תִּשְׁבּוֹת", וְנָסֵיב לָהּ תַּלְמוּדָא לִפְטוּרָא, כִּדְבָעֵינַן לְמֵימַר לְקַמָּן. מַאי יָמִים שֶׁלִּפְנֵי רֹאשׁ הַשָּׁנָה? כִּדְתְנַן: *עַד מָתַי חוֹרְשִׁין בִּשְׂדֵה אִילָן עֶרֶב שְׁבִיעִית? בֵּית שַׁמַּאי אוֹמְרִים: כָּל זְמַן שֶׁיָּפֶה לַפְּרִי, וּב"ה אוֹמְרִים:[א] אעַד הָעֲצֶרֶת. וּקְרוֹבִין דִּבְרֵי אֵלּוּ לִהְיוֹת כְּדִבְרֵי אֵלּוּ. *וְעַד מָתַי חוֹרְשִׁין שְׂדֵה הַלָּבָן עֶרֶב שְׁבִיעִית – מִשֶּׁתִּכְלֶה הַלֵּחָה, וְכָל זְמַן שֶׁבְּנֵי אָדָם חוֹרְשִׁים לִיטַּע מִקְשָׁאוֹת וּמִדְלָעוֹת. ר' שִׁמְעוֹן אוֹמֵר: א"כ – נָתַתָּ תּוֹרָה שִׁיעוּר לְכָל אֶחָד וְאֶחָד בְּיָדוֹ! באֶלָּא: בִּשְׂדֵה הַלָּבָן – עַד הַפֶּסַח, וּבִשְׂדֵה הָאִילָן – עַד הָעֲצֶרֶת. (*וּב"ה אוֹמְרִים: עַד הַפֶּסַח) וְאָמַר ר' שִׁמְעוֹן בֶּן פַּזִּי אָמַר רַבִּי יְהוֹשֻׁעַ בֶּן לֵוִי מִשּׁוּם בַּר קַפָּרָא: רַבָּן גַּמְלִיאֵל וּבֵית דִּינוֹ גנִמְנוּ עַל שְׁנֵי פְּרָקִים הַלָּלוּ וּבִטְּלוּם. אֲמַר לֵיהּ רַבִּי זֵירָא לְר' אַבָּהוּ, וְאָמְרִי לָהּ רֵישׁ לָקִישׁ לְר' יוֹחָנָן: רַבָּן גַּמְלִיאֵל וּבֵית דִּינוֹ הֵיכִי מָצוּ מְבַטְּלִי תַּקַּנְתָּא דְּב"ש וּב"ה וְהָא תְּנַן: *דאֵין ב"ד יָכוֹל לְבַטֵּל דִּבְרֵי בֵּית דִּין חֲבֵירוֹ אֶלָּא אִם כֵּן גָּדוֹל מִמֶּנּוּ בְּחָכְמָה וּבְמִנְיָן! *°"אֶשְׁתּוֹמַם כְּשָׁעָה חֲדָא", אָמַר לֵיהּ: אֵימוּר כָּךְ הִתְנוּ בֵּינֵיהֶן: כָּל הָרוֹצֶה לְבַטֵּל – יָבוֹא וִיבַטֵּל. דִּידְהוּ הִיא? הֲלָכָה לְמֹשֶׁה מִסִּינַי הִיא! דְּאָמַר ר' אַסִי אָמַר ר' יוֹחָנָן מִשּׁוּם ר' נְחוּנְיָא אִישׁ בִּקְעַת בֵּית חוֹרְתָן: *העֶשֶׂר נְטִיעוֹת, ועֲרָבָה, זוְנִיסּוּךְ הַמַּיִם – הֲלָכָה לְמֹשֶׁה מִסִּינַי. אָמַר רַבִּי יִצְחָק: כִּי גְּמִירִי הִלְכְתָא – שְׁלֹשִׁים יוֹם לִפְנֵי רֹאשׁ הַשָּׁנָה, וְאָתוּ הָנֵי תַּקּוּן מִפֶּסַח וּמֵעֲצֶרֶת. וְאַתְנוּ בְּדִידְהוּ: כָּל הָרוֹצֶה לְבַטֵּל – יָבוֹא וִיבַטֵּל. וְהָנֵי הִלְכְתָא נִינְהוּ? קְרָאֵי נִינְהוּ. (*דִּתְנַן:) °"בֶּחָרִישׁ וּבַקָּצִיר תִּשְׁבּוֹת", ר' עֲקִיבָא אוֹמֵר: אֵין צָרִיךְ לוֹמַר חָרִישׁ וְקָצִיר שֶׁל שְׁבִיעִית – שֶׁהֲרֵי כְּבָר נֶאֱמַר: °"שָׂדְךָ לֹא תִזְרָע וְכַרְמְךָ לֹא תִזְמֹר", אֶלָּא חָרִישׁ שֶׁל עֶרֶב שְׁבִיעִית שֶׁנִּכְנָס

שמות לד | דניאל ד | שמות לד | ויקרא כה

רש"י

כִּי אֲתָא רַב דִּימִי. מֵאֶרֶץ יִשְׂרָאֵל לְבָבֶל: **אָמַר.** שָׁמְעִית דְּאָמְרִי בְּא"י: יָכוֹל יִלְקֶה עַל תּוֹסֶפֶת: וּשְׁמָעִית דְּנָסֵיב עֲלֵיהּ תַּלְמוּדָא **לִפְטוּרָא.** וְלָא יָדַעְנָא מַאי תּוֹסֶפֶת וְלָא פְּטוּר: רַבִּי אֶלְעָזָר **אָמַר** חֲרִישָׁה. בַּשְּׁבִיעִית. לְהָכִי קָרֵי לֵיהּ תּוֹסֶפֶת, דְּלָא נָפֵיק עִיקָּרוֹ מִן הַתּוֹרָה אֶלָּא מִכְּלָל וּפְרָט וּכְלָל, כִּדְאָמְרִי' לְעֵיל: וְנָסֵיב **תַּלְמוּדָא לִפְטוּרָא.** כִּדְאָמְרִינַן: הָנֵי – אִין: דְּאִם כֵּן. דְּהָוֵי לָקֵי: כָּל הָנֵי פְּרָטֵי. דִּפְרֵיט בְּהֶדְיָא דְּאָסוּר בַּשְּׁבִיעִית זְרִיעָה וְזִימּוּר, קְצִירָה וּבְצִירָה: לָמָּה לִי. דִּכְתַב רַחֲמָנָא? אֶלָּא לְמֵימְרָא דְּאַהָנָךְ הוּא דְּלוֹקֶה וכו'. שְׁמַע מִינָּהּ: אַחֲרִישָׁה לָא לָקֵי: יָמִים שֶׁלִּפְנֵי **רֹאשׁ הַשָּׁנָה.** שֶׁל שְׁבִיעִית, שֶׁהוּא תּוֹסֶפֶת עַל הַשְּׁבִיעִית: **דְּאָתְיָא** מִבֶּחָרִישׁ וּבַקָּצִיר. כִּדְאָמַר לְקַמָּן: אִם אֵינוֹ עִנְיָן לַשְּׁבִיעִית, שֶׁהֲרֵי כְּתִיב "שָׂדְךָ לֹא תִזְרַע וְכַרְמְךָ לֹא תִזְמוֹר" – תְּנֵהוּ לְעִנְיַן שִׁשִּׁית שֶׁנִּכְנָס לַשְּׁבִיעִית, דְּבַשְּׁבִיעִית נַמִּי אָסוּר: כִּדְבָעֵינַן לְמֵימַר לְקַמָּן. גָּמַר שַׁבַּת שַׁבָּתוֹן מִשַּׁבַּת בְּרֵאשִׁית: כָּל זְמַן שֶׁיָּפֶה לַפְּרִי. כְּלוֹמַר: כָּל זְמַן שֶׁחֲרִישָׁה יָפָה לַפֵּירוֹת שֶׁגָּדְלוּ בַּשִּׁשִּׁית, דְּהַיְינוּ נַמִּי קָרוֹב לָעֲצֶרֶת. אֲבָל מִכָּאן וְאֵילָךְ – לָא, דְּהָוֵי כִּמְתַקֵּן פֵּירוֹת שְׁבִיעִית: שְׂדֵה לָבָן. שֶׁל תְּבוּאָה: שֶׁתִּכְלֶה הַלֵּחָה. שֶׁכָּלִין הַגְּשָׁמִים שֶׁל שָׁנָה שִׁשִּׁית. דְּעַד הַהִיא שַׁעְתָּא מְהַנֵּי חֲרִישָׁה לִזְרִיעָה דְּשָׁנָה זוֹ, אֲבָל מִשֶּׁתִּכְלֶה הַלֵּחָה – אֵינוֹ יָכוֹל לַחֲרוֹשׁ, דְּמִחְזֵי כְּחוֹרֵשׁ לְצוֹרֶךְ שְׁבִיעִית, דְּהַיְינוּ כָּל זְמַן שֶׁבְּנֵי אָדָם חוֹרְשִׁין לִיטַּע מִקְשָׁאוֹת: נָתַתָּ תּוֹרָה שִׁיעוּר לְכָל אֶחָד וְאֶחָד בְּיָדוֹ. כְּלוֹמַר, נָתַתָּ דְּבָרֶיךָ לְשִׁיעוּרִין, שֶׁפְּעָמִים זֶה חוֹרֵשׁ קוֹדֶם חֲבֵירוֹ לִיטַּע מִקְשָׁאוֹת: עַל שְׁנֵי פְּרָקִים. דְּפֶסַח וַעֲצֶרֶת: וּבִטְּלוּם. דְּחוֹרְשִׁין עַד רֹאשׁ הַשָּׁנָה: תַּקַּנְתָּא דְּשַׁמַּאי וְהִלֵּל. דְּרַבִּי שִׁמְעוֹן דַּאֲמַר עַד פֶּסַח וְעַד עֲצֶרֶת – וְהַיְינוּ אַלִּיבָּא דְּב"ש וּב"ה: כָּךְ הִתְנוּ. שַׁמַּאי וְהִלֵּל בִּשְׁעַת תַּקָּנָתָם: דִּידְהוּ הִיא. תַּקָּנָתָם הִיא? חוֹרְתָן. מָקוֹם: י' נְטִיעוֹת. הַמְפוּזָּרוֹת בְּתוֹךְ בֵּית סְאָה, שֶׁהוּא נ' עַל נ' – חוֹרְשִׁין כָּל הַשָּׂדֶה שֶׁלָּהּ בִּשְׁבִילָן בְּעֶרֶב שְׁבִיעִית עַד ר"ה. וְאָמְרִי: הָנֵי, הוֹאִיל וִילָדוֹת הֵן – אִיכָּא פְּסֵידָא יְתֵירָא, לְכָךְ חוֹרְשִׁין עַד רֹאשׁ הַשָּׁנָה. אֲבָל זְקֵינָה – אֵין חוֹרְשִׁין עַד רֹאשׁ הַשָּׁנָה. אַלְמָא: דַּהֲלָכָה לְמֹשֶׁה מִסִּינַי הֵן: וַעֲרָבָה. לְהַקִּיף הַמִּזְבֵּחַ: כִּי גְּמִירִי הִלְכְתָא. דְּאֵין חוֹרְשִׁין לִזְקֵינָה עַד רֹאשׁ הַשָּׁנָה, אֲבָל חוֹרְשִׁין עַד שְׁלֹשִׁים יוֹם לִפְנֵי רֹאשׁ הַשָּׁנָה: (א)וְאָתוּ. בְּתַקָּנָה דִּידְהוּ, דְּהִרְחִיקוּ עַד הַפֶּסַח וְעַד הָעֲצֶרֶת: וְכָל הָרוֹצֶה לְבַטֵּל יָבוֹא וִיבַטֵּל. וְרַבָּן גַּמְלִיאֵל דְּבַטֵּל לֹא בִּטֵּל אֶלָּא מִפֶּסַח וּמֵעֲצֶרֶת, עַד שְׁלֹשִׁים יוֹם לִפְנֵי רֹאשׁ הַשָּׁנָה:

שֶׁנִּכְנָס

תוספות

רבי **אלעזר** אומר חרישה. מהא ליכא למימר(ב) תסתיים דר' אלעזר לעיל דאמר אינו לוקה. דאיכא למימר דרבי אלעזר לא שמיע ליה הא דאמר לקמן דהתירו תוספת שביעית, הלכך הוה אמר הכי. דליכא לפרש מילתא דרב דימי אלא בחרישה, אבל לדידיה – אסור ולוקה, דלא ס"ל. אי נמי: דכיון דאיתא בהדיא כי הך דלעיל במילי דחרישה – אינו צריך לומר תסתיים, דאין דרך התלמוד לומר תסתיים בדבר המפורש בהדיא כל כך:

יכול ילקה על תוספת של ראש השנה. ואם תאמר: מלקות מנלן? והלא לא כתיב בתוספת לאו, אלא עשה גרידא: "בחריש ובקציר תשבות"! איכא למימר: דמבחריש ובקציר מפקינן דצריך תוספת. כלומר, שהשביעית מתחלת משנה הששית, וכל דין שביעית יהיה לששית. דהכי קאמר רחמנא: דשביעית מתחלת קודם שנת שביעית, וא"כ הוא כשביעית:

עד עצרת. דהיינו יותר. דבכל מקום בית שמאי לחומרא ובית הלל לקולא, לבד מאותן דברים דקחשיב בעדיות (פ"ה):

וקרובים דברי אלו. קא משמע לן דאין ב"ש מחמירין אלא מעט על ב"ה ולאשמועינן מילתייהו דבית שמאי פירש הכי:

כל הרוצה לבטל **יבא** ויבטל. שמא יתקלקלו הקרקעות, ואינן מגדלין תבואה בלא חרישה לאחר זמן. זה התנו שיהא כח להתיר לצריכים, שחשו להפסד רבים, שלא גרמו רעה לעולם:

הלכה למשה מסיני. מהכא איכא לדקדק: מדשרא רחמנא ילדה – מכלל דזקינה אסורה. הרי על ידי הלכה למשה מסיני נאסרה תוספת שביעית. אבל להתירה לחוד לילדה – לא אצטריך, דמהיכא תיתי לאסור?

נטיעות. תנן במסכת שביעית פרק קמא: עד אימתי נקראו נטיעות! ר' אלעזר בן עזריה אומר: עד שיחולו, רבי יהושע אומר: בת שבע שנים, רבי עקיבא אומר: נטיעה כשמה. אילן שנגמם, פירוש: שנחתך והוציא חליפין, מטפח ולמטה – כנטיעה, מטפח ולמעלה – כאילן, דברי רבי שמעון:

ניסוך המים. והא דאמרינן בעלמא (שבת דף קג:) מ"ם יו"ד מ"ם – לרבות ניסוך המים מן התורה! אינו אלא אסמכתא בעלמא, כפר"ח:

שהרי כבר **נאמר** שדך **לא** תזרע וגו'. ואח"כ כתיב: "את ספיח קצירך לא תקצור" אלמא: קצירה לא אצטריך. ואפילו אם תימצי לומר חרישה צריכה, דאזהרת חרישה לא אשכחן אלא הכא, מיהא קצירה לא אצטריך. ולההיא דרשא דאתיא קצירה – אתיא חרישה, כיון דכתבינהו גבי הדדי. אי נמי ס"ל לר"ע כי ההיא דאמרן לעיל, דלוקה על חרישה, וכדאמרינן טעמא לעיל: סבר ר' עקיבא, ותרוייהו מיותרין. ואליבא דר' עקיבא קפריש ואזיל, דר' עקיבא סבר: אם אינו ענין לשבת – תנהו גבי שביעית.(ג) ובמשמעות שבא להחמיר ולא להקל. ולא בעי לאוקמי בשבת כר' ישמעאל להקל, דהכי עדיפא ליה. ור' ישמעאל עדיפא ליה לאוקמי בשבת, דפשטיה דקרא מיירי ביה ואפילו להקל, מלאוקמי בשביעית דלא מיירי ביה ולהחמיר:

אלא

הגהות הגר"א

[א] גמ' וב"ה א' כו'. נ"ב בירושלמי [שביעית פ"א] ולמה לא תניתה מקולי ב"ש ומחומרי ב"ה פעמים שאין הגשמים מצויין ואין האילן מגיע [לחרוש] ד"ה עד עצרת:

שביעית פ"א מ"א

שם פ"ב מ"א ע"ש

[ליתא במשנה דשביעית]

מגילה ב. גיטין לו: עדיות פ"א מ"ה ע"ז לו.

[שבת מז. סוכה מד. קידושין לט. חולין כה.]

סוכה לד. מד. תענית ג. זבחים קי:

שביעית פ"א מ"ד ר"ה ט. מכות ח.

[צ"ל דתניא משום דבמשנ' דשביעית לא נזכר ר' עקיבא אלא סתמא דת"ק וגם הא דלאמר הכא שהרי כבר נאמר כו' לא נזכר במשנה דהתם וכ"מ בהר"ש שם בפירושו בשביעית דהך דמייתי הכא וכן בר"ה ט. ברייתא היא לכך צ"ל גרסי' דתניא]

הגהות הב"ח

(א) רש"י ד"ה ואתו ב"ש וב"ה וגזרו מפסח ומעצרת ואתו בתקנתא דידהו וכו' ועד העצרת דכל הרוצה לבטל כו' לא בטל אלא הפסח והעצרת עד ל' כו' כצ"ל והד"א: (ב) תוס' ד"ה ר"א כו' מהא ליכא למימר לעיל תסתיים דר"א דאמר וכו' לא שמיע ליה. נ"ב כלומר לא סבירא ליה הא דאמר דהתירו תוספת שביעית ולכך הוה אמר הכי משום דליכא לפרש כצ"ל: (ג) ד"ה שהרי וכו' תנהו גבי שביעית ובמשמעותיה דקרא שבא להחמיר:

רבינו חננאל

רב דימי אמר יכול ילקה על התוספת ונסיב לה תלמודא לפטורא. מאי תוספת. ר' אלעזר אמר חרישה שהיא תוספת על הזריעה ועל הקצירה דאתיא מכלל ופרט *) א"כ כל הני פרטי למה לי והדין הוא תלמודא דנסיב לפטורא פרטיהן הזורע והזומר וקוצר ובוצר למה לי אלא ללמדך דאהני תולדות דזומר ובוצר הוא דמיחייב אתולדות אחרנייתא לא מיחייב. ור' יוחנן אמר ימים שהוסיפו חכמים לפני ר"ה להיות חורשין באילן ערב שביעית עד העצרת אע"פ שנהנה האילן בחרישה זו בשנה השביעית ובשדה הלבן עד הפסח. וכך אמרו יכול ילקה על תוספת ר"ה וכר"ע דמרבה להו מבחריש ובקציר תשבות ואמר אין צ"ל חריש וקציר של שביעית שהרי כתיב שדך לא תזרע אלא חריש של ערב שביעית שנכנס בשביעית כו' ונסיב לה קרא לפטורא כדאמרן. ירושלמי בשביעית [פ"ק ה"א] באיסור ב' פרקים הללו התירו ובאו אחרי כן בשעה שאסרו והתירו למקרא סמכו בחריש (ובחריש) [ובקציר] איזהו חריש אסור בחריש שקצירו אסור. ואיזהו חריש של ערב שביעית שיצא למוצאי שביעית וכשהתירו אחריהן למקרא סמכו (והא) כתיב הכא בשביעית שבת. וכתיב בשבת בראשית שבת מה ערב שבת בראשית אתה מותר לעשות עד שתשקע החמה אף ערב שבת שביעית אתה מותר לעשות עד שתשקע החמה. א"כ למה נאמר עד העצרת שעד כאן יפה לפרי. ומיכן ואילך מנבל פירותיו. ומקשינן היכי מבטל ר"ג תקנת הלל ושמאי והתנן אין ב"ד יכול לבטל דברי ב"ד חבירו אא"כ גדול ממנו בחכמה ובמנין. ופרקינן תיקנו שמאי והלל תקנה זו והתנו שכל הרוצה לבטל יבוא ויבטל. ומקשינן וכי דבית הלל ושמאי הן והא הל"מ הן דא"ר יוחנן עשר נטיעות והן אלו ששנינו במס' [שביעית] פרק ראשון עשר נטיעות מפוזרות בתוך בית סאה חורשין כל בית סאה בשבילן עד ר"ה. פירוש מהכא שמעינן שהנטיעות הן שמותר לו לחרוש להן בששית עד ראש השנה. אבל האילנות שכבר עשו פירי וזיקנו אין חורשין להן בששית עד ר"ה ובתחלת פרק ראשון ממס' שביעית עד מתי חורשין שדה האילן ערב שביעית בש"א כל זמן שהוא יפה לפרי שהחרישה תועיל לפירות שבאילן שהן הפירות השנה הששית אבל אם נכנס הקיץ וגמרו הפירות ואין החרישה מועלת לאותן הפירות כלום נאסר בחרישה שהחרישה אותו העת אינה מועלת לשנה הששית כלום ונעשה כאילו הוא חורש בשביעית ושיערו ב"ה אותו העת עצרת וקרובים דברי אלו להיות כדברי אלו. ומנא תימרא דשני לן בין נטיעה לאילן כדתנן במס' שביעית פ"א עד אימתי נקראו נטיעות ר' אלעזר בן עזריה אומר עד שיחולו ר' יהושע אומר בת ז' שנים ר"ע אומר נטיעה כשמה. אילן שנגמם פי' שנחתך והוציא חילופין מטפח ולמטה כנטיעה מטפח ולמעלה כאילן. דברי ר' שמעון (מכיון) [אלמא] דשני לן בין נטיעה לאילן. ש"מ מדהתיר לחרוש לנטיעות.

עד

*) נראה דצ"ל ונסיב לה תלמודא לפטורא דא"כ כל הני. **) נראה דצ"ל ר"ג ובית דינו התירו באיסור ב' פרקים הראשונים ר' אחא בשם ר"י בשעה שאסרו למקרא סמכו ובשעה שהתירו למקרא סמכו בחריש ובקציר איזהו חריש שקצירו אסור זהו חריש של ערב שביעית שנכנס לשביעית וקציר של שביעית שיוצא למוצאי שביעית וכו'.

שנכנס לשביעית, וקציר של שביעית שיצא למוצאי שביעית. ר' ישמעאל אומר: מה חריש רשות – אף קציר רשות, [א]יצא קציר העומר שהיא מצוה. אלא אמר רב נחמן בר יצחק: כי גמירי הלכתא – למישרי ילדה, קראי – למיסר זקינה. וכיון דהלכתא למישרי ילדה לאו ממילא זקינה אסירה? אלא: הלכתא לרבי ישמעאל, קראי לר' עקיבא. ור' יוחנן אמר: רבן גמליאל ובית דינו מדאורייתא בטיל להו. מאי טעמא? גמר "שבת" "שבת" משבת בראשית, מה להלן היא אסורה, לפניה ולאחריה – מותרין, אף כאן, היא אסורה, לפניה ולאחריה – מותרין. מתקיף לה רב אשי: מאן דאמר הלכתא – אתיא גזרה שוה עקרה הלכתא? ומאן דאמר קרא – אתיא גזרה שוה עקרה קרא?! אלא אמר רב אשי: רבן גמליאל ובית דינו סברי לה כרבי ישמעאל דאמר הלכתא גמירי לה, וכי גמירי הלכתא – בזמן שבית המקדש קיים, דומיא דניסוך המים. אבל בזמן שאין בית המקדש קיים – לא. § "אבל לא ממי הגשמים וממי הקילון". § (א) בשלמא מי קילון – איכא טירחא יתירא, אלא מי גשמים מאי טירחא איכא? אמר ר' אילעא א"ר יוחנן: גזירה מי גשמים אטו מי קילון. רב אשי אמר: מי גשמים גופייהו לידי מי קילון אתו. וקמיפלגי בדר' זירא. דאמר ר' זירא אמר רבה בר ירמיה אמר שמואל: [ב]נהרות המושכין מים מן האגמים – מותר להשקות מהן בחולו של מועד. מר אית ליה דרבי זירא, ומר לית ליה דרבי זירא. גופא, אמר ר' זירא אמר רבה בר ירמיה אמר שמואל: נהרות המושכין מים מן האגמים – מותר להשקות מהן בחולו של מועד. איתיביה רבי ירמיה לרבי זירא: אבל לא ממי גשמים ולא ממי קילון! אמר ליה: ירמיה ברי, [ג]הני אגמים דבבל – כמיא דלא פסקי דמו. תנו רבנן: [ד]הפסיקות והבריכות שנתמלאו מים מעיו"ט – אסור להשקות מהן בחולו של מועד, ואם היתה אמת המים עוברת ביניהן – מותר. אמר רב פפא: והוא שרובה של אותה שדה שותה מאותה אמת המים. רב אשי אמר: [ה]אע"פ שאין רובה של אותה שדה שותה, כיון דקא משכא ואתיא – מימר אמר: אי לא שתיא לחד יומא – תישתי לתרי ותלתא יומי. ת"ר: [ו]בריכה שנוטפת מים משדה בית השלחין זו – מותר להשקות ממנה שדה בית השלחין אחרת. והא עבידא דפסקא! אמר ר' ירמיה: [ז]ועדיין היא מטפטפת. אמר אביי: [ח]והוא שלא פסק מעיין ראשון. תניא, ר' שמעון בן מנסיא אומר: שתי ערוגות זו למעלה מזו – לא ידלה מן התחתונה וישקה את העליונה. יותר על כן אמר *רבי אלעזר בר שמעון: [ט]אפילו ערוגה אחת, חציה נמוך וחציה גבוה – לא ידלה ממקום נמוך וישקה למקום גבוה. תנו רבנן: [י]מדלין לירקות כדי לאוכלן, ואם בשביל לייפותן – אסור. רבינא ורבה תוספאה הוו קא אזלי באורחא, חזו לההוא גברא דהוה דלי דוולא בחולא דמועדא. אמר ליה רבה תוספאה לרבינא: ליתי מר לשמתיה! א"ל: והתניא: מדלין לירקות כדי לאוכלן! א"ל: מי סברת מאי מדלין – מדלין מיא? מאי מדלין

רש"י

שנכנס לשביעית. כל שיש לו ליכנס לשביעית, שאסור לחרוש לפני ר"ה: מה חריש רשות. בכל מקום: קציר העומר. מותר לקצור בשבת: שהיא של מצוה. אע"פ שמצאה קצור – קוצר, דבעינן קצירה לשמה. אבל אם מצא חרוש – אינו חורש: הלכתא למישרא ילדה. עשר נטיעות עד ר"ה: קראי למיסר זקינה. שלשים יום קודם ראש השנה. ואתו בית שמאי והלל וגזרו מפסח ועד עצרת: ממילא שמעת מינה. דזקינה אסור לחרוש: אלא הלכתא לרבי ישמעאל. דלא נפיק ליה מקראי, דחריש לקרא לדרשה אחרינא: להוציא קציר העומר: מדאורייתא בטלו. כלומר, אשכחו סמך מן התורה, להכי בטלו הלכתא: מאן דאמר הלכתא. דלפני ר"ה אסור: אתא גזירה שוה עקרה להלכתא. כלומר, משום גזרה שוה דאינהו גמירו מנפשייהו משבת – בטלו הלכתא? הא אין אדם דן ג"ש מעצמו! כי גמירו הלכתא בזמן שבית המקדש קיים. וכי שרו רבן גמליאל ובית דינו – בזמן שאין בית המקדש קיים: גזירה מי גשמים. דלמא אתי למעבד מי קילון: מי גשמים נמי אתי לידי מי קילון. כלומר, כי מדלו מינייהו(ב) דלא הויא מליאה – נעשית מאיליה מי קילון, שאינו מלא, וטריחא מילתא: נהרות המושכין מן האגמים. השתא משמע ליה מי אגמים, עבידא דפסקי(ג) מותר להשקות מהן בחולו של מועד. ולא גזרי דלמא פסיקא מי אגמים, ואזיל וטרח ואייתי מן נהר אחר: ר' אילעא אמר ר' יוחנן. דאמר גזרינן מי גשמים אפילו היכא דלא פסקי אטו מי קילון מדקאמר רב אשי מי גשמים לידי(ד) קילון אתי מכלל דר' יוחנן סבר אפילו דלא אתיא לידי מי קילון לית ליה דר' זירא דלא גזר: מיתיבי אבל לא מי קילון. דלמא מפסקי, וטרח להוציא מן העמוק. הכא נמי: אמאי לא ניחוש דלמא מפסקי מי אגמים? א"ל כמיא דלא פסקי דמו. וליכא למיחש: פסיקות ובריכות. חדא מילתא היא: אם אמת המים עוברת ביניהן. בין הבריכות הללו – מותר להשקות ממי גשמים, דאי פסקי מי גשמים – משקה מאמת המים: והוא שרובה של אותה שדה שותה מאותה אמת המים כו'. שיכול להשקות רוב השדה בפעם אחת מאותה אמת המים. אבל אם אינו יכול להשקות בפעם אחת מאותה אמת המים רוב של שדה – אינו משקה מפסיקות ובריכות, דלמא מפסיק ואזיל: תישתי לתרי או תלתא יומי. מהיא אמת המים, ולא טרח ומייתי מאמת המים אחרינא: בריכה שנוטפת משדה בית השלחין זו מותר להשקות ממנה בית השלחין אחר. בית השלחין שהיה גבוה, והיה מעיין נובע מגדו, ובצד אחד היה בית השלחין נמוך. ובין אלו בית השלחין היה בצד השלחין הנמוך בריכה קטנה, וכשמשקים בית השלחין הגבוה מן המעיין נוטף טיפין מן בית השלחין הגבוה לבריכה הנמוכה – מותר להשקות אותו בית השלחין הנמוך מאותה בריכה, אע"ג דבריכה עבידא דפסקא. הואיל ומטפטף בו מבית השלחין הגבוה מים שבאו לו מחמת המעיין: והא עבידא דפסקא. בריכה, ואזיל ומייתי(ה): עדיין היא מטפטפת. מבית השלחין גבוה לתוך הבריכה, דודאי לא פסקא: אמר אביי והוא שלא פסק מעיין. המטפטף מבית השלחין גבוה לבריכה – מותר להשקות מבריכה לבית השלחין נמוך. אבל אי פסיק מעיין, אע"ג דעדיין מטפטף מבית השלחין גבוה לתוך הבריכה – אין משקין מן הבריכה לבית השלחין נמוך, דלמא פסיק, ואזיל וטרח ומייתי ממעיין אחר: לא ידלה מן התחתון וישקה לעליון. דאיכא טירחא יתירא: מדלין לירקות. משמע שהוא דולה מים ומשקה לירקות, כדי לאוכלן בחולו של מועד: ואם בשביל ליפותן. שיגדלו הירקות – אסור, דהרווחה היא: דהוה דלי דוולא. דולה דליות מים לירקות. וחכמים לא התירו כי אם לבית השלחין בלבד: שלופי

תוספות

אלא אמר רב נחמן בר יצחק. האי "אלא" קאי אהאי דרבי יצחק (ו) לעיל: כי גמירי הלכתא לשלשים יום לפני ראש השנה, דהיינו באילנות זקנים. לא תימא דלהכי אתיא הלכתא, אלא סבר רב נחמן דאיסור שלשים לפי אומד חכמים, ואף החמירו בהם בדבריהם. ויש דמשבשי ליה להאי 'אלא' דרב נחמן, ואין להאריך בדבריהם:

מה להלן היא אסורה לפניה ולאחריה מותרין. ואי קשיא: והא מפקינן מקרא במס' יומא פרק בתרא (דף פא:) דצריך לעשות תוספת גבי שבת, בין בכניסתה בין ביציאתה, להוסיפה מחול על הקודש! איכא למימר: ההוא פורתא לא קא חשיב, כיון דלא הוי אלא כל שהוא. וכי ההוא שיעורא נמי יהא מודה רבן גמליאל דצריך להוסיף:

אלא אמר רב אשי רבן גמליאל כו'. כלומר, ודאי מדאורייתא בטיל. ולאו היינו טעמא כדקאמר, אלא סבירא ליה כרבי ישמעאל. וקא דייק רבן גמליאל מה שייכא תוספת שביעית גבי ניסוך, שניתנו למשה גבי הדדי, (ז) דבכל מקום שונה הני שלשה ביחד, דכך ניתנו. אלא ודאי – למילף סמכינהו רחמנא:

בשלמא מי קילון כו' אלא מי גשמים. מיירי בכי האי גוונא דקים לן דלא פסקי, ולית בהו איסור אלא מהאי טעמא דמפרש. אבל אי פסקי – אית להו איסורא, כדלקמן. דבכל מידי דפסיק – איכא איסורא משום דאזיל ומייתי ממקום רחוק כיון שהתחיל להשקות, שלא יפסיד שדהו. הלכך, איכא לאוקמי הכא דלא פסקי:

מדלין

עין משפט נר מצוה

כז א מיי' פ"ז מהלכות תמידין הלכה ו סמג עשין קנט:

כח ב ג ד ה ו ז ח מיי' פ"ח מהלכות יו"ט הלכה ח טוש"ע א"ח סי' תקלז סעיף ג:

כט ט מיי' שם הלכה ב טוש"ע שם סעיף ב:

ל י מיי' שם טוש"ע שם סעיף ז:

מסורת הש"ס

(תוספתא פ"א)

רבינו חננאל

עד ר"ה מכלל שאין חורשין לאילן עד ר"ה. ומן ההלכה שמענו. ולא מדב"ש וב"ה וערבה וניסוך המים הל"מ הן. ופריק ר' יצחק כי אתאי הלכתא א) פי' כדתנן בשביעית בפ' שני אין נוטעין ואין מבריכין ואין מרכיבין ערב שביעית פחות משלשים יום קודם ר"ה ואתו ב"ש ובית הלל התקינו מפסח לשדה לבן ומעצרת לשדה האילן ושקלו וטרו כי אתאי הלכתא למישרא ילדה. פי' כגון עשר נטיעות המפוזרות בבית סאה שהל"מ לחרוש להן כל בית סאה עד ר"ה למישרי ילדה להתיר החרישה לנטיעה שהיא ילדה. קראי למיסר זקינה פי' בחריש ובקציר שלמדנו ממנו איסור חרישה קודם ר"ה האיסור הזה לאילן שכבר עשה פרי וכבר זקן ואקשינן וכיון שהלכה להתיר החרישה לנטיעה הלא מתוך זאת אתה למד שהחרישה לאילן אסורה. (והשבנו שר' ישמעאל הוא שלמד [illegible] מן ההלכה דר' ישמעאל מוציא בחריש ובקציר לטעם אחר להתיר קצירת העומר בשבת ולפיכך הוא נצרך להלכה ללמד איסורי החרישה). ואסיקנא לה ר' ישמעאל סבר הל"מ הוא פי' כי הוא מוציא בחריש ובקציר לטעם אחר להתיר קצירת העומר [בשבת] ור"ע פליג עליה ואמר לאו הל"מ נינהו אלא קרא פי' מן בחריש ובקציר נינהו. ור' יוחנן אמר ר"ג מדאוריי' שרא להו גמר שבת שבת בראשית בג"ש מה ערב שבת בראשית מותר לעשות מלאכה עד שתחשך כלומר לפניה ולאחריה מותר אף ערב שביעית מותר עד ר"ה פירוש לפניה ולאחריה מותר. ודחי רב ששת מ"ד הלכה אתאי גזרה שוה ועקרתה להלכתא כו' אלא אמר רב אשי ר"ג ובית דינו סברי לה כר' ישמעאל דאמר הלכתא גמירי לה וכי גמירי הלכתא בזמן שבהמ"ק קיים דומיא דניסוך המים. אבל בזמן שאין בית המקדש קיים לא ולפיכך התיר. אבל אין משקין את השלחין לא ממי הגשמים ולא ממי הקילון ומקשינן בשלמא מי הקילון שהן כמו ביב מושך מים וצריך לדלות ולהשקות דאיכא טירחא לא. אלא מי גשמים דפתיחה סגי ליה מאי טירחא איכא. א"ר יוחנן גזירה כו'. רב אשי אמר גשמים גופייהו כשפוסק המטר אתי לידי מי קילון. כלומר צריך למלאות מהן בדלי במקום שנתקבצו ופליגא בהא דר' זעירא דאמר נהרות המושכין מן האגם מותר להשקות מהן בחולו של מועד. ר' יוחנן אית ליה דר' זירא. ואסיקנא דהני נהרות המושכין מן האגמים מותר משום דאגמי בבל כמיא דלא פסקי דמו. ת"ר הבריכות והפסיקות שנתמלאו מים ב) בחולו של מועד דחיישינן שמא יפסקו ויבואו למלאות בדלי ואם היתה אמת המים עוברת עליהן מותר. אמר רב אשי ואע"פ שאין רוב אותה שדה שותה מאותה אמת המים שרינן. מ"ט כיון דמשכה אותה אמת המים ואתיא לה לא חייש לפסידא מימר אמר אי לא שתי לחד יומא שתי לתרי יומא ותלת יומא: תנו רבנן בריכה שנטפה מים. כלומר נתמצו ונתקבצו בתוכה התמצית שלחין אחרא. תנינן המים המתמצין משדה בית השלחין משקה בית השלחין אחר כ"ז שמטפטפת ולא פסק מעין ראשון. ותניא ר"ש בן מנסיא אומר ב' ערוגות זו למעלה מזו לא ידלה מן התחתונה וישקה לעליונה ואפי' ערוגה אחת חציה נמוך וחציה גבוה לא ידלה מן הנמוך וישקה את הגבוה. ת"ר מדלין מים כו'. ואסיקנא

א) נ"ל כי אתאי הלכתא ל' יום לפני ר"ה פי' כדתנן וכו'. ב) נ"ל שנתמלאו מים מעיו"ט אסור להשקות מהן בחולו של מועד.

הגהות הב"ח

(א) גמ' בשלמא מי קילון. נ"ב ל' הרמב"ם קילון כלומר בור עמוק וכן מי גשמים שמתקבצי' מהם אגמים וכשהגשמים פוסקים יתמו המים הבאים לאגמים ויצטרך להשקות מהם בדלי: (ב) רש"י ד"ה מי גשמים כו' כי מדלו מינה עד דלא הוי מליאה: (ג) ד"ה מותר כו' וד"ה רבי אילעא כו' הס"ד: (ד) ד"ה ר' אילעא כו' לידי מי קילון: (ה) ד"ה והא עבידא כו' ואזיל ומייתי ממעיין אחר הס"ד: (ו) תום' ד"ה אלא כו' אהאי דר' יצחק דלעיל דקאמר כי גמירי כו' לפי אומד חכמים הוא ואף: (ז) ד"ה אלא אר"א כו' דבכ"מ שונה הני שלשה ביחד. נ"ב אבל רש"י ז"ל פי' במס' סוכה דף לד דאלו שלשה נשאלו בבית המדרש ושמע השומע וגרסם כסדר ששמעם:

*מדלין לירקות. ממקום עמוק קרי דילוי, ואע"ג דאיכא טירחא יתירא, בשביל לאכול – התירו. אבל לייפות, אפילו ליכא טירחא – לא התירו: כך מידל בשל עניים. דכי אסר רחמנא ליקח עוללות – ה"מ בשעת בצירה, כדכתיב (דברים כד): "כי תבצור כרמך לא תעולל" – איסור עוללות עלייהו:

מפני שמכשיר אגפיה לזריעה. ונראית חרישה ממש, שסבורין הרואין שלכך מתכוין. אי נמי: חשיב ליה עבודת קרקע ממש. ואע"ג שאינו מתכוין לכך – מיהו מלאכה היא. ואע"ג דאמר ר' שמעון דבר שאין מתכוין מותר – הא אמרינן: *מודה ר' שמעון בפסיק רישיה ולא ימות. ורבנן סברי: כיון דע"י שינוי עביד ליה – לאו מלאכה היא, ומותר, דלא שמיה חרישה:

זבלו מוכיח עליו. דליכא למיחש להא, דמאן דחזי החפירה (*לא) חזי ליה(ב) לזבל שבחפירה:

*) [נ"ל הא וכן איתא בתוי"ט לשביעית פ"ג מ"ג] לאתויי

מדלין – שלופי. כדתנן: *המידל בגפנים, כשם שהוא מידל בשלו – כך הוא מידל בשל עניים, דברי ר' יהודה. רבי מאיר אומר: בשלו – רשאי, ואינו רשאי בשל עניים. אמר ליה: והתניא: מדלין מים לירקות כדי לאוכלן! אמר ליה: *אי תניא – תניא.§ "ואין עושין עוגיות לגפנים".§ מאי עוגיות? אמר רב יהודה: בנכי. *תניא נמי הכי: אלו הן עוגיות – בדידין שבעיקרי זיתים ושבעיקרי גפנים. איני? והא רב יהודה שרא לבני בר ציתאי למעבד בנכי לכרמיהון! לא קשיא, [א]הא – בחדתי, הא – בעתיקי.§ "ר' אלעזר בן עזריה אומר אין עושין את האמה".§ בשלמא מועד – משום דקא טרח, אלא שביעית – מאי טעמא? פליגו בה רבי זירא ורבי אבא בר ממל. חד אמר: מפני שנראה כעודר, וחד אמר: מפני שמכשיר אגפיה לזריעה. מאי בינייהו? איכא בינייהו דקא אתו מיא בתריה. מאן דאמר מפני שמכשיר אגפיה לזריעה – איכא, ומ"ד מפני שנראה כעודר – ליכא. ולמאן דאמר מפני שנראה כעודר – ליחוש מפני שמכשיר אגפיה לזריעה! אלא: איכא בינייהו דקא שקיל מיניה ושדי לבראי. למאן דאמר מפני שמכשיר אגפיה לזריעה – ליכא, למ"ד מפני שנראה כעודר – איכא. ולמ"ד מפני שמכשיר אגפיה לזריעה, ליחוש מפני שנראה כעודר? עודר נמי, כי קא שקיל – בדוכתיה מנח ליה. אמימר מתני לה מפני שנראה כעודר, וקשיא ליה דרבי אלעזר בן עזריה אדר' אלעזר בן עזריה: ומי אמר ר' אלעזר בן עזריה כל שנראה כעודר אסור? ורמינהי: *[ב]עושה אדם את זבלו אוצר. ר' מאיר אוסר עד שיעמיק שלשה טפחים, או עד שיגביה ג' טפחים. היה לו דבר מועט – מוסיף עליו והולך. רבי אלעזר בן עזריה אוסר עד שיעמיק שלשה, או עד שיגביה שלשה, או עד שיתן על הסלע. ר' זירא ור' אבא בר ממל, חד אמר: כגון שהעמיק, וחד אמר: זיבלו מוכיח עליו.§ "ומתקנין את המקולקלת במועד".§ מאי מקולקלת? אמר רבי אבא: [ג]שאם היתה עמוקה טפח – מעמידה על ששה טפחים. פשיטא, חצי טפח על שלשה טפחים, כיון דלא עבר מיא – לא כלום הוא. טפחיים על שנים עשר, דקא טרח טירחא יתירא – לא. טפחיים על שבעה מהו? [ד]הכא חמשה קא מעמיק והכא חמשה קא מעמיק, או דלמא, כיון דאיכא טפח יתירא – איכא טירחא טפי? תיקו. אביי [ה]שרא לבני בר המדך לשחופי נהרא. רבי ירמיה [ו]שרא להו לבני סכותא למיכרא נהרא טמימא. רב אשי שרא להו לבני מתא מחסיא לאקדוחי נהר בורניץ. אמר: כיון דשתו מיניה רבים – כרבים דמי, ותנן: עושין כל צורכי רבים.§ "ומתקנין את קילקולי

שלופי. כשהירקות רצופין נוטל מהן מביניהם לאוכלן – מותר, ליפותן – אסור, בשביל ליפותן אותם שנשארים: המידל. תולש בגפנים שיש בהן כיחד יותר מדאי: בשל עניים. בפאה. א"נ, עוללות – שאין לו לא כתף ולא נטף: בנכי. גורות תחת הגפנים וזיתים ונותן בהם מים: עוגיות. עגול סביב, כמו "עג עוגה ועמד בתוכה" (תענית דף יט.) ובדידין נמי הן גומות: ציתאי. מקום: למעבד בנכי. עוגיות. והיכי שרי? והא תנן: אין עושין עוגיות! הא בחדתי. שמעולם לא היו שם עוגיות – אסור לעשות בחולו של מועד, דאיכא טירחא יתירא. אבל עתיקי, שכבר היו לו שם עוגיות ונסתמו – מותר לחזור ולחופרן בחולו של מועד: מפני שנראה כעודר. לצורך שביעית, שהרי חופר כעודר: שמכשיר אגפיה לזריעה. כשחופר האמה ומניח העפר שבאמה על שפת האמה – מתקן אגפיה לזריעה, דעביד לה ארעא רכיכא: דקא אתו מיא בתריה. דכי חפר באמה אתו לאלתר מים בהדי חפירה: מ"ד מפני שמכשיר אגפיה לזריעה איכא. אע"ג דאתי מיא בתריה, דהא שדא ארעא רכיכא אגפי האמה: ומ"ד מפני שנראה כעודר ליכא. דהא אתי מיא, ובעודר ליכא מים, ולכך לא דמי לעודר: אלא. לעולם דלא אתו מיא בתריה. ואיכא בינייהו דשקיל ושדי לבראי. דחפיר באמה ושדי עפר לבראי, רחוק מאגפי אמה, דלא מכשיר אגפיה לזריעה: מאן דאמר מפני שנראה כעודר איכא. דהא חפיר ולא אתו מיא בתריה: בדוכתיה מנח ליה. דלא שדי ארעא לבראי, דלא עביד אלא מרכך ארעא. אבל הכא – שדי לבראי, לכך לא דמי לעודר: אמימר מתני. בהדיא, הא דאמר ר' אלעזר אין עושין את האמה בשביעית מפני שנראה כעודר: עושה אדם זבלו אוצר. שמכנים כל זבלו בשביעית בשדה, ולא אמרינן דנראה כמזבל שדהו בשביעית: עד שיעמיק שלשה טפחים. ומכניס הזבל לשם, דמוכחא מלתא דלא עביד כדי לזבל שדהו בשביעית: היה לו מעט זבל. באותה שדה קודם שביעית, מוסיף עליו זבל והולך בשביעית, ואין צריך להעמיק: רבי אלעזר אוסר. אפילו אם היה שם מעט זבל קודם שביעית, להוסיף עליו בשביעית: עד שיעמיק שלשה. או שיתן הזבל על הסלע שבשדה, דלא נראה כמזבל והיכי שרי רבי אלעזר לחפור ולהעמיק בשביעית ולא חייש לנראה כעודר? כגון שהעמיק. קודם לכן. כלומר, הא דאמר רבי אלעזר עד שיעמיק – לא אמר עד שיעמיק בשביעית, אלא שהיה עמוק קודם שביעית: זבלו מוכיח עליו. כלומר, אע"ג דמעמיק בשביעית הוא נראה כעודר ואסור – הכא מותר, שהרי זבלו שמניח לשם מוכיח עליו דלא עביד משום עודר: שאם היתה עמוקה טפח. כלומר, שלכתחילה היה שם אמת המים בת ששה טפחים, ונסתמה עד טפח(א) – מעמידה עד ששה טפחים, כלומר: חוזר ומעמיק אותן חמשה טפחים שנסתמה: חצי טפח על שלשה. אם היתה בתחלה בת שלשה טפחים, ונסתמה עד חצי טפח, דודאי אינו חוזר וחופר אותן שני טפחים ומחצה. אע"ג דהוי דומיא דהיתה עמוקה טפח ומעמידה על ו' טפחים: כיון דמעיקרא לא עברי בה מיא. כלומר, ודאי באמה בת שלשה טפחים לא עברי בה מיא שפיר, לא קודם לכן ולא עכשיו – הוי טירחא דלא צריך: טפחיים על שנים עשר. דלכתחילה היתה של שנים עשר, ונסתמה עד שני טפחים – אסור להעמיק עוד עד י' טפחים על אותן שנים הראשונים, משום דהוי טירחא יתירא, דקא מעמיק כל כך ולהגביה קרקעית הגומא למעלה מששה טפחים: טפחיים על שבעה טפחים. ונסתמה עד שני טפחים: מהו. להעמיק אותן חמשה שנסתיירו: הכא חמשה קא מעמיק. דהיתה עמוקה טפח ומעמידה על ששה ולא הוי טירחא יתירא להעמיק כל כך בקרקע: והכא. נמי לא מעמיק במועד אלא חמשה טפחים: כיון דאיכא טפח יתירא. דלא צריך כל הטפח [דסגי בד']: איכא טירחא טפי. שעושה עצמו בשביל אותו טפח יותר מדאי: לשחופי נהרא. לעקור ענפי אילנות הגדלים בנהר: למיכרא נהרא טמימא. לפנות מקור המעיין שנסתם: לאקדוחי נהרא. לפנות שירטון שבאמצע הנהר: בורניץ. שם הנהר: קילקולי

שייך מעב"ל

לא א מיי' פ"ח מהלכות י"ט הלכה ג טוש"ע א"ח סי' תקלז סעיף ה:
לב ב מיי' פ"ב מהלכות שמיטה הלכה ב:
לג ג ד מיי' פ"ח מהל' י"ט הלכה ג סמג לאוין עה טוש"ע א"ח סי' תקלז סעיף ו:
לד ה ו מיי' שם הלכה ד סמג שם טוש"ע א"ח סי' תקמד ס"ב:

שבת עה.

פאה פ"ז מ"ה

[שבת קטו: וש"נ]

[תוספתא פ"א ע"ש תוספתא לשביעית פ"א]

[שביעית פ"ג מ"ג]

רבינו חננאל

ואסיקנא מדלין מים לירקות כדי לאוכלן ואם בשביל לייפותן אסור. ולית האי מדלין מלשון שלופי כדתנן המדל בגפנים כו' [ואין עושין עוגיות] פי' עוגה והן בדידין שבעיקרי אילנות כדתנן במס' כלים פ' כ"ט יד הבדיד ד' והנ"מ בחדתא אבל בעתיקא למיעבד בנכי שרי: (מתני') [פיסקא] ר' אלעזר בן עזריה אומר אין עושין את האמה בתחלה בין [במועד ובין] בשביעית. ומקשינן בשלמא במועד משום טירחא אלא שביעית אמאי לא. ופרקינן כיון שחופר נראה כעושה מלאכה בשביעית בשדה. וי"א מפני שמכשיר אגפיה לזריעה כלומר כיון שחופר נמצא כחורש באמצע ומכשיר הצדדין לזריעה כו'. אמימר מתני לה מפני שנראה כעודר. וקשיא ליה ומי א"ר אלעזר הכי שכל החופר ומעמיק נראה כעודר. והא איהו דאמר שחופר עד ג' ולא גזר משום עודר דתנן במס' שביעית פ"ג עושה אדם זבלו אוצר ר"מ אוסר עד שיעמיק ג' טפחים או עד שיגביה ג' או שיתן על הסלע ופרקינן ר' זירא ור' אבא בר ממל חד אמר כגון שהעמיק קודם לכן וחד אמר זבלו מוכיח עליו שאינו עודר: **פיסקא.** וחכ"א עושה אדם אמת המים בתחלה בשביעית ומתקנין את המתקלקלות במועד. מאי מקולקלות. א"ר אבהו שאם היתה עמוקה טפח חופרה ומעמידה עד ששה טפחים נמצא מוסיף ה' טפחים. ומיבעיא לן אמה שיש בה טפחיים מהן לחפור ה' האחרות ולהעמידה על ז' טפחים דחמשה נמי הוא דקא מוסיף ועלתה בתיקו: ומתקנין קילקולי המים שברה"ר. אביי שרא לבני בר הרמך לסחופי נהרא. ור' ירמיה שרא לבני סכותא למכרא נהרא סתום ולפותחו ור' אסי שרא לאקדוחי נהר ביצין אמר כיון דשתו מיניה רבים כרבים דמי ותנן עושין כל צורכי רבים
פיסקא

הגהות הב"ח

(א) רש"י ד"ה שאם הית' כו' ונסתמה עד טפח וחוז' ומעמידה עד שש' (ב) תוס' ד"ה זבלו כו' ח' ליה נמי לזבל:

קילקולי המים. כגון אבנים שנפלו מחמת הבור: חוטטין. נקלו צרורות בקרקעית הבור מעלה אותן במועד: אבל לא חוטטין אותן. אי אמרת בשלמא הא דקתני האיא ברייתא שלמעלה(ג) של יחיד – היינו כשאין יחיד צריך לו, איכא לאוקמי האי דקתני האי ברייתא אבל לא חוטטין – כשאין יחיד צריך לו. אלא אי אוקמת לה הא דחוטטין כשאין יחיד צריך לו, א"כ האי דקתני אבל לא חוטטין במאי מוקמת לה? אלא מאי בשיחיד צריך לו כו'. כלומר, במאי מוקמת האי דקתני חוטטין – בשרבים צריכים להן, וקתני כו' של רבים חופרין אותן: אלא קשיא קמייתא. דקתני: אין חופרין בורות של רבים – בשרבים צריכין לו, קשיא להא ברייתא דקתני הכא: של רבים – חופרין אותן: אלא תריץ הכי. ואין צריך לומר בשל רבים, דאפילו חפירה מותר. ולא קשיא לרבי יוחנן דאמר לא שנו כו': מתניתין נמי דיקא. דבשרבים צריכין לו, דחפירה נמי מותר: לקווץ את הדרכים. לפנות קוצים שבדרכים: מרגילין להיות בתוכו ארבעים סאה. שמרגילין שיהא (ד) נוגע במקוה אמת המים, כדי שיהא בו ארבעים סאה: כל דמים שנשפכו שם. כגון בקוצים שבדרכים: הא. דקאמרת דלאתויי הני נמי בהדיא קתני במתני' מתקנין כו'. אלא ודאי הא דקתני ועושין כל צורכי רבים – לאתויי חפירה קא אתו: *מציינין את הקברות. שעושין סימנים על הקברות בסיד. כדאמר ב"מרובה" (ב"ק דף סט.): של קברות בסיד, דחוור כעצמות, כדי שלא ילכו אוכלי תרומה לשם: דכתיב וראה עצם וכו'. יחזקאל מתנבא על העתיד לבא, שיעשו ישראל ציונים על עצמות הפגרים המושלכין.(ה) ורמז הוא, שלא בא הכתוב *אלא להזהיר וללמד שיהא אדם עושה ציון: כל בן נכר(ו) וערל בשר. שמתו אחיו מחמת מילה ולא רצו למולו, שיראים פן ימות גם הוא כאחיו – לא יבא אל מקדשי לשרתני, שאסורין בעבודה: גמירי. מסיני: טומאה קוראה לו פרוש. כלומר, עושים סימנים על הטומאה, כדי שיהא מרגיש ופורש: ולפני עור לא תתן מכשול. כלומר, עשו דבר על הטומאה שלא יהו נכשלים בה נושאי תרומה וטהרות: והזרתם. ומתרגמינן: ותפרשון: עשו משמרת למשמרתי. עשו משמרת לאוכלי תרומה, דכתיב בה 'משמרת' דכתיב (במדבר יח): "ואני נתתי לך את משמרת תרומותי" שלא יהו מטמאים: ושם דרך. שעושין סימן באיזה דרך ילכו: אראנו בישע אלהים. זה השם אורחותיו, המחשב הפסד מצוה כנגד שכרה ושכר עבירה כנגד הפסדה. ושם – כמו שמין: בשבתא דריגלא לא הוה מקשי ליה. משום דאתו כולי עלמא לפירקא, ואי מקשי ליה ולא הוה מצי לפרוקי – הוה מכסיף: קרי

קילקולי המים שברה"ר" וכו'. § חטיטה – אין, חפירה – לא. אמר ר' יעקב אמר ר' יוחנן: לא שנו אלא שאין רבים צריכין להם, אבל רבים צריכין להם – אפילו חפירה מותר. וכי רבים צריכין להם מי שרי? והתניא: חוטטין בורות שיחין ומערות של יחיד, ואין צריך לומר של רבים, ואין חופרין בורות שיחין ומערות של רבים, ואין צריך לומר של יחיד. מאי לאו – בשרבים צריכין להם! לא, בשאין רבים צריכין להם. דכוותה גבי יחיד – שאין יחיד צריך להם, חטיטה מי שרי? והתניא: בורות שיחין ומערות של יחיד – כונסין מים לתוכן, אבל לא חוטטין,(א) ולא שפין את סדקיהן. ושל רבים – חוטטין אותן ושפין את סדקיהן. ואלא מאי – בשיחיד צריך להם, דכוותה גבי רבים – בשרבים צריכין להם, חפירה מי אסיר? והתניא: בורות שיחין ומערות של יחיד כונסין מים לתוכן, וחוטטין אותן, אבל לא שפין את סדקיהן, ולא חוטטין לתוכן, ולא סדין אותן בסיד. ושל רבים – חופרין אותן, וסדין אותן בסיד. אלא קשיא הך קמייתא! תריץ הכי: חוטטין בורות של יחיד – [א]בשיחיד צריך להם, ואין צריך לומר בשל רבים כשרבים צריכין להם, [ב]דאפילו חפירה מותר, ואין חופרין בורות שיחין ומערות של רבים [ג]בשאין רבים צריכין להם, ואין צריך לומר של יחיד, דכי אין יחיד צריך להם – [ד]אפילו חטיטה נמי אסור. אמר רב אשי: מתניתין נמי דיקא, דקתני: עושין כל צורכי רבים. "כל" לאתויי מאי – לאו לאתויי חפירה? לא, לאתויי הא דתניא: [ה]יוצאין לקווץ את הדרכים, ולתקן את הרחובות ואת *האסטרטאות, ולמוד את המקואות. וכל מקוה שאין בו ארבעים סאה מרגילין לתוכו ארבעים סאה. ומנין שאם לא יצאו ועשו כל אלו, שכל דמים שנשפכו שם מעלה עליהם הכתוב כאילו הם שפכום? ת"ל °"והיה עליך דמים". הא – בהדיא קתני לה: ומתקנין את הדרכים, ואת המקואות, ועושין כל צורכי רבים. לאתויי מאי, לאו לאתויי חפירה? שמע מינה. § [ו]"מציינין את הקברות". § אמר ר"ש בן פזי: רמז לציון קברות *מן התורה מנין – *תלמוד לומר: °"וראה עצם אדם ובנה אצלו ציון". א"ל רבינא לרב אשי: הא מקמי דליתי יחזקאל מאן אמר? וליטעמיך, הא *דאמר רב חסדא: דבר זה מתורת משה רבינו לא למדנו, מדברי יחזקאל בן בוזי למדנו: °"כל בן נכר ערל לב וערל בשר לא יבא אל מקדשי (*לשרתני",) מקמי דליתי יחזקאל מאן אמר? אלא: גמרא גמירי לה, ואתא יחזקאל ואסמכה אקרא. הכא נמי: גמרא גמירי לה ואתא יחזקאל ואסמכה אקרא. רבי אבהו אמר מהכא: °"וטמא טמא יקרא" – טומאה קוראה לו, ואומרת לו: פרוש. וכן אמר רבי עוזיאל בר בריה דרבי עוזיאל רבה: טומאה קוראה לו ואומרת לו: פרוש. והאי להכי הוא דאתא? ההוא מיבעי ליה לכדתניא: "וטמא טמא יקרא" – *[ז]צריך להודיע צערו לרבים, ורבים מבקשין עליו רחמים! א"כ ליכתוב "וטמא יקרא" מאי "וטמא טמא" – שמעת מינה תרתי. אביי אמר מהכא: °"ולפני עור לא תתן מכשול". רב פפא אמר: (ב) °"ואמר סלו סלו פנו דרך". רב חיננא אמר: °"הרימו מכשול מדרך עמי". ר' יהושע בריה דרב אידי אמר: °"והודעת להם את הדרך (אשר) ילכו בה". מר זוטרא אמר: °"והזרתם את בני ישראל מטומאתם". רב אשי אמר: *°"ושמרתם את משמרתי" – עשו משמרת למשמרתי. רבינא אמר: °"ושם דרך אראנו בישע אלהים". אמר ריב"ל: *כל השם אורחותיו – זוכה ורואה בישועתו של הקדוש ברוך הוא, שנאמר "ושם דרך", אל תקרי "ושם" אלא "ושם דרך" – אראנו בישע אלהים. רבי ינאי הוה ליה ההוא תלמידא דכל יומא הוה מקשי ליה, בשבתא דריגלא לא הוה מקשי ליה. קרי

(דברים יט; יחזקאל לט; שם מד; [ליתא בקרא]; ויקרא יג; ויקרא יט; ישעיה נז; שמות יח; ויקרא טו; שם יח; תהלים נ)

לאתויי הך דתניא. קא סלקא דעתיה: דהאי דקפריך הכא דבכלל מתקנין הדרכים לא הוי קוץ דרכים – דתיקון משמע שמתקן הגבשושיות והגומות, הלכך פריך הכי. ומתרץ: כל אלו בהדיא קתני להו דהוו בכלל מתקנין כו'. א"נ: האי דמקשה הך קושיא – לא היתה מתניתא שגורה בפיו, ולא הוי ידע *דגרס בה "ומתקנין את הדרכים": **והיה** עליך דמים. פי' רבינו חננאל: נקיט ליה להאי קרא מפרשת* מעקה דדמי להאי דהוי מכשול. ממתני' עם הגמרא יש ללמד שאסור להשקות קרקעות אלא אותן דהוו דבר האבד, שיתקלקלו התבואה והאילנות הנטועים בה. והוא הדין לשאר עבודת קרקע – אסור בחולו של מועד. והא דאמרינן דמותר להשקות – הני מילי כגון מאמת המים העוברת בשדה עצמו, דליכא טירחא יתירא. ומותר לתקן בורות שיחין ומערות של יחיד, ושל רבים מותר לחפור לכתחילה, כיון דצריכי למים. דהכי תניא לעיל כדפרישית: **רמז** לציון. דהאי קרא לא כתיב אלא לעתיד, אבל לא בזמן הזה. ומיהו, מסני דאיכא למילף מהתם: **הא** מקמי דליתי יחזקאל. כלומר: לדידך דאמרת דבזמן הזה הוי[א] *מדאורייתא, אם כן מקמי דליתי יחזקאל הוה ליה להקדוש ברוך הוא לאשמועינן דצריך ציון! ומתרץ: הרבה דברים דקים לן דאסורין מן התורה, דלא כתיב בקרא אלא בהלכה, עד דאתא יחזקאל. והאי הכי נמי: **רב** פפא אמר סלו סלו. כל חד וחד נקיט מאי דהוה מסיק אדעתיה, ולא פליגי, אלא אורחיה דמלתא דכל חד מסיק אדעתיה מאי דלא מסיק חבריה אדעתיה: **בשבתא** דריגלא. שבת של יום הרגל, שהיו דורשין, והיו מתקבלין כל בני העיר לשמוע הלכות של רגל: אין

רבינו חננאל

פיסקא וחוטטין אותו חטיטה אין חפירה לא ותריצנא הכי חוטטין בורות שיחין ומערות יחיד בשיחיד צריך להן ואצ"ל של רבים וכי רבים צריכין להם אפי' חפירה נמי שרי ואין חופרין של יחיד דכי אין יחיד צריך להן אפי' חטיטה נמי אסור אמר רב אשי מתניתין נמי דיקא דקתני עושין כל צרכי רבים לאתויי מאי לאו לאתויי חפירה. ודחינן לא לאתויי הא דתניא יוצאין לקווץ את הדרכי' ולתקן את הרחובות והאסטרטאות ולמוד המקואות וכל מקוה שאין בו מ' סאה מרגילין לתוכו מ' סאה. ומניין שאם לא יצאו ותיקנו כל אלו כל דמים שנשפכו שם מעלה אני עליהם כאילו הם שפכום שנאמר ועשית מעקה לגגך וגו' וכתיב והיה עליך דמים. ופריק הא בהדיא קתני לה. מתקנין את הדרכים כו' כל צרכי רבים לאתויי מאי לאתויי חפירה של רבים שהיא מותרת ש"מ. תניא בורות שיחין ומערות של יחיד כונסין לתוכן מים במועד אבל לא חוטטין אותן ולא שפין את סדקיהן ושל רבים חופרין אותן וסדין אותן בסיד. ומציינין את הקברות רמז לציון מנא לן מדכתיב וראה עצם אדם ובנה אצלו ציון ועד דלא אתא יחזקאל מאן אמרה אלא גמרה גמירי לה ויחזקאל אסמכה אקרא. רבי אבהו אמר מהכא וטמא טמא יקרא. טומאה קוראה לו ואומרת פרוש פרוש וש"מ נמי כל מי שאירע בו דבר כגון המצורע וכיוצא בו צריך להודיע לרבים ורבים מבקשין עליו רחמים שנא' וטמא טמא יקרא ורבנן אחריני נמי אמרי מהני קראי. ולפני עור לא תתן מכשול. וכתיב הרימו מכשול מדרך עמי והודעת להם את הדרך ילכו בה. רב אשי אמר ושמרתם את משמרתי עשו משמרת למשמרתי. רבינא אמר ושם דרך אראנו בישע אלהים. וכל השם אורחותיו זוכה ויושב ורואה בישועתו של הקב"ה שנאמר ושם דרך אראנו בישע אלהים קרי ביה ושם דרך. ר' ינאי הוה ליה ההוא תלמידא כל שתא הוה מקשי ובשבתא

לה א מיי' פ"ח מהל' י"ט הלכה ד סמג לאוין עה טוש"ע א"ח סי' תקמד סעיף ב:
לו ב ג מיי' פ"ז שם הלכה י סמג לאוין שם טוש"ע שם:
[עי' תוס' פסחים נז. ד"ה אלא וכו']
[מסס לא מוכח מידי וגם כתיב קרא אחרינא ונראה דצ"ל מפ' מקלט העתק מחילופי גרסאות]
לז ד מיי' שם פ"ח הלכה ד סמג ועוש"ע שם:
לח ה מיי' שם פ"ז הלכה י סמג שם טוש"ע שם סעיף ב:
לט ו מיי' פ"ח מהלכות טומאת מת הלכה ט סמג עשין רלג:
מ ז מיי' פ"ו מהלכות טומאת צרעת הלכה ו סמג עשין רלה:
[ועי' תוס' ב"ב קמז. ד"ה מנין]

הגהות מהר"ב רנשבורג

א] תוס' ד"ה הא מקמי וכו' מדאורייתא. כ"ב עיין נדה דף נז ע"א דמדרבנן הוא וצ"ע. ועיין בכ"ב קמז ע"א תוס' ד"ה מנין כו' ודו"ק שוב נדפס ספר יד דוד ולאתי שהרגיש בזה:

[שייך במשנה דלעיל ג.]

גליון הש"ס

גמ' ת"ל וראה עצם אדם. עי' נדה דף נז ע"א תוס' ד"ה ובנה.

ברש"י בעין יעקב ליתא תיבת אלא

[פי' דרכים המפולשין]

[עי' תוס' ב"ב קמז. ד"ה מנין]

תענית יז: יומא עח: סנהדרין כב: פג: זבחים יח: [כב:]

[סוטה לב: נדה סו. שבת סז. חולין עח.]

[יבמות כא.]

[סוטה ה:]

הגהות הב"ח

(א) גמ' אבל לא חוטטין אותן ולא שפין: (ב) שם רב פפא אמר מהכא ואמר סלו כו' רב חיננא אמר מהכא הרימו כו' ר"י בריה דר"א אמר מהכא והודעת כו' מר זוטרא אמר מהכא והזרתם כו' רב אשי אמר מהכא ושמרתם כו' רבינא אמר מהכא ושם דרך כו': (ג) רש"י ד"ה אבל כו' ברייתא שלמעלה כו' שיהא נוגע במקום כו' ונ"ב נראה דפי' זה הוא של רבינו הלוי דס"ל דזכה עטונה מים חיים אבל לדעת רש"י דס"ל דלא בעי' מים חיים צ"ל מרגילין לתוכו מ' סאה היינו מי גשמים עי' בפ' במה אשה שבת דף סה ע"ב ובבכורות דף כה ע"ב: (ה) ד"ה דכתיב כו' הפגרים המושלכין בארץ ורמז הוא (שלא בא הכתוב וכו' עושה ציון) תא"מ ונ"ב ס"א שלא בא הכתוב להזהיר ואמר שיהא אדם עושה ציון דמש"ה א"ל ציון דכיון שאין מטמאת באהל מכסהו בקרקע ואין צריך לציין: (ו) ד"ה כל בן נכר ערל לב שנתנכרו מעשיו לאביו שבשמים שנעשה ערל לב ועע"ז כדמפרש בפ"ב דמנחות וערל בשר שמתו כו': (ז) ד"ה ולפני כו' וטהרות הס"ד ואח"כ מה"ד פנו דרך. עשו דרך פנוי ללכת בו הס"ד:

קָרֵי עֲלֵיהּ: "וְשָׂם דֶּרֶךְ אַרְאֶנּוּ בְּיֵשַׁע אֱלֹהִים". תהלים נ

תָּנוּ רַבָּנַן: *אֵין מְצַיְּינִין לֹא עַל כַּזַּיִת מִן הַמֵּת, וְלֹא עַל עֶצֶם כִּשְׂעוֹרָה, וְלֹא עַל דָּבָר שֶׁאֵינוֹ מְטַמֵּא בְּאֹהֶל. אֲבָל מְצַיְּינִין עַל הַשִּׁדְרָה, וְעַל הַגּוּלְגּוֹלֶת, עַל רוֹב בִּנְיָן וְעַל רוֹב מִנְיַן הַמֵּת. וְאֵין מְצַיְּינִין עַל הַוַּודָּאוֹת, אֲבָל מְצַיְּינִין עַל הַסְּפֵיקוֹת. וְאֵלּוּ הֵן הַסְּפֵיקוֹת: סְכָכוֹת, וּפְרָעוֹת, וּבֵית הַפְּרָס. *וְאֵין מַעֲמִידִין צִיּוּן בִּמְקוֹם טוּמְאָה — שֶׁלֹּא לְהַפְסִיד אֶת הַטְּהָרוֹת, *וְאֵין מַרְחִיקִין צִיּוּן מִמְּקוֹם טוּמְאָה — שֶׁלֹּא לְהַפְסִיד אֶת אֶרֶץ יִשְׂרָאֵל. וְכַזַּיִת מִן הַמֵּת אֵינוֹ מְטַמֵּא בְּאֹהֶל? וְהָא (*תַּנְיָא:) *אֵלּוּ שֶׁמְּטַמְּאִין בְּאֹהֶל — כַּזַּיִת מִן הַמֵּת! אָמַר רַב פַּפָּא: הָכָא בְּכַזַּיִת מְצוּמְצָם עָסְקִינַן, דְּסוֹף מִיחְסַר חָסַר, מוּטָב יִשָּׂרְפוּ עָלָיו תְּרוּמָה וְקָדָשִׁים לְפִי שָׁעָה, וְאַל יִשָּׂרְפוּ עָלָיו לְעוֹלָם. וְאֵלּוּ הֵן הַסְּפֵיקוֹת: סְכָכוֹת וּפְרָעוֹת; *סְכָכוֹת — אִילָן הַמֵּיסֵךְ עַל הָאָרֶץ, פְּרָעוֹת[א] — *אֲבָנִים פְּרוּעוֹת הַיּוֹצְאוֹת מִן הַגָּדֵר. בֵּית הַפְּרָס — כִּדְתְנַן: *הַחוֹרֵשׁ אֶת הַקֶּבֶר הֲרֵי הוּא עוֹשֶׂה בֵּית הַפְּרָס, וְכַמָּה הוּא עוֹשֶׂה — מְלֹא מַעֲנָה מֵאָה אַמָּה. וּבֵית הַפְּרָס מִי מְטַמֵּא בְּאֹהֶל? *וְהָאָמַר רַב יְהוּדָה אָמַר שְׁמוּאֵל: מְנַפֵּחַ אָדָם בֵּית הַפְּרָס וְהוֹלֵךְ. וְרַב יְהוּדָה בַּר *אַמֵּי מִשְּׁמֵיהּ דְּעוּלָּא אָמַר: בֵּית הַפְּרָס שֶׁנִּידַּשׁ טָהוֹר! אָמַר רַב פַּפָּא: לָא קַשְׁיָא; כָּאן — בְּשָׂדֶה שֶׁאָבַד בָּהּ קֶבֶר, כָּאן — בְּשָׂדֶה שֶׁנֶּחֱרַשׁ בָּהּ קֶבֶר. וְשָׂדֶה[ב] שֶׁנֶּחֱרַשׁ בָּהּ קֶבֶר "בֵּית הַפְּרָס" קָרֵי לֵיהּ? אִין, וְהָתְנַן: *שְׁלֹשָׁה בֵּית הַפְּרָס הֵן: שָׂדֶה שֶׁנֶּאֱבַד בָּהּ קֶבֶר, וְשָׂדֶה שֶׁנֶּחֱרַשׁ בָּהּ קֶבֶר, וּשְׂדֵה[ג] בּוֹכִין. מַאי שְׂדֵה בּוֹכִין? רַב יְהוֹשֻׁעַ בַּר אַבָּא מִשְּׁמֵיהּ דְּעוּלָּא אָמַר: שָׂדֶה שֶׁמַּפְטִירִין בָּהּ מֵתִים. וְטַעְמָא מַאי? אָמַר אֲבִימִי: מִשּׁוּם יֵאוּשׁ בְּעָלִים נָגְעוּ בָּהּ. וְשָׂדֶה שֶׁנֶּחֱרַשׁ בָּהּ קֶבֶר לָא בָּעֵי צִיּוּן? וְהָא תַּנְיָא: *מָצָא שָׂדֶה מְצוּיֶּינֶת, וְאֵין יָדוּעַ מַה טִּיבָהּ. יֵשׁ בָּהּ אִילָנוֹת — *בְּיָדוּעַ שֶׁנֶּחֱרַשׁ בָּהּ קֶבֶר, אֵין בָּהּ אִילָנוֹת בְּיָדוּעַ שֶׁאָבַד בָּהּ קֶבֶר. ר' יְהוּדָה אוֹמֵר: עַד שֶׁיְּהֵא שָׁם זָקֵן אוֹ תַּלְמִיד, לְפִי שֶׁאֵין הַכֹּל בְּקִיאִין בַּדָּבָר. אָמַר רַב פַּפָּא: כִּי תַּנְיָא הַהִיא — בְּשָׂדֶה שֶׁאָבַד בָּהּ קֶבֶר, דְּצִיְּינוּהָ. יֵשׁ בָּהּ אִילָנוֹת — בְּיָדוּעַ שֶׁנֶּחֱרַשׁ בָּהּ קֶבֶר. אֵין בָּהּ אִילָנוֹת — בְּיָדוּעַ שֶׁאָבַד בָּהּ קֶבֶר. וְלֵיחוּשׁ דִּלְמָא אִילָנוֹת מִגַּוַּאי וְקֶבֶר מִבָּרָאֵי! כִּדְאָמַר עוּלָּא: בְּעוֹמְדִין עַל הַגְּבוּלִין, הָכָא נַמִּי: בְּעוֹמְדִין עַל הַגְּבוּלִין.

ודלמא

קָרֵי עֲלֵיהּ וְשָׂם דֶּרֶךְ. שֶׁמְּחַשֵּׁב בַּשָּׁעוֹת, אֵי זֶה מֵהֶן לְהַקְשׁוֹת אֵי זֶה מֵהֶן שֶׁלֹּא לְהַקְשׁוֹת: אֲבָל מְצַיְּינִין עַל הַשִּׁדְרָה. שֶׁאַע"פ שֶׁאֵינָהּ אֶלָּא עֶצֶם אֶחָד — מְטַמְּאָה טוּמְאָה בְּאֹהֶל: רוֹב בִּנְיָנוֹ. כְּגוֹן עֲצָמוֹת גְּדוֹלוֹת, כְּגוֹן קוּלִיּוֹת, אַע"פ שֶׁאֵין בּוֹ רוֹב מִנְיָנוֹ: רוֹב מִנְיָנוֹ. רוֹב הָעֲצָמוֹת, וְאַע"פ שֶׁאֵין בּוֹ רוֹב בִּנְיָנוֹ: אֵין מְצַיְּינִין עַל הַוַּדָּאוֹת. הוֹאִיל דְּבָרוּר לְכוּלֵּי עָלְמָא דְּאִית בֵּיהּ טוּמְאָה וַדַּאי — לָא מְטַלְטְלֵי בְּאוֹתוֹ מָקוֹם טְהָרוֹת: אֲבָל מְצַיְּינִין עַל הַסְּפֵיקוֹת. שֶׁיֵּשׁ עֲלֵיהֶן אֹהֶל, כְּגוֹן סְכָכוֹת וּפְרָעוֹת (א) הַסְּמוּכוֹת לִרה"ר הַסָּמוּךְ לְבֵית הַקְּבָרוֹת, דִּמְסַפְּקָא לָן בְּהוּ טוּמְאָה. דְּכֵיוָן דְּיֵשׁ עֲלֵיהֶן אֹהֶל — רְגִילִים לִקְבּוֹר שָׁם בְּמָקוֹם נָגוּעַ: סְכָכוֹת וּפְרָעוֹת וּבֵית הַפְּרָס. מְפָרֵשׁ לְקַמָּן: אֵין מַעֲמִידִין הַצִּיּוּן עַל הַטּוּמְאָה שֶׁלֹּא לְהַפְסִיד טְהָרוֹת. שֶׁאִם הַטּוּמְאָה מַמָּשׁ תַּחַת הַצִּיּוּן — אֵינוֹ מַרְגִּישׁ עַד שֶׁבָּא עַל הַצִּיּוּן פִּתְאוֹם, וְיִטַּמְּאוּ הַטְּהָרוֹת, שֶׁהֲרֵי הַטּוּמְאָה תַּחַת הַצִּיּוּן. אֶלָּא עוֹשִׂין הַצִּיּוּן סָמוּךְ לַטּוּמְאָה בְּרִחוּק כָּל שֶׁהוּא, וּכְשֶׁבָּא עַל הַצִּיּוּן — מַרְגִּישׁ מִן הַטּוּמְאָה, וְאֵינוֹ הוֹלֵךְ עָלֶיהָ: אֵין מַרְחִיקִין אֶת הַצִּיּוּן מִמְּקוֹם טוּמְאָה. יוֹתֵר מִכָּל שֶׁהוּא: שֶׁלֹּא לְהַפְסִיד אֶרֶץ יִשְׂרָאֵל. שֶׁכְּשֶׁרוֹאֶה הַסִּימָן מִיָּד פּוֹרֵשׁ, וְנִמְצָא אֶרֶץ יִשְׂרָאֵל בְּטוּמְאָה שֶׁלֹּא לְצוֹרֶךְ: וְכַזַּיִת מִן הַמֵּת אֵינוֹ מְטַמֵּא בְּאֹהֶל. דְּקָתָנֵי: אֵין מְצַיְּינִין עַל כַּזַּיִת מִן הַמֵּת, וְלֹא עַל כָּל דָּבָר שֶׁאֵינוֹ מְטַמֵּא בְּאֹהֶל: אָמַר רַב פַּפָּא. לְעוֹלָם כַּזַּיִת מְטַמֵּא בְּאֹהֶל, וְהָא דְּקָתָנֵי אֵין מְצַיְּינִין — בִּכְזַיִת מְלוּמְלָם עָסְקִינַן, דְּמִתְחַסֵּר חָסַר בַּקַּרְקַע, וּלְהָכִי אֵין מְצַיְּינִין: יִשָּׂרְפוּ עָלָיו [תְּרוּמוֹת] וּטְהָרוֹת שָׁעָה אַחַת. דְּכָל הָעוֹבֵר עַל אוֹתוֹ כַּזַּיִת כְּשֶׁנִּקְבַּר מֵחָדָשׁ — שׂוֹרְפִין טָהֳרוֹתָיו, דַּעֲדַיִין לֹא חָסַר: וְאַל יִשָּׂרְפוּ עָלָיו לְעוֹלָם. שֶׁאִם מְצַיְּינִין אוֹתוֹ — שׂוֹרְפִין עָלָיו (עַל) כָּל תְּרוּמָה שֶׁעוֹבְרִין עַל אוֹתוֹ צִיּוּן לְעוֹלָם, שֶׁלֹּא לְצוֹרֶךְ, שֶׁהֲרֵי חָסַר. וְזִימְנִין דְּלָא חֲזֵי לֵיהּ, כְּגוֹן בַּלַּיְלָה, וְכִי הָדַר חֲזֵי לֵיהּ וְאָמַר: נִטְמֵאת תְּרוּמָתִי, וְשָׂרַף לָהּ, וְהִיא לֹא נִטְמֵאת — דְּהַהִיא כְּזַיִת כְּבָר חָסַר. וּכְשֶׁאֵין מְצַיְּינִין אוֹתוֹ אֵין שׂוֹרְפִין עָלָיו אֶלָּא מֵחָדָשׁ, שֶׁלֹּא חָסַר: אִילָן הַמֵּיסֵךְ עַל הָאָרֶץ. וְטוּמְאָה תַּחַת נוֹף אֶחָד, וְאֵינוֹ יוֹדֵעַ תַּחַת אֵיזֶה נוֹף — עוֹשֶׂה צִיּוּן: בֵּית הַפְּרָס. *חֲצִי מַעֲנָה = תֶּלֶם אֶחָד שֶׁל מֵאָה אַמָּה: מְנַפֵּחַ אָדָם. הַהוֹלֵךְ לִשְׁחוֹט פִּסְחוֹ. דְּאִם יֵשׁ עֶצֶם כִּשְׂעוֹרָה הַמְטַמֵּא בְּהֶיסֵּט — מִתְפַּזֵּר בָּרוּחַ, וְעוֹשֶׂה פֶּסַח בְּבֵית הַפְּרָס אָזֵיל לוֹ. וְאִי מְטַמֵּא בְּאֹהֶל — הֵיכִי אָזֵיל עָלֶיהָ? בְּשָׂדֶה שֶׁאָבַד בָּהּ קֶבֶר. קָתָנֵי דִּמְצַיְּינִין, דִּמְטַמֵּא בְּאֹהֶל. אֲבָל בְּשָׂדֶה שֶׁנֶּחֱרַשׁ בָּהּ קֶבֶר — אֵין צָרִיךְ לְצַיֵּין, וְלֹא מְטַמֵּא בְּאֹהֶל, דְּנִימָא מַחֲרֵישָׁה סַלְקֵיהּ לַטּוּמְאָה: שְׁלֹשָׁה בֵּית הַפְּרָס הֵן. שֶׁאֵין הוֹלְכִין בּוֹ אוֹכְלֵי תְרוּמָה: שֶׁמַּפְטִירִין בָּהּ אֶת הַמֵּתִים. שֶׁכְּשֶׁמְּבִיאִין מֵתִים מִמָּקוֹם לְמָקוֹם לִקְבּוֹר, כְּשֶׁבָּאִין בְּשָׂדֶה סָמוּךְ לָעִיר נִפְטָרִין אֵלּוּ שֶׁהֱבִיאוּם מִמְּקוֹמָן וְהוֹלְכִין לָהֶם, וּבָאִין אַנְשֵׁי הַמָּקוֹם (ב) וּמְקַבְּלִין אוֹתָן וְרוֹחֲצִין אוֹתָן שָׁם, וְקוֹבְרִין אוֹתָן: וְטַעְמָא מַאי. חוֹשְׁשִׁין בֵּיהּ מִשּׁוּם טוּמְאָה: מִשּׁוּם יֵאוּשׁ בְּעָלִים. לְפִי שֶׁהֱבִיאוּם מִמָּקוֹם רָחוֹק נִדַּלְדֵּל אֵבֶר וְנָפַל שָׁם, וְנִתְיָאֲשׁוּ אֵלּוּ עַל אֵלּוּ, וְהִנִּיחוּהוּ שָׁם: וְשָׂדֶה שֶׁנֶּחֱרַשׁ בָּהּ קֶבֶר לֹא בָּעֵי צִיּוּן. דְּקָא מְחָרֶלֶת הָא דְּקָתָנֵי מְנַפֵּחַ אָדָם בֵּית הַפְּרָס כְּשֶׁנֶּחֱרַשׁ: וְאֵינוֹ יוֹדֵעַ מַה טִּיבָהּ. אִם הוּא שָׂדֶה שֶׁנֶּחֱרַשׁ בָּהּ קֶבֶר וְיָכוֹל לֵילֵךְ בְּנִיפּוּחַ, וְאִם מִפְּנֵי שֶׁנֶּאֱבַד בָּהּ קֶבֶר וְאֵינוֹ יָכוֹל לְהִכָּנֵס בָּהּ בִּנְפִיחָה, דִּמְטַמֵּא בְּאֹהֶל: יֵשׁ בָּהּ אִילָנוֹת בְּיָדוּעַ שֶׁנֶּחֱרַשׁ. הַשָּׂדֶה לְצוֹרֶךְ הָאִילָנוֹת, וְיָכוֹל לְהַלֵּךְ, שֶׁאֵינוֹ מְטַמֵּא בְּאֹהֶל. אַלְמָא: מִדְּקָתָנֵי בָּהּ מָצָא שָׂדֶה מְצוּיֶּינֶת — דִּמְצַיְּינִין בֵּית הַפְּרָס שֶׁנֶּחֱרַשׁ: אֵין בָּהּ אִילָנוֹת בְּיָדוּעַ שֶׁאָבַד בָּהּ קֶבֶר. וְלֹא נֶחְרַשׁ, וּמְטַמֵּא בְּאֹהֶל: רַבִּי יְהוּדָה אוֹמֵר. לְעוֹלָם לֹא הָוֵי בְּחֶזְקַת שֶׁנֶּחְרַשׁ, עַד שֶׁיְּהֵא שָׁם זָקֵן אוֹ ת"ח שֶׁיְּהֵא יוֹדֵעַ שֶׁנֶּחְרַשׁ: אָמַר רַב פַּפָּא. לְעוֹלָם בֵּית הַפְּרָס שֶׁנֶּחְרַשׁ לֹא בָּעֵי צִיּוּן. וְהַאי דְּקָתָנֵי בְּיָדוּעַ שֶׁנֶּחְרַשׁ בָּהּ קֶבֶר — בְּשָׂדֶה שֶׁאָבַד בָּהּ קֶבֶר, וְצִיְּינָהּ לַאֲלְתַּר: יֵשׁ בָּהּ אִילָנוֹת בְּיָדוּעַ שֶׁנֶּחֱרַשׁ. לְאַחַר שֶׁצִּיְּינוּהָ. וּלְעוֹלָם בֵּית הַפְּרָס שֶׁנֶּחֱרַשׁ לֹא בָּעֵי צִיּוּן: אֵין בָּהּ אִילָנוֹת בְּיָדוּעַ שֶׁאָבַד בָּהּ קֶבֶר. וְלֹא נֶחְרַשׁ: וְלֵיחוּשׁ דִּלְמָא אִילָנוֹת מִגַּוַּאי וְטוּמְאָה מֵאַבָּרָאֵי. וְלֹא נֶחְרַשׁ בִּמְקוֹם טוּמְאָה מִבַּחוּץ לָאִילָנוֹת, אֶלָּא בֵּין הָאִילָנוֹת, וַהֲוֵי שָׂדֶה שֶׁאָבַד בָּהּ קֶבֶר וְלֹא נֶחְרַשׁ. וְהַאי דְּקָאָמַר בְּיָדוּעַ שֶׁנֶּחֱרַשׁ בָּהּ קֶבֶר: בְּעוֹמְדִין הָאִילָנוֹת עַל הַגְּבוּלִין. שֶׁל רְשׁוּת הָרַבִּים, דְּוַדַּאי לֵיכָּא טוּמְאָה מִבָּרָאֵי, דְּלָא קָבְרֵי אִינָשֵׁי בִּרְשׁוּת הָרַבִּים. אֶלָּא בֵּין הָאִילָנוֹת הָוְיָא טוּמְאָה וְנֶחְרַשׁ בִּשְׁבִיל הָאִילָנוֹת:

ודלמא

תוספות

אין מציינין. אין צריך ציון. ואי גבי יום טוב מיירי הברייתא — איכא לפרש: אסור לציין (ג) ואסור לטרוח ביום טוב:

עצם כשעורה. והוא הדין יותר מכשעורה כדמוכח בסמוך, אינו מטמא באהל. והאי דנקט כשעורה — משום דבהאי שיעורא מטמא במגע, דהכי הלכה למשה מסיני כדאמרינן בשחיטת חולין (חולין דף קכו:):

שאינו מטמא באהל. א] כגון תרווד רקב, כדאיתא ב"העור והרוטב" (חולין דף קכו: ושם), ושדה שנחרש בה קבר כדלקמן בשמעתין. ואפילו איכא ספק טומאה, שמטמא בהיסט בלא נגיעה — לא הצריכום ציון, דהיסט לאו מילתא דשכיחא היא שידרוס על קנה שטומאה עליו, ולכך לא החמירו חכמים לציין משום היסט:

אילן המיסך על הארץ. סמוך לבית הקברות. דמספקא לן אי איכא טומאה תחתיו אי לא, מסתמא אמרינן דמת תחתיו, כיון דדרך מקום נגוע הוא, ולכך בעי ציון. ע"א: דידעינן ודאי דאיכא טומאה תחת נוף אחד של אילן, ויש הפרש בין נוף לחבירו, ואין ידוע באיזה מקום ישנה. והכי נמי איכא לפרש גבי אבנים: שיש אבנים זו אצל זו הבולטות מן הגדר:

מנפח אדם בית הפרס והולך. דמסתמא ליכא למימר שהגיעה המחרישה עד המת, וליכא לאחזוקי מקום טהור בטמא מספק. אלא חכמים החמירו משום חומרא דטהרות. ומשום הכי הקילו, (ד) דליכא ספיקא דאורייתא, הם אמרו והם אמרו. ולא היו רגילים לקבור מתים בעומק כי השתא בזמן הזה, הילכך לא חיישינן שמא המת בעומק תחת המחרישה. ומן הדין אפילו נפוח לא צריך, כי אם חומרא בטהרות שהחמירו חכמים בדבר. ואמאי לא חייש שיהא מת בקרקע, ואין נוגע בו ומטמא באהל? אי נמי: בלא המאהילים מן הגלדים הוו מטמאין לאדם באהל. אלא שמע מינה דלא מטמא באהל:

יש בה אילנות בידוע שנחרש בה קבר אין בה אילנות בידוע שאבד בה קבר. דתניא התם (תוספתא דאהלות פי"ז): שדה שאבד בה קבר — אינה ניטעת כל נטע. וכגון שראויה לאילנות, ויש לנו לומר דמסתמא אם לא שאבד בה קבר היו נוטעים בתוכה. ◈אי נמי: בידוע לאו דוקא, ואגב דנקט רישא בידוע — נקט סיפא בידוע. וכן נ"ל לפי' הקונטרס:

אם

רבינו חננאל

ובשבתא דריגלא לא הוה מקשי והוה קרי עליה ושם דרך אראנו בישע אלהים: ת"ר אין מציינין על כזית מצומצמת מן [המת] דסופו מיחסר חסר. ותנן באהלות פרק שני אלו אם חסרו טהורין כזית מן המת כזית נצל כו' ולא על הבשר שסופו מתאכל והולך ולא על עצם כשעורה ולא על כל דבר שאינו מטמא באהל אבל מציינין על השדרה ועל הגלגולת ועל רוב בנינו של מת ועל מנינו. ואין מציינין על הוודאות אלא על הספיקות. ואלו הן הספיקות סככות ופרעות פי' דתנן באהלות פ' ח' הזיזין *) והגודריות כו' עד והסככות והפרעות (אינן) [שהן] יכולין לקבל מעזיבה כו' ואלו הן הסככות אילן המיסך על הארץ והפרעות אבנים היוצאות מן הגדר ומציינין על בית הפרס בשדה שאבד בה קבר ואין מעמידין ציון במקום טומאה עצמה שלא להפסיד את הטהרות אלא מרחיקין מעט. ואין מרחיקין ציון ממקום הטומאה שלא להפסיד את א"י. ואין מציינין על השדה שנחרש בה קבר וכ"ש שנידש. תניא ג' בית הפרס הן. שדה שנחרש בה קבר ושנאבד בה קבר ושדה בוכים. פי' דתנן באהלות פרק י"ח ג' בית הפרס הן החורש את הקבר נוטעת כל נטע כו'. עד ומטמאין במגע ובמשא ואינן מטמאין באהל. שדה שנאבד בה קבר בתוכה כו' עד ומטמא במגע ובמשא ובאהל. מאי שדה בוכים שדה שמפטירין בתוכה מתים. פי' דתנן באהלות פרק י"ח שדה בוכים לא ניטעת ולא נזרעת ועפרה טהור כו' מ"ט יאוש בעלים נגעו בה ומקשינן שדה שנחרש בה קבר לא בעיא ציון והתניא מצא שדה מצויינת ואין ידוע מה טיבה. יש בה אילנות בידוע שנחרש בה קבר. אין בה אילנות בידוע שאבד בה קבר. ופריק רב פפא כי תניא ההיא בשדה שאבד בה קבר וציינוה אם יש בה אילנות בידוע שאחרי שציינוה שנחרש אותו הקבר. וניחוש דלמא אילנות גואי. פי' לא חרשו מקום הטומאה וטומאה מבראי קאי. ואמרינן בשאילנות עומדין

*) עי' במשנה איתא והגזוזטראות.

עין משפט נר מצוה

מא א ב ג ד ה מיי' פ"ח מהל' טומאת מת הלכה ט סמג עשין רלח:

מב ו מיי' שם פ"י הל"א סמג עשין רלא:

מג ז ח מיי' פ"ו מהל' ק"פ הלכה ח:

מד ט מיי' פ"ח מהל' טומאת מת הלכה א סמג עשין לא:

מה י מיי' שם פ"י הלכה א סמג שם:

מו כ מיי' שם פ"ח הלכה ד:

מז ל מיי' שם הלכה י ופ"י הלכה י:

מח מ מיי' שם פ"י הל"י:

[עי' גירסת התוס' לקמן ו. ד"ה לאמר]

[נ"ל תנן]

[תוספתא דאהלות פי"ט]

הגהות הגר"א

[א] גמ' פרעות פרעות היוצאות מן הגדר כצ"ל (כ"ה במתני' דאהלות פי"ח מ"ב ובנזיר נד ב ועי' תוי"ט באהלות שם): [ב] שנחרש. נ"ל שאבד: [ג] בוכין. כ"ה ובתוספתא (פי"ז דאהלות) גרסינן כוכין (וכן פי' בערוך לחד פי'):

הגהות מהר"ב רנשבורג

א] תוס' ד"ה שאינו וכו' כגון תרווד רקב וכו'. נ"ב דבריהם תמוהים לכאורה שם מפורש דמטמא באהל וכן הוא משנה מפורשת פ"ב דאהלות ועיי"ש בתוספתא

גליון הש"ס

תוס' ד"ה יש בה אילנות וכו' אי נמי בידוע לאו דוקא. עיין נדה דף סד ע"ב תוס' ד"ה ע"ג כולם:

הגהות הב"ח

(א) רש"י ד"ה אבל מציינין כו' כגון סככות ופרעות הסמוכות לרשות הרבים. נ"ב עי' פרש"י במס' נדה דף נז ע"א וז"ל אילן המיסך על הארץ והוא סמוך לדרך בית הקברות וזימנין דמתרמי בין השמשות וקברי התם כו': (ב) ד"ה שמפטירין כו' ובאין אנשי המקום כו'. נ"ב לשון הערוך בערך גד ונקרא בוכים שכן דרך כשמתעודדין יחד אלו עם אלו כולם בוכים ועי' בתוס' ס"פ דם הנדה: (ג) תוס' ד"ה אין כו' אסור לציין לאסור לטרוח: (ד) ד"ה מנפח כו' ומשום הכי הקילו דליכא ספיקא:

ודלמא טומאה מגואי ואילנות מבראי! במסובבין. ואיבעית אימא: הא אמרן *אין מרחיקין ציון ממקום טומאה, שלא להפסיד את א"י. ר' יהודה אומר: עד שיהא שם זקן או תלמיד, לפי שאין הכל בקיאין בדבר. אמר אביי: שמע מינה: צורבא מרבנן דאיכא במתא – כל מילי דמתא עליה רמיא. אמר רב יהודה: [א]מצא אבן מצויינת – תחתיה טמא. שתים, אם יש סיד ביניהן – טמא, ואם אין סיד ביניהן – ביניהן טהור. ואע"ג דליכא חורש? והתניא: *מצא אבן אחת מצויינת – תחתיה טמא. שתים, אם יש חורש ביניהן – ביניהן טהור, ואם לאו – ביניהן טמא! אמר רב פפא: [ב]הכא כשהסיד שפוך על ראשיהן ומרודה לכאן ולכאן. אי איכא חורש ביניהן – ביניהן טהור, דאימור מחמת חורש הוא (א) דאיקפל. ואי לא – סיד דביני ביני הוא, וטמא. א"ר אסי: [ג]מצר אחד מצוין – הוא טמא, וכל השדה כולה טהורה. שנים – הם טמאין, וכל השדה כולה טהורה. שלשה – הם טמאין, וכל השדה כולה טהורה. ארבעה – הן טהורין, וכל השדה כולה טמאה. דאמר מר: *אין מרחיקין ציון ממקום טומאה, שלא להפסיד את א"י. § "ויוצאין אף על הכלאים". § ואכלאים בחולו של מועד נפקינן? ורמינהו: *[ד]באחד באדר משמיעין על השקלים [ה]ועל הכלאים, [ו]בחמשה עשר בו קורין את המגילה בכרכים, ויוצאין לקווץ את הדרכים, ולתקן הרחובות, ולמוד המקואות, ועושין כל צורכי רבים, ומציינין את הקברות, ויוצאין על הכלאים! רבי אלעזר ורבי יוסי בר חנינא; חד אמר: [ז]כאן – בבכיר, כאן – באפיל. וחד אמר: כאן – בזרעים, כאן – בירקות. א"ר אסי א"ר יוחנן: [ח]לא שנו אלא שאין ניצן ניכר, אבל ניצן ניכר – יוצאין עליהן. מאי שנא בחולו של מועד דנפקינן? אמר רבי יעקב אמר רבי יוחנן: משום שכר פעולה, דמוזלי גבן. אמר רב זביד ואיתימא רב משרשיא: שמע מינה כי יהבינן להו שכר – מתרומת הלשכה יהבינן להו. דאי סלקא דעתך מדידהו יהבינן להו – מאי נפקא לן מינייהו, כל כמה דבעו ליתן להו! ועד כמה? אמר רב שמואל בר יצחק: [ט]כאותה ששנינו: *כל סאה שיש בה

רובע

רש"י

ודלמא טומאה מגואי. ולא בין האילנות, ולא נחרש במקום טומאה: (ב) מסובבין. שאינן עומדין בשורה אחת סביב הגבולין, אלא מעורבין בכל השדה, דודאי נחרש כל השדה בשביל האילנות: הא אמרן אין מרחיקין ציון ממקום טומאה. וכיון שסמוך לאילנות הציון – ודאי טומאה בין האילנות היא, ונחרש בשביל האילנות: כל מילי דמתא עליה רמיא. דתלמיד בקי הוא: מצא אבן אחת מצויינת. בסיד, תחתיה טמא. ומפי מורי הזקן: אבן אחת מלויינת – שיש סיד על גבה, דאינו צריך להרחיק הציון מן האבן, לפי שהאבן גבוה על גבי קרקע ורואה את הציון מיד קודם שיהא נוגע בו. אבל בשדה – מרחיקין לה ציון בסמוך, דזמנין לא חזי ציון עד דאתי ונגע ומאהיל: שתים. מלויינות תחתיהן טמא. אבל ביניהן, אם יש סיד ביניהם על הארץ – טמא, דמשום ציון הוא: אע"ג דליכא חורש. שלא חרש ביניהם מעולם – טהור כי ליכא סיד: אם אין חורש ביניהן טמא. ואע"ג דליכא סיד. לפי שציין את האבנים שמכאן ומכאן – לא חשש לציין בינתים: הכא. דקתני כי ליכא חורש טמא – כגון סיד שפוך על ראשי אבנים ומרודה לכאן ולכאן ביניהן. דאי איכא חורש – מחמת חורש הוא (ג) דאיקלף, שנקלף מן האבנים ונפלו שם ביניהם, וטהור. ואי לא – סיד דביני ביני הוא, ומחמת ציון נעשה שם, להודיע שיש גם ביניהם טומאה: אין מרחיקין ציון ממקום טומאה. ולהכי ציין כל ארבעה מצריו, דתהא כל השדה נטמאה. ובציון דמצר אחד לא סגי לכולה, דאין מרחיקין ציון ממקום טומאה: ואכלאים בחולו של מועד נפקינן ורמינהו באחד באדר משמיעין על השקלים. שיהו ישראל מביאין תרומת שקלים בניסן, דכתיב: "בחדשו לחדשי השנה" – חדש והבא לי קרבן מתרומה חדשה: בכרכים. המוקפין חומה מימות יהושע בן נון: ואת מקואות המים. מקואות המים של מ' סאה, שחוטטין אותן מן הזבל שנכנס לתוכן כל ימות הגשמים. והאי דלא פריך נמי בגמרא אשאר מתני', דתני ומתקנים הדרכים והרחובות בחולו ש"מ, והכא תנא בט"ו באדר – משום דלאו פירכא הוא, דכדין הוא דמתקנין להו תרי זימני. דכי מתקן בט"ו באדר – אתו גשמים ומקלקלי להו, והדרי ומתקני להו, בחולו של מועד. אבל אכלאים, כיון דעקרו להו לגמרי בחמשה עשר באדר למה לי – למיפק בו בחולו של מועד? ולהכי קא מיבעיא: כאן בבכיר כאן באפיל. על הבכירות יוצאים בט"ו באדר, על האפילות בחולו של מועד דפסח: בזרעים. על התבואה יוצאין בט"ו באדר, שקודמין לירקות: לא שנו. דאין יוצאין עליהן קודם אדר וקודם חולו של מועד: משום שכר פעולה דמוזלי גבן. כלומר, שיכול לשכור פועלין בזול, לפי שאינן עוסקין במלאכה בחולו של מועד: שמע מינה. מדעסקינן לשכור פועלים בזול: כי יהבינן להו. שכירות לפועלים דבטלי כלאים: דאי סלקא דעתך מדידהו. דבעל הבית (ד) יהיב להו, אמאי יוצאין להכי בחולו של מועד משום שכר פעולה? לבטלו בכל זמן, אף על גב דליכא שכר פעולה בזול, וכל מה דבעי – ליתב להו. אלא מתרומת הלשכה יהבינן להו, וכל כמה דמצינן לכנוס מעות דהקדש – עבדינן: ועד כמה. הוי כלאים דחייב לבטלו:

רובע

תוספות

אם יש סיד ביניהם. הציון הוא מסיד, כדתנן פרק ה' דמעשר שני (מ"א), ומייתי לה פרק "מרובה" (ב"ק סט. ושם). אם יש סיד ביניהם – לא ידענא כמה: אע"ג דליכא חרס. גרסינן. ומלאתי מפרש: חרס – דומה הוא לחרסית, ואין לבן כמו סיד. ונ"ל פירושו: אם יש חרסית ביניהם (ה) – דומה שמליינין להודיע שהוא טהור, שעד שם אין בית הקברות שאינה לבן בינתים:

אמר רב פפא כשהסיד שפוך. פירוש: ודאי כי ליכא סיד וחרסית – טהורין, אבל כשהוא מרודה ושפוך על ראשו – אז לריך חרסית. שאם יש חרסית – יש לתלות שנתן לנידי האבן חרסית, והסיד נתחבר בו ונרפו הסיד שעל ראשו עמה, ואם אין חרסית – א"כ סיד הוא של ליון בינתים. ולפירוש הקונטרס גרסינן: אף על גב דליכא חורש. (ו) ומפרש: ביניהם טהור – דאינתקא לה טומאה, דהוי לה קבר שנחרש, ותימה לי: נהי דטהור מטומאת אהל – טהור לא הוי! דהוי כמו שדה שנחרש בה קבר! ושמא טהור מאהל קאמר. א"נ: לגמרי, ע"י דישה וניפוח. א"נ: ביניהם איכא טובא ספיקות, ושרי. ספק אי איכא ליון (ז) הטומאה שביניהם אי לא, ואפילו איכא ליון – הרי נחרש. ומלאתי מפרש: דהשתא סלקא דעתיה דה"פ: אם יש ביניהם חורש טהור, דודאי לא היה שם טומאה, דאם היה ביניהם – לא היה חורשו אדם. תימה לי: אמאי לא פריך דקתני בקמייתא: אם יש סיד ביניהם – בינתים טמא, אע"ג דאיכא חורש. והכא קתני: אם יש חורש ביניהם – טהור, ואע"ג דאיכא סיד! ונ"ל: דסלקא דעתיה דהך בתרייתא איירי בדליכא סיד, דכי איכא סיד – לא היה טהור לעולם, דהא אין מליינין אם לאו על הטומאה. (ח) וכי חורשו – לא יהא טהור. ולהכי לא מקשה כי אם מסיפא דברייתא קמייתא, דאיירי בדליכא סיד: דאמר מר אין מרחיקים. כך פירש בתוספתא, ובקונט'. ובספרים מלאתי: דאמר מר אין מעמידין ליון כו'. ולפי זה אינו נותן טעם למה כל השדה טמא, אלא נותן טעם למה תחתיהן טהורין – דאין מעמידין ליון במקום הטומאה. ונהי דברות אחד או שנים או שלשה יש לנו לומר דכל תחתיה טמא כי אין הטומאה בפחות מן הליון, אבל בארבעה – יש לתלות הטומאה בכל השדה, לפיכך תחתיהן טהורים: ואכלאים בחולו של מועד נפקינן. במשנה פי' מאי טעמא לא מקשה על אינך. ובירושל' מקשה: מליינין על הקברות ולא כבר ליינו? ומתרץ: כגון שירד שטף מים של גשמים ושטפו:

בט"ו קורין את המגילה. הוי מצי למתני בי"ד בו *)(בכפרים), אלא משום דט"ו זמן לדברים אחרים הוא, כגון ומתקנין את הדרכים וכו':

דמוזלי גבן. למ"ד לקמן (דף יג.) שכר פעולה שאין לו מה יאכל שרי – ניחא שיכולין ליטול שכרן. אלא למאן דאמר אסור, לא ידעינן היכן ישכרו פועלים במועד? ושמא יש לומר: דהני דמלות התירו:

מתרומת הלשכה. אין להקשות: הא אית בהן מעילה! דלב ב"ד מתנה עלייהו. ובפרק בתרא דכתובות (דף קו. ושם) איכא מילי טובא שנוטלין שכרן מתרומת הלשכה:

שיש בה רובע. פירוש: כשרוצה לזרוע. דהא קתני סיפא, ר' יוסי אומר: יבור. והא לא שייך בנזרע כבר. ובפרק "המוכר פירות" (ב"ב דף לז. ושם) מייתי לה. מיהו, בשמעתין דאיירי בנזרע כבר – יש לומר דלא פליגי:

ואין

*) [נ"ל בשאר עיירות]

מסורת הש"ס

[לעיל ה:]

[תוספתא שקלים פ"א]

[לעיל ה:]

מגילה יג: כנ. שקלים פ"א מ"א

כלאים פ"ב מ"א ב"ב לז.

עין משפט נר מצוה

מט א ב ג מיי' פ"ח מהלכות טומאת מת הלכה יא:

נ ד מיי' פ"א מהלכות שקלים הלכה ט סמג עשין מה:

נא ה מיי' פ"ב מהל' כלאים הלכה טו:

נב ו מיי' פ"א מהל' מגילה הל' ד סמג עשין דרבנן ד טוש"ע א"ח סי' תרפח סעיף א:

נג ז ח מיי' פ"ב מהל' כלאים הלכה טו והלכה יז:

נד ט מיי' שם הלכה טז:

רבינו חננאל

עומדין על הגבולין וניחוש דלמא טומאה גואי ואילנות על הגבולין בראי. ופרקינן במסובבין. איבעית אימא כדאמר אין מרחיקין ציון ממקום הטומאה שלא להפסיד את א"י. ר' יהודה אומר עד שיהא שם זקן או תלמיד שתיקן זה הציון לפי שאין הכל בקיאין בדבר. ש"מ צורבא מדרבנן דאיתיה במתא כל מילי דמתא עליה רמיא. אמר רב יהודה מצא אבן אחת מצויינת תחתיה טמא שתים אם יש סיד ביניהן טמא ואם לאו טהור ואם היה הסיד שפוך על ראשיהן ומרודה לכאן ולכאן אי*) איכא חרש ביניהן טמא דאמרי' מחמת חרש הוא דאיקפל ואם לאו סיד דביני ביני הוא וטהור. א"ר אסי מצא ציון מצד אחד הוא הצד טמא וכל השדה טהורה וכן ג' הן טמאין וכל השדה טהורה ד' השדה כולה טמאה והציונין שהציון בהן טהורין. דאמר מר אין מרחיקין ציון ממקום טומאה שלא להפסיד את א"י כו': ויוצאין אף על הכלאים. ומקשינן איני דבחולו של מועד יוצאין על הכלאים והתנן בט"ו באדר יוצאין על הכלאים. ופרקינן בבכיר יוצאין בט"ו באדר. באפיל יוצאין בחולו של מועד וי"א כאן בזרעים וכאן בירקות וא"ר יוחנן לא שנו בחולו של מועד אלא שאין ניצן ניכר פי' ציץ שלהן ניכר. אבל אם הציץ שלהן ניכר שהוא כלאים יוצאין לאלתר ואין שוהין אותן עד חולו של מועד. ומ"ש בחולו של מועד יוצאין על הכלאים א"ר יוחנן משום שכר פעולה עת שהפועלים בטלין ונשכרין בזול לעקור הזרעים ולהשליכן ובעינן למיתן להו אגרייהו מתרומת הלשכה. והני מילי במשנה שהתקינו להיות עוקרין הכלאים בלבד מתוך התבואה ומשליכין. אבל מה שהתקינו להיות מפקירין כל השדה כולה יוצאין אפי' בשאר הימים. ועושין כל צרכי רבים.

ירושלמי אלו הן צרכי רבים דנין דיני נפשות ודיני ממונות ודיני מכות ופדיון שבוים ודיני ערכין והחרמין וההקדשות וההשקאות ועריפת עגלה וטהרת מצורע ורציעת עבד עברי. וכן מפרקין מנעל מעל האמום אבל אין מחזירין. ומציינין על הקברות. והלא ציין באדר כגון שרבו המים ושטפום. ויוצאין אף על הכלאים והלא כבר יצאו מאדר תיפתר שהיתה השנה אפילה ולא היו הצמחים ניכרים באדר: מתני'

*) אולי צ"ל אי איכא חרש ביניהן טהור כו' דביני ביני הוא וטמא ואולי דרבינו היה לו גרסא אחרת.

הגהות הב"ח

(א) גמ' דאימור מחמת חורש הוא דאיקלף ואי לא סיד: (ב) רש"י ד"ה מסובבין נ"ב במסובבין: (ג) שם ד"ה הכא כו' מחמת חורש הוא הס"ד ואח"כ מה"ד דאיקלף: (ד) ד"ה דאי ס"ד דבעל הבית יהיב להו אמאי: (ה) תוס' ד"ה אע"ג כו' אם יש חרסית ביניהם שאינה לבן ביניהם דומה שמליינין וכו' אין בית הקברות דומה לבן הס"ד: (ו) ד"ה אמר כו' אע"ג דליכא חורש ביניהם טהור ומפרש דאינתקא כו': (ז) בא"ד אי איכא ליון על הטומאה שביניהן: (ח) בא"ד אם לאו על הטומאה ואפילו חורשו לא:

עין משפט
נר מצוה

נה א מיי' פ"ב מהל' כלאים הלכה א טוש"ע י"ד סי' רצז סעיף ה:
נו ב מיי' שם הל' טז:
נז ג מיי' פ"ח מהל' יו"ט הלכה ג סמג לאוין עה טוש"ע א"ח סי' תקלז סעיף ז:
נח ד מיי' שם הל' ד:
נט ה מיי' שם הל' ג טוש"ע שם:
ס ו מיי' פ"א מהלכות שמיטה הלכה ט ופ"ח מהלכות יו"ט הלכה ג:
סא ז מיי' פ"ח מהלכות יו"ט הלכה ה טוש"ע א"ח סי' תקלז סעיף יג:
סב ח מיי' שם הלכה ו טוש"ע שם סי' תקמ סעיף א:
סג ט מיי' פ"ב מהל' שמיטה הלכה יד:

מסורת הש"ס

תורה אור

רובע זרע ממין אחר – [א]ימעט. והתניא: התקינו שיהו מפקירין כל השדה כולה! לא קשיא: כאן – קודם תקנה, כאן – לאחר תקנה. דתניא: *[ב]בראשונה היו עוקרין ומשליכין לפני בהמתן, והיו בעלי בתים שמחין שתי שמחות: אחת – שמנכשין להם שדותיהן, ואחת – שמשליכין לפני בהמתם, התקינו שיהו עוקרין ומשליכין על הדרכים. ועדיין היו שמחין שמחה גדולה שמנכשין שדותיהן, התקינו שיהו מפקירין כל השדה כולה.§

מתני' *ר"א בן יעקב אומר: [ג]מושכין את המים מאילן לאילן, ובלבד שלא ישקה את כל השדה. [ד]זרעים שלא שתו לפני המועד – לא ישקם במועד. וחכמים מתירין בזה ובזה.§

גמ' אמר רב *יהודה: [ה]אם היתה שדה מטוננת – מותר. תניא נמי הכי: *כשאמרו אסור להשקותן במועד – לא אמרו אלא בזרעים שלא שתו מלפני המועד, אבל זרעים ששתו לפני המועד – מותר להשקותן במועד. ואם היתה שדה מטוננת – מותר. ואין[א] משקין שדה גריד במועד, וחכמים מתירין בזה ובזה. אמר *רבינא: שמע מינה, האי תרביצא שרי לתרבוצי בחולא דמועדא. שדה גריד מאי טעמא – דאפלא משוי לה חרפא, ה"נ – אפלא משוי לה חרפא. ת"ר:[ב] מרביצין שדה לבן בשביעית, אבל לא במועד. והא תניא: [ו]מרביצין בין במועד בין בשביעית! אמר רב הונא: לא קשיא: הא – ר"א בן יעקב, הא – רבנן. תניא אידך: מרביצין שדה לבן ערב שביעית כדי שיצאו ירקות בשביעית, ולא עוד אלא שמרביצין שדה לבן בשביעית כדי שיצאו ירקות למוצאי שביעית.§

מתני' צדין את האישות ואת העכברים משדה האילן ומשדה הלבן כדרכו, במועד ובשביעית. *[ז]וחכ"א: משדה האילן – כדרכו, ומשדה הלבן – שלא כדרכו. [ח]ומקרין את הפירצה במועד, [ט]ובשביעית בונה כדרכו.§

גמ' מאי אישות? אמר רב יהודה: בריה שאין לה עינים. אמר רבא בר ישמעאל, ואיתימא רב יימר בר שלמיא: מאי קרא? °"כמו שבלול תמס יהלך נפל אשת בל חזו שמש". (תהלים נח) ת"ר: צדין את האישות ואת העכברים משדה הלבן ומשדה האילן כדרכו, *ומחריבין חורי נמלים, כיצד מחריבין? רשב"ג אומר: מביא עפר מחור זה ונותן לתוך חור זה, והן חונקין זה את זה. אמר רב יימר בר שלמיא משמיה דאביי: והוא דקאי בתרי עברי נהרא, והוא דליכא גשרא, והוא דליכא גמלא, והוא דליכא מצרא.

עד

רש"י

רובע. הקב, אחד מכ"ד בסאה: הכי גרס ימעט. שאם זרע רובע הקב – ימעטנו ויעקרנו: והתניא כל השדה כולה. ואתא אתרא: ימעט: שמנכשין שדותיהן. שלוחי ב"ד מתקנש: שלוחי ב"ד משלהן, דכשנוטלין הכלאים – מאליו מתנכש: **מתני'** מושכין המים מאילן לאילן. דהוי כשדה בית השלחין, דפסידא יתירא איכא. אבל לא ישקה את השדה כולה, שדה בית הבעל: זרעים שלא שתו לפני המועד. שלא היו מלומדין לשתות תמיד לפני המועד: לא ישקם במועד. דהואיל ולא משקה להו תדיר לפני המועד – לא הוי ליה פסידא אי לא משקה להו במועד: וחכמים מתירים בזה ובזה. להשקות את כל השדה כולה, ולהשקות במועד זרעים שלא שתו לפני המועד. והאי חכמים – היינו ר"מ, דאמר לעיל (דף ב.): משקין ממנו אפי' שדה בית הבעל: **גמ'** אמר רב יהודה. הא דאמר ר"א אבל לא ישקה [ג] את השדה כולה, אבל אם היתה שדה מטוננת – לחה ויבשה – מותר להשקותה אע"ג דהוה שדה בית הבעל. דכיון דהויא לחה עד השתא, אי לא משקה לה – הוי פסידא יתירא: שדה גריד. יבשה מעולם, שאין צריך להשקותה: בזה ובזה. בשדה גריד, ובזרעים שלא שתו לפני המועד: תרביצא. גינה: שרי לתרבוצי. לזלף עליה מים, אע"ג דליכא פסידא לתרבוצי. להשקות, לשון "אין מכבדין ואין מרבילין" – היינו השקאה פורתא, כדי שיגדלו הירקות, וכדמפרש באידך ברייתא לקמיה. ומשקין – היינו השקאה גמורה של בית השלחין: אפלא לשויי חרפא. דליכא פסידא, ואפ"ה שרי להשקותה כך ולהשביחה – ה"נ בגינה מרבילין: שדה לבן. בית הבעל: הא. דקתני אבל לא ישקם במועד – היינו ר"א בן יעקב, דאמר: אבל לא ישקה את כל השדה כולה. והא דתני בין במועד בין בשביעית – היינו חכמים, דמתירין להשקות אפי' כל השדה: כדי שיצאו בשביעית. אבל לא ישקה בשביעית כדי שיגדלו בשביעית: **מתני'** צדין האישות. בשדה האילן במועד, מפני שמפסידין בו: כדרכו. שאין צריך לשנות בצידה: ובשביעית. אע"ג דמתקן השדה: בשדה האילן. צד כדרכו, מפני שהפסד מרובה הוא: ובשדה לבן שלא כדרכו. ואינו יכול לצוד כדרכו בשדה לבן, משום דלא מפסיד כולי האי בשדה לבן: ומקרין את הפירצה. שאם נפלה מקלקלתה – חוזר ומתקנה במועד: ובשביעית בונה כדרכו. מתחילה, אע"ג דמיחזי דעביד נטירותא לפירי: **גמ'** בריה שאין לה עינים. וחופר בקרקע: מאי קרא. דאישות בריה שאין לה עינים: דכתיב כמו שבלול תמס יהלך. שבלול שקורין לימצו"ן, תמס יהלך – כלומר כשיוצא חוץ מנרתיקו (א) רירות נופלות ממנו, עד שהוא נימוח ומת. תמס – כמו "ונמס": נפל אשת בל חזו שמש. כלומר: כך אישות נופלות פתאום לארץ ומתים, דלא חזו: וחונקין זו את זו. מפני שמריחין את העפר, ואין מכירין באותו עפר: והוא דקאי בתרי עברי נהרא. דכיון דאיכא הפסק מים בין הני תרתי חורי נמלים – אין מכירים הני בעפר דהני: גישרא. גשר: גמלא. שאין לו גשר אלא מנסר אחד: ומצרא. עדיין קטן מגמלא, אין יכול להלך עליו אלא כשקושרים חבל אחד משני עברי הנהר בשתי יתידות, ואוחזין בו, והולכין על אותו גשר צר. אבל אי איכא חד מהן – מכירין הני בחורי דהני:

עד

תוספות

ואין משקין שדה גריד. פי': בית הבעל, לפי שהוא רגיל להיות יבש. וגריד בדל"ת, וכן פירש בערוך. [ובתוס'] הרב – ברי"ש, כמו "אמרא מיגרר גריר" (פסחים דף קז:):

וחכמים מתירין בזה ובזה. והני תרי פלוגתא דהכא ברייתא, היינו כעין פלוגתא במתניתין, ות"ק דהכא הוא ר"א בן יעקב: **שרי** לתרבוצי. וקשה: הא קיימא לן משנת ר"א (ב) קב ונקי! ועוד הקשה בתוספות: דרבינא גופיה, דאמר לעיל (דף ז.): מדלין ירקות כדי לאוכלן, אבל לייפותן – אסור. אלמא: הרווחא אסור! ותירץ: דתרבילא אינה כ"א השקאה פורתא. ולפ"ז נראה דה"פ: דהאי תרבילא שרי לתרבוצי אפילו לראב"י, דכי היכי דשרו רבנן אפלא לשויי חרפא – גם לראב"י, יתיר ג"כ השקאה פורתא. או שמא סבר כר"א בהשקאה, ופליג בהרבצה. וי"מ: דפלוגתא דשדה גריד לאו היינו פלוגתא דמתני' דמיירי בה ראב"י וחכמים. ופליגי באפלא לשויי חרפא, ת"ק חשיב ליה הרווחא ואסור, ורבנן סברי דלאו היינו הרווחא, דיש אוהב יותר אפלא ויהיו נגמרים יותר ומבושלים בטוב. ור"ח פי': אמר רבינא שמע מינה האי תרבילא, פי': שדה שאין זרוע עדיין, שכבר השקוהו קודם – מותר להשקותו במועד לזורעו אחר המועד. דסבר לה כראב"י, דאמר: זרעים ששתו לפני המועד, (ג) וקסבר: תרבילא הוי כמו זרעים ששתו לפני המועד. דהיינו שם תרבילא – שהרבילוהו קודם המועד. (ד) ומקשינן עלה: שדה גריד אסור משום דאי משקי ליה האידנא יבכיר קודם, אבל לא פסיד, תרבילא נמי אי משקה האידנא – קדים ובכיר ולא פסיד. וזה השיטה הולכת דסבירא לן כראב"י – כך פירש ר"ח: **מרביצין** שדה לבן בשביעית. לגבי שביעית פי' הקונטרס השקאה פורתא. ונראה שחזר בו ממה שפירש במשנה משקין בית השלחין במועד, ולגבי שביעית שרי אפילו בית הבעל. ואני פירשתי במשנה דשביעית נמי לא שרי אלא בבית השלחין, כדפי' בקונטרס כאן. אבל ק"ל: שמא הכא איירי בהשקאה גמורה, דפליגי לגבי מועד ראב"י ורבנן, ופלוגתייהו הוי בהשקאה מרובה. ואדרבה, נראה לי דמיירי בהשקאה גמורה. אלא, לגבי שלחין שצריך השקאה נקט משקין, וגבי בית הבעל קרוי הרבצה. לכן נראה יותר פי' הקונטרס שבמשנה. ולפי' דהכא נ"ל דהשקאה גמורה אסורה בבית הבעל, והרבצה מועטת שרי בשביעית. ובמועד אסור אפילו הרבצה מועטת לר"א בן יעקב, ולרבנן שרי אפי' השקאה גמורה:

צדין את האישות במועד ובשביעי'. תימה: מאי קמ"ל בשביעית? והלא אין זו עבודת קרקע, ורבי יהודה מאי טעמא דאסר כדרכו? וי"ל: דודאי צריך למיסקל אבנים מתוך שדהו כשמפנה האישות. ותנן פ"ג דשביעית: המסקל שדהו – נוטל העליונות ומניח התחתונות הנוגעות בארץ, וכן גרגיר של צרורות וכו'. אישות, מפורש בירושלמי: חולדה:

עד

רבינו חננאל

רבינו חננאל

מתני' ר' אליעזר בן יעקב אומר מושכין המים כו' אמר רב הונא אם היתה השדה מטוננת פי' לחה כגון שרבו המים מקודם ועדיין ליחלוחיתה קיימת מותר. תניא כוותיה כשאמרו אסור להשקות במועד לא אמרו אלא זרעים שלא שתו מלפני המועד אבל זרעים ששתו מלפני המועד מותר להשקותן. ואם היתה שדה מטוננת מותר ואין משקין שדה גריד במועד פי' כדתנן בנזיקין בפ' איזהו נשך כל ימי גריד אחד כל ימי רביעה אחד. וחכמים מתירין בזה ובזה. אמר רב כהנא ש"מ האי תרביצא פי' שדה זרועה *) עדיין שכבר השקוה מקודם מותר להשקותה גם במועד לזורעה אחר המועד. ומקשינן עלה גריד אמאי אסור משום דאי משקת ליה האידנא מקדים ליה ובכיר תרביצא נמי אי משקת ליה האידנא קדים ומצ"ן בכיר. ולא איפריק והא דתניא מרביצין בשביעית אבל לא במועד ר' אליעזר בן יעקב היא והא דתניא מרביצין בין במועד בין בשביעית רבנן היא. תניא מרביצין שדה לבן בערב שביעית כדי שיצמחו ירקות בשביעית ולא עוד אלא שמרביצין שדה לבן בשביעית כדי שיצמחו ירקות במוצאי שביעית. אישות פי' בריה שאין לה עינים כדכתיב נפל אשת בל חזו שמש: **ירושלמי** אישות זה חולדה: ת"ר צדין את האישות ואת העכברים משדה אילן ומשדה הלבן. ומחריבין חורי נמלים. כיצד עושה מביא עפר תיחוח עם הנמלים מחור זה ונותן להוך חור זה והן חונקין זה את זה. והוא דקיימי אילן החורין בתרי עברי נהרא וליכא התם לא גשר ולא גמלא ולא מיצרא ולא תיתורא שיכולין לחזור בחור שלהן וכמה יהא בין חור לחור פרסה. רבי

*) נ"ל שדה שאינה זרועה עדיין וכו' תרבילא נמי וכו' קדים ובכיר כצ"ל וכ"ה בתוס' כאן בשם רבינו.

[שקלים ג. עוד שם פרק א' מ"ב]

לעיל ג.

[בשאלתות פ' הברכה אי' רב הונא]

[שם אי' רבה]

[עיין ר"ש פ"ב דשביעית מ"י]

ס"א ר' יהודה וכן גירסת התוספות (וכן ברי"ף והרא"ש) וכן בשאלתות פרשת הברכה סי' קט וכן בפיסקי' דלקמן ז. ר' יהודה אומר וכו'

[תוספ' פ"א]

[בשאלתות פרשת הברכה סי' קט איתא ר"א בן יעקב אומר כשאמרו כו']

הגהות הגר"א

[א] גמ' משקין נ"ל מרבילין (וע' נ"י): [ב] שם ת"ר אין מרבילין שדה לבן בשביעית ולא במועד כצ"ל: [ג] רש"י ד"ה אמר רב יהודה הא דאמר ר"א אבל לא ישקה כו'. נ"ב אבל הטעור דקלא חסרא לאזרעים שלא שתו (וכן פי' סה"י):

הגהות הב"ח (א) רש"י ד"ה הואיל הולי דקל הס"ד ומה"ד דפנא ענפי עץ שקורין לו"ר ופרי שלו קורין ביי"ש וקעבד גדר: (ב) תוס' ד"ה אמר רבי כו' ואי בעי שתיק ורבי יוסי קסבר דלעולם כו' ולדברי ר' יוסי לא תמצא: (ג) ד"ה בהסגר כו' תחילת הסגר ראשון שיכול לשתוק דהא:

רש"י

עַד כַּמָּה. מְרוּחָקִין הָנֵי תְּרֵי חוֹרֵי נְמָלִים, דְּכִי אִיכָּא נַהֲרָא בֵּינַיְיהוּ וְלֵיכָּא גִּשְׁרָא דְּאֵין מַכִּירִין הָנֵי בְּחוֹרֵי דְּהָנֵי: עַד פַּרְסָה. אִי לֵיכָּא פַּרְסָה בֵּינַיְיהוּ, אע"ג דְּאִיכָּא נַהֲרָא וְלֵיכָּא מַעֲבָר – מַכִּירִין הָנֵי בְּחוֹרֵי דְּהָנֵי: נוֹעֵץ שַׁפּוּד. בְּמָקוֹם שֶׁהֵן מְלוּיִן, וּמְרַדֶּה הָאֲדָמָה, וּמְמַעֵךְ אוֹתָן: הוּצָא. (א) עַנְפֵי דֶּקֶל דִּתְמָרִים: דַּפְנָא. בַּיי"ר, וְקָעָבֵד גָּדֵר מִדַּפְנָא, וּמְגַדֵּל אוֹתָהּ מֵהוּצֵי הַדֶּקֶל: צָר בִּצְרוֹר. מַנִּיחַ אֲבָנִים זֶה עַל גַּב זֶה: אָמַר רַב חִסְדָּא לֹא שָׁנוּ. דְּאָמַר: מַתְנִי' מְקָרִין, אֲבָל אֵינוֹ בּוֹנֶה כְּדַרְכּוֹ: בְּכוֹתֶל גִּינָּה. דְּלֵיכָּא פְּסֵידָא יְתֵירָא אִי עָיְילֵי בָּהּ אֱינָשֵׁי: אֲבָל בְּכוֹתֶל חָצֵר בּוֹנֶה כְּדַרְכּוֹ. דְּאִיכָּא פְּסֵידָא יְתֵירָא אִי עָיְילֵי בָּהּ גַּנָּבֵי וְגָנְבֵי מָמוֹנֵיהּ: גּוֹחֶה. שׁוֹחֶה וְנָטוּי: סוֹתֵר וּבוֹנֶה כְּדַרְכּוֹ. דְּהַיְינוּ כּוֹתֶל חָצֵר, מְסַיֵּיעַ לֵיהּ לְרַב חִסְדָּא: מִפְּנֵי הַסַּכָּנָה. שֶׁלֹּא תִּפּוֹל עַל הוֹלְכֵי בִּרְשׁוּת הָרַבִּים: שֶׁלֹּא מִפְּנֵי הַסַּכָּנָה לֹא. קַשְׁיָא לְרַב חִסְדָּא, דְּאָמַר בְּכוֹתֶל חָצֵר בּוֹנֶה כְּדַרְכּוֹ, אע"פ דְּלֵיכָּא סַכָּנָה: תְּרִיץ. לָא קַשְׁיָא לְרַב חִסְדָּא, דְּהָא דְּקָתָנֵי בִּמְקוֹם סַכָּנָה – הַיְינוּ דְּסָתַר לָהּ כְּשֶׁגּוֹחֶה, וּבוֹנֶה לָהּ שַׁפִּיר: הָכָא. דְּקָאָמַר רַב חִסְדָּא שֶׁלֹּא בִּמְקוֹם סַכָּנָה בּוֹנֶה כְּדַרְכָּהּ – כְּשֶׁהִיא סְתוּרָה קוֹדֶם לָכֵן, אֲבָל לֹא סָתַר לָהּ בַּמּוֹעֵד: הָתָם. בִּמְקוֹם סַכָּנָה, לִסְתּוֹר מִשּׁוּם דְּאִיכָּא סַכָּנָה, וְלֹא לִיבְנֵי – דְּבְבִנְיָן לֵיכָּא סַכָּנָה: א"כ. דְּלָא בָּנֵי: מִמְנְעִי וְלָא סָתְרֵי. וְהָוֵי סַכָּנָה: מַתְנִיתִין נַמִּי דַּיְקָא. כְּרַב חִסְדָּא, דְּגִינָּה אֵינוֹ בּוֹנֶה בַּמּוֹעֵד כְּדַרְכּוֹ: אֶלָּא לָאו בְּגִינָּה. וּבַשְּׁבִיעִית בּוֹנֶה כְּדַרְכּוֹ, אֲבָל בַּמּוֹעֵד אֵינוֹ בּוֹנֶה כְּדַרְכּוֹ: **מַתְנִי'** רוֹאִין אֶת הַנְּגָעִים לְהָקֵל. כְּלוֹמַר, רוֹאֶה הַכֹּהֵן נֶגַע צָרַעַת בַּמּוֹעֵד לְטַהֵר: לֹא לְהַחְמִיר. שֶׁאִם רוֹאֶה הַכֹּהֵן שֶׁהוּא טָמֵא – אֵינוֹ אוֹמֵר כְּלוּם. שֶׁאִם מְטַמְּאוֹ – נִמְצָא מְצַעֲרוֹ בַּמּוֹעֵד, וְרַחֲמָנָא אָמַר (דברים טז): "וְשָׂמַחְתָּ בְּחַגֶּךָ": **גְּמ'** שֶׁאִם אַתָּה נִזְקָק לוֹ לְהָקֵל אַתָּה נִזְקָק לוֹ לְהַחְמִיר. כְּלוֹמַר: מֵאַחַר שֶׁרוֹאֵהוּ הַכֹּהֵן – אוֹמֵר, בֵּין הוּא טָמֵא בֵּין הוּא טָהוֹר: א"ר נִרְאִין לִי דִּבְרֵי ר' מֵאִיר בְּמוּסְגָּר. שֶׁרוֹאִין, וְדִבְרֵי רַבִּי יוֹסֵי בְּמוּחְלָט: בְּהֶסְגֵּר רִאשׁוֹן. שֶׁאִם מְטַהֵר לֵיהּ מְשַׂמֵּחַ לֵיהּ, אִי לָא מְטַהֵר לֵיהּ – לָא מְטַמֵּא לֵיהּ יוֹתֵר מִדְּמֵעִיקָּרָא, אֶלָּא מְסַגֵּר לֵיהּ פַּעַם שְׁנִיָּה: בְּהֶסְגֵּר

גמרא

עַד כַּמָּה – עַד פַּרְסָה.§ "רַבִּי יְהוּדָה אוֹמֵר מִשְׁדֵּה הָאִילָן כְּדַרְכּוֹ וּמִשְּׁדֵה הַלָּבָן שֶׁלֹּא כְּדַרְכּוֹ".§ תָּנוּ רַבָּנַן: [א]כֵּיצַד כְּדַרְכּוֹ – חוֹפֵר גּוּמָא, וְתוֹלֶה בָּהּ מְצוּדָה. כֵּיצַד שֶׁלֹּא כְּדַרְכּוֹ – נוֹעֵץ שַׁפּוּד, וּמַכֶּה בְּקוּרְדּוֹם, *וּמְרַדֶּה הָאֲדָמָה מִתַּחְתֶּיהָ. תַּנְיָא, (*ר"ש בֶּן אֶלְעָזָר) אוֹמֵר: [ב]כְּשֶׁאָמְרוּ "מִשְּׁדֵה לָבָן שֶׁלֹּא כְּדַרְכּוֹ" – לֹא אָמְרוּ אֶלָּא בִּשְׂדֵה לָבָן הַסְּמוּכָה לָעִיר, אֲבָל בִּשְׂדֵה לָבָן הַסְּמוּכָה לִשְׂדֵה הָאִילָן – אֲפִילּוּ כְּדַרְכּוֹ, שֶׁמָּא יֵצְאוּ מִשְּׂדֵה הַלָּבָן וְיַחֲרִיבוּ אֶת הָאִילָנוֹת.§ "וּמְקָרִין אֶת הַפִּירְצָה בַּמּוֹעֵד".§ כֵּיצַד מְקָרִין? רַב יוֹסֵף אָמַר: *[ג]בְּהוּצָא וְדַפְנָא. בְּמַתְנִיתָא תָּנָא: [ד]צָר בִּצְרוֹר וְאֵינוֹ טָח בְּטִיט. אָמַר רַב חִסְדָּא: לֹא שָׁנוּ אֶלָּא כּוֹתֶל הַגִּינָּה, אֲבָל [ה]כּוֹתֶל הֶחָצֵר – בּוֹנֶה כְּדַרְכּוֹ. לֵימָא מְסַיֵּיעַ לֵיהּ: *[ו]כּוֹתֶל *הַגּוֹחֶה לִרְשׁוּת הָרַבִּים – סוֹתֵר וּבוֹנֶה כְּדַרְכּוֹ מִפְּנֵי הַסַּכָּנָה. הָתָם כִּדְקָתָנֵי טַעְמָא: מִפְּנֵי הַסַּכָּנָה. וְאִיכָּא דְּאָמְרִי, תָּא שְׁמַע: כּוֹתֶל הַגּוֹחֶה לרה"ר – סוֹתֵר וּבוֹנֶה כְּדַרְכּוֹ מִפְּנֵי הַסַּכָּנָה. מִפְּנֵי הַסַּכָּנָה – אִין, שֶׁלֹּא מִפְּנֵי הַסַּכָּנָה – לֹא. לֵימָא תֶּיהֱוֵי תְּיוּבְתֵּיהּ דְּרַב חִסְדָּא! אָמַר לָךְ רַב חִסְדָּא: הָתָם – סוֹתֵר וּבוֹנֶה, הָכָא – בּוֹנֶה וְלֹא סוֹתֵר. הָתָם נַמִּי לִיסְתּוֹר וְלָא לִיבְנֵי! א"כ מִימְנַע וְלֹא סוֹתֵר. אָמַר רַב אַשִׁי: מַתְנִיתִין נַמִּי דַּיְקָא, דְּקָתָנֵי: וּבַשְּׁבִיעִית בּוֹנֶה כְּדַרְכּוֹ. דְּהֵיכָא? אִילֵימָא דְּחָצֵר – צְרִיכָא לְמֵימַר? אֶלָּא לָאו – דְּגִינָּה, וְאע"ג דְּמֶיחֱזֵי כְּמַאן דְּעָבֵיד נְטִירוּתָא לְפֵירֵי – שְׁמַע מִינָּהּ.§

מַתְנִי' ר' מֵאִיר אוֹמֵר: רוֹאִין אֶת הַנְּגָעִים (*בַּתְּחִילָּה) לְהָקֵל, אֲבָל לֹא לְהַחְמִיר. [ז]וַחֲכָמִים אוֹמְרִים: לֹא לְהָקֵל וְלֹא לְהַחְמִיר.§

גְּמ' תַּנְיָא, רַבִּי מֵאִיר אוֹמֵר: *רוֹאִין אֶת הַנְּגָעִים לְהָקֵל, אֲבָל לֹא לְהַחְמִיר. רַבִּי יוֹסֵי אוֹמֵר: לֹא לְהָקֵל וְלֹא לְהַחְמִיר. שֶׁאִם אַתָּה נִזְקָק לוֹ לְהָקֵל – נִזְקָק לוֹ אַף לְהַחְמִיר. אָמַר רַבִּי: נִרְאִין דִּבְרֵי רַבִּי מֵאִיר בְּמוּסְגָּר, וְדִבְרֵי רַבִּי יוֹסֵי בְּמוּחְלָט. אָמַר רָבָא: בְּטָהוֹר – כ"ע לָא פְּלִיגֵי דְּלָא חָזוּ לֵיהּ, [א]בְּהֶסְגֵּר רִאשׁוֹן – דכ"ע לָא פְּלִיגֵי דְּחָזֵי לֵיהּ, כִּי פְּלִיגֵי – בְּהֶסְגֵּר

תוספות

עד כמה עד פרסה. דאין מכירין זה את זה ביותר מפרסה, אפי' בלא נהר. א"נ, ה"פ: כשיש נהר, מתי קרווין מכירין – עד פרסה, אבל ביותר – מיקרי אין מכירין, ודוקא דאיכא נהר:

תניא ר"ש בן אלעזר אומר. לא ידענא מה הוא, אם הוא תנא שלישי, או שמא מילתיה דת"ק מפרש, או שמא י"ל דרבי יהודה מודה בשדה לבן הסמוכה לשדה האילן, וחכמים איירי בשדה הסמוכה לבית השלחין לא בשדה הסמוכה לבית האילן. ונראה לי דגרסינן הכי: באיזה שדה לבן מתירין חכמים. ויש ספרים שכתוב בהן: כשאמרו בשדה לבן שלא כדרכו לא אמרו אלא בשדה לבן הסמוכה לעיר, וקאי על דברי רבי יהודה כו':

אמר רב אשי מתניתין נמי דיקא. פסק בתוס' דהר"ר פרץ דהלכתא הכי, דכותל חצר מותר לבנותו. ופירש: דהיינו דוקא במקום סמוך לרה"ר, שיש לו לחוש לגנבים. אבל בין חצר לחצר, ומשום בני חצר – אסור לבנותו כדרכו:

אמר רבי נראין דברי ר"מ במוסגר. מה שפירש בקונטרס דמוסגר אסור בתשמיש המטה – לא נדע מנין לו. דהא תנן בפרק קמא דמגילה (ד' ח:) אין בין מוסגר למוחלט אלא פריעה ופרימה, משמע דלענין תשמיש המטה – שוין, דלמאן דאמר מוחלט מותר – כל שכן דמוסגר מותר. ולמ"ד דמוחלט אסור – ה"ה מוסגר אסור. דהא מוחלט מאי טעמא דאסור – משום דאיכא ק"ו לימי חלוטו, כדאמרינן בשמעתין. והכי נמי ק"ו לימי הסגירו, וגמרינן ימי הסגר מימי ספרו. ואי משום דאין טעון פריעה ופרימה – בימי ספרו נמי אין טעון פריעה ופרימה. והא דקאמר התם בגמרא הא לענין שילוח טומאה זה וזה שוין – ה"ה לענין תשמיש המטה הן שוין, אלא לא פסיק ליה לאיסור או להיתר. וגם מה שפירש בקונט' דמוסגר אינו משתלח חוץ לג' מחנות – מזה חזר בו, דהא בפרק קמא דמגילה (ד' ח:) קאמר: הא לענין שילוח – זה וזה שוין. ולפי זה קשה: מאי שייך צוותא דאשתו וצוותא דעלמא במוסגר ובמוחלט? בשלמא צוותא דעלמא – יש ליישב שהוא צריך פריעה ופרימה כשהוא מוחלט, וטמא טמא יקרא, ופורש מבני אדם בימי חלוטו יותר מבימי הסגירו. אבל לתשמיש שניהן שוין. ע"כ נראה דהא דקאמר: מר סבר: צוותא דעלמא ניחא ליה, ומר סבר: צוותא דאשתו עדיף – אמוחלט קאי. וה"פ: נראין דברי ר' מאיר במוחלט, דרואין. דאי מטמא ליה – תחילה נמי טמא הוה. ואי מטהר ליה – מאי אפסדיה? דצוותא דאשתו אינו חושש, דצוותא דעלמא עדיפא ליה. ונראין דברי ר' יוסי במוסגר, דמטמא ליה ופסיד צוותא דעלמא, שיהיה טעון פריעה ופרימה וטמא טמא יקרא וצריך לפרוש מבני אדם. וגם יפסיד, שילטער שעד עתה היה מצפה להיות טהור ואין מצפה עתה ליטהר. ותנא אחרינא סבר: צוותא דאשתו ניחא ליה. והכי פירושו: נראין דברי ר' מאיר דרואין במוסגר, דאי מטמא ליה – לא יפסיד, דשניהן, מוסגר ומוחלט, דינם שוה חוץ מפריעה ופרימה, ובהן הפסד אינו חושש, אפי' קרינא ליה הפסד צוותא דעלמא כדפי' אינו חושש אלא אצוותא דאשתו. אבל מוחלט אין רואין, דאי מטהר ליה – יפסיד צוותא דאשתו, דקסבר: צוותא דאשתו עדיפא ליה מצוותא דעלמא. וקשה ק"ל: מהו נראין דברי ר"מ? הא לית ליה לרבי מאיר כלל דהכהן מחויב לומר, ואי בעי שתיק. ור' (ב) קסבר דלעולם כהן אינו רשאי לשתוק כלל. ולדברי ר' לא תמצא בשום אחד רואין להקל ולא להחמיר, דאינו רשאי לשתוק כלל. והכי הוה ליה למימר: נראין דברי ר' יוסי כו' ואין נראין דברי יוסי כו'. והכי איתא בשמעתין דטיפת חלב (חולין ד' קט.):

בהסגר ראשון כולי עלמא לא פליגי. מה שפירש בקונטרס בסוף הסגר ראשון, ומשום הכי רואין, אי טהור – שפיר, ואי עומד בעיניו – תחילה נמי בבית הכלא היה עומד, וקשה: דלמא פשה הנגע ויהיה טמא מוחלט? והכי משמע בנגעים פ"א: דארבע מראות הללו מצטרפין זה עם זה לפטור את העומד סוף שבוע שני, להחליט את שנולד בו מחיה או שער לבן בתחילה בסוף שבוע ראשון או בסוף שני לאחר הפטור, להחליט את שנולד בו פיסיון בסוף שבוע ראשון או בסוף שבוע שני! ויש לפרש: בהסגר ראשון כ"ע לא פליגי דחזי ליה, הוי הטעם משום ד"לטהרו או לטמאו" לא שייך לתלדש עד שעה שצריך לטמאותו, דהיינו בסוף הסגר שני. אבל בסוף הסגר ראשון – ראוי הוא להסגיר עוד, ולא יטמאנו. וכל זה דוחק. לכך נראה דברי רבינו יצחק: בהסגר ראשון – היינו תחילת הסגר ראשון, שיכול (ג) לשמח בכהן דהא לא שייך לטהרו או לטמאו. בהסגר שני והוא בתחילת הסגר שני – שמא אינו יכול לשתוק, והוא הדין בסוף הסגר שני:

לטהרו

עין משפט נר מצוה

סד א מיי' פ"ח מהל' י"ט הל' ה טוש"ע א"ח סי' תקלז סעיף יג:

סה ב מיי' שם טוש"ע שם:

סו ג ד ה ו מיי' פ"ח מהל' י"ט הלכה ו סמג לאוין עה טוש"ע א"ח סי' תקמ סעיף א:

סז ז מיי' פ"ז מהל' י"ט הלכה טז:

[בשאלתות אי' ר"א ב"י]

[בערוך אי' הגוהה וכ"א בשאלתות וכ"ה בתוספתא ולקמן יג.]

רבינו חננאל

ר' יהודה אומר צדין משדה האילן כדרכו ומשדה הלבן שלא כדרכו: ת"ר כיצד כדרכו חופר גומא ותולה בה מצודה. כיצד שלא כדרכו נועץ שפוד ומכה בקורדום ומרדה בעפר תחתיה: ומקרין הפירצה במועד. רב יוסף אמר בהוצא ודפנא במתניתא תנא צר בצרור כלומר עולה באבנים זו על גב זו ואינו טח בטיט. אמר רב חסדא לא שנו שמקרין את הפירצה אלא כותל גינה [אבל כותל חצר] שנפל בונה כדרכו אמר רב אשי מתני' נמי דיקא דעל כותל גינה אמר' המשנה ומקרין את הפירצה במועד דקתני ובשביעית בונה כדרכו דהיכא אי נימא דחצר צריכא למימר דבונה בשביעית וכי בנין בשביעית מי אסיר אלא לאו דגינה *) (ובונה כדרכו מפני הסכנה שלא יפול על בני אדם) ואע"ג דמיחזי כמאן דעביד נטירותא לפירי. תניא כותל הגוחה לרה"ר סותר ובונה כדרכו מפני הסכנה שלא יפול על בני אדם: **מתני'** רמ"א רואין את הנגעים וכו' תניא ר' מאיר אומר רואין את הנגעים להקל כדי לטהרו אבל לא להחמיר שאם אתה נזקק לו להקל אתה נזקק לו להחמיר שנא' לטהרו או לטמאו. א"ר נראין דברי רבי מאיר במוסגר כי רואין להקל לטהר אבל לא להחמיר שאם יראה כי הוא טמא ישתוק ואוקמה רבה בהסגר שני. ור' מאיר סבר בכהן תליא מילתא

*) אלו תיבות המוקפים נראה שמיותרים הם.

מסורת הש"ס

[ל"ל ומרדד כך אי' בתוספ' פ"א וכ"א בשאלתות]

[לקמן יח.]

[תוספתא פ"א לקמן יג.]

[עי' בתוי"ט]

[תוספתא פ"א]

גליון הש"ס

תוס' ד"ה אמר רבי ראין וכו' צריך פריעה פרימה כשהוא מוחלט טמא טמא יקרא. עיין תוי"ט פ"א מ"ז דמגילה:

הגהות הב"ח

(א) רש"י ד"ה הוצא הוצי דקל הס"ד ומה"ד דפנא ענפי עץ שקורין לו"ר ופרי שלו קורין ביי"ש וקעבד גדר: (ב) תוס' ד"ה אמר רבי כו' ואי בעי שתיק ורבי יוסי קסבר לעולם כו' ולדברי ר' יוסי לא תמצא: (ג) ד"ה בהסגר כו' תחילת הסגר ראשון שיכול לשתוק דהא:

הגהות הגר"א

[א] גמ' בהסגר שני דכ"ע לא פ"כ דחזי ליה כי פליגי בהסגר ראשון כצ"ל:

סח א מיי' פ"י מהל' טומאת צרעת הל' ו סמג עשין רלה:
סט ב מיי' פ"ט שם הלכה ח:

בְּהֶסְגֵּר שֵׁנִי. מָר סָבַר: בְּכֹהֵן תַּלְיָא מִילְּתָא, אִי טָהוֹר – אָמַר לֵיהּ טָהוֹר, וְאִי טָמֵא – שָׁתֵיק. וּמָר סָבַר: "לְטַהֲרוֹ אוֹ לְטַמְּאוֹ" כְּתִיב. אָמַר מָר, אָמַר רַבִּי: נִרְאִין דִּבְרֵי רַבִּי יוֹסֵי בְּמוּחְלָט וְדִבְרֵי ר' מֵאִיר בְּמוּסְגָּר. וְהָתַנְיָא אִיפְּכָא! תַּנָּאֵי הִיא אַלִּיבָּא דְּרַבִּי, מָר סָבַר צַוְותָא דְעָלְמָא עָדִיף לֵיהּ, וּמָר סָבַר צַוְותָא דְאִשְׁתּוֹ עֲדִיפָא לֵיהּ. לְמֵימְרָא דְּמוּחְלָט מוּתָּר בְּתַשְׁמִישׁ הַמִּטָּה? אֵין, וְהָתַנְיָא: "וְיָשַׁב מִחוּץ לְאָהֳלוֹ שִׁבְעַת יָמִים" – שֶׁיְּהֵא אָסוּר בְּתַשְׁמִישׁ הַמִּטָּה, וְאֵין אָהֳלוֹ אֶלָּא אִשְׁתּוֹ, שֶׁנֶּאֱמַר: "לֵךְ אֱמוֹר לָהֶם שׁוּבוּ לָכֶם לְאָהֳלֵיכֶם". א] רַבִּי יְהוּדָה אוֹמ' "שִׁבְעַת יָמִים יִסְפְּרוּ לוֹ" – יְמֵי סְפִירוֹ, וְלֹא יְמֵי חִלּוּטוֹ. ר' יוֹסֵי בְּר' יְהוּדָה אוֹמֵר: ז' יְמֵי סְפִירוֹ, ק"ו לִימֵי חִלּוּטוֹ. וְא"ר חִיָּיא: דַּנְתִּי לִפְנֵי רַבִּי: לִימַּדְתָּנוּ רַבֵּינוּ, יוֹתָם לֹא הָיָה לוֹ לְעוּזִּיָּהוּ אֶלָּא בִּימֵי חִלּוּטוֹ, אָמַר לוֹ: אַף אֲנִי כָּךְ אָמַרְתִּי. בְּמַאי קָמִיפַּלְגִי? ר' יוֹסֵי בְּר' יְהוּדָה סָבַר: גַּלֵּי רַחֲמָנָא בִּימֵי סְפִירוֹ, וְכ"ש בִּימֵי חִלּוּטוֹ. וּמָר סָבַר: מַאי דְּגַלֵּי – גַּלֵּי, וּמַאי דְּלָא גַּלֵּי – לָא גַּלֵּי. לְמֵימְרָא דִּבְכֹהֵן תַּלְיָא מִילְּתָא? אִין, וְהָתַנְיָא: "וּבְיוֹם הֵרָאוֹת בּוֹ" – יֵשׁ יוֹם שֶׁאַתָּה רוֹאֶה בּוֹ, וְיֵשׁ יוֹם שֶׁאִי אַתָּה רוֹאֶה בּוֹ. מִכָּאן אָמְרוּ: חָתָן שֶׁנּוֹלַד בּוֹ נֶגַע – נוֹתְנִין לוֹ ז' יְמֵי הַמִּשְׁתֶּה, לוֹ וּלְבֵיתוֹ וְלִכְסוּתוֹ. וְכֵן בָּרֶגֶל, נוֹתְנִין לוֹ שִׁבְעַת יְמֵי הָרֶגֶל, דִּבְרֵי רַבִּי יְהוּדָה. א] ר' אוֹמֵר: אֵינוֹ צָרִיךְ, ב הֲרֵי הוּא אוֹמֵר: "וְצִוָּה הַכֹּהֵן וּפִנּוּ אֶת הַבַּיִת", אִם מַמְתִּינִים לוֹ לִדְבַר הָרְשׁוּת – כָּל שֶׁכֵּן לִדְבַר מִצְוָה. מַאי בֵּינַיְיהוּ? אָמַר אַבַּיֵי: מַשְׁמָעוּת דּוֹרְשִׁין אִיכָּא בֵּינַיְיהוּ. וְרָבָא אָמַר: דְּבַר הָרְשׁוּת אִיכָּא בֵּינַיְיהוּ. וְרַבִּי יְהוּדָה: מֵהָתָם לָא גָּמְרִינַן, דְּחִידּוּשׁ הוּא

דְּהָא

תורה אור: ויקרא יג | ויקרא יד | דברים ה | יחזקאל מד | ויקרא יג | ויקרא יד

רש"י

בְּהֶסְגֵּר שֵׁנִי. דְּאִי מְטַמֵּא לֵיהּ מַחְלִיט לֵיהּ בְּטוּמְאָה חֲמוּרָה, וּמְצַעֵר לֵיהּ: מָר. ר"מ, דְּאָמַר רוֹאֶה לְהָקֵל, לְטַהֵר אֲבָל לֹא לְטַמֵּא: סָבַר בְּכֹהֵן תָּלְיָא רַחֲמָנָא. דְּאִי מְטַמֵּא לֵיהּ הָוֵי טָמֵא, וְאִי לָא בָּעֵי מְטַמֵּא לֵיהּ – לָא הָוֵי טָמֵא וּלְהָכִי חָזֵי לֵיהּ לְהָקֵל אֲבָל לֹא לְהַחְמִיר. דְּאִי חָזֵי לֵיהּ דְּהָוֵי טָמֵא – לָא לֵימָא לֵיהּ כְּלוּם, וְלָא הָוֵי טָמֵא: וּמָר. ר' יוֹסֵי, דְּאָמַר לֹא לְהָקֵל: סָבַר לְטַהֲרוֹ וּלְטַמְּאוֹ כְּתִיב. דְּכִי חָזֵי לֵיהּ כֹּהֵן דְּטָמֵא – לָא מָצֵי לְמִשְׁתַּק, וּדְלָמָא הָוֵי טָמֵא, וְנִמְצָא מְצַעֲרוֹ שֶׁמְּטַמְּאוֹ בַּמּוֹעֵד: וְהָא תַּנְיָא אִיפְּכָא. דִּבְרֵי ר"מ בְּמוּחְלָט, דִּבְרֵי רַבִּי יוֹסֵי בְּמוּסְגָּר: מָר סָבַר צַוְותָא דְּאִשְׁתּוֹ עָדִיף לֵיהּ. וּלְהָכִי חָזֵי לֵיהּ בַּמּוֹעֵד בְּהֶסְגֵּר שֵׁנִי. דְּאִי מְטַהֲרוֹ – מְשַׂמְּחוֹ, וַאֲפִי' מְטַמֵּא לֵיהּ וּמַחְלִיט לֵיהּ וּמְשַׁדַּר לֵיהּ חוּץ מִג' מַחֲנוֹת, וְלֵית לֵיהּ צַוְותָא דַּאֲיָנְשֵׁי דְּעָלְמָא – אפ"ה לֵית לֵיהּ צַעֲרָא, דְּהָא אִית לֵיהּ צַוְותָא דְּאִשְׁתּוֹ וּמוּתָּר הוּא בְּאִשְׁתּוֹ לְהִתְיַחֵד עִמָּהּ בִּימֵי חִלּוּטוֹ. וְדִבְרֵי ר' יוֹסֵי בְּמוּחְלָט, דַּאֲפִי' מְטַהֵר לֵיהּ, דְּאע"ג דְּשָׁרֵי לֵיהּ לְמַחֲנֵה יִשְׂרָאֵל – אִית לֵיהּ צַעֲרָא, דְּלֵית לֵיהּ צַוְותָא דְּאִשְׁתּוֹ, דְּאָסוּר הוּא. דְּכֵיוָן דִּמְטַהֵר לֵיהּ מֵחִלּוּטוֹ – מִיבָּעֵי לֵיהּ לְמִימְנֵי שֶׁבַע יְמֵי סְפִירוֹ, וּבִימֵי סְפִירוֹ אָסוּר בְּתַשְׁמִישׁ הַמִּטָּה, דִּכְתִיב: "וְיָשַׁב מִחוּץ לְאָהֳלוֹ שִׁבְעַת יָמִים" וְאָהֳלוֹ זוֹ אִשְׁתּוֹ, דִּכְתִיב: "שׁוּבוּ לָכֶם לְאָהֳלֵיכֶם": וּמָר סָבַר צַוְותָא דְעָלְמָא עָדִיף לֵיהּ. הַאי תַּנָּא דְּאָמַר א"ר נִרְאִין דִּבְרֵי ר"מ בְּמוּחְלָט וְדִבְרֵי ר' יוֹסֵי בְּמוּסְגָּר, סָבַר: צַוְותָא דְעָלְמָא עָדִיף לֵיהּ, וּלְהָכִי חָזֵי בִּימֵי חִלּוּטוֹ. דְּאִי מְטַמְּאוֹ – לָא מְטַמֵּא יוֹתֵר מִדְּמֵעִיקָּרָא, וְאִי מְטַהֲרוֹ – מְשַׂמְּחוֹ, דְּאִית לֵיהּ צַוְותָא דְּעָלְמָא. אַף עַל גַּב דְּאָסוּר בְּתַשְׁמִישׁ הַמִּטָּה – צַוְותָא דְעָלְמָא עָדִיף לֵיהּ. וְדִבְרֵי רַבִּי יוֹסֵי בְּמוּסְגָּר דְּלָא חָזֵי לֵיהּ – דִּלְמָא מְטַמֵּא לֵיהּ חוּץ לג' מַחֲנוֹת, וְלֵית לֵיהּ צַוְותָא דְעָלְמָא, וּמְצַעֵר לֵיהּ: יְמֵי סְפִירוֹ. אָסוּר בְּתַשְׁמִישׁ הַמִּטָּה, וְלָא יְמֵי חִלּוּטוֹ: יוֹתָם לֹא הָיָה לְעוּזִּיָּהוּ אֶלָּא בִּימֵי חִלּוּטוֹ. כְּלוֹמַר, לֹא נִתְעַבְּרָה אִמּוֹ דְּיוֹתָם אֶלָּא בִּימֵי חִלּוּטוֹ דְּעוּזִּיָּהוּ. דְּעוּזִּיָּהוּ הָיָה מְצוֹרָע, וְלֹא נִזְקַק לְאִשְׁתּוֹ בִּימֵי סְפִירוֹ אֶלָּא בִּימֵי חִלּוּטוֹ: אַף אֲנִי כָּךְ אָמַרְתִּי. דִּמְצוֹרָע מוּתָּר בְּתַשְׁמִישׁ הַמִּטָּה, ד"וְיָשַׁב מִחוּץ לְאָהֳלוֹ" – בִּימֵי סְפִירוֹ כְּתִיב: וְרַבִּי סָבַר מַאי דְּגַלֵּי גַּלֵּי. לְהָכִי אָמְרִי': יְמֵי סְפִירוֹ וְלֹא יְמֵי חִלּוּטוֹ: לְמֵימְרָא דִּבְכֹהֵן תַּלְיָא מִילְּתָא. פָּרֵיךְ בֵּין לר"מ בֵּין לְרַבִּי יוֹסֵי. דר"מ אוֹמֵר בְּהֶדְיָא: אִי טָמֵא – שָׁתֵיק, וְרַבִּי יוֹסֵי קָאָמַר אֵין רוֹאִין – כְּלָל מִכְּלָל דְּרַבִּי יוֹסֵי סָבַר: אִי לָא בָּעֵי – לָא חָזֵי לֵיהּ, וְלָא הָוֵי טָמֵא: נוֹתְנִין לוֹ ז' יְמֵי הַמִּשְׁתֶּה. דְּלָא חָזֵי לֵיהּ, דִּלְמָא מְטַמֵּא לֵיהּ: וְלִכְסוּתוֹ. אִם נִרְאֶה הַנֶּגַע בִּכְסוּתוֹ: אִם מַמְתִּינִין לִדְבַר הָרְשׁוּת. הֲרֵי מַמְתִּינִין לוֹ, שֶׁאֵין מְטַמְּאִין עַד שֶׁמְּפַנֶּה כָּל הַכֵּלִים שֶׁבַּבַּיִת. וְיָלְפִי' מִינַּהּ דִּבְטוּמְאָה דְּבְגוּפֵיהּ נַמִּי מַמְתִּין לִדְבַר הָרְשׁוּת, דּוּמְיָא דְּהָכָא. כֵּיוָן דְּאַשְׁכְּחַן דִּבְטוּמְאָה דְּגוּפֵיהּ מַמְתִּינִין לוֹ לִדְבַר הָרְשׁוּת – כ"ש דְּמַמְתִּינִין לוֹ לִדְבַר מִצְוָה, כְּגוֹן חָתָן וְרֶגֶל: מַשְׁמָעוּת דּוֹרְשִׁין. דְּמָר דָּרֵישׁ מֵהַאי קְרָא, וּמָר דָּרֵישׁ מֵהַאי קְרָא: דְּבַר הָרְשׁוּת אִיכָּא בֵּינַיְיהוּ. רַבִּי יְהוּדָה דְּמַפִּיק מִ"בְּיוֹם הֵרָאוֹת בּוֹ" וּמִכָּאן אָמְרוּ: חָתָן וָרֶגֶל, דְּהַיְינוּ מִצְוָה – מַמְתִּינִין לוֹ. אֲבָל לִדְבַר הָרְשׁוּת – אֵין מַמְתִּינִין לוֹ בְּטוּמְאָה דְּגוּפֵיהּ. וְרַבִּי סָבַר: דְּבִדְבַר רְשׁוּת נַמִּי מַמְתִּינִין לוֹ, כִּדְאָמְרִינַן לְעֵיל: דְּרַבִּי יָלֵיף טוּמְאָה דְּגוּפֵיהּ לְהַמְתִּין לוֹ מִטּוּמְאָה דְּבֵיתוֹ: לָא גָּמְרִינַן. דְּהָוֵי חִידּוּשׁ, וּמֵחִידּוּשׁ לָא יָלְפִינַן. דְּכָל הֵיכָא דְּאִיכָּא חִידּוּשׁ – אֵין לְךָ דָּבָר בּוֹ אֶלָּא חִידּוּשׁוֹ:

דְּהָא

תוספות

לטהרו או לטמאו כתיב. בפ' בתרא דנזיר (דף סה: ושם) דריש מיניה: פתח הכתוב בטהרה תחילה גבי ספק שער לבן קודם לבהרת, והתם דריש מדכתיב "לטהרו" ברישא, והכא דריש מגופיה דקרא: ה"ג בתורת כהנים: שבעת ימים ימי ספירו וכו'. ולהגב שנכתב (א) בפסוק בתר "ואחרי טהרתו" וגו' כתבוהו כאן:

יותם לא היה לו לעוזיהו אלא בימי חלוטו. פירש הר"ר קלונימוס: דכתיב (ישעיה ז) "ובעוד ששים וחמש שנה יחת אפרים מעם" – והיינו מנבואת עמוס, אע"פ שישעיה אמרה. וישעיה נתנבא בשעה שנתנגע עוזיהו, כדמוכח קראי שהיה רעש ע"י שרעשו עליונים לשורפו ותחתונים לבלעו, הוא מונה לנבואת עמוס שנתנבא שנתים לפני הרעש, "וישראל גלה יגלה מעל אדמתו" (עמוס ז) שאז נגזרה גזירה. וכמה יש עד גלות הושע בן אלה, שהיה בשנת שש לחזקיהו – חשבונו ס"ה שנים. ב' שנים קודם נגעו. וכ"ה דנגעו, דעוזיהו נתנגע כ"ה שנים לפני מותו, וי"ו דיותם, ושש עשרה דאחז, ושש לחזקיה היה הגלות – הרי ס"ה שנים. ויותם בן כ"ה שנים כשמלך, וא"כ היה עיבורו בימי חלוטו. מכל מקום אין ר' יוסי בר' יהודה מוקשה, די"ל: דנתנגע בסוף השנה, ועיבורו היתה בתחילת השנה. ובפי' נביאים פרש"י חשבון זה, וכן מוכיח בסדר עולם. ומאחר שזה אמת – נמצא שצריך ליישב: והלא עוזיהו וירבעם מלכו כאחת! דהא ירבעם מלך מ"א שנה, וא"כ כשמת היה מ"א למלכות עוזיהו, והכתוב אומר בשנת שלשים ושמנה לעזריה מלך יהודה מלך זכריה בן ירבעם וא"כ חסר ג' שנים! וי"ל: דמָלַך ג' שנים בחיי אביו, וכן הגיה במקלת פירושים דהכי הוה מעשה, דזכריה מלך בחיי ירבעם אביו ג' שנים:

מאי דלא גלי לא גלי. יש מקשין: למה אין רבי דורש ק"ו! הא אדם דן ק"ו מעצמו! *) ושמא יש שם פירכא, או שמא מצורע חידוש הוא. א"נ: ז' ימים משמע מיעוט, לאפוקי ימי חלוטו, ואידך דמצטריך לגופיה. מיהו (ב) מדכתיב ביה "לו" שמע מינה למעוטי: ב]ויש יום שאי אתה רואה בו. תימה: לר"מ למה אינו רואה להקל? ועוד: למאי דפי' רבינו יצחק דלכולי עלמא בתחילת הסגר רואין להקל – לעולם יכול לראות! ועוד: "ופינו את הבית" עד שיראו – למה טורח לפנות? שמא ימצא טהור:

משמעות דורשין איכא בינייהו. ר' דורש מ"ופינו", "וביום" אצטריך למידרש ביום ולא בלילה כדלקמן. וי"ו לא משמע ליה. ור' יהודה דורש מ"וביום", אבל "ופינו את הבית" – שמא אצטריך לרבי יהודה, אפי' חבילי קש וחבילי עצים, כדתנן בנגעים (פ' י"ב מ"ה) לרבי יהודה:

דבר הרשות איכא בינייהו. דרבי יהודה סבר: חידוש הוא, ואין ללמוד הימנה שאר המתנות. ומ"ביום הראות בו" לא משמע אלא המתנה דמצוה, דמשמע דתלוי הדבר בקביעת היום, כגון רגל, והוא הדין לחתן. ורבי סבר: לרבות נמי המתנה שאינה מצוה, וגמרינן שפיר להמתנה מ"ופינו". כל דבר הרשות בבית לא פליגי – דהא בהדיא כתיב "ופינו את הבית", אלא דבר הרשות דגופיה איכא בינייהו. ואין נראה לפרש שאר דברי רשות, כגון חבילי קש, ופליגי בבתים, ג]דלרבי יהודה דאמר חידוש הוא – לא ילפינן:

דהא

*) [כדאיתא נדה יט:]

רבינו חננאל

אי טהור א"ל טהור אי טמא שתיק דבמילתא דכהן תליא מילתא ועד שאמר טמא בחזקה קאי ואמר ר' נראין דברי ר' יוסי שאמר אין רואין כלל במוחלט והתניא איפכא נראין דברי ר' מאיר במוחלט ודברי ר' יוסי במוסגר ופרקינן תרי תנאי ואליבא דרבי. האי תנא דתני אמר רבי נראין דברי רבי מאיר במוחלט שרואין סבר דלמא אחזי ליה לטהרו וצוותא דעלמא עדיפא ליה מצוותא דאשתו והאי תנא דתני אמר ר' נראין דברי ר' יוסי במוחלט סבר אי חזי ליה טהרה מצריכו לספירת שבעה ואוסרו באשתו שהיה מותר בה כל ימי חלוטו וצוותא דאשתו עדיפא ליה מצוותא דעלמא לפיכך קתני נראין דברי ר' יוסי דאמר אין רואין במוחלט כו' ואמרינן למימרא דר' סבר מוחלט מותר באשתו. ואמר הין. והתניא דרבי סבר המוחלט מותר באשתו דתניא וישב מחוץ לאהלו שבעת ימים שיהא כמנודה וכאבל שאסור בתשמיש המטה ואין אהלו אלא אשתו כדכתיב שובו לכם לאהליכם בז' ימי ספרו ולא בז' ימי חלוטו דברי רבי ורבי יוסי אומר *) דנתי לפני ר' לימדתנו רבינו יותם לא היה לעוזיהו אלא בימי חלוטו א"ל אף אני אומר כן כי בימי חלוטו מותר הוא ואינו אסור בתשמיש המטה אלא בימי ספרו ולא אמרינן ק"ו אלא בימי ספרו דגלי רחמנא ביה איסורא אסיר אבל חלוט דלא גלי ביה רחמנא איסורא שרי. למימרא דבדיבורא דכהן תליא מילתא דכתיב וביום הראות בו בשר חי יטמא ומה ת"ל וביום לימא ובהראות בו יטמא וביום למה לי אלא יש יום שאתה רואה ויש יום שאי אתה רואה מכאן אמרו חתן שנולד בו נגע נותנין לו ז' ימי המשתה ולאיצטליתו ולכסותו וכן ברגל נותנין לו כל ימי הרגל דברי רבי ר' יוסי אומר אינו צריך הרי הוא אומר וצוה הכהן ופנו את הבית אם ממתינין לו לפנות את כליו שהוא דבר הרשות ק"ו שממתינין לו בימי חתונתו ובימי הרגל שמצוה לשמוח בהן. ור' יהודה מצוה **) בכהן לא גמרי' דחדוש הוא דהא עצים ואבנים בעלמא לא מיטמו והכא מיטמו בנגעים הלכך חדוש הוא ומחדושא לא גמרינן ופשוטה היא

*) גי' רבינו צ"ע לכאורה ואולי דט"ס וצ"ל דברי ר' ר' יוסי בר"י אומר בימי ספירו ק"ו לימי חלוטו וא"ר חייא דנתי וכו'. **) אולי צ"ל מצוה מכלים לא גמרינן.

מסורת הש"ס

לקמן טו:

[תוספתא' נגעים פ"ח]

[זבחים ז: יז: מנחות נב:]

נגעים פ"ג מ"ב [בכורות לז:]

הגהות הב"ח

(א) תוס' ד"ה ה"ג כו' ולהגב שנכתב בפסוק בתר ואחרי טהרתו. נ"ב פירוש דהאי קרא דיחזקאל שבעת ימים יספרו לו מיירי לגבי כהן שנטמא כדמוכח בפרק בתרא דף ע"ו מפרש והתם לא היה צריך להאי דמוטר מתוך ימי ספירו ולא ימי חלוט אלא לגבי דמייתי לה קרא בפ' בתרא כתבו כאן: (ב) ד"ה יש מי מדכתיב ביה לו. נ"ב עי' בספרי דדרשינן לו מעוטי ימי ספירו ולא ימי חלוטו

הגהות מהר"ן לנדא

א] גמ' רבי יהודה אומ' שבעת ימים יספרו לו. רבי אומר וכן הוא בתורת כהנים ועיין במס' חולין דף קמא ע"א ודו"ק:

הגהות מהר"ב רנשבורג

א] גמ' רבי אומר אינו צריך כו'. נ"ב ותימה דבסמוך קאמרינן אליבא דרבא ורבי אומר איצטריך וכו' וא"כ מאי אינו צריך דקאמר [illegible] שם על דבריהם כנלע"ד ודוק היטב: ב] תוס' ד"ה יש יום שאי אתה רואה בו. עי' על דבריהם במשנה למלך פ"ז מהלכות יו"ט הלכה ט"ו: ג] ד"ה דבר הרשות איכא בינייהו כו'. דלר' יהודה דאמר חידוש הוא לא ילפינן. עיין קרבן אהרן פ' תזריע דף קל"ד [illegible]

דְּהָא עֵצִים וַאֲבָנִים בְּעָלְמָא לָא מִטַּמְּאוּ, וְהָכָא מִטַּמְּאוּ. וְרַבִּי אָמַר: אִצְטְרִיךְ, דְּאִי כְּתַב רַחֲמָנָא "וּבְיוֹם הֵרָאוֹת בּוֹ" – הֲוָה אָמִינָא: לִדְבַר מִצְוָה – אִין, לִדְבַר הָרְשׁוּת – לָא. כְּתַב רַחֲמָנָא "וְצִוָּה הַכֹּהֵן". וְאִי כְּתַב רַחֲמָנָא "וְצִוָּה הַכֹּהֵן" – הֲוָה אָמִינָא: הָנֵי – אִין, דְּלָאו טוּמְאָה דְּגוּפֵיהּ. אֲבָל טוּמְאָה דְּגוּפֵיהּ – אֵימָא מֶיחֱזָא חָזְיָא לֵיהּ, צְרִיכָא. אָמַר מָר: יֵשׁ יוֹם שֶׁאַתָּה רוֹאֶה בּוֹ וְיֵשׁ יוֹם שֶׁאִי אַתָּה רוֹאֶה בּוֹ. מַאי מַשְׁמַע? אָמַר אַבַּיֵּי: א"כ לִיכְתּוֹב רַחֲמָנָא "בְּיוֹם", מַאי "וּבְיוֹם" – שְׁמַע מִינָּהּ: יֵשׁ יוֹם שֶׁאַתָּה רוֹאֶה בּוֹ וְיֵשׁ יוֹם שֶׁאִי אַתָּה רוֹאֶה בּוֹ. רָבָא אָמַר: כּוּלֵּיהּ קְרָא יְתֵירָא הוּא. דְּא"כ לִכְתּוֹב רַחֲמָנָא "וּבְהֵרָאוֹת" מַאי "וּבְיוֹם" – שְׁמַע מִינָּהּ: יֵשׁ יוֹם שֶׁאַתָּה רוֹאֶה בּוֹ, וְיֵשׁ יוֹם שֶׁאִי אַתָּה רוֹאֶה בּוֹ. וְאַבַּיֵּי: הַהוּא מִיבָּעֵי לֵיהּ: [א]בַּיּוֹם וְלֹא בַּלַּיְלָה. וְרָבָא, בַּיּוֹם וְלֹא בַּלַּיְלָה מְנָא לֵיהּ? נָפְקָא לֵיהּ °מִ"לְּכָל מַרְאֵה עֵינֵי הַכֹּהֵן". וְאַבַּיֵּי: הַהוּא מִיבָּעֵי לֵיהּ [ב]לְמַעוּטֵי סוּמָא בְּאַחַת מֵעֵינָיו. וְרָבָא נַמִּי מִיבָּעֵי לֵיהּ לְהָכִי! אִין, הָכִי נַמִּי. וְאֶלָּא בַּיּוֹם וְלֹא בַּלַּיְלָה מְנָא לֵיהּ? נָפְקָא לֵיהּ °מִ"כְּנֶגַע נִרְאָה לִי בַּבָּיִת", לִי – וְלֹא לְאוֹרִי, וְאַבַּיֵּי: אִי מֵהָתָם הֲוָה אָמֵינָא: הָנֵי מִילֵּי – טוּמְאָה דְּלָאו דְּגוּפֵיהּ, אֲבָל טוּמְאָה דְּגוּפֵיהּ – אֲפִילּוּ לְאוֹרוֹ נַמִּי, קָא מַשְׁמַע לָן.§

וַיִּקְרָא יג | שם יד

מתני' וְעוֹד אָמַר ר' מֵאִיר: מְלַקֵּט אָדָם עַצְמוֹת אָבִיו וְאִמּוֹ, מִפְּנֵי שֶׁשִּׂמְחָה הִיא לוֹ. ר' יוֹסֵי אוֹמֵר: [ג]אֵבֶל הוּא לוֹ. [ד]לֹא יְעוֹרֵר אָדָם עַל מֵתוֹ וְלֹא יַסְפִּידֶנּוּ קוֹדֶם לָרֶגֶל שְׁלֹשִׁים יוֹם.§

גמ' וּרְמִינְהוּ: *[ה]הַמְלַקֵּט עַצְמוֹת אָבִיו וְאִמּוֹ – הֲרֵי זֶה מִתְאַבֵּל עֲלֵיהֶם כָּל הַיּוֹם, וְלָעֶרֶב אֵין מִתְאַבֵּל עֲלֵיהֶן. וְאָמַר רַב חִסְדָּא: [ו]אֲפִילּוּ צְרוּרִין לוֹ בִּסְדִינוֹ. אָמַר אַבַּיֵּי: אֵימָא, מִפְּנֵי שֶׁשִּׂמְחַת הָרֶגֶל עָלָיו.§ "וְלֹא יְעַרְעֵר עַל מֵתוֹ".§ מַאי לֹא יְעַרְעֵר עַל מֵתוֹ? אָמַר רַב: כַּד הָדַר סְפְדָנָא בְּמַעַרְבָא אָמְרִי: יִבְכּוּן עִמֵּיהּ כָּל מְרִירֵי לִיבָּא.§ "קוֹדֶם הָרֶגֶל שְׁלֹשִׁים יוֹם".§ מַאי שְׁנָא שְׁלֹשִׁים יוֹם? אָמַר רַב כָּהֲנָא *אָמַר רַב יְהוּדָה אָמַר רַב: מַעֲשֶׂה בְּאָדָם אֶחָד שֶׁכִּינֵּס מָעוֹת לַעֲלוֹת לָרֶגֶל, וּבָא סַפְדָּן וְעָמַד עַל פֶּתַח בֵּיתוֹ, וְנָטְלָתָן אִשְׁתּוֹ וּנְתָנָתָן לוֹ, וְנִמְנַע וְלֹא עָלָה. בְּאוֹתָהּ שָׁעָה אָמְרוּ: לֹא יְעוֹרֵר עַל מֵתוֹ, וְלֹא יַסְפִּידֶנּוּ קוֹדֶם לָרֶגֶל שְׁלֹשִׁים יוֹם. וּשְׁמוּאֵל אָמַר:

לְפִי

רש"י

דְּהָא עֵצִים. פְּשׁוּטֵי כְּלֵי עֵץ לָא מְקַבְּלֵי טוּמְאָה: וְרַבִּי אָמַר אִצְטְרִיךְ. כְּלוֹמַר אע"ג דְּיָלֵיף טוּמְאָה דְּגוּפֵיהּ מִטּוּמְאָה דְּלָאו גּוּפֵיהּ לִדְבַר הָרְשׁוּת, מִ"וְצִוָּה הַכֹּהֵן", אִיצְטְרִיךְ "בְּיוֹם הֵרָאוֹת בּוֹ": אֲבָל טוּמְאָה דְּגוּפֵיהּ אֵימָא לָא. דְּלָא יָלֵיף טוּמְאָה דְּגוּפֵיהּ מִטּוּמְאָה דְּלָאו גּוּפֵיהּ לִדְבַר הָרְשׁוּת מִ"וְצִוָּה הַכֹּהֵן". דַּהֲוָה אָמִינָא חִידּוּשׁ הוּא, קמ"ל "וּבְיוֹם הֵרָאוֹת" דְּהַיְינוּ טוּמְאָה דְּגוּפֵיהּ, דְּמַמְתִּינִין לוֹ לִדְבַר מִצְוָה. וְהוֹאִיל וְאַשְׁכְּחַן דְּמַמְתִּינִין לוֹ לְטוּמְאָה דְּגוּפֵיהּ מִיהָא לִדְבַר מִצְוָה – אִית לֵיהּ נַמִּי כֹּחַ לְמֵילַף מִ"וְצִוָּה הַכֹּהֵן" דְּמַמְתִּינִין לְטוּמְאָה דְּגוּפֵיהּ לִדְבַר הָרְשׁוּת נַמִּי, אַף עַל גַּב דְּחִידּוּשׁ הוּא: כּוּלֵּיהּ קְרָא יְתֵירָא. כְּלוֹמַר, כּוּלָּהּ תֵּיבָה דְּ"בְיוֹם הֵרָאוֹת" קְרָא יְתֵירָא: מַרְאֵה עֵינֵי הַכֹּהֵן. מַשְׁמַע: בַּיּוֹם שֶׁיָּכוֹל לִרְאוֹת: לִי וְלֹא לְאוֹרִי. שֶׁאֵין צָרִיךְ לְאוֹר הַנֵּר, דְּהַיְינוּ בַּיּוֹם וּבְהַהִיא שַׁעְתָּא נַמִּי "וּבָא הַכֹּהֵן" – אַלְמָא: דְּאֵין רוֹאִין אֶלָּא בַּיּוֹם: קמ"ל. "וּבְיוֹם הֵרָאוֹת בּוֹ" דְּ"בּוֹ" הַיְינוּ טוּמְאָה דְּגוּפֵיהּ:

מתני' מְלַקֵּט אָדָם עַצְמוֹת אָבִיו וְאִמּוֹ. וּמוֹלִיכָן לְמָקוֹם אַחֵר לְקוֹבְרָן בְּקִבְרוֹת אֲבוֹתָם: מִפְּנֵי שֶׁשִּׂמְחָה הִיא לוֹ. שֶׁקּוֹבְרָן בְּקִבְרֵי אֲבוֹתָיו, וְלֹא מִצְטַעֵר בַּמּוֹעֵד: רַבִּי יוֹסֵי אוֹמֵר. לֹא יְלַקֵּט, מִפְּנֵי שֶׁאֵבֶל הוּא לוֹ: לֹא יְעַרְעֵר עַל מֵתוֹ. אִם מֵת לוֹ מֵת חֹדֶשׁ אוֹ חֳדָשִׁים קוֹדֶם הַמּוֹעֵד – לֹא יְעַרְעֵר. מְפָרֵשׁ בַּגְּמָ': כַּד הָדַר סַפְדָּנָא בְּמַעַרְבָא. כְּלוֹמַר, שֶׁלֹּא יִשְׂכּוֹר סַפְדָּן לַחֲזוֹר עַל קְרוֹבָיו לוֹמַר: בְּכוּ עִמִּי כָּל מָרֵי נֶפֶשׁ: לֹא יַסְפִּידֶנּוּ. שֶׁאִם מֵת לוֹ מֵת בְּתוֹךְ שְׁלֹשִׁים יוֹם לִפְנֵי הָרֶגֶל – לֹא יִשְׂכּוֹר סַפְדָּן לְהַסְפִּידוֹ. וּשְׁלֹשִׁים יוֹם אַתַּרְוַיְיהוּ קָאֵי וְטַעֲמָא דִּשְׁלֹשִׁים יוֹם מְפָרֵשׁ בַּגְּמָ': **גמ'** הֲרֵי הוּא מִתְאַבֵּל עֲלֵיהֶן. וְקַשְׁיָא לְרַבִּי מֵאִיר, דְּאָמַר: מִפְּנֵי שֶׁשִּׂמְחָה הִיא לוֹ: אֲפִילּוּ צְרוּרִין בִּסְדִינוֹ. שֶׁאֵינוֹ מְלַקְּטָן, וְאֵינוֹ רוֹאֶה אוֹתָן – הֲרֵי זֶה מִתְאַבֵּל כָּל זְמַן שֶׁלֹּא נִקְבְּרוּ: מִפְּנֵי שֶׁשִּׂמְחַת הָרֶגֶל עָלָיו. כְּלוֹמַר, הַרְבֵּה הוּא עוֹסֵק בְּשִׂמְחַת הָרֶגֶל וְאֵינוֹ מִצְטַעֵר בִּמְלַקֵּט עַצְמוֹת אָבִיו וְאִמּוֹ: יִבְכּוּן עִמֵּיהּ. (אֲפִילּוּ) הָכִי אָסוּר לְמֵימַר בַּמּוֹעֵד, הַיְינוּ לֹא יְעוֹרֵר עַל מֵתוֹ: אָמַר רַב (נַחְמָן) מַעֲשֶׂה כו'. כְּלוֹמַר, שֶׁהָיוּ לוֹ מָעוֹת מְזוּמָּנִין לְצוֹרֶךְ לַעֲלוֹת לָרֶגֶל, וּנְתָנָתָן אִשְׁתּוֹ לְהַסְפְּדָנִים, וְנִמְנַע מִלַּעֲלוֹת לָרֶגֶל:

לְפִי

תוספות

דהא עצים ואבנים לא מטמאו. ואפ"ה מטמאו כאן. עלים ואבנים לאו דוקא, דהא תנן במסכת נגעים (פי"ב מ"ה): לרבי יהודה אפילו חבילי קש וחבילי תבן. וא"כ צריך לומר א] דרבי נמי מודה לר' יהודה. וכן משמע, מדלא מסיק דרבי סבר לה כר' שמעון דפליג התם:

מאי וביום יש יום שאתה רואה. משמע לאביי דר' יהודה דריש וי"ו. וכן פ"ק דסנהדרין (דף יד. ושם) גבי "ושופטיך" ופ' "אלו מליאות" (ב"מ דף כז.) גבי "ושמלת". וקשה: איהו גופיה לא דריש וי"ו ד"ואם המר ימיר" בפ"ק דתמורה (דף ב:), ובסוף פרק "טרף בקלפי" (יומא ד' מה.) גבי "והאש"! ושמא דריש ליה לדרשה אחרינא. מיהו הכא קשה טפי: כיון דר' יהודה דריש וי"ו – מאי טעמא לא אמר רבא דהכא נמי דריש וי"ו? למה חולק על אביי, היה לו להזכירה! ושמא רבא קאמר: אפילו לא דריש ר' יהודה וי"ו הכא להאי דרשה – יש ליישבה*:

נפקא ליה מכנגע נראה לי ולא לאורי. תימה: דהא לעיל אמר רבא לר' יהודה חידוש הוא, ולא גמרינן מיניה. ב] ולפירוש שפירש דרבי יהודה לטעמיה, דמצריך ופינו בעלים ובאבנים – ניחא, דלענין פינו דוקא חידוש. ועי"ל: כיון דלאורו (א) אינו יכול לראות בלא נר – א"כ פוסל מטעם ראיה, יש לנו ללמוד הימנו, כיון דחזינן דבעלמא נמי אשכחנא קפידא בראיה טפי מעולי רגלים, *דבעינן שתי עינים, ובעינן נמי שלא יהא יום המעונן. ותימה: דהכא משמע דרבא ממעט לילה מהאי קרא, ובפ' "אחד דיני ממונות" (סנהדרין ד' לד: ושם) מייתי קרא "וביום הראות בו" והיינו כאביי! (ב) וי"ל: דאורחיה דהתלמוד א) לאתויי דרשות הפשוטים יותר. ושמא אי לא כתב "כנגע נראה לי" הוה מוקמינן "וביום הראות" – למעוטי לילה, וכן בפ"ב דמגילה (דף כ.) ולא מוהלין אלא ביום, דריש התם מ"ביום השמיני" – ביום ולא בלילה. ובפ' "ר' אליעזר דמילה" (שבת קלב. ושם), דריש מיניה "ביום" – אפילו בשבת, ומ"בן שמונת ימים" דרשינן ימים ולא לילות, ובפ'ב "החובל" (ב"ק דף פז.) מייתי שבח נעורים לאביה מ"בנעוריה בית אביה" ובריש פ"ק דקדושין (דף ג:) מוקי לה בהפרת נדרים דוקא, ושבח נעורים נפקי מ"וכי ימכור" וגו'. וכן בפ' קמא דקדושין (ג: יד.) מייתי: ספר כורתה ואין דבר אחר כורתה מ"ספר כריתות", ובפרק ["המביא גט"] (גיטין דף כא:) מפקי לה רבנן מ"וכתב לה", ו"ספר כריתות" אצטריך לדרשה אחרינא. ומיהו, תימה: היאך נוכל ליישב הסוגיא דפרק "אחד דיני ממונות" (סנהדרין דף לד:) אליבא דרבא, דמייתי לה התם למיגמר דין ביום מנגעים? ובשלמא אי מייתי מ"וביום הראות בו" – מלינו לאוקמי בגמר דין. אלא "כנגע ג]נראה לי" – היינו תחלת דין. (ג) ואביי דאמר אי מהתם הני מילי דטומאה לאו דגופיה *וקיימא פירכא דלעיל, דמגופיה דאית ליה לאביי משמעות דורשין איכא בינייהו, דמשמע דרבי יהודה לא דריש מ"ופינו" הוה דריש ליה נמי שפיר, ואצטריך "וביום הראות". ע"כ נראה לי דהכ"פ לעיל: משמעות דורשין איכא בינייהו, רבי סבר: ד"ביום הראות" אצטריך לדרשה אחרינא, דביום ולא בלילה, כדפרישית נמי לעיל. ורבי יהודה סבר: דתרווייהו דרשינן, ואיצטריך לתרי קראי. כי היכי דאית ליה לרבי דמ"ופינו" ה"א טומאה דלאו גופיה – קמ"ל "וביום", ו"מביום" לא שמעינן אלא לדבר מצוה, קמ"ל "ופינו". ולפי זה לכ"ע ממתינין לדבר הרשות, דהא תרווייהו דרשי ופינו, כדפרישית. ד]ומלתא דאתיא מק"ו – טרח וכתב לה קרא, דהיינו דבר מצוה. וקשה קצת אליבא דרבי יהודה: שמה שיש בחומרא חידוש אין ללמוד הימנו קולא, דקאמר משום דחידוש הוא דהא עלים ואבנים לא מטמאו – אין ללמוד ממנה, אלא דכוותיה אמרינן פרק "כל הבשר" (חולין ד' קח. ושם): בשר בחלב חידוש הוא, ופירש רבינו יעקב: דאי תרי ליה כולי יומא בחלבא – שרי, וכי מבשל ליה – אסור. והחידוש אינו מן האיסור, דבהדי הדדי אסור והאי לחודיה והאי לחודיה שרי. דהא כלאים נמי, כל חדא שרי ובהצטרפות אסירי, כדמסיק בפ' "אלו עוברין" (פסחים דף מד:) א] משמע כשהאיסור חידוש – אין ללמוד ממנו קולא. מהאי טעמא היה מיישב רבינו יצחק בר אברהם ההיא דעדים זוממין, דחידוש הוא*: **ורמינהו** המלקט כו'. במס' שמחות (פרק יב ע"ש). והוה מצי לשנויי: הא מני – ר' יוסי היא, דאמר במשנה: אבל הוא לו: **ולערב** אינו מתאבל ואמר רב חסדא. בלא דרב חסדא הקשה היטב, אלא כך רגילות התלמוד אגב גררא להביא פירוש הברייתא, דאפילו צרורין לו בסדינו אינו מתאבל לערב. ויש מפרשים דארישא קאי: אפילו צרורין לו בסדינו כמה ימים צריך להתאבל כל זמן שרואה אותן. ופי' קמא ניחא טפי, אבל לא שייך הכא כל כך לפירוש ראשון, דהא מסיפא אינו מתאבל לערב לא מצי להקשות על המשנה כי אם מרישא! וצריך לומר: דמייתי סיפא אגב גררא, והא דרב חסדא אגב גררא לגררא:

דקא

א) [וכ"כ תוספות מגילה כ. ובסנהדרין לד: בד"ה דכתי' ובזבחים קיז. ד"ה והתורה] ב) [בגמ' שם לא מייתי שום קרא ערש"י שם ותוספות]

עין משפט נר מצוה

ע א מיי' פ"ט מהלכות טומאת צרעת הלכה ו סמג עשין רלד:

עא ב מיי' שם הל' ה:

עב ג מיי' פי"ב מהל' אבל הלכה ג סמג לאוין עה ועשין דרבנן ב טוש"ע י"ד סי' תג סעיף ד:

עג ד מיי' שם הלכה ו ופ"ו מהלכות י"ט הלכה כד סמג לאוין עה טוש"ע א"ח סי' תקמז סעיף ג וטוש"ע י"ד סי' שמז סעיף א:

עד ה ו מיי' פי"ב מהל' אבל הלכה ח טור ש"ע י"ד סי' תג סעיף א:

[וע"ע תוספות מנחות נה: ד"ה ו"ו ותוספות סנהדרין יג. ד"ה וכ"ש]

[כדאיתא ריש חגיגה]

רבינו חננאל

ועוד אמר ר"מ מלקט אדם עצמות אביו ואמו במועד: *) אוקמא מפני ששמחת הרגל עליו ואינו מתאבל עליהן אבל בשאר הימים זולתי המועד המלקט עצמו' אביו ואמו מתאבל עליהן כל היום ולערב אינו מתאבל עליהן אמר רב חסדא ואפילו צרורין בסדינין: **ירושלמי** תני המעביר ארון ממקום למקום אין בו משום ליקוט עצמות ר' יוסי אומר לעולם אין בהן משום ליקוט אלא אם (חסר בכ"י) **) כר אחא דאמר יש ליקוט עצמות בארון של עץ והורה לו שלא להטמאות כר' יוסי דאמר אין ליקוט עצמות בארון ואפי' של עץ תני ליקוט עצמות אין אומרים עליהן קינין ונהי. ואין אומרין עליהן ברכת אבלים ולא תנחומי אבלים ואלו הן ברכת אבלים שאומרים בבהכ"נ. ותנחומי אבלים שאומרים בשורה. תני' אבל אומרים עליהן דברי' רבנן דקיסרי אמרי (רבנן) קילוסין. ולא יעורר על מתו. איזהו עירעור מזכירו בין המתים. הספד מספידו בפני עצמו. תני אשה לא תעורר על לווייתה

*) נ"ל אמר אביי אימא מפני וכו'.

**) לפנינו בירושלמי הגי' אלא המעביר באפיקרסין ממקום למקום וכו' ר' מנא הורי לר' הלל לקרוע ולהתאבל כר' אחא לאמר כו'.

הגהות מהר"י לנדא

א] תום' ד"ה נפקא לי' וכו' משמע כשהאיסור חידוש אין ללמוד ממנו קולא. נ"ל כשהיתר חידוש אין ללמוד ממנו איסור ועי' בתום' סנהדרין כז ע"א בד"ה ואין לך וכו'. ועי' בנודע ביהודה תנינא בהשמטות לסי' ל"ז בחלק י"ד:

גליון הש"ס

תום' ד"ה נפקא ליה וכו' וספר כריתות איצטריך לדרשה אחרינא. וע"ע תוס' זבחים דף קיז ע"א ד"ה והתורה ובכריתות דף טו ע"א תוס' ד"ה ערות:

שמחות פי"ב

[בהרא"ש ובכ"י איתא ואמרי לה כו']

וקיימא פירכא לעיל דמגופי' ולאיצטריך וביום הראות והא לית ליה לאביי משמעות כו' עד לא דריש ומופינו הוי דריש ליה נמי שפיר ע"כ נכ"ל וכ"ה בתוספות גרסתם

[וע"ע תוס' סנהדרין כז. ד"ה ואין לך]

הגהות הב"ח

(א) תום' ד"ה נפקא כו' ועוד י"ל כיון דלאורו לא אינו אלא משום דאינו יכול לראות בלא נר כו' קפידא בראייה כגון עולי רגלים: (ב) בא"ד וי"ל דאורחיה דהש"ס כו'. נ"ב וכה"ג כתבו התוס' במסכת סוכה בדף כד ובדף ל ע"ש: (ג) בא"ד היינו תחלת דין הס"ד ואח"כ מה"ד ואביי אי מהתם ה"א הני מילי טומאה דלאו דגופי' וקשה דלעיל משמע דלא ס"ל פירכא דמגופיה דאית ליה לאביי כו' דמשמע דר' יהודה דלא דריש מופינו הוה דריש ליה נמי שפיר אלא דאיצטריך לחבילי קש וחבילי עלים לכך דריש וביום הראות כו' דמופינו ה"א ה"מ טומאה דלאו כו' הימנו קולא דקאמר הכא חידוש הוא כו' ממנה אלא דכוותיה דהכי אמרינן פ' כל הבשר כו' ופירש רבינו יעקב דזהו חידושו דאי תרו ליה. נ"ב שם בדף קח קאמר בסתם דבשר בחלב חידוש הוא ופירש בקונטרס דחידושו דשניהם מין היתר זה לבדו וזה לבדו וכשנתערבו נאסרין ובתוס' הקשו עליו דטעם זה לא יתכן דבפרק אלו עוברין דף מד ובפ' ג' מינים דף לח קאמר בהדיא דאין זה חידושו דהא כלאים נמי הכי הוה אלא זהו חידושו דאי תרו כו':

הגהות מהר"ב רנשבורג

א] תום' ד"ה דהא וכו' דרבי נמי מודה לר' יהודה. נ"ב עי' במ"ל פי"ד מהלכות טומאת צרעת הלכה ד ודוק: ב] ד"ה נפקא לי' וכו' ולפי' שפי' דר"י לטעמיה דמצריך ופינו בעלים ובאבנים ניחא נ"ב עיין במ"ל הנ"ל: ג] בא"ד נ"ל היינו תחלת דין. נ"ב כאן הס"ד ואח"כ מתחיל הדיבור ואביי וכו'. וכ"כ בס' שמע שלמה פ' תזריע ועי' בקרבן אהרן דף קלא ריש ע"ב: ד] בא"ד ומלתא דאתי' מק"ו טרח וכתב לה קרא. נ"ב כוונת דבריהם כמ"ש לעיל עה"ג דלא היה צריך קרא דוביום הראות וגו' לכתוב משמעותו לדבר מצוה רק הו"ל לפרש להדי' דבר הרשות דגופי' ולק"מ קו' מהרש"א בזה על התוס' ודו"ק כי משמעות קרא דביום משמע להדי' לדבר מצוה וכמ"ש תום' לעיל ד"ה דבר הרשות כו':

עין משפט
נר מצוה

[כדאיתא בכורות מט:]

עה א מיי׳ פי״א מהלכות אבל הלכה ו:

עו ב ג מיי׳ פ״ח מהל׳ י״ט הלכה ח סמג לאוין עה טוש״ע א״ח סי׳ תקמז סעיף יא:

עז ד מיי׳ שם הלכה ז:

עח ה מיי׳ שם הלכה ח טוש״ע שם:

עט ו מיי׳ פ״ז מהלכות י״ט הלכה טו סמג לאוין עה טוש״ע שם סעיף י:

פ ז מיי׳ פ״ז מהלכות י״ט הלכה טו ופ״י מהלכות אישות הלכה יד סמג לאוין שם טוש״ע שם סי׳ תקמו סעיף א ב וטוש״ע אה״ע סי׳ סד סעיף ו:

פא ח מיי׳ פ״ז מהלכות י״ט הלכה כ טוש״ע שם א״ח סעיף ה:

פב ט י מיי׳ פ״ז מהל׳ י״ט הלכה ה טור ש״ע שם סי׳ תקמא סעיף ה:

פג כ מיי׳ שם פ״ח הלכה יג טוש״ע שם סעיף ב:

פד ל מיי׳ שם פ״ז הלכה טז ופ״י מהל׳ אישות הלכה יד טוש״ע אה״ע סי׳ סב סעיף ב:

מסורת הש״ס

[ברכות נח: ע״ש]

[תוספתא פ״א]

[לקמן יח:]

[לקמן יג. פסחים נה:]

חגיגה ח:

[דכ״ב פ״א]

[ברכות מט.]

תורה אור

אלְפִי *שֶׁאֵין הַמֵּת מִשְׁתַּכֵּחַ מִן הַלֵּב שְׁלֹשִׁים יוֹם. מַאי בֵּינַיְיהוּ? אִיכָּא בֵּינַיְיהוּ דְּקָעֲבֵיד בְּחִנָּם.§ **מתני׳** באֵין חוֹפְרִין כּוּכִין וּקְבָרוֹת בַּמּוֹעֵד, גאֲבָל מְחַנְּכִין אֶת הַכּוּכִין בַּמּוֹעֵד. דוְעוֹשִׂין נִבְרֶכֶת בַּמּוֹעֵד, וְאָרוֹן עִם הַמֵּת בֶּחָצֵר. רַבִּי יְהוּדָה אוֹסֵר, אֶלָּא אִם כֵּן יֵשׁ עִמּוֹ נְסָרִים.§ **גמ׳** מַאי כּוּכִין וּמַאי קְבָרוֹת? אָמַר רַב יְהוּדָה: כּוּכִין — בַּחֲפִירָה, וּקְבָרוֹת — בְּבִנְיָן. תַּנְיָא נַמִּי הָכִי: אֵלּוּ הֵן כּוּכִין וְאֵלּוּ הֵן קְבָרוֹת, כּוּכִין — בַּחֲפִירָה, וּקְבָרוֹת — בְּבִנְיָן.§ "אֲבָל מְחַנְּכִין אֶת הַכּוּכִין".§ כֵּיצַד מְחַנְּכִין? אָמַר רַב יְהוּדָה: השֶׁאִם הָיָה אָרוֹךְ — מְקַצְּרוֹ. בְּמַתְנִיתָא תָּנָא: *מַאֲרִיךְ בּוֹ וּמַרְחִיב בּוֹ.§ "וְעוֹשִׂין נִבְרֶכֶת" כו׳.§ מַאי נִבְרֶכֶת? אָמַר רַב יְהוּדָה: זוֹ בָּקִיעַ. וְהָתַנְיָא: הַנִּבְרֶכֶת וְהַבָּקִיעַ! אָמַר אַבָּיֵי וְאִיתֵּימָא רַב כַּהֲנָא: גִּיהָא וּבַר גִּיהָא.§ "וְאָרוֹן עִם הַמֵּת בֶּחָצֵר".§ תָּנֵינָא לְהָא דְּתָנוּ רַבָּנַן: ועוֹשִׂין כָּל צוֹרְכֵי הַמֵּת: גּוֹזְזִין לוֹ שְׂעָרוֹ, וּמְכַבְּסִין לוֹ כְּסוּתוֹ, וְעוֹשִׂין לוֹ אָרוֹן מִנְּסָרִין הַמְנוּסָּרִין מֵעֶרֶב יו״ט. רַבָּן שִׁמְעוֹן בֶּן גַּמְלִיאֵל אוֹמֵר: אַף מְבִיאִין עֵצִים, וּמְנַסְּרָן בְּצִינְעָא בְּתוֹךְ בֵּיתוֹ.§ **מתני׳** *זאֵין נוֹשְׂאִין נָשִׁים בַּמּוֹעֵד, לֹא בְּתוּלוֹת וְלֹא אַלְמָנוֹת, וְלֹא מְיַיבְּמִין, מִפְּנֵי שֶׁשִּׂמְחָה הִיא לוֹ, אֲבָל מַחֲזִיר הוּא אֶת גְּרוּשָׁתוֹ. חוְעוֹשָׂה אִשָּׁה תַּכְשִׁיטֶיהָ בַּמּוֹעֵד, רַבִּי יְהוּדָה אוֹמֵר: לֹא תָּסוּד, מִפְּנֵי שֶׁנִּיוּוּל הוּא לָהּ. *טהַהֶדְיוֹט תּוֹפֵר כְּדַרְכּוֹ, יוְהָאוּמָּן מַכְלִיב. כוּמְסָרְגִין אֶת הַמִּטּוֹת, רַבִּי יוֹסֵי אוֹמֵר: מְמַתְּחִין.§ **גמ׳** וְכִי שִׂמְחָה הִיא לוֹ מַאי הָוֵי? אָמַר רַב יְהוּדָה אָמַר שְׁמוּאֵל, וְכֵן אָמַר רַבִּי אֶלְעָזָר אָמַר רַבִּי אוֹשַׁעְיָא, וְאָמְרִי לָהּ אָמַר ר׳ אֶלְעָזָר אָמַר ר׳ חֲנִינָא: ללְפִי שֶׁאֵין מְעָרְבִין שִׂמְחָה בְּשִׂמְחָה. רַבָּה בַּר [רַב] הוּנָא אָמַר: מִפְּנֵי שֶׁמַּנִּיחַ שִׂמְחַת הָרֶגֶל וְעוֹסֵק בְּשִׂמְחַת אִשְׁתּוֹ. אֲמַר לֵיהּ אַבָּיֵי לְרַב יוֹסֵף: הָא דְּרַבָּה בַּר [רַב] הוּנָא — דְּרַב הוּא, דְּאָמַר רַב דָּנִיאֵל בַּר קְטִינָא אָמַר רַב: *מִנַּיִן שֶׁאֵין נוֹשְׂאִין נָשִׁים בַּמּוֹעֵד — שֶׁנֶּאֱמַר: °"וְשָׂמַחְתָּ בְּחַגֶּךָ", בְּחַגֶּךָ — וְלֹא בְּאִשְׁתְּךָ. עוּלָּא אָמַר: מִפְּנֵי הַטּוֹרַח. רַבִּי יִצְחָק נַפָּחָא אָמַר: מִפְּנֵי בִּיטּוּל פְּרִיָּה וּרְבִיָּה. מֵיתִיבִי: כָּל אֵלּוּ שֶׁאָמְרוּ אֲסוּרִין לִישָּׂא בַּמּוֹעֵד מוּתָּרִין

דברים טז

רש״י

לְפִי שֶׁאֵין הַמֵּת מִשְׁתַּכֵּחַ מִן הַלֵּב שְׁלֹשִׁים יוֹם. כְּלוֹמַר, כֵּיוָן דְּמֵת אֵין מִשְׁתַּכֵּחַ מִן הַלֵּב שְׁלֹשִׁים יוֹם, אִם מַסְפִּידוֹ פָּחוֹת מִשְּׁלֹשִׁים יוֹם לִפְנֵי הָרֶגֶל — אָתֵי לְמִסְפַּד בָּרֶגֶל, דַּעֲדַיִין לֹא שְׁכָחוֹ: דְּעָבֵיד בְּחִנָּם. מ״ד מִשּׁוּם מָעוֹת שֶׁזִּימֵּן לָרֶגֶל, כֵּיוָן דְּסַפְדָן עָבֵיד בְּחִנָּם — שַׁפִּיר דָּמֵי, ומ״ד לְפִי שֶׁאֵין הַמֵּת מִשְׁתַּכֵּחַ מִן הַלֵּב שְׁלֹשִׁים יוֹם — בְּחִנָּם נַמִּי אָסוּר: **מתני׳** אֵין חוֹפְרִין כּוּכִין וּקְבָרוֹת. לְצוֹרֶךְ מֵתִים. שֶׁדַּרְכָּן לַחְפּוֹר כּוּכִין וּקְבָרוֹת לְזַמְּנָן לְצוֹרֶךְ מֵתִים שֶׁיָּמוּתוּ, דִּטִירְחָא יְתֵירָא הוּא: מְחַנְּכִין. מְפָרֵשׁ בַּגְּמָ׳: נִבְרֶכֶת. בְּרֵיכָה שֶׁל כּוֹבְסִין, וְלֵית בֵּיהּ טִירְחָא כּוּלֵּי הַאי: וְאָרוֹן עִם הַמֵּת בֶּחָצֵר. שֶׁהַמֵּת שָׁם, מוּתָּר לַעֲשׂוֹת אָרוֹן וּלְנַסֵּר הַנְּסָרִים מִתְּחִילָּה לְצוֹרֶךְ הָאָרוֹן וְלַעֲשׂוֹתוֹ כּוּלּוֹ. אֲבָל לֹא בְּחָצֵר אַחֶרֶת, שֶׁלֹּא יֹאמְרוּ מְלָאכָה אַחֶרֶת הִיא: ר׳ יְהוּדָה אוֹסֵר. לְהָבִיא עֵצִים וְלַעֲשׂוֹתָן נְסָרִים לְצוֹרֶךְ הָאָרוֹן, אא״כ הָיוּ מְנוּסָּרִים בִּתְחִילָּה קוֹדֶם י״ט: **גמ׳** גִּיהָא וּבַר גִּיהָא. (א)בְּרֵיכָה גְּדוֹלָה שֶׁעוֹשִׂין בֶּחָצֵר שֶׁיִּכָּנְסוּ בּוֹ כָּל הַשּׁוֹפְכִים. בָּקִיעַ — בַּר גִּיהָא, בְּרֵיכָה קְטַנָּה שֶׁעוֹשִׂין סָמוּךְ לִגְדוֹלָה כְּדֵי שֶׁיִּכָּנְסוּ הַמַּיִם הַיּוֹצְאִין מִן הַגְּדוֹלָה לַקְּטַנָּה, שֶׁהִיא מְלֵיאָה וְנִכְנָסִין לַקְּטַנָּה: וְאָרוֹן עִם הַמֵּת בֶּחָצֵר. כְּלוֹמַר: כְּשֶׁמֵּת בֶּחָצֵר (שַׁפִּיר דָּמֵי), דְּמוֹכְחָא מִילְּתָא דִּלְצוֹרֶךְ הַמֵּת עֲבִידָא — מָצֵי לְמֵיעֲבַד אָרוֹן, וּבְאוֹתָהּ חָצֵר: מִנְּסָרִין הַמְנוּסָּרִין. יֵשׁ עִמּוֹ נְסָרִין מְתוּקָּנִין מֵעֶרֶב הַמּוֹעֵד, דְּטוֹרַח גָּדוֹל לַעֲשׂוֹתָן בַּמּוֹעֵד: **מתני׳** מִפְּנֵי שֶׁשִּׂמְחָה הִיא לוֹ. מְפָרֵשׁ בַּגְּמָ׳: מַחְזִיר גְּרוּשָׁתוֹ. דְּלֵיכָּא שִׂמְחָה כָּל כָּךְ: וְעוֹשָׂה אִשָּׁה תַּכְשִׁיטֶיהָ. הָנֵי תַּכְשִׁיטִין דְּקָא מְפָרֵשׁ בַּגְּמָ׳: לֹא תָּסוּד. בְּסִיד, מִפְּנֵי שֶׁנִּיוּוּל הוּא אֶלָּא עַכְשָׁיו בַּמּוֹעֵד שֶׁהִיא תָּסוּד בְּסִיד, וּמִלַּטֶּרֶת: וּמְסָרְגִין אֶת הַמִּטּוֹת. בַּגְּמָ׳ מְפָרֵשׁ: **גמ׳** מַאי הָוֵי. וְכִי שִׂמְחָה אֲסוּרָה בְּיו״ט: דְּאֵין מְעָרְבִין שִׂמְחָה בְּשִׂמְחָה. כְּלוֹמַר: בָּעֵינַן דְּלִישְׂמַח בְּשִׂמְחַת מוֹעֵד לְחוּדֵיהּ: מִפְּנֵי הַטּוֹרַח. לִיטְרַח לְצוֹרֶךְ נִישּׂוּאִין, וְטִירְחָא בַּמּוֹעֵד אָסוּר: מִשּׁוּם בִּיטּוּל פְּרִיָּה וּרְבִיָּה. דְּאִי שָׁרֵי נִשּׂוּאִין בְּיו״ט — אֵין אָדָם נוֹשֵׂא אִשָּׁה כָּל הַשָּׁנָה כּוּלָּהּ, אֶלָּא מַמְתִּין עַד הַמּוֹעֵד, שֶׁיְּהֵא עוֹשֶׂה סְעוּדָה אַחַת לַמּוֹעֵד וְלַנִּשּׂוּאִין:

תוספות

דקא עביד בחנם. ונראה דהלכה כרב באיסורי.* ואפילו לשמואל י״ל דלא אסירי אלא ע״י ספדנא, אבל הוא עצמו — שרי, יותר מתאפק מלערו על ידי לעקה וישמח לאחר זמן: **אין** חופרין כוכין וקברות במועד. פי׳ בקונטרס: לצורך מתים הוא עושה, אפילו כשאין צריך עתה. כדתנן ב"המוכר פירות" (ב״ב דף ק:): המוכר מקום לחבירו לעשות לו קבר — עושה רחבה של מערה. אבל לצורך המת שמת כבר — מותר אפילו ביו״ט שני למיגז ליה גלימא ולמיגז ליה אסא, כדאמר בפ״ק דביצה (דף ו. ושם), כ״ש — חול המועד. ואע״פ שיש לחלק, דחול המועד דאורייתא ויו״ט שני דרבנן, כמו יו״ט שני דעצרת ויו״ט שני דשביעי של פסח ושמיני עצרת — אין נראה, דבכל יום שני קאמר בביצה. ועוד: כל ענין מלאכה חמיר טפי י״ט שני מחול המועד. וכמו שפירש בקונטרס דאיירי בחופר מחיים כך פר״ח, אבל לאחר מיתה — שרי. והא דתנין כוכין וקברות — אפילו בלא מת, וארון — דוקא עם המת? שמא כשחופר הוא רגיל לחפור בבית, והוי הכירא דצריך למת. נראה לי. והא דלא שרי הכא לר׳ יהודה אלא מנסרים המנוסרים מערב יו״ט, והתם שרי למיגז ליה גלימא ואסא — שמא נסרים יכולים למצוא מנוסרים הרבה, אבל גלימא ואסא לא ימצא עשויים. או, שמא, בנסירת נסרים יש קול ופירסום גדול. וי״מ: דאין חופרין — מיירי אפילו לאחר מיתה, דומיא דמחנכין, דמשמע לאחר מיתה. דמפרש בגמ׳: שאם היה ארוך — מקצרו. ומחיים אין רגילות לשנותו, כי אינו יודע מי ישים בו. ויש לפרש: שעושה לצורכו או לצורך אחר, וכמו שפירש שהיו עושין. והא דשרינן בפ״ק דביצה (דף ו. ושם) למיגז ליה גלימא ואסא — היינו דוקא כדפרישית, שלא ימצא גלימא ואסא עשוי מערב יו״ט. אבל כוכין וקברות — ימצא הרבה, שהיו רגילים לחפור מחיים. ומהאי טעמא יכול להיות מותר בזמן הזה, לפי שאין עושין כוכין וקברות מחיים: **ועושין** נברכת במועד. תימה: ואמאי צריך במועד? והלא אין מכבסין במועד! וי״ל: לצורך כל אותם שהתירו חכמים לכבס, לקמן בפרק בתרא (דף יג:) וי״מ: לרחוץ את המת ותכריכין: **וארון** עם המת בחצר. אמרינן בירושלמי, אמר רבי מנא: הדא דאמר — במת שאינו מפורסם, אבל במת שמפורסם — עושין לו ארון אפילו בשוק — כהדא דרבי חנינא חברייהו דרבנן דמך בחול המועד, עבדי ליה ארון בשוקא. ונראה, דלדידן שיש קהלות מועטין — חשבינן להו מפורסם לכולהו מתים: **גיהא** ובר גיהא. פי׳ ר״ח: מחמלן ונדיין דפרק "לא יחפור" (ב״ב דף יט.). וליתא, דהתם: מרחיקין את הנברכת שלשה טפחים, וקאמרינן בגמ׳: לא שנו אלא מן החמלן אבל מן הנדיין ארבע אמות. ובתוספתא* תני: מרחיקין את הנברכת ואת הבקיעה שלשה טפחים: **ומנסרן** בצנעא. ואסור בפרהסיא. ויש ליתן טעם דלא דמי להיא (שבת דף קמו:) דכל שאסרו חכמים משום מראית העין כו׳. ודמי טפי להיא דפ׳ "אע״פ" (כתובות ס. ושם): לינור שעלו בו קשקשים כו׳: **אבל** מחזיר גרושתו. בירושלמי: הדא דתימא מהנישואין, פירוש: גרשה אחר נישואין והחזיר, אבל לא מן האירוסין: **לפי** שאין מערבין שמחה בשמחה. גזירת הכתוב, כדדריש לקמן מקרא דשלמה. ובירושלמי דריש מדכתיב: "מלא שבוע זאת". וטעם נראה קצת דכמו שאין עושין מצות חבילות* דבעינן שיהא לבו פנוי למצוה אחת ולא יפנה עצמו הימנה, וכן שמחה בשמחה — יהיה לבו פנוי בשמחה: **בחגך** ולא באשתך. עיקר דרשה הוא, ולא אסמכתא. כדאמרינן פ״ק דחגיגה (ד׳ ח: ושם): ורב אשי — האי "בחגך" מאי דריש ביה? **מפני** הטורח. ומתניתין הכי פי׳: מפני ששמחה היא לו — וטורח בה יותר מדאי: **מפני** ביטול פריה ורביה. ומתני׳ ה״פ: מפני ששמחה היא לו. ומשהה אותה ברצון עד הרגל שיהא שמח, או שיהיה פנוי. והא דקתני אבל מחזיר גרושתו — שאין שמחה לו, ולא שייך עירוב(ב) בשמחה. ולא מניח שמחת הרגל, וגם אין טורח בה, וגם ביטול פריה ורביה אין כאן, שהיה לו אשה כבר, וסתמא דמילתא יש לו בנים. וגם אין רגיל לשהות דבר זה עד הרגל. וסעודת ברית מילה מותר לעשות בחול המועד — דליכא שמחה, כדאמרינן פ׳ קמא דכתובות (ד׳ ח.) דלא מברכין "שהשמחה במעונו" משום דלית ליה צערא לינוקא. אי נמי, כיון שזמנו קבוע — אין לבטל זה מפני זה. אבל סעודת פדיון הבן — צריך עיון אם מותר לעשות במועד, ואין לומר הא זמנה קבוע! תינח — בזמנה, שלא בזמנה — היאך יהא מותר? ונראה לי: דקיימא לן כרב אשי דדריש בחגיגה בפ״ק (ד׳ ח: ושם) "בחגך" ולא באשתך, ואינו אסור לערב שמחה בשמחה. ועי״ל: דלא חשיבי שמחה בשמחה כי אם סעודת נישואין לבד:

איבעי

רבינו חננאל

במועד שנאמר העתידין עורר לויתן: קודם לרגל שלשים יום. דאמר רב מעשה באחד שקבץ מעות לרגל בא ספדן ועמד על פתח ביתו נטלן ונתנן לו ונמנע לעלות לרגל התקינו שלא יעורר כו׳: [מתני׳] אין חופרין כוכין וקברות במועד. פי׳ להקבר בהן לאחר הרגל תניא הן הן כוכין הן הן קברות אלא שהכוכין בחפירה והקברו׳ בבנין. ומחנכין את הכוכין. כיצד מחנכין אותן. אמר רב יהודה אם היה ארוך מקצרו במתניתא תנא מאריך ומרחיב בו. ועושין נברכת במועד. מאי נברכת. גוהא בר גוהא פי׳ ירושלמי נברכת זה בקיע. ועושין ארון עם המת בחצר. פי׳ שאם יעשו את הארון בחוץ יאמרו כל העם מותר לעשות במועד שאינן יודעין שמת לו מת. כדתניא עושין כל צרכי המת גוזין שערו ומכבסין את כסותו ועושין לו ארון מנסרין את המנוסרין מעיו״ט. ר״ש בן גמליאל אף מביא עצים ומנסרן בצינעא לתוך ביתו: ירושלמי ל״ש אלא באדם שאינו מפורסם כלומר אינו אדם חשוב אבל אם הוא אדם חשוב עושין לו ארון אפילו בשוק כד דמך ר׳ חנינא חברין דרבנן עבדו ליה ארון בשוק. והכל מודים שלא יקוץ ארזים ודכוותיה לא יחצוב לו אבנים ואם היו חצובות פלוגתא דר׳ יהודה ורבנן: **מתני׳** אין נושאין נשים במועד כו׳. מ״ט א״ר חנינא מפני שמערבין שמחת הרגל בשמחת אשתו רב אמר משום שנאמר ושמחת בחגך ולא באשתך. עולא אמר מפני הטורח רבי יצחק נפחא אומר משום ביטול פריה ורביה שאם אתה מתירו להכניסה במועד אף מעבירה הוא בכל השנה כולה שלא יבטל ממלאכתו ומכניסה ברגל ונמצא מבטל כל אותה שנה. ומותבינן כל אלו שאמרו כגון בתולות אלמנות כו׳ אסורות לישא במועד ומותרין בערב הרגל קשיא

הגהות הב״ח

(א) רש״י ד״ה גיהא ובר גיהא נברכת בריכה גדולה שעושין כו׳ היוצאין מן הגדולה כשהיא מליאה כו׳ כצ״ל ותיבת לקטנה נמחק: (ב) תום׳ ד״ה מפני ביטול כו׳ ולא שייך עירוב שמחה ולא:

גליון הש״ס

תום׳ ד״ה בחגך כו׳ עיקר דרשה כו׳. ועי׳ כתובות דף מז ע״א תוס׳ ד״ה למסר:

מותרין לישא ערב הרגל. כלומר, מותר לכתחלה. ואע"ג דשבעת ימים של סעודה יהיו ברגל: עיקר שמחה. דנישואין חד יומא. ובשאר יומי לא חשיב מערב שמחה בשמחה: עיקר טירחא. דנישואין ביום ראשון דנישואין: לחד יומא לא משהו אינשי. כלומר, כיון שאינו יכול להתחיל אלא בערב הרגל – אין ממתינין עד הרגל. דדלמא מתרמי מלתא דלא מצי מתחיל בערב הרגל, ולא מתחיל כל הרגל: ועביד ז'. יומי שמחה להכא ולהכא, לחנוכת הבית ולרגל: ודלמא מינטר לא נטרינן. נישואין עד הרגל, כי היכי דלא נטר שלמה, אבל אי מתרמי ליה – עביד: אי הכי. דהיכא דאי איקרי ליה עביד – איבעי ליה לשיורי בבנין עד הרגל, כי היכי דליתרמי ליה חנוכת הבית ברגל: אמה כליא עורב. הגג כלה ומקצר למעלה עד כאמה, ומחפין אותו שם בברזל ובמסמרים כדי שלא ישבו העורבים עליו, זהו לא חשיב כבנין: ודלמא אמה כליא עורב נמי צורך בנין הוא. להכי לא שיירי׳, אלא כל היכא דאיתרמי ליה לנישואין ברגל – לא ידעינן מנלן דלא עבדינן: שמע מינה הני לחוד. דלא מצי למיעבד ליה כיחד, אפילו מתרמי: לא עשו ישראל יום כפורים. לפי ששבעה ימים שלפני סוכות כל יום עשו שמחה ומשתה, דכתיב: "ויעש שלמה בעת ההיא את החג שבעת ימים ושבעת ימים ארבעה עשר יום": וקרבן יחיד. של נשיאים: דאיסור סקילה. דחמור מכרת: וקרבן צבור. דמה שהיו מקריבין בימי חנוכת הבית – קרבן צבור הוא: התם. במשכן דגבוה – הוו קרבנות: הכא. בחנוכת הבית דהדיוט – משתה: הכא נמי לעבדו. קרבנות, מיכל לא ליכלו: ביום השביעי. ומשמע לן: יום ז' היינו שבת: דלמא שביעי לקרבנות. שאם הקריב נשיא ששי בערב שבת – מקריב נשיא שביעי באחד בשבת, ומאי שביעי – שביעי לקרבן נשיא: ביום עשתי עשר יום. האי יום יתירא משמע: מה יום רצוף, שאין בו הפסק – אף כולהו י"א יום רצוף, דליכא הפסק בינתיים, אפילו בשבת: דלמא ימים הראויין. למשתה, עביד משתה, לאפוקי יום הכפורים: גמר יום יום מהתם. מנשיאים דמשכן, דגמרינן מתרי קראי דהוו רצופים אפילו בשבת. אף משתה דחנוכת הבית – הוו י"ד רצופים, ואפילו [ביוה"כ]: כ"ד רננות. כתיבי בפרשה, בין רנה ותחנה ותפלה ובקשה: פרשת נדרים. מסכת נדרים: ביום השמיני. של חג, היינו בעשרים ושתים: וכתיב וביום עשרים ושלשה. אלמא דבעשרים ושתים, ובעשרים ושלשה איפטרו מיניה: של צורה. כלומר: חכמים: פלס מעגל רגלך. כלומר: שקול מצות ועיין בהן. איזו מצוה גדולה, ועשה הגדולה: וכתיב ארח חיים פן תפלס. דמשמע: כל מצוה שתבא לידך – עשה אותה, בין גדולה בין קטנה, ואל תניח קטנה מפני הגדולה: מצוה שאפשר לעשותה ע"י אחרים. תפלס. פלס מעגל רגלך, שתעשה אתה הגדולה, וחבריך יעשו קטנה: ובמצוה

תורה אור

מותרין לישא ערב הרגל. קשיא לכולהו! לא קשיא; למאן דאמר משום שמחה – עיקר שמחה חד יומא הוא. למ"ד משום טירחא – עיקר טירחא חד יומא הוא. למ"ד משום ביטול פריה ורביה – לחד יומא לא משהי איניש נפשיה. ודאין מערבין שמחה בשמחה מנלן? דכתיב: (מ"א ח) °"ויעש שלמה בעת ההיא את החג וכל ישראל עמו קהל גדול מלבוא חמת עד נחל מצרים [לפני ה' אלהינו] שבעת ימים ושבעת ימים ארבעה עשר יום". ואם איתא דמערבין שמחה בשמחה – איבעי ליה למינטר עד החג, ומיעבד שבעה להכא ולהכא. ודלמא: מינטר – לא נטרינן, והיכא דאתרמי – עבדינן! איבעי ליה לשיורי פורתא. שיורי בנין בהמ"ק לא משיירינן! איבעי ליה לשיורי *באמה (א) כליא עורב. אמה כליא עורב צורך בנין הבית הוא! אלא, מדמייתר קרא; מכדי כתיב: "ארבעה עשר יום", "שבעת ימים ושבעת ימים" למה לי? שמע מינה: הני לחוד, והני לחוד. א"ר פרנך א"ר יוחנן: אותה שנה לא עשו ישראל את יום הכפורים, והיו דואגים ואומרים: שמא נתחייבו שונאיהן של ישראל כלייה, יצתה בת קול ואמרה להם: כולכם מזומנין לחיי העולם הבא. מאי דרוש? אמרו: קל וחומר; ומה משכן שאין קדושתו קדושת עולם, וקרבן יחיד – דוחה שבת, דאיסור סקילה, מקדש, •דקדושתו קדושת עולם, וקרבן צבור, ויום הכפורים דענוש כרת – לא כ"ש?! אלא אמאי היו דואגים? התם – צורך גבוה, הכא – צורך הדיוט. הכא נמי, מיעבד – ליעבדו, מיכל לא ניכלו ולא לישתו! אין שמחה בלא אכילה ושתיה. ומשכן דדחי שבת מנלן? אילימא מדכתיב: (במדבר ז) °"ביום הראשון... וביום השביעי" – דלמא שביעי לקרבנות! אמר רב נחמן בר יצחק: אמר קרא: (שם) °"ביום עשתי עשר יום", מה יום כולו רצוף – אף עשתי עשר כולן רצופין. ודלמא ימים הראויין! כתיב קרא אחרינא: (שם) °"ביום שנים עשר יום", מה יום כולו רצוף – אף שנים עשר יום כולן רצופין. ודלמא הכא נמי: ימים הראויין! אם כן, תרי קראי למה לי? ומקדש דדוחה יום הכפורים מנלן? אילימא מדכתיב: "ארבעה עשר יום" – ודלמא ימים הראויין? גמר "יום" "יום" מהתם. יצתה בת קול ואמרה להם: כולכם מזומנין לחיי העולם הבא. ומנלן דאחיל להו – דתני תחליפא: (מ"א ח) *°"ביום השמיני שלח את העם ויברכו את המלך וילכו לאהליהם שמחים וטובי לב על כל הטובה אשר עשה ה' לדוד עבדו ולישראל עמו". "לאהליהם" – שהלכו ומצאו נשיהם בטהרה, "שמחים" – שנהנו מזיו השכינה, "וטובי לב" – שכל אחד ואחד נתעברה אשתו בבן זכר, "על כל הטובה" – שיצתה בת קול ואמרה להם: כולכם מזומנין לחיי העולם הבא. "לדוד עבדו ולישראל עמו" בשלמא לישראל עמו – דאחיל להו עון יום הכפורים, אלא לדוד עבדו מאי היא? אמר רב יהודה אמר רב: *בשעה שביקש שלמה להכניס ארון למקדש דבקו שערים זה לזה, אמר שלמה עשרים וארבע רננות ולא נענה. פתח ואמר: (תהלים כד) °"שאו שערים ראשיכם" וגו' ולא נענה. כיון שאמר: (דה"ב ו) °"ה' אלהים אל תשב פני משיחך זכרה לחסדי דוד עבדך" – מיד נענה. באותה שעה נהפכו פני שונאי דוד כשולי קדירה וידעו הכל שמחל לו הקב"ה על אותו עון. ר' יונתן בן עסמיי *ורבי יהודה בן גרים תנו פרשת נדרים בי ר' שמעון בן יוחי, איפטור מיניה באורתא. לצפרא הדור וקא מפטרי מיניה, אמר להו: ולאו איפטריתו מיני באורתא? אמרו ליה: למדתנו רבינו, [א]תלמיד שנפטר מרבו ולן באותה העיר – צריך ליפטר ממנו פעם אחרת, שנאמר: "ביום השמיני שלח את העם ויברכו את המלך" וכתיב: (דה"ב ז) °"וביום עשרים ושלשה לחדש השביעי שלח את העם"! אלא מכאן לתלמיד הנפטר מרבו ולן באותה העיר – צריך ליפטר ממנו פעם אחרת. א"ל לבריה: בני אדם הללו אנשים של צורה הם, זיל גביהון דליברכוך. אזל, אשכחינהו דקא רמו קראי אהדדי; כתיב: (משלי ד) °"פלס מעגל רגלך וכל דרכיך יכונו" וכתיב: (שם ה) °"ארח חיים פן תפלס"! לא קשיא: כאן – במצוה שאפשר לעשותה ע"י אחרים, כאן

איבעי ליה למינטר עד החג. כדי שלא יתבטלו ישראל ממלאכתן כל כך: **איבעי** ליה לשיורי באמה כליא עורב. שלא היה צורך הבנין כ"כ, ואע"פ שהוא מהבנין, כדי שלא יביאו הטומאה – אין זה צורך כל כך. וגם בשעת הבנין, בזמן שלא היה השכינה שורה בו – לא היה צורך*:

כאן

רבינו חננאל

קשיא לכולהו. ופרקינן מאן דאמר משום שמחה חד יומא הוה והוא יום הכנסת הכלה בערב יום טוב. וכן נמי מי שאמר משום טרחא *) כר' אבא דאמר עלת כלתא נפקת טרחותא מאן דאמר משום פריה ורביה לחד יומא לא משהי נפשיה. ומנ"ל דאין מערבין שמחה בשמחה דכתיב ויעש שלמה את החג וכל ישראל עמו קהל גדול מלבוא חמת עד נחל מצרים לפני ה' אלהינו שבעת ימים ושבעת ימים ארבעה עשר יום ואסיקנא מדמייתר קרא מכדי כתיב ארבעה עשר יום שבעת ימים ושבעת ימים למה לי אלא ש"מ שמחת חינוך לבד ושמחת החג לבד. אמר רבי פרנך א"ר יוחנן אותה שנה לא צמו ביוה"כ דכתיב שמחה ואי שמחה בלא אכילה מאי דרוש ק"ו ומה משכן שאין קדושתו קדושת עולם דהא יש אחריו קדושה וקרבן הנשיאים קרבן יחיד הוא ולא קרבן צבור ודחי שבת שהוא איסור סקילה. והקריבו בשבת כדכתיב ביום עשתי עשר יום. ביום ביום דכתב קרא למה לי אלא ללמד מה יום כולו רצוף אף שנים עשר כולן רצופין הקריבו בהן והשבת בכללן. מקדש קדושתו קדושת עולם דאין אחריו היתר וקרבן צבור ויוה"כ דאיסור כרת הוא לא כ"ש דנידחי ליה והיו דואגין שמא נתחייבו כלייה דאמרי התם במשכן לא דחו שבת אלא בהקרבת קרבנות דצורך גבוה נינהו אבל יום הכפורים דאסור באכילה ושתיה שהוא צורך הדיוט. יצאת ב"ק ואמרה להן כולכם מזומנים לחיי העולם הבא שלא נתכוונתם אלא למצוה. ומניין שמחל להם שנא' וביום השמיני שלח את העם ויברכו את המלך וילכו לאהליהם שהלכו ומצאו נשיהן טהורות שמחים שנהנו מזיו השכינה וטובי לב שכל אחד ואחד נתעברה אשתו זכר על כל הטובה אשר עשה ה' לדוד עבדו שהודיע לכל שמחל לו עון בת שבע ומיתת אוריה שלא נענה למה בנו בעת שדבקו שערים זה בזה ולא נפתחו שיכנס הארון אלא כשאמר ה' אלהים אל תשב פני משיחך זכרה לחסדי דוד עבדך מיד נודע לכל שמחל הקב"ה לדוד עבדו אותו עון ולישראל [ע]מו שיצאת ב"ק ואמרה כולכם מזומנים לחיי העולם הבא. ר' יונתן בן עבראי ור' יהודה בן גרים תנו נדרים בי רשב"י איפטור מיניה באורתא בצפרא נמי אתו וקא מיפטרי אמר להו ולאו כבר איפטריתו [אמ]רו לו לימדתנו רבינו תלמיד הנפטר מרבו ולן וכו' שדר לגבייהו בריה ליברכיה אזל אשכחינהו דמפרשי פלס מעגל רגלך במצוה (שאי אפשר) [שאפשר] לעשותה ע"י אחרים אבל

פה א טוש"ע י"ד סי' רמב סעיף טז בהגה"ה:

[עי' תוספות שבת ל. ד"ה מכלל ותוס' מנחות קז. ד"ה כליא וכערכין ו. ד"ה כגון]

[ע"ש ערכין ו. ע"ש יומא קז.] מלות פ"ד מ"ו

[שבת ל. ע"ש]

שבת ל. סנהדרין קז:

שבת לג.

גליון הש"ס

גמ' דקדושתו קדושת עולם. עיין שבועות דף טז ע"ב תוס' ד"ה קדושתו:

הגהות הב"ח

(א) גמ' באמה כליא עורב כו' לשון כלוי ומניעת עורבי' מליסב וכן פי'

*) צריך אלא שכתב דבמקדש ראשון לא היה צריך כליא עורב ע"ש והתוס' בפרק ר' עקיבא כתבו דמוכח כאן שהיה במקדש ראשון כליא עורב:

*) דברי ר' אבא נמצא בירושלמי כאן הלכה ז' א"ר בא עלת כלתא נפקת טרחותא.

תורה אור

כָּאן – בְּמִצְוָה שֶׁא"א לַעֲשׂוֹתָהּ עַל יְדֵי אֲחֵרִים. הֲדַר יָתְבִי וְקָא מִבָּעֵי לְהוּ: כְּתִיב: °"יְקָרָה הִיא מִפְּנִינִים (משלי ג) וְכָל חֲפָצֶיךָ לֹא יִשְׁווּ בָהּ", הָא חֶפְצֵי שָׁמַיִם – יִשְׁווּ בָהּ, וּכְתִיב: °"כָּל חֲפָצִים לֹא יִשְׁווּ בָהּ" (שם ח) – דַּאֲפִילּוּ חֶפְצֵי שָׁמַיִם לֹא יִשְׁווּ בָהּ! כָּאן – בְּמִצְוָה שֶׁאֶפְשָׁר לַעֲשׂוֹתָהּ ע"י אֲחֵרִים, כָּאן – בְּמִצְוָה שֶׁאִי אֶפְשָׁר לַעֲשׂוֹתָהּ ע"י אֲחֵרִים. אֲמַרוּ לֵיהּ: מַאי בָּעֵית הָכָא? אֲמַר לְהוּ: דַּאֲמַר לִי אַבָּא: זִיל גַּבַּיְיהוּ דְּלִיבָרְכוּךְ. אֲמַרוּ לֵיהּ: יְהֵא רַעֲוָא דְּתִזְרַע וְלָא תֶּחֱצַד, תְּעַיֵּיל וְלָא תֵּיפּוֹק, תֵּיפּוֹק וְלָא תְּעַיֵּיל, לִיחֲרוּב בֵּיתָךְ וְלֵיתוּב אוּשְׁפִּיזָךְ, לְבַלְבֵּל פְּתוֹרָךְ, וְלָא תֶּחֱזֵי שַׁתָּא חַדְתָּא. כִּי אֲתָא לְגַבֵּי אֲבוּהּ, א"ל: לָא מִבְּעְיָא דְּבָרוּכֵי לָא בֵּירְכָן – אֲבָל צַעוּרֵי צַעוּרָן. א"ל: מַאי אֲמַרוּ לָךְ? הָכִי וְהָכִי אֲמַרוּ לִי. א"ל: הָנָךְ כּוּלְּהוּ בִּרְכָתָא נִינְהוּ; תִּזְרַע וְלָא תֶּחֱצַד – תּוֹלִיד בָּנִים וְלָא יָמוּתוּ. תְּעַיֵּיל וְלָא תֵּיפּוֹק – תְּעַיֵּיל כַּלָּתָא וְלָא לֵימוּתוּ בְּנָךְ דְּלֵיפְּקוּן. תֵּיפּוֹק וְלָא תְּעַיֵּיל – תּוֹלִיד בְּנָתָא וְלָא יָמוּתוּ גּוּבְרַיְיהוּ וְלִיהַדְרוּ לְוָתִיךְ. לִיחֲרוּב בֵּיתָךְ וְלֵיתוּב אוּשְׁפִּיזָךְ – דְּהַאי עָלְמָא אוּשְׁפִּיזָךְ וְהַהִיא עָלְמָא בֵּיתָא, דִּכְתִיב: °"קִרְבָּם בָּתֵּימוֹ לְעוֹלָם" (תהלים מט) אַל תִּקְרֵי "קִרְבָּם" אֶלָּא "קִבְרָם". לְבַלְבֵּל פְּתוֹרָךְ – בְּבָנֵי וּבְנָתָא, וְלָא תִּיחֱזֵי שַׁתָּא חַדְתָּא – דְּלָא תְּמוּת אִנְתָּךְ וְלָא תִּנְסַב אִינְתְּתָא אַחֲרִיתִי. ר' שִׁמְעוֹן בֶּן חֲלַפְתָּא אִפַּטַר מִינֵּיהּ דְּרַבִּי, א"ל (*אֲבוּהּ:) זִיל לְגַבֵּיהּ דְּלִיבָרְכָךְ. א"ל: יְהֵא רַעֲוָא דְּלָא תֵּבֵיישׁ וְלָא תִּתְבַּיֵּישׁ. *אֲתָא גַּבֵּי אֲבוּהּ. א"ל: מַאי אֲמַר לָךְ? א"ל: מִילִּין בְּעָלְמָא הוּא דַּאֲמַר לִי. א"ל: בֵּרְכָךְ בִּרְכָתָא דְּבָרְכָן קוּדְשָׁא בְּרִיךְ הוּא לְיִשְׂרָאֵל וּתְנָא בָּהּ, דִּכְתִיב: °"וַאֲכַלְתֶּם אָכוֹל וְשָׂבוֹעַ וְהִלַּלְתֶּם (יואל ב) וגו' וְלֹא יֵבֹשׁוּ עַמִּי לְעוֹלָם וִידַעְתֶּם כִּי בְקֶרֶב יִשְׂרָאֵל אָנִי וגו' וְלֹא יֵבֹשׁוּ עַמִּי לְעוֹלָם". § "וְעוֹשָׂה אִשָּׁה תַּכְשִׁיטֶיהָ". § ת"ר: [א]אֵלּוּ הֵן תַּכְשִׁיטֵי נָשִׁים: כּוֹחֶלֶת, וּפוֹקֶסֶת, וּמַעֲבִירָה (*סְרָק) עַל פָּנֶיהָ, וְאִיכָּא דְּאָמְרִי: מַעֲבֶרֶת[א] סְרָק עַל פָּנֶיהָ שֶׁל מַטָּה. דְּבֵיתְהוּ דְּרַב חִסְדָּא מְקַשְּׁטָא בְּאַנְפֵּי כַּלָּתָהּ. יָתֵיב רַב הוּנָא בַּר חִינָּנָא קַמֵּיהּ דְּרַב חִסְדָּא, וְיָתֵיב וְקָאָמַר: לֹא שָׁנוּ אֶלָּא יַלְדָּה, אֲבָל זְקֵנָה – לֹא. א"ל: הָאֱלֹהִים! אֲפִילּוּ אִמָּךְ, וַאֲפִילּוּ אִימָּא דְּאִימָּךְ, וַאֲפִילּוּ עוֹמֶדֶת עַל קִבְרָהּ. דְּאָמְרִי אֱינָשֵׁי: בַּת שִׁיתִּין כְּבַת שִׁית, לְקַל טַבְלָא רָהֲטָא. § "ר' יְהוּדָה אוֹמֵר לֹא תָּסוּד". § תַּנְיָא, רַבִּי יְהוּדָה אוֹמֵר: *אִשָּׁה לֹא תָּסוּד, (א) מִפְּנֵי שֶׁנִּיוּוּל הוּא לָהּ. וּמוֹדֶה ר' יְהוּדָה [ב]בְּסִיד שֶׁיְּכוֹלָה לְקַפְּלוֹ בַּמּוֹעֵד שֶׁטּוֹפַלְתּוֹ בַּמּוֹעֵד, שֶׁאע"פ שֶׁמְּצֵירָה הִיא עַכְשָׁיו – שְׂמֵחָה הִיא לְאַחַר זְמַן. וּמִי אִית לֵיהּ לְרַבִּי יְהוּדָה הַאי סְבָרָא? וְהָתְנַן, *"רַבִּי יְהוּדָה אוֹמֵר: נִפְרָעִין מֵהֶן מִפְּנֵי שֶׁמֵּצֵר. [ג]אָמְרוּ לוֹ: אע"פ שֶׁמֵּצֵר עַכְשָׁיו – שָׂמֵחַ הוּא לְאַחַר זְמַן! אָמַר רַב נַחְמָן בַּר יִצְחָק: הַנַּח לְהִלְכוֹת מוֹעֵד, דְּכוּלְּהוּ מֵיצַר עַכְשָׁיו וְשָׂמֵחַ לְאַחַר זְמַן נִינְהוּ. רָבִינָא אָמַר: גּוֹי לְעִנְיַן פֵּרָעוֹן לְעוֹלָם מֵיצַר. *אָמַר רַב יְהוּדָה: בְּנוֹת יִשְׂרָאֵל שֶׁהִגִּיעוּ לְפִירְקָן וְלֹא הִגִּיעוּ לַשָּׁנִים, עֲנִיּוֹת – טוֹפְלוֹת אוֹתָן בְּסִיד, עֲשִׁירוֹת – טוֹפְלוֹת אוֹתָן בְּסוֹלֶת, בְּנוֹת מְלָכִים – בְּשֶׁמֶן הַמּוֹר, שֶׁנֶּאֱמַר: °"שִׁשָּׁה חֳדָשִׁים בְּשֶׁמֶן הַמֹּר" (אסתר ב). *מַאי שֶׁמֶן הַמּוֹר? רַב הוּנָא בַּר חִיָּיא אָמַר: סְטַכְתְּ. *)רַב יִרְמְיָה בַּר אַמִּי אָמַר: שֶׁמֶן זַיִת שֶׁלֹּא הֵבִיא שְׁלִישׁ. תַּנְיָא, רַבִּי יְהוּדָה אוֹמֵר: אַנְפִּיקִינוֹן – שֶׁמֶן זַיִת שֶׁלֹּא הֵבִיא שְׁלִישׁ. וְלָמָּה סָכִין אוֹתוֹ – שֶׁמַּשִּׁיר אֶת הַשֵּׂעָר וּמְעַדֵּן אֶת הַבָּשָׂר. *רַב בֵּיבַי הֲוָה לֵיהּ בְּרַתָּא, טְפַלָּהּ אֵבֶר אֵבֶר, שְׁקַל בָּהּ ד' מְאָה זוּזֵי. הֲוָה הַהוּא גּוֹי בְּשִׁבָבוּתֵיהּ דה"ל בְּרַתָּא, טְפַלָּהּ בְּחַד זִמְנָא – וּמֵתָה. אֲמַר: קַטְלָא בֵּיבַי לִבְרַתִּי. אָמַר רַב נַחְמָן: רַב בֵּיבַי דְּשָׁתֵי שִׁיכְרָא – בָּעֵיָין בְּנָתֵיהּ טַפְלָא, אֲנַן דְּלָא שָׁתֵינַן שִׁיכְרָא. לָא בָּעְיָין בְּנָתִין טַפְלָא. §

ההדיוט

וּבְמִצְוָה שֶׁא"א לַעֲשׂוֹתָהּ ע"י אֲחֵרִים. אַל תְּפַלֵּס. אֶלָּא מִצְוָה שֶׁבָּאָה לְיָדְךָ, בֵּין גְּדוֹלָה בֵּין קְטַנָּה – עֲשֵׂה: וְכָל חֲפָצֶיךָ לֹא יִשְׁווּ בָהּ. שֶׁתְּבַטֵּל כָּל חֲפָצֶיךָ בִּשְׁבִיל שֶׁתַּעֲסוֹק בַּתּוֹרָה: חֶפְצֵי שָׁמַיִם יִשְׁווּ בָהּ. כְּלוֹמַר, שֶׁאִם יֵשׁ לְךָ לַעֲסוֹק בְּמִצְוָה – תְּבַטֵּל תַּלְמוּד תּוֹרָה, וַעֲסוֹק בְּמִצְוָה: דַּאֲפִילּוּ חֶפְצֵי שָׁמַיִם לֹא. דִּמְבַטֵּל מִצְוָה וְעוֹסֵק בְּתַלְמוּד תּוֹרָה: תְּעַיֵּיל וְלָא תֵּיפּוֹק תֵּיפּוֹק וְלָא תְּעַיֵּיל. מַשְׁמַע לֵיהּ בִּסְחוֹרָה; תְּעַיֵּיל וְלָא תֵּיפּוֹק – שֶׁתָּבִיא סְחוֹרָה וְלֹא תִּמְכְּרֶנָּה, תֵּיפּוֹק וְלָא תְּעַיֵּיל – שֶׁתּוֹצִיא סְחוֹרָה בְּמָקוֹם אַחֵר וְלֹא תְּבִיאֶנָּה: תְּעַיֵּיל כַּלָּתָא. שֶׁדֶּרֶךְ כַּלָּה הוֹלֶכֶת אֵצֶל הַבַּעַל: וְלָא תֵּיפּוֹק. דְּלָא לֵימוּת בָּנָךְ, דְּהָדְרִי נָפְקִי מִינָּךְ וַהֲדַרִי לְגַבֵּי נְשַׁיְיהוּ: שַׁתָּא חַדְתָּא. זוֹ שָׁנָה רִאשׁוֹנָה שֶׁל נִישּׂוּאִין, דִּכְתִיב: "כִּי יִקַּח אִישׁ אִשָּׁה חֲדָשָׁה לֹא יֵצֵא" וגו' (דברים כד): לִיחֲרַב בֵּיתָךְ. בֵּית קְבוּרָתְךָ. דְּלֹא תָּמוּת, אֶלָּא תִּחְיֶה לְאוֹרֶךְ יָמִים: לֹא תֵבוֹשׁ וְלֹא תִתְבַּיֵּישׁ. לֹא תֵּיבוֹשׁ אֲחֵרִינֵי, כְּדֵי שֶׁלֹּא תִּתְבַּיֵּישׁ, שֶׁלֹּא תָּבֹא לִידֵי כָּךְ פֶּן תִּתְבַּיֵּישׁ: וּתְנָא בָּהּ. וְשָׁנָה בָּהּ: "לֹא יֵבוֹשׁוּ עַמִּי לְעוֹלָם" וְהַיְינוּ: לֹא תְּבַיֵּישׁ וְלֹא תִּתְבַּיֵּישׁ: כּוֹחֶלֶת. נוֹתֶנֶת כְּחוֹל בֵּין עֵינֶיהָ, כְּדֵי שֶׁדּוֹמוֹת נָאִים: פּוֹקֶסֶת. מְחַלֶּקֶת שַׂעֲרָהּ לְכָאן וּלְכָאן*: וּמַעֲבֶרֶת סְרָק עַל פָּנֶיהָ. סַם אֶחָד, כְּדֵי שֶׁתֵּרָאֶה אֲדוּמָּה: סָכִין עַל פָּנֶיהָ שֶׁל מַטָּה. כְּדֵי לְהַעֲבִיר שֵׂעָר שֶׁל מַטָּה: הָיְתָה מִיקַּשְׁטָא. כִּי הָנֵי קִשּׁוּטִין, כִּדְאָמַר הָכָא: בְּאַנְפֵּי כַּלָּתָהּ. שֶׁהָיְתָה כָּל כָּךְ זְקֵנָה שֶׁהָיְתָה לָהּ כַּלָּה, שֶׁהִיא אֵשֶׁת בְּנָהּ: לֹא שָׁנוּ. הָא דְּאָמַר עוֹשָׂה אִשָּׁה תַּכְשִׁיטֶיהָ: אֶלָּא יַלְדָּה. בַּחוּרָה, שֶׁדַּרְכָּהּ בְּכָךְ, וּלְהָכִי הָוֵי לָהּ שִׂמְחָה בַּמּוֹעֵד: אֲבָל זְקֵנָה לֹא. וְהֵיכִי עָבְדָא אִשְׁתָּךְ הָכִי, דְּמִיקַּשְׁטָא? הָא הָוְיָא זְקֵינָה! וַאֲפִילּוּ עוֹמֶדֶת עַל פֶּתַח קִבְרָהּ. שָׁרְיָא לְהִתְקַשֵּׁט: לְקַל טַבְלָא רָהֲטָא. פֵּירוּשׁ: קִשְׁקוּשׁ הַזּוּג. ר"ל: מִינֵי זֶמֶר דְּהִילּוּלָא. וְכִי הֵיכִי דִּרְהַטָא יַלְדָּה בַּת שִׁית לְקַל הִילּוּלָא – הָכִי עָבְדָא (ג) בַּת שִׁיתִּין, וְהָכִי נַמִּי מִיקַּשְׁטָא: שֶׁנִּיוּוּל הוּא לָהּ. שֶׁגְּנַאי הוּא לָהּ וְנִיוּוּל בְּסִיד, וּמִצְטַעֶרֶת בְּסִיד: שֶׁיְּכוֹלָה לְקַפְּלוֹ בַּמּוֹעֵד. אע"פ שֶׁהִיא מְנוּוֶּלֶת בְּסִיד: שְׂמֵחָה הִיא לְאַחַר זְמַן. בַּמּוֹעֵד. לְסוֹף הַמּוֹעֵד, לְאַחַר שֶׁקִּפַּלְתּוֹ אֶת הַסִּיד שֶׁטָּפְלָה. לְפִי שֶׁמַּשִּׁיר אֶת הַשֵּׂעָר וּמְעַדֵּן אֶת הַבָּשָׂר. וְהוֹאִיל דְּהַאי סִיד מְשַׂמַּחְתָּהּ לְאַחַר זְמַן – לְהָכִי שָׁרֵי לָהּ לְטוּפְלוֹ בַּמּוֹעֵד, אע"פ שֶׁהִיא מְצֵירָה עַכְשָׁיו: וּמִי אִית לֵיהּ לְרַבִּי יְהוּדָה הַאי סְבָרָא. אע"ג שֶׁהִיא מְצֵירָה עַכְשָׁיו שְׂמֵחָה וכו': נִפְרָעִים מֵהֶם. מֵהַגּוֹיִם בְּיוֹם חַגָּם, מִפְּנֵי שֶׁהוּא מְצַעֵר. דְּכָל אָדָם שֶׁפּוֹרֵעַ מֵיצֵר. אֲבָל לֹא מְשַׁלְּמִים לָהֶם מָמוֹן בְּיוֹם חַגָּם – לְפִי שֶׁמְּשַׂמְּחָם בְּיוֹם חַגָּם, וּמוֹדֶה לַע"ז, כִּדְפִי' בְּמַס' ע"ז: שָׂמֵחַ הוּא לְאַחַר זְמַן. שֶׁפָּרַע לוֹ. וְאַמַּאי נִפְרָע מֵהֶן? אֲבָל לְרַבִּי יְהוּדָה לָא אִית לֵיהּ הַאי סְבָרָא דְּמִשּׁוּם שֶׁמֵּיצֵר עַכְשָׁיו שָׁרֵי, וְהֵיכִי אִית לֵיהּ הַאי סְבָרָא גַּבֵּי טִפּוּל, אע"ג שֶׁהִיא מְצֵירָה עַכְשָׁיו שְׂמֵחָה הִיא לְאַחַר זְמַן? הַנַּח לְהִלְכוֹת מוֹעֵד. לְהָכִי א"ר יְהוּדָה הָכָא דְּשָׁרֵי אע"פ שֶׁהִיא מְצֵירָה כו': דְּכוּלְּהוּ הִלְכוֹת מוֹעֵד. דְּשָׁרֵי, מִשּׁוּם הַאי טַעֲמָא נַמִּי שָׁרוּ כְּגוֹן אֲפִיָּה וּבִישּׁוּל, דִּמְצַעֵר הַשַּׁמָּשׁ כְּשֶׁהוּא אוֹפֶה וּמְבַשֵּׁל. וּלְהָכִי שָׁרֵי, דְּשָׂמֵחַ הוּא כְּשֶׁהוּא אוֹכֵל אֲפִיָּיתוֹ וּבִישּׁוּלוֹ ב"ט: גּוֹי לְעוֹלָם מֵיצַר. שֶׁפּוֹרֵעַ. וּלְהָכִי לֹא אִית לֵיהּ לְר' יְהוּדָה הָתָם אַף עַל פִּי שֶׁמֵּיצֵר שָׂמֵחַ וכו'. אֲבָל לְעֵיל, גַּבֵּי טִפּוּל – אִית לֵיהּ לְר' יְהוּדָה אע"פ שֶׁמְּצֵירָה עַכְשָׁיו שְׂמֵחָה לְאַחַר זְמַן: שֶׁהִגִּיעוּ לְפִירְקָן. לְשֵׂעָר: וְלֹא הִגִּיעוּ לַשָּׁנִים. שֶׁאֵינָן בְּנוֹת י"ב שָׁנָה וְיוֹם אֶחָד, שֶׁעֲדַיִין אֵינוֹ דִּין שֶׁיְּהֵא לָהֶן שֵׂעָר וּבוֹשׁוֹת עַל כָּךְ: עֲנִיּוֹת טוֹפְלוֹת. הַשֵּׂעָר בְּסִיד וּמַשִּׁירוֹת אוֹתָן: אַנְפִּיקִינוֹן. הַיְינוּ אַנְפִּיקִינוֹן דְּקָתָנֵי הָתָם בִּמְנָחוֹת (דף פה:): אַנְפִּיקִינוֹן לֹא יָבִיא, הַיְינוּ אוֹתוֹ שֶׁמֶן שֶׁעוֹשִׂין מִזֵּיתִים: שֶׁלֹּא הֵבִיאוּ שְׁלִישׁ. שֶׁלֹּא בִּישְּׁלוּ שְׁלִישׁ: וְלָמָּה סָכִין אוֹתוֹ. אַהָנֵי קָא מַהְדַּר, דְּקָאָמַר טוֹפְלִין כו': וּשְׁקַל בָּהּ אַרְבַּע מְאָה זוּזֵי. שֶׁנִּתְיַיפֵּית, וְנָטַל מִבַּעְלָהּ כָּךְ: טְפַלָּהּ כּוּלָּהּ בְּחַד זִימְנָא. דְּסָבַר לְמֶיעְבַּד כְּרַב בֵּיבַי, וּמֵתָה: בָּעְיָין בְּנָתִין טַפְלָא. דְּשֵׁכָר מְגַדֵּל הַשֵּׂעָר וּמְעַבֶּה אֶת הַבָּשָׂר:

תופר

כאן במצוה שאי אפשר לעשותה ע"י אחרים. עשיית מלוה עדיף, שהרי מפסיקין אפילו לר"ש בן יוחי לעושה סוכה ולולב, כדאי' בירושלמי.* אבל בהפסקה דתפלה •וק"ש אין מפסיקין לר"ש בן יוחי. (ג) א] ובירושלמי: זה שננו וזה שננו, ואין מפסיקין שננו מפני שננו:

פוקסת. פי' בקונטרס: מתקנת שער שלא יתפזר. וקשה: דבפרק "המצניע" (שבת דף צד: ושם) אמר(ד) דמתחייב בשבת משום טוה. ועוד, דסורקת ה"ל למיתני, כמו גבי נזיר (נזיר מב.). ובפ' קמא דכתובות (דף ד: ושם) *פירש בקונטרס: קליעת שער. וקשיא: דבפרק "המצניע" שונה גודלת ופוקסת. ואין לפרש מעברת סרק על פניה – דהכא תני תרוייהו, וגם בפ' *קמא דכתובות. ויש לפרש: דמתקנת שערה בידיה חוץ לצעיף. וריב"א מפרש: שנותנת חוטין של בלק (ה) [דקין] על פניה להאדים הבשר, והיינו טוייה. והאי דקורא ליה בירושלמי לובע – שהוא מאדים הבשר. ובנין נמי שייך בתיקון האשה, למאי דמפורש סוף "המצניע" (שבת דף צה.) משום בונה, ומייתי קרא ד"ויבן את הצלע": **סטכת**. בפרק "כל הקרבנות" (מנחות דף פו.) מפרש דשמן המור הוא סטכת. ובפ' קמא דמגילה (דף יג.): מאי שמן המור? רב הונא אמר רבי חייא: סטכת:

ההדיוט

רבינו חננאל

אבל מצוה שאי אפשר לעשותה ע"י אחרים אורח חיים פן תפלס. תוב כתיב יקרה היא מפנינים וכל חפציך לא ישוו בה הא חפצי שמים ישוו בה במצוה (שאפשר) [שאי אפשר] לעשותה ע"י אחרים. כל חפצים לא ישוו בה במצוה (שאי אפשר) [שאפשר] לעשות' ע"י אחרים אמר להו אבא שדרני לגביכו דתתברכון יתי אמרו ליה תהא רעוא דתזרע ולא תחצד פי' דתוליד בנים ולא תקברם תעייל ולא תיפוק תעייל כלתך לביתך ולא תוציאם תיפוק ולא תעייל תוציא בנות לבית בעליהן ולא ימותו בעליהן וישובו אליך ליחרב ביתך וליתוב אושפיזך. פי' יהיה ביתך חרבה והוא מקום קברך שאתה עתיד להקבר בו כי הוא מקום של אדם. כלומר תאריך ימים בעולם הזה הנקרא אושפיזא. וישאר מקום קברך חרב הנקרא ביתך שנאמר קרבם בתימו לעולם. ליבלבל פתורך. כלומר יהיו לך בנים הרבה ויבלבלו שלחנך ולא תיחזי שתא חדתא דלא תימות אתתך ותיתב אחריתי א"ל ר' לבריה זיל לגביה ר"ש בן חלפתא דליברכך אזל לגביה א"ל תהא רעוא דלא תיבוש ולא תתבייש. א"ל אבוה ברי ברכך ברכתא דברכינהו הקדוש ב"ה לישראל ותנא ביה שנא' ואכלתם אכול ושבוע וגו': ועושה תכשיטיה במועד: ת"ר אלו הן תכשיטי נשים גודלת כוחלת פוקסת *) נוטלת שערה וציפרניה ומעברת שרק על פניה איכא דאמרי מעברת סכין על פניה של מטה. דביתהו דרב חסדא הוה מתקשטא באנפי כלותיה כו'. ואפי' עומדת על פתח קברה דאמרי אינשי בת שיתין כבת שית לקל טבלא רהטא. ר"י אומר לא תסוד כו'. תניא ר' יהודה אומר אשה לא תסוד במועד מפני שניול הוא לה אם היא תשאר בסיד. ומודה בסיד שיכולה לקפלו במועד שטופלתו במועד ואע"פ שמצירה עכשיו שמחה היא לאחר זמן. ומי אית ליה לר' יהודה האי סברא והתנן במס' ע"ז ר' יהודה אומר נפרעין מהן מפני שהוא מיצר כו'. ופירק רב נחמן בר יצחק הנח להלכות מועד דכולהו אע"פ שמצירות עכשיו שמחות לאחר זמן. אמר רב יהודה אמר רב בנות ישראל שהגיעו לפירקן ולא הגיעו לשנים עניות טופלות אותן בסיד עשירות בסולת בנות מלכים בשמן המור והוא סטכת איכא דאמרי שמן זית שלא הביא שליש. תניא אפיקנון שמן זית שלא הביא שליש סכין אותו שמשיר

*) כ"ה נוסחת הברייתא בירושלמי כאן הלכה ז':

[פ"ק דשבת סוף הלכה ב]

פו א ב מיי' פ"ז מהל' יום טוב הלכה כ סמג לאוין עה טוש"ע א"ח סי' תקמו סעיף ה:

פז ג מיי' פ"ט מהלכות ע"ז הלכה א סמג לאוין מה טוש"ע י"ד סי' קמח סעיף א:

[נ"ל מפרש בגמ' דפוקסת היינו פירכוס ושם יז. פי' בקונט' דפירכוס היינו קליעת שער תוס' כו' ד"ה פוקסת]

[נ"ל שני]

רש"א

הגהות הגר"א

[א] גמ' וא"ד מעברת סכין ע"פ של מטה כצ"ל. (וכ"ה ברש"י ורי"ף ורא"ש ומרדכי):

הגהות מהר"ב רנשבורג

א] תוס' ד"ה כאן במצוה שאי אפשר וכו' ובירושלמי זה שננו וכו'. הוא מלשון ושננתם כמ"ש מהרש"א. וכן הוא בלשון הירושלמי הג"ל זה שיטון וזה שיטון:

גליון הש"ס

תוס' ד"ה כאן במצוה וכו' וק"ש אין מפסיקין. להדיא איתא בשבת דף יא ע"א דלק"ש מפסיקין וצ"ע:

כן פי' הערוך ערך פקס ועיין פי' רש"י שבת סד: ד"ה ולא תפקוס ושני הפירושים שהביא שם לד: ד"ה וכן הפוקסת

[נ"ל לבריה כ"ה בע"י]

[כי]

[נ"ל שרק עי' רש"י וכן גי' הערוך]

ע"ז ו:

שם ב.

שבת פ: ע"ש

מגילה יג. מנחות פו. ע"ש *) [וע' רש"י מנחות פו. ד"ה סטכת]

הגהות הב"ח

(א) גמ' אשה לא תסוד במועד מפני שניוול הוא לה כו' (ב) רש"י ד"ה שמחה כו' (ג) ד"ה לקל טבלא כו' הכי עבדא להיוט בת שיתין: (ג) תוס' ד"ה כאן כו' בן יוחי כדאמרינן בירושלמי כאן זה שננו: (ד) ד"ה פוקסת כו' דבפרק המצניע אמר דפוקסת מתחייבת בשבת: (ה) בא"ד חוטין של בלק והוא תקון על פניה:

תופר כדרכו. בחולו של מועד: **היכי דמי הדיוט.** שאינו אומן, שתופר כדרכו: **מלא מחט בבת אחת.** שאינו יכול ללקוט נימי התפירה של חלוק כדי לתפור. כשהוא תופר תוחב תחיבות הרבה כמלא אורך המחט, ואח"כ מושכה מן הבגד, ונמצאו תפירות הרבה במשיכה אחת. והיודע לעשות כן – אומן הוא: **שאינו יכול לכוין אימרא בחפת חלוקו.** שאינו יודע לתחוב אותו בגד עד שעושין ממנו אימרא בחפת חלוקו, אלא שבמקום אחד מקצרו ובמקום אחד מרחיבו: **האומן.** החייט מכליב: **מפסיע.** שאינו תופר ביושר, אלא מפזר התפירה. ולהכי קרי מכליב – שדומין תחובי המחט לשיני הכלב, רחוקות זו מזו כשיני הכלב: **כלבתא.** שאינו תופר כדרכו, (ג)תוחב זה בסמוך זה, אלא שתוחב המחט פעם אחת למעלה ופעם אחת למטה. ולהכי קרי ליה כלבתא, דהכי קיימי שיני הכלב – שן אחד גבוה מחבירו: **מסרגין שתי וערב.** שאורגין מטה של חבלים בשתי וערב: **שתי בלא ערב.** שמותח השתי, ואינו אורג בה הערב: **שאם היה רפוי.** זה שנארג ימים רבים, והיו החבלים רפויין ותלויין למטה, שאינן מתוחין – ממתחן: **ושוין.** רבי מאיר ור' יוסי: **שאין מפשילין חבלים לכתחלה.** שאין גודלים חבלים לכתחלה: **המטה.** לעולם אינה מקבלת טומאה עד שיסרג בה ג' בתי נירין. שהשתי כבר מתוח, ואורג בה שלשה בתי נירין דערב. אלמא, דמסרגין קרי שתי וערב: **היינו דאתו יש אומרים לאפלוגי.** דאפילו שתי בלא ערב לא מצי: **ממתח נמי לא.** בתמיה: אתו יש אומרים למיסר נמי מתוחי? ואמאי הא לא קעביד מלאכה! ואי לא עביד הכי – לא מצי למיזגא עלה: **אין.** ודאי אתו יש אומרים למיסר נמי מתוחי, משום דהואיל ואפשר למלייה למטה במאני עד לעיל, והדר מצי למירמא עלייהו כרים וכסתות למיזגא עלייהו: **לא טרחינן.** דהוי טורח דלא צריך: **מתני' מעמידין תנור וכירים.** שעושין אותם לכתחלה, כדאמרינן לקמן. תנור – תוכו חלול, מקום שפיתת (ג)שתי קדירות. כירה – מקום שפיתת קדירה אחת: **מכבשין.** א בגמ' מפרש: **גמ' מנקר ריחיא.** שכשהיא ישנה וחלקה ואין החטין יכולין לפרך – מנקרין אותה, חותכין אותה כדי שלא יהא שוה, כדי שיפרכו החטין תחתיה: **בת עינא.** נקב שעושין באמצע הריחים, שהתבואה נופלת לתוכה: **היינו דמשכחת לה בישנה.** לפי שהישנה צריכה לכך, שכבר היא חלקה, לפי שתדיר היא טוחנת: **אלא למאן דאמר.** דמכבשין היינו בת עינא, ישנה בת עינא למה? והלא כבר אית לה בת עינא, שכבר היא ישנה מלטחון, ואי לא הוי לה בת עינא – לא מצי למיטחן: **כגון דבעי לארווחי.** האי בת עינא טפי, וכי האי גוונא משכחת לה בישנה: **מנקר ריחיא.** בישנה: **איתחיל גופיה.** יתחלל גופו: **מותר ליטול.** להן לפרנים כדרך העושין עכשיו לסוסים שלנו, דאי לא עביד ליה הכי – הוה ליה צערא, ולא מצי אזיל:

"ההדיוט תופר כדרכו". § היכי דמי הדיוט? אמרי דבי רבי ינאי: כל שאינו יכול להוציא מלא מחט בבת אחת. רבי יוסי בר חנינא אמר: כל שאינו יכול לכוין אימרא בחפת חלוקו. § "והאומן מכליב". § מאי מכליב? רבי יוחנן אמר: מפסיע, רבה בר שמואל אמר: שיני כלבתא. § "מסרגין את המטות". § מאי מסרגין ומאי ממתחין? כי אתא רב דימי אמר: פליגי בה ר' חייא בר אבא ור' אסי, ותרוייהו משמיה דחזקיה ור' יוחנן; חד אמר: מסרגין – שתי וערב, וממתחין – שתי בלא ערב. וחד אמר: מסרגין שתי בלא ערב, וממתחין – שאם היה רפוי ממתחו. איני? והא תני רב תחליפא בר שאול: ושוין שאין מפשילין חבלים לכתחלה. בשלמא למאן דאמר מסרגין שתי וערב, וממתחין שתי בלא ערב – היינו דקתני רב תחליפא בר שאול: אושוין שאין מפשילין חבלים לכתחלה. אלא למאן דאמר: מסרגין – שתי בלא ערב, ממתחין – שאם היה רפוי היה ממתחו. השתא שתי וערב אמרת לא, חבלים לכתחלה מיבעיא! קשיא. א"ל רב נחמן בר יצחק לרבי חייא בר אבין: מי איכא למאן דאמר מסרגין שתי בלא ערב? והתנן, *רבי מאיר אומר: המטה – משיסרוג בה שלשה בתים! אלא, כי אתא רבין אמר: במסרגין – כולי עלמא לא פליגי דשתי וערב. אלא כי פליגי – בממתחין, מר סבר: ממתחין שתי בלא ערב, ומר סבר: שאם היה רפוי – ממתחו. מיתיבי: מסרגין את המטה ואין צריך לומר שממתחין, דברי ר' מאיר. ר' יוסי אומר: ממתחין, אבל לא מסרגין. וי"א: אין ממתחין כל עיקר. בשלמא למאן דאמר ממתחין שתי בלא ערב – היינו דאתו יש אומרים לאיפלוגי. אלא למאן דאמר שאם היה רפוי ממתחו, ליש אומרים ממתחו נמי לא? אין, כיון דאפשר לממלייה במאני – לא טרחינן. § **מתני'** בּמעמידין תנור וכירים גוריחים במועד. ר' יהודה אומר: אין מכבשין את הריחים בתחילה. § **גמ'** מאי מכבשין? רב יהודה אמר: מנקר ריחיא, רב יחיאל אמר: בת עינא. מיתיבי: מעמידין תנור וכירים במועד, ובלבד שלא יגמור מלאכתן, דברי רבי אליעזר. וחכמים אומרים: אף יגמור. רבי יהודה אומר משמו: מעמידין את החדשה, ומכבשין את הישנה. ויש אומרים: אין מכבשין כל עיקר. בשלמא למאן דאמר מכבשין מנקר ריחיא – היינו דמשכחת לה בישנה. אלא למאן דאמר בת עינא – ישנה, בת עינא למה לה? כגון דקא בעי לארווחי טפי פורתא. רב הונא שמעיה להוא גברא דקא מנקר ריחיא בחולא דמועדא, אמר: מאן האי? *איתחיל גופיה דקא מחיל חולא דמועדא. סבר לה כיש אומרים. דרש רב חמא: דנוקרין ריחים במועד. משום (א) רבי מאיר אמר: אפילו סוס שרוכב עליו וחמור שרוכב עליו ה(*ומותר) ליטול צפרניים בחולו של מועד אבל

ההדיוט תופר כדרכו. נראה, דוקא לצורך המועד, אבל באונס – למה יתירו אפילו על ידי שינוי? מיהו, לא איירי בדבר האבד. דהיכא דאיכא דבר האבד – קיימא לן כר' יוסי, דאין מצריך שינוי בדבר האבד. והיכא דבגדיו או מנעליו מקורעין, ואם יניח אותן עד לאחר מועד יתקלקלו – ראיתי רבותי שאין מקילין כלל להתיר, אפילו על ידי נכרי, כדאמרינן לקמן (דף יב.): כל שאינו עושה – אינו אומר לנכרי ועושה. ושמא לא היו חושבים אותו דבר האבד, או שמא אין כל דבר האבד מותר בלא שינוי, דבפ' "מקום שנהגו" (פסחים דף נה:) משמע: דוקא עולי רגלים מתקנין מנעלים במועד*:

במסרגין כולי עלמא לא פליגי דשתי וערב. תימה: היאך מותר לעשות מלאכה כי האי בלא שינוי? **ממתוחי** נמי לא. בלאו הכי נמי נראה דמצי לאקשויי: היכי קאמר ר' יוסי שאם היה רפוי ממתחו, אבל לא מסרגין שתי וערב? הא אפילו בשתי בלא ערב אסור!

כיון דאפשר למלויי במאני. משמע דאין מותר אלא לצורך המועד:

ה"ג: **רבי** יהודה אומר אין מכבשין את הריחים בתחילה. ובחדשה קאמר. דהא בגמרא מתיר ישנה. ואין נראה לומר דבגמ' דמתיר ישנה משום ר' אליעזר קאמר, והא משמיה דידיה. כי למה נדחוק לעשות מחלוקת חנם? ועוד: דלכתחילה משמע חדשה. ואם תאמר: כבוש מאן דכר שמיה? י"ל: תנא קמא אמר מעמידין, ובחדשה קאמר, ומשמע אפילו כבוש. ור' יהודה אוסר בכבוש. ואית דגרים: ר' יהודה אומר מכבשין את הריחים, ולא גרס לכתחילה, והיא היא, אבל עתה קשיא יותר כבוש מאן דכר שמיה. תנא קמא נמי שרי! יש לומר: דת"ק שרי העמדה בעלמא, שאין זה בנין גמור, (ד)וה"ה דאסר כבוש בין בחדשה בין בישנה. ור' יהודה שרי כבוש בישנה. וגירסא ראשונה נראה לרבי. ומעמידין – נראה דוקא העמדה דתנור אין זה בנין בתחילה, אלא הוא עשוי כבר, אבל אינו מחובר בקרקע וצריך לחברו ולטפלו בארץ, כדמפרש בפרק "כל הכלים" (שבת דף קכה.). אי נמי: כי ההוא דפ' "המביא כדי יין" (ביצה לד.) גבי תנור, דבי"ט אין סכין אותו ואין טשין אותו במטלית וכו' – הכא במועד שרי. ולקמן בשמעתין נמי קאמר: ושוין שאין גודלים תנור בתחילה, ובירושלמי תני ר' חלפתא: ובלבד שלא יגלחנו בתחילה. ופירש בתוספ' דלא ידע מאי גילות. ול"נ: דגרסינן שלא יגדלנו: **סוס** שרוכב עליו. פי' בתוספת: לצורך המועד. משמע שאסור לרכוב בחנס: למישקל אבל

פח א טוש"ע א"ח סי' תקמא סעיף ב:
פט ב מיי' פ"ח מהלכות י"ט הלכה יג טוש"ע שם סי' תקמ סעיף ז:
צ ג ד מיי' שם טור ש"ע שם סעיף ח:
צא ה מיי' שם הלכה טו טוש"ע שם סי' תקלו סעיף א:

[וע"ש בפסחים תוס' ד"ה עולי רגלים]

רבינו חננאל

שמשיר את השיער ומעדן את הבשר: ההדיוט תופר כדרכו בתלמו"ד א"י מפור"ש לפיכ"ך כתבנ"ו והנחנ"ו ז"ה. דבי ר' ינאי אמרי כדרכו ממלא את המחט. מכליב אחת אחת ר' יוחנן א' כדרכו (אפי') אחת אחת. מכליב. מפסיע. כלומר מדלג. מתני' מסייע לר' יוחנן הרצענין מכלבין במועד אין תימר חדא חדא היינו אורחייהו כך היא אומנותן *) של מפסע. ר' יוסי ב"ר חנינא אומר המזווג את האמריות **) זהו אומן וכל מי שאינו מזווג אינו אומן א"ר סימון הדיוט תופר כיסין כיסין. מסרגין את המטות. ר' יוסי אומר ממתחין. ר' חייא בר אבא ור' אמי פליגי תרוייהו משום דחזקיה ור' יוחנן (אמרו) חד אמר מסרגין כגון אריגה שתי וערב ממתחין שתי בלא ערב. וחד אמר מסרגין שתי בלא ערב. ממתחין שאם היה רפוי ממתחו. איני והתני ר' חלפתא בן שאול ושוין פי' ת"ק ור' יוסי שאין מפשילין חבלים לכתחלה. ומתמה רב נחמן בר יצחק מי איכא מ"ד מסרגין שתי בלא ערב. והתנן ר"מ אומר המטה משיסרוג בה שלשה בתים מי אפשר לעשות בית בלא שתי וערב אלא כ"ע מסרגין שתי וערב כי פליגי בממתחין. ולא איפשיט לן בהדיא האי מיתוח מה הוא אי שתי בלא ערב. או אם היה רפוי ממתחו. אפשר למימליא במני. אפשר למלאות רפיון חבלי המטה בכסתות הרבה: [מתני'] מעמידין תנור וכירים במועד ר"י אומר אין מכבשין את הריחים במועד בתחלה. מאי מכבשין. רב יהודה אמר מנקר ריחיא פי' כיון שיעמדו הריחים מלטחון מנקרין בהן נקרין קטנים כמין חידודין כדי לטחון במהרה רב יחיאל אמר בת עינא. ומקשינן עליה דרב יחיאל ומפרק כגון דנקרה ובעי לארווחי בי טפי רב הונא שמע להוא גברא דהוה מנקר ריחיא בחולו של מועד אמר מאן האי דמחיל י"ט ליתחיל גופיה. ורב הונא סבר לה כי"א דאמרו אין מכבשין כל עיקר. דרש רב חמא נוקרין ריחים בחולו של מועד משום רבינו אמרו אפי' סוס שרוכב עליו וחמור

*) בירושלמי שם הגי' אלא כי אנן קיימין במפסיע. **) לפנינו בירושלמי איתא כל שהוא מזווג את האמריות זהו הדיוט ופשוט דטס"ה ול"ל כגי' רבינו ז"ל.

כלים פט"ז מ"א

הגהות הב"ח

גמ' נוקרין ריחים ...ועד משום רבינו אמרו ...פילו) תז"מ ונ"ב בס"א ... ליה. עוד נ"ב ונראה ...בינו הוא רב ועי' במ"ש ...לולב הגזול דף לג ע"א ...רש"י רבינו רבי שם ...רכתי על זה: (ב) רש"י ...ה כלבתא כו' כדרכו ...תוב זה: (ג) ד"ה ...מעמידין כו' מקום שפיתת ...ירה אחת כירה מקום ...יתת שתי קדירות. נ"ב ...ה בריש פ' כירה: ...תוס' ד"ה ה"ג ר"י כו' ...אין זה בנין גמור אבל ...ין בתחילה אסור וה"ה לאסור כבוש:

גליון הש"ם

...תני' מעמידין תנור וכירים וריחים כו"ל:

הגהות מהר"ב רנשבורג

...רש"י ד"ה מכבשין ...מ' מפרש. נ"ב עי' נדה ...ע"ב בתוס' ד"ה ...פלוגתא וכו' ועיין ודו"ק:

[עירובין קז.]

[נ"ל מותר]

אֲבָל חֲמָרָא דְּרֵיחַיָּא – לָא. ארַב יְהוּדָה שָׁרֵי לְמִישְׁקַל טוּפְרֵיהּ לַחֲמָרָא דְּרֵיחַיָּא, וּלְאוֹקוֹמֵי רֵיחַיָּא, וּלְמִיבְנֵי רֵיחַיָּא, וּלְמִיבְנֵי אַמַּת רֵיחַיָּא, וּלְמִיבְנֵי אוּרְיָא. (*רָבָא) שָׁרָא בלְסָרוּקֵי סוּסְיָא, גוּלְמִיבְנֵי אַקַרְפִּיטָא, דוּלְמִיבְנֵי אִיצְטַבָּא. רָבָא שָׁרָא לְמִישְׁקַל דְּמָא לִבְהֵמָה בְּחוּלָּא דְּמוֹעֲדָא. א"ל אַבַּיֵי: תַּנְיָא דִּמְסַיַּיע לָךְ: המַקִּיזִין דָּם לִבְהֵמָה, וְאֵין מוֹנְעִין רְפוּאָה לִבְהֵמָה בְּחוּלּוֹ שֶׁל מוֹעֵד. רָבָא ושָׁרָא לְכַסְכּוּסֵי קִירְמֵי. מ"ט – מַעֲשֵׂה הֶדְיוֹט הוּא. אָמַר רַב יִצְחָק בַּר אַמֵּי אָמַר רַב חִסְדָּא: *קִיטוּרֵי *בִּירִי [ו] – אֲסִיר, מ"ט – מַעֲשֵׂה אוּמָּן הוּא. אָמַר רָבָא: *זמַאן דְּמַתְקִיל (א) אַרְעָא, אַדַּעְתָּא דְּבֵי דָּרֵי – שָׁרֵי, אַדַּעְתָּא דְּאַרְעָא – אֲסִיר. הֵיכִי דָּמֵי? מוֹלְיָא *בְּמוֹלְיָא וְנָצָא בְּנָצָא (ב) – אַדַּעְתָּא דְּבֵי דָּרֵי, שָׁקַל מוֹלְיָא וּשְׁדָא בְּנָצָא – אַדַּעְתָּא דְּאַרְעָא. וְאָמַר רָבָא: חהַאי מַאן דְּזָכֵי זִיכֵי אַדַּעְתָּא דְּצִיבֵי – שָׁרֵי, אַדַּעְתָּא דְּאַרְעָא – אֲסִיר. *הֵיכִי דָּמֵי? שָׁקֵיל רַבְרְבֵי וְשָׁבֵיק זוּטְרֵי – אַדַּעְתָּא דְּצִיבֵי, שָׁקַל רַבְרְבֵי וְזוּטְרֵי – אַדַּעְתָּא דְּאַרְעָא. וְאָמַר רָבָא: טהַאי מַאן דְּפָתַח מַיָּא לְאַרְעֵיהּ, אַדַּעְתָּא דְּכַוְורֵי – שָׁרֵי, אַדַּעְתָּא דְּאַרְעָא – אֲסִיר. הֵיכִי דָּמֵי? *פָּתַח תְּרֵי בָּבֵי, חַד מֵעִילָּאֵי וְחַד מִתַּתָּאֵי – אַדַּעְתָּא דְּכַוְורֵי, פָּתַח חַד בָּבָא – אַדַּעְתָּא דְּאַרְעָא. וְאָמַר רָבָא: יהַאי מַאן דְּפָשַׁח דִּיקְלָא אַדַּעְתָּא דְּחֵיוָתָא – שָׁרֵי, אַדַּעְתָּא דְּדִיקְלָא – אֲסִיר. הֵיכִי דָּמֵי? *שָׁקֵיל כּוּלֵּיהּ מֵחַד גִּיסָא – אַדַּעְתָּא דְּחֵיוָתָא, מֵהַאי גִּיסָא וּמֵהַאי גִּיסָא – אַדַּעְתָּא דְּדִיקְלָא, וַאֲסִיר. וְאָמַר רָבָא: הָנֵי תַּמְרֵי תּוֹחֲלָנֵי, מִיגְזְרִינְהוּ – שָׁרֵי, מָיְיצִינְהוּ – אֲסִיר. רַב פַּפָּא אָמַר: כבֵּיוָן דְּמִתְלְעֵי – *כִּפְרַקְמַטְיָא הָאָבֵד דָּמֵי, וְשָׁרֵי. וְאָמַר רָבָא: לפְּרַקְמַטְיָא כָּל שֶׁהוּא אָסוּר. א"ר יוֹסֵי בַּר אָבִין: מוּבְדָבָר הָאָבֵד – מוּתָּר. רָבִינָא הֲוָה לֵיהּ הַהוּא עִיסְקָא דַּהֲוָה מִזְדַּבַּן בְּשִׁיתָּא אַלְפֵי, שֶׁהֱיֵיהּ לְזַבּוּנֵיהּ בָּתַר חוּלָּא דְּמוֹעֲדָא וְזַבְּנֵיהּ בִּתְרֵיסַר אַלְפֵי. רָבִינָא הֲוָה מַסֵּיק זוּזֵי בִּבְנֵי *אַקְרָא דְּשַׁנְוָאתָא, אֲתָא לְקַמֵּיהּ דְּרַב אַשִׁי, א"ל: מַהוּ לְמֵיזַל הָאִידָּנָא עֲלַיְיהוּ? א"ל: נכֵּיוָן דְּהָאִידָּנָא הוּא דְּמַשְׁכַּחַתְּ לְהוּ, בְּיוֹמֵי אַחֲרִינֵי לָא מַשְׁכַּחַתְּ לְהוּ – כִּפְרַקְמַטְיָא הָאָבֵד דָּמֵי, וְשָׁרֵי. תַּנְיָא נַמִּי גַּבֵּי ע"ז כִּי הַאי גַּוְונָא: הוֹלְכִין

לְיָרִיד

רש"י

אֲבָל חֲמָרָא דְּרֵיחַיָּא. שֶׁכָּךְ עוֹשִׂין, שֶׁהָיוּ טוֹחֲנִים אַגַּב חֲמוֹרִים – לָא מָצֵי לְמִישְׁקַל לְהַהוּא חֲמָרָא לְפָרְנָיו. דְּלָא מָצֵי לְמִטְחַן בַּמּוֹעֵד אֶלָּא לְצוֹרֶךְ מוֹעֵד, כִּדְמְפָרֵשׁ לְקַמָּן פֶּרֶק "מִי שֶׁהָפַךְ" (דף יב:). הִלְכָּךְ טְחִינָה מוּעֶטֶת יָכוֹל לִטְחוֹן בַּחֲמוֹר וְלָא מָרְעֵי לֵיהּ גִּידּוּל לְפָרְנָיו: **לְאוֹקוּמֵי רֵיחַיָּא.** לְהַעֲמִיד, לְהָשִׂים הָרֵחַיִם זוֹ עַל גַּב זוֹ: **אַמַּת רֵיחַיָּא.** הָעֵץ שֶׁהָרֵחַיִם בָּנוּי עָלָיו: **וּלְמִיבְנֵי אוּרְיָא.** רֶפֶת בָּקָר: **לְסָרוּקֵי סוּסְיָא.** לְהַסְרִיק סוּסִים בְּמַסְרֵק שֶׁל בַּרְזֶל: **לְמִיבְנֵי אַקוּרְפִּיטָא.** מַה שֶּׁמְּשִׂימִין הַתְּבוּאָה לְתוֹכוֹ לִפְנֵי הַסּוּסִים, שֶׁקּוֹרִין מנייטור"ה בלע"ז: **אִיצְטַבָּא.** בִּנְיַן אֲבָנִים: **לְמִישְׁקַל דְּמָא.** לְהָקִיז: **לְכַסְכּוּסֵי.** גִּיהוּץ, שֶׁקּוֹרִין קוֹדִילו"ר: **קִרְמֵי.** *בְּגָדִים: **מַעֲשֵׂה הֶדְיוֹט.** דְּמוּתָּר לַעֲשׂוֹתוֹ בְּחוּלּוֹ שֶׁל מוֹעֵד, דְּלָאו מַעֲשֵׂה אוּמָּן הוּא: **קִיטוּרֵי בִּירִי אֲסִיר.** לְמֵיעֲבַד בַּמּוֹעֵד. שֶׁכָּךְ הָיוּ עוֹשִׂין, שֶׁהָיוּ נוֹטְלִין כֵּלִים חֲלוּקִין וְהָיוּ מַחְלִיקִין עֲלֵיהֶן בֵּית יָד שֶׁל חֲלוּקֵיהֶם – מַעֲשֵׂה אוּמָּן הוּא וְאָסוּר. ל"א: לְכַוֵּין קְמָטִין שֶׁאָדָם עוֹשֶׂה בְּבֵית יָד, שֶׁמְּמַלְּאִים אוֹתָהּ בְּקָנֶה שֶׁל שִׁבָּלִים חֲלָקִים וּמְקַמְּטִין, פרוונלי"א בלע"ז: **דְּמַתְקִיל תִּיקְלָא.** שֶׁחוֹפֵר מִשָּׁם הָאֲדָמָה לְצוֹרֶךְ הַגּוֹרֶן לַחֲבוֹט שָׁם חִטִּין לְצוֹרֶךְ הַמּוֹעֵד. הַיְינוּ אַדַּעְתָּא דְּבֵי דָרֵי, וְשָׁרֵי: **אַדַּעְתָּא דְּאַרְעָא.** שֶׁחוֹפֵר שָׂדֵהוּ לְצוֹרֶךְ זְרִיעָה – אָסוּר, מִשּׁוּם דְּדָמֵי כְּחוֹרֵשׁ בי"ט: **מוֹלְיָא בְּמוֹלְיָא.** שֶׁנּוֹטֵל הַקַּרְקַע מִמָּקוֹם גָּבוֹהַּ, וּמַנִּיחוֹ שָׁם עַל גַּבֵּי מָקוֹם גָּבוֹהַּ – הַיְינוּ מַלְיָא בְּמוֹלְיָא: **אוֹ נָצָא בְּנָצָא.** שֶׁחוֹפֵר בְּמָקוֹם נָמוּךְ וּמַנִּיחוֹ בְּמָקוֹם נָמוּךְ, דְּהַיְינוּ אַדַּעְתָּא דְּאַרְעָא – וְאָסוּר. דְּזֶה דַּרְכּוֹ שֶׁל חוֹרֵשׁ שָׂדֵהוּ (ג) שֶׁאֵינוֹ מַשְׁגִּיחַ בְּאֵיזֶה מָקוֹם שֶׁיֵּרֵד הַמַּחֲרֵישָׁה בַּקַּרְקַע, אֲפִילּוּ בְּמָקוֹם נָמוּךְ – חוֹרֵשׁ, וְהַיְינוּ דּוּמְיָא דַּחֲרִישָׁה וְאָסוּר: **אֲבָל שָׁקַל מוֹלְיָא.** שֶׁנּוֹטֵל הַקַּרְקַע מִמָּקוֹם גָּבוֹהַּ: **וּשְׁדָא בְּנָצָא.** בְּמָקוֹם נָמוּךְ, הַיְינוּ אַדַּעְתָּא דְּבֵי דָּרֵי, אַדַּעְתָּא דְּגוֹרֶן. שֶׁכָּךְ דַּרְכּוֹ שֶׁל גּוֹרֶן, שֶׁמַּשְׁוֶה הַגֻּמּוֹת – וְזֶה מוּתָּר: **דְּזָכֵי זִיכְיָא.** שֶׁמְּכַבֵּד אֶת הַקַּרְקַע מֵעֵצִים קְטַנִּים שֶׁעָלֶיהָ, שֶׁנּוֹטְלָם: **אַדַּעְתָּא דְּצִיבֵי.** אִם לִיקְטָן אַדַּעְתָּא דְּעֵצִים לְהַסִּיקָן, דְּנָקֵט רַבְרְבֵי וְשָׁבַק זוּטְרֵי: **אַדַּעְתָּא דְּאַרְעָא.** דִּלְהָכִי לִיקְטָן, שֶׁרוֹצֶה לִזְרוֹעַ הַקַּרְקַע, שֶׁלּוֹקֵט גְּדוֹלִים וּקְטַנִּים – אָסוּר (ד): **אַדַּעְתָּא דְּכַוְורֵי.** שֶׁעוֹשִׂין הַמַּיִם שֶׁיּוֹצְאִין מִן הַגּוּמָא שֶׁל בֵּיבָר לַחוּץ, אִם לְצוֹרֶךְ שֶׁיֵּצְאוּ הַמַּיִם וְיִשְׁתַּיְּירוּ הַדָּגִים – מוּתָּר: כְּגוֹן דְּפָתַח תְּרֵי בָּבֵי. חַד שֶׁבּוֹ נִכְנָסִין הַמַּיִם לַגּוּמָא וְנִכְנָסִין אַף הַדָּגִים לַגּוּמָא, וְחַד שֶׁהַמַּיִם יוֹצְאִין חוּץ לַגּוּמָא, וְהַדָּגִים מִשְׁתַּיְּירִים בְּתוֹכָהּ וְלוֹקְחִים אוֹתָם – שָׁרֵי, דְּהַיְינוּ אַדַּעְתָּא דְּכַוְורֵי: **דְּאַרְעָא.** דְּפָתַח חַד בָּבָא שֶׁבּוֹ נִכְנָסִים הַמַּיִם לַגּוּמָא, וְאִידָךְ פֶּתַח שֶׁבּוֹ יוֹצְאִין הַמַּיִם לַחוּץ לֹא פָּתַח: **אַדַּעְתָּא דְּאַרְעָא.** שֶׁכְּשֶׁהַגּוּמָא מְלֵיאָה מַיִם יוֹצְאִין הַמַּיִם לְמַעְלָה וּמַשְׁקִין כָּל הַשָּׂדֶה, וְכִי הַאי גַּוְונָא אָסוּר: **דְּפָשַׁח דִּיקְלָא.** שֶׁזּוֹמֵר הַדֶּקֶל מִן הָעֲנָפִים שֶׁבּוֹ: **אַדַּעְתָּא דְּחֵיוָתָא.** דִּרְאוּיִין לְמַאֲכַל בְּהֵמָה, דְּנָקֵט מִן הָעֲנָפִים דְּמֵחַד גִּיסָא בֵּין לַחִין בֵּין יְבֵשִׁין, לְצוֹרֶךְ מַאֲכַל בְּהֵמָה, הַיְינוּ דְּחֵיוָתָא – וְשָׁרֵי: דְּנָקֵיט מֵהַאי גִּיסָא. **דְּדִיקְלָא.** וּמֵהַאי גִּיסָא עֲנָפִים יְבֵשִׁין שֶׁבּוֹ, הַיְינוּ אַדַּעְתָּא דְּדִיקְלָא – וְאָסוּר: **הָנֵי תַּמְרֵי תּוֹחֲלָנֵי.** תְּמָרִים שֶׁלֹּא נִתְבַּשְּׁלוּ כָּל צָרְכָּן: **מִיגְזְרִינְהוּ.** לְחוֹתְכָן לִשְׁנַיִם וּלְאוֹכְלָן הָכִי בְּי"ט – שָׁרֵי, דִּלְצוֹרֶךְ יוֹם טוֹב קָעָבֵיד: **מָיְיצִינְהוּ אָסוּר.** לְכוֹבְשָׁן בְּמִשּׁוּי, וּמוֹצִיא לֵיחָה שֶׁבָּהֶן לַחוּץ – הַיְינוּ אָסוּר. שֶׁעַכְשָׁיו אֵינָן נִתְלָעִים, אֶלָּא לַעֲשׂוֹת מֵהֶן לִימּוּקִים לְאָכְלָן בְּחוֹל הוּא מְכַוֵּין – וְאָסוּר לְתַקֵּן בְּיוֹם טוֹב מַאֲכָל דְּחוֹל: **כֵּיוָן דְּמִתְלְעֵי.** אִי לָאו דְּמָיְילִינְהוּ: **כְּדָבָר הָאָבֵד.** כְּלוֹמַר: כִּסְחוֹרָה שֶׁאָדָם יָכוֹל לַעֲשׂוֹתָהּ בַּמּוֹעֵד כְּדֵי שֶׁלֹּא יַפְסִיד בָּהּ אִם לֹא עֲשָׂאָהּ, הָכִי נַמִּי מָצֵי לְמָיְילִינְהוּ. דְּאִי לָא עָבֵיד הָכִי – מִיתְלְעֵי, וְשָׁרֵי: **פְּרַקְמַטְיָא כָּל שֶׁהוּא.** לַעֲשׂוֹת סְחוֹרָה בְּחוּלּוֹ שֶׁל מוֹעֵד: **וּבְדָבָר הָאָבֵד מוּתָּר.** שֶׁאִם יֵשׁ לוֹ הֶפְסֵד אִם לֹא יַעֲשֶׂנָּה לְאוֹתָהּ סְחוֹרָה – מוּתָּר לַעֲשׂוֹתָהּ, אֲבָל בְּחִנָּם שֶׁלֹּא לְהַרְוִיחַ – אָסוּר: **הֲוָה מַסִּיק זוּזֵי.** שֶׁהָיוּ חַיָּיבִין לוֹ מָעוֹת בְּאוֹתוֹ מָקוֹם:

יָרִיד

תוספות

למישקל טופרי. פירש (ה) בתוספתא: דה"ה לדידן, שמותר לתקן ברזלים, דקרקע קשה ומתקלקל. ומשום שאין ברזלים בימי חכמים, שאין צריך רק למשקל טופריה, שהיה הקרקע מטוננת כמו ברוסי"א – היה אסור: **איצטבא** ואקרופיטא. עניני ספסל, וקלת הם חלוקים. כדאמרינן בריש פרק "עשרה יוחסין" (קדושין דף ע.) ליתיב מר אקרופיטא. אמר ליה: מי סני ספסל כדאמרי רבנן, או איצטבא כדאמרי אינשי:

ואין מונעין רפואה מבהמה. (ו) דברפואה דבהמה שיש בה מלאכה איירי. אבל רפואה שאין בה איסור מלאכה, רק גזירה משום שחיקת סממנין – אפילו בשבת איכא מאן דשרי. והלכה כמאן דשרי, כדאי' בפ' "במה בהמה" (שבת דף נג:): דרש רבא: הלכה כרבי יאשיה, דלית ליה גזירה משום שחיקת סממנין ברפואה דבהמה. פי' דלסרוקי סוסיא, שפירש בקונטרס אוסטלי"ר בלעז – אין נראה לי. דהא קי"ל דבין קירוד ובין קירלוף שרי, (ז) כדאי' סוף פרק שני דביצה (דף כג.), לר' שמעון דאמר דבר שאין מתכוין מותר, וקיימא לן כוותיה. אלא ענין אחר הוא:

כסכוסי. פי' בקונטרס: אנפשיי"ר בלע"ז. ויש מפרשים: ליקיי"ר. ולשון כסכום משמע כן, כדאי' פ' "תולין" (שבת דף קמא. ושם): מכסכסו מבפנים ואין מכסכסו מבחוץ, גבי טיט: **קיטורי** בירי. גרסינן ברי"ש ולא בידי בדלי"ת. (ח) והוי מענין בירית טהורה בפ' "במה אשה יוצאה" (שם דף סג.) (ובפרק "חזקת הבתים") (ב"ב דף נד):

מוליא במוליא ונצא בנצא אדעתא (ט) דבי דרי שקל מוליא ושדי בנצא אדעתא דארעא. [א] וכן גרס רבינו גרשון. ורב אלפס גרס בהפך: מוליא במוליא ונצא בנצא – אדעתא דארעא, מוליא בנצא – אדעתא דבי דרי. משמע שיותר קרקע שוה צריך לחרוש מלידוש. ואיפכא מסתברא טפי, דלדידן צריך קרקע שוה לידוש יותר מלחרוש. ושמא לפי שהיו דשין במוריגין אין צריך קרקע שוה. ויש מפרשים כדי לעשות דיר של בהמה*):

פרקמטיא כל שהוא. פי' רבינו יצחק בתשובתו: כי רבינו יעקב לא היה חושב הלואת רבית פרקמטיא. והא דאמר: רבינא הוה מסיק זוזי בבני אקרא דשנואתא משמע דחשיב פרקמטיא, ולא שרי אלא משום דבר האבד! היה אומר רבינו יעקב דסחורת יין היתה, כדאמרינן ב"איזהו נשך" (ב"מ עג:): רבינא הוה יהיב זוזי לבני אקרא דשנואתא, ושפכי ליה טפי כופייתא. אבל הלואה דשולחנות בקביעות וחילוף – נראה (י) דחשיב פרקמטיא:

ובדבר האבד מותר. פירוש: בדבר שאם לא ימכרנה עתה – שמא לא ימכרנה יפה פעם אחרת, ויפסיד מן הקרן. אבל אם לא יפסיד מן הקרן, אלא שלא ירויח כל כך – אין זה חשוב דבר האבד. וכל שכן לקנות סחורה שמא תהיה יותר ביוקר אחר המועד, אבל לקנות יין כשר בתוך המועד – מותר. והר"ר יוסף פירש: דיש לאסור, דאף על פי שלא ימצא בזול – הרי ימצא ביוקר, ואין זה דבר האבד:

*) [ועי' תוס' ב"ב נד. ד"ה מוליא].

כוורא

עין משפט נר מצוה

צב א מיי' פ"ח מהל' י"ט הלכה טו סמג לאוין עה טוש"ע א"ח סי' תקמ סעיף ח:
צג ב מיי' שם טוש"ע א"ח סי' תקלו ס"ב:
צד ג טוש"ע א"ח סי' תקמ סעיף ה:
צה ד מיי' שם הלכה ז טוש"ע שם סעיף ו:
צו ה מיי' שם הלכה טו טוש"ע א"ח סי' תקלו סעיף ג:
צז ו מיי' שם הלכה יד טוש"ע א"ח סי' תקמא סעיף ג:
[ו מיי' שם טוש"ע שם]:
צח ז מיי' פ"ח הלכה יב שם ופ"ב מהל' זכיה ומתנה מהל' ד עד הלכה ט טוש"ע א"ח סי' תקלט סעיף ט וטור ש"ע ח"מ סי' רעה סעיף יז יח יט כ:
צט ח טוש"ע א"ח שם סעיף י:
ק ט טוש"ע שם ס"ח:
קא י טוש"ע שם סעיף יא:
קב כ טוש"ע שם סי' תקלג סעיף ג:
קג ל מ נ מיי' פ"ז שם הלכה כב טוש"ע שם סי' תקלט סעיף א:

מסורת הש"ס

[נ"ל רב וכ"ה בה"ש ובערוך ערך אקרפטא]

[דקים קקרוס כילה. ערוך]

[בכ"י סי' תקמה העתיקו נוסח הגמ' קטורי בי ידי ע"ש]

ב"ב נד.

[שם]

[שם]

[שם]

[לקמן יח.]

[עי' ב"מ עג:]

ר"ה ח.

רבינו חננאל

וחמור שרוכב עליו מותר ליטול צפרניו. אבל חמור הטוחן בריחים לא ר' יהודה שרא ליטול צפרנים של חמור הטוחן בריחים ולאוקמי ריחיא ולמבני ריחיא ולמיבני אמת הריחים ולמיבני אוריא פי' אוריות סוסים רבא שרא לסרוקי סוסיא ולמיבני אקרפיטא ואיצטבא. רבא שרא למשקל דמא תניא נמי הכי מקיזין דם לבהמה. ואין מונעין רפואה לבהמה בחולו של מועד. רבא שרא לכסכוסי קירמי. ופירשו הגאונים *) תרטיב ר' אמתענה ותליינא אמר רב חסדא קיטורא בידא אסור מעשה אומן הוא במס' יו"ט פ"ב (דף כג) אמר רבא מאן דתקיל תיקלא **) פי' אזלח וגה אל ארץ ונעל הא מועתר אל אי שקיל יהיב מוליא במוליא נצא בנצא העפר הרך ונתן ברך והקשה בקשה אדעתא דבי דרי עביד ושרי פי' מוליא בנצא הרך בקשה אדעתא דארעא ואסיר. וכן מאן דזכי זכיא. פי' מסקל ומנקה הקרקע שקיל רברבי פי' העצים הגדולים נוטל ומניח הקיסמין קטנים אדעתא דציבי ושרי שקיל רברבי וזוטרי אדעתא דארעא עביד ואסיר. וכן מאן דפתח מיא בארעיה דעיילי מהאי גיסא ודנפקי מהאי גיסא אדעתא למיצד כוורי הוא ושרי מחד גיסא אסיר. וכן מאן דפשח דיקלא מחד גיסא אדעתא דחיותא שרי מהאי גיסא ומהאי גיסא אדעתא דדיקלא ואסיר והני תוחלני שרי מגזרינהו מייצינהו אסור. בחגיגה בפרק אין דורשין אומר שם משל אי משכחת תוחלא אכול כו' והם התמרים הרכים הנקראים בטיית שודאך רטב והדקל אשר בו אלו התמרים עליו דיבר בכאן והתיר לחותכם מן הדקל ולא התיר לדורכן בגרתק שלהן לעשותן כמו אלו הנקראים בטיית אל לוג. ורב פפא התיר את זאת מפני שמתליען. רב פפא אמר כיון דמתלען כפרקמטיא האבד דמי ושרי. ואמר רבא פרקמטיא כל שהוא אסור. א"ר אסי בר אבין ובדבר האבד מותר. רבינא הוה ליה עיסקא דהוה מזדבנא בשיתא אלפי שהייה לבתר מועדא וזבניה בי"ב אלפי. רבינא הוה מסיק זוזי בבני אקרא דשנואתא אתא לקמיה דרב אשי א"ל כיון דהאידנא משכחת להו וביומי אחריתי לא משכחת להו

*) לפי הנראה הוראת הדברים בלה"ק שרה לרטוב לרכי הבית כדי לנקותם. **) הוראת הדברים בלה"ק עניט דקירה. ופי' דקר את פני הארץ כי יעשה עפר.

גליון הש"ס

תוס' ד"ה ואין מונעין וכו' אין נ"ל דהא קיי"ל. עיין ברא"ש דהגירסא הכא רב. ולפ"ז לק"מ דרב לשיטתיה דס"ל דבר שאין מתכוין אסור. ואסור קרלוף בי"ט:

הגהות הגר"א

[א] תוס' ד"ה מוליא במוליא כו' וכן גרס ר"ג ורב אלפס משמע שיותר קרקע שוה צריך לחרוש כו' ושמא לפי שהיו דשין כו' וי"מ כדי לעשות דיר כו' ורש"י גרים בהיפך מוליא במוליא ונצא בנצא אדעתא דארעא מוליא בנצא אדעתא דבי דרי כצ"ל:

הגהות הב"ח

(א) אמר רבא מאן דמתקיל תיקלא אדעתא. נ"ב כן הוא גירסת רש"י ונימוקי יוסף ופירוש מסקל השדה: (ב) שם ונצא בנצא אדעתא דארעא שקל מוליא ושדא בנצא אדעתא דבי דרי כו' כצ"ל: (ג) רש"י ד"ה או נצא כו' שאינו משגיח באיזה מקום. נ"ב פירוש דרכו של חורש אינו אלא לרפויי ארעא עי' לעיל דף ב ע"ב: (ד) ד"ה אדעתא דארעא דלהכי כו' אסור מה"ד דפתח מיא לארעיה שעושין חור והמים יוצאין מן הגומא: (ה) תוס' ד"ה למישקל כו' פי' בתוספות כו' לתקן ברזלים דכיון דהקרקע קשה ומתקלקל: (ו) ד"ה ואין מונעין רפואה מבהמה נראה דברפואה דבהמה: (ז) בא"ד וכן קרלוף שרי אפילו בי"ט כדאיתא: (ח) ד"ה קיטורי כו' ולא בידי בדלי"ת. נ"ב פירוש דיש גורסין בידי בדלי"ת ופי' לעשות קשרי בית ידים אסור מפני שעושה מעשה אומן וכך הוא גירסת הרמב"ם: (ט) ד"ה מוליא כו' אדעתא דארעא שקל מוליא ושדי בנצא אדעתא דבי דרי וכן גרס ר"ג ור"א גרס בהיפך כו' בנצא אדעתא דבי דרי מוליא בנצא אדעתא דארעא משמע שיותר כו' כצ"ל: (י) ד"ה פרקמטיא כו' בקביעות וחילוף נראה דלא חשיב פרקמטיא:

*ליריד של גוים, ולוקחים בהמה עבדים ושפחות בתים שדות וכרמים, וכותב ומעלה בערכאות שלהן, מפני שהוא כמציל מידן. רב שרא לחייא בר אשי למיגדל אוהרי בחולא דמועדא. מאי טעמא — מעשה הדיוט הוא, אבל איזלי — אסור, מאי טעמא — מעשה אומן הוא. רב יהודה שרא לאמי תנורא למיגדל תנורי, ולרב' בר עשבי למיגדל מהולתא. איני? והא תני רבה בר שמואל: ושוין שאין גודלין תנור לכתחילה! לא קשיא: כאן — בימות החמה, כאן — בימות הגשמים.§ **מתני'** עושין מעקה לגג ולמרפסת מעשה הדיוט, אבל לא מעשה אומן. שפין את הסדקין ומעגילין אותן במעגילה ביד וברגל, אבל לא במחלצים. הציר והצינור והקורה והמנעול והמפתח שנשברו — מתקנן במועד, ובלבד שלא יתכוין לעשות מלאכתו במועד. וכל כבשין שהוא יכול לאכול מהן במועד — כובשן.§ **גמ'** היכי דמי מעשה הדיוט? רב יוסף אמר: *בהוצא ודפנא. במתניתא תנא: צר בצרור ואינו טח בטיט.§ "שפין את הסדקין ומעגילין אותן במעגילה".§ השתא במעגילה אמרת שרי, ביד וברגל מיבעיא?! הכי קאמר: שפין את הסדקין ומעגילין אותן כעין מעגילה ביד וברגל, אבל לא במחלצים.§ "הציר והצינור והקורה והמנעול והמפתח שנשברו מתקנן במועד".§ ורמינהי: *עד ימיו היה פטיש מכה בירושלים כו'. עד ימיו — אין, מכאן ואילך — לא! לא קשיא; כאן — בדנפחי. כאן — בדנגרי. מתקיף לה רב חסדא: יאמרו קלא רבה — אסיר, קלא זוטר — שרי! אלא אמר: רב חסדא: לא קשיא; הא — במגלי, הא — בחציני. רב פפא אמר: כאן — קודם גזירה, כאן — לאחר גזירה. רב אשי אמר: הא — ר' יהודה, הא — ר' יוסי. דאמר ר' יצחק בר אבדימי: *מאן תנא שינוי במועד בדבר האבד — דלא כר' יוסי. אמר רבינא: כמאן מדלינן האידנא קביותא דדשא בחולא דמועדא, כמאן — כר' יוסי.§ "כבשין שהוא יכול לאכול במועד — כובשן".§ (א) בדיתא לבאי כוורי. אזיל כולי עלמא צוד, אייתו כוורא. שרא להו רבא למימלח מינייהו. אמר ליה אביי: והא תנן: כבשין שהוא יכול לאכול מהן במועד — כובשן! אמר ליה: כיון דמעיקרא אדעתא דאכילה אייתינהו, ואי שביק להו פסדי — *כפרקמטיא האבד דמי, ושרי. ואיכא דאמרי: שרי להו רבא מיצד, מיזל, אייתויי, ומימלח. אמר ליה אביי: והא אנן "כבשין שהוא יכול לאכול מהן (ב) כובשן" תנן! אמר ליה: הני נמי מיתאכלי אגב איצצא. כי הא דשמואל עבדו ליה שיתין איצצי, ואכל. רבא איקלע לבי ריש גלותא, עבדי ליה שיתין איצצי ואכל. רב איקלע לבי רב שפיר, אייתו לקמייהו ההוא כוורא, תילתא בישולא, תילתא מילחא, ותילתא טוויא. אמר רב, אמר לי אדא ציידא: כוורא, סמוך למיסרחיה מעלי. ואמר רב, אמר לי אדא ציידא: כוורא, טווייא באחוה, אסוקיה באבוה, מיכלי בבריה, אשתי עליה אבוה. ואמר רב, אמר לי אדא ציידא: כוורא תחלי וחלבא ליטעון גופא ולא ליטעון פוריא. ואמר רב, אמר לי אדא ציידא: כוורא, תחלי, וחלבא — מיא ולא שיכרא, שיכרא ולא חמרא.§

הדרן עלך משקין בית השלחין

[עירובין מז. ע"ז יג.] [ברכות יח:] [לעיל ז.] [מע"ש פ"ה מט"ו סוטה מז.] [לקמן יב: ע"ש] [לעיל י:]

רש"י

יריד של גוים. יומא דשוקא: ומעלה בערכאות. לקיימן בחתימתן. דכיון דהשתא הוא דמשכח להו, וליומא אחרינא לא – שרי: אוהרי. שצדין בו דגים, שקורין רוש"א: איזלי. רשתות שצדין בו עופות: למגדל תנורא. לעשות התנור מחדש: מהולתא. נפה: בימות החמה. כלומר, כשיש ימות החמה, כגון בפסח דחבול עלמא שאין יורדין בו גשמים – מותר לעשות בו תנור, לפי שלאלתר יבש ויכולין לאפות בו פת ברגל לצורך הרגל: כאן בימות הגשמים. כלומר, כשיורדין הגשמים ברגל, כגון בסוכות – אין עושין תנור, לפי שאינו יבש לאלתר עד לאחר הרגל, ועביד טירחא שלא לצורך הרגל:

מתני' מעקה למרפסת. כותל קטנה העושין על האיצטבות שלפני העליות גדולות, כעין שיש על שפת נהר ריינוס: שפין את הסדקים. שבתנור: ומעגילין אותן במעגילה. שגוללין על קרקעות התנור עץ גדול עגול, כדי לסתום הסדקין: ביד וברגל. (ג)שלוקח בידו עץ ובועטין ביד על התנור לסתום הסדקים, או בועט ברגלו על קרקעות התנור: מחלצים. עץ כעין רגל, שדוחקו במעזיבה לסתום הסדקין. ויש בו מעשה אומן יותר ממעגילה: ציר. רגל הדלת, כמו "הדלת תסוב על צירה" (משלי כו): צינור. הוא החור שבאסקופה התחתונה, כמו *ציגורא דדשא: הקורה. מה שעל הפתח שתחזור בו הדלת, וקורין אוברטו"ר: מנעול. בלנדור"א: ובלבד שלא יתכוין לעשות מלאכתו במועד. כשיש לו לתקן כל אילו בשאר ימות השנה, ומניחו עד המועד: וכבשין. של ציר. כלומר, דגים ושאר דברים שכובשים במלח, שיכול לאוכלן במועד שלא יהא צריך להמתין באכילתן עד לאחר המועד, שיהו נכבשין מהר וראויין לאכול מיד: גמ' הוצא. הוצי דקל: (ד)דופנא. עבדי לחיים של גדר: ואינו טח בטיט. זה הוא מעשה הדיוט: מעגילה. דרך אומנות יותר: ביד וברגל. דלאו מעשה אומן הוא, לא כל שכן: כעין מעגילה. ולא מעגילה ממש, אלא כעין מעגילה ביד וברגל: עד ימיו. של יוחנן כ"ג היה פטיש מכה בירושלים בחולו של מועד. והוא גזר עליו ובטלו. אלמא אסור. ומתני' קתני ומתקנין מנעול ומפתח: מתניתין דמתקנין אלו בחוש"מ בדנגרי. במנעול של עץ – שרי, דלא הוי קלא רבה: בדנפחי. דפטיש היינו קורנס – אסור, דהוי קלא רבה, ואולודי קלא אסור: מגלי. מסר הגדול שרי, דלא מוליד קלא כלום: בחציני. ברר"א. אסיר, דהוי אולודי קלא טפי: לאחר שגזר. יוחנן כ"ג: הא ר' יהודה הא ר' יוסי. בפירקא דלקמן (דף יב), דרבי יוסי לא בעי לשנויי לדבר האבד. ומתני' דשרי הכא כל הני בלא שינוי – ר' יוסי היא:

כמאן מדלינן האידנא קביותא דדשא. כשאנחנו מסמרים של עץ מן הקורה שעל הפתח, דשרי למיעבד בלא שינוי: בדיתא. שם נהר: לבאי. שם מקום: כוורי. הכי עשו דרך לנהר שילאו מימיו, ונשתיירו שם דגים הרבה: למימלח.(ה) הרבה, אע"פ שאין יכולים לאוכלן במועד, שהרי היו מלוחין הרבה: כבשין. בחומץ ובמלח, שקורין קונפוסט"א. והכא נמי, כיון שמלחן הרבה כדי להצניען – תו לא חזו במועד: אמר ליה הני נמי.(ו) דמלחינהו: מתאכלי. במועד: אגב איצצא. שמושך המלח מהן:(ז) שיתין איצצי. כלומר: רוחצין אותו הרבה פעמים, מנלי ליה ששים זימני: רב איקלע. במועד: תילתא מילחא. אגב אילנא: סמוך למיסרחיה מעלי. כלומר: יפה הוא לאחר זמן שמגיע יותר מהיא שעתה דנילוד: טוויא באחוה. במלח, שהמלח נברא מן המים כדגים: אסוקיה באבוה. לאחר שצלאו נותנו במים צונן: אכליה בבריה. מטילין אותו בציר היוצא מן הדגים, ואוכלין אותו: משתיא עליה אבוה. ששותין עליו מים, שדגים נבראו מן המים: לטעון גופא. כלומר: לאחר אכילתו מהלך הרבה קודם שישן: ולא לטעון פוריא. לא ישן לאלתר אחריהם: תחלי. שחלים: מיא ולא שכרא. מוטב לשתות אחריהן מים, ולא שכר: הדרן עלך משקין בית השלחין

תוספות

כוורא סמוך למסרחיה מעלי. ובזמן הזה תופסים סכנה למיכל סמוך לסירחון. וגם משתי עלה אבוה, דאמר בסמוך דמעלי, ושמא נשתנו, כמו הרפואות שבתלמוד שאינן טובות בזמן הזה. או שמא נהרות דבבל מעלו לו טפי. ויש מפרשים: דכוורא לא בכלל דגים מיירי, ושם דג ששמו כוורא, ומשונה בדברים האלו משאר דגים. כדאמרינן פ' "כל הבשר" (חולין דף קט:): אסר לן גירותא, שרא לן לישנא דכוורא. ואין נראה שיהא בכל הלשונות של דגים טעם אחד:

הדרן עלך משקין בית השלחין

עין משפט נר מצוה

קד א מיי' פ"ט מהלכות ע"ז הלכה יד טוש"ע י"ד סי' קמט סעיף ג:

קה ב ג טוש"ע א"ח סי' תקמא סעיף א:

קו ד ה מיי' פ"ח מהל' י"ט הלכה יג טוש"ע א"ח סי' תקמ סעיף ז:

קז ו מיי' שם הלכה ו טוש"ע שם סעיף א:

קח ז מיי' שם פ"ז הלכה ה טוש"ע שם סעיף ג:

קט ח מיי' שם פ"ח הלכה ז טוש"ע שם סעיף ד:

קי ט מיי' שם פ"ז הלכה ד טוש"ע שם סי' תקלח סעיף ו:

קיא י מיי' שם הלכה ז טוא"ח סי' תקלג:

קיב כ מיי' שם טוש"ע שם סעיף ד:

רבינו חננאל

להו כפרקמטיא האבוד דמי ושרי. רב שרא לר' חייא בר אשי למיגדל אהורי. פי' במס' גיטין בסוף פרק הניזקין (דף ס' ע"ב) ומפרשי רבנן אולי שבאו מעולא תרגום ויביאו מטוה כד עזיל ומפרשי אוהורי אלפכוך. מ"ט מעשה הדיוט אבל איזלי אסיר מ"ט מעשה אומן הוא. רב יהודה שרא לאביי תנוראה למגדל תנורא בחולי דמועדא. ולרבא בר עישבי שרא למגדל מחולתא בחולי דמועדא. ועושין מעקה לגג ולמרפסת מעשה הדיוט אבל לא מעשה אומן. היכי דמי מעשה הדיוט בהוצא ודפנא. במתניתא תנא צר בצרור ואינו טח בטיט ושפין את הסדקין ומעגילין אותן במעגילה ביד וברגל אבל לא במחלצים: **מתני'** הציר והצינור והקורה והמנעול והמפתח שנשברו מתקנן במועד ובלבד שלא יכוין מלאכתו במועד. איני והא תנן בסוף מס' סוטה עד כל ימיו פטיש היה מכה בירושלים עד ימיו של יוחנן כהן גדול אין מיכן ואילך לא. ופריק רב הונא האי פטיש דאסיר מיכן ואילך בדנפחי. והא דתנן הצינור כו' בדנגרי הוא ושרי. מתקיף ליה רב חסדא ונדחה ופריק בחציני אסיר ומתניתין דהכא במגלא ושרי *) קודם גזירה פירש קודם גזירת יוחנן כ"ג ורב אשי אמר מתני' דהתם ר' יהודא היא ומתני' דהכא ר' יוסי דאמר רב יצחק בר אבא מאן תנא דבעי שינוי במועד בדבר האבד דלא כר' יוסי דאי ר' יוסי הא אמר זולף וגומר וגף כדרכו. אמר רבינא כמאן מדלינן האידנא כו'. וכבשין שיכול לאכול מהן במועד מכבשן. רבא שרא לבני בדיתא לבאי למיצד ולמימלח א"ל אביי והתנן כבשין שיכול לאכול מהן מכבשן. שיכול אין לא יכול לא. א"ל הני נמי מתאכלי אגב איצצא כשיכבשום דחוקים כי הא דשמואל עבדו ליה ששים איצצי ואכל. פי' מיני תבשיל. אמר רב אמר לי אדא ציידא כוורא סמוך למיסרחי מעלי. ותוב אמר דג טוויא באחווה פירוש המלח מן הים והדג מן הים נמצאו שניהן אביהן הים והן כמו אחים. וא"ל מלח הדג במלח שהוא אחיו וצלה אותו במלח. אסוקיה באבוה. פי' כשתעלהו מן האש שוטפהו במים מלוחין שהן אביו אוכליה בבריה פירוש אכול אותו בבנו והוא ציר של דגים שהוא יוצא מן השמנונית של דג כי הוא חשוב לדג כבנו. וכשתאכלהו שתה אחריו המים כי באותה העת ובאותו מקום היו אומרים להם הרופאים כשתאכל דגים שתה אחריו המים ולא יין **) או יין ולא שכר. כוורא תחלי וחלבא ליטעון גופא ולא ליטעון פוריא. פי' כשיאכל אותם עד שיתעכלו במעיו לא ישן כי השינה מיד מזיקתו: הדרן עלך משקין בית השלחין.

*) נראה דצ"ל רב פפא אמר כאן קודם גזרה כו'. **) לפנינו בגמ' הגרסא להיפך. ואולי דרבינו היה לו גי' אחרת.

הגהות הב"ח

(א) גמ' בדיתא לבאי כוורא. נ"ב כך הוא גירסת האלפס בפומבדיתא לבאי כוורא ופי' הר"ן פום שם המקום היושב על נהר בדיתא לבאי כוורא לדו והביאו דגים רבים שנתייבש הנהר ומתו הדגים עכ"ל: (ב) שם והא אנן כבשין שהוא יכול לאכול מהן במועד כובשן תנן: (ג) רש"י ד"ה ביד וברגל (שלוקח בידו עץ) תא"מ ונ"ב נ"ל טעות: (ד) ד"ה דופנא כו'. נ"ב עי' לעיל בפירושו בדף ז' ע"א: (ה) ד"ה למימלח למולחן הרבה אע"פ: (ו) ד"ה א"ל הני נמי אע"ג דמלחינהו: (ז) ד"ה אגב כו' המלח מהן הס"ד ואח"כ מה"ד עבדו ליה שיתין אוגני כלומר רוחצין אותו הרבה פעמים הס"ד ואח"כ מה"ד שיתין אוגני ששים פעמים הס"ד:

מי שהפך את זיתיו, ואירעו אבל או אונס, או שהטעוהו פועלים – טוען קורה ראשונה, ומניחה לאחר המועד, דברי ר' יהודה. רבי יוסי אומר: אזולף וגומר וגף כדרכו.§ **גמ'** פתח באבל וסיים במועד! אמר רב שישא בריה דרב אידי: בזאת אומרת דברים המותרין במועד – אסורים בימי אבלו. רב אשי אמר: לא מיבעיא קאמר: •לא מיבעיא בימי אבלו דמדרבנן הוא, ושרי, אלא אפילו במועד, דאיסור מלאכה מדאורייתא, במקום פסידא – שרו רבנן. תניא כוותיה דרב שישא בריה דרב אידי: גאלו דברים העושין לאבל בימי אבלו: *זיתיו הפוכין – טוענין לו, וכדו לגוף, ופשתנו להעלות מן המשרה, וצמרו להעלות מן היורה, ומרביצים שדהו משתגיע עונת המים שלו. ר' יהודה אומר: אף זורעין לו שדה ניר, ושדה העומדת לפשתן. אמרו לו: אם לא תזרע בבכיר – תזרע באפל, אם לא תזרע פשתן – תזרע ממין אחר. דרבן שמעון בן גמליאל אומר: זיתיו הפוכין ואין שם אומן אלא הוא, כדו לגוף ואין שם אומן אלא הוא, פשתנו להעלות מן המשרה, וצמרו להעלות מן היורה ואין שם אומן אלא הוא – הרי זה יעשה בצינעא. היתר על כן אמר רבן שמעון בן גמליאל: אם היה אומן לרבים, וספר ובלן לרבים, והגיע עת הרגל ואין שם אומן אלא הוא – הרי זה יעשה. והאריסין והחכירין והקבלנין – הרי אלו יעשו אחרים בשבילן. זהחמרין הגמלין והספנין – הרי אלו לא יעשו. חואם היו מוחכרין או מושכרין אצל אחרים – הרי אלו יעשו. טשכיר יום, אפילו בעיר אחרת – לא יעשה. היתה מלאכת אחרים בידו, אע"פ שבקיבולת לא יעשה. אף על פי שבקיבולת ולא מיבעיא שאינה קיבולת?! אדרבה, קיבולת כדידיה דמי! אלא, אימא: יבין קיבולת בין שאינה קיבולת לא יעשה. כהיתה מלאכתו ביד אחרים, בביתו – לא יעשו, בבית אחר – יעשו. מריון בריה דרבין ומר בריה דרב אחא בריה דרבא להוה להו ההוא גמלא דתורא בהדי הדדי, איתרעא ביה מילתא במר בריה דרב אחא בריה דרבא, ופסקיה לגמליה. אמר רב אשי: גברא רבה כמר בריה דרב אחא עביד הכי?! נהי דלפסידא דידיה לא חייש, אדאחרים לא חייש? והא תניא: אם היו מושכרין או מוחכרין אצל אחרים – הרי אלו יעשו! והוא סבר: *מאדם חשוב שאני.
אמר

מי שהפך את זיתיו. שהזמינן ליתנם על גבי הבד להוציא מהן שמן: **ואירעו אבל.** בשאר ימות השנה, שלא סמוך לרגל, ואינו יכול ליתנם על גבי הבד, לפי שאבל אסור בעשיית מלאכה: **או אונס.** היינו מילתא אחריתי. כלומר, מי שהפך את זיתיו לפני הרגל ואירעו אונס, ולא היה יכול ליתנם על גבי בית הבד, ובא הרגל: **או שהטעוהו פועלים.** שהשכיר ליתנם על גבי בית הבד קודם הרגל, ולא באו: **טוען קורה ראשונה.** כלומר: נותנן על גבי בית הבד ברגל וסוחט עליהן הקורה פעם אחת, דאי לא עביד הכי – איכא פסידא יתירא: **ומניחה.** בו, שלא יסחוט יותר עד לאחר המועד: **זולף וגומר כדרכו.** כלומר, נותנו על גבי בית הבד וסוחט הכל. כל מידי דשפוך קרי זילוף: **גמ' פתח באבל וסיים במועד.** דקתני: מי שהפך את זיתיו ואירעו אבל ולא פירש אם יכול לטעון קורה באבילות אם לא, אלא מילי דמועד קא פריש, דכי אירע לו קודם המועד אונס – טוען קורה ראשונה במועד: **אסור בימי אבלו.** כלומר: להכי לא פריש, דאסור לו לטעון אפילו קורה ראשונה בימי אבלו: **לא מבעיא בימי אבלו.** דאין אסור במלאכה אלא מדרבנן, דשרי לטעון קורה ראשונה: **אלא אפילו.** חולו של מועד דאסירא ביה מלאכה מדאורייתא, דכתיב (שמות כג): "את חג המצות תשמור שבעת ימים" – לימד על כל החג שהוא אסור: **במקום פסידא שרו רבנן.** לטעון קורה ראשונה: **העושין לאבל.** אחרים, אבל הוא עצמו אינו רשאי: **כדו לגוף.** מגופת החבית: **וזיתיו הפוכין.** נותנין אותן על בית הבד, וטוענין לו קורה ראשונה. אבל הוא עצמו אינו עושה, היינו כרב שישא, דאמר: דברים המותרין בחוש"מ אסורין בימי אבלו: **ופשתנו להעלות מן המשרה.** כל הני איכא בהו פסידא אי לא עביד להו: **משתגיע עונת המים שלו.** כשהגיע זמנו להשקות השדה, שכך היו נוהגין: כל אחד ואחד משקה כל השדות שבבקעה, איש יומו או שבוע אחד: **שדה ניר.** שדה חרושה: **שדה העומדת לפשתן.** שאם לא תזרע עכשיו, מכאן ואילך – אינו ראוי לפשתן: **אמרו לו.** לא תזרע שדה ניר ושדה פשתן. שאם לא תזרע בבכיר בשדה ניר – תזרע באפל, ולא הוי פסידא יתירא: **בלן.** שומר בית המרחץ, ומשמשן בבית המרחץ, ונוטל מכל אחד שכרו: **והגיע עת הרגל.** שהכל צריכין לו – הרי זה יעשה, כיון דאית ליה פסידא, ואיכא נמי צורך רבים. ול"ג הכא בצינעא – דהא רבים הוא: **האריסין.** מקבלי השדות לשניים לשליש ולרביע: **החכירים.** שקיבל לשמירה ולעובדה לכסוס, כך וכך כורין אני נותן לך ממנה: **והקבלנים.** שקיבלו לשומרה לזמן פלוני בסכום כך וכך, בין יהיה הרבה או מעט – הרי אלו יעשו אחרים בשבילם: **הגמלים והספנים הרי אלו לא יעשו.** לא ישכירו לכתחילה, לפי שהמלאכה שלהם הוא: **ואם היו מוחכרין או מושכרין.** הם או בהמתם אצל אחרים למהלך חדש או חדשים – הרי אלו יעשו הם לעצמן, ולא יפסידו כל שכרן, ובעלים נמי לא יפסידו. והכא לא קתני על ידי אחרים – שהרי הן בעצמן מושכרין. אבל אריסים – אפשר להם על ידי אחרים בעבודת קרקע: **שכיר יום.** אחד, ואפילו בעיר אחרת ואין יודעין שם שהוא אבל, וליכא משום מראית העין: **לא יעשה.** הואיל ובידו לחזור כדאמרינן (ב"מ דף קטז:) פועל חוזר, ואפילו בחצי היום, וליכא פסידא כולי האי: **אם היתה מלאכת אחרים בידו.** בביתו, כגון בגד לארוג. הואיל וברשותיה לגומרו לאחר זמן – הרי (א)אלו לא יעשו: **ואע"פ שבקיבולת.** אחרים היא, שקיבל עליו לגמירות אותו בגד לאורגו בכך וכך: **קיבולת.** לעשות בכך וכך (שרי): **כדידיה דמיא.** ואסור. אבל שאינה קיבולת, דלא הוה כדידיה – שרי: **בביתו.** של אבל לא יעשו אותו,(ב) משום חשד, שיאמרו: הוא בעצמו מסייע במלאכה. אי נמי: שלא יאמרו בימי אבלו השכירו לזה הפועל: **גמלא.** צמד בקר בין שניהם, שור אחד לזה ושור אחד לזה: **איתרע ביה מילתא.** אבילות: **פסקיה לגמליה.** הפסיק שורו מן הצמד, ולא שלחו לחרוש בשדה. לפי שהיה אבל ומצווה על שביתת בהמתו מדרבנן: **להפסד דידיה לא חייש.** דלא קא מעבד ארעא מגמליה, משום דאבל הוא: **לפסידא דאחריני.** כגון מריון – לא חייש?! דלא קא משדר לגמליה הוי ליה פסידא, דלא הוה ליה בהמה לחרוש. וכיון דשרי כדתניא: אם היו מוחכרין וכו' – הוה ליה למיחש אפסידא דחבריה: **הוא סבר.** מר בריה דרב אחא: **אדם חשוב שאני.** דהא והא אסור לדידיה למיעבד:
מקבלי

רבי יוסי אומר זולף וגומר וגף כדרכו. פי' בקונטרס, לישנא אחרינא: וגף – משום (ג)דאיכא פסידא שמוליכן בלא מגופה. וי"ל: דצריך לכסותו מפני השרצים. ומיהו, מגופה לא היה צריך, דדיו בכיסוי מועט *ושמן חדש מתקלקל: **אפילו** חול המועד דאסורא במלאכה **מדאורייתא** *פרק קמא (דף ג. בד"ה משקין) פירשתי: **רבי יהודה אומר אף זורעים כו'.** במתניתין מחמיר רבי יהודה, וכאן מיקל: **בורן לגוף.** ספרים אחרים: כדו: **רבן שמעון בן גמליאל אומר כו'.** ואף על גב דרבן שמעון בן גמליאל נמי מודה לדרב שישא בריה דרב אידי, דאסורין בימי אבלו – מודה היכא דאין שם אומן אלא הוא, דשרי, ובצינעא (ד) יעשו ע"י אחרים, משום פסידא דמשכיר שרינן, וגבי אבלו דשרינן הוא עצמו באין שם שיעשה כמותו, ואומן לרבים וספר וכו' – משום דצורך דרבים ורגילא שריא לעיל. ויש מפרשים: דהא דשרינן לאבל עצמו (ה) – כשלא ימצא אחרים, כדמשמע הלשון: ואין שם אומן אלא הוא. אבל לכתחילה – צריך לעשות על ידי אחרים. מיהו, לפי הטעם הזה לא ידענא בחמרין וספנין כשמושכרין אצל אחרים למה אין מצריך בסמוך על ידי אחרים? ולפי טעם קמא ניחא, דאין מי שיעשה דבר זה באותו שיש (ו) אומנות דחמר וגמל וספן:
אמר

עין משפט
נר מצוה

א א מיי' מהל' י"ט הלכה ג טוש"ע א"ח סי' תקלח סעיף א:

ס"א ושמא

[עי' תוס' דחגיגה יח. ד"ה חולו ותוס' ע"ז כב. ד"ה תיפוק ליה]

ב ב מיי' פ"ה מהלכות אבל הלכה י טוש"ע י"ד סי' שפ סעיף י:

ג ג מיי' שם:

ד ד ה טור יו"ד סי' שפ:

ה ו מיי' שם הלכה יא טוש"ע שם סעיף יב:

ו ז ח מיי' שם טוש"ע שם סעיף יד:

ז ט מיי' שם הלכה יב טוש"ע שם סעיף יג:

ח י מיי' שם הלכה יג טוש"ע שם סעיף יז:

ט כ מיי' שם טוש"ע שם סעיף יח:

י ל מ טוש"ע שם סעיף כא:

רבינו חננאל

מי שהפך את זיתיו לטחנן ואירעו אבל או אונס או שהטעוהו הפועלים ונכנס המועד טוען קורה ראשונה ומניחם לאחר המועד דברי ר"י ר' יוסי אומר זולף וגומר *) כדרכו ומקשינן מתניתין באבל ולא פירש אם מותר לעשות מלאכתו במקום פסידא אם לא. וקפץ ומורה לנו בחולו של מועד שמותר במקום פסידא. ופירק רב שישא בריה דרב אידי זאת אומרת דברים המותרין בחוש"מ אסורין לעשותן בימי אבלו. תניא כותיה אלו דברים שעושין לאבל בימי אבלו. פירוש התירו משום פסידא לעשות לו אחרים ולא הוא אבל ע"י אחרים התירו לו להפוך זיתיו ולגוף בדיו ולהעלות פשתנו מן המשרה וצמרו מן היורה ומרביצין שדהו משתגיע עונת המים שלו. ר' יהודה אומר אף זורעין כו' ר' שמעון בן גמליאל אומר זיתיו הפוכין פשתנו במשרה צמרו ביורה ואין שם אומן אלא הוא הרי זה עושה בצנעא בתוך ביתו וכן היה אומר אם היה ספר או בלן לרבים והגיע הרגל ואין שם אלא הוא הרי זה יעשה. האריסין והחכירין והקבלנין בשדותיו הרי אלו יעשו אבל החמרין והגמלין והספינה שלו לא יעשה בהן מלאכה בימי אבלו ואם היו מקודם מושכרין ביד אחרים עושין. שכיר יום שלו אפילו בעיר אחרת לא יעשה היתה מלאכת אחרים בידו בין בקיבולת בין שאינה בקיבולת לא יעשה היתה מלאכתו ביד אחרים בביתו לא יעשה בבית אחר יעשה. מריון ומר בריה דר' אחא הוו שותפי אירע ביה במר בריה דרב אחא אבל. שדר ופסקיה לגמליה. אמר רב אשי והתניא אם היו מושכרין אצל אחרים שרו ודחינן הני מילי באיניש דעלמא אבל אדם חשוב אפי' מושכרין לא
אמר

*) רבינו לא גרס וגף גבי זיתים וכ"כ בכת"י בהלפס ובנ"י שם שלא גרסינן וגף.

מסורת הש"ס

שמחות פ"ה

[לקמן יג. שבת נה. וש"נ]

ס"א אינו

הגהות הב"ח

(א) רש"י ד"ה אם הי' כו' לאחר זמן הרי יעשה אף על פי שבקיבו' כו' כן צריך להיות וכל ותיבת אלו נמחק: (ב) ד"ה בביתו של אבל לא יע' אותו אחרים משום חש': (ג) תוס' ד"ה רבי יו' כו' דליכא פסידא כשמוליכן. נ"ב לשון הר"ן וגף לא גרסי גבי זיתים משום דאין דרך לגוף לזיתים מגופה דלאפו' הכי מגולה לא פסדי וכן נמ' בפרש"י בהלפס ובנימו' יוסף ע"ש אבל כלשון הר' פירש דגרסי' ליה אע"ג דליכא פסידא לזיתים ב' מגופה מ"מ וד' כשמוליכן אותן איכא פסידא שניתז השמן ב' מגופה: (ד) ד"ה רשב"ג כו' ובלינעא והאחריכ' יעשו: (ה) בא"ד דשרי לאבל עצמו היינו דוק' כשלא ימצא: (ו) בא' באותו שיש לו אומנות:

גליון הש"ס

גמ' לא מיבעיא בימי אבלו דמדרבנן. עיין לקמן דף יד ע"ב תוס' ד"ה עם היחיד:

עין משפט נר מצוה

יא א מיי' פ"ו מהל' שבת הל' יד טוש"ע א"ח סי' רמד סעיף א:

יב ב מיי' פ"ז מהל' יו"ט הלכה כה טוש"ע שם סי' תקמג סעיף ב:

יג ג טוש"ע שם סי' תקמב סעיף א:

יד ד מיי' שם טוש"ע שם סי' תקמג סעיף ג:

טו ה מיי' שם הל' כד טוש"ע שם סעיף א:

טז ו מיי' שם הלכה כה טוש"ע שם סעיף ג:

יז ז מיי' שם פ"ח הלכה טו טוש"ע שם סי' תקלו סעיף ג:

יח ח מיי' פ"א מהל' מעילה הלכה ט:

יט ט י מיי' פ"ח מהל' יו"ט הל' יא טוש"ע שם סי' תקלז סעיף יד:

כ כ מיי' פ"ז מהלכות יו"ט הלכה ג (ופי"ג מהל' אבל הל' ו) טוש"ע א"ח סי' תקלח סעיף א:

כא ל מיי' פ"ז מהל' יו"ט הל' ג ופ"ח הלכה ז טוש"ע שם סי' תקלז סעיף א:

כב מ מיי' שם פ"ח הלכה יד:

כג נ ס מיי' שם טוש"ע שם סי' תקלח סעיף א:

גמרא

אָמַר שְׁמוּאֵל: אמְקַבְּלֵי קִיבּוֹלֶת, בְּתוֹךְ הַתְּחוּם אָסוּר, חוּץ לַתְּחוּם — מוּתָּר. אָמַר רַב פַּפָּא: וַאֲפִי' חוּץ לַתְּחוּם לָא אֲמַרַן אֶלָּא דְּלֵיכָּא מָתָא דְּמִקַּרְבָא לְהָתָם, אֲבָל אִיכָּא מָתָא דְּמִקַּרְבָא לְהָתָם — אָסוּר. אָמַר רַב מְשַׁרְשְׁיָא: וְכִי לֵיכָּא מָתָא דְּמִקַּרְבָא לְהָתָם נַמִּי, לָא אֲמַרַן אֶלָּא בְּשַׁבָּתוֹת וּבְיָמִים טוֹבִים, דְּלָא שְׁכִיחִי אֱינָשֵׁי דְּאָזְלִי לְהָתָם. באֲבָל בְּחוש"מ דִּשְׁכִיחִי אֱינָשֵׁי דְּאָזְלִי וְאָתוּ לְהָתָם — אָסוּר. מַר זוּטְרָא בְּרֵיהּ דְּרַב נַחְמָן בָּנוּ לֵיהּ אַפַּדְנָא מְקַבְּלֵי קִיבּוֹלֶת חוּץ לַתְּחוּם. אִיקְלַע רַב סַפְרָא וְרַב הוּנָא בַּר חִינָּנָא, וְלָא עָלוּ לְגַבֵּיהּ. וְאִיכָּא דְּאָמְרִי: הוּא נַמִּי לָא עָל בְּגַוֵּויהּ. וְהָאָמַר שְׁמוּאֵל: מְקַבְּלֵי קִיבּוֹלֶת, בְּתוֹךְ הַתְּחוּם — אָסוּר, חוּץ לַתְּחוּם — מוּתָּר! *אָדָם חָשׁוּב שָׁאנֵי. וְאִיכָּא דְּאָמְרֵי: סַיּוּעֵי סַיֵּיע בְּתִיבְנָא בַּהֲדַיְיהוּ. רַב חָמָא גשְׁרָא לְהוּ (א) לְאַבּוּנַגְרֵי דְּבֵי רֵישׁ גָּלוּתָא לְמֵיעֲבַד לְהוּ עֲבִידְתָּא בְּחוּלָּא דְּמוֹעֲדָא. אֲמַר: כֵּיוָן דַּאֲגַר לָא קָא שָׁקְלִי — שַׁרְשׁוּיֵי הוּא דְּקָא מְשַׁרְשׁוּ לֵיהּ. וְלֵית לָן בָּהּ. תָּנוּ רַבָּנַן: דמְקַבְּלִין קִיבּוֹלֶת בַּמּוֹעֵד לַעֲשׂוֹתָהּ לְאַחַר הַמּוֹעֵד, וּבַמּוֹעֵד — אָסוּר. הכְּלָלוֹ שֶׁל דָּבָר: כָּל שֶׁהוּא עוֹשֶׂה — אוֹמֵר לְגוֹי וְעוֹשֶׂה, ווְכָל שֶׁאֵינוֹ עוֹשֶׂה — אֵינוֹ אוֹמֵר לְגוֹי וְעוֹשֶׂה. תַּנְיָא אִידָךְ: *מְקַבְּלִין קִיבּוֹלֶת בַּמּוֹעֵד לַעֲשׂוֹתָהּ לְאַחַר הַמּוֹעֵד, זוּבִלְבַד שֶׁלֹּא יִמְדּוֹד וְשֶׁלֹּא יִשְׁקוֹל וְשֶׁלֹּא יִמְנֶה כְּדֶרֶךְ שֶׁהוּא עוֹשֶׂה בַּחוֹל. ת"ר: *זאֵין מַרְבִּיעִין בְּהֵמָה בְּחוּלּוֹ שֶׁל מוֹעֵד, חכַּיּוֹצֵא בּוֹ אֵין מַרְבִּיעִין בִּבְכוֹר, וְלֹא בִּפְסוּלֵי הַמּוּקְדָּשִׁין. תַּנְיָא אִידָךְ: אֵין מַרְבִּיעִין בְּהֵמָה בְּחוּלּוֹ שֶׁל מוֹעֵד, ר' יְהוּדָה אוֹמֵר: *חֲמוֹרָה שֶׁתָּבְעָה — מַרְבִּיעִין עָלֶיהָ זָכָר בִּשְׁבִיל שֶׁלֹּא תִּצְטַנֵּן, וּשְׁאָר כָּל הַבְּהֵמוֹת מַכְנִיסִין אוֹתָן לַבְּקָרוֹת. ת"ר: *טאֵין מְדַיְּירִין לֹא בְּשַׁבָּתוֹת, וְלֹא בְּיָמִים טוֹבִים. וְלֹא בְּחוּלּוֹ שֶׁל מוֹעֵד. וְאִם בָּאוּ מֵאֵלֵיהֶן — מוּתָּר. וְאֵין מְסַייְּעִין אוֹתָן, וְאֵין מוֹסְרִין לָהֶם שׁוֹמֵר לְנַעֵר אֶת צֹאנָם. הָיָה שְׂכִיר שַׁבָּת, שְׂכִיר חֹדֶשׁ, שְׂכִיר שָׁנָה, שְׂכִיר שָׁבוּעַ — מְסַייְּעִין אוֹתָן,[א] *וּמוֹסְרִין לָהֶם שׁוֹמֵר לְנַעֵר אֶת צֹאנָם. [ב]ר' אוֹמֵר: יבְּשַׁבָּת — בְּטוֹבָה, בְּיו"ט — בִּמְזוֹנוֹת, בַּמּוֹעֵד — בְּשָׂכָר. אָמַר רַב יוֹסֵף: הִלְכְתָא כְּרַבִּי.§ **מתני'** וְכֵן מִי שֶׁהָיָה יֵינוֹ בְּתוֹךְ הַבּוֹר וְאֵירְעוֹ אֵבֶל אוֹ אוֹנֶס, אוֹ שֶׁהִטְעוּהוּ — *כזוֹלֵף וְגוֹמֵר וְגָף כְּדַרְכּוֹ, דִּבְרֵי ר' יוֹסֵי. ר' יְהוּדָה אוֹמֵר: עוֹשֶׂה לוֹ לִימּוּדִים בִּשְׁבִיל שֶׁלֹּא יַחְמִיץ.§ **גמ'** וּצְרִיכָא, דְּאִי אַשְׁמְעִינַן קַמַּיְיתָא — בְּהַהִיא קָאָמַר ר' יוֹסֵי, מִשּׁוּם דְּמִישְׁחָא נָפֵישׁ פְּסֵידֵיהּ. אֲבָל חַמְרָא דְּלָא נָפֵישׁ פְּסֵידֵיהּ — אֵימָא מוֹדֵי לֵיהּ לְרַבִּי יְהוּדָה. וְאִי אַשְׁמְעִינַן בַּתְרַיְיתָא — בְּהַהִיא קָאָמַר רַבִּי יְהוּדָה, אֲבָל בְּהַךְ אֵימָא — מוֹדֶה לְר' יוֹסֵי, צְרִיכָא. אָמַר רַב יִצְחָק בַּר אַבָּא: *מַאן תְּנָא שִׁינּוּי בַּמּוֹעֵד בְּדָבָר הָאָבֵד — דְּלָא כְּר' יוֹסֵי. אָמַר רַב יוֹסֵף: להֲלָכָה כְּר' יוֹסֵי. בָּעוּ מִינֵּיהּ מֵרַב נַחְמָן בַּר יִצְחָק: מַהוּ לְמֵישַׁע חָבִיתָא דְּשִׁיכְרָא בְּחוּלָּא דְּמוֹעֲדָא? אֲמַר לְהוּ: *סִינַי אֲמַר: הֲלָכָה מכְּר' יוֹסֵי. אֵימוּר דַּאֲמַר רַבִּי יוֹסֵי בְּחַמְרָא, בְּשִׁיכְרָא מִי אֲמַר? חַמְרָא טַעְמָא מַאי — מִשּׁוּם דְּנָפִישׁ פְּסֵידֵיהּ, שִׁיכְרָא נַמִּי אִית בָּהּ פְּסֵידָא. דַּאֲמַר אַבַּיֵי, *אָמְרָה לִי אֵם: בַּר שִׁית סָאוֵי וְשָׁיֵיעַ — מִבַּר תְּמָנֵי וְלָא שָׁיֵיעַ. אָמַר רַב חָמָא בַּר גּוּרְיָא אָמַר רַב: הִלְכוֹת מוֹעֵד כְּהִלְכוֹת כּוּתִים *) בַּהֲלָכָה. לְמַאי הִלְכְתָא? אָמַר רַב דָּנִיֵּאל *בַּר קְטִינָא **) (אָמַר רַב:) לוֹמַר שֶׁהֵן עֲקוּרוֹת, וְאֵין לְמֵידוֹת זוֹ מִזּוֹ. דְּאָמַר שְׁמוּאֵל: נזוֹפְתִין כּוּזְתָא, וְאֵין זוֹפְתִין חָבִיתָא. רַב דִּימִי מִנְּהַרְדְּעָא אָמַר: סזוֹפְתִין חָבִיתָא וְאֵין זוֹפְתִין כּוּזְתָא. מָר חָיֵישׁ לִפְסֵידָא, וּמָר חָיֵישׁ לְטִירְחָא. אָמַר אַבַּיֵי: *נָקְטִינַן, הִלְכוֹת מוֹעֵד כְּהִלְכוֹת שַׁבָּת; יֵשׁ

*) [תיבת בהלכה ליתא בהרי"ף ובהרא"ש]. **) [ליתא בהרא"ש].

רש"י

מְקַבְּלֵי קִיבּוֹלֶת בְּתוֹךְ הַתְּחוּם אָסוּר. לִיתֵּן מְלָאכָה לְגוֹי בְּקִיבּוֹלֶת כִּי עָבְדִי לֵיהּ בְּשַׁבְּתָא, דְּיָדְעִי כּוּלֵּי עָלְמָא וְאָמְרִי: הַיּוֹם בְּשַׁבָּת יָהֵב לֵיהּ. וְהָא דְּשָׁרֵי בֵּית הִלֵּל בְּפ"ק דְּשַׁבָּת (ד' יז:) לִיתֵּן כֵּלִים לַכּוֹבֵס בְּע"ש עִם חֲשֵׁיכָה, וַאֲפִי' בְּתוֹךְ הַתְּחוּם, מִשּׁוּם דִּכְבִיסָה בְּגוֹי מִידֵי דְּלָא מִינְכַּר, וְלֵיכָּא חַשְׁדָא. אֲבָל מִידֵי דְּמִינְכַּר — בְּתוֹךְ הַתְּחוּם אָסוּר, מִשּׁוּם חַשְׁדָא: אֲבָל אִי אִיכָּא מָתָא דְּמִקַּרְבָא לְהָתָם. אוֹתָן פּוֹעֲלִים גּוֹיִם אֲסוּרִים, דְּאִינְהוּ יָדְעֵי דְּהָנֵי גּוֹיִם עָבְדִי לֵיהּ מְלָאכָה וְאָמְרֵי: בְּשַׁבְּתָא יָהֵב לְהוּ: אָסוּר. דְּאָמְרִי: הַיּוֹם יְהָבוֹ לֵיהּ: סַיּוּעֵי הֲוָה מְסַיֵּיעַ בְּתִיבְנָא. שֶׁהָיָה נוֹתֵן לָהֶם תֶּבֶן לִמְלָאכָה. דְּהוֹאִיל וְהוּא מְסַיֵּיעַ בַּהֲדַיְיהוּ — אָסוּר: אַבּוּנַגְרֵי. מְסַדְּרֵי שׁוּלְחָנוֹת: לְמֵיעֲבַד עֲבִידְתַּיְיהוּ. אִם נִשְׁבַּר הַשֻּׁלְחָן — שָׁרֵי לְתַקְּנוֹ: שַׁרְשׁוּיֵי. רֶיוַח בְּעָלְמָא, כְּדֵי סְעוּדָתָם דְּקָא אָכְלֵי בַּהֲדַיְיהוּ, וְלָא קָא חָשֵׁיב מְלָאכָה: מְקַבְּלִין קִיבּוֹלֶת. נוֹתְנָהּ לְגוֹי לַעֲשׂוֹתָהּ אַחַר הַמּוֹעֵד: אֵין מַרְבִּיעִין בְּהֵמָה. מִשּׁוּם דְּעָבֵיד מְלָאכָה בְּחוּלּוֹ שֶׁל מוֹעֵד: אֵין מַרְבִּיעִין. אֵין אוֹחֲזִין הַבְּהֵמָה וּמְבִיאִין עָלֶיהָ זָכָר: בִּבְכוֹר. דְּקָעָבֵיד בֵּיהּ מְלָאכָה, וּכְתִיב: (דברים טו) "לֹא תַעֲבֹד בִּבְכוֹר שׁוֹרֶךָ": לַבְּקָרוֹת. מָקוֹם שֶׁיֵּשׁ שָׁם בְּהֵמוֹת, וְהִיא רוֹבַעַת מֵעַצְמָהּ: מְדַיְּירִין. מַכְנִיסִין בְּהֵמָה לַשָּׂדֶה, כְּדֵי שֶׁיּוֹלִיכוּ זֶבֶל, וּמְזַבְּלִין הַשָּׂדֶה: אֵין מְסַייְּעִין אוֹתָן. לִבְהֵמָה לָבֹא בַּשָּׂדֶה, אוֹ אִם גּוֹיִם הֵם — אֵין מְסַייְּעִין לָהֶם לְהַסִּיעָן מִמָּקוֹם לְמָקוֹם כְּדֵי שֶׁתְּזַבֵּל כָּל הַשָּׂדֶה, אֲפִילּוּ בָּאִין מֵעַצְמָם: לְנַעֵר. לִשְׁמוֹר, כְּגוֹן אִם גּוֹיִם הֵם: שְׂכִיר שַׁבָּת. שֶׁשְּׂכָרוֹ כָּל הַשָּׁבוּעַ לְדַיֵּיר שָׂדֵהוּ: שָׁבוּעַ. שְׁמִיטָּה: מְסַייְּעִין. כְּאִילּוּ שֶׁל גּוֹיִם הוּא: ה"ג: וְעוֹשֶׂה גּוֹי בְּשַׁבָּת וְיו"ט וּמְסַייְּעִין בַּמּוֹעֵד. דְּלָא טָרַח מְלָאכָה. כְּלוֹמַר, יְכוֹלִין לְסַיֵּיעַ לְאוֹתוֹ שָׂכִיר לְדַיֵּיר: וּמוֹסְרִין לוֹ רוֹעֶה אֶחָד לְנַעֵר צֹאנוֹ. שֶׁמְּדַיְּירִין אוֹתָהּ, הוֹאִיל וְאֵינוֹ שָׂכִיר לְשַׁבָּת מַמָּשׁ: רַבִּי אוֹמֵר בְּשַׁבָּת בְּטוֹבָה. אִם רוֹצֶה שׁוּם אָדָם לְסַיֵּיעַ לְאוֹתוֹ שָׂכִיר בְּטוֹבָתוֹ — עוֹשֶׂה, כְּלוֹמַר: בְּחִנָּם וְלֹא בְּשָׂכָר: **מתני'** בְּתוֹךְ הַבּוֹר. שֶׁלִּפְנֵי הַגַּת אוֹתוֹ כְּלִי שֶׁהַיַּיִן נוֹפֵל בּוֹ מִן הַגַּת קָרוּי בּוֹר: זוֹלֵף וְגוֹמֵר כְּדַרְכּוֹ. כְּלוֹמַר: מֵרִיק אוֹתוֹ בֶּחָבִית, וְגָף הֶחָבִית בִּמְגוּפָה גְּמוּרָה: עוֹשֶׂה לוֹ לִמּוּדִים. אֵינוֹ יָכוֹל לָגוּף כְּדַרְכּוֹ אֶלָּא שֶׁיְּחַפֵּס,(ג) הַיְינוּ לִימּוּדִין, בִּשְׁבִיל שֶׁלֹּא יַחֲמִיץ. שֶׁאִם אֵינוֹ סוֹתְמוֹ — מַחְמִיץ: **גמ'** וּצְרִיכָא. לְמֵימַר בִּתְרַוַּייהוּ, בִּשְׁנֵי בָּבֵי דְּמַתְנִי', דְּמִשְׁחָא וְדַחֲמְרָא, ר' יוֹסֵי אוֹמֵר זוֹלֵף כו': בְּהַהִיא. רֵישָׁא דְּמַתְנִיתִין: קָאָמַר רַבִּי יוֹסֵי. זוֹלֵף כְּדַרְכּוֹ: דְּמִשְׁחָא. יַקִּיר, וְאִיכָּא פְּסֵידָא יְתֵירָא: מוֹדֶה לֵיהּ לְר' יְהוּדָה. דְּאֵינוֹ זוֹלֵף וְגָף מַמָּשׁ, אֶלָּא עוֹשֶׂה לִימּוּדִים עֲרָאִי: דְּלָא כְּר' יוֹסֵי. דְּאָמַר: גּוֹמֵר כְּדַרְכּוֹ וְאֵינוֹ צָרִיךְ שִׁינּוּי: לְמֵישַׁע. לָגוּף הֶחָבִית: סִינַי. *רַב יוֹסֵף: הֲלָכָה כְּר' יוֹסֵי. דְּגָף כְּדַרְכּוֹ: בַּר שִׁית סָאוֵי וְשָׁיֵיעַ מִבַּר תְּמָנֵי וְלָא שָׁיֵיעַ. כְּלוֹמַר: יָפֶה שֵׁכָר מוּגָּף שֶׁמַּחֲזִיק שֵׁשׁ סְאִין, מִשֵּׁכָר שֶׁהוּא בִּכְלִי גָּדוֹל שֶׁמַּחֲזִיק שְׁמוֹנָה סְאִין: כְּהִלְכוֹת כּוּתִים. דְּאָמְרִינַן (חולין דף ד.): הֵיכָא דְּאַחְזִיק — אַחֲזִיק, הֵיכָא דְּלָא אַחֲזִיק — לָא אַחֲזִיק: עֲקוּרוֹת. כְּאִשָּׁה עֲקָרָה, שֶׁאֵין לְאָדָם מִמֶּנָּה פְּרִי, אֶלָּא גּוּפָהּ: וְאֵין לְמֵידִין זוֹ מִזּוֹ. דְּאֵימָא: כְּשֵׁם שֶׁזּוֹ מוּתֶּרֶת, כָּךְ זוֹ מוּתֶּרֶת. כְּמוֹ בְּכוּתִים וְלָא אָמְרִינַן: כִּי הֵיכִי דְּמַחֲזִיק בְּהַאי, מַחֲזִיק בְּהַאי אֶלָּא לָא יָלְפִי הָנֵי מֵהָנֵי: מָר. דְּאָמַר זוֹפְתִין חָבִיתָא חָיֵישׁ לִפְסֵידָא, וּבַחֲבִיתָא אִיכָּא פְּסֵידָא יְתֵירָא אִי לָא זָפְתִי לָהּ, מִשּׁוּם דִּנְפִישׁ יֵינָהּ. וּבְכוּזְתָא לֵיכָּא פְּסֵידָא יְתֵירָא. כּוּזָא — כְּלִי קָטָן: מָר. דְּאָמַר זוֹפְתִין לְכוּזָא, דְּחָיֵישׁ לְטִירְחָא יְתֵירָא, וּבְכוּזָא לֵיכָּא טִירְחָא יְתֵירָא, וּבַחֲבִיתָא אִיכָּא טִירְחָא יְתֵירָא:

*) ברכות סד. הוריות יד.

תוספות

אמר שמואל מקבלי קיבולת בתוך התחום. הא דשרינן כלים לכובס גוי, פירש בקונט' דלא מינכר שהוא של ישראל. ור' יעקב לא היה מחלק. ואומר דשרי במועד וגם בשבת, דהא רימיס של מים איכא השמעת קול, ושרינן בפ"ק דשבת (דף יח. ושם). ובפ"ק דע"ז (דף כא: ושם) שרינן להשכיר שדה לגוי, משום דאריסותיה קעביד, וכ"ש קבלנות, שאין הבית מתעלה בכך אלא ממהר לעשות. ואע"ג דר' שמעון בן אלעזר פליג — מסתמא הלכה כר' שמעון בן גמליאל דקא אסר התם מרחץ במשנה, משמע: הא שדה — שרי, כדדייק התם. ותניא בפ"ק דשבת (דף יט.) גבי ספינה: פוסק עמו על מנת לשבות, ואינו שובת. אלמא אין הגוי מניח לעשות קבלנותו בשביל ישראל. ואיכא מאן דאמר: אפי' לפסוק אין צריך. ובשמעתין דאסר שמואל — מפרש רבינו יעקב כאותו פירוש שמעמידין כולהו שמעתא באבל, וכדרב שישא דאמר (לעיל יא:): דברים המותרי' בחש"מ אסורין בימי אבלו, דהוי דאורייתא או כעין דאורייתא. אבל במועד — הקילו, וכ"ש שיש להן להקל בשבת, דלא חיישינן כל כך דלא ליזלזל ביה. וא"ת: כיון דאבילות איירי שמואל, היכי קאמר וכי ליכא מתא דמיקרבא להתם,(ג) לא אמרן אלא בשבתות וימים טובים דלא שכיחי דאזלי מדוכתא, אבל בחולו של מועד — אסור וצריך עיון: **דברי** רבי יוסי. בשמן. (ד) תניא מילתא דר' יהודה ברישא, וכיון דאתחיל מילתא דרבי יוסי — מסיים לה. וגף ביין לא ידענא אי אבור אי אחבית קאי. מיהו, לכאורה אחבית קאי, דשייך בה מגופה, ומדקתני בה זולף וגומר — משמע דאבור קאי, דאחבית לא שייך, משמע דגף אחרי כן, וגם עושין לו לימודין משמע דקאי אבור. ולית ליה זולף וגומר, דאחבית לא שייך לימודין, דסגי בכיסוי קטן: מכניס

רבינו חננאל

אמר שמואל מקבלי קיבולת. פי' אם קיבלו קיבולת בתוך התחום אסור. חוץ לתחום מותר. ואסיקנא הני מילי בשבתות ובי"ט דלא שכיחי אינשי דנפקי חוץ לתחום אבל בחולו של מועד דאיכא דנפקי חוץ לתחום אסור מר זוטרא בנו ליה גוים בקיבולת אפדנא חוץ לתחום ולא עיילי רבנן בההוא אפדנא איכא דאמרי הוא נמי לא על בההוא אפדנא. ואע"ג דאמר שמואל כי האי גוונא שרי אדם חשוב שאני איכא דאמרי עבדיה סייע בהדייהו בתיבנא רב חמא שרא לאכוונרי דבי ריש גלותא למיעבד להון עבידתא בחולי דמועדא מ"ט דכיון דלא אגרא שקלי שרשויי הוא דמשרשי להו כגון דורון הוא ושרי: ת"ר מקבלין קיבולת במועד לעשותה לאחר המועד ובלבד שלא ישקול ושלא ימדוד ושלא ימנה כדרך שהוא עושה בחול וכן אינו נותן בקיבולת לגוי במועד. כללו של דבר כל דבר שמותר לו לעשותו אומר לגוי ועושה וכל שאינו מותר לעשותו אינו אומר לגוי ועושה: ת"ר אין מרביעין בהמה בחולו של מועד. כיוצא בו אין מרביעין בבכור ולא בפסולי המוקדשין. ר' יהודה אומר חמורה שתבעה מרביעין עליה בשביל שלא תצטנן ושאר כל הבהמות מכניסין אותן לבקרות: **ת"ר** אין מדיירין בחולו של מועד פי' מכניסין הבהמות לדיר כדי שיטול זבלן לזבל השדות והאילנות ואם באו מאליהן מותר אבל אין מסייעין הרועים

גליון הש"ס

גמ' וכל שאינו עושה אינו אומר. עיין בב"מ דף ל ע"א תוס' ד"ה אבל הכא:

מסורת הש"ס

[שבת נא. וש"נ]

[תוספתא פ"ב]

[שם]

[שם]

[עי' בתוספתא ספ"ב דשביעי']

ס"א ועושה נכרי בשבת ויו"ט ומסייעין במועד

שמות פ"ה

[לעיל יא. ע"ש]

[ברכות סד.]

[קידושין לא. וש"נ]

גי' הרי"ף והרא"ש בר רב קטינא

[עי' פרש"י בעירובין ה. ד"ה והאמר ר"נ]

הגהות הב"ח

(א) גמ' רב חמא שרא להו לאבונגרי. נ"ב עי' סוף דף יח בפרש"י ד"ה לעצמו: (ב) רש"י ד"ה עושה כו' אלא שיחפס בנסרים היינו לימודין: (ג) תוס' ד"ה אמר כו' מתא דמיקרבא להתם נמי לא אמרן: (ד) ד"ה דברי ר' יוסי בשמן תנן מילתא דר' יהודה ברישא וביין תנן מילתא דר' יוסי ברישא דכיון דאתחיל במילתא דר' יוסי וכו' אי אבור וכו' משמע דאבור קאי. נ"ב כלומר דפי' זולף היינו שסותם וממלא וכשהוא בבור שייך לומר דממלא כל היין לתוך הבור וגומר כדרכו כולו והוריד לבור אבל אחבית לא שייך זולף וגומר כל עיקר אלא אבור קאי וקאמר וגף כדרכו לאח"כ כשסתמו וממלא הכל מניח מגופה על הבור שהיין בתוכו ומכסהו כדרכו וזה עולה כגירסת הספרים בורו לגוף:

הגהות הגר"א

[א] גמ' שכיר שבוע מסייעין אותן נ"ב במועד. ומה שנדפס בגלו ס"א ועושה כו' נמחק: [ב] שם ר' אומר בשבת בטובה. נ"ב פי' דקאי ארישא באינו שכיר שבת ובאו מאליהן מותר במועד אפי' נותן לו שכר אח"כ ובסיפא שכיר שבת מסייעין כו' דוקא במועד לבד ומוסרין לו שומר לנער אף בשכר [עי' מ"א] (עמש"ש) [שו"ע] אבל הרמב"ם מפרש אסיפא (וכ"כ המ"מ) לכן השמיט שבת ויו"ט דס"ל דבהם בכל ענין אסור ובמועד כו' אף לשכור מותר (ועמ"ש רבינו בא"ח סי' תקל"ז):

כד א מיי' פ"ז מהלכות יו"ט הל' ב טוש"ע א"ח סי' תקלז סעיף א:
כה ב ג מיי' שם הלכה ו טוש"ע שם סעיף טו:
כו ד מיי' שם טוש"ע שם סי' תקלג סעיף א:
כז ה ו מיי' פ"ז שם הלכה ח טוש"ע שם:
כח ז מיי' פי"ז מהל' מאכלות אסורות הלכה יד סמג לאוין קמב טוש"ע י"ד סי' קיג סעיף א:
כט ח מיי' פ"ח מהל' יו"ט הלכה יוד טוש"ע א"ח סי' תקלג סעיף ב:
ל ט מיי' שם פ"ז הל' ג טוש"ע שם סי' תקלח סעיף ב:
לא י כ מיי' שם והל' ד טוש"ע שם סעיף ב:
לב ל מיי' שם הל' ד טוש"ע שם סעיף א:
לג מ נ מיי' שם הל' ג טוש"ע שם סעיף ב:

יֵשׁ מֵהֶן פָּטוּר אֲבָל אָסוּר, וְיֵשׁ מֵהֶן מוּתָּר לְכַתְּחִלָּה. רַב הוּנָא חֲצַדוּ לֵיהּ חֲצָדָא בְּמוֹעֲדָא. אֵיתִיבֵיהּ רַבָּה בַּר רַב הוּנָא לְרַב הוּנָא: טוֹחֲנִין קֶמַח בַּמּוֹעֵד לְצוֹרֶךְ הַמּוֹעֵד, וְשֶׁלֹּא לְצוֹרֶךְ הַמּוֹעֵד – אָסוּר. *אדָּבָר שֶׁאָבוּד בַּמּוֹעֵד – מוּתָּר לַעֲשׂוֹתוֹ בַּמּוֹעֵד, דָּבָר שֶׁאֵינוֹ אָבוּד בַּמּוֹעֵד – אָסוּר. בַּמֶּה דְּבָרִים אֲמוּרִים – בִּתְלוּשִׁין מִן הַקַּרְקַע, אֲבָל מְחוּבָּר לַקַּרְקַע – אפי' כּוּלּוֹ אָבוּד אָסוּר. בוְאִם אֵין לוֹ מַה יֹּאכַל – קוֹצֵר, וּמְעַמֵּר, וְדָשׁ, וְזוֹרֶה, וּבוֹרֵר, וְטוֹחֵן, גוּבִלְבַד שֶׁלֹּא יָדוּשׁ בְּפָרוֹת. אֲמַר לֵיהּ: יְחִידָאָה הִיא, וְלָא סְבִירָא לַן כְּוָותֵיהּ. דְּתַנְיָא, כְּלָל אָמַר רַבָּן שִׁמְעוֹן בֶּן גַּמְלִיאֵל מִשּׁוּם ר' יוֹסֵי: דָּבָר הַתָּלוּשׁ מִן הַקַּרְקַע, אֲפִילּוּ מִקְצָתוֹ אָבוּד – מוּתָּר. וְהַמְחוּבָּר לַקַּרְקַע – אפי' כּוּלּוֹ אָבוּד אָסוּר. וְאִי ר' יוֹסֵי – יָדוּשׁ נַמִּי בְּפָרוֹת, הָא אָמַר רַב יִצְחָק בַּר אַבָּא: *מַאן תְּנָא שִׁינּוּי בַּמּוֹעֵד – בְּדָבָר הָאָבֵד דְּלָא כְּר' יוֹסֵי! אָמַר לָךְ: ה"נ כֵּיוָן דְּכָל יוֹמָא לָאו בְּפָרוֹת דָּיְישִׁי – הָאִידָּנָא נַמִּי לָאו שִׁינּוּי הוּא. ת"ר: דטוֹחֲנִין בַּמּוֹעֵד לְצוֹרֶךְ הַמּוֹעֵד, וְשֶׁלֹּא לְצוֹרֶךְ הַמּוֹעֵד – אָסוּר. וְאִם טָחַן וְהוֹתִיר – הֲרֵי זֶה מוּתָּר. קוֹצְצִין עֵצִים בַּמּוֹעֵד, לְצוֹרֶךְ הַמּוֹעֵד וְשֶׁלֹּא לְצוֹרֶךְ הַמּוֹעֵד – אָסוּר, וְאִם קָצַץ וְהוֹתִיר – הֲרֵי זֶה מוּתָּר. *המַטִּילִין שֵׁכָר בַּמּוֹעֵד לְצוֹרֶךְ הַמּוֹעֵד, וְשֶׁלֹּא לְצוֹרֶךְ הַמּוֹעֵד – אָסוּר, וְאִם הֵטִיל וְהוֹתִיר – הֲרֵי זֶה מוּתָּר. וּבִלְבַד שֶׁלֹּא יַעֲרִים. וּרְמִינְהוּ: מַטִּילִין שֵׁכָר בַּמּוֹעֵד לְצוֹרֶךְ הַמּוֹעֵד, וְשֶׁלֹּא לְצוֹרֶךְ הַמּוֹעֵד – אָסוּר. אֶחָד שֵׁכַר תְּמָרִים, וְאֶחָד שֵׁכַר שְׂעוֹרִים. וְאע"פ שֶׁיֵּשׁ לוֹ יָשָׁן – ומְעָרִים וְשׁוֹתֶה מִן הֶחָדָשׁ! תַּנָּאֵי הִיא; דְּתַנְיָא: אֵין מַעֲרִימִין בְּכָךְ, ר' יוֹסֵי בַּר יְהוּדָה אוֹמֵר: מַעֲרִימִין. רַב חֲצַדוּ לֵיהּ חֲצָדָא בְּחוּלָּא דְּמוֹעֲדָא, שְׁמַע שְׁמוּאֵל אִיקְפַּד. לֵימָא שְׁמוּאֵל כִּיחִידָאָה סְבִירָא לֵיהּ? לָא, חֲצָדָא דְּחִיטֵּי הֲוָה, דְּלָא הֲוָה פְּסִיד. וְרַב מַאי טַעְמָא עָבֵיד הָכִי? "אֵין לוֹ מַה יֹּאכַל" הֲוָה. וּשְׁמוּאֵל – לָא סַיְּימוּהָ קַמֵּיהּ. אִי נַמִּי: *אָדָם חָשׁוּב שָׁאנֵי. ר' יְהוּדָה נְשִׂיאָה נְפַק א) בְּחוּמְרְתָא דְּמְדוֹשָׁא, וְאִשְׁתִּי מַיָּא דְּאַחִים קַפִּילָא אַרְמָאָה. שְׁמַע ר' אַמִּי *אִיקְפַּד. אָמַר רַב יוֹסֵף: מַאי טַעְמָא אִיקְפַּד? (א) אִי מִשּׁוּם חוּמְרְתָא דִּמְדוֹשָׁא – הָא תַּנְיָא: *הַשִּׁירִין הַנְּזָמִים וְהַטַּבָּעוֹת – הֲרֵי הֵן כְּכָל הַכֵּלִים הַנִּיטָּלִין בֶּחָצֵר. אִי מִשּׁוּם דְּאִישְׁתִּי מַיָּא דְּאַחִים קַפִּילָא אַרְמָאָה – הָא אָמַר (ב) שְׁמוּאֵל בַּר יִצְחָק אָמַר רַב: *זכָּל שֶׁנֶּאֱכָל כְּמוֹת שֶׁהוּא חַי – אֵין בּוֹ מִשּׁוּם בִּישּׁוּלֵי גּוֹיִם! אָדָם חָשׁוּב שָׁאנֵי. אָמַר רַב חֲנַנְאֵל אָמַר רַב: קוֹצֵץ אָדָם דֶּקֶל בַּמּוֹעֵד, אע"פ שֶׁאֵינוֹ צָרִיךְ אֶלָּא לַנְּסוֹרֶת שֶׁלּוֹ. *לַיְיט עֲלָהּ אַבַּיֵּי. רַב אַשִׁי הֲוָה לֵיהּ אַבָּא בְּשַׁלָּנְיָא, אֲזַל לְמִיקְצְיֵיהּ בְּחוּלָּא דְּמוֹעֲדָא. אֲמַר לֵיהּ רַב שִׁילָא מִשַּׁלָּנְיָא לְרַב אַשִׁי: מַאי דַּעְתָּךְ – דְּקָאָמַר רַב חֲנַנְאֵל אָמַר רַב: קוֹצֵץ אָדָם דֶּקֶל בַּמּוֹעֵד אע"פ שֶׁאֵינוֹ צָרִיךְ אֶלָּא לַנְּסוֹרֶת שֶׁלּוֹ, הָא לַיְיט עֲלָהּ אַבַּיֵּי! אֲמַר לֵיהּ: *לָא שְׁמִיעַ לִי, כְּלוֹמַר: לָא סְבִירָא לִי. אִישְׁתַּמִּיט נַרְגָּא, בָּעֵי לְמִיפְסְקֵיהּ לְשָׁקֵיהּ. שַׁבְקֵיהּ, וַהֲדַר אֲתָא. רַב יְהוּדָה חשְׁרָא לְמִיעֲקַר כִּיתָּנָא, וּלְמִיקְטַל כְּשׁוּתָא, וּלְמִיעֲקַר שׁוּמְשְׁמֵי. אֲמַר לֵיהּ אַבַּיֵּי לְרַב יוֹסֵף: בִּשְׁלָמָא כִּיתָּנָא – חֲזֵי לַחֲפִיפָה, כְּשׁוּתָא – חֲזֵי לְשִׁיכְרָא, אֶלָּא שׁוּמְשְׁמֵי לְמַאי חֲזֵי? חֲזֵי לְנַזְיֵי דְּאִית בְּהוּ. רַבִּי יַנַּאי הֲוָה לֵיהּ הַהוּא פַּרְדֵּיסָא דְּמְטָא זִמְנֵיהּ בְּחוּלָּא דְּמוֹעֲדָא, קְטָפֵיהּ. לְשָׁנָה שֶׁהֲוָה כּוּלֵּי עָלְמָא לְפַרְדֵּיסַיְיהוּ לְחוּלָּא דְּמוֹעֲדָא. אַפְקְרֵיהּ רַבִּי יַנַּאי לְפַרְדֵּיסֵיהּ הַהוּא שַׁתָּא.§

מתני' טמַכְנִיס אָדָם פֵּירוֹתָיו מִפְּנֵי הַגַּנָּבִים, ישׁוֹלֶה פִּשְׁתָּנוֹ מִן הַמִּשְׁרָה בִּשְׁבִיל שֶׁלֹּא תֹּאבַד, כוּבִלְבַד שֶׁלֹּא יְכַוֵּין אֶת מְלַאכְתּוֹ בַּמּוֹעֵד. לוְכוּלָּן, אִם כִּוְּונוּ מְלַאכְתָּן בַּמּוֹעֵד – יֹאבְדוּ.§

גמ' תָּנָא: מוּבִלְבַד שֶׁיַּכְנִיסֵם בְּצִנְעָא לְתוֹךְ בֵּיתוֹ. רַב יוֹסֵף הֲוָה לֵיהּ *כְּשׁוּרֵי, עַיְּילִינְהוּ בִּימָמָא. אֲמַר לֵיהּ אַבַּיֵּי, וְהָתַנְיָא: וּבִלְבַד שֶׁיַּכְנִיסֵם בְּצִנְעָא בְּתוֹךְ בֵּיתוֹ! אֲמַר לֵיהּ: צִנְעָא דְּהָנֵי – יְמָמָא הוּא, נכֵּיוָן דִּבְלֵילְיָא בָּעוּ גַּבְרָא יְתֵירֵי, וּבָעוּ *מְדוֹכְרֵי דְּנוּרָא – אַווּשָׁא מִילְּתָא. "וְשׁוֹלֶה פִּשְׁתָּנוֹ מִן הַמִּשְׁרָה" כו'.§ (ג) בָּעֵי מִינֵּיהּ רַבִּי יִרְמְיָה מֵרַבִּי זֵירָא: ג) כִּוֵּון מְלַאכְתּוֹ בַּמּוֹעֵד וּמֵת, מַהוּ שֶׁיִּקְנְסוּ בָּנָיו אַחֲרָיו? אִם תִּימְצֵי לוֹמַר.

צָרַם

א) [עי' מה שפירשו תוס' שבת מו: ד"ה ואמר עולא ותוס' עירובין סט. ד"ה כיון].
ב) [עי' תוס' בכורות לה: ד"ה בעא]. ג) גיטין מד. וע"ש בכורות לה:

רש"י

יש מהן פטור אבל אסור. וְהָא דְּקָתָנֵי אֵין זוֹפְתִין – אָסוּר לְמֵיעֲבַד לְכַתְּחִילָּה, אֲבָל בְּדִיעֲבַד – לָא הָוֵי חַיָּיב. וְהָא דְּקָתָנֵי זוֹפְתִין – הָוֵי מוּתָּר לְכַתְּחִילָּה: לְמִיחְצַד. לִקְצוֹר. וְרַב הוּנָא יֵשׁ לוֹ מַה יֹּאכַל הֲוָה, וְאַמַּאי שָׁרֵי לַהּ? אֲמַר לֵיהּ. הַאי דְּקָתָנֵי מְחוּבָּר אֲפִי' כּוּלּוֹ אָבוּד נַמִּי אָסוּר – ר' יוֹסֵי הִיא, וִיחִידָאָה הִיא וְלָא סְבִירָא לַן כְּוָותֵיהּ: כֵּיוָן דְּכָל יוֹמָא לָאו בְּפָרוֹת דָּיְישִׁי הָאִידָּנָא לָאו שִׁינּוּי הוּא. כִּי דָּיְישִׁי בְּלָא פָּרוֹת. וּלְעוֹלָם ר' יוֹסֵי הִיא, וְהָא דְּאָסַר בְּפָרוֹת – מִשּׁוּם דְּאַוְושָׁא מִילְּתָא הִיא: וְאִם טָחַן. בַּמּוֹעֵד לְצוֹרֶךְ הַמּוֹעֵד, וְהוֹתִיר עַד לְאַחַר הַמּוֹעֵד: מוּתָּר. לְאָכְלוֹ אַחַר הַמּוֹעֵד: וּבִלְבַד שֶׁלֹּא יַעֲרִים. שֶׁלֹּא יַעֲשֶׂה הַרְבֵּה, וְיֹאמַר: לְצוֹרֶךְ הַמּוֹעֵד אֲנִי עוֹשֶׂה, וּמִתְכַּוֵּין כְּדֵי שֶׁתִּשְׁתַּיֵּיר לְאַחַר הַמּוֹעֵד: מַעֲרִים וְשׁוֹתֶה מִן הֶחָדָשׁ. שֶׁיָּכוֹל לוֹמַר: לְצוֹרֶךְ הַמּוֹעֵד הֵטִילוֹ: לֵימָא שְׁמוּאֵל. דְּאַקְפִּיד, כִּיחִידָאָה סְבִירָא לֵיהּ, כְּהַהִיא מַתְנִיתָא (ג)בִּמְחוּבָּר אֲפִי' כּוּלּוֹ אָבוּד נַמִּי אָסוּר, וְאוֹקִימְנָא כְּר' יוֹסֵי יְחִידָאָה: חֲצָדָא דְּחִיטֵּי דְּלָא הֲוָה פְּסֵידָא. לְהָכִי אִיקְפַּד. אֲבָל בַּחֲגָבָא דִּשְׂעָרֵי – לָא סָבַר לָהּ כְּר' יוֹסֵי דְּאָסֵיר: אֵין לוֹ מַה יֹּאכַל הֲוָה. לְהָכִי עָבֵיד הָכִי: לָא סַיְּימוּהָ קַמֵּיהּ. לֹא אָמְרוּ לוֹ דְּלָא הֲוָה לֵיהּ מַה יֹּאכַל, לְהָכִי אִיקְפַּד: אָדָם חָשׁוּב שָׁאנֵי. רַב לָא הֲוָה לֵיהּ לְמֵיעֲבַד הָכִי אֲפִי' אֵין לוֹ מַה יֹּאכַל: נְפַק. בְּחָצֵר בְּשַׁבָּת: בְּחוּמְרְתָא דְּמְדוֹשָׁא. טַבַּעַת, הִיא שֶׁל מַתֶּכֶת וְחוֹתָמָהּ שֶׁל אַלְמוֹג: שִׁירִין. נושקי"א בְּלַעַז: כָּל שֶׁהוּא נֶאֱכָל כְּמוֹת שֶׁהוּא חַי. וּמַיָּא שָׁתוּ אֱינָשֵׁי כְּמוֹת שֶׁהֵן: אָדָם חָשׁוּב שָׁאנֵי. יֵשׁ לוֹ לְהַחֲמִיר עַל עַצְמוֹ יוֹתֵר, וְלָא הֲוָה לֵיהּ לְמֵיפַק בְּחוּמְרְתָא דִּמְדוּשָׁא, וְלָא לְמִישְׁתֵּי מַיָּא דְּאַחִים קַפִּילָא גּוֹי: לִנְסוֹרֶת. עֵלִים דַּקִּים שֶׁנּוֹפְלִין מִן הַחֲתִיכָה: אַבָּא. יַעַר: בְּשַׁלָּנְיָא. פֵּירוּשׁ: שֵׁם הָעִיר. כְּלוֹמַר, הָיָה לוֹ יַעַר בְּאוֹתוֹ מָקוֹם: אִישְׁתַּמִּיט נַרְגָּא בָּעֵי לְמִיפְסְקֵיהּ לְשָׁקֵיהּ. דְּרַב אַשִׁי, מִשּׁוּם דְּעָבַר אַדְּאַבַּיֵּי: שַׁבְקֵיהּ. לְאַבָּא, דְּלָא קַצְיֵיהּ בַּמּוֹעֵד, שֶׁהִרְגִּישׁ מִשּׁוּם דְּעָבַר אַדְּאַבַּיֵּי נָפַל לֵיהּ נַרְגָּא: לְמֵיעֲקַר כִּיתָּנָא. בְּחוּלָּא דְּמוֹעֲדָא: לְמִיקְטַל. לַחְתּוֹךְ: כְּשׁוּתָא. הומלו"ן: לַחֲפִיפָה. לְכַסּוֹת בּוֹ מַאֲכָל, כְּגוֹן תְּאֵנִים וּתְמָרִים לְצוֹרֶךְ הַמּוֹעֵד: לְנַזְיֵי. כְּמוֹ נַזְיָיתָא דְּשִׁיכְרָא (ב"ק דף לה.). לְנַזְיֵי – גַּרְעִינִין דְּאִית בְּהוּ בְּשׁוּמְשָׁמִין, דְּחָזוּ לְמֵיעֲבַד בְּהוּ מִשְׁחָא: אַפְקְרֵיהּ רַבִּי יַנַּאי לְפַרְדֵּיסֵיהּ. מִשּׁוּם דְּעַל יָדוֹ הָיָה תַּקָּלָה לָעָלְמָא, דְּשָׁהוּ עַד לְחוּלָּא דְּמוֹעֲדָא וְקָטְפִי:

מתני' שׁוֹלֶה. מַעֲלֶה: שֶׁלֹּא יְכַוֵּין מְלַאכְתּוֹ בַּמּוֹעֵד. שֶׁיֵּשׁ לוֹ פְּנַאי בִּשְׁאָר יְמוֹת הַשָּׁנָה, וְהוּא מַשְׁהֶה לַמּוֹעֵד: יֹאבְדוּ. שֶׁאָסוּר לֵיהָנוֹת מֵהֶן:

גמ' צִינְעָא דִּידְהוּ יְמָמָא הוּא. אֲפִי' בַּלַּיְלָה כִּימָמָא דָּמֵי, וְלָא סַגֵּי לֵיהּ שֶׁלֹּא לְהַכְנִיסָן. לְהָכִי מַכְנִיסָן נַמִּי בַּיּוֹם: מְדוֹכְרֵי דְנוּרָא. אֲבוּקוֹת: מַהוּ שֶׁיִּקְנְסוּ בָּנָיו אַחֲרָיו. לְבָנָיו נַמִּי יְהֵא אָסוּר אוֹתָהּ מְלָאכָה. דְּכֵיוָן דְּכִוֵּון מְלַאכְתּוֹ בַּמּוֹעֵד – דִּין הוּא שֶׁיְּהוּ אֲסוּרִין לֵיהָנוֹת מִמֶּנָּה, כְּשֵׁם שֶׁהָיָה אֲבִיהֶם קַיָּים:

לָגַרס

[תוספתא פ"א] [לעיל יח. ע"ש] [שבת קלט:] [לעיל יח: שבת נא. וש"נ] [שבת נא.] שם מו: שבת נא. יבמות מו. ע"ש לח. נט. [קדושין לג: וש"נ] [עירובין קב: וש"נ] פי' נ"י קורות כבידים וגדולים [גי' הערוך בע' מדבר מדבורי דנורא פי' אבוקות]

תוספות

מכנים אדם פירותיו מפני הגנבים. פירש בתוספות הרב: דבאסיפת פירות איכא מלאכה, כדאמרינן פרק "אין דורשין" (חגיגה דף יח.) גבי חג האסיף: אסיפה במועד מי שרי? ואיני יודע מה מלאכה.(ד) וצריך עיון אי טרח בלא מלאכה אסיר, כי היכי דאסירי בפרקמטיא. ולקמן בשמעתין (דף יג.) אמר: מועד משום טירחא ולא טירחא הוא. ושמא הייתנו דוקא בדבר שהוא מלאכה:

אם תימצי לומר צרם אזן הבכור ומת קנסו בנו אחריו. משום דאיסורא עשה. אבל כוון מלאכתו – לא עשה איסורא עדיין. ולא צריך להגיה דאוריי'. אבל בפ' "השולח" (גיטין מד. וקס) דגבי מכר ומת (ה)בעי אי קנסו בנו אחריו – התם גרסינן ודאי איסורא דאורייתא, משום דמכר ומת נמי עבד איסור', אלא דלא הוי דאוריי':

נטייבה

רבינו חננאל

ואין מוסרין להם שומר לנער את צאנן ואם היה שכיר שנה שכיר חדש שכיר שבת מסייען הרועין ומוסרין להם שומר לנער צאנן ר' אומר אם באו בשבת בטובה בלא כלום הנאה או ביום טוב במזונות בלבד כלומר שכירותכם היא סעודתכם במועד אפי' בשכר אמר רב יוסף הלכתא כרבי: **מתני'** וכן מי שהיה יינו בבור ואירעו אבל או אונס או שהטעוהו פועלים ר' יוסי אומר זולף וגומר כדרכו. ר' יהודה אומר עושה לו לימודים כו' פירוש לימודים מכסהו וצריכא דאי אשמועינן משחא משום דנפיש פסידיה משום הכי שרי ר' יוסי אבל חמרא כו' אמר ר' יצחק בר אבא מאן תנא שינוי במועד בדבר האבד דלא כר' יוסי דהא ר' יוסי שרי כדרכו בלא שינוי אמר רב יוסף הלכתא כר' יוסי: בעא מיניה מרב נחמן בר יצחק מהו למישעיה לחביתא דשיכרא בחולו של מועד אמר להו רב יוסף דהוא סיני כדגרסינן בסוף הוריות רבה עוקר הרים רב יוסף סיני הוא דאמר הלכה כר' יוסי דאמר זולף וגומר וגף כדרכו אמרו ליה אימור דאמר ר' יוסי גף כדרכו בחמרא דאי שבקת ליה מגולה מפסיד שיכרא מי אמר אמר להו שיכרא נמי אית ביה פסידא טובא דאמר אביי אמרה לי אם חביתא דאית בה שית סאוי תמרי או כיוצא בהן ושייעא כה אותו השכר חזק א) כמו חבית שיש בה שמונת סאין ולא שיעא כלומר אם תשאר מגולה יש בשכר הפסד: **אמר** רב הלכות מועד כהלכות כותים למאי הלכתא לומר שעקרות הן ואין למידות זו מזו. דאמר שמואל זופתין כוותא ואין זופתין חבית והלא זו וזו זיפות הוא אלא אין למידין זו מזו ב) זיפות הכוותא אם תשאר בלא זיפות. פי' חייש לטירחא ומר חייש לפסידא מפורש בירושלמי. שמואל אמר זפתין גרבא ולא זפתין כוותא ג) דזיפתא גלידא. רב הונא חצדו ליה בחולא דמועדא איתיביה רבה בר רב הונא והתניא דבר האבד מותר לעשותו במועד ושאינו אבד אסור לעשותו בד"א בתלוש אבל במחובר אפילו כולו אבד אסור ואם אין לו מה יאכל קוצר ומעמר ודש כו'. ובלבד שלא ידוש בפרות. אמר ליה רב הונא הא מתניתא יחידאה היא דהא רשב"ג תני לה משום ר' יוסי ולא סמכינן עליה אי הכי דר' יוסי היא ידוש בפרות דהא ר' יוסי לא בעי שינוי ופרקינן כיון דכל יומא איכא דדיש בלא פרות לאו שינוי: **תנו** רבנן טוחנין קמח במועד לצורך המועד שלא לצורך המועד אסור ואם טחן לצורך המועד והותיר מותר כיוצא בו קוצצין קוצין במועד לצורך המועד ושלא לצורך המועד אסור וכו' וכן מטילין שכר לצורך המועד כו' ובלבד שלא יערים. איני והתניא אע"פ שיש לו שכר ישן מערים ושותה מן החדש. ופרקינן תנאי היא דתניא אין מערימין בכך משום ר' יוסי בר' יהודה אמרו מערימין ואע"ג דלמיחצד למי שאין לו מה יאכל שרי איקפד שמואל עליה דרב ואמר אפילו הכי אדם חשוב שאני. ר' יהודה נשיאה נפק בחומרתא דמדושא ואשתי מיא דאחים קפילא ארמאה. ואיקפד ר' אמי עליה. ואמר רב יוסף תרווייהו שרו להו רבנן חומרתא דמדושא דתניא השירים והצמידים והטבעות הרי הן ככל הכלים הניטלין בחצר ואי מיא דאחים קפילא גוי האמר שמואל בר רב יצחק כל הנאכל כמות שהוא חי אין בו משום בשולי גוים ואמרינן אפילו הכי אדם חשוב שאני לא הוה ליה למיעבד הכי. אמר רב חננאל אמר רב קוצץ אדם דקל במועד אע"פ שאין צריך לו אלא לנסורת שלו לייט עלה אביי אזל רב אשי למקצץ ההיא אבא ואשתמיט נרגא ובעא למיפסקיה לשקיה ושבקיה והדר רב יהודא שרא למיעקר כיתנא ולמיקטל כשותא ולמיעקר שומשמי אמר אביי בשלמא כיתנא חזי לחפיפה כשותא נמי חזו לשיכרא אלא שומשמי חזו לנזיי דאית בהו. רבי ינאי קטף פרדיסאה בחולי דמועדא משום דמטא [זמניה] וחשש לפסידא לשנה אחרת שהו כ"ע לפרדיסייהו וקטפוה בחולי דמועדא אפקר ר' ינאי לפרדיסיה ההיא שתא: **ירושלמי** אמר ילפין מקלקלתא ולא ילפי מתקנייא. ר' יעקב בר אחא בשם ר' אבין פרקמטיא אבידה שריא מטלטלתא במועדא. שיירתא שרי מיזבון מינה במועדא: **מתני'** מכנים אדם פירותיו מפני הגנבים כו'. תנא ובלבד שיכנסם בצינעא לתוך ביתו ואי הוו כעין כשורי דרב יוסף דבלילא בעו גברי יתירי ובעי אבוקות של אש ואוושא מילתא טפי עדיף לעיילינהו בימא. שולה פשתנו מן המשרה שלא תאבד

א) נראה מזה דרבינו היה גורס ככר תמניא. ב) אולי צ"ל אם תשאר בלא זיפות תפסיד רב דימי וכו' אמר זופתין חביתא ואין זופתין כוזתא פי' מר חייש. ג) אולי צ"ל זפתין גרבא דזיפתא דקדקילא ולא זפתין כוזתא דזיפתא גלידא.

הגהות הב"ח (א) גמ' אי משום חומרתא דמדושא הא תניא השירין נ"ב עי' מ"ש פ' הכל קף סט בתוס' ד"ה כיון: (ב) שם הא אמר רב שמואל: (ג) רש"י ד"ה לימא וכו' דמחובר אפי': (ד) תוס' ד"ה מכנים כו' ואיני יודע מה מלאכה איכא באסיפה וצריך עיון: (ה) ד"ה אם כו' דגבי מכר ומת דבעי אי קנסו בנו אחריו התם ודאי גרסינן איסורא דאורייתא:

צָרַם אֹזֶן בְּכוֹר קָנְסוּ בְּנוֹ אַחֲרָיו — מִשּׁוּם דְּאִיסּוּרָא דְּאוֹרַיְיתָא. וְאִם תִּמְצֵי לוֹמַר: מָכַר עַבְדּוֹ לְגוֹי וּמֵת קָנְסוּ בְּנוֹ אַחֲרָיו — מִשּׁוּם דְּכָל יוֹמָא מַפְקַע לֵיהּ מִמִּצְוֹת, הָכָא מַאי? גַּבְרָא קָנֵים רַבָּנַן — וְהָא לֵיתֵיהּ, אוֹ דִּלְמָא: מָמוֹנָא קָנֵים רַבָּנַן, וְהָא אִיתֵיהּ! א"ל: תְּנִיתוּהָ, *שָׂדֶה [א]שֶׁנִּתְקַוְּוצָה בַּשְּׁבִיעִית — תִּזָּרַע לְמוֹצָאֵי שביעי' [ב]נִטַּיְּבָה אוֹ נִדַּיְּירָה — לֹא תִּזָּרַע לְמוֹצָאֵי שְׁבִיעִית. וְאָמַר ר' יוֹסֵי בַּר חֲנִינָא: [ג]*נִקְטִינַן, הֵטִיבָהּ וּמֵת — בְּנוֹ זוֹרְעָהּ. אַלְמָא: לְדִידֵיהּ — קָנְסוּ רַבָּנַן, לִבְרֵיהּ — לָא קָנְסוּ רַבָּנַן. ה"נ לְדִידֵיהּ — קָנְסוּ רַבָּנַן, לִבְרֵיהּ — לָא קָנְסוּ רַבָּנַן. אָמַר אַבַּיֵי: *[ד]נִקְטִינַן, טִימֵּא טָהֳרוֹתָיו וּמֵת — לֹא קָנְסוּ בְּנוֹ אַחֲרָיו. מַאי טַעְמָא — *[ה]הֶיזֵּק שֶׁאֵינוֹ נִיכָּר לָא שְׁמֵיהּ הֶיזֵּק. לְדִידֵיהּ — קָנְסוּ רַבָּנַן, לִבְרֵיהּ — לָא קָנְסוּ רַבָּנַן.§ **מתני'** [ו]אֵין לוֹקְחִין בָּתִּים, עֲבָדִים וּבְהֵמָה אֶלָּא לְצוֹרֶךְ הַמּוֹעֵד, אוֹ לְצוֹרֶךְ הַמּוֹכֵר שֶׁאֵין לוֹ מַה יֹּאכַל.§ **גמ'** בְּעָא מִינֵּיהּ רָבָא מֵרַב נַחְמָן: שְׂכַר פְּעוּלָּה שֶׁאֵין לוֹ מַה יֹּאכַל מַהוּ? א"ל: תְּנֵינָא, אוֹ לְצוֹרֶךְ הַמּוֹכֵר שֶׁאֵין לוֹ מַה יֹּאכַל. לְאַתּוֹיֵי מַאי — לָאו לְאַתּוֹיֵי שְׂכַר פְּעוּלָּה? א"ל: לָא, פָּרוּשֵׁי קָא מְפָרֵשׁ. אִיתִיבֵיהּ אַבַּיֵי: *[ז]אֵין כּוֹתְבִין שִׁטְרֵי חוֹב בַּמּוֹעֵד, וְאִם אֵינוֹ מַאֲמִינוֹ (א) אוֹ שֶׁאֵין לוֹ מַה יֹּאכַל — ה"ז יִכְתּוֹב. שֶׁאֵין לוֹ מַה יֹּאכַל לְאַתּוֹיֵי מַאי — לָאו [ח]לְאַתּוֹיֵי שְׂכַר פְּעוּלָּה? שְׁמַע מִינָּהּ. מוֹתִיב רַב שֵׁשֶׁת: *וְהַכ"א: [ט]שָׁלֹשׁ אוּמָּנִיּוֹת עוֹשִׂין מְלָאכָה בְּעַרְבֵי פְּסָחִים עַד חֲצוֹת: הַחַיָּיטִין, וְהַסַּפָּרִין, וְהַכּוֹבְסִין. *הַחַיָּיטִין — שֶׁכֵּן *הֶדְיוֹט תּוֹפֵר כְּדַרְכּוֹ בְּחוּלּוֹ שֶׁל מוֹעֵד, הַסַּפָּרִין וְהַכּוֹבְסִין — שֶׁכֵּן הַבָּאִין מִמְּדִינַת הַיָּם וְהַיּוֹצֵא מִבֵּית הָאֲסוּרִין מוּתָּרִין לְסַפֵּר וּלְכַבֵּס בְּחוּלּוֹ שֶׁל מוֹעֵד. וְאִי ס"ד שְׂכַר פְּעוּלָּה שֶׁאֵין לוֹ מַה יֹּאכַל שָׁרֵי — כָּל מְלָאכוֹת נַמִּי לִישְׁתְּרוּ, דְּהָא אִיכָּא שְׂכַר פְּעוּלָּה שֶׁאֵין לוֹ מַה יֹּאכַל! מַתְקִיף לָהּ רַב פַּפָּא: אֶלָּא מֵעַתָּה, בִּנְיָן לִישְׁתְּרֵי, שֶׁכֵּן *כּוֹתֶל הַגּוֹהֶה לרה"ר — סוֹתֵר וּבוֹנֶה כְּדַרְכּוֹ מִפְּנֵי הַסַּכָּנָה! מַתְקִיף לָהּ רָבִינָא: אֶלָּא מֵעַתָּה, לַבְלָר לִישְׁתְּרֵי, שֶׁכֵּן כּוֹתְבִין *קִידּוּשֵׁי נָשִׁים גִּיטִּין וְשׁוֹבְרִין! אֶלָּא אָמַר רַב אַשִׁי: מוֹעֵד אַאַרְבָּעָה עָשָׂר קָא רָמֵית?! מוֹעֵד — מִשּׁוּם טִירְחָא הוּא, וּבִמְקוֹם פְּסֵידָא — שָׁרוּ רַבָּנַן. אַרְבָּעָה עָשָׂר — מִשּׁוּם צוֹרֶךְ יוֹם טוֹב הוּא, מִידֵי דְּצוֹרֶךְ יו"ט — שָׁרוּ רַבָּנַן, מִידֵי דְּלָאו צוֹרֶךְ יוֹם טוֹב — לָא שָׁרוּ רַבָּנַן.§ **מתני'** [י]אֵין מְפַנִּין מִבַּיִת לְבַיִת, אֲבָל מְפַנֶּה הוּא לַחֲצֵרוֹ. אֵין מְבִיאִין כֵּלִים מִבֵּית הָאוּמָּן, אִם חוֹשֵׁשׁ לָהֶם — מְפַנָּן לְחָצֵר אַחֶרֶת.§ **גמ'** וְהָאָמְרַתְּ רֵישָׁא אֵין מְפַנִּין כְּלָל! אָמַר אַבַּיֵי: [כ]סֵיפָא אֲתָאן לַבַּיִת שֶׁבֶּחָצֵר.§ "וְאֵין מְבִיאִין כֵּלִים מִבֵּית הָאוּמָּן".§ *אָמַר רַב פַּפָּא: בָּדֵיק לַן רָבָא: תְּנַן, אֵין מְבִיאִין כֵּלִים מִבֵּית הָאוּמָּן. וּרְמִינְהוּ: מוֹלִיכִין וּמְבִיאִין כֵּלִים מִבֵּית הָאוּמָּן וְאע"פ שֶׁאֵינָן לְצוֹרֶךְ הַמּוֹעֵד! וְשַׁנֵּינַן לֵיהּ: [ל]כָּאן — בְּאַרְבָּעָה עָשָׂר, כָּאן — בְּחוּלּוֹ שֶׁל מוֹעֵד. אִיבָּעֵית אֵימָא: הָא וְהָא בְּחוּלּוֹ שֶׁל מוֹעֵד; כָּאן — בְּמַאֲמִינוֹ, כָּאן — בְּשֶׁאֵינוֹ מַאֲמִינוֹ.

וְהָתַנְיָא

רש"י

צָרַם אֹזֶן בְּכוֹר. חָתַךְ מֵאָזְנוֹ מְעַט, כְּדֵי שֶׁיְּהֵא בַּעַל מוּם וִיהֵא מוּתָּר לוֹ. וְאָסוּר לַעֲשׂוֹת כֵּן מִשּׁוּם "מוּם לֹא יִהְיֶה בּוֹ" (ויקרא כב) כְּלוֹמַר, לֹא תַּטִּיל בּוֹ מוּם. וְאִם הִטִּיל בּוֹ מוּם – קְנָסוּהוּ רַבָּנַן דְּלֹא יֵהָנֶה מִמֶּנּוּ, וְאִם מֵת – אֵין בָּנָיו נֶהֱנִין מִמֶּנּוּ: מִשּׁוּם דְּאִיסּוּרָא דְּאוֹרַיְיתָא הוּא. אֲבָל הַאי דְּכִוֵּין מְלַאכְתּוֹ בַּמּוֹעֵד, דְּלָאו אִיסּוּרָא דְּאוֹרַיְיתָא הוּא, דְּהָא בְּלֹא מִתְכַּוֵּין מוּתָּר לְגַמְרֵי: מָכַר עַבְדּוֹ לְגוֹי. קְנָסוּהוּ רַבָּנַן, וְיֵצֵא לְחֵירוּת, דְּאִי בָּרַח מִן הַגּוֹי – אֵין יִשְׂרָאֵל יָכוֹל לְכוֹפוֹ לַעֲבוֹדָתוֹ, וְאִם מֵת – אֵין בָּנָיו יְכוֹלִין לְכוֹפוֹ: דְּכָל יוֹמָא מַפְקַע לֵיהּ מִמִּצְוֹת. דְּכָל זְמַן שֶׁהוּא בִּרְשׁוּת הַגּוֹי אֵינוֹ עוֹסֵק בְּמִצְוֹת: גַּבְרָא. דְּנִתְכַּוֵּין לַעֲשׂוֹת מְלָאכָה, קָנְסוּ רַבָּנַן שֶׁלֹּא לֵיהָנוֹת מִמֶּנָּה: מָמוֹנָא קַנְסוּהּ רַבָּנַן. וַאֲפִילּוּ בָּנָיו אֵין יְכוֹלִין לֵיהָנוֹת מִמֶּנָּה: שֶׁנִּתְקַוְּוצָה. נִיטְּלוּ מִמֶּנָּה קוֹצִים שֶׁבָּהּ: נִטַּיְּבָה. נִזְבְּלָה, שֶׁהוֹלִיךְ הַזֶּבֶל בַּעֲגָלוֹת וּמַשָּׂאוֹת: נִידַּיְּירָה. עַל יְדֵי דִּיר בְּהֵמָה. (ג) לְזַבְּלָהּ עֲבוֹדַת קַרְקַע הִיא (נִזְדַּבְּלָה). כָּל הָנֵי מִדְּרַבָּנָן נִינְהוּ, וְאעפ"כ קָנְסוּ, דְּלֹא תִּזָּרַע לְמוֹצָאֵי שְׁבִיעִית: טִימֵּא טָהֳרוֹתָיו. שֶׁל חֲבֵירוֹ, קָנְסוּ דְּחַיָּיב לְפָרְעוֹ: הֶיזֵּק שֶׁאֵינוֹ נִיכָּר הוּא. דְּהָא בְּעֵינֵיהּ הוּא: שְׂכַר פְּעוּלָּה שֶׁאֵין לוֹ מַה יֹּאכַל. שֶׁאֵין לוֹ לְפוֹעֵל מַה יֹּאכַל: מַהוּ. שֶׁיִּתֵּן לוֹ מְלָאכָה, וּלְשׂוֹכְרוֹ כְּדֵי שֶׁיְּהֵא לוֹ מַה לֶּאֱכוֹל: לְאַתּוֹיֵי מַאי. אִי לַמּוֹכֵר – הָא תָּנֵי לֵיהּ לְצוֹרֶךְ (ג)הַמּוֹעֵד. אֶלָּא לְאַתּוֹיֵי שְׂכַר פְּעוּלָּה, שֶׁאֵין לוֹ מַה יֹּאכַל, דְּמוּתָּר: פָּרוּשֵׁי קָא מְפָרֵשׁ. לְצוֹרֶךְ (ד) הַמּוֹעֵד כֵּיצַד? כְּגוֹן שֶׁאֵין לוֹ לַמּוֹכֵר מַה יֹּאכַל. וּלְעוֹלָם לָא תִּיפְשׁוֹט מִינָּהּ לִשְׂכַר פְּעוּלָּה: וְאִם אֵינוֹ מַאֲמִינוֹ. מַלְוֶה לַלֹּוֶה: שֶׁאֵין לוֹ מַה יֹּאכַל לְאַתּוֹיֵי מַאי. אִם מִשּׁוּם לֹוֶה – הָא קָאָמַר אִם אֵינוֹ מַאֲמִינוֹ מוּתָּר. וְהָכָא לָא מָצֵי לְתָרוֹצֵי פָּרוּשֵׁי קָא מְפָרֵשׁ, דְּהָכִי מִיתַרְמֵי מִילְּתָא דְּאִם אֵינוֹ מַאֲמִינוֹ שֶׁאֵין לוֹ מַה יֹּאכַל – לָאו מִילְּתָא הִיא, דְּהָא מוּתָּר בְּלָאו הָכִי: לָאו לְאַתּוֹיֵי שְׂכַר פְּעוּלָּה. שֶׁאֵין לוֹ לַסּוֹפֵר מַה יֹּאכַל – שָׁרֵי בְּחוּלּוֹ שֶׁל מוֹעֵד: כָּל מְלָאכָה נַמִּי תִּשְׁתְּרֵי. בְּעֶרֶב הַפֶּסַח, דְּהָא אִישְׁתְּרֵי שְׂכַר פְּעוּלָּה בְּחוּלּוֹ שֶׁל מוֹעֵד. אֶלָּא תִּיפְשׁוֹט מִינֵּיהּ דִּשְׂכַר פְּעוּלָּה שֶׁאֵין לוֹ מַה יֹּאכַל – אָסוּר בְּחוּלּוֹ שֶׁל מוֹעֵד: מַתְקִיף לָהּ רַב פַּפָּא. אַדְּרַב שֵׁשֶׁת פָּרֵיךְ. מִדְּפָרֵיךְ מֵהַאי דִּתְנַן שָׁלֹשׁ אוּמָּנִיּוֹת עוֹשִׂין מְלָאכָה בְּעַרְבֵי פְּסָחִים כו' – אַלְמָא סָבַר: כָּל מְלָאכָה שֶׁרַשַּׁאי אַתָּה לַעֲשׂוֹת בְּחוּלּוֹ שֶׁל מוֹעֵד עוֹשִׂין אוֹתָהּ בְּעֶרֶב הַפֶּסַח: א"כ בִּנְיָן לִישְׁתְּרֵי. בְּעֶרֶב הַפֶּסַח, דְּהָא כּוֹתֶל הַגּוֹהֶה לרה"ר מוּתָּר לִבְנוֹתוֹ בְּחוּלּוֹ שֶׁל מוֹעֵד: מַתְקִיף לָהּ רָבִינָא. סָבַר נַמִּי כְּרַב פַּפָּא: ה"ג: אֶלָּא אָמַר רַב אַשִׁי: מִשּׁוּם צוֹרֶךְ י"ט. שָׁרֵי, כְּגוֹן ג' אוּמָּנִיּוֹת וְתוּ לָא. וְהוּא הַדִּין אִם אֵין לוֹ מַה יֹּאכַל, דְּאֵין צוֹרֶךְ י"ט גָּדוֹל מִזֶּה: **מתני'** אֲבָל מְפַנֶּה הוּא לַחֲצֵרוֹ. וְהָא מַשְׁמַע לֵיהּ עַכְשָׁיו שֶׁמֵּבִיא מִבַּיִת שֶׁבְּחָצֵר אַחֶרֶת לַחֲצֵרוֹ: אִם חוֹשֵׁשׁ. שֶׁמָּא יִגְנְבוּ: **גמ'** וְהָא אָמְרַתְּ רֵישָׁא אֵין מְפַנִּין. מִבַּיִת לְבַיִת: סֵיפָא אֲתָאן לַבַּיִת שֶׁבֶּחָצֵר. וְהָכִי קָתָנֵי: מְפַנֶּה הוּא מִבַּיִת שֶׁבַּחֲצֵרוֹ לַחֲצֵרוֹ: בָּדֵיק לַן. אִי יָדְעִינַן לְתָרוֹצֵי: בי"ד. מוֹלִיכִין וּמְבִיאִין כֵּלִים: בְּחוּלּוֹ שֶׁל מוֹעֵד. אֵין מְבִיאִין: כָּאן בְּמַאֲמִינוֹ. לָאוּמָּן – אֵין מְבִיאִין, דְּשֶׁלֹּא לְצוֹרֶךְ הוּא: אֵין מַאֲמִינוֹ. מְבִיאִין:

וְהָתַנְיָא

תוספות

נטייבה או נדיירה. פי' בקונטרס: היינו מלאכה שבקרקע מדרבנן. אבל נטלו קוצים – אין זו עבודת קרקע. ובגיטין (ד' מד: וסס) פירש בקונטרס: דבקוולה מלאכה דרבנן! וי"ל דאיירי בקוצים תלושים, דמחוברים כל דהו – הוי דאורייתא, דאמרינן בשבת (ד' קג.): התולש עולשין והמזרד זרדין, אם ליפות את הקרקע – כל שהוא. ואע"פ שאין מכוין ליפות, דקאמר התם דפטור גבי שבת, כגון בארעא דחבריה – אבל גבי שביעית לא בעינן מלאכת מחשבת:

נטייבה. פי' בקונטרס: זבל בהמות. ובפי' ר"ת: חורש בה חרישה יתירה. ובירושלמי מפרש כן. ומ"מ אין נראה שתהא מן התורה – וקשה: היכי מוכח מיניה בבכורות (ד' לד:) בעיא דצרם אוזן בבכור דהוי דאורייתא? ומוכר עבדו נמי, בפ' "השולח" (גיטין מד:)? הא גבי עבד דכ"ע (ה)דפקע ממצות חמיר טפי! ואומר ר"ת: דבשביעית נחמיר, כדאמר בקדושין פ"ק (ד' כ.): כמה קשה אבקה של שביעית, משום הכי יש לפשוט כל הני. א"נ: ראוי להחמיר טפי(ו) מבשום מקום – משום דהיו מזלזלין בה, כדאמר (*בסוף) הניזקין (דף נד.) שהיו חשודין על השביעית, לכך מייתי שפיר מינה:

אין לוקחין בתים עבדים כו' אלא לצורך המועד. פי' הר"ר יוסף: הוא הדין בשאר דברים צריך לצורך המועד, דהא אסור למכור פירות אלא לצורך המועד, אלא רבותא קמ"ל, דאפי' הני דהוין בפרהסיא – שרי לצורך המועד. וצריך עיון אי צריך (ז) הני לינעא כמו בההיא דפירות כסות וכלים (לקמן ע"ב), וההיא דלעיל (דף יב:) מכניס פירות – מצריך בגמ' לינעא, אע"פ שאינו במשנה:

אין מפנין מבית לבית. בירושלמי מתיר מבית אחר לביתו, שערב לאדם לדור בשלו:

בשביל

רבינו חננאל

ובלבד שלא יכוין מלאכתו במועד וכולן שכוונו מלאכתן במועד יאבדו. בעי ר' ירמיה הרי הצורם אוזן בבכור קנסו בנו אחריו משום דההוא איסורא דאוריי' הוא וכן המוכר עבדו לגוי משים דכל יומא מפקע ליה ממצות מכוין מלאכתו במועד קנסו בנו אחריו או לא. ופשטנא א"ר יוסי ב"ר חנינא נקטינן הטיבה ומת זורעה בנו אחריו אלמא לדידיה קנסו. לבריה לא קנסו רבנן: (פיסקא) [מתני'] אין לוקחין בתים ועבדים*) ואבנים אלא לצורך [המועד] או לצורך המוכר שאין לו מה יאכל בעי רבא שכר פעולה מאי פירוש שאין לו לפועל מה יאכל במועד כגון הסופר שאין לו אלא שכר שטר המקנה. וכן כיוצא בו הפועלים מהו שיתירו לו למכור ולקנות כדי שיקחו אלו שכרם. ופשטנא דאפילו לשכר פעולה שרי. ומותיב רב ששת ג' אומניות עושין מלאכתן בערבי פסחים עד חצות החייטין כו'. ואי ס"ד דכל מי שאין לו מה יאכל שרינן לשכר פעולה כל אומניות לישתרי דהא מי שאין לו מה יאכל וצריך שכר פעולה שרי ורב פפא מתקיף הכי כל בנין לישתרי דהא כותל הגוהה לרה"ר סותרו ובונהו כדרכו מפני הסכנה. ורבינא מתקיף כל לבלר לישתרי דהא כותבין גיטי נשים כו'. ופריק רב אשי י"ד אדמועד קרמית מועד משום טירחא ולא טירחא הוא במקום פסידא שרו רבנן. י"ד משום י"ט הוא מידי דהוי צורך יו"ט שרי ליה רבנן דלא צורך י"ט לא שרו ליה רבנן: ירושלמי א"ר יוסי א"ר אבין קרנא ואגרא קרן **) או ידע דמזבן ופחת מן קרנא יזבן ואי לא לא יזבן ר' חנניא חברין דרבנן אמר פרקמטיא ניגבת מנכסי יתומים קטנים הוין בעי למימר בשיש עדים יודעין הא אין עדים יודעין נעשית כפקדון כך אנו אומרים פקדון לא ניתנה לגבות מנכסי יתומין קטנים מה בינה למלוה מלוה להוצאה ניתנה. וזו לא ניתנה להוצאה. א"ר אבא בר ממל אילו היה מי שימנה עמי הייתי מתיר המלאכה. כלום אסרו המלאכה בחולו של מועד אלא שיהו אוכלין ושותין ויגעים בתורה. והאידנא אוכלין ושותין ופוחזין. ריב"ל שאל לרשב"ל. מהו ליקח בתים מן הגוי בשבת א"ל תני בשבת מותר כיצד עושה מראה לו כיסין של דינרים והגוי חותם ומעלה בערכאין וכן מצינו שנכבשה יריחו בשבת שנא' כה תעשה ששת ימים וכתיב וביום השביעי תסובו את העיר ז' פעמים וכתיב עד רדתה אפי' בשבת: (פיסקא) [מתני'] אין מפנין מבית לבית אבל מפנה הוא בבית שבחצירו: ירושלמי אין מפנין לא מדירה נאה לדירה נאה ולא מדירה נאה לדירה כעורה ובתוך שלו אפילו מדירה נאה של חבירו לדירה כעורה שלו מפנין מפני ששמחה היא לו להיות דר בתוך שלו אין מפנין מת ולא עצמות מקבר לקבר ממכובד למכובד ולא מבזוי לבזוי. ואצ"ל ממכובד לבזוי ובתוך שלו אפילו ממכובד לבזוי עובר לאדם בשעה שהוא נינח אצל אבותיו: (פיסקא) [מתני'] אין מביאין כלים מבית האומן אם חושש להן מפנן לחצר אחרת ומקשינן והתנינן מוליכין ומביאין מבית האומן ופרקי' הא בי"ד דהכא בחולו של מועד.

*) [...] **) [...]

עין משפט נר מצוה

לד א מיי' פ"א מהל' שמיטה ויובל הל' יד סמג לאוין רסז:

לה ב ג מיי' שם הל' יג:

לו ד ה מיי' פ"ז מהל' חובל ומזיק הל' א ב ג סמג עשין ע טוש"ע ח"מ סי' שפה סעיף א:

לז ו מיי' פ"ז מהלכות י"ט הלכה כב טוש"ע א"ח סי' תקלט סעיף יב:

לח ז מיי' שם הל' יב טוש"ע שם סי' תקמה סעיף ו:

לט ח מיי' שם טוש"ע שם סי' תקמב סעיף ב:

מ ט מיי' שם פ"ח הלכה יט טוש"ע שם סי' תסח סעיף ה:

מא י כ מיי' שם הל' טז טוש"ע שם סי' תקלה סעיף א:

מב ל מיי' שם הל' כא טוש"ע שם סי' תסח סעיף י:

הגהות הב"ח

(א) גמ' ואם אינו מאמינו או שאין לו מה יאכל [...]: (ב) רש"י ד"ה נידיירה ע"י דיר בהמה נזדבלה עבודת קרקע: (ג) ד"ה לאתויי מאי כו' הא תנא ליה לצורך המוכר אלא לאתויי: (ד) ד"ה פרושי קא מפרש לצורך המוכר כיצד כגון: (ה) תוספות ד"ה נטייבה פי' כו' גבי עבד דכולי עלמא דמפקע ליה ממצות חמיר טפי: (ו) בא"ד ראוי להחמיר טפי בשביעית מבשום מקום: (ז) ד"ה אין לוקחין כו' וצ"ע אי צריך בהני לינעא כו' והוא דלעיל גבי מכניס:

מג א מיי' פ"ח מהל' י"ט הל' טז טוש"ע א"ח סי' תקלד סעיף ג:
מד ב ג מיי' פ"ח שם הלכה יד טוש"ע שם סי' תקלח סעיף ד:
מה ד מיי' שם פ"ז הלכה כג טוש"ע שם סימן תקלט סעיף יא:
מו ה ו מיי' שם הלכה ט טוש"ע שם סי' תקלג סעיף ה:
מז ז מיי' פט"ז מהל' טומאת אוכלין הל' א:
מח ח מיי' פ"ז מהל' י"ט הל' כג טוש"ע א"ח סי' תקלט סעיף י:
מט ט י כ מיי' שם טוש"ע שם סעיף יא:

בשביל כבוד יום טוב האחרון. אבל מרישא (ג) דחנות פתוחה לרשות הרבים פותח אחת ונועל אחת, ורב הונא מתיר באורחייהו בשוקא – לא פריך. דיש לאוקמיה בי"ט, ולא בחול המועד. ולהכי פריך מסיפא, דמיירי בחול המועד. דהא ערב י"ט האחרון חול המועד: **בתבלין**. פי' בקונט': כרוב וכרשינין. והקשה בתוס' רבי פרץ: דכרוב וקפלוט אינן חשובין תבלין, דהא אמרינן (חולין דף ו.): דתבלין לטעמא עבידי, ואפילו באלף לא בטיל. ולפת וקפלוט – אינו צריך לשער כי אם בששים, כדאיתא פרק "גיד הנשה" (שם דף צו:). (ד) ותבלין כך נידוכין כדרכן, בפ"ק דביצה (דף יד.). א"כ אינו כרוב. ובערוך פירש: מיני בשמים:

הדרן עלך מי שהפך

וְהָתַנְיָא: *[א]מְבִיאִין כֵּלִים מִבֵּית הָאוּמָּן כְּגוֹן כַּד מִבֵּית הַכַּדָּר, וְכוֹס מִבֵּית הַזַּגָּג, אֲבָל לֹא צֶמֶר מִבֵּית הַצַּבָּע, וְלֹא כֵּלִים מִבֵּית הָאוּמָּן. וְאִם אֵין לוֹ מַה יֹּאכַל – נוֹתֵן לוֹ שְׂכָרוֹ, וּמַנִּיחוֹ אֶצְלוֹ. וְאִם אֵינוֹ מַאֲמִינוֹ – מַנִּיחוֹ בְּבַיִת הַסָּמוּךְ לוֹ, וְאִם חוֹשֵׁשׁ לָהֶם שֶׁמָּא יִגָּנְבוּ – [א]א (*מְפַנָּן לְחָצֵר אַחֶרֶת, וְאִם אֵינוֹ מַאֲמִינוֹ) – מְבִיאָן בְּצִנְעָה בְּתוֹךְ בֵּיתוֹ. תַּרְצְתְּ מְבִיאִין, מוֹלִיכִין – קַשְׁיָא! דְּקָתָנֵי: אֵין מְבִיאִין, וְכָל שֶׁכֵּן שֶׁאֵין מוֹלִיכִין! אֶלָּא: מְחַוַּורְתָּא כִּדְשַׁנְיָין מֵעִיקָּרָא.§ **מתני'** [ב]מְחַפִּין אֶת הַקְּצִיעוֹת בְּקַשׁ, רַבִּי יְהוּדָה אוֹמֵר: [ג]אַף מְעַבִּין. [ד]מוֹכְרֵי פֵּירוֹת, כְּסוּת וְכֵלִים – מוֹכְרִים בְּצִנְעָה לְצוֹרֶךְ הַמּוֹעֵד. [ה]הַצַּיָּידִין וְהַדַּשׁוֹשׁוֹת וְהַגָּרוֹסוֹת – עוֹשִׂין בְּצִנְעָה לְצוֹרֶךְ הַמּוֹעֵד. רַבִּי יוֹסֵי אוֹמֵר: הֵם הֶחְמִירוּ עַל עַצְמָן.§ **גמ'** פְּלִיגִי בָּהּ רַבִּי חִיָּיא בַּר אַבָּא וְרַבִּי אַסִּי, וְתַרְוַיְיהוּ מִשְּׁמֵיהּ דְּחִזְקִיָּה וְרַבִּי יוֹחָנָן. חַד אָמַר: מְחַפִּין – אַקְלוּשֵׁי, מְעַבִּין – אַסְמוּכֵי. וְחַד אָמַר: מְחַפִּין – בֵּין אַקְלוּשֵׁי בֵּין אַסְמוּכֵי, מְעַבִּין – עוֹשֶׂה אוֹתוֹ כְּמִין כְּרִי. תַּנְיָא נַמִּי הָכִי: מְעַבִּין – עוֹשֶׂה אוֹתוֹ כְּמִין כְּרִי, דִּבְרֵי ר' יְהוּדָה.§ "מוֹכְרֵי פֵּירוֹת כְּסוּת וְכֵלִים מוֹכְרִין בְּצִנְעָה" וכו'.§ אִיבַּעְיָא לְהוּ: הֵן הֶחְמִירוּ עַל עַצְמָן – דְּלָא הָווּ עָבְדִי כְּלָל, אוֹ דִּלְמָא: דְּהָווּ עָבְדִי בְּצִנְעָה? ת"ש: מוֹכְרֵי פֵּירוֹת כְּסוּת וְכֵלִים מוֹכְרִין בְּצִנְעָה לְצוֹרֶךְ הַמּוֹעֵד, ר' יוֹסֵי אוֹמֵר: תַּגָּרֵי טְבֶרְיָא הֵן הֶחְמִירוּ עַל עַצְמָן שֶׁלֹּא יְהוּ מוֹכְרִין כָּל עִיקָּר. [ו]צָדֵי חַיּוֹת וְעוֹפוֹת וְדָגִים צָדִין בְּצִנְעָה לְצוֹרֶךְ הַמּוֹעֵד, ר' יוֹסֵי אוֹמֵר: צָדֵי עַכּוֹ הֵן הֶחְמִירוּ עַל עַצְמָן שֶׁלֹּא יְהוּ צָדִין כָּל עִיקָּר. דָּשׁוֹשֵׁי חִילְקָא טַרְגִּים וְטִיסְּנֵי דּוֹשְׁשִׁין בְּצִנְעָה לְצוֹרֶךְ הַמּוֹעֵד. ר' יוֹסֵי אוֹמֵר: דָּשׁוֹשֵׁי צִיפּוֹרִי הֵן הֶחְמִירוּ עַל עַצְמָן שֶׁלֹּא יְהוּ דּוֹשְׁשִׁין כָּל עִיקָּר. אָמַר אַבָּיֵי: חִילְקָא – חֲדָא לְתַרְתֵּי, טַרְגִּים – חֲדָא לִתְלָת, טִיסְּנֵי – חֲדָא לְאַרְבְּעָה. כִּי אֲתָא רַב דִּימִי אָמַר: כּוּנְתָּא. מֵיתִיבִי: *[ז]חִילְקָא טַרְגִּים וְטִיסְּנֵי – טְמֵאִין בְּכָל מָקוֹם. בִּשְׁלָמָא לְמ"ד חֲדָא לְתַרְתֵּי לִתְלָת וּלְאַרְבְּעָה – מִשּׁוּם הָכִי טְמֵאִין בְּכָל מָקוֹם, דְּאִתְכַּשּׁוּר, אֶלָּא לְמ"ד כּוּנְתָּא – אַמַּאי טְמֵאִין בְּכָל מָקוֹם? הָא לָא אִיתְכַּשּׁוּר! כְּגוֹן דְּמִיקַּלְפָן, דְּאִי לָאו דִּשְׁרָא לְהוּ בְּמַיָּא – לָא הֲוָה מִיקַּלְפָא. וְאַמַּאי קָרֵי לֵיהּ חִילְקָא – דִּשְׁקַל חֶלְקַיְהוּ. מֵיתִיבִי: *הַנּוֹדֵר מִן הַדָּגָן אָסוּר אַף בְּפוֹל הַמִּצְרִי יָבֵשׁ, וּמוּתָּר בְּלַח, וּמוּתָּר בְּאוֹרֶז, בְּחִילְקָא וְטַרְגִּים וְטִיסְּנֵי. בִּשְׁלָמָא לְמ"ד חֲדָא לְתַרְתֵּי חֲדָא לִתְלָת וַחֲדָא לְאַרְבְּעָה – שַׁפִּיר, דְּנָפְקוּ לְהוּ מִתּוֹרַת דָּגָן. אֶלָּא לְמ"ד כּוּנְתָּא – דָּגָן מְעַלְּיָא הוּא! קַשְׁיָא. רַב הוּנָא [ח]שְׁרָא לְהוּ לְהָנְהוּ כְּרוּפְיָיתָא לְמֵיזַל לְזַבּוּנֵי כִּי אוֹרְחַיְיהוּ בְּשׁוּקָא. אֵיתִיבֵיהּ רַב כָּהֲנָא: *[ט]חֲנוּת פְּתוּחָה לְסִטָיו – פּוֹתֵחַ וְנוֹעֵל כְּדַרְכּוֹ, פְּתוּחָה לִרה"ר – פּוֹתֵחַ אַחַת וְנוֹעֵל אַחַת, [י]וְעֶרֶב יוֹם טוֹב הָאַחֲרוֹן שֶׁל חַג – מוֹצִיא, וּמְעַטֵּר אֶת שׁוּקֵי הָעִיר בְּפֵירוֹת בִּשְׁבִיל כְּבוֹד י"ט הָאַחֲרוֹן. מִפְּנֵי כְּבוֹד י"ט הָאַחֲרוֹן – אִין, שֶׁלֹּא מִפְּנֵי כְּבוֹד י"ט – לָא! לָא קַשְׁיָא: [כ]הָא – בְּפֵירֵי, הָא – בִּתְבָלִין.§

הדרן עלך מי שהפך

וְהָתַנְיָא. סַיּוּעָא: כַּד וְכוֹס לְצוֹרֶךְ הַמּוֹעֵד הֵן, אֲבָל צֶמֶר וְכֵלִים – אֵין צוֹרֶךְ הַמּוֹעֵד: **וְאִם אֵין לוֹ**. לָאוּמָּן מַה יֹּאכַל – נוֹתֵן לוֹ שְׂכָרוֹ: **מְפַנָּן לְחָצֵר אַחֶרֶת וְאִם אֵינוֹ מַאֲמִינוֹ**. בְּחָצֵר אַחֶרֶת: **מְבִיאָן לְתוֹךְ בֵּיתוֹ**. אַלְמָא: כְּשֶׁאֵינוֹ מַאֲמִינוֹ מְבִיאָן: **מוֹלִיכִין קַשְׁיָא**. דְּקָתָנֵי מַתְנִי' *דִּפְעָמִים מוֹלִיכִין, וּמַתְנִי' דְּהָכָא קָתָנֵי אֵין מְבִיאִין, כָּל שֶׁכֵּן דְּאֵין מוֹלִיכִין. וְלֵיכָּא לְתָרֵץ כְּשֶׁאֵין מַאֲמִינוֹ – דְּמוֹלִיכִין מַאי מַאֲמִינוֹ שַׁיָּיךְ! **כִּדְשַׁנְיָין מֵעִיקָּרָא**. כָּאן בְּאַרְבָּעָה עָשָׂר, כָּאן בְּחוּלּוֹ שֶׁל מוֹעֵד: **מתני' מְחַפִּין**. מְכַסִּין: **הַדַּשׁוֹשׁוֹת**. שֶׁדָּשִׁין וְכוֹתְשִׁין חִיטִּין לְדַיְיסָא: **וְהַגָּרוֹסוֹת**. שֶׁטּוֹחֲנִין פּוֹלִין לִגְרִיסִין: **בְּצִנְעָה**. שֶׁמָּא יֹאמְרוּ: זֶה לוֹקֵחַ שֶׁלֹּא לְצוֹרֶךְ הַמּוֹעֵד: **גמ' אַקְלוּשֵׁי**. שֶׁמְּכַסֵּהוּ בַּעֲנָפִים מְרוּחָקִין זֶה מִזֶּה, דְּלָא הָוֵי כִּסּוּי גָּמוּר: **אַסְמוּכֵי**. הָעֲנָפִים סוֹמֵךְ זֶה לָזֶה, דְּהָוֵי כִּסּוּי גָּמוּר: **כְּמִין כְּרִי**. מְכַנְּסִין אוֹתָן בְּיַחַד, כְּדֵי שֶׁיְּהוּ נוֹחִין לְכַסּוֹת: **הֶחְמִירוּ עַל עַצְמָם דְּלָא עָבְדִי כְּלָל. וּלְחוּמְרָא: אוֹ דִּלְמָא**. הֶחְמִירוּ עַל עַצְמָן לַעֲשׂוֹת בְּצִנְעָה מִדַּעְתָּן, וְאִם רוֹצִין לַעֲשׂוֹת בְּפַרְהֶסְיָא – עוֹשִׂין, וּלְקוּלָּא: **דָּשׁוֹשֵׁי**. דָּשֵׁי תְּבוּאָה. אִיכָּא דְּאָמְרֵי: דָּשׁוֹשֵׁי – הַמְשַׁבְּרִין תְּבוּאָה חֲדָא לִשְׁנַיִם וְשׁוֹרִין בְּמַיִם כו': **כּוּנְתָּא**. כּוּסֶּמֶת שֶׁלּוֹתְתִין אוֹתָן, הַיְינוּ חִילְקָא: **טְמֵאִים בְּכָל מָקוֹם**. מְקַבְּלִין טוּמְאָה בֵּין בִּכְפָרִים בֵּין בִּכְרַכִּים. דְּקַיְימָא לָן (פסחים דף מ.): סוֹלֶת שֶׁל בְּנֵי כְרַכִּים מְקַבֶּלֶת טוּמְאָה, שֶׁהוּכְשְׁרָה בְּמַיִם. וּבְנֵי כְפָרִים אֵין מַקְפִּידִין אַסּוֹלֶת נְקִיָּה לִלְתּוֹת בְּמַיִם, וְסוֹלֶת שֶׁלָּהֶן טָהוֹר, שֶׁלֹּא הוּכְשַׁר מֵעוֹלָם. אֲבָל חִילְקָא – טְמֵאִין בְּכָל מָקוֹם, אֲפִילּוּ בִּכְפָרִים. דְּאִי אֶפְשָׁר לָהֶם בְּלֹא לְתִיתָה, מִשּׁוּם הָכִי טְמֵאִין, דְּהָא מִיתְכַּשַּׁר, דְּשָׁרֵי לְהוּ בְּמַיָּא: **לְעוֹלָם הָוֵי כּוּנְתָּא וּמִיקַּלְפָן** דְּשָׁרֵי לְהוּ בְּמַיָּא דְּשָׁרֵי קְלִיפָּה: **דִּשְׁקֵיל חֶלְקַיְיהוּ**. כְּלוֹמַר, כְּשֶׁנּוֹטֵל הַקְּלִיפָּה וְהָוֵי חָלָק: **כְּרוּפְיָיתָא**. מוֹכְרֵי בְּשָׂמִים: **חֲנוּת פָּתוּחַ לְסִטָיו** פּוֹתֵחַ וְנוֹעֵל כְּדַרְכּוֹ. הוֹאִיל וְאֵינוֹ פָּתוּחַ לרה"ר כִּשְׁאָר חֲנוּיוֹת: **פּוֹתֵחַ** דֶּלֶת אַחַד וְנוֹעֵל דֶּלֶת אַחַד. אֲבָל כְּדַרְכּוֹ – לֹא, אֵינוֹ מוֹכֵר כְּדַרְכּוֹ: **הָא בְּפֵירֵי**. שֶׁיֵּשׁ לַחֲשׁוֹד שֶׁקּוֹנֶה לְצוֹרֶךְ (ג) יְמוֹת הַשָּׁנָה: **בִּתְבָלִין**. מוֹכֵר כְּדַרְכּוֹ, כְּגוֹן כְּרוּב וְכַרְשִׁינִין – הַכֹּל יוֹדְעִין דִּלְצוֹרֶךְ הַמּוֹעֵד הֵן, וְלֵיכָּא חֲשָׁדָא, שֶׁאֵין רְאוּיִן לְהִתְקַיֵּים. הִלְכָּךְ – אֲפִי' בְּפַרְהֶסְיָא מוּתָּר:

הדרן עלך מי שהפך

רבינו חננאל

[מתני'] מחפין את הקציעות בקש. ר' יהודה אומר אף מעבין. סוגיא דשמעתא מחפין בעצים של קש דקים בין בעצים של קש עבים. פירוש קלושי דקים. סומכי עבים מעבין עושין אותן כמין כרי כלומר כמו גדיש: **ירושלמי** ר' יהודה אומר יאבד דבר מועט ואל יאבד דבר מרובה. ר' יוסי אומר אל יאבד דבר כל עיקר. כהנא אמר אית מילין דקשין הן (החמירו) מנגעים ואהלות: מוכרי פירות כסות וכלים מוכרין בצינעא לצורך המועד. ר' יוסי אומר הן החמירו על עצמן אוקימנא הן החמירו על עצמן שלא יעשו כל עיקר דתניא מוכרי כסות וכלים מוכרין בצינעא לצורך המועד ר' יוסי [אומר] תגרי טבריא הן החמירו על עצמן שלא יהו עושין כל עיקר. וכן צדי עכו החמירו על עצמן שלא יהו צדין כל עיקר. חילקא חטה אחת נחלקת לשתים טרגין חדא לתלת טיסני חדא לארבע כי אתא רב דימי אמר האי חילקא כתנא הוא איני והתניא חילקא טרגין וטיסני טמאים אי אמרת חטה דשושה לשתים שלש וארבע וכמו הסולת היינו דאיתמר דאיתכשר ומקבלי טומאה אלא כותנא אמאי טמאה והא לא הוכשרה. ופרקינן כגון דמגלפו ההיא כותנא. פי' כוסמת. דאי לאו דשרא בהו מיא לא הוה משלם כלומר מתקפלת הקליפה שלהן. ת"ש הנודר מן הדגן אסור אף בפול המצרי יבש ומותר בלח. ומותר באורז חלקא טרגים וטיסני בשלמא למ"ד דשישי היינו דנפקי להו מתורת דגן אלא למ"ד כותנא דגן גמור הוא כדכתיב והחטה והכוסמת ועלתה בתיובתא לרב דימי. רב יהודה שרא להנו כרופייתא למיזל ולמיזבני בשוקא כי אורחיהו אוקימנא בתבלי והא דתניא חנות הפתוחה לסטיו פותח ונועל כדרכו כו' אוקימנא בפירות: **ירושלמי** צדי חיה ועופות ודגים צדין בחכה ובמכמור ולא ממעטין בשמחת הרגל ר' אמי מקיל לון שממעטין בשמחת הרגל: **הדרן עלך פרק מי שהפך**

ל"ל דפעמים

[פסחים נה: ע"ש עה"ג]

[כ"ז ליתא בפסחים ע... בכ"י סי' תקלד לכספרי שלנו הגוסחא ואם חושש להם שמא יגנבו מביא בצנעה בתוך ביתו]

הגהות הב"ח

(ב) רש"י ד"ה הא בפירי שקונה לצור... שאר ימות השנה: (ג) תוס' ד"ה בשביל כו' אבל מרישא דתני דחנות פתוח... כו' ערב י"ט האחרון חוה"מ הוא: (ד) ד"ה בתבלין כו' כדאיתא פ' גיד הנשה ותנן נמי דתבלין נידוכין כדרכן בפ"ק:

הגהות הגר"א

[א] גמ' (מפנן לחצר אחר... ואם אינו מאמינו) תא"מ (וכן ליתא בדפו"י):

מכשירין פ"ו מ"ב

[נדרים נה: תוספתא ... פ"ד]

[תוספ' פ"ב]

הגהות מהר"ב רנשבורג

א] גמ' מפנן לחצר אחר ואם אינו מאמינו. ... נמחק וכ"כ בפסחים ... ע"ב כל זה אינו ויעו' בתוס' ד"ה ואם מתייר... וכו' ובמהרש"א שם:

Koren Talmud Bavli
THE NOÉ EDITION

MOED KATAN

Steinsaltz Center

KOREN

תלמוד בבלי

KOREN TALMUD BAVLI

THE NOÉ EDITION

מועד קטן

MOED KATAN

Daf 2a through Daf 13b

COMMENTARY BY

Rabbi Adin Even-Israel Steinsaltz

EDITOR-IN-CHIEF

Rabbi Dr Tzvi Hersh Weinreb

SENIOR CONTENT EDITOR

Rabbi Dr Shalom Z Berger

EXECUTIVE EDITOR

Rabbi Joshua Schreier

•

STEINSALTZ CENTER

KOREN PUBLISHERS JERUSALEM

Supported by the Matanel Foundation

Koren Talmud Bavli, The Noe Edition
Vol. 12a: Tractate Moed Katan, Daf 2a through Daf 13b
Paperback, ISBN, 978-965-7765-60-9

First Hebrew/English paperback edition, 2021

Koren Publishers Jerusalem Ltd.
PO Box 4044, Jerusalem 91040, ISRAEL
PO Box 8531, New Milford, CT 06776, USA
www.korenpub.com

Steinsaltz Center

Steinsaltz Center is the parent organization of institutions established by Rabbi Adin Even-Israel Steinsaltz

PO Box 45187, Jerusalem 91450 ISRAEL
Telephone: +972 2 646 0900, Fax +972 2 624 9454
www.steinsaltz-center.org

This book was published in cooperation with the Israel Institute for Talmudic Publications.

הִנֵּה יָמִים בָּאִים, נְאֻם אֲדֹנָי יֱהֹוִה, וְהִשְׁלַחְתִּי רָעָב בָּאָרֶץ,
לֹא־רָעָב לַלֶּחֶם וְלֹא־צָמָא לַמַּיִם, כִּי אִם־לִשְׁמֹעַ אֵת דִּבְרֵי יהוה.

Behold, days are coming – says the Lord God – I will send a hunger to the land, not a hunger for bread nor a thirst for water, but to hear the words of the Lord. (AMOS 8:11)

The Noé edition of the Koren Talmud Bavli
with the commentary of Rabbi Adin Even-Israel Steinsaltz
is dedicated to all those who open its covers
to quench their thirst for Jewish Knowledge,
in our generation of Torah renaissance.

This beautiful edition is for the young, the aged,
the novice and the savant alike,
as it unites the depth of Torah knowledge
with the best of academic scholarship.

Within its exquisite and vibrant pages,
words become worlds.

It will claim its place in the library of classics,
in the bookcases of the Beit Midrash,
the classrooms of our schools,
and in the offices of professionals and business people
who carve out precious time to grapple with its timeless wisdom.

For the Student and the Scholar

DEDICATED BY LEO AND SUE NOÉ

Steinsaltz Center

Executive Director, Steinsaltz Center
Rabbi Meni Even-Israel

Managing Editor
Rabbi Jason Rappoport

Senior Content Editor
Rabbi Dr. Shalom Z. Berger

Editors
Rabbi Joshua Amaru, *Coordinating Editor*
Rabbi Yehoshua Duker
Rabbi Yonatan Shai Freedman
Raz Hartman
Gila Hock
Rabbi Adin Krohn
Catriel Lev
Rabbi Jason Lieb
Adina Luber
Rabbi Avishai Magence, *Content Curator*
Sarit Nagus
Rabbi David Sedley
Shira Shmidman
Rabbi Michael Siev
Avi Steinhart
Rabbi David Strauss
Amiel Vick

Copy Editors
Aliza Israel, *Coordinator*
Bracha Hermon
Ita Olesker
Debbie Ismailoff
Shira Finson
Ilana Sobel
Deena Nataf
Eliana Kurlantzick Yorav
Nava Wieder

Language Consultants
Dr. Stephanie E. Binder, *Greek & Latin*
Rabbi Yaakov Hoffman, *Arabic*
Dr. Shai Secunda, *Persian*
Shira Shmidman, *Aramaic*

KOREN

Design & Typesetting
Raphaël Freeman, *Design & Typography*
Dena Landowne Bailey, *Typesetting*
Rina Ben Gal, *Typesetting*
Tani Bayer, *Jacket Design*

Images
Eliahu Misgav, *Illustration & Image Acquisition*

Introduction by the Publisher

The Talmud has sustained and inspired Jews for thousands of years. Throughout Jewish history, an elite cadre of scholars has absorbed its learning and passed it on to succeeding generations. The Talmud has been the fundamental text of our people.

Beginning in the 1960s, Rabbi Adin Even-Israel Steinsaltz שליט״א created a revolution in the history of Talmud study. His translation of the Talmud, first into modern Hebrew and then into other languages, as well the practical learning aids he added to the text, have enabled millions of people around the world to access and master the complexity and context of the world of Talmud.

It is thus a privilege to present the *Koren Talmud Bavli*, an English translation of the talmudic text with the brilliant elucidation of Rabbi Steinsaltz. The depth and breadth of his knowledge are unique in our time. His rootedness in the tradition and his reach into the world beyond it are inspirational.

Working with Rabbi Steinsaltz on this remarkable project has been not only an honor, but a great pleasure. Never shy to express an opinion, with wisdom and humor, Rabbi Steinsaltz sparkles in conversation, demonstrating his knowledge (both sacred and worldly), sharing his wide-ranging interests, and, above all, radiating his passion. I am grateful for the unique opportunity to work closely with him, and I wish him many more years of writing and teaching.

Our intentions in publishing this new edition of the Talmud are threefold. First, we seek to fully clarify the talmudic page to the reader – textually, intellectually, and graphically. Second, we seek to utilize today's most sophisticated technologies, both in print and electronic formats, to provide the reader with a comprehensive set of study tools. And third, we seek to help readers advance in their process of Talmud study.

To achieve these goals, the *Koren Talmud Bavli* is unique in a number of ways:

- The classic *tzurat hadaf* of Vilna, used by scholars since the 1800s, has been reset for great clarity, and opens from the Hebrew "front" of the book. Full *nikkud* has been added to both the talmudic text and Rashi's commentary, allowing for a more fluent reading with the correct pronunciation; the commentaries of *Tosafot* have been punctuated. Upon the advice of many English-speaking teachers of Talmud, we have separated these core pages from the translation, thereby enabling the advanced student to approach the text without the distraction of the translation. This also reduces the number of volumes in the set. At the bottom of each *daf*, there is a reference to the corresponding English pages. In addition, the Vilna edition was read against other manuscripts and older print editions, so that texts which had been removed by non-Jewish censors have been restored to their rightful place.
- The English translation, which starts on the English "front" of the book, reproduces the *menukad* Talmud text alongside the English translation (in bold) and commentary and explanation (in a lighter font). The Hebrew and Aramaic text is presented in logical paragraphs. This allows for a fluent reading of the text for the non-Hebrew or non-Aramaic reader. It also allows for the Hebrew reader to refer easily to the text alongside. Where the original text features dialogue or poetry, the English text is laid out in a manner appropriate to the genre. Each page refers to the relevant *daf*.

- Critical contextual tools surround the text and translation: personality notes, providing short biographies of the Sages; language notes, explaining foreign terms borrowed from Greek, Latin, Persian, or Arabic; and background notes, giving information essential to the understanding of the text, including history, geography, botany, archaeology, zoology, astronomy, and aspects of daily life in the talmudic era.
- Halakhic summaries provide references to the authoritative legal decisions made over the centuries by the rabbis. They explain the reasons behind each halakhic decision as well as the ruling's close connection to the Talmud and its various interpreters.
- Photographs, drawings, and other illustrations have been added throughout the text – in full color in the Standard and Electronic editions, and in black and white in the Daf Yomi edition – to visually elucidate the text.

This is not an exhaustive list of features of this edition, it merely presents an overview for the English-speaking reader who may not be familiar with the "total approach" to Talmud pioneered by Rabbi Steinsaltz.

Several professionals have helped bring this vast collaborative project to fruition. My many colleagues are noted on the Acknowledgments page, and the leadership of this project has been exceptional.

RABBI MENACHEM EVEN-ISRAEL, DIRECTOR OF THE STEINSALTZ CENTER, was the driving force behind this enterprise. With enthusiasm and energy, he formed the happy alliance with Koren and established close relationships among all involved in the work.

RABBI DR. TZVI HERSH WEINREB שליט״א, EDITOR-IN-CHIEF, brought to this project his profound knowledge of Torah, intellectual literacy of Talmud, and erudition of Western literature. It is to him that the text owes its very high standard, both in form and content, and the logical manner in which the beauty of the Talmud is presented.

RABBI JOSHUA SCHREIER, EXECUTIVE EDITOR, assembled an outstanding group of scholars, translators, editors, and proofreaders, whose standards and discipline enabled this project to proceed in a timely and highly professional manner.

RABBI MEIR HANEGBI, EDITOR OF THE HEBREW EDITION OF THE STEINSALTZ TALMUD, lent his invaluable assistance throughout the work process, supervising the reproduction of the Vilna pages.

RAPHAËL FREEMAN, EXECUTIVE EDITOR OF KOREN, created this Talmud's unique typographic design which, true to the Koren approach, is both elegant and user friendly.

It has been an enriching experience for all of us at Koren Publishers Jerusalem to work with the Steinsaltz Center to develop and produce the *Koren Talmud Bavli*. We pray that this publication will be a source of great learning and, ultimately, greater *avodat Hashem* for all Jews.

Matthew Miller, Publisher
Koren Publishers Jerusalem
Jerusalem 5772

Contents

For the vocalized Vilna Shas layout, please open as a Hebrew book.

Introduction to **Moed Katan**

Tractate *Moed Katan*[1] deals mainly with the *halakhot* pertaining to the intermediate days of the Festival, which are often referred to as simply: The Festivals, in rabbinic literature.[2] The discussion of these *halakhot* leads to a comprehensive treatment of two other fundamental areas of *halakha*: The *halakhot* of mourning and the *halakhot* of ostracism.

Combining the *halakhot* of days of rejoicing with the *halakhot* of days of sadness in one tractate is seemingly contradictory, yet there exists a double connection between the two topics. First, there is a practical halakhic connection between these areas of *halakha*, as the labors that are prohibited on the intermediate days of the Festival are similar to the labors that are prohibited both during the period of mourning and with regard to one who is ostracized, as he must act as if he is in mourning. It is reasonable, then, to discuss these prohibitions in the same context. Second, there is an intrinsic connection between the *halakhot* of the intermediate days of the Festival and the *halakhot* of mourning in that they are derived in a parallel manner.

The essential elements of both the intermediate days of the Festival and the period of mourning are mentioned in the Torah, and some of the broader details are alluded to as well. However, they do not appear as explicit commandments or obligations, and consequently are treated in talmudic literature as rabbinic commandments[3] that are part of the oral tradition. This is the case despite the fact that they are mentioned in the written Torah and were practiced in the time of Moses. Even the Sages who maintain that these *halakhot* have a basis in Torah law agree that with regard to the specific details, the Bible delegated them to the Sages.[4] As a result, the *halakhot* discussed in this tractate are not based on the objective categories that characterize Torah law, but like most rabbinic commandments are dependent on circumstances and relative to the situation.

This means that there is a basic difference between the labor prohibitions on the intermediate days of the Festival and those on Shabbat and the first or last days of the Festival. On Shabbat and Yom Kippur, "all labor" (Exodus 20:10), i.e., all creative, physical labor as defined by the Sages, is prohibited, and similar prohibitions apply to Festivals with a few exceptions, one of which is labor performed for the purpose of food preparation. In contrast, on the intermediate days of the Festival and during the period of mourning there is no objective prohibition against labor in its usual halakhic definition. Rather, the prohibition is against work, which is defined based on the amount of effort, exertion, or professional expertise that is involved in a given activity.

Additionally, these *halakhot* of prohibited work are not absolute, as their main function is to preserve the unique nature of the day in order to ensure that it is not treated like an ordinary weekday. They therefore include certain leniencies such as,

inter alia, in cases of incurred loss. These are not objective categories that depend on the nature of the labor, but rather they are categories that depend on the relationship between the person performing the action and the labor he needs to perform. Thus, on the intermediate days of the Festival one is permitted to do work that is specifically related to and necessary for the Festival. However, he may not treat these days as ordinary weekdays by performing labor that is unrelated to its celebration.

It is the Sages who determine the criteria of what is prohibited on these days. They take into account issues such as when does a certain labor constitute degrading the Festival by treating it as a non-sacred day, and when, due to a specific need or for the purpose of enjoyment of the Festival, is it permitted to perform that labor? These same considerations play a role in determining what is permitted during the period of mourning. These days do not have a fundamental prohibition against labor, but rather one has an obligation to direct his attention to mourning and not turn them into ordinary days of routine where he is occupied with his normal work and occupations and cannot give appropriate attention to his mourning.

As there are no comprehensive categories governing the prohibition of labor on these days, the Sages were forced to establish many isolated *halakhot* that address specific situations. The Gemara in one place calls these: Sterile *halakhot*,[5] in that each instance must be addressed separately: Does this activity involve a desecration of the Festival either due to excessive exertion or by resembling an activity performed on weekdays that would make this day seem ordinary and routine? Additional considerations include the indispensable needs of the individual and of society, and considerations such as the unrecoverable loss that will be incurred by not working on the Festival. Therefore, this tractate contains many individualized rulings which do not fit under one rubric.

Due to the fact that so many activities were permitted, the Sages wondered if it would not be better to simply cancel the prohibition of work on the intermediate days of the Festival completely. As these celebratory days did not have any specific ritual obligations, there was concern that they would turn into sole days of idleness.[6] In certain places the Sages in fact drastically limited the scope of the prohibitions of the intermediate days of the Festival.[7]

In a similar vein, the *halakhot* of mourning, despite the fact that many of them are mentioned in the Torah and books of the prophets, were never formulated as obligatory commandments. Rather, the Sages consolidated all of the traditions and early customs[8] within general parameters. The *halakhot* of mourning establish a specific and defined framework for the expression of sorrow and mourning, the role of which is to provide an opportunity to feel and recognize the extent of the loss, while at the same time limiting the flow of emotions so that they do not destabilize the progression of life. The exemption of acute mourners from all positive commandments as well as the prohibition of labor for all mourners was intended to allow them to deal with the burial of the deceased in a proper and respectful way, as well as to provide time and space for thinking about and feeling the loss of the deceased, expressing sorrow over this loss, and receiving comfort from others.

Another aspect of the *halakhot* of mourning involves the public expression of the pain and loss: The mourner is required to rend his clothes, sit on the ground, and overturn his bed. Furthermore, the mourner is required to refrain from both pleasure and expressions of human grandeur: The prohibition against taking haircuts and doing laundry is an expression of the former, and the prohibition against donning phylacteries during the first day of mourning is an example of the latter.

The *halakhot* of ostracism, which are explored in depth in this tractate, are related to the *halakhot* of mourning. Excommunication and ostracism are not simply punishments involving social isolation; they are a form of banishment that requires one to act as though in mourning. Many of these *halakhot* are derived from and connected to those of a leper, who in a certain respect is ostracized and in mourning as well.

There is another point of contact between the *halakhot* of mourning and those of the intermediate days of the Festival: When the period of mourning overlaps with Shabbat and Festivals. This raises the difficulty of the conflict between the commandments of rejoicing and delight on these days with the obligation to feel sorrow and mourning. Essentially, it was determined that the general obligations of taking delight in Shabbat and rejoicing on the Festival cancel the obligation of outward expression of personal mourning.

There are three chapters in tractate *Moed Katan*. The first two mainly discuss the *halakhot* of the intermediate days of the Festival, while the third focuses on the *halakhot* of mourning, ostracism, and excommunication. Although this division is not absolute, as the Talmud often merges the discussion of various topics, each chapter has specific topics to which the discussion therein is dedicated:

Chapter One discusses the activities that are prohibited during the course of the Festival, both those that are prohibited because they are considered work and those that would minimize the joy of the Festival.

Chapter Two deals with the details of work that is permitted on the Festival due to the financial loss that would be incurred by abstaining from this work and due to other considerations.

Chapter Three briefly addresses the *halakhot* of shaving and writing during the Festival. The main discussion, however, revolves around a comprehensive analysis of the *halakhot* of mourning and the *halakhot* of ostracism and excommunication. Additionally, this chapter takes a brief look at the related *halakhot* of leprosy.

NOTES

1. In earlier generations, this tractate was referred to only as *Moed*, but it was changed to *Moed Katan* in order to distinguish between the tractate and the order *Moed*. In many earlier sources, *Moed Katan* is referred to as *Mashkin*, its opening word.
2. The statement in the mishna that one who disparages the Festivals has no part in the World-to-Come (*Avot* 3:11) should be understood to refer to the intermediate days of the Festivals, and is a condemnation of one who acts as though they are ordinary weekdays.
3. There is a dispute among the early commentaries as to whether the *halakhot* of the intermediate days of the Festival and the *halakhot* of mourning contain an element that is based on Torah law, or if their authority is entirely by rabbinic law.
4. *Ḥagiga* 18a.
5. *Moed Katan* 12a.
6. Jerusalem Talmud, *Moed Katan* 2:3.
7. See B.M. Levin, *Compendium of Differences in Custom between the Land of Israel and Babylonia*. Jerusalem: 1942 (Hebrew).
8. Some of these are mentioned in the book of Genesis, chapters 23 and 50.

Introduction to **Perek I**

These are the appointed seasons of the Lord, which you shall proclaim to be holy convocations, to bring an offering made by fire unto the Lord, a burnt-offering, and a meal-offering, a sacrifice, and drink-offerings, each on its own day.

(Leviticus 23:37)

And on the fifteenth day of this month shall be a feast; seven days shall unleavened bread be eaten. The first day shall be a holy convocation; you shall do no manner of servile work.

(Numbers 28:17–18)

And on the fifteenth day of the seventh month you shall have a holy convocation; you shall do no manner of servile work, and you shall keep a feast unto the Lord seven days.

(Numbers 29:12)

The unique status of the intermediate days of the Festival, in that they are not full-fledged Festivals but at the same time are not ordinary weekdays, requires specific categories and halakhic definitions with regard to which activities are prohibited and which are permitted on those days. The central question clarified in this chapter is: Which labors are prohibited or permitted on the intermediate days of the Festival?

It is clear that there is no absolute prohibition against performing labor on these days, and therefore one cannot issue a blanket ban on all work during this time. On the other hand, it is necessary to maintain the special and holy nature of these days, as they are called "appointed seasons," and therefore should not be desecrated by being treated as workdays. As all agree that there are no clear principles set out in the Torah with regard to these issues, and the Bible delegated them to the Sages (*Ḥagiga* 18a), it is necessary to clarify the criteria the Sages established with regard to the work that is prohibited or permitted on the intermediate days of the Festival, while comparing them to similar areas of *halakha* such as the agricultural labors of the Sabbatical Year.

Another aspect that requires explication is how to achieve the sanctity and celebration of the intermediate days of the Festival. As these weekdays occur within a period of festivity, nested between two Festivals, the commandment: "And you shall rejoice in your feast" (Deuteronomy 16:14) applies to them as well. This principle determines which activities should be avoided during the intermediate days of the Festival due to the fact that they interfere with the holiness and celebration of the time. This is either because the activity disrupts the rejoicing of the Festival by introducing other components that distract from the essence of the day or because it contains elements of grief and mourning that are inappropriate for times of celebration.

The elucidation of these issues is the topic of this chapter.

מתני׳ מַשְׁקִין בֵּית הַשְּׁלָחִין בַּמּוֹעֵד וּבַשְּׁבִיעִית, בֵּין מִמַּעְיָין שֶׁיָּצָא בַּתְּחִילָּה, בֵּין מִמַּעְיָין שֶׁלֹּא יָצָא בַּתְּחִילָּה. אֲבָל אֵין מַשְׁקִין לֹא מִמֵּי הַגְּשָׁמִים, וְלֹא מִמֵּי הַקִּילוֹן.

MISHNA **One may irrigate**[N] **a field that requires irrigation**[N] on **the intermediate days of a Festival**[H] **as well as during the Sabbatical Year,**[H] **both from a newly emerged spring** that began to flow only during the Festival, **and from a spring that did not just emerge** and that has been flowing for some time. **However, one may not irrigate** a field **with rainwater** collected in a cistern, a procedure that requires excessive exertion, **or with water drawn with a shadoof** [***kilon***],[LBN] a lever used to raise water with a bucket from deep down in a well.

וְאֵין עוֹשִׂין עוּגִיּוֹת לַגְּפָנִים. רַבִּי אֶלְעָזָר בֶּן עֲזַרְיָה אוֹמֵר: אֵין עוֹשִׂין אֶת הָאַמָּה בַּתְּחִילָּה בַּמּוֹעֵד וּבַשְּׁבִיעִית. וַחֲכָמִים אוֹמְרִים: עוֹשִׂין אֶת הָאַמָּה בַּתְּחִילָּה בַּשְּׁבִיעִית, וּמְתַקְּנִין אֶת הַמְקוּלְקָלוֹת בַּמּוֹעֵד.

And one may not construct circular ditches around the bases **of grapevines** on the intermediate days of a Festival. **Rabbi Elazar ben Azarya says: One may not construct a new** water **channel during** the intermediate days of **a Festival or during the Sabbatical Year. And the Rabbis say: One may construct a new** water **channel during the Sabbatical Year**[H] **and one may repair damaged** water channels **during** the intermediate days of **a Festival.**

וּמְתַקְּנִין אֶת קִלְקוּלֵי הַמַּיִם שֶׁבִּרְשׁוּת הָרַבִּים, וְחוֹטְטִין אוֹתָן, וּמְתַקְּנִין אֶת הַדְּרָכִים וְאֶת הָרְחוֹבוֹת וְאֶת מִקְווֹת הַמַּיִם, וְעוֹשִׂין כָּל צוֹרְכֵי הָרַבִּים, וּמְצַיְּינִין אֶת הַקְּבָרוֹת, וְיוֹצְאִין אַף עַל הַכִּלְאַיִם.

In addition to performing labor on one's own property in order to avoid financial loss, it is also permitted to perform labor on the intermediate days of a Festival for the public welfare: **One may repair damaged water** cisterns[N] **that are in the public domain, and clean them out** by removing the dirt and sediment that accumulated there; **one may repair roads, streets,**[N] **and ritual baths; and one may tend to all** other **public needs.**[H] So too, **one may mark graves** to inform the public of their ritual impurity, **and** inspectors **may even go out** to uproot **the** shoots of prohibited **diverse kinds** [***kilayim***][B] that grew in the fields during the rainy season.

LANGUAGE

Shadoof [*kilon*] – קִילוֹן: From the Greek κηλῶν, *kèlon*, a mechanical device for drawing water operated by a lever. In the Gemara, *kilon* water refers to water that is not directly accessible and can be drawn only by means of a *kilon*.

BACKGROUND

Shadoof [*kilon*] – קִילוֹן: The *kilon* was generally constructed with a long rod that served as a lever to draw water primarily from streams or irrigation canals.

Shadoof

Diverse kinds [*kilayim*] – כִּלְאַיִם: This general term refers to many types of prohibited mixtures: Mixtures of wool and linen, crossbreeding of livestock, food crops in a vineyard, and a mixture of seeds. The mishna is discussing the prohibition against planting a mixture of seeds, i.e., planting different species of crops in one area of the same field.

NOTES

One may irrigate – מַשְׁקִין: This tractate opens with the *halakhot* concerning working the land on the intermediate days of a Festival. As some Sages rendered prohibited all agricultural labor, there is consequently a novelty in the leniency presented here (*Tal Ḥayyim*).

A field that requires irrigation – בֵּית הַשְּׁלָחִין: Opinions differ as to the precise meaning of a field that requires irrigation. Some explain that it refers exclusively to a field of grain, and not to an orchard (Rif). Others say that it refers specifically to a vegetable garden (Rid; Rid the Younger). Yet others say that it is referring to both a vegetable garden and a field of grain (Ritva; Meiri). Many early authorities maintain that orchards are also included in the definition.

Shadoof [*kilon*] – קִילוֹן: Some commentaries explain *kilon* to mean a deep channel (*Arukh*; Ran). Others say that it is called *kilon* because a bucket, *kulta* in Aramaic, is used to draw water from it (Rif; *Nimmukei Yosef*; Ritva). Following Rav Hai Gaon, the Meiri explains that a *kilon* is a deep, covered channel from which water is drawn through special openings.

Damaged water cisterns – קִלְקוּלֵי הַמַּיִם: Some explain that the reference is to water cisterns that were damaged (*Talmid Rabbeinu Yeḥiel of Paris*). This also fits in with the Ra'avad's version of the text of the Gemara, in which the word *kilkulei* is spelled with two *kafs*, and, therefore is referring to ducts through which water is channeled to provide for municipal needs (see Meiri). Others explain, according to the standard text in which the word is spelled with two *kufs*, that this is referring to the sewage system through which unclean water flows (Rif; Ritva).

Streets – רְחוֹבוֹת: This term includes the city plazas where business is conducted. However, others say that it is referring to the lots behind houses where children play (*Talmid Rabbeinu Yeḥiel of Paris*).

HALAKHA

Irrigation on the intermediate days of a Festival – הַשְׁקָיָה בַּמּוֹעֵד: On the intermediate days of a Festival, one may not irrigate a field that suffices with rainwater, as the labor enhances, rather than maintains, the land. If a field requires irrigation, and one has begun to irrigate it before the Festival, one may continue to water the field on the intermediate days of a Festival. This is due to the fact that insufficient irrigation would lead to a significant loss. Even in the case of a field that requires irrigation, watering is permitted only when it does not entail excessive exertion, as in the case where one irrigates the field from a spring. One may not draw water from the spring with a bucket (*Magen Avraham*). It is also prohibited to irrigate with rainwater collected in a cistern, which must be drawn with a bucket (*Shulḥan Arukh, Oraḥ Ḥayyim* 537:1–2).

Irrigation during the Sabbatical Year – הַשְׁקָיָה בַּשְּׁבִיעִית: A field that requires irrigation may be watered during the Sabbatical Year so that the trees will not be ruined (Rambam *Sefer Zera'im, Hilkhot Shemitta VeYovel* 1:8).

Working the land during the Sabbatical Year – עֲבוֹדַת קַרְקַע בַּשְּׁבִיעִית: One is permitted to perform agricultural labor during the Sabbatical Year if it serves to preserve, rather than enhance, the trees or plants. This includes activities such as digging and repairing water channels, as will be explained in the Gemara (Rambam *Sefer Zera'im, Hilkhot Shemitta VeYovel* 1:9).

One may tend to all other public needs – עוֹשִׂין כָּל צוֹרְכֵי הָרַבִּים: Public needs may be tended to during the intermediate days of a Festival. Therefore, one may repair roads, damaged water systems, and public ritual baths, as well as mark graves. The Rema adds that tasks that do not fulfill bodily needs, such as building a synagogue, should not be performed during the intermediate days of a Festival (*Shulḥan Arukh, Oraḥ Ḥayyim* 544:1).

גמ׳ הַשְׁתָּא יֵשׁ לוֹמַר מִמַּעְיָן שֶׁיָּצָא בַּתְּחִילָּה, דְּאָתֵי לְאִינְפּוּלֵי – מַשְׁקִין, מִמַּעְיָן שֶׁלֹּא יָצָא בַּתְּחִילָּה, דְּלָא אָתֵי לְאִינְפּוּלֵי, מִיבַּעְיָא?

GEMARA The Gemara begins by questioning the wording of the mishna: **Now that it has been said** that on the intermediate days of a Festival **one may irrigate** a field **from a newly emerged spring,** whose walls have not yet stabilized and are **likely to collapse,**[N] necessitating laborious repairs, **is it necessary** to mention that one may irrigate a field **from a spring that did not just emerge,** whose walls have already stabilized **and are** therefore **not likely to collapse?**

אָמְרִי: אִצְטְרִיךְ; אִי תָּנָא מַעְיָן שֶׁיָּצָא בַּתְּחִילָּה – הֲוָה אָמִינָא: הָכָא הוּא דְּבֵית הַשְּׁלָחִין – אִין, בֵּית הַבַּעַל – לָא, מִשּׁוּם דְּאָתֵי לְאִינְפּוּלֵי. אֲבָל מַעְיָן שֶׁלֹּא יָצָא בַּתְּחִילָּה, דְּלָא אָתֵי לְאִינְפּוּלֵי, אֵימָא אֲפִילּוּ בֵּית הַבַּעַל נַמִי.

The Gemara answers: **They say** that **it was necessary** to mention the second case as well. For **had** the *tanna* **taught** us the *halakha* with regard to only **a newly emerged spring, I would have said** that **here,** in the case of **a field that requires irrigation, yes,** one is permitted to irrigate from such a spring, but in the case of **a field that** ordinarily **suffices with rainwater, no,** one is not permitted to do so, **because it is likely to collapse. But** with regard to **a spring that did not just emerge, that is not likely to collapse, I** might **say that** one may provide supplementary irrigation **even** in the case of **a field that** ordinarily **suffices with rainwater.**

קָא מַשְׁמַע לָן: לָא שְׁנָא מַעְיָן שֶׁיָּצָא בַּתְּחִילָּה, וְלָא שְׁנָא מַעְיָן שֶׁלֹּא יָצָא בַּתְּחִילָּה, בֵּית הַשְּׁלָחִין – אִין, בֵּית הַבַּעַל – לָא.

Therefore, the *tanna* **teaches us** that **a newly emerged spring is no different** from **a spring that did not just emerge.** In the case of **a field that requires irrigation, yes,** one may irrigate on the intermediate days of a Festival, while in the case of **a field that** ordinarily **suffices with rainwater, no,** one may not do so, even from an established spring.

וּמַאי מַשְׁמַע דְּהַאי בֵּית הַשְּׁלָחִין לִישָּׁנָא דְּצַחוּתָא הִיא? דִּכְתִיב: ״וְאַתָּה עָיֵף וְיָגֵעַ״ וּמְתַרְגְּמִינַן: וְאַתְּ מְשַׁלְהֵי וְלָאֵי.

The Gemara raises a question with regard to a linguistic issue: **And from where** may it **be inferred that this** term, ***beit hashelaḥin,*** a field that requires irrigation, **is a term** denoting **thirst,**[N] implying that supplementary watering is necessary? The Gemara answers: **As it is written: "And you were faint and weary"** (Deuteronomy 25:18). The term faint is referring to the thirst of the Israelites in the desert. **And,** in the standard Aramaic translation, **we translate** the verse as: **And you were thirsty** [*meshalhei*] **and weary.** The letters *ḥet* and *heh* are sometimes interchanged, and therefore the term *beit hashelaḥin* connotes a thirsty field.

וּמַאי מַשְׁמַע דְּהַאי בֵּית הַבַּעַל לִישָּׁנָא דְּמִיַּיתְבוּתָא הִיא? דִּכְתִיב: ״כִּי יִבְעַל בָּחוּר בְּתוּלָה״, וּמְתַרְגְּמִינַן: אֲרֵי כְּמָה דְּמִיתּוֹתַב עוּלֵּם עִם בְּתוּלְתָּא יִתְיַיתְּבוּן בְּגַוִּיךְ בְּנָיִךְ.

And from where may it **be inferred that this** term, ***beit haba'al,*** a field that suffices with rainwater, **is a term denoting settlement,**[N] i.e., an established field that does not require extensive upkeep? **As it is written: "For as a young man takes to himself** [*yiv'al*] **a virgin,** so shall your sons take you to themselves" (Isaiah 62:5). **And it is translated** in the Aramaic translation: **As a young man settles down with a virgin, so shall your sons become settled within you.** Similarly, *beit haba'al* is referring to a settled field that suffices with rainwater.

מַאן תָּנָא דִּפְסֵידָא – אִין, הַרְוָוחָה – לָא, וַאֲפִילּוּ בִּמְקוֹם פְּסֵידָא מִיטְרַח נַמִי לָא טָרְחִינַן?

The Gemara begins to clarify the underlying principle of the mishna, asking: **Who is the** anonymous ***tanna***[N] of the mishna who maintains **that** labor performed to prevent a considerable **loss,** such as watering a field that requires irrigation, **yes,** it is permitted on the intermediate days of a Festival; but labor performed to increase one's **profit,** such as watering a field that ordinarily suffices with rainwater, **no,** it is not permitted? Furthermore, **even in a case** involving **loss, one may not** excessively **exert** oneself, as the *tanna* of the mishna renders prohibited all cases of watering fields with collected rainwater or with water drawn with a shadoof, even in a field that requires irrigation.

אָמַר רַב הוּנָא: רַבִּי אֱלִיעֶזֶר בֶּן יַעֲקֹב הִיא. דִּתְנַן, רַבִּי אֱלִיעֶזֶר בֶּן יַעֲקֹב אוֹמֵר: מוֹשְׁכִין אֶת הַמַּיִם מֵאִילָן לְאִילָן, וּבִלְבַד שֶׁלֹּא יַשְׁקֶה אֶת הַשָּׂדֶה כּוּלָּהּ.

Rav Huna said: It is Rabbi Eliezer ben Ya'akov, as we learned in a mishna: **Rabbi Eliezer ben Ya'akov says:** In a field filled with trees, **one may draw water** via channels **from tree to tree, provided that** in doing so **he does not water the entire field.**[N] As this field ordinarily suffices with rainwater, it is prohibited to water the entire field. Therefore, it is evident that Rabbi Eliezer ben Ya'akov renders prohibited work performed to increase profit on the intermediate days of a Festival.

NOTES

Likely to collapse – דְּאָתֵי לְאִינְפּוּלֵי: Most commentaries explain that if the walls of this new spring were to collapse, the field's owner would be forced to exert himself excessively on the Festival. Others add that if the walls of the irrigation channel were to collapse, the efforts that the owner had already invested would have been for naught, as he would be unable to utilize the spring (Ritva).

A term denoting thirst – לִישָּׁנָא דְּצַחוּתָא: Some commentaries note that the Gemara in tractate *Bava Batra* (68a) discusses the meaning of the term *beit hashelaḥin*, translated here as a field that requires irrigation, and offer various biblical sources: "Your shoots [*shelaḥayikh*] are like an orchard of pomegranates" (Song of Songs 4:13), and "Who sends [*shole'aḥ*] water upon the fields" (Job 5:10). Some explain that in the context of that tractate the Gemara seeks to demonstrate that the term *beit hashelaḥin* is referring to a specific type of field, whereas here the Gemara cites a source to indicate that any field that requires irrigation is a *beit hashelaḥin* with regard to the *halakhot* discussed in the mishna (see *Talmid Rabbeinu Yeḥiel of Paris*, Rabbi Shlomo ben HaYatom, Ritva, and Meiri).

A term denoting settlement – לִישָּׁנָא דְּמִיַּיתְבוּתָא: Some explain this derivation as follows: Similar to a young man who is pleased with his wife, a field referred to as a *beit haba'al* is a field whose owners are pleased with it and have no worries, as it has all the water it needs (Ran; Ritva).

Who is the *tanna* – מַאן תָּנָא: A parallel discussion in the Jerusalem Talmud does not reach a clear conclusion with regard to the opinion of the anonymous *tanna* of the mishna in a case of excessive exertion to avoid financial loss. There is even an opinion cited in that discussion that attributes the mishna to Rabbi Meir, who holds that one may even use a new spring to irrigate a field that is not dependent upon irrigation.

One may draw…provided that he does not water the entire field – מוֹשְׁכִין...וּבִלְבַד שֶׁלֹּא יַשְׁקֶה אֶת הַשָּׂדֶה כּוּלָּהּ: The commentaries dispute what type of field this is referring to. Rashi explains that the reference is to a field that suffices with rainwater. The Ra'avad and Ran maintain that it is referring to a field that requires irrigation, where there are trees but not vegetables growing.

אֵימוֹר דְּשָׁמְעַתְּ לֵיהּ לְרַבִּי אֱלִיעֶזֶר הַרְוָוחָה דְּלָא, טִירְחָא בִּמְקוֹם פְּסֵידָא מִי שְׁמַעַתְּ לֵיהּ?

The Gemara challenges this comparison: **Say that you heard** that **Rabbi Eliezer** ben Ya'akov holds that labor performed only to increase **profit is not** permitted.[N] But **did you hear him** prohibit excessive **exertion in a case of** considerable **loss?** This aspect of the mishna finds no expression in the words of Rabbi Eliezer ben Ya'akov.

אֶלָּא אָמַר רַב פַּפָּא: הָא מַנִּי – רַבִּי יְהוּדָה הִיא, דְּתַנְיָא: מַעְיָן הַיּוֹצֵא בַּתְּחִילָּה מַשְׁקִין מִמֶּנּוּ אֲפִילּוּ שְׂדֵה בֵּית הַבַּעַל, דִּבְרֵי רַבִּי מֵאִיר. רַבִּי יְהוּדָה אוֹמֵר: אֵין מַשְׁקִין אֶלָּא שְׂדֵה בֵּית הַשְּׁלָחִין שֶׁחָרְבָה. רַבִּי אֶלְעָזָר בֶּן עֲזַרְיָה אוֹמֵר: לֹא כָּךְ וְלֹא כָּךְ. יָתֵר עַל כֵּן אָמַר רַבִּי יְהוּדָה: לֹא יְפַנֶּה אָדָם אַמַּת הַמַּיִם וְיַשְׁקֶה לְגִינָּתוֹ וּלְחוּרְבָּתוֹ בְּחוּלּוֹ שֶׁל מוֹעֵד.

Rather, Rav Pappa said: In accordance with **whose** opinion **is this** mishna? **It is** in accordance with the opinion of **Rabbi Yehuda, as it is taught** in a *baraita*: **From a newly emerged spring one may irrigate even a field that** ordinarily **suffices with rainwater;** this is **the statement of Rabbi Meir. Rabbi Yehuda says: One may irrigate only a field requiring irrigation that dried up** and needs water. **Rabbi Elazar ben Azarya says: Neither the one nor the other. Furthermore, Rabbi Yehuda said:** Owing to the exertion involved, **one may not divert a water channel** from its regular path in order **to water his garden**[N] **or his ruin,** which is now being used for planting, **during the intermediate days of a Festival.**

מַאי חָרְבָה? אִילֵימָא חָרְבָה מַמָּשׁ – לָמָּה לִי דְּמַשְׁקֵי לָהּ? אָמַר אַבַּיֵּי: שֶׁחָרְבָה מִמַּעְיָן זֶה, וְיָצָא לָהּ מַעְיָן אַחֵר.

The Gemara first clarifies the case of the *baraita*: **What** does Rabbi Yehuda mean when he speaks of a field that **is dried up? If we say** that the field is **literally dried up** and the plants are already parched, **why do I need to water it? Abaye said:** It means that **the one spring** from which the field had been irrigated until now **dried up, but** in the meantime **another spring emerged.** If the field is not irrigated from this spring, it will be ruined.

רַבִּי אֶלְעָזָר בֶּן עֲזַרְיָה אוֹמֵר לֹא כָּךְ וְלֹא כָּךְ. לָא שְׁנָא חָרַב מַעְיָינָהּ וְלָא שְׁנָא לָא חָרַב מַעְיָינָהּ, מַעְיָן שֶׁיָּצָא בַּתְּחִילָּה – לֹא.

The Gemara explains the next clause of the *baraita*, which states: **Rabbi Elazar ben Azarya says: Neither the one nor the other.** By this he means that **it is no different** whether **the** original **spring dried up or did not dry up.** The guiding principle is: From **a newly emerged spring** one may **not** irrigate even a field that requires irrigation.

וּמִמַּאי? דִּלְמָא עַד כָּאן לָא קָאָמַר רַבִּי יְהוּדָה בֵּית הַשְּׁלָחִין אִין, בֵּית הַבַּעַל לָא – אֶלָּא מַעְיָן שֶׁיָּצָא בַּתְּחִילָּה,

In any event, Rabbi Yehuda seems to maintain an opinion that is like that of the mishna, i.e., that only a field that requires irrigation may be watered, but not a field that suffices with rainwater. And even in the case of a field that requires irrigation, excessive exertion is prohibited. The Gemara challenges this understanding: **And from where** do you conclude that the mishna reflects the opinion of Rabbi Yehuda? **Perhaps Rabbi Yehuda stated** that **a field that requires irrigation, yes,** one may irrigate it on the intermediate days of a Festival, and **a field that suffices with rainwater, no,** one may not do so, **only** with regard to **a newly emerged spring,**[N]

NOTES

Profit is not permitted – הַרְוָוחָה דְּלָא: Some read this sentence together with the next word, exertion [*tirḥa*], forming a phrase that means: Say that you heard that Rabbi Eliezer ben Ya'akov holds that labor done to increase profit without exertion is not permitted, but did you hear him prohibit labor done to prevent financial loss? Labor done in this circumstance should be permitted even if it involves exertion (see Ran). They explain that an orchard requires little water, and therefore one can profit without significant exertion by allowing the water collecting around one tree to flow to the others (*Peirush*).

Divert…to water his garden – יְפַנֶּה...וְיַשְׁקֶה לְגִינָּתוֹ: This is referring to a garden that suffices with rainwater (Rashi on Rif). However, *Tosafot* and the Ran hold that it is a field that requires irrigation.

Perhaps…Rabbi Yehuda stated a distinction…only with regard to a newly emerged spring – דִּלְמָא...לָא קָאָמַר רַבִּי יְהוּדָה...אֶלָּא מַעְיָן שֶׁיָּצָא בַּתְּחִילָּה: This is a logical assumption, as Rabbi Yehuda's statement is a continuation of a *baraita* that discusses a newly emerged spring (*Talmid Rabbeinu Yeḥiel of Paris*).

Perek **I**
Daf **2** Amud **b**

דִּלְמָא אָתֵי לְאִינְפּוּלֵי. אֲבָל מַעְיָן שֶׁלֹּא יָצָא בַּתְּחִילָּה, דְּלָא אָתֵי לְאִינְפּוּלֵי – אֲפִילּוּ בֵּית הַבַּעַל נַמִי.

as it is likely to collapse. But in the case of **a spring that did not just emerge, which is not likely to collapse** because its walls have already stabilized, **even a field that** ordinarily **suffices with rainwater** may be irrigated.

אִם כֵּן מַתְנִיתִין אַמַּאן תְּרַמְיֵיהּ? אֶלָּא: לְרַבִּי יְהוּדָה לָא שְׁנָא מַעְיָן שֶׁיָּצָא בַּתְּחִילָּה וְלָא שְׁנָא מַעְיָן שֶׁלֹּא יָצָא בַּתְּחִילָּה, בֵּית הַשְּׁלָחִין – אִין, בֵּית הַבַּעַל – לָא. וְהַאי דְּקָתָנֵי מַעְיָן שֶׁיָּצָא בַּתְּחִילָּה – לְהוֹדִיעֲךָ כֹּחוֹ דְּרַבִּי מֵאִיר, דַּאֲפִילּוּ מַעְיָן הַיּוֹצֵא בַּתְּחִילָּה מַשְׁקִין מִמֶּנּוּ אֲפִילּוּ שְׂדֵה הַבַּעַל.

The Gemara asks: **If** that were **so,** then **to whom,** i.e., to which *tanna*, **would you attribute** the mishna?[N] According to this interpretation, the mishna does not correspond to any opinion, while according to the previous interpretation, it corresponds to the opinion of Rabbi Yehuda. **Rather,** it must be that according to the opinion of **Rabbi Yehuda, a newly emerged spring is no different from a spring that did not just emerge. A field that requires irrigation, yes,** it may be irrigated, while **a field that suffices with rainwater, no,** it may not be irrigated. **And the** *baraita* opted **to teach** this dispute in the case of **a newly emerged spring** in order **to convey the far-reaching nature of** the opinion **of Rabbi Meir,** which states that **one may irrigate even from a newly emerged spring,** and **even a field that suffices with rainwater.**

NOTES

To whom would you attribute the mishna – מַתְנִיתִין אַמַּאן תְּרַמְיֵיהּ: There are no other known tannaitic opinions on the topic of watering fields during the intermediate days of a Festival. Since it is difficult to assert that the mishna is an additional opinion unlike other known opinions (see Meiri), it is preferable to suggest that Rabbi Yehuda's ruling in the *baraita* is not limited to a newly emerged spring, so that his opinion, which is already quite similar to the ruling of the mishna, is entirely consistent with the mishna (see *Tosafot*).

אִתְּמַר, הַמְנַכֵּשׁ וְהַמַּשְׁקֶה מַיִם לִזְרָעִים בְּשַׁבָּת, מִשּׁוּם מַאי מַתְרִינַן בֵּיהּ? רַבָּה אָמַר: מִשּׁוּם חוֹרֵשׁ; רַב יוֹסֵף אָמַר: מִשּׁוּם זוֹרֵעַ.

§ **It was stated** that the *amora'im* disputed the following question: With regard to **one who weeds or one who waters seedlings on Shabbat,**[H] **for what** prohibited labor **do we forewarn him?**[N] Judicial punishment may be administered to a sinner only if he has been forewarned by two witnesses prior to the commission of his offense. This forewarning must include the specific transgression being violated, and on Shabbat it must include the specific category of prohibited labor that the action involves. **Rabba said:** It is **due to** the prohibition against **plowing. Rav Yosef said:** It is **due to** the prohibition against **sowing.**[N]

אָמַר רַבָּה: כְּוָותִי דִּידִי מִסְתַּבְּרָא, מַה דַּרְכּוֹ שֶׁל חוֹרֵשׁ – לְרַפּוּיֵי אַרְעָא, הַאי נַמִּי מְרַפּוּיֵי אַרְעָא. אָמַר רַב יוֹסֵף: כְּוָותִי דִּידִי מִסְתַּבְּרָא, מַה דַּרְכּוֹ שֶׁל זוֹרֵעַ – לְצַמּוּחֵי פֵּירָא, הָכָא נַמִּי מְצַמַּח פֵּירָא.

Rabba said: According to my opinion it **is reasonable. Just as the** usual objective **of plowing is to loosen the earth, so too, this,** weeding or watering, **loosens the earth. Rav Yosef said: According to my** opinion, it **is reasonable. Just as the** usual objective **of sowing is to cause the fruit to grow, here too,** weeding or watering **causes the fruit to grow.**

אֲמַר לֵיהּ אַבַּיֵי לְרַבָּה: לְדִידָךְ קַשְׁיָא, וּלְרַב יוֹסֵף קַשְׁיָא. לְדִידָךְ קַשְׁיָא: מִשּׁוּם חוֹרֵשׁ אִין, מִשּׁוּם זוֹרֵעַ לָא? לְרַב יוֹסֵף קַשְׁיָא: מִשּׁוּם זוֹרֵעַ אִין, מִשּׁוּם חוֹרֵשׁ לָא?

Abaye said to Rabba: According to your opinion, it is **difficult, and according to** the opinion of **Rav Yosef,** it is **difficult.** Abaye explains: **According to your** opinion, it is **difficult:** Is it true that **for** the prohibition against **plowing, yes,** he is forewarned, but **for** the prohibition against **sowing, no,** he is not forewarned? Similarly, **according to** the opinion of **Rav Yosef, it is difficult:** Can it be that **for** the prohibition against **sowing, yes,** he is forewarned, but **for** the prohibition against **plowing, no,** he is not forewarned? Everyone should agree that weeding and watering fall under the categories of both plowing and sowing.

וְכִי תֵּימָא כׇּל הֵיכָא דְּאִיכָּא תַּרְתֵּי לָא מִיחַיַּיב אֶלָּא חֲדָא, וְהָאָמַר רַב כָּהֲנָא: זוֹמֵר וְצָרִיךְ לָעֵצִים – חַיָּיב שְׁתַּיִם, אַחַת מִשּׁוּם נוֹטֵעַ וְאַחַת מִשּׁוּם קוֹצֵר.

And if you say that anywhere that there are two possible categories of prohibited labor into which a particular action might fall, **one is liable** to be punished **for only one** of them, **didn't Rav Kahana say:** If **one prunes**[B] the branches of a vine on Shabbat **and he needs the wood**[H] for firewood or any other purpose, **he is liable** to bring **two** sin-offerings? He is liable to bring **one** sin-offering **for** violating the primary category of **sowing,** as pruning vines facilitates their growth, and so it is a sub-category of sowing. **And** he is liable to bring **one** sin-offering **for** violating the primary category of **reaping,** as the essence of reaping is detaching that which one needs from the ground. Since he needs the wood that he is detaching from the vine, his action is considered reaping. Consequently, one action that incorporates two prohibited labors causes liability for both.

קַשְׁיָא.

The Gemara concludes: Indeed, it is **difficult**[N] according to both opinions.

HALAKHA

One who weeds or one who waters seedlings on Shabbat – הַמְנַכֵּשׁ וְהַמַּשְׁקֶה מַיִם לִזְרָעִים בְּשַׁבָּת: One who weeds beneath trees in order to facilitate their growth (*Leḥem Mishne*) or who waters plants on Shabbat violates a subcategory of the prohibited labor of sowing, in accordance with the opinion of Rav Yosef (*Maggid Mishne*; Rambam *Sefer Zemanim*, *Hilkhot Shabbat* 8:1–2).

If one prunes the branches of a tree and he needs the wood – זוֹמֵר וְצָרִיךְ לָעֵצִים: If one unwittingly prunes a tree on Shabbat in a case where the pruning facilitates the growth of the tree, and he needs the wood that he prunes, he is liable to bring two sin-offerings, one for the prohibited labor of reaping and one for the prohibited labor of sowing, in accordance with the opinion of Rav Kahana (Rambam *Sefer Zemanim*, *Hilkhot Shabbat* 8:4).

NOTES

For what prohibited labor do we forewarn him – מִשּׁוּם מַאי מַתְרִינַן בֵּיהּ: Since weeding and watering plants are not explicitly mentioned in the Torah, and are also not listed among the thirty-nine primary categories of labor prohibited on Shabbat, the transgressor might think that they constitute labors prohibited merely by rabbinic decree, not by Torah law. Therefore, the name of the primary labor whose category includes weeding and watering must be mentioned in the warning (Rid; *Talmid Rabbeinu Yeḥiel of Paris*).

The dispute between Rabba and Rav Yosef – מַחֲלוֹקֶת רַבָּה וְרַב יוֹסֵף: *Tosafot* explain that their dispute is whether an activity is categorized based upon the nature of the action one performs or based upon the purpose of that action. The Ritva offers a different explanation, that the dispute is whether to define the action based upon what occurs at the time of the action or based upon the eventual result.

It is difficult – קַשְׁיָא: Many delete this phrase from the text of the Gemara, because as a principle, the Gemara does not challenge the opinion of one *amora* with the opinion of another (see *Tosafot*). Some say that because Rav Kahana was the greatest Sage of his generation, and his opinions were widely accepted, his statements are considered like those of a *tanna* and there is no need to delete the phrase. Nevertheless, the Gemara did not deem Rav Kahana's statement a conclusive refutation of the opinions of Rabba and Rav Yosef, because Rabba and Rav Yosef maintain that a Festival is different from Shabbat, and one is not liable to be punished separately for the performance of each one of multiple primary categories of labor. Indeed, the Ritva cites a version of the text that indicates that the Gemara is referring to one who performs these activities on a Festival and not on Shabbat. Alternatively, according to the Rashbam (*Bava Batra* 52b), although the Gemara does challenge the opinion of one *amora* on the basis of the opinion of a more authoritative *amora*, such a challenge can never serve as a conclusive refutation of the ruling of the other *amora*.

BACKGROUND

If one prunes – זוֹמֵר: Pruning, which was performed primarily on grapevines, is done in order to strengthen the vine. A grapevine that is not pruned will not grow well the following year and will not produce good fruit. Consequently, the purpose of such pruning is to facilitate the vine's growth.

Pruned vines

אִיתִיבֵיהּ רַב יוֹסֵף לְרַבָּה: הַמְנַכֵּשׁ וְהַמְחַפֶּה לְכִלְאַיִם – לוֹקֶה. רַבִּי עֲקִיבָא אוֹמֵר: אַף הַמְקַיֵּים.

Rav Yosef raised an objection to the opinion of **Rabba** from what is taught in the following *baraita*: **One who weeds** in proximity to diverse kinds of seeds, **or covers** with earth the exposed roots of **diverse kinds,**[H] **is flogged** for transgressing the prohibition against diverse kinds, i.e., tending different species of crops in one area of the same field, as it is stated: "You shall not sow your field with two kinds of seed" (Leviticus 19:19). **Rabbi Akiva says: Even one who maintains** in his field a mixture of species[N] that he could have uprooted is flogged for violating the prohibition against diverse kinds of seeds.

בִּשְׁלָמָא לְדִידִי דְּאָמִינָא מִשּׁוּם זוֹרֵעַ – הַיְינוּ דַּאֲסִירָא זְרִיעָה בְּכִלְאַיִם. אֶלָּא לְדִידָךְ דְּאָמְרַתְּ מִשּׁוּם חוֹרֵשׁ חֲרִישָׁה בְּכִלְאַיִם מִי אֲסִירָא?

Rav Yosef explains: **Granted, according to my** opinion, **that I say** that one who weeds on Shabbat is forewarned **for** the prohibited labor of **sowing, this is** the reason he is liable to be punished with flogging for weeding diverse seeds: **Sowing diverse kinds is prohibited. But according to you, who said** that one who weeds on Shabbat is forewarned **for plowing,** why is one liable to be flogged for weeding in proximity to diverse kinds? **Is plowing prohibited** in connection with **diverse kinds?** At the time of plowing, there is no mixture of different species of crops, so plowing cannot be prohibited in this case.

אֲמַר לֵיהּ: מִשּׁוּם מְקַיֵּים.

Rabba **said to him:** According to my opinion, one who weeds a field of diverse kinds is flogged not because he is guilty of plowing, but **for** violating the prohibition against **maintaining** a mixture of species in his field.

וְהָא מִדְּקָתָנֵי סֵיפָא: רַבִּי עֲקִיבָא אוֹמֵר אַף הַמְקַיֵּים, מִכְּלָל דְּתַנָּא קַמָּא לָאו מִשּׁוּם מְקַיֵּים הוּא!

The Gemara objects: **However, from the fact that it teaches in the latter clause** of the *baraita* that **Rabbi Akiva says: Even one who maintains** in his field a mixture of species is liable to be flogged, **it may be inferred that** according to **the** anonymous **first *tanna*,** the liability for weeding is **not for maintaining** diverse kinds, but for performing some other prohibited labor.

כּוּלָּהּ רַבִּי עֲקִיבָא הִיא, וּמַאי טַעַם קָאָמַר; מַאי טַעַם הַמְנַכֵּשׁ וְהַמְחַפֶּה בְּכִלְאַיִם לוֹקֶה – מִשּׁוּם מְקַיֵּים, שֶׁרַבִּי עֲקִיבָא אוֹמֵר אַף הַמְקַיֵּים.

The Gemara rejects this opinion: In fact, **the entire *baraita*** reflects the opinion of **Rabbi Akiva, and it is stated** in the style of **what is the reason.** The *baraita* should be understood as follows: **What is the reason that one who weeds and one who covers** the exposed roots of **diverse kinds** with earth **is flogged?** He is flogged **for maintaining** diverse kinds in his field, **as Rabbi Akiva says: Even one who maintains** in his field a mixture of species is flogged.

מַאי טַעְמָא דְּרַבִּי עֲקִיבָא? דְּתַנְיָא: "שָׂדְךָ לֹא תִזְרַע כִּלְאָיִם". אֵין לִי אֶלָּא זוֹרֵעַ; מְקַיֵּים מִנַּיִין?

With regard to Rabbi Akiva's opinion, the Gemara asks: **What is the reason for Rabbi Akiva's** opinion? How did he derive this prohibition from the verses? The Gemara answers: **As it is taught** in a *baraita*: **"You shall not sow your field with mingled seed"** (Leviticus 19:19). **I have** derived from this verse that **only sowing** diverse kinds is prohibited. **From where** is it derived that **maintaining** diverse kinds, which does not involve any positive action, is also prohibited?

תַּלְמוּד לוֹמַר: "כִּלְאַיִם שָׂדְךָ לֹא".

The verse states: "Diverse kinds, you shall not sow **your field** with mingled seed" (Leviticus 19:19).[N] The prohibition against planting different species of a crop in one area of the same field is preceded in the verse by the prohibition against cross-breeding livestock: "You shall not let your cattle gender with a diverse kind." A slight change in punctuation yields the phrase: Diverse kinds in your field, you shall not, indicating that merely preserving diverse kinds in one's field is prohibited.

תְּנַן: מַשְׁקִין בֵּית הַשְּׁלָחִין בַּמּוֹעֵד וּבַשְּׁבִיעִית.

§ The Gemara returns to the original topic of discussion: **We learned** in the mishna: **One may irrigate a field that requires irrigation on** the intermediate days of a **Festival as well as during the Sabbatical Year.**[B]

HALAKHA

One who weeds or covers with earth the exposed roots of diverse kinds – הַמְנַכֵּשׁ וְהַמְחַפֶּה לְכִלְאַיִם: It is prohibited to sow diverse kinds of seeds in Eretz Yisrael. If one sows them or performs any other action to facilitate their growth, such as weeding or covering them with earth, he is liable to receive lashes (*Shulḥan Arukh, Yoreh De'a* 297:1).

NOTES

One who maintains a mixture of species – הַמְקַיֵּים: Opinions differ as to how to interpret this category of prohibition. In several places in his commentary, Rashi interprets maintaining a mixture of species in its simple sense, as referring to one who sees diverse kinds in a vineyard but refrains from uprooting them. Many commentaries challenge this understanding, because it is a generally accepted principle that one is not flogged for a passive transgression. One is responsible for maintaining diverse kinds only if he performed some action, e.g., if he constructed a fence around the prohibited plantings (Rashi on *Avoda Zara* 64a; *Talmid Rabbeinu Yeḥiel of Paris*; Ritva). Some explain that others sowed the diverse kinds for him, and now he is tending to them and facilitating their growth (Rabbeinu Ḥananel).

Diverse kinds, you shall not sow your field with mingled seed – כִּלְאַיִם שָׂדְךָ לֹא: According to many early commentaries, the text here reads: No diverse kinds. According to this reading, the verse is being interpreted homiletically in accordance with the method of subtracting a word and interpreting what is left. In this case the word sow is left out, and the verse is understood to mean that the mere presence of diverse kinds is prohibited (Rid; Rabbi Shlomo ben HaYatom).

BACKGROUND

The Sabbatical Year – שְׁבִיעִית: The Sabbatical Year is the last year of the seven-year Sabbatical cycle. The first such cycle began after the conquest of Canaan by Joshua. It is also known as *shemitta*, literally, abandonment, or release. The *halakhot* of the Sabbatical Year are explicitly commanded in the Torah (Leviticus 25:1–7; Deuteronomy 15:1–6). Most authorities maintain that the conditions under which there is an obligation by Torah law to observe the Sabbatical Year have lapsed, and its present-day observance is by rabbinic decree. The particular regulations that apply to the Sabbatical Year fall under two main categories:

(1) All agricultural land must lie fallow. It is prohibited to work the land, except for what is necessary to keep existing crops alive. All produce that does grow is ownerless and must be left unguarded in the fields so that any creature, including wild animals and birds, can have ready access to it. So long as produce can still be found in the fields, one may keep small amounts of it in his home in order to eat it. After the last remnants of a crop have been removed from the field, that crop may no longer be kept in one's home. Produce that grew from existing plants during the Sabbatical Year may be eaten, but it may not be bought and sold in the normal manner or used for purposes other than eating. Produce that grew from seeds during the Sabbatical Year, even if it grew by itself, may not be consumed. Most understand that the prohibition against consuming produce that was grown from seeds during the Sabbatical Year is by rabbinic decree, but some authorities say it is prohibited by Torah law.

(2) All loans are canceled. All outstanding loans owed by Jews to each other are canceled on the last day of the Sabbatical Year. This does not apply to loans whose payment is not yet due on this day, nor does it apply when collection proceedings have already been initiated in court.

בִּשְׁלָמָא מוֹעֵד מִשּׁוּם טִירְחָא הוּא, וּבִמְקוֹם פְּסֵידָא שָׁרוּ רַבָּנַן. אֶלָּא שְׁבִיעִית, בֵּין לְמַאן דְּאָמַר מִשּׁוּם זוֹרֵעַ, וּבֵין לְמַאן דְּאָמַר מִשּׁוּם חוֹרֵשׁ – זְרִיעָה וַחֲרִישָׁה בִּשְׁבִיעִית מִי שָׁרֵי?!

The Gemara asks: **Granted,** with regard to the intermediate days of **a Festival,** where the prohibition against irrigation **is due to** the mandate to avoid excessive **exertion** on the Festival, **in a case of** considerable **loss, the Sages permitted** one to exert himself. **However,** during the **Sabbatical Year, both according to** the **one who said** that one who waters is liable **due to** the prohibition against **sowing, and according to the one who said** that one is liable **due to** the prohibition against **plowing, are sowing and plowing permitted during the Sabbatical Year?** How can these actions be permitted when the Torah explicitly renders prohibited working the land during the Sabbatical Year?

אָמַר אַבַּיֵי: בִּשְׁבִיעִית בַּזְּמַן הַזֶּה, וְרַבִּי הִיא. דְּתַנְיָא, רַבִּי אוֹמֵר: "וְזֶה דְּבַר הַשְּׁמִטָּה שָׁמוֹט" – בִּשְׁתֵּי שְׁמִיטּוֹת הַכָּתוּב מְדַבֵּר, אַחַת שְׁמִיטַּת קַרְקַע וְאַחַת שְׁמִיטַּת כְּסָפִים.

Abaye said: The mishna is referring **to the Sabbatical Year in the present time,** when its prohibitions are only by rabbinic decree, **and it is** in accordance with the opinion of **Rabbi** Yehuda HaNasi. **As it is taught** in a *baraita* that **Rabbi** Yehuda HaNasi **says:** When the verse states: **"And this is the manner of the release,** every creditor **will release** that which he has lent to his neighbor" (Deuteronomy 15:2), **the verse speaks of two releases: One** is **the release of land,**[H] that one must refrain from working the land, **and the other** is **the release of money,**[H] that one must refrain from collecting debts.

בִּזְמַן שֶׁאַתָּה מְשַׁמֵּט קַרְקַע – אַתָּה מְשַׁמֵּט כְּסָפִים, וּבִזְמַן שֶׁאִי אַתָּה מְשַׁמֵּט קַרְקַע – אִי אַתָּה מְשַׁמֵּט כְּסָפִים.

This verse equates these two releases, indicating that **when you** are mandated by Torah law to **release land,**[N] **you** must **release money, and when you** are **not** mandated to **release land, you need not release money.** This indicates that according to Rabbi Yehuda HaNasi, at the present time, the release of land is not mandated by Torah law. Therefore, observance of the Sabbatical Year is mandated only by rabbinic law, and the Sages were lenient in a case of significant loss.

רָבָא אָמַר: אֲפִילּוּ תֵּימָא רַבָּנַן, אָבוֹת אֲסַר רַחֲמָנָא,

Rava said: Even if **you say** that the mishna was taught in accordance with the opinion of **the Rabbis,** who disagree with Rabbi Yehuda HaNasi and maintain that the observance of the Sabbatical Year, even at the present time, is mandated by Torah law, one can understand the leniency in the mishna. The reason for the leniency with regard to irrigation is because only **primary categories of labor were prohibited by the Merciful One,** i.e., by Torah law,

Perek **I**
Daf **3** Amud **a**

תּוֹלָדוֹת לָא אֲסַר רַחֲמָנָא, דִּכְתִיב: "וּבַשָּׁנָה הַשְּׁבִיעִית שַׁבַּת שַׁבָּתוֹן יִהְיֶה לָאָרֶץ שָׂדְךָ לֹא תִזְרָע" וגו׳.

whereas **the subcategories** of labor that are derived from them, e.g., watering, **were not prohibited by the Merciful One,** i.e., by Torah law, but only by rabbinic law; and in a case of loss the Sages were lenient. The source for this distinction is **as it is written: "But in the seventh year shall be a sabbath of solemn rest for the land,** a sabbath for the Lord: **Your field you shall not sow,** and your vineyard you shall not prune. That which grows of its own accord of your harvest you shall not reap, nor gather the grapes of your undressed vines" (Leviticus 25:4–5).

מִכְּדִי, זְמִירָה בִּכְלַל זְרִיעָה, וּבְצִירָה בִּכְלַל קְצִירָה, לְמַאי הִלְכְתָא כְּתָבִינְהוּ רַחֲמָנָא?

Since pruning is included in the principal category of **sowing,** as its objective is to encourage the plant's growth, **and picking** grapes **is included in** the principal category of **reaping** grain, as both involve removal of produce from a plant, **for** the purpose of teaching **what** ***halakha*** **did the Merciful One write them?** Why did the Torah explicitly prohibit pruning and picking grapes, rather than sufficing with the general prohibitions against sowing and reaping?

HALAKHA

The release of land – שְׁמִיטַּת קַרְקַע: The Sabbatical Year is observed only in Eretz Yisrael. The Sages were divided as to whether it must be observed by Torah law at all times, or only when the Jubilee year is observed, or only when the Temple is standing. Some maintain that even today, the *halakhot* governing the Sabbatical Year are in effect by Torah law. Rabbi Yehuda HaNasi and Abaye do not agree with this opinion (*Kesef Mishne*). Others hold that the obligation at present is by rabbinic law (Ramban; Rashba). Some (*Sefer HaTeruma*; Rabbi Yosef Kurkus; see also *Pe'at HaShulḥan*) claim that the Rambam agrees with the opinion that at present the obligation is by rabbinic law (Rambam *Sefer Zera'im*, *Hilkhot Shemitta VeYovel* 4:25).

The release of money – שְׁמִיטַּת כְּסָפִים: The Torah obligation to release money, i.e., the prohibition against collecting loans, is applicable only when the Jubilee is in effect. When the Jubilee is in effect, loans are canceled upon the conclusion of the Sabbatical Year, both in and outside of Eretz Yisrael. The obligation to release money is observed today by rabbinic law, so that the Jewish people will not forget this *halakha* (Rambam *Sefer Zera'im*, *Hilkhot Shemitta VeYovel* 9:2–3).

NOTES

When you are mandated by Torah law to release land – בִּזְמַן שֶׁאַתָּה מְשַׁמֵּט קַרְקַע: The commentaries disagree about the meaning of the release of land. According to Rashi, the Gemara is referring to the prohibition against performing agricultural labor during the Sabbatical Year. When this prohibition is not in effect, there is also no obligation to refrain from collecting loans. Other commentaries question this explanation: Why was it more obvious to Rabbi Yehuda HaNasi that the Torah prohibition against agricultural labor does not apply nowadays and less obvious that the prohibition to collect loans does not apply? Rabbeinu Ḥananel explains that the prohibition against agricultural labor became irrelevant de facto because the majority of the land in Eretz Yisrael was owned by gentiles. According to this explanation, the Gemara speaks not of the Temple period, but of a period many years after the destruction of the Temple. Rabbeinu Tam (cited in *Tosafot* on *Gittin* 36a), on the other hand, maintains that the release of land referred to here is the release of land in the Jubilee Year, when fields that have been purchased return to their original owners. This release of land no longer applied from the end of the First Temple period. The later commentaries discussed these *halakhot* at great length in connection with the present-day obligations of the Sabbatical Year (see *Ḥazon Ish*).

לְמֵימְרָא: דְּאַהָנֵי תּוֹלָדוֹת – מִיחַיַּיב, אַאַחֲרָנְיָיתָא – לָא מִיחַיַּיב.

The Gemara answers that these were individually enumerated **to say** that only **for these subcategories**[N] of labor **is one liable** to be flogged, while **for other** subcategories of labor, i.e., watering a field, **one is not liable.**[H] Consequently, there are only four types of labor that are prohibited by Torah law during the Sabbatical Year: Sowing and its subcategory of pruning, as well as reaping and its subcategory of grape picking. All other subcategories of labor are prohibited only by rabbinic decree.

וְלָא? וְהָתַנְיָא: ״שָׂדְךָ לֹא תִזְרָע וְכַרְמְךָ לֹא תִזְמוֹר״ – אֵין לִי אֶלָּא זֵירוּעַ וְזִימּוּר. מִנַּיִן לְנִיכּוּשׁ וּלְעִידּוּר וּלְכִיסּוּחַ? תַּלְמוּד לוֹמַר: ״שָׂדְךָ לֹא״ ״כַּרְמְךָ לֹא״ – לֹא כָּל מְלָאכָה שֶׁבְּשָׂדְךָ, וְלֹא כָּל מְלָאכָה שֶׁבְּכַרְמְךָ.

The Gemara asks: **And** is there really **no** liability for other subcategories of labor? **Isn't it taught** in a *baraita*: **"Your field you shall not sow, and your vineyard you shall not prune"** (Leviticus 25:4). **I have** derived from here an explicit prohibition **only against sowing and pruning. From where** do I derive that **weeding,** i.e., uprooting weeds, **hoeing, and cutting weeds,** even without uprooting them, are also prohibited? **The verse states: "Your field** you shall **not** sow" and **"your vineyard** you shall **not** prune."[N] This wording indicates that **no labor** may be performed **in your field, and no labor** may be performed **in your vineyard.**

מִנַּיִן שֶׁאֵין מְקַרְסְמִין, וְאֵין מְזָרְדִין, וְאֵין מְפַסְּגִין בְּאִילָן? תַּלְמוּד לוֹמַר: ״שָׂדְךָ לֹא״ ״כַּרְמְךָ לֹא״ – לֹא כָּל מְלָאכָה שֶׁבְּשָׂדְךָ וְלֹא כָּל מְלָאכָה שֶׁבְּכַרְמְךָ.

Similarly, **from where** is it derived that **one may not prune**[N] **trees,**[N] **and one may not trim dry branches** from trees,[N] **and one** may **not cut large branches** [*mefasegin*][LN] **from trees? The verse states:** "**Your field** you shall **not** sow" and "**your vineyard** you shall **not** prune," thereby teaching that **no labor** may be performed **in your field, and no labor** may be performed **in your vineyard.**

מִנַּיִן שֶׁאֵין מְזַבְּלִין, וְאֵין מְפָרְקִין, וְאֵין מְאַבְּקִין, וְאֵין מְעַשְּׁנִין בְּאִילָן? תַּלְמוּד לוֹמַר: ״שָׂדְךָ לֹא״ ״כַּרְמְךָ לֹא״, כָּל מְלָאכָה שֶׁבְּשָׂדְךָ לֹא, וְכָל מְלָאכָה שֶׁבְּכַרְמְךָ לֹא.

Similarly, **from where** is it derived that **one** may **not fertilize** fields and vineyards, **and one may not remove stones**[N] that surround the base of a tree and impede its growth, **and one** may **not** cover exposed roots with **dust,**[N] **and one may not fumigate**[B] **a tree** in order to exterminate worms? **The verse states: "Your field** you shall **not** sow" and **"your vineyard** you shall **not** prune," thereby indicating that **no labor** may be performed **in your field, and no labor** may be performed **in your vineyard.**[H]

יָכוֹל לֹא יְקַשְׁקֵשׁ תַּחַת הַזֵּיתִים, וְלֹא יְעַדֵּר תַּחַת הַגְּפָנִים, וְלֹא יְמַלֵּא נְקָעִים מַיִם, וְלֹא יַעֲשֶׂה עוּגִיּוֹת לַגְּפָנִים – תַּלְמוּד לוֹמַר: ״שָׂדְךָ לֹא תִזְרָע״.

The apparent conclusion from this is that all labor in a field or a vineyard is prohibited. One **might** have thought that **one may** also **not hoe lightly under olive trees and one may not hoe under grapevines, and one may not fill cracks** in the ground **with water, and one may not construct circular ditches** around the bases of **grapevines** in order to collect rainwater.[H] Therefore, **the verse states: "Your field you shall not sow."**

HALAKHA

Primary categories and subcategories of prohibited labor during the Sabbatical Year – אָבוֹת וְתוֹלָדוֹת בַּשְּׁבִיעִית: There is a positive mitzva to refrain from working the land and cultivating trees during the Sabbatical Year. Flogging by Torah law is administered only for sowing, pruning, reaping, and gathering, which are all explicitly enumerated in the Torah. One who performs other agricultural tasks is liable by rabbinic decree to be flogged (Rambam *Sefer Zera'im*, *Hilkhot Shemitta VeYovel* 1:1–3).

No labor may be performed in your field and no labor may be performed in your vineyard – כָּל מְלָאכָה שֶׁבְּשָׂדְךָ לֹא, וְכָל מְלָאכָה שֶׁבְּכַרְמְךָ לֹא: One who removes rocks from a field, fertilizes, grafts, plants trees, supports an unsteady tree, covers a tree's roots with dust, fumigates, or performs any similar task that facilitates the growth of plants and trees violates a positive mitzva and is liable by rabbinic decree to be flogged (Rambam *Sefer Zera'im*, *Hilkhot Shemitta VeYovel* 1:4).

Light hoeing and constructing circular ditches – עֲשִׂיַּית עוּגִיּוֹת וְקִשְׁקוּשׁ: One may hoe beneath grapevines in order to dig circular ditches. Similarly, one may hoe beneath an olive tree to seal cracks, but one may not hoe in order to strengthen the tree (Rambam *Sefer Zera'im*, *Hilkhot Shemitta VeYovel* 1:7).

LANGUAGE

Cut large branches [*mefasegin*] – מְפַסְּגִין: Some maintain that this word is the verb form of the word *pisga*, peak, and means to raise or elevate. Others suggest that it is similar to the root *p-s-k*, meaning to open and broaden, in the sense that one who cuts large branches creates more room for the remaining branches. Yet others say that the root *p-s-g* simply means to cut.

BACKGROUND

Fumigate – מְעַשְּׁנִין: Fumigation, whether it was done with plain smoke or with smoke from burning sulfur, served the same purpose as does fumigating trees in our time: To rid the tree of various types of bugs that infest its leaves and fruit.

NOTES

For these subcategories – דְּאַהָנֵי תּוֹלָדוֹת: According to the manuscript version of Rashi's commentary, the word subcategories does not appear in the Gemara. According to this version, it is possible to suggest that since pruning and picking grapes are explicitly enumerated in the Torah, they are considered primary categories. Most commentaries, however, accept the version of the text that refers to pruning and picking grapes as subcategories. They explain that the primary categories are the significant labors while the subcategories are the less significant labors (*Talmid Rabbeinu Yeḥiel of Paris*). Others explain that the terms primary categories and subcategories are employed here as they apply to the prohibited labors of Shabbat: That which is considered a primary category with regard to Shabbat is also considered a primary category with regard to the Sabbatical Year, whereas all other labors are called subcategories (Rabbi Shlomo ben HaYatom; Rashi; see also Ritva).

Your field you shall not sow and your vineyard you shall not prune – שָׂדְךָ לֹא, כַּרְמְךָ לֹא: There are several ways to understand this derivation. Rabbeinu Ḥananel explains that since it is obvious that sowing is performed in a field and pruning in a vineyard, the terms your field and your vineyard are superfluous. Therefore, they are understood to indicate that all labor in the field and the vineyard is prohibited. Others suggest that this derivation is based upon the order of words in the verse. The verse could have stated: You shall not sow your field, and: You shall not prune your vineyard. The unusual phraseology of the verse, which places the Hebrew term for the word not adjacent to the Hebrew words for field and vineyard, indicates that all labors in the field and vineyard are prohibited (*Talmid Rabbeinu Yeḥiel of Paris*). The Ritva explains that the wording of the verse itself is not the source of the *halakha*, but rather an abbreviated reference to the generalization, detail, and generalization principle that the Gemara mentions below, which is the real source of this *halakha*.

Prune – מְקַרְסְמִין: The commentaries agree that here, pruning is referring to the removal of dry branches. Rashi explains that this is merely a linguistic change from the term *zemira* mentioned in the verse, which refers exclusively to vineyards. Others say that the term used here is referring to the removal of branches in a way that is different from ordinary pruning (see *Shenot Eliyahu*).

From where is it derived that one may not prune trees – מִנַּיִן שֶׁאֵין מְקַרְסְמִין: The commentaries question why the prohibited labors derived from this verse are not listed all together. Some explain that the *tanna* of this *baraita* was taught the prohibitions listed here in separate groupings, and repeated each lesson as it had been conveyed to him (*Talmid Rabbeinu Yeḥiel of Paris*). Alternatively, the groups of prohibited labors are listed independently because they relate to different spheres of activity: Labors performed in a field, labors performed directly on a tree, and labors performed on the ground (*Talmid Rabbeinu Yeḥiel of Paris*; Ran).

Trim dry branches from trees – מְזָרְדִין: Some say that this refers to removing branches from the tree in order to allow the tree trunk to thicken (*Talmid Rabbeinu Yeḥiel of Paris*). Others explain that it is referring to cutting superfluous roots (*Peirush*).

Cut large branches – מְפַסְּגִין: Rashi and Rabbeinu Gershom Meor HaGola explain that this means supporting weak branches. Others explain that it means tying branches together in order to stimulate growth (*Peirush*; Ran). Others say that this is referring to cutting off all the tree's branches so that its trunk will grow thicker (Meiri; see *Arukh*).

Remove stones – מְפָרְקִין: Some explain that this means removing the stones that weigh down heavily on the roots of the tree (Rashi; Rabbi Shlomo ben HaYatom). Others understand that it means removing unneeded leaves from the tree (Meiri; Jerusalem Talmud).

Cover exposed roots with dust – מְאַבְּקִין: Some say this refers to removing dust from the tree (*Arukh*), whereas others say it means just the opposite, applying dust and earth to the tree (Rashi). The Meiri cites two additional explanations: Applying dust and other materials to a place where the tree suffered a cut, or sprinkling fragrant powder on the tree's fruit.

זְרִיעָה בִּכְלָל הָיְתָה. וְלָמָּה יָצְתָה – לְהַקִּישׁ אֵלֶיהָ, לוֹמַר לְךָ: מַה זְּרִיעָה מְיוּחֶדֶת, עֲבוֹדָה שֶׁבַּשָּׂדֶה וְשֶׁבַּכֶּרֶם – אַף כָּל שֶׁהִיא עֲבוֹדָה שֶׁבַּשָּׂדֶה וְשֶׁבַּכֶּרֶם!

The Gemara explains the derivation: **Sowing was included** in the general prohibition against performing agricultural labors during the Sabbatical Year, as the verse states "But in the seventh year shall be a sabbath of solemn rest for the land" (Leviticus 25:4). **Why was** sowing **singled out** and mentioned explicitly? In order **to compare** other types of labor **to it** and to **say to you: Just as sowing is unique**[N] **in that it is labor** performed both **in the field and in the vineyard, so too, any** other **labor** performed both **in the field and in the vineyard** is prohibited. However, labors performed only in the vineyard but not in the field, i.e., whose objective is merely to sustain the vines from year to year, such as the labors mentioned above, are permitted. In any case, this *baraita* indicates that many subcategories of labor are prohibited during the seventh year, and not just sowing and pruning, as Rava had stated.

מִדְּרַבָּנָן, וּקְרָא – אַסְמַכְתָּא בְּעָלְמָא.

The Gemara rejects this opinion: These labors, with the exceptions of sowing, pruning, grape picking, and reaping, are all prohibited only **by rabbinic law, and the verse** that is cited as a source from the Torah **is a mere support,** and not a bona fide source.

וְקִשְׁקוּשׁ בַּשְּׁבִיעִית מִי שָׁרֵי? וְהָא כְּתִיב: "וְהַשְּׁבִיעִית תִּשְׁמְטֶנָּה וּנְטַשְׁתָּהּ". "תִּשְׁמְטֶנָּה" – מִלְּקַשְׁקֵשׁ, "וּנְטַשְׁתָּהּ" – מִלְּסַקֵּל!

Incidental to this discussion, the Gemara asks: **Is** light **hoeing** under olive trees in fact **permitted during the Sabbatical Year? Isn't it written: "But the seventh year you shall let it rest and lie fallow"** (Exodus 23:11), and it is taught with regard to this verse: **"You shall let it rest" from light hoeing, "and lie fallow" from clearing** the field of **stones.** This indicates that light hoeing is indeed prohibited during the Sabbatical Year.

אָמַר רַב עוּקְבָא בַּר חָמָא: תְּרֵי קִשְׁקוּשֵׁי הָווּ; חַד – אַבְרוּיֵי אִילָנֵי, וְחַד – סַתּוּמֵי פִּילֵי. אַבְרוּיֵי אִילָן – אָסוּר, סַתּוּמֵי פִּילֵי – שָׁרֵי.

Rav Ukva bar Ḥama said: There are two types of light **hoeing, one** whose objective is **to strengthen** the **trees,**[N] **and another** that is intended **to seal cracks.**[N] There is a practical halakhic difference between them: Hoeing performed in order **to strengthen the tree is prohibited,** as it is similar to plowing in that it enhances the tree's growth. However, hoeing undertaken in order **to seal cracks is permitted,** as by doing so one prevents damage to the tree.

אִיתְּמַר, הַחוֹרֵשׁ בַּשְּׁבִיעִית, רַבִּי יוֹחָנָן וְרַבִּי אֶלְעָזָר. חַד אָמַר: לוֹקֶה, וְחַד אָמַר: אֵינוֹ לוֹקֶה. לֵימָא בִּדְרַבִּי אָבִין אָמַר רַבִּי אִילְעָא קָמִיפַּלְגִי, דְּאָמַר רַבִּי אָבִין אָמַר רַבִּי אִילְעָא: כָּל מָקוֹם שֶׁנֶּאֱמַר כְּלָל בַּעֲשֵׂה, וּפְרָט בְּלֹא תַעֲשֶׂה – אֵין דָּנִין אוֹתוֹ בִּכְלָל וּפְרָט וּכְלָל.

§ **It was stated** that **Rabbi Yoḥanan and Rabbi Elazar** disagreed with regard to **one who plows during the Sabbatical Year.**[H] **One said: He is flogged** for doing so, **while the** other **one said: He is not flogged.** The Gemara suggests: **Let us say that they disagree with regard to** the principle that **Rabbi Avin** said that **Rabbi Ile'a said,** and one accepts this principle while the other does not. **As, Rabbi Avin said** that **Rabbi Ile'a said: Wherever a generalization is stated** in the Torah **as a positive** mitzva, **and a detail** relating to that generalization is stated **as a negative** mitzva, **one does not apply** the hermeneutical principle of **a generalization, and a detail, and a generalization,**[N] according to which the *halakha* under discussion is expanded to all cases that resemble the detail.

מַאן דְּאָמַר לוֹקֶה – לֵית לֵיהּ דְּרַבִּי אָבִין אָמַר רַבִּי אִילְעָא,

The Gemara explains: **The one who said** that one who plows during the Sabbatical Year **is flogged does not** accept the principle **that Rabbi Avin** said that **Rabbi Ile'a said.** Accordingly, he expounds the verses as follows: The verse "But in the seventh year shall be a sabbath of solemn rest for the land" (Leviticus 25:4) is a generalization stated as a positive mitzva. The continuation of the verse is "Your field you shall not sow," which is a detail stated as a negative mitzva. This is followed by another generalization: "For it shall be a year of rest for the land" (Leviticus 25:5). By applying the principle of a generalization, a detail, and a generalization, one can derive that there is a prohibition against performing any agricultural task that is similar to sowing, including plowing.

וּמַאן דְּאָמַר אֵינוֹ לוֹקֶה – אִית לֵיהּ דְּרַבִּי אָבִין!

And the one who said that **one is not flogged** for plowing **holds** in accordance with the ruling **that Rabbi Avin** stated in the name of Rabbi Ile'a. Therefore, the prohibition stated as a detail, i.e., the prohibition against sowing, is not extended to include any other labor. One who plows violates the positive command to let the land rest, but does not transgress a Torah law phrased as a negative mitzva, and therefore he is not flogged.

NOTES

Just as sowing is unique – מַה זְּרִיעָה מְיוּחֶדֶת: Rabbeinu Ḥananel and Rashi understand that any agricultural task that is not common to both a field and a vineyard is not included. Some say that the term unique is used here in the sense of significant (*Talmid Rabbeinu Yeḥiel of Paris*). Similarly, the Ran explains that the distinction is between a labor that is performed once a year and labor that needs to be performed throughout the year.

Strengthen [*avruyei*] the trees – אַבְרוּיֵי אִילָנֵי: Rabbeinu Ḥananel and most other commentaries explain that this expression stems from the Hebrew word for health [*beriut*] and is referring to performing a task that strengthens the tree. The manuscript version of Rashi's commentary explains that this expression is referring to boring holes in the soil surrounding the base of a tree. In that case, the term *avruyei* stems from the word meaning to pierce, as in the verse: "And they pierced [*uvarei*] them with their swords" (Ezekiel 23:47).

To seal cracks – סַתּוּמֵי פִּילֵי: Some explain that this is referring to sealing cracks in the tree (Rabbeinu Gershom Meor HaGola; Rabbi Shlomo ben HaYatom; see Rambam).Others say that it is referring to sealing cracks in the ground (Riaz; *Talmid Rabbeinu Yeḥiel of Paris*).

One does not apply the hermeneutical principle of a generalization, and a detail, and a generalization – אֵין דָּנִין אוֹתוֹ בִּכְלָל וּפְרָט וּכְלָל: Rabbeinu Gershom Meor HaGola explains as follows: The hermeneutical principle of a generalization, and a detail, and a generalization indicates that the *halakha* expressed in the generalization applies to any case that is somewhat similar to the case specified in the detail. However, cases where the generalizations are positive mitzvot and the detail is formulated as a prohibition, or vice versa, are treated as a generalization followed by a detail, in which case the *halakha* expressed in the generalization is limited to the specific case mentioned in the detail. See also *Tosafot HaRosh*.

HALAKHA

Plowing during the Sabbatical Year – חֲרִישָׁה בַּשְּׁבִיעִית: If one plows during the Sabbatical Year, even if his intention is to improve the land for agricultural purposes, he is not flogged. According to one opinion, if he plows for non-agricultural purposes he does not even violate a positive mitzva (*Pe'at HaShulḥan*, based upon the Jerusalem Talmud; Rambam *Sefer Zera'im*, *Hilkhot Shemitta VeYovel* 1:4).

לָא, דְּכוּלֵּי עָלְמָא לֵית לֵיהּ דְּרַבִּי אָבִין אָמַר רַבִּי אִילְעָא. מַאן דְּאָמַר לוֹקֶה – שַׁפִּיר.

The Gemara rejects this suggestion: **No,** one can say that **everyone** holds that the *halakha* **is not** in accordance with the principle **that Rabbi Avin** said that **Rabbi Ile'a said.** According to **the one who said he is flogged,** all is **well,** as he applies the hermeneutical principle of a generalization, a detail, and a generalization to derive a prohibition for plowing.

וּמַאן דְּאָמַר אֵינוֹ לוֹקֶה – אָמַר לָךְ: מִכְּדִי, זְמִירָה בִּכְלָל זְרִיעָה, וּבְצִירָה בִּכְלָל קְצִירָה, לְמַאי הִלְכְתָא כָּתְבִינְהוּ רַחֲמָנָא? לְמֵימַר דְּאַהָנֵי תּוֹלָדוֹת הוּא דְּמִיחַיַּיב, אַתּוֹלָדָה אַחֲרִינָא – לָא מִיחַיַּיב.

And the one who said that **he is not flogged** could have **said to you: Since pruning is** included **in** the primary category of **sowing, and** grape **picking is** included in the primary category **of reaping, for** the purpose of teaching **what *halakha* did the Merciful One write them?** They were individually enumerated **to say** that only **for these** specific **subcategories** of labor **is one liable** to be flogged, but **for** performing **other subcategories** of labor **one is not liable.** According to this opinion, the verse comes to teach that one is not liable to be flogged for performing any labor not explicitly enumerated in the Torah, including plowing.

וְלֹא? וְהָתַנְיָא: ״שָׂדְךָ לֹא תִזְרָע וְכַרְמְךָ לֹא תִזְמוֹר״ – אֵין לִי אֶלָּא זֵירוּעַ וְזִימּוּר. מִנַּיִן לְעִידּוּר וּלְקִישְׁקוּשׁ וּלְכִיסּוּחַ? תַּלְמוּד לוֹמַר: ״שָׂדְךָ לֹא״ ״כַּרְמְךָ לֹא״ – לֹא כָּל מְלָאכָה שֶׁבְּשָׂדְךָ, וְלֹא כָּל מְלָאכָה שֶׁבְּכַרְמְךָ.

The Gemara asks: **And** is there really **no** liability for other subcategories of labor? **Isn't it taught** in a *baraita* with regard to the verse **"Your field you shall not sow, and your vineyard you shall not prune"** that **I have** derived from here an explicit prohibition **only** against **sowing and pruning? From where** do I derive that **weeding, hoeing, and cutting weeds** are also prohibited? **The verse states: "Your field** you shall **not** sow and **your vineyard** you shall **not** prune" (Leviticus 25:4). By placing the word "not" immediately following the words "field" and "vineyard," the verse indicates that one may **not** perform **any labor that** is generally performed **in your field, and** one may **not** perform **any labor that** is generally performed **in your vineyard.**

וּמִנַּיִן שֶׁאֵין מְקַרְסְמִין וְאֵין מְזָרְדִין וְאֵין מְפַסְּגִין בְּאִילָן? תַּלְמוּד לוֹמַר: ״שָׂדְךָ לֹא״, ״כַּרְמְךָ לֹא״ – כָּל מְלָאכָה שֶׁבְּשָׂדְךָ לֹא, כָּל מְלָאכָה שֶׁבְּכַרְמְךָ לֹא.

Similarly, **from where** is it derived that **one may not prune trees, and one may not trim dry branches** from trees, **and one** may **not cut large branches from trees? The verse states: "Your field** you shall **not** sow and **your vineyard** you shall **not** prune," indicating that **any labor** that is generally performed **in your field may not** be performed during the Sabbatical Year, **and any labor** generally performed **in your vineyard may not** be performed during the Sabbatical Year.

מִנַּיִן שֶׁאֵין מְזַבְּלִין וְאֵין מְפָרְקִין וְאֵין מְעַשְּׁנִין בְּאִילָן? תַּלְמוּד לוֹמַר: ״שָׂדְךָ לֹא״ ״כַּרְמְךָ לֹא״ – כָּל מְלָאכָה שֶׁבְּשָׂדְךָ לֹא, וְכָל מְלָאכָה שֶׁבְּכַרְמְךָ לֹא.

From where is it derived that **one may not fertilize** fields and vineyards, **and one may not remove stones** from around the base of a tree that impede its growth, **and one may not fumigate a tree** in order to exterminate worms? **The verse states: "Your field** you shall **not** sow and **your vineyard** you shall **not** prune," thereby indicating that **any labor** that is generally performed **in your field may not** be performed during the Sabbatical Year, **and any labor** generally performed **in your vineyard may not** be performed during the Sabbatical Year.

יָכוֹל לֹא יְקַשְׁקֵשׁ תַּחַת הַזֵּיתִים, וְלֹא יְעַדֵּר תַּחַת הַגְּפָנִים, וְלֹא יְמַלֵּא נְקָעִים מַיִם, וְלֹא יַעֲשֶׂה עוּגִיּוֹת לַגְּפָנִים – תַּלְמוּד לוֹמַר: ״שָׂדְךָ לֹא תִזְרָע״.

One **might** have thought that **one may** also **not hoe** lightly **under olive** trees **and one may not hoe under grapevines, and one may not fill cracks** in the ground **with water, and one may not construct circular ditches** around the bases of **grapevines** in order to collect rainwater. Therefore, **the verse states: "Your field you shall not sow."**

זְרִיעָה בִּכְלָל הָיְתָה. וְלָמָּה יָצְתָה? לְהַקִּישׁ אֵלֶיהָ, לוֹמַר לָךְ: מָה זְרִיעָה מְיוּחֶדֶת – עֲבוֹדָה שֶׁבַּשָּׂדֶה וְשֶׁבַּכֶּרֶם, אַף כָּל שֶׁהִיא עֲבוֹדָה שֶׁבַּשָּׂדֶה וְשֶׁבַּכֶּרֶם!

Sowing was included in the general prohibition against performing agricultural labors during the Sabbatical Year. **Why was** sowing **singled out** and mentioned explicitly? In order **to compare** other types of labor **to it** and to **say to you: Just as sowing is unique in that it is labor** performed both **in the field and in the vineyard, so too, any other labor** performed both **in the field and in the vineyard** is prohibited. However, labor performed only in the vineyard, but not in the field, i.e., whose objective is merely to sustain the vines from year to year, is permitted. In any case, this *baraita* indicates that many labors are prohibited during the seventh year, and not just sowing and pruning.

מִדְּרַבָּנַן, וּקְרָא אַסְמַכְתָּא בְּעָלְמָא.

The Gemara rejects this opinion: These labors, with the exceptions of sowing, pruning, grape picking, and reaping, are all prohibited only **by rabbinic law, and the verse** that is cited as source from the Torah **is a mere support,** and not a bona fide source.

Perek **I**
Daf **3** Amud **b**

כִּי אֲתָא רַב דִּימִי אָמַר: יָכוֹל יִלְקֶה עַל הַתּוֹסֶפֶת – וְנָסֵיב לָהּ תַּלְמוּדָא לִפְטוּרָא, וְלָא יָדַעְנָא מַאי תַּלְמוּדָא וּמַאי תּוֹסֶפֶת.

When Rav Dimi came[B] from Eretz Yisrael to Babylonia, **he stated** a tradition he had heard from the Sages in Eretz Yisrael: One **might** have thought **that one would be flogged for the addition, but a teaching states an exemption** from lashes. Rav Dimi noted: **But I do not know what teaching**[N] **or what addition** this tradition is referring to.

רַבִּי אֶלְעָזָר אָמַר: חֲרִישָׁה, וְהָכִי קָאָמַר: יָכוֹל יִלְקֶה עַל חֲרִישָׁה, דְּאָתְיָא מִכְּלָל וּפְרָט וּכְלָל, וְנָסֵיב לֵיהּ תַּלְמוּדָא לִפְטוּרָא,

The Sages disputed the meaning of this tradition. **Rabbi Elazar said:** The addition in question is **plowing** during the Sabbatical Year, for which there is no explicit prohibition in the Torah, and so it may be regarded as an addition to the labors explicitly enumerated in the Torah. **And this is what it is saying:** One **might** have thought that **one would be flogged for plowing** during the Sabbatical Year, **as it is derived by way** of the hermeneutical principle of **a generalization, and a detail, and a generalization** that teaches that plowing is prohibited. **But a teaching states an exemption** from lashes for the labor of plowing.

דְּאִם כֵּן, כָּל הָנֵי פְּרָטֵי לָמָּה לִי?

This is logical, **because if** one is flogged for plowing, **why do I** need **all these details**[N] that were enumerated in the verse, i.e., pruning and picking grapes? Rather, one must certainly conclude that these were singled out in order to teach that one is flogged only for these specific labors, but not for any other.

וְרַבִּי יוֹחָנָן אָמַר: יָמִים שֶׁהוֹסִיפוּ חֲכָמִים לִפְנֵי רֹאשׁ הַשָּׁנָה, וְהָכִי קָאָמַר: יָכוֹל יִלְקֶה עַל תּוֹסֶפֶת רֹאשׁ הַשָּׁנָה, דְּאָתְיָא מִ״בֶּחָרִישׁ וּבַקָּצִיר תִּשְׁבֹּת״, וְנָסֵיב לָהּ תַּלְמוּדָא לִפְטוּרָא, כִּדְבָעֵינַן לְמֵימַר לְקַמָּן.

And Rabbi Yoḥanan said: This addition is referring to **the** extra **days that the Sages added** to the prohibition against performing agricultural labor, **before Rosh HaShana** of the seventh year, when the Sabbatical Year formally begins. **And this is what it is saying:** One **might** have thought that **one would be flogged for** working the land during **the additional** period[N] prior to **Rosh HaShana** of the Sabbatical Year,[H] **as** this prohibition **is derived** from the verse: **"In plowing and in reaping you shall rest"** (Exodus 34:21). This seemingly superfluous verse is understood as teaching that not only is working the land prohibited during the seventh year, but plowing a field during the sixth year to prepare the land for the seventh year, and reaping what grew in the seventh year during the eighth year are also prohibited. **But a teaching states an exemption** from lashes for these actions, **as we are about to state below.**

BACKGROUND

When Rav Dimi came – כִּי אֲתָא רַב דִּימִי: Rav Dimi was one of the Sages who often traveled from Eretz Yisrael to Babylonia, primarily to transmit the Torah of Eretz Yisrael to the Torah centers of the Diaspora, although occasionally he traveled on business as well. Many questions, particularly those concerning the statements of Sages from Eretz Yisrael, remained unresolved in Babylonia until Rav Dimi would arrive and elucidate the *halakha*, the novel expression, or the unique circumstances pertaining to a particular statement that required clarification.

HALAKHA

The additional period prior to Rosh HaShana of the Sabbatical Year – תּוֹסֶפֶת רֹאשׁ הַשָּׁנָה: There is a *halakha* transmitted to Moses from Sinai that it is prohibited for one to work the land for thirty days prior to the Sabbatical Year, as doing so would prepare the land for the following year. The Sages decreed that an orchard may be plowed only until *Shavuot*, and a grain field until Passover. This is in accordance with the opinions of Rabbi Yishmael and Rabbi Shimon. However, these *halakhot* applied only while the Temple was standing. After the Temple was destroyed, working the land was permitted until Rosh HaShana, in accordance with the opinion of Rav Ashi, as stated later in the Gemara (4a). Planting fruit trees is prohibited a month prior to Rosh HaShana even today, as afterward it would appear as though they were planted during the seventh year (Rambam *Sefer Zera'im, Hilkhot Shemitta VeYovel* 3:1, 3:11).

NOTES

But I do not know what teaching – וְלָא יָדַעְנָא מַאי תַּלְמוּדָא: Even in the time of the *tanna'im* there were oral traditions that were not fully understood, and those who transmitted the traditions and other Sages attempted to accurately ascertain their meaning. In this case, the Sages of Eretz Yisrael had a tradition, or, according to some commentaries, a *baraita*, that contained an allusion that was not satisfactorily understood.

All these details – כָּל הָנֵי פְּרָטֵי: According to Rabbeinu Gershom Meor HaGola, the fact that only these labors were enumerated proves that one is not liable to receive lashes for the other labors. There is an opinion that this should be understood in accordance with the talmudic principle that no inference can be drawn from two verses that come to teach the same *halakha*. Since several labors were specified, no generalization can be inferred from them (*Talmid Rabbeinu Yeḥiel of Paris*).

One might have thought that one would be flogged for working the land during the additional period – יָכוֹל יִלְקֶה עַל הַתּוֹסֶפֶת: Rashi, cited by Ritva, explains that the reference is to lashes by rabbinic law, to which one is liable due to violating a positive mitzva. *Tosafot* maintain that due to the analogy established through the verse, all of the *halakhot* that apply to the Sabbatical Year itself apply to the additional period before the Sabbatical Year as well (see Ritva). Consequently, one is flogged by Torah law for violating a prohibition.

מַאי יָמִים שֶׁלִּפְנֵי רֹאשׁ הַשָּׁנָה? כִּדְתְנַן: עַד מָתַי חוֹרְשִׁין בִּשְׂדֵה אִילָן עֶרֶב שְׁבִיעִית? בֵּית שַׁמַּאי אוֹמְרִים: כׇּל זְמַן שֶׁיָּפֶה לַפְּרִי; וּבֵית הִלֵּל אוֹמְרִים: עַד הָעֲצֶרֶת. וּקְרוֹבִין דִּבְרֵי אֵלּוּ לִהְיוֹת כְּדִבְרֵי אֵלּוּ.

The Gemara elaborates: **What are the extra days before Rosh HaShana? As we learned** in a mishna (*Shevi'it* 1:1): **Until when may one plow an orchard on the eve of the Sabbatical Year? Beit Shammai say:** One may plow **so long as** the plowing **is beneficial for the fruit** already on the trees. Once the plowing serves to benefit only the tree itself and the fruit it will produce the following year, it is prohibited. **And Beit Hillel say:** One may plow **until** ***Shavuot*****.**[N] The mishna notes: **And the statement of these,** Beit Shammai, **is close to being like the statement of these,** Beit Hillel; i.e., in practice, there is little difference between the dates established by the two opinions.

וְעַד מָתַי חוֹרְשִׁין שְׂדֵה הַלָּבָן עֶרֶב שְׁבִיעִית? מִשֶּׁתִּכְלֶה הַלֵּחָה, וְכׇל זְמַן שֶׁבְּנֵי אָדָם חוֹרְשִׁים לִיטַּע מִקְשָׁאוֹת וּמִדְלָעוֹת.

The mishna (see *Shevi'it* 2:1) additionally states: **And until when may one plow a white field,** i.e., a grain field, on **the eve of the Sabbatical Year?** One may plow **until the** residual **moisture** in the fields from the rain **ceases and so long as people** continue to **plow**[N] their fields in order **to plant cucumbers and gourds,**[BN] which are planted at the end of the winter.

רַבִּי שִׁמְעוֹן אוֹמֵר: אִם כֵּן – נָתַתָּה תּוֹרָה שִׁיעוּר לְכׇל אֶחָד וְאֶחָד בְּיָדוֹ! אֶלָּא: בִּשְׂדֵה הַלָּבָן – עַד הַפֶּסַח, וּבִשְׂדֵה הָאִילָן – עַד הָעֲצֶרֶת. וּבֵית הִלֵּל אוֹמְרִים: עַד הַפֶּסַח.

Rabbi Shimon says: If it is so that no set time was established, then **the Torah has given an** individual **measure** of time **into the hands of each and every individual.** One may plow until a self-determined time, as he can always claim that he is plowing in order to plant during the sixth year. **Rather,** a fixed time must be established: **In a white field** one may plow **until Passover, in an orchard** one may plow **until** ***Shavuot*****, and Beit Hillel say: Until Passover.**

וְאָמַר רַבִּי שִׁמְעוֹן בֶּן פַּזִּי אָמַר רַבִּי יְהוֹשֻׁעַ בֶּן לֵוִי מִשּׁוּם בַּר קַפָּרָא: רַבָּן גַּמְלִיאֵל וּבֵית דִּינוֹ נִמְנוּ עַל שְׁנֵי פְּרָקִים הַלָּלוּ וּבִטְּלוּם.

And Rabbi Shimon ben Pazi said that Rabbi Yehoshua ben Levi said in the name of bar Kappara: Rabban Gamliel and his court discussed and then **voted about the** prohibitions of **these two periods,** i.e., from Passover or *Shavuot* until Rosh HaShana, **and nullified them,** thereby permitting plowing until Rosh HaShana, the actual beginning of the Sabbatical Year.

אֲמַר לֵיהּ רַבִּי זֵירָא לְרַבִּי אַבָּהוּ, וְאָמְרִי לַהּ רֵישׁ לָקִישׁ לְרַבִּי יוֹחָנָן: רַבָּן גַּמְלִיאֵל וּבֵית דִּינוֹ הֵיכִי מָצוּ מְבַטְּלִי תַּקַּנְתָּא דְּבֵית שַׁמַּאי וּבֵית הִלֵּל? וְהָא תְּנַן: אֵין בֵּית דִּין יָכוֹל לְבַטֵּל דִּבְרֵי בֵּית דִּין חֲבֵירוֹ אֶלָּא אִם כֵּן גָּדוֹל מִמֶּנּוּ בְּחׇכְמָה וּבְמִנְיָן!

Rabbi Zeira said to Rabbi Abbahu, and some say that it was **Reish Lakish** who said **to Rabbi Yoḥanan: How could Rabban Gamliel and his court nullify an ordinance** instituted by **Beit Shammai and Beit Hillel,** who were greater authorities than they were? **Didn't we learn** in a mishna (*Eduyyot* 1:5): **A court cannot nullify the ruling of another** court **unless it surpasses it in wisdom and in number?**[HN]

״אֶשְׁתּוֹמַם כְּשָׁעָה חֲדָא״ אֲמַר לֵיהּ: אֵימוֹר כָּךְ הִתְנוּ בֵּינֵיהֶן: כׇּל הָרוֹצֶה לְבַטֵּל – יָבוֹא וִיבַטֵּל.

Rabbi Abbahu **"was astonished for a while"** (Daniel 4:16), and then **said to him:** Say that when Beit Shammai and Beit Hillel established their decree, **they stipulated among themselves: Anyone** who later **wishes to nullify** this decree **may come and nullify** it.

BACKGROUND

Plowing for cucumbers – חֲרִישָׁה לְמִקְשָׁאוֹת: Cucumbers and gourds are among the plants that grow in fields that suffice with rainwater and do not require manual irrigation. As it is difficult to plow moist soil, the time to plow the ground for these crops is after the winter rains have ceased and after the moisture has lessened, but before the earth has completely dried out.

HALAKHA

Ordinances instituted by a court – תַּקָּנוֹת בֵּית דִּין: If a court instituted an ordinance or issued a decree that gained acceptance among all the Jewish people, it remains in effect even when the reason for the ordinance or decree no longer applies. Only a court that is greater in both wisdom and number can abrogate an ordinance instituted by an earlier court. In the case of a decree issued to prevent violation of a Torah law, a later court cannot abrogate it at all (Rambam *Sefer Shofetim*, *Hilkhot Mamrim* 2:2).

NOTES

Beit Hillel say: One may plow until *Shavuot* – בֵּית הִלֵּל אוֹמְרִים עַד הָעֲצֶרֶת: In the Jerusalem Talmud, this dispute is included among the list of the unusual circumstances where Beit Hillel rule more stringently than Beit Shammai. The reason it is not listed in tractate *Eduyyot* along with the other disputes of this type is that occasionally, in a dry year, the latest time to plow that is beneficial for the fruit is before *Shavuot*, and Beit Hillel's ruling is more lenient. Similarly, *Talmid Rabbeinu Yeḥiel of Paris* explains that whereas for most trees the latest time to plow that is beneficial for the fruit is after *Shavuot*, for some trees it is before *Shavuot* (see *Tosafot*).

And so long as people plow – וְכׇל זְמַן שֶׁבְּנֵי אָדָם חוֹרְשִׁים: Many of the medieval commentaries had a version of the text that leaves out the word: And. The difference between this version of the text and the common text, which includes the word: And, is whether these are two distinct times, or a single date with two different identifying characteristics (Ritva).

To plant cucumbers and gourds – לִיטַּע מִקְשָׁאוֹת וּמִדְלָעוֹת: The term *litta*, which generally refers to planting trees rather than vegetables or grains, is used with respect to cucumbers and gourds because they are planted in a manner similar to that of trees; each seed is planted individually. Vegetables and grains are planted by scattering many seeds at once (*Talmid Rabbeinu Yeḥiel of Paris*).

In wisdom and in number – בְּחׇכְמָה וּבְמִנְיָן: The Rambam asks: How can a court be greater in number than the Sanhedrin, which has seventy-one members? There is no court with a greater number of judges than that. The Rambam explains that the reference here is to the number of Sages who are not members of the court who accept the court's ruling. It has also been suggested that this is referring to the number of students of the judges comprising that particular court (*Talmid Rabbeinu Yeḥiel of Paris*).

דִּידְהוּ הִיא? הֲלָכָה לְמֹשֶׁה מִסִּינַי הִיא! דְּאָמַר רַבִּי אַסִי אָמַר רַבִּי יוֹחָנָן מִשּׁוּם רַבִּי נְחוּנְיָא אִישׁ בִּקְעַת בֵּית חוֹרְתָן: עֶשֶׂר נְטִיעוֹת, עֲרָבָה, וְנִיסּוּךְ הַמַּיִם – הֲלָכָה לְמֹשֶׁה מִסִּינַי.

The Gemara asks: **Is this** ordinance **theirs?** Did Beit Shammai and Beit Hillel institute the ordinance and as such have the authority to attach stipulations to it? **It is a *halakha*** transmitted **to Moses from Sinai. As Rabbi Asi said that Rabbi Yoḥanan said in the name of Rabbi Neḥunya from the valley of Beit Ḥortan:** The *halakha* of **ten saplings,**[HN] the *mitzva* of bringing **willow**[H] branches to the Temple on *Sukkot* and standing them up around the altar, and the *halakha* of **water libation**[HB] on *Sukkot* are all *halakhot* transmitted **to Moses from Sinai.** Consequently, the prohibition against plowing on the eve of the seventh year is a not a rabbinic ordinance from the Second Temple period, but rather an oral tradition dating back to Moses at Sinai.

אָמַר רַבִּי יִצְחָק: כִּי גְּמִירִי הִלְכְתָא – שְׁלֹשִׁים יוֹם לִפְנֵי רֹאשׁ הַשָּׁנָה, וְאָתוּ הָנֵי תַּקּוּן מִפֶּסַח וּמֵעֲצֶרֶת. וְאַתְנוּ בְּדִידְהוּ: כׇּל הָרוֹצֶה לְבַטֵּל – יָבוֹא וִיבַטֵּל.

Rabbi Yitzḥak said: When they learned this ***halakha*** as a tradition dating back to Moses at Sinai, the prohibition applied from only **thirty days before Rosh HaShana.** Afterward, **these** Sages of Beit Shammai and Beit Hillel **came** and **instituted** lengthier periods of restriction, **from Passover and from *Shavuot*,** respectively, **but they stipulated among themselves: Anyone who** later **wishes to nullify** this decree **may come and nullify** it. Rabban Gamliel and his court were therefore able to nullify extended restrictions instituted by Beit Shammai and Beit Hillel.

וְהָנֵי הִלְכְתָא נִינְהוּ? קְרָאֵי נִינְהוּ. דִּתְנַן: ״בֶּחָרִישׁ וּבַקָּצִיר תִּשְׁבֹּת״, רַבִּי עֲקִיבָא אוֹמֵר: אֵין צָרִיךְ לוֹמַר חָרִישׁ וְקָצִיר שֶׁל שְׁבִיעִית – שֶׁהֲרֵי כְּבָר נֶאֱמַר: ״שָׂדְךָ לֹא תִזְרָע וְכַרְמְךָ לֹא תִזְמֹר״, אֶלָּא חָרִישׁ שֶׁל עֶרֶב שְׁבִיעִית

The Gemara raises another question: **Are these** prohibitions of plowing before the Sabbatical Year really ***halakhot*** transmitted to Moses from Sinai? **They are** actually prohibitions based on explicit **verses.**[N] **As we learned**[N] in a *baraita* with regard to the verse **"In plowing and in reaping you shall rest"** (Exodus 34:21)[N] that **Rabbi Akiva says: It is unnecessary** for the verse **to speak** about **plowing and reaping during the Sabbatical Year, as it was already stated:** "But in the seventh year shall be a sabbath of solemn rest for the land, a sabbath for the Lord; **your field you shall not sow, and your vineyard you shall not prune"** (Leviticus 25:4).[N] This teaches that during the seventh year all agricultural labor is prohibited. **Rather,** the verse comes to prohibit **plowing on the eve of the Sabbatical Year**

HALAKHA

Ten saplings – עֶשֶׂר נְטִיעוֹת: If ten saplings were spread out in a field that has an area of a *beit se'a*, fifty by fifty cubits, one may plow the entire field for the benefit of these saplings until Rosh HaShana of the seventh year. This is a *halakha* transmitted to Moses from Sinai (Rambam *Sefer Zera'im, Hilkhot Shemitta VeYovel* 3:5).

Willow – עֲרָבָה: According to a *halakha* transmitted to Moses from Sinai, a willow branch must be brought to the Temple on *Sukkot*. This willow branch is not the same as the one taken together with the *lulav* (Rambam *Sefer Zemanim, Hilkhot Lulav* 7:20).

Water libation – נִיסּוּךְ הַמַּיִם: According to a *halakha* transmitted to Moses from Sinai, water libations are brought on the altar on all seven days of *Sukkot* along with the wine libations, which are brought with the daily offerings every morning (Rambam *Sefer Avoda, Hilkhot Temidin UMusafin* 10:6).

BACKGROUND

Water libation – נִיסּוּךְ הַמַּיִם: During the festival of *Sukkot*, in addition to the other special offerings brought in the Temple, a water libation was poured over the altar. This libation is not mentioned explicitly in the Torah, as its source is an oral tradition transmitted to Moses from Sinai. The water libation was accompanied by great festivity and ceremony, from the time that the water was drawn from the Siloam pool until it was poured over the altar. The water libation was brought on all seven days of *Sukkot*, including Shabbat, even though it was not permitted to draw water for this offering on Shabbat.

NOTES

Ten saplings – עֶשֶׂר נְטִיעוֹת: This *halakha* states that if ten saplings are dispersed in an orchard of twenty-five hundred square cubits, the entire orchard may be plowed until Rosh HaShana of the Sabbatical Year in order to prevent the saplings from withering. Implicitly, this indicates that in other cases plowing is prohibited prior to Rosh HaShana.

The wording of this *halakha* is precise, referring specifically to saplings, which are defined in the Jerusalem Talmud, and not to mature trees. It also refers specifically to ten, because if there are fewer than ten one may plow only directly under the trees, and if there are more than ten it is not a sustainable orchard, and some of the trees will have to be uprooted due to overcrowding (*Talmid Rabbeinu Yeḥiel of Paris*). However, some commentaries dispute this latter point.

They are actually prohibitions based on explicit verses – קְרָאֵי נִינְהוּ: Most commentaries explain that this refers to the *halakha* of ten saplings. Others, however, understand that the Gemara is referring to all three *halakhot*, as according to certain Sages, each has an allusion in the Torah (see *Tosafot*; Rabbi Shlomo ben HaYatom).

As we learned [*ditnan*] – דִּתְנַן: This term generally introduces a quotation from a mishna. However, the *Mesoret HaShas* cites the Rash, who notes that the text here is different from the version of this tannaitic source as it appears in the mishna in tractate *Shevi'it* (1:4). Consequently, it would seem that this source is a *baraita* that is similar but not identical to the mishna. This is supported by the fact that when this source is cited in tractate *Rosh HaShana* (9a), it is introduced by the word *tanya*, which connotes a *baraita*. Furthermore, in all of the available manuscripts, as well as previous printings of the Talmud, the text here includes the word *tanya* rather than the word *tenan*.

In plowing and in reaping you shall rest – בֶּחָרִישׁ וּבַקָּצִיר תִּשְׁבֹּת: In context, this verse is referring to Shabbat, not to the Sabbatical Year. However, if this is the case, the verse is superfluous, as plowing and reaping are among the labors already prohibited on Shabbat (Jerusalem Talmud; see Rashi manuscript). In addition, Rashi (on *Rosh HaShana* 9a) writes that one could have derived from here that only these particular labors are prohibited on Shabbat and all others are permitted. Consequently, the verse is interpreted as referring to the Sabbatical Year rather than to Shabbat.

Your field you shall not sow, and your vineyard you shall not prune – שָׂדְךָ לֹא תִזְרָע וְכַרְמְךָ לֹא תִזְמֹר: *Tosafot* explain that the proof that reaping is prohibited is actually from the next verse: "That which grows of its own accord of your harvest you shall not reap" (Leviticus 25:5). Once it has been proven that the prohibition against reaping mentioned in the verse in Exodus must teach something beyond the prohibition during the Sabbatical Year itself, the same must be true of the prohibition against plowing mentioned in that verse. Some say that the proof is actually from another, more general verse, "Then shall the land keep a sabbath to the Lord" (Leviticus 25:2), but the Gemara cited a verse that people are more familiar with (*Talmid Rabbeinu Yeḥiel of Paris*).

שֶׁנִּכְנַס לִשְׁבִיעִית, וְקָצִיר שֶׁל שְׁבִיעִית שֶׁיָּצָא לְמוֹצָאֵי שְׁבִיעִית.

that entered into the Sabbatical Year, i.e., plowing in the sixth year that will benefit crops growing in the seventh year, **and reaping** the crops **of the Sabbatical Year that continued into the conclusion of the Sabbatical Year,** i.e., reaping seventh-year produce that continued to grow into the eighth year.

רַבִּי יִשְׁמָעֵאל אוֹמֵר: מָה חָרִישׁ רְשׁוּת – אַף קָצִיר רְשׁוּת, יָצָא קְצִיר הָעוֹמֶר שֶׁהִיא מִצְוָה.

Rabbi Yishmael says that this verse is to be understood as referring to Shabbat and not to the Sabbatical Year, in accordance with the straightforward meaning of the verse. It teaches as follows: **Just as** only **optional plowing** is prohibited on Shabbat, as there is no instance where plowing fulfills a biblical mitzva, **so too,** only **optional reaping** is prohibited, **to the exclusion of the reaping of the *omer*[B] offering, which is a mitzva,[HN]** and consequently permitted on Shabbat. Nonetheless, the first opinion cited in the *baraita*, that of Rabbi Akiva, holds that the prohibition against plowing on the eve of the Sabbatical Year is derived from an explicit verse.

אֶלָּא אָמַר רַב נַחְמָן בַּר יִצְחָק: כִּי גְּמִירִי הִלְכְתָא – לְמִישְׁרֵי יַלְדָּה, קְרָאֵי – לְמֵיסַר זְקֵינָה.

Rather, Rav Naḥman bar Yitzḥak said: When we learned this as a ***halakha*** transmitted to Moses from Sinai, **it was to permit** plowing in the case of **young** saplings until Rosh HaShana. In contrast, **the verses** that were cited come **to prohibit** plowing in the case of **mature** and well-rooted trees thirty days before Rosh HaShana of the Sabbatical Year.

וְכֵיוָן דְּהִלְכְתָא לְמִשְׁרֵי יַלְדָּה לָאו מִמֵּילָא זְקֵינָה אֲסִירָה?

The Gemara asks: **But since the *halakha*** transmitted to Moses from Sinai comes **to permit** plowing in the case of **young** saplings until Rosh HaShana, **does it not automatically** follow that in the case of **mature** trees, plowing **is prohibited** before Rosh HaShana? Therefore, not only the allowance, but the prohibition as well was learned by tradition as a *halakha* transmitted to Moses from Sinai, and not from the verses.

אֶלָּא: הִלְכְתָא לְרַבִּי יִשְׁמָעֵאל, קְרָאֵי לְרַבִּי עֲקִיבָא.

Rather, the ***halakha*** transmitted to Moses from Sinai is the basis of the prohibition against plowing on the eve of the Sabbatical Year **according to** the opinion of **Rabbi Yishmael,** who interprets the verse as referring to Shabbat, and not to the Sabbatical Year, whereas **the verses** are the basis of the prohibition **according to the** opinion **of Rabbi Akiva.**

וְרַבִּי יוֹחָנָן אָמַר: רַבָּן גַּמְלִיאֵל וּבֵית דִּינוֹ מִדְּאוֹרַיְיתָא בָּטֵיל לְהוּ.

The Gemara previously cited Rabbi Yitzḥak, who explained how Rabban Gamliel's court nullified the extension to the prohibition against plowing before the Sabbatical Year that had been enacted by Beit Shammai and Beit Hillel. The Gemara now cites another opinion, which holds that Rabban Gamliel's court abolished the prohibition against plowing before the Sabbatical Year entirely. **And Rabbi Yoḥanan said** that **Rabban Gamliel and his court nullified** the restrictions on working the land on the eve of the Sabbatical Year **based on** a source written **in the Torah.[N]**

BACKGROUND

Omer – עוֹמֶר: This term is used to refer to the measure of barley brought in the Temple on the sixteenth of Nisan, the second day of Passover. The offering was a measure of grain, one-tenth of an *epha*, that was brought irrespective of whether the sixteenth of Nisan was a Shabbat or a weekday. The *omer* consisted of newly ripe barley that was prepared as roasted flour. The barley was harvested on the night following the first day of Passover. A handful of the barley flour was burned on the altar and the rest was eaten by the priests. In addition to this meal-offering, a male sheep was sacrificed as a burnt-offering, together with a wine libation and two-tenths of an ephah of wheat flour as a meal-offering. Once the *omer* was sacrificed, grain from the new harvest could be eaten.

HALAKHA

The reaping of the *omer* offering, which is a mitzva – קְצִיר הָעוֹמֶר שֶׁהִיא מִצְוָה: The grain used for the *omer* offering must be reaped at night on the eve of the sixteenth of Nisan, whether it is a weekday or Shabbat. Only if there is no grain that was reaped at that time may one bring the *omer* offering from grain that had been reaped earlier (Rambam *Sefer Avoda, Hilkhot Temidin UMusafin* 7:6–7).

NOTES

The reaping of the *omer* offering, which is a mitzva – קְצִיר הָעוֹמֶר שֶׁהִיא מִצְוָה: According to most commentaries, Rabbi Yishmael understands the verse as referring to Shabbat, in accordance with the straightforward interpretation of the verse. The verse teaches that only optional reaping is prohibited on Shabbat, but an act of reaping that constitutes a mitzva is permitted. Harvesting barley for the *omer* offering the night before it is sacrificed is a mitzva, and it is therefore permitted on Shabbat. Others explain that even Rabbi Yishmael interprets the verse as referring to the Sabbatical Year, and the verse indicates that even during the Sabbatical Year, the *omer* may be reaped in the usual manner (Rabbeinu Gershom Meor HaGola; Rabbi Yitzḥak ben Malki Tzedek; Rav Natan *Av HaYeshiva*). Some interpret the Jerusalem Talmud to be in accordance with the latter opinion as well.

Nullified the restrictions on working the land based on a source in the Torah – מִדְּאוֹרַיְיתָא בָּטֵיל לְהוּ: The Ritva explicates two different versions of the text in this passage. One version states that Rabban Gamliel and his court nullified the restrictions from the Torah, meaning that based on a source written in the Torah, they derived that it is permitted to work the land prior to the Sabbatical Year. A different version states that Rabban Gamliel and his court nullified the Torah prohibition, meaning that there had been a rabbinic decree to refrain from working the land in accordance with the Torah law that had been applicable during the time of the Temple, and Rabban Gamliel and his court nullified that decree.

מַאי טַעְמָא? גָּמַר ״שַׁבָּת״ ״שַׁבָּת״ מִשַּׁבַּת בְּרֵאשִׁית, מַה לְּהַלָּן הִיא אֲסוּרָה, לְפָנֶיהָ וּלְאַחֲרֶיהָ – מוּתָּרִין, אַף כָּאן, הִיא אֲסוּרָה, לְפָנֶיהָ וּלְאַחֲרֶיהָ – מוּתָּרִין.

What is the reason? He derives it by means of a verbal analogy between the word **Shabbat** stated with regard to the Sabbatical Year in the verse: "But in the seventh year shall be a sabbath of solemn rest for the land" (Leviticus 25:4), **and** the word **Shabbat** stated with regard to the weekly Shabbat, which commemorates **the Shabbat of Creation. Just as there,** on Shabbat **itself it is prohibited** to perform labor, but **before and after** Shabbat **it is permitted, so too here,** in the case of the Sabbatical Year, during the Sabbatical Year **itself it is prohibited** to perform labor, but **before and after** the Sabbatical Year **it is permitted.**

מַתְקִיף לָהּ רַב אַשִׁי: מַאן דְּאָמַר הִלְכְתָא – אָתְיָא גְּזֵרָה שָׁוָה עָקְרָה הִלְכְתָא? וּמַאן דְּאָמַר קְרָא – אָתְיָא גְּזֵרָה שָׁוָה עָקְרָה קְרָא?!

Rav Ashi strongly objects to this: If Rabban Gamliel and his court nullified the restrictions based on a verbal analogy, then according to **the one who said** that the prohibition against plowing thirty days before Rosh HaShana of the Sabbatical Year is a ***halakha*** that was transmitted to Moses from Sinai, **can a verbal analogy**[B] **come** and **uproot a *halakha*** that was transmitted to Moses from Sinai?[N] **And** similarly, according to **the one who said** that the prohibition against plowing is derived from **a verse, can a verbal analogy come** and **uproot a verse?**

אֶלָּא אָמַר רַב אַשִׁי: רַבָּן גַּמְלִיאֵל וּבֵית דִּינוֹ סְבִירָא לְהוּ כְּרַבִּי יִשְׁמָעֵאל דְּאָמַר הִלְכְתָא גְּמִירִי לַהּ, וְכִי גְּמִירִי הִלְכְתָא – בִּזְמַן שֶׁבֵּית הַמִּקְדָּשׁ קַיָּים, דּוּמְיָא דְּנִיסּוּךְ הַמַּיִם, אֲבָל בִּזְמַן שֶׁאֵין בֵּית הַמִּקְדָּשׁ קַיָּים – לָא.

Rather, Rav Ashi said: Rabban Gamliel and his court held in accordance with the opinion of **Rabbi Yishmael, who said** that **they learned this** prohibition as a ***halakha*** transmitted to Moses from Sinai. **But they learned this *halakha*** only with regard to the time period **when the Temple is standing.** This is evidenced by the fact that it is **similar to** the other *halakha* stated along with it, that of the **water libation,**[N] which was part of the service in the Temple. **But when the Temple is not standing** this *halakha* **does not** apply, and therefore Rabban Gamliel and his court nullified the prohibition after the destruction of the Temple.

״אֲבָל לֹא מִמֵּי הַגְּשָׁמִים וּמִמֵּי הַקִּילוֹן״. בִּשְׁלָמָא מֵי קִילוֹן – אִיכָּא טִירְחָא יְתֵירָא, אֶלָּא מֵי גְּשָׁמִים מַאי טִירְחָא אִיכָּא?

§ It was taught in the mishna: **However,** one **may not** irrigate a field on the intermediate days of a Festival **with rainwater** collected in a cistern **or with water drawn with a shadoof.** The Gemara asks: **Granted,** irrigating a field with **water drawn with a shadoof involves excessive effort,** and so it is prohibited on the intermediate days of a Festival. **But what excessive effort is involved** in irrigating a field **with rainwater?** Rainwater collects on its own and one merely has to channel it to where it is needed.

אָמַר רַבִּי אִילְעָא אָמַר יוֹחָנָן: גְּזֵירָה מֵי גְשָׁמִים אַטּוּ מֵי קִילוֹן. רַב אַשִׁי אָמַר: מֵי גְשָׁמִים גּוּפַיְיהוּ לִידֵי מֵי קִילוֹן אָתוּ.

Rabbi Ile'a said that Rabbi **Yoḥanan said:** A rabbinic **decree** was enacted with regard to **rainwater**[N] **due to** its similarity **to water drawn with a shadoof. Rav Ashi said: Rainwater itself will come to be like water drawn with a shadoof.** Once the level of the collected rainwater drops, it will become necessary to draw it with a bucket, a procedure involving excessive effort.

וְקָמִיפַּלְגִי בְּדְרַבִּי זֵירָא. דְּאָמַר רַבִּי זֵירָא אָמַר רַבָּה בַּר יִרְמְיָה אָמַר שְׁמוּאֵל: נְהָרוֹת הַמּוֹשְׁכִין מַיִם מִן הָאֲגַמִּים – מוּתָּר לְהַשְׁקוֹת מֵהֶן בְּחוּלּוֹ שֶׁל מוֹעֵד.

The Gemara comments: Rabbi Ile'a and Rav Ashi **disagree with regard to** the ruling issued by **Rabbi Zeira, as Rabbi Zeira said** that **Rabba bar Yirmeya said** that **Shmuel said:** With regard to **streams that draw water from pools** of collected water,[N] **one is permitted to irrigate** his field **from them on the intermediate days of a Festival,**[H] because the flow of water is steady.

מָר אִית לֵיהּ דְּרַבִּי זֵירָא, וּמָר לֵית לֵיהּ דְּרַבִּי זֵירָא.

One **Sage,** Rav Ashi, **is of** the opinion that the ruling is in accordance with the opinion **of Rabbi Zeira,** as he prohibits only irrigating with rainwater, because the supply might come to an end, but he does not prohibit watering from a source whose flow is steady. **And** one **Sage,** Rabbi Yoḥanan, **is not of** the opinion that the ruling is in accordance with the opinion of **Rabbi Zeira,** as he prohibits irrigating with rainwater due to its similarity to water drawn with a shadoof. This applies regardless of whether the level of the rainwater will drop, and therefore Rabbi Yoḥanan would prohibit using collected water even if a stream flows through it and it will not dry up.

BACKGROUND

Verbal analogy – גְּזֵרָה שָׁוָה: This is a fundamental talmudic principle of biblical exegesis that appears in all standard lists of exegetical principles. If the same word or phrase appears in two places in the Torah and a certain *halakha* is explicitly stated in one of those places, it may be inferred on the basis of the verbal analogy that the same *halakha* must apply in the other case as well. Consequently, the inferences drawn on the basis of verbal analogy rely on verbal, rather than conceptual, similarity. For example, the Torah states concerning those convicted of certain types of sorcery: "They shall be put to death; they shall stone them with stones; their blood shall be upon them" (Leviticus 20:27). Since this verse uses the expression: Their blood shall be upon them, in the context of death by stoning, the Talmud infers by verbal analogy that in all cases where this expression is used, capital punishment is to be inflicted by stoning. Generally, inferences can be drawn through verbal analogy only if the same word or phrase appears in both of the verses being compared, although a verbal analogy may occasionally be drawn even if the words being compared are not identical, provided that their meanings are similar.

NOTES

Can a verbal analogy come and uproot a *halakha* transmitted to Moses from Sinai – אָתְיָא גְּזֵרָה שָׁוָה עָקְרָה הִלְכְתָא: It is clear that this verbal analogy is unlike other verbal analogies, which have the force of Torah law. In this case, the Sages developed their own exposition according to the style of verbal analogy. Since a verbal analogy is authoritative only if it was transmitted to Moses from Sinai, the Sages' exposition does not have the authority to override a known *halakha* based upon a biblical verse or a *halakha* transmitted to Moses from Sinai.

It is similar to the water libation – דּוּמְיָא דְּנִיסּוּךְ הַמַּיִם: The Gemara could have cited the mitzva of the willow branches as a precedent, as it too was applicable only in the Temple, but the water libation was cited instead because there is no vestige of the mitzva today, even by rabbinic decree (Ritva).

A rabbinic decree was enacted with regard to rainwater – גְּזֵירָה מֵי גְשָׁמִים: Many explain this decree as an extension of the decree prohibiting irrigating with well water, which is gathered in one place and does not flow. The Sages extended that decree to all water that does not flow (*Tosefot Rid*; Ran; Ritva). Some say that there was one decree prohibiting all forms of rainwater, as well water is also rainwater (*Talmid Rabbeinu Yeḥiel of Paris*).

Streams that draw water from pools of collected water – נְהָרוֹת שֶׁמּוֹשְׁכִין מַיִם מִן הָאֲגַמִּים: The commentaries emphasize that this refers not to actual streams but to water channels. *Talmid Rabbeinu Yeḥiel of Paris* adds that since these channels are shallow, using their water does not require much exertion.

HALAKHA

Streams that draw water from pools – נְהָרוֹת הַמּוֹשְׁכִין מַיִם מִן הָאֲגַמִּים: On the intermediate days of a Festival one may irrigate a field from a stream that draws water from a pool, provided that there is no danger that the supply of water will cease. If it will cease, even if there is sufficient water for his field, one may not irrigate from it, due to a rabbinic decree (*Magen Avraham*). Similarly, one may irrigate a field that requires irrigation from a pool that is fed by water dripping from another field, as long as the spring that is the source of the water in the latter field continues to flow (*Shulḥan Arukh, Oraḥ Ḥayyim* 537:3).

גּוּפָא, אָמַר רַבִּי זֵירָא אָמַר רַבָּה בַּר יִרְמְיָה אָמַר שְׁמוּאֵל: נְהָרוֹת הַמּוֹשְׁכִין מַיִם מִן הָאֲגַמִּים – מוּתָּר לְהַשְׁקוֹת מֵהֶן בְּחוּלּוֹ שֶׁל מוֹעֵד.

After mentioning the statement of Rabbi Zeira in the course of the previous discussion, the Gemara examines **the matter itself. Rabbi Zeira said** that **Rabba bar Yirmeya said** that **Shmuel said:** With regard to **streams that draw water from pools** of water, **one is permitted to irrigate** his field **from them on the intermediate days of a Festival.**

אִיתִיבֵיהּ רַבִּי יִרְמְיָה לְרַבִּי זֵירָא: אֲבָל לֹא מִמֵּי גְשָׁמִים וְלֹא מִמֵּי קִילוֹן! אֲמַר לֵיהּ: יִרְמְיָה בְּרִי, הָנֵי אֲגַמִּים דְּבָבֶל – כְּמַיָּא דְּלָא פָּסְקִי דָּמוּ.

Rabbi Yirmeya raised an objection to Rabbi Zeira from what is taught in the mishna: **However, one may not** irrigate a field on the intermediate days of a Festival **with rainwater** collected in cisterns **or with water drawn with a shadoof.** This indicates that whenever there is a concern that the water might run out, it is prohibited to irrigate from this water source. Consequently, Rabbi Yirmeya wanted to know why this concern did not exist in the case of the pools of water as well. Rabbi Zeira **said to him: Yirmeya, my son,**[N] **these pools in Babylonia are like water that does not stop** flowing.[N] Therefore, there is no concern that the water level in these pools might go down to such an extent that it will become necessary to draw the water with buckets.

תָּנוּ רַבָּנַן: הַפְּסִיקוֹת וְהַבְּרֵיכוֹת שֶׁנִּתְמַלְּאוּ מַיִם מֵעֶרֶב יוֹם טוֹב – אָסוּר לְהַשְׁקוֹת מֵהֶן בְּחוּלּוֹ שֶׁל מוֹעֵד, וְאִם הָיְתָה אַמַּת הַמַּיִם עוֹבֶרֶת בֵּינֵיהֶן – מוּתָּר.

The Sages taught in a *baraita*: With regard to **temporary pools**[N] and regular **pools that were filled with water on the eve of a Festival, it is prohibited for one to irrigate** his field **from them on the intermediate days of the Festival,** lest they run out of water and he will come to exert himself and bring water from elsewhere. **But if a water channel passes between them** so that water flows from the one to the other, **it is permitted.**

אָמַר רַב פַּפָּא: וְהוּא שֶׁרוּבָּהּ שֶׁל אוֹתָהּ שָׂדֶה שׁוֹתָה מֵאוֹתָהּ אַמַּת הַמַּיִם. רַב אַשִׁי אָמַר: אַף עַל פִּי שֶׁאֵין רוּבָּהּ שֶׁל אוֹתָהּ שָׂדֶה שׁוֹתָה, כֵּיוָן דְּקָא מָשְׁכָא וְאָתְיָא – מֵימַר אָמַר: אִי לָא שָׁתְיָא לְחַד יוֹמָא – תִּשְׁתֵּי לִתְרֵי וּתְלָתָא יוֹמֵי.

Rav Pappa said: And this allowance applies only **when the majority of that field can be irrigated from that water channel,** such that most of the field can be irrigated at the same time. In this case, there is no concern that when the water runs out, he will come to exert himself and irrigate the rest of the field from another source of water. **Rav Ashi said:** It applies **even though the majority of that field cannot be irrigated** from that water channel at the same time. **Since** the channel **continuously draws** water, constantly replenishing its supply, even if it does so at a slow rate, one will **say** to himself that even **if** the entire field **cannot be irrigated** from that water channel **on a single day, it can be irrigated** from it **over** the course of **two or three days.** Accordingly, he will not find it necessary to exert himself to quickly irrigate that portion of the field that did not already receive its water.

תָּנוּ רַבָּנַן: בְּרֵיכָה שֶׁנּוֹטֶפֶת מַיִם מִשְּׂדֵה בֵּית הַשְּׁלָחִין זוֹ – מוּתָּר לְהַשְׁקוֹת מִמֶּנָּה שְׂדֵה בֵּית הַשְּׁלָחִין אַחֶרֶת.

The Sages taught in a *baraita*: With regard to **a pool** that receives **drips of water from this field that requires irrigation,** which itself receives water from a spring, **one is permitted to irrigate from** this pool **another field** situated below it **that requires irrigation.**

וְהָא עֲבִידָא דְּפָסְקָא! אָמַר רַבִּי יִרְמְיָה: וַעֲדַיִין הִיא מְטַפְטֶפֶת. אָמַר אַבַּיֵי: וְהוּא שֶׁלֹּא פָּסַק מַעְיָין רִאשׁוֹן.

The Gemara asks: **But isn't** the pool **likely to stop flowing,** which will force him to exert himself and draw water from somewhere else? **Rabbi Yirmeya said:** The case is where the upper field **is still trickling** water into the pool and does not stop. **Abaye said: And this** allowance applies only **when** the water from **the first spring** that irrigates the upper field **has not stopped** flowing. Only in that case can one rely on the water trickling from the upper field and consequently irrigating the lower field from the pool.

תַּנְיָא, רַבִּי שִׁמְעוֹן בֶּן מְנַסְיָא אוֹמֵר: שְׁתֵּי עֲרוּגוֹת זוֹ לְמַעְלָה מִזּוֹ – לֹא יַדְלֶה מִן הַתַּחְתּוֹנָה וְיַשְׁקֶה אֶת הָעֶלְיוֹנָה. יוֹתֵר עַל כֵּן אָמַר רַבִּי אֶלְעָזָר בַּר שִׁמְעוֹן: אֲפִילּוּ עֲרוּגָה אַחַת, חֶצְיָהּ נָמוּךְ וְחֶצְיָהּ גָּבוֹהַּ – לֹא יַדְלֶה מִמָּקוֹם נָמוּךְ וְיַשְׁקֶה לְמָקוֹם גָּבוֹהַּ.

It is taught in a *baraita* that **Rabbi Shimon ben Menasya says:** With regard to **two garden beds** located **one above the other, one may not draw** water **from** the channel supplying **the lower** garden bed in order **to irrigate the upper** garden bed, due to the excessive exertion involved. **Furthermore, Rabbi Elazar bar Shimon said: Even** in the case of **a single garden bed, half of which is lower and half of which is higher, one may not draw water**[H] **from the** channel supplying **the lower area to irrigate the upper area,** even though they are two parts of the same garden bed.

NOTES

Yirmeya, my son – יִרְמְיָה בְּרִי: Most commentaries explain that this is an expression of affection (see Rabbi Shlomo ben HaYatom). The Ritva explains that the word *beri* does not mean my son, but clearly, or certainly.

Like water that does not stop flowing – כְּמַיָּא דְּלָא פָּסְקִי דָּמוּ: Opinions differ as to whether water was so abundant that there was no concern that there would not be enough to water the field (*Talmid Rabbeinu Yeḥiel of Paris*) or whether the water still flowed continuously because it was fed from a spring (*Maggid Mishne*). The opinions of the halakhic authorities are similarly divided (see *Beit Yosef*).

Temporary pools [*pesikot*] – פְּסִיקוֹת: Some commentaries explain that *pesikot* are imperfectly finished channels, whereas *bereikhot* are well-constructed and finished (Rashi manuscript; Rabbeinu Yehonatan). The Meiri suggests that *bereikhot* are structures, while *pesikot* are simply trenches dug in the ground. *Talmid Rabbeinu Yeḥiel of Paris* maintains that *bereikhot* are rounded, whereas *pesikot* are squared.

HALAKHA

Drawing water – דְּלִיַּת מַיִם: One may not draw water from a channel supplying the lower portion of a garden bed even to irrigate the upper portion of that very same garden bed (*Shulḥan Arukh, Oraḥ Ḥayyim* 537:2).

תָּנוּ רַבָּנַן: מַדְלִין לְיָרָקוֹת כְּדֵי לְאוֹכְלָן. וְאִם בִּשְׁבִיל לְיַיפּוֹתָן – אָסוּר.

The Sages taught in a *baraita*: **One may draw** water and irrigate **vegetables**[H] **in order to eat them**[N] on the intermediate days of a Festival. **But if** he does this **in order** to improve their growth and **to enhance their** appearance[N] **it is prohibited,** as he is considered to be unnecessarily exerting himself on the Festival.

רָבִינָא וְרַבָּה תּוֹסְפָּאָה הָווּ קָא אָזְלִי בְּאוֹרְחָא, חָזוּ לְהַהוּא גַּבְרָא דַּהֲוָה דָּלֵי דִּוְולָא בְּחוּלָּא דְּמוֹעֲדָא. אֲמַר לֵיהּ רַבָּה תּוֹסְפָּאָה לְרָבִינָא: לֵיתֵי מָר לְשַׁמְּתֵיהּ! אֲמַר לֵיהּ: וְהָתַנְיָא: מַדְלִין לְיָרָקוֹת כְּדֵי לְאוֹכְלָן! אֲמַר לֵיהּ: מִי סָבְרַתְּ מַאי מַדְלִין – מַדְלִין מַיָּא? מַאי

The Gemara relates that **Ravina and Rabba Tosefa'a**[P] **were** once **walking along the road** when **they saw a certain man that was drawing** water **with a bucket on the intermediate days of a Festival. Rabba Tosefa'a said to Ravina: Let the Master come and excommunicate him** for transgressing the words of the Sages. Ravina **said to him: But isn't it taught** in a *baraita*: **One may draw for vegetables in order to eat them,** and so he has not committed a transgression. Rabba Tosefa'a **said to him: Do you maintain** that **what is** meant by **one may draw** [*madlin*] is that **one may draw water** in order to irrigate the vegetables? This is not so. Rather, **what is** meant by

Perek **I**
Daf **4** Amud **b**

מַדְלִין? שַׁלּוּפֵי. כִּדְתְנַן: הַמֵּידֵל בַּגְּפָנִים, כְּשֵׁם שֶׁהוּא מֵידֵל בְּשֶׁלּוֹ – כָּךְ הוּא מֵידֵל בְּשֶׁל עֲנִיִּים, דִּבְרֵי רַבִּי יְהוּדָה. רַבִּי מֵאִיר אוֹמֵר: בְּשֶׁלּוֹ – רַשַּׁאי, וְאֵינוֹ רַשַּׁאי בְּשֶׁל עֲנִיִּים.

one may draw is that **one may pull out**[N] some of the vegetables that are growing densely together. The *baraita* comes to teach that one is permitted to thin out a garden bed on the intermediate days of a Festival in order to eat on the Festival those that he removes, but he is prohibited to do so in order to enhance the appearance of those that remain. **As we learned** in a mishna (*Pe'a* 7:5): **One who thins out** [*meidel*] **the vines**[N] in his vineyard, **just as he may thin out his own** vines, **so too, he may thin out** the vines set aside for **the poor.**[N] Since he is doing it for the sake of the vines, he may also thin out what he leaves for the poor; this is **the statement of Rabbi Yehuda. Rabbi Meir** disagrees and **says: His own** vines **he is permitted** to thin out, **but he is not permitted** to thin out the vines set aside **for the poor.** This mishna indicates that the term *meidel* can be used to mean thinning out and does not refer only to drawing water.

אֲמַר לֵיהּ: וְהָתַנְיָא: מַדְלִין מַיִם לְיָרָקוֹת כְּדֵי לְאוֹכְלָן! אֲמַר לֵיהּ: אִי תַּנְיָא – תַּנְיָא.

Ravina **said to** Rabba Tosefa'a: **But wasn't it** explicitly **taught** in a *baraita*: **One may draw water** to irrigate **vegetables in order to eat them?** Rabba Tosefa'a **said to him: If it is taught** explicitly in a *baraita*, the *halakha* is as **it is taught,** and I retract my statement.

HALAKHA

One may draw water and irrigate vegetables – מַדְלִין לְיָרָקוֹת: It is permitted to draw water and irrigate vegetables that one wishes to eat during a Festival. If one does not intend to eat the vegetables during the Festival but simply wishes to enhance their appearance, it is prohibited (*Shulḥan Arukh, Oraḥ Ḥayyim* 537:4).

NOTES

In order to eat them – כְּדֵי לְאוֹכְלָן: One may water vegetables so that they will be fresh when they are picked and eaten on the intermediate days of the Festival (*Talmid Rabbeinu Yeḥiel of Paris; Sefer HaMeorot*).

In order to enhance their appearance – בִּשְׁבִיל לְיַיפּוֹתָן: Some explain that this is referring to watering vegetables to cause them to grow larger so that they can be sold at a higher price after the Festival (Rashi). Rabbi Shlomo ben HaYatom explains that they would wash the vegetables in order to enhance their appearance, but because this involves extra effort and it is not necessary for the Festival, it is prohibited.

NOTES

One may pull out – שַׁלּוּפֵי: This understanding of the *baraita* seems to remain valid even according to the Gemara's conclusion that the *baraita* may be understood as referring to watering (Meiri; *Sefat Emet*). Consequently, it is permitted to pick vegetables or fruit in order to eat them, even if one thereby improves the produce that remains. However, if his sole intention is to improve the remaining produce, it is prohibited to pick the produce (Meiri).

One who thins out the vines – הַמֵּידֵל בַּגְּפָנִים: The commentaries debate the meaning of this phrase. Some explain that one removes some of the grape clusters in order to allow the remaining clusters to grow better than they would if left alone (*Talmid Rabbeinu Yeḥiel of Paris*). Others understand that one trims some of the branches. Other commentaries explain that if the vines are crowded and close together, he uproots some of them (Rabbeinu Shimshon; Rabbi Yitzḥak ben Malki Tzedek; Ritva).

So too, may he thin out the vines set aside for the poor – כָּךְ הוּא מֵידֵל בְּשֶׁל עֲנִיִּים: Rashi explains that he thins out the corner [*pe'a*], the portion of the crop that must be left for the poor, or the *olelot*, the small, incompletely formed clusters of grapes that must also be left for the poor. Some write that the discussion pertains only to *pe'a* but not to *olelot* (*Talmid Rabbeinu Yeḥiel of Paris*), while others claim that it pertains only to *olelot* and not to *pe'a* (*Tosefot Rid*; Ritva).

"וְאֵין עוֹשִׂין עוּגִיּוֹת לַגְּפָנִים". מַאי עוּגִיּוֹת? אָמַר רַב יְהוּדָה: בִּנְכֵּי. תַּנְיָא נַמִּי הָכִי: אֵלּוּ הֵן עוּגִיּוֹת – בְּדִידִין שֶׁבְּעִיקְּרֵי זֵיתִים וְשֶׁבְּעִיקְּרֵי גְּפָנִים.

§ It was taught in the mishna: **And one may not construct circular ditches [*ugiyyot*]** around the bases of **grapevines**[H] on the intermediate days of a Festival. The Gemara asks: **What are *ugiyyot*?**[N] **Rav Yehuda said:** They are what are called in Aramaic *binkei*, circular ditches around vines. The Gemara notes that **this is also taught** in a *baraita*: **These are *ugiyyot*: *Bedidin*,**[L] circular ditches **around the bases of olive trees and around the bases of grapevines.**

אִינִי? וְהָא רַב יְהוּדָה שְׁרָא לִבְנֵי בַּר צִיתַאי לְמֶעֱבַד בִּנְכֵּי לְכַרְמֵיהוֹן! לָא קַשְׁיָא, הָא – בַּחֲדַתֵּי, הָא – בְּעַתִּיקֵי.

The Gemara asks: **Is that so?** Is it prohibited to dig circular ditches on the intermediate days of the Festival? **Didn't Rav Yehuda permit the family of bar Tzitai to construct circular ditches for their vineyards** on the intermediate days of a Festival? The Gemara answers: This is **not difficult. This** source, i.e., the mishna that renders the practice prohibited, is referring to digging **new** ditches. **That** other source, i.e., Rav Yehuda's ruling that permits the digging of such ditches, is referring to **old** ones,[N] which merely need to be cleared.

"רַבִּי אֶלְעָזָר בֶּן עֲזַרְיָה אוֹמֵר אֵין עוֹשִׂין אֶת הָאַמָּה". בִּשְׁלָמָא מוֹעֵד – מִשּׁוּם דְּקָא טָרַח. אֶלָּא שְׁבִיעִית – מַאי טַעְמָא?

§ It was taught in the next clause of the mishna that **Rabbi Elazar ben Azarya says: One may not construct a new** water **channel** during the intermediate days of a Festival or during the Sabbatical Year. The Gemara asks: **Granted,** it is prohibited for him to do so on the intermediate days of **a Festival, because** in so doing **he** excessively **exerts himself** on the Festival. **But what is the reason** that this is prohibited during **the Sabbatical Year,** when only labors that enhance the growth of plants are prohibited?

פְּלִיגוּ בָּהּ רַבִּי זֵירָא וְרַבִּי אַבָּא בַּר מֶמֶל. חַד אָמַר: מִפְּנֵי שֶׁנִּרְאֶה כְּעוֹדֵר, וְחַד אָמַר: מִפְּנֵי שֶׁמַּכְשִׁיר אֲגַפֶּיהָ לִזְרִיעָה.

The Gemara answers: **Rabbi Zeira and Rabbi Abba bar Memel disagreed with regard to this** issue. **One of them said:** It is prohibited **because it appears** to others **as if he were hoeing** his field. As onlookers do not know that he is merely digging a water channel, they suspect him of working his land during the Sabbatical Year. **And** the other **one said:** It is prohibited **because he** thereby **prepares** the channel's **banks**[N] **for planting,** for when he digs out the channel, he piles the fresh soil that is fit for planting on its two banks.

מַאי בֵּינַיְיהוּ? אִיכָּא בֵּינַיְיהוּ דְּקָא אָתוּ מַיָּא בַּתְרֵיהּ. מַאן דְּאָמַר מִפְּנֵי שֶׁמַּכְשִׁיר אֲגַפֶּיהָ לִזְרִיעָה – אִיכָּא, וּמַאן דְּאָמַר מִפְּנֵי שֶׁנִּרְאֶה כְּעוֹדֵר – לֵיכָּא.

The Gemara asks: **What is** the practical halakhic difference **between them?**[N] The Gemara answers: **There is** a practical halakhic difference **between them** in a case where **water comes** into the channel immediately **after he** digs it out. According to **the one who said** that digging a water channel is prohibited **because he** thereby **prepares its banks for planting, there is** still a prohibition, as here too, he piles the fresh soil on the channel's banks. **But** according to **the one who said** it is prohibited **because it appears as if he were hoeing, there is no** prohibition here, as the immediate entry of water makes it obvious that he is digging a water channel.

וּלְמַאן דְּאָמַר מִפְּנֵי שֶׁנִּרְאֶה כְּעוֹדֵר – לֵיחוּשׁ מִפְּנֵי שֶׁמַּכְשִׁיר אֲגַפֶּיהָ לִזְרִיעָה! אֶלָּא: אִיכָּא בֵּינַיְיהוּ דְּקָא שָׁקֵיל מִינֵּיהּ וְשָׁדֵי לְבָרָאִי. לְמַאן דְּאָמַר מִפְּנֵי שֶׁמַּכְשִׁיר אֲגַפֶּיהָ לִזְרִיעָה – לֵיכָּא, לְמַאן דְּאָמַר מִפְּנֵי שֶׁנִּרְאֶה כְּעוֹדֵר – אִיכָּא.

The Gemara asks: **But according to the one who said** that digging a water channel is prohibited **because it appears as if he were hoeing, let him be concerned that** the digger thereby **prepares** the channel's **banks for planting** and render digging prohibited in this case as well. **Rather,** the matter must be explained differently, such that **there is** a practical difference **between them** in a case **where he takes** the earth that he excavates **from** the channel **and throws** it a considerable distance **outside. According to the one who said** that it is prohibited **because he** thereby **prepares** the channel's **banks for planting, there is no** prohibition here, as he does not prepare them for planting. But **according to the one who said** it is prohibited **because it appears as if he were hoeing, there is** a prohibition here, as here too, it appears as if he were hoeing.

וּלְמַאן דְּאָמַר מִפְּנֵי שֶׁמַּכְשִׁיר אֲגַפֶּיהָ לִזְרִיעָה, לֵיחוּשׁ מִפְּנֵי שֶׁנִּרְאֶה כְּעוֹדֵר? עוֹדֵר נַמִּי, כִּי קָא שָׁקֵיל – בְּדוּכְתֵּיהּ מַנַּח לֵיהּ.

The Gemara asks: **But according to the one who said** that digging a water channel is prohibited **because he** thereby **prepares its banks for planting, let him be concerned that** the digger **appears as if he were hoeing.** The Gemara answers that this is not a concern, because it is **also** true **of one who hoes** that **when he takes** up a clump of earth, he **puts it down** again **in its place.** Consequently, since one throws the dug-up earth far away, it is immediately apparent that he is not engaged in hoeing but is rather digging a water channel.

HALAKHA

Circular ditches around the bases of grapevines – עוּגִיּוֹת לַגְּפָנִים: One may not dig circular ditches around the bases of grapevines and olive trees during the intermediate days of a Festival. It is permitted to repair old ditches if they are still somewhat recognizable (*Mishna Berura*). However, one may not render them deeper than they had been originally (*Shulḥan Arukh, Oraḥ Ḥayyim* 537:5, and in the comment of Rema).

NOTES

What are *ugiyyot* – מַאי עוּגִיּוֹת: There are two explanations of the source of the term *ugiyyot*. Rashi explains that it comes from the word *uga*, circle. Others connect the term to the word *igun*, waiting, as in the verse "Would you, for them, refrain [*te'agena*] from having husbands?" (Ruth 1:13). This is because water collects and stands still alongside the vines.

New and old – חֲדַתֵּי וְעַתִּיקֵי: According to most commentaries, the reason why it is prohibited to dig new ditches is that digging new ditches involves excessive effort, whereas restoring old ditches does not. It has also been suggested that digging new ditches is prohibited because the walls of the ditches may collapse (*Peirush*). Some understand the passage in the opposite manner and explain that digging new ditches is permitted, whereas restoring old ones is prohibited. The reason for this is that new ditches are dug around young vines, and if they are not dug, the vines may become ruined and cause a significant loss (*ge'onim*). Alternatively, old ditches could certainly have been strengthened prior to the Festival.

Because he prepares the channel's banks – מִפְּנֵי שֶׁמַּכְשִׁיר אֲגַפֶּיהָ: The commentaries disagree about the substance of this prohibition and the reason why it is prohibited. According to Rashi, the earth that is removed from the channel is soft and fit for planting. On the other hand, in the Rambam's Commentary on the Mishna it says that the earth adjoining the channel becomes moist from the water in the channel and is therefore better fit for planting. Rashi and Rabbeinu Ḥananel explain that the reason for the prohibition is that although the individual digging the water channel does not intend to make the ground suitable for planting, the fact that he accomplishes this task classifies his activity as prohibited agricultural labor. Conversely, the Ran and the Ritva maintain that although there is no real agricultural labor being done here, it appears as if he is doing so. *Tosafot* cite both explanations.

What is the difference between them – מַאי בֵּינַיְיהוּ: Rabbi Shlomo ben HaYatom explains that the question is based upon the fact that both sides agree that the prohibition is due to the impression the activity will leave on others. A difference between the two sides that is not mentioned here is cited in the Jerusalem Talmud, and that is a case where he digs for construction purposes rather than for irrigation.

LANGUAGE

***Bedidin* – בְּדִידִין:** The *ge'onim* explain that the term *badid* refers to a kind of hoe, but the term is also applied to the ditches that are dug with that tool.

אַמֵימָר מַתְנֵי לָהּ מִפְּנֵי שֶׁנִּרְאֶה כְּעוֹדֵר, וְקַשְׁיָא לֵיהּ דְּרַבִּי אֶלְעָזָר בֶּן עֲזַרְיָה אַדְּרַבִּי אֶלְעָזָר בֶּן עֲזַרְיָה: וּמִי אָמַר רַבִּי אֶלְעָזָר בֶּן עֲזַרְיָה כָּל שֶׁנִּרְאֶה כְּעוֹדֵר אָסוּר?

Ameimar would teach this mishna as stating explicitly that Rabbi Elazar ben Azarya says that one may not dig a new water channel during the Sabbatical Year **because it appears as if he were hoeing** his field, **and he** therefore found **a difficulty between** this statement of **Rabbi Elazar ben Azarya and** another statement of **Rabbi Elazar ben Azarya.** The difficulty is as follows: **Did Rabbi Elazar ben Azarya** actually **say** that **any** action **that** causes him to **appear as if he were hoeing is prohibited?**

וּרְמִינְהִי: עוֹשֶׂה אָדָם אֶת זִבְלוֹ אוֹצָר. רַבִּי מֵאִיר אוֹסֵר עַד שֶׁיַּעֲמִיק שְׁלֹשָׁה טְפָחִים, אוֹ עַד שֶׁיַּגְבִּיהַּ שְׁלֹשָׁה טְפָחִים. הָיָה לוֹ דָּבָר מוּעָט – מוֹסִיף עָלָיו וְהוֹלֵךְ.

One may **raise a contradiction** to this assertion from a mishna (*Shevi'it* 3:3) that states: **A person** may pile **his manure** in his field during the Sabbatical Year so that it **becomes a storage** heap,[H] and there is no cause for concern that it may appear as if he were fertilizing his field. **Rabbi Meir prohibits** this **unless he deepens** the storage area for the manure **three handbreadths** below the ground **or raises** it **three handbreadths** above the surface of the ground, so that it does not appear as if he were fertilizing his field. If **he** already **had a small amount** of manure in that heap from before the Sabbatical Year, **he may continue to add to it,**[N] and there is no need for concern.

רַבִּי אֶלְעָזָר בֶּן עֲזַרְיָה אוֹסֵר עַד שֶׁיַּעֲמִיק שְׁלֹשָׁה, אוֹ עַד שֶׁיַּגְבִּיהַּ שְׁלֹשָׁה, אוֹ עַד שֶׁיִּתֵּן עַל הַסֶּלַע.

Rabbi Elazar ben Azarya prohibits piling his manure in his field **unless he deepens** the storage area for the manure **three** handbreadths below the surface of the ground, **or he raises** it **three** handbreadths **above** the surface, **or he places** it **on a rock.** In any event, it seems that according to Rabbi Elazar ben Azarya, it is permitted for him to dig a hole in the ground in order to deposit his manure there, even though he might appear to be hoeing the ground.

רַבִּי זֵירָא וְרַבִּי אַבָּא בַּר מֶמֶל, חַד אָמַר: כְּגוֹן שֶׁהֶעֱמִיק, וְחַד אָמַר: זִיבְלוֹ מוֹכִיחַ עָלָיו.

Rabbi Zeira and Rabbi Abba bar Memel both offered resolutions to this difficulty: **One** of them **said:** The case in this second mishna is one **where he** had already **deepened** the three-handbreadth pit during the sixth year. **And the other one said: His** pile of **manure is proof** that he intends merely to bury the manure and not to hoe the field.

"וּמְתַקְּנִין אֶת הַמְקוּלְקֶלֶת בַּמּוֹעֵד". מַאי מְקוּלְקֶלֶת? אָמַר רַבִּי אַבָּא: שֶׁאִם הָיְתָה עֲמוּקָּה טֶפַח – מַעֲמִידָהּ עַל שִׁשָּׁה טְפָחִים.

§ It was taught in the mishna that the Rabbis say: **One may repair a damaged** water channel **during** the intermediate days of **a Festival. What is** meant by **a damaged** water channel? **Rabbi Abba said that if it was** now **a handbreadth**[B] **deep** because it had become filled with sediment, he may dredge it out until **he sets it at** its original depth of **six handbreadths.**[H]

פְּשִׁיטָא, חֲצִי טֶפַח עַל שְׁלֹשָׁה טְפָחִים, כֵּיוָן דְּלָא עָבַר מַיָּא – לָאו כְּלוּם הוּא. טְפָחַיִים עַל שְׁנֵים עָשָׂר, דְּקָא טָרַח טִירְחָא יְתֵירָא – לָא.

Based on this ruling, the Gemara clarifies several practical issues: It is **obvious** that if the channel is **half a handbreadth** deep and he wants to restore it to a depth **of three handbreadths,**[N] **since water does not flow** through a three-handbreadth-deep channel in sufficient quantity, **it is nothing** at all and it is certainly prohibited to exert oneself with work that provides insignificant benefit. So too, if the channel is **two handbreadths** deep and he wants to deepen it **to twelve handbreadths,** even though he preserves the same ratio as in Rabbi Abba's case, **since it involves excessive exertion, no,** this is also not permitted.

טְפָחַיִים עַל שִׁבְעָה מַהוּ? הָכָא חֲמִשָּׁה קָא מַעֲמִיק וְהָכָא חֲמִשָּׁה קָא מַעֲמִיק, אוֹ דִּלְמָא, כֵּיוָן דְּאִיכָּא טֶפַח יְתֵירָא – אִיכָּא טִירְחָא טְפֵי? תֵּיקוּ.

However, in a case where the channel is **two handbreadths** deep and he wants to deepen it **to seven** handbreadths, **what is** the *halakha*? The Gemara explains the two sides of the question of whether this can be compared to the case in the mishna: **Here,** in the case of dredging a one-handbreadth-deep channel to restore its depth of six handbreadths, **he deepens** the channel by **five** handbreadths, **and** similarly **here,** in the case of deepening the channel from two to seven handbreadths, **he** likewise wants to **deepen** it by **five** handbreadths, and therefore it should be permitted. **Or perhaps, since there is an extra handbreadth** of depth, then bending over to dig that additional handbreadth **involves greater effort,**[N] which is unnecessary, and so possibly it should be prohibited. The Gemara states that the dilemma **shall stand** unresolved.

HALAKHA

Storing manure during the Sabbatical Year – הַטְמָנַת זֶבֶל בַּשְּׁבִיעִית: One may gather and bury his manure during the Sabbatical Year in order to use it the following year, in accordance with the opinion of the first *tanna* of the mishna cited here (Rambam *Sefer Zera'im, Hilkhot Shemitta VeYovel* 2:2).

Fixing a water channel on the intermediate days of a Festival – תִּיקּוּן אַמַּת מַיִם בַּמּוֹעֵד: It is permitted to fix a blocked water channel on the intermediate days of a Festival. If it is one handbreadth deep, one may deepen it up to six handbreadths; if it is two handbreadths deep, he may deepen it to seven handbreadths, as one may be lenient with regard to matters of rabbinic law that are left unresolved in the Gemara. However, some are strict in this matter (*Nimmukei Yosef*). The *Magen Avraham* writes that if the channel is three handbreadths deep, it may not be deepened to eight handbreadths (*Shulḥan Arukh, Oraḥ Ḥayyim* 537:6).

NOTES

He may continue to add to it – מוֹסִיף עָלָיו וְהוֹלֵךְ: It is explained in the Jerusalem Talmud that although outsiders will not know that there was a small amount of manure in the heap from before the Sabbatical Year, this is of no consequence, as one must be concerned only about the suspicions of the local population.

Half a handbreadth to a depth of three handbreadths – חֲצִי טֶפַח עַל שְׁלֹשָׁה טְפָחִים: Rabbi Shlomo ben HaYatom presents an entirely different understanding of this passage, and claims that these dimensions refer to the width and the depth of the channel. A small channel that is half a handbreadth wide and three handbreadths deep is not useful, whereas restoring a large channel that was two handbreadths wide and twelve handbreadths deep involves excessive effort. The *Sefat Emet* explains that if the channel was originally only half a handbreadth deep, it is not regarded as a proper channel that is being deepened, but as a channel that is being dug out for the first time.

Since there is an extra handbreadth, it involves greater effort – כֵּיוָן דְּאִיכָּא טֶפַח יְתֵירָא אִיכָּא טִירְחָא טְפֵי: Rabbeinu Gershom Meor HaGola explains that the extra effort consists of the very activity of deepening of the channel, since it already has the necessary depth of six handbreadths, and further deepening is unnecessary. Others suggest that the extra effort involved refer to the need to reach lower down in order to remove the dirt from the bottom of the channel (Rabbeinu Yehonatan; Ran).

BACKGROUND

Handbreadth – טֶפַח: A handbreadth is one of the standard measures of length used in the Talmud. It is the width of a clenched fist. One handbreadth is equal to four fingerbreadths, equivalent to five times the width of the middle finger, or six times the width of the little finger. According to the measurements of Rabbi Ḥayyim Na'e, a handbreadth is 8 cm long. According to the measurements of the *Ḥazon Ish*, a handbreadth is 9.6 cm long.

אַבֵּיי שְׁרָא לִבְנֵי בַּר הַמְדָּךְ לְשַׁחוּפֵי נַהֲרָא. רַבִּי יִרְמְיָה שְׁרָא לְהוּ לִבְנֵי סִכְוּתָא לְמִיכְרָא נַהֲרָא טְמִימָא. רַב אַשִׁי שְׁרָא לְהוּ לִבְנֵי מָתָא מְחַסְיָא לְאַקְדּוּחֵי נְהַר בּוּרְנִיץ. אֲמַר: כֵּיוָן דְּשָׁתוּ מִינֵּיהּ רַבִּים – כְּרַבִּים דָּמֵי, וּתְנַן: עוֹשִׂין כָּל צוֹרְכֵי רַבִּים.

It was related that **Abaye permitted the people of Bar Hamdakh to remove**[N] the branches of the trees from **the river** on the intermediate days of a Festival. **Rabbi Yirmeya permitted the people of Sekhavta to dredge out a river that had become blocked. Rav Ashi permitted** his townsmen, **the people of Mata Meḥasya,**[B] **to clean out the** nearby **Burnitz River.**[N] **He said: Since the public drinks from it, it is considered like a public** need, **and we learned** in the mishna that **one may tend to all** other **public needs** on the intermediate days of a Festival.[H]

"וּמְתַקְּנִין אֶת

§ It was taught in the mishna: During the intermediate days of a Festival **one may repair**

NOTES

To remove – לְשַׁחוּפֵי: Some explain that this refers to cleaning the dirt and the rocks at the bottom of the river (Rashi manuscript). Others explain that this refers to cutting the roots or the branches of the trees that grew in the river (Rabbi Shlomo ben HaYatom).

To clean out the Burnitz River – לְאַקְדּוּחֵי נְהַר בּוּרְנִיץ: This expression is explained in various ways. Rashi explains that it is referring to clearing out the sediment in the river in order to enhance its flow. Others say that it means widening the opening of the spring or the bed of the river (Rashi manuscript; Rabbeinu Yehonatan). The Ra'avad and Meiri explain that it means redirecting the river so that it flows closer to the town. The Rambam seems to accept this interpretation as well, and he also includes digging new wells in this category.

BACKGROUND

Mata Meḥasya – מָתָא מְחַסְיָא: A small town near Sura, Mata Meḥasya was the home of Rav Ashi, and the Talmud was edited there. In later times, Sura and Mata Meḥasya apparently merged, becoming a single town.

HALAKHA

Fixing rivers – תִּיקּוּן נְהָרוֹת: It is permitted to redirect a river on the intermediate days of a Festival as well as to clean out a river that had become blocked, as these tasks represent communal needs (Rambam *Sefer Zemanim, Hilkhot Yom Tov* 8:4).

Perek **I**
Daf **5** Amud **a**

קִילְקוּלֵי הַמַּיִם שֶׁבִּרְשׁוּת הָרַבִּים", וכו'. חֲטִיטָה – אִין, חֲפִירָה – לָא.

damaged water cisterns **in the public domain and** clean them out by removing the dirt and sediment that has accumulated in them. The Gemara infers: **Cleaning**[N] out the cisterns of dirt and sediment during the intermediate days of a Festival **is** indeed permitted, but **digging** a new cistern **is not** permitted.

אָמַר רַבִּי יַעֲקֹב אָמַר רַבִּי יוֹחָנָן: לֹא שָׁנוּ אֶלָּא שֶׁאֵין רַבִּים צְרִיכִין לָהֶם, אֲבָל רַבִּים צְרִיכִין לָהֶם – אֲפִילּוּ חֲפִירָה מוּתָּר.

Rabbi Ya'akov said that **Rabbi Yoḥanan said: They taught** that it is prohibited to dig new cisterns **only when the public does not need them; but if the public needs them,**[N] **even digging** new cisterns **is permitted.**

וְכִי רַבִּים צְרִיכִין לָהֶם מִי שָׁרֵי? וְהָתַנְיָא: חוֹטְטִין בּוֹרוֹת שִׁיחִין וּמְעָרוֹת שֶׁל יָחִיד, וְאֵין צָרִיךְ לוֹמַר שֶׁל רַבִּים, וְאֵין חוֹפְרִין בּוֹרוֹת שִׁיחִין וּמְעָרוֹת שֶׁל רַבִּים, וְאֵין צָרִיךְ לוֹמַר שֶׁל יָחִיד. מַאי לָאו – בְּשֶׁרַבִּים צְרִיכִין לָהֶם?

The Gemara asks: **And when the public needs them, is** digging really **permitted? But isn't it taught** in a *baraita*: **One may clean** out **cisterns, ditches, and caves of an individual** during the intermediate days of a Festival, **and, needless to say,** one may clean out those **of the public. But one may not dig** new **cisterns, ditches, or caves of the public** during the intermediate days of a Festival, **and, needless to say,** one may not dig those **of an individual. What, is it not** so that this *baraita* is referring to a case **where the public needs them,** but nevertheless digging new cisterns, ditches, and caves is prohibited?

לֹא, בְּשֶׁאֵין רַבִּים צְרִיכִין לָהֶם.

The Gemara rejects this opinion: **No,** this *baraita* is referring to a case **where the public does not need them.**

NOTES

Cleaning – חֲטִיטָה: According to Rashi and most commentaries, this refers to removing rocks and dirt that fell into cisterns in order to create room for more water. Rabbi Shlomo ben HaYatom explains that it refers to removing dirt and sand in order to clean the water in the cistern.

The public needs them – רַבִּים צְרִיכִין לָהֶם: Opinions differ as to how to define public need. The Ritva cites Rashi as explaining that this refers to a case where there is no drinking water at all. Some question this explanation, however, as in that instance even an individual would be permitted to do whatever necessary, as it would be a matter of life and death. The Ritva cites *Tosafot* as explaining that the water is not needed immediately but it will be needed after the Festival. The Ritva provides another explanation, citing the Ramban, that there is enough water for the public but they would like to have easier access to it by digging a well that is closer to where they are located.

דִּכְווֹתָהּ גַּבֵּי יָחִיד – שֶׁאֵין יָחִיד צָרִיךְ לָהֶם, חֲטִיטָה מִי שָׁרֵי? וְהָתַנְיָא: בּוֹרוֹת שִׁיחִין וּמְעָרוֹת שֶׁל יָחִיד – כּוֹנְסִין מַיִם לְתוֹכָן, אֲבָל לֹא חוֹטְטִין, וְלֹא שָׁפִין אֶת סִדְקֵיהֶן. וְשֶׁל רַבִּים – חוֹטְטִין אוֹתָן וְשָׁפִין אֶת סִדְקֵיהֶן.

The Gemara raises a difficulty: It would follow that **in the corresponding** situation **with regard to** the cisterns of **an individual,** the *baraita* is referring to a case where **the individual does not need them.** But in that case, **is cleaning** them out really **permitted? Isn't it taught** in a *baraita*: **One may gather water**[N] into the **cisterns, ditches, and caves of an individual, but one may not clean** them out **or plaster their cracks; but** for those **of the public, one may** indeed **clean** out **and plaster their cracks?** This indicates that on the intermediate days of a Festival, unneeded cisterns belonging to an individual may not even be cleaned out.

וְאֶלָּא מַאי? בְּשֶׁיָּחִיד צָרִיךְ לָהֶם? דִּכְווֹתָהּ גַּבֵּי רַבִּים – בְּשֶׁרַבִּים צְרִיכִין לָהֶם, חֲפִירָה מִי אֲסִיר? וְהָתַנְיָא: בּוֹרוֹת שִׁיחִין וּמְעָרוֹת שֶׁל יָחִיד כּוֹנְסִין מַיִם לְתוֹכָן, וְחוֹטְטִין אוֹתָן, אֲבָל לֹא שָׁפִין אֶת סִדְקֵיהֶן, וְלֹא חוֹטְטִין לְתוֹכָן, וְלֹא סָדִין אוֹתָן בְּסִיד. וְשֶׁל רַבִּים – חוֹפְרִין אוֹתָן, וְסָדִין אוֹתָן בְּסִיד.

The Gemara rejects this difficulty: **Rather,** to **what** case does the first *baraita* refer? Is it referring to a case **where the individual needs** the cisterns? If so, then **in the corresponding** situation **with regard to** cisterns of **the public,** the *baraita* would be referring to a case where **the public needs them.** But in that case, **is digging** new cisterns really **prohibited? Isn't it taught** in yet another *baraita*: **One may gather water into cisterns, ditches, and caves of an individual, and one may clean them** out, **but one may not plaster their cracks, clear** earth **into them** in order to fill in the cracks, or **lime them with lime** so that they hold water. **But** with regard to those **of the public, one may** even **dig them** out **and lime them with lime.** Therefore, in a case where the public needs them, it is permitted to dig out public cisterns.

אֶלָּא קַשְׁיָא הַךְ קַמַּיְיתָא! תְּרֵיץ הָכִי: חוֹטְטִין בּוֹרוֹת שֶׁל יָחִיד – בְּשֶׁיָּחִיד צָרִיךְ לָהֶם, וְאֵין צָרִיךְ לוֹמַר בְּשֶׁל רַבִּים כְּשֶׁרַבִּים צְרִיכִין לָהֶם, דַּאֲפִילּוּ חֲפִירָה מוּתָּר.

But if so, **the first** *baraita*, which states that one may not dig new cisterns even for the public, is **difficult,** as it is contradicted by this last *baraita*. The Gemara explains: **Answer** the difficulty and explain the first *baraita* **as follows: One may clean** out **cisterns,** ditches, and caves **of an individual**[H] during the intermediate days of a Festival **when the individual needs them; and needless to say,** one may clean out those **of the public**[H] **when the public needs them, as even digging** new cisterns **is permitted** when the public needs them.

וְאֵין חוֹפְרִין בּוֹרוֹת שִׁיחִין וּמְעָרוֹת שֶׁל רַבִּים בְּשֶׁאֵין רַבִּים צְרִיכִין לָהֶם, וְאֵין צָרִיךְ לוֹמַר שֶׁל יָחִיד, דְּכִי אֵין יָחִיד צָרִיךְ לָהֶם – אֲפִילּוּ חֲטִיטָה נַמִי אָסוּר.

But one may not dig cisterns, ditches and caves for the public when the public does not need them. And needless to say, one may not dig them **for an individual, as when an individual does not need** the cisterns on the intermediate days of a Festival, **even cleaning them** out **is prohibited.** In this way all of the seemingly contradictory sources can be reconciled.

אָמַר רַב אַשִׁי: מַתְנִיתִין נַמִי דַּיְקָא, דְּקָתָנֵי: עוֹשִׂין כׇּל צוֹרְכֵי רַבִּים. ״כׇּל״ לְאַתּוֹיֵי מַאי? לָאו לְאַתּוֹיֵי חֲפִירָה?

Rav Ashi said: The wording of **the mishna is also precise,** indicating that when there is a public need for such cisterns, they may be dug even on the intermediate days of a Festival. **As it teaches: One may tend to all** other **public needs.**[H] **What** does the word **all** come **to add** that was not stated explicitly? **Does it not** come **to add the digging** of cisterns, which is permitted?

לָא, לְאַתּוֹיֵי הָא דְּתַנְיָא: יוֹצְאִין לְקַוֵּוץ אֶת הַדְּרָכִים, וּלְתַקֵּן אֶת הָרְחוֹבוֹת וְאֶת הָאִסְטְרַטָּאוֹת, וְלָמוֹד אֶת הַמִּקְוָאוֹת. וְכׇל מִקְוֶה שֶׁאֵין בּוֹ אַרְבָּעִים סְאָה מַרְגִּילִין לְתוֹכוֹ אַרְבָּעִים סְאָה.

The Gemara rejects this opinion: **No,** the word all comes **to add that which is taught** in the following *baraita*: On the intermediate days of a Festival, agents of the court **go out to clear thorns from the road, and to repair the** city **streets**[N] **and highways [*isterata'ot*],**[L] **and to measure the ritual baths** to ascertain that they have the requisite quantity of water. **And if any ritual bath does not contain forty *se'a*,**[B] the minimal measure for ritual purification, **they direct [*margilin*]**[L] a stream of water **into it,**[N] such that it flows over the ground before entering the bath, so as not to disqualify the water as drawn water until it holds **forty *se'a*** of water.

NOTES

One may gather water – כּוֹנְסִין מַיִם: The Ran explains that this is referring to collecting rainwater in vessels, which they would then empty into the cisterns. The Ritva suggests that it refers to directing water from other locations through existing channels into the cisterns. The Meiri does not distinguish between these activities and permits both.

Streets – רְחוֹבוֹת: According to most commentaries, these are streets where people congregated to engage in business. The Ran cites Rashi as explaining that the reference is to places designated for comforting mourners.

They direct a stream of water into it – מַרְגִּילִין לְתוֹכוֹ: The Ran explains that a channel was dug from a spring to allow its water to flow to the ritual bath. Others propose that they would open a spring at the bottom of the well from which the water of the ritual bath emerged (Rabbeinu Gershom Meor HaGola; Rabbeinu Yehonatan).

HALAKHA

Digging and cleaning the cisterns of an individual – חֲפִירָה וַחֲטִיטָה בְּבוֹרוֹת שֶׁל יָחִיד: It is prohibited to dig new cisterns for an individual during a Festival, even if he currently has only a minimal supply of drinking water (*Magen Avraham*). Repairing cisterns that have become damaged is permitted during the intermediate days of a Festival if the individual needs the water for use on the Festival. It is permitted to fill a cistern with water on the intermediate days of a Festival. The *Magen Avraham* adds that it is permitted to do so only by collecting water in vessels and bringing that water to the cistern; it is prohibited to transport water through a ditch, which is more strenuous (*Shulḥan Arukh, Oraḥ Ḥayyim* 544:2).

Public cisterns – בּוֹרוֹת הָרַבִּים: It is permitted to repair public cisterns during the intermediate days of a Festival and to clear them of stones and dirt even if the public does not need them on the Festival itself. But one may dig new cisterns only if they are needed by the public on the Festival. When the digging of public cisterns is permitted, they may be dug even if they require strenuous effort and the labor is performed publicly, and even if this labor was purposely scheduled to take place during the Festival (*Shulḥan Arukh, Oraḥ Ḥayyim* 544:2).

Public needs during a Festival – צׇרְכֵי הָרַבִּים בַּמּוֹעֵד: One is permitted to tend to all public needs during a Festival, such as repairing and removing obstacles from roads, marking graves, and repairing ritual baths, even if one planned to do so in advance (*Mishna Berura*). The Rema writes that this leniency applies only to the physical needs of the community. Other public needs, such as building a synagogue, may not be tended to during a Festival if they require the work of a professional (*Shulḥan Arukh, Oraḥ Ḥayyim* 544:1, and in the comment of Rema).

LANGUAGE

Highways [*isterata'ot*] – אִסְטְרַטָּאוֹת: From the Latin strata, meaning street. The Sages used this term to refer to highways or primary thoroughfares.

Direct [*margilin*] – מַרְגִּילִין: *Hargala* refers to a streaming flow, as in water flowing from place to place. It is similar to the Aramaic *ragalta*, meaning stream.

BACKGROUND

Forty *se'a* – אַרְבָּעִים סְאָה: Forty *se'a* is the equivalent of eighty *hin*, or 5,760 egg-bulks, which is the minimum quantity of water necessary for a ritual bath. The measure of forty *se'a* is the basis for all modern calculations of the various talmudic measures of volume. The Talmud states that the dimensions of a ritual bath must be three cubits by one cubit by one cubit, and that its volume must be forty *se'a*. Therefore, according to the calculation of Rav Ḥayyim Na'e, a ritual bath must contain 332 ℓ of water. According to the calculations of the Ḥazon Ish, it must contain 573 ℓ.

וּמִנַּיִן שֶׁאִם לֹא יָצְאוּ וְעָשׂוּ כׇּל אֵלּוּ, שֶׁכׇּל דָּמִים שֶׁנִּשְׁפְּכוּ שָׁם מַעֲלֶה עֲלֵיהֶם הַכָּתוּב כְּאִילּוּ הֵם שְׁפָכוּם? תַּלְמוּד לוֹמַר: "וְהָיָה עָלֶיךָ דָּמִים".

And from where is it derived **that if** agents of the court **did not go out and do all these** repairs, **that** with regard to **any blood that is shed there** on account of their negligence, **the verse ascribes to them** guilt **as if they had shed it? The verse states** with regard to the cities of refuge that offer protection to someone who committed inadvertent manslaughter: "That innocent blood be not shed in your land, which the Lord your God gives you for an inheritance, **and so blood be upon you**" (Deuteronomy 19:10).[N] The Gemara maintains that the mishna uses the word all to allude to the cases mentioned in this *baraita*, and not to the digging of public cisterns.

הָא – בְּהֶדְיָא קָתָנֵי לַהּ: וּמְתַקְּנִין אֶת הַדְּרָכִים, וְאֶת הָרְחוֹבוֹת, וְאֶת הַמִּקְוָאוֹת, וְעוֹשִׂין כׇּל צוֹרְכֵי רַבִּים. לְאֵתוֹיֵי מַאי? לָאו לְאֵתוֹיֵי חֲפִירָה? שְׁמַע מִינַּהּ.

The Gemara questions this: **But** these additional cases **are explicitly taught** in the mishna: **One may repair the roads, streets, and ritual baths, and one may tend to all** other **public needs. What** does this last phrase come **to add? Does it not** come **to add the digging** of cisterns needed by the public? The Gemara agrees: **Conclude from this** that the mishna means to permit the digging of new cisterns when they are needed by the public.

"מְצַיְּינִין אֶת הַקְּבָרוֹת". אָמַר רַבִּי שִׁמְעוֹן בֶּן פָּזִי: רֶמֶז לְצִיּוּן קְבָרוֹת מִן הַתּוֹרָה מִנַּיִן? תַּלְמוּד לוֹמַר: "וְרָאָה עֶצֶם אָדָם וּבָנָה אֶצְלוֹ צִיּוּן".

§ It was taught in the mishna: **One may mark graves**[H] on the intermediate days of a Festival so that passersby will know to avoid them and not become ritually impure. **Rabbi Shimon ben Pazi said: Where is there an allusion in the Torah to the marking of graves?**[N] **The verse states:** "And when they that pass through shall pass through the land, **and any see a man's bone, then shall he set up a sign by it**" (Ezekiel 39:15).[N] Ezekiel prophesies that at some future time, the Jewish people will erect signs over the strewn remains of the dead so that others will know to avoid ritual impurity.

אֲמַר לֵיהּ רָבִינָא לְרַב אַשִׁי: הָא מִקַּמֵּי דְּלֵיתֵי יְחֶזְקֵאל מַאן אֲמַר? וְלִיטַעֲמִיךְ, הָא דְּאָמַר רַב חִסְדָּא: דָּבָר זֶה מִתּוֹרַת מֹשֶׁה רַבֵּינוּ לֹא לָמַדְנוּ, מִדִּבְרֵי יְחֶזְקֵאל בֶּן בּוּזִי לָמַדְנוּ: "כׇּל בֶּן נֵכָר עֶרֶל לֵב וְעֶרֶל בָּשָׂר לֹא יָבֹא אֶל מִקְדָּשִׁי לְשָׁרְתֵנִי",

Ravina said to Rav Ashi: Before the prophet **Ezekiel came** and alluded to this obligation, **who said** that graves must be marked? Even before the time of Ezekiel, people were careful with regard to ritual impurity. Rav Ashi responded: **And according to your reasoning,** that Ezekiel was introducing a new *halakha*, the same question can be raised with regard to **this** statement **that Rav Ḥisda said.** As Rav Ḥisda said with regard to the *halakha* that one who is uncircumcised or an apostate may not serve in the Temple: **This matter we did not learn from the Torah of Moses our teacher,** but rather, **we learned** it **from the words of** the prophet **Ezekiel ben Buzi,** who said of such individuals: **"No stranger, uncircumcised in heart, or uncircumcised in flesh, shall enter into My Sanctuary to serve Me"** (Ezekiel 44:9).

מִקַּמֵּי דְּלֵיתֵי יְחֶזְקֵאל מַאן אֲמַר? אֶלָּא: גְּמָרָא גְּמִירִי לַהּ, וַאֲתָא יְחֶזְקֵאל וְאַסְמְכַהּ אַקְּרָא. הָכָא נָמֵי: גְּמָרָא גְּמִירִי לַהּ וַאֲתָא יְחֶזְקֵאל וְאַסְמְכַהּ אַקְּרָא.

Here too, one can ask: **Before Ezekiel came, who said** that such individuals cannot serve in the Temple? **Rather,** you must say that originally **they learned it as a tradition** and it was an accepted *halakha* for generations, **and then Ezekiel came and based it on a verse. Here too,** with regard to the obligation to mark graves, **they** originally **learned it as a tradition, and then Ezekiel came and based it on a verse.**

רַבִּי אַבָּהוּ אָמַר מֵהָכָא: "וְטָמֵא טָמֵא יִקְרָא" – טוּמְאָה קוֹרְאָה לוֹ, וְאוֹמֶרֶת לוֹ: פְּרוֹשׁ. וְכֵן אָמַר רַבִּי עוּזִּיאֵל בַּר בְּרֵיהּ דְּרַבִּי עוּזִּיאֵל רַבָּה: טוּמְאָה קוֹרְאָה לוֹ וְאוֹמֶרֶת לוֹ: פְּרוֹשׁ.

Rabbi Abbahu said: An allusion to the marking of graves may be derived **from here:**[N] "And the leper in whom the plague is, his clothes shall be rent, and the hair of his head shall go loose, and he shall cover his upper lip, and **shall cry: Impure, impure**" (Leviticus 13:45). This verse teaches that **impurity cries out** to the passerby **and tells him: Remove yourself.** The leper must inform others of his status so that they know not to come into contact with him and thereby maintain their ritual purity. So too, in our case, graves must be marked so that others will know to avoid them and prevent contracting ritual impurity. **And similarly, Rabbi Uzziel, grandson of Rabbi Uzziel the Great, said: Impurity cries out** to the passerby **and tells him: Remove yourself.**

וְהַאי לְהָכִי הוּא דַּאֲתָא? הַהוּא מִיבְּעֵי לֵיהּ לִכְדְתַנְיָא: "וְטָמֵא טָמֵא יִקְרָא" – צָרִיךְ לְהוֹדִיעַ צַעֲרוֹ לָרַבִּים, וְרַבִּים מְבַקְּשִׁין עָלָיו רַחֲמִים!

The Gemara asks: **But** with regard to **this** verse, **does it come to teach this idea? That** verse **is needed for that which is taught** in the following *baraita*: **"And he shall cry: Impure, impure";** this teaches that the leper **must inform the public of his distress,**[H] **and the public will pray for mercy on his behalf.**

NOTES

And so blood be upon you – וְהָיָה עָלֶיךָ דָּמִים: Rabbeinu Ḥananel apparently had a different version of this text, reading: "As it is stated: That you bring not blood on your house" (Deuteronomy 22:8), a verse referring to the obligation to build a railing around one's roof (see *Tosafot*).

An allusion…to the marking of graves – רֶמֶז לְצִיּוּן קְבָרוֹת: The Ritva writes that the Sages understood that since marking the location of graves is so essential for the general good of the community, it would be impossible that there is no allusion to it in the Bible.

And any that see a man's bone, then shall he set up a sign by it – וְרָאָה עֶצֶם אָדָם וּבָנָה אֶצְלוֹ צִיּוּן: Many commentaries question why this is referred to as an allusion, when it would appear that the *halakha* of marking graves is presented in this verse quite explicitly. Rashi explains that this is referred to as an allusion because the verse foretells this activity but does not state that it is a mitzva. *Tosafot* explain that the verse is unclear, because it speaks about the future and not about current practice. Rabbi Shimon holds that gentile graves do not impart ritual impurity by means of a tent, and consequently this marking of graves in Ezekiel may be understood not as a way of distancing people from ritual impurity but as a way of clearing the land of corpses. Therefore, it does not provide an absolute proof for the *halakha* discussed in the Gemara (*Talmid Rabbeinu Yeḥiel of Paris*, citing Rivam).

Rabbi Abbahu said an allusion may be derived from here – רַבִּי אַבָּהוּ אָמַר מֵהָכָא: The commentaries explain that the different opinions cited in the Gemara do not disagree; each Sage simply identified the verse providing an allusion to the marking of graves that was most convincing to him. The Maharsha explains at length that there are grounds to refute each of these proofs, either because it is insufficiently clear or because a different *halakha* is derived from that particular verse.

HALAKHA

Marking graves – צִיּוּן הַקְּבָרוֹת: If one finds a grave or part of a corpse that imparts ritual impurity via a tent, he should mark it so as to prevent others from becoming impure. Court-appointed agents would go out on the intermediate days of a Festival to mark the location of graves (Rambam *Sefer Tahara, Hilkhot Tumat Met* 8:9).

Inform the public of his distress – לְהוֹדִיעַ צַעֲרוֹ לָרַבִּים: It is a mitzva for a leper to cover his head and wrap himself up as a mourner, and to inform passersby that he is ritually impure (Rambam *Sefer Tahara, Hilkhot Tumat Tzara'at* 10:6).

אִם כֵּן לִיכְתּוֹב "וְטָמֵא יִקְרָא". מַאי "וְטָמֵא טָמֵא" – שָׁמְעַתְּ מִינָּהּ תַּרְתֵּי.

The Gemara answers: **If it is so** that the verse comes to teach only one idea, **let it write: And he shall cry: Impure. What** is to be derived the repetition of **impure, impure? Learn from this** reiteration **two** ideas: First, that the leper must inform the public of his pain so that others will pray on his behalf, and second, that he must warn the public to stay away so that they avoid coming into contact with him and contracting ritual impurity.

אַבַּיֵי אָמַר מֵהָכָא: "וְלִפְנֵי עִוֵּר לֹא תִתֵּן מִכְשׁוֹל". רַב פַּפָּא אָמַר: "וְאָמַר סֹלּוּ סֹלּוּ פַּנּוּ דָרֶךְ".

Abaye said: An allusion to the marking of graves may be learned **from here,** as it is written: **"You shall not put a stumbling block before the blind"** (Leviticus 19:14). **Rav Pappa said** the obligation is alluded to in the verse: **"And He will say: Pave, pave, clear the way,**[N] take up the stumbling block out of the way of My people" (Isaiah 57:14), which indicates that roads must be cleared of all obstacles and hazards.

רַב חִינְּנָא אָמַר: "הָרִימוּ מִכְשׁוֹל מִדֶּרֶךְ עַמִּי". רַבִּי יְהוֹשֻׁעַ בְּרֵיהּ דְּרַב אִידִי אָמַר: "וְהוֹדַעְתָּ לָהֶם אֶת הַדֶּרֶךְ אֲשֶׁר יֵלְכוּ בָהּ".

Rav Ḥinnana said: This may be derived from the end of that very same verse: **"Take up the stumbling block from the way of My people"** (Isaiah 57:14). **Rabbi Yehoshua, son of Rav Idi, said:** This may be derived from the verse: **"And you shall show them the way in which they must walk"** (Exodus 18:20), i.e., you must properly repair the roads, which includes marking graves.

מָר זוּטְרָא אָמַר: "וְהִזַּרְתֶּם אֶת בְּנֵי יִשְׂרָאֵל מִטּוּמְאָתָם". רַב אַשִׁי אָמַר: "וּשְׁמַרְתֶּם אֶת מִשְׁמַרְתִּי" – עֲשׂוּ מִשְׁמֶרֶת לְמִשְׁמַרְתִּי.

Mar Zutra said that an allusion to this obligation is found in the verse **"Thus you shall separate the children of Israel from their impurity"** (Leviticus 15:31), which indicates that people must be warned to stay away from that which could cause them to become ritually impure. **Rav Ashi said** it is derived from the verse: **"And you shall keep My charge"** (Leviticus 18:30), which means that you must **establish a safeguard for My charge,** i.e., protective measures must be enacted to prevent people from transgressing *halakha*, a task that includes distancing people from ritual impurity by marking off graves, so that they not come to convey ritual impurity to *teruma* or other consecrated items.

רָבִינָא אָמַר: "וְשָׂם דֶּרֶךְ אַרְאֶנּוּ בְּיֵשַׁע אֱלֹהִים."

And finally, **Ravina said:** This obligation is alluded to by the verse **"And to him who orders his way,**[N] **I will show the salvation of God"** (Psalms 50:23), meaning that one must mark the pathways that are ritually pure and upon which it is appropriate to walk.

אָמַר רַבִּי יְהוֹשֻׁעַ בֶּן לֵוִי: כָּל הַשָּׁם אוֹרְחוֹתָיו – זוֹכֶה וְרוֹאֶה בִּישׁוּעָתוֹ שֶׁל הַקָּדוֹשׁ בָּרוּךְ הוּא, שֶׁנֶּאֱמַר "וְשָׂם דֶּרֶךְ", אַל תִּקְרֵי "וְשָׂם" אֶלָּא "וְשָׁם דֶּרֶךְ" – אַרְאֶנּוּ בְּיֵשַׁע אֱלֹהִים.

With regard to the verse from Psalms cited above, **Rabbi Yehoshua ben Levi said: Whoever appraises his ways**[N] in this world and contemplates how to act in the most appropriate way possible **merits seeing the salvation of the Holy One, Blessed be He,**[N] **as it is stated: "And to him who orders his way." Do not read** it as ***vesam***, who orders; **rather,** read it as ***vesham***, and appraises. With this reading, the verse indicates that one who appraises his ways, **him will I show the salvation of God.**

רַבִּי יַנַּאי הֲוָה לֵיהּ הַהוּא תַּלְמִידָא דְּכָל יוֹמָא הֲוָה מַקְשֵׁי לֵיהּ, בְּשַׁבְּתָא דְּרִיגְלָא לָא הֲוָה מַקְשֵׁי לֵיהּ.

Rabbi Yannai had a certain student who would raise difficulties with his teachings **every day** as they were learning. **On Shabbat of a Festival,**[N] when the broader public would come to hear the lesson, the student **would not raise** any **difficulties,** lest Rabbi Yannai lack an immediate answer and suffer embarrassment.

NOTES

Pave, pave, clear the way – סֹלּוּ סֹלּוּ פַּנּוּ דָרֶךְ: Some commentaries explain that the words "clear the way" are understood to mean: Clear away the impurity. As the conclusion of the verse indicates, this is to be removed from the way of the Jewish people (*Peirush*).

And to him who orders [*vesam*] his way – וְשָׂם דֶּרֶךְ: Rabbeinu Gershom Meor HaGola apparently understood this as: To him who marks [*vesimen*] the way.

Whoever appraises his ways – כָּל הַשָּׁם אוֹרְחוֹתָיו: Rashi explains that this is referring to one who calculates the reward for fulfilling a mitzva against the loss for transgressing it and avoids sin. The Meiri understands this to refer to one who conducts himself in a balanced fashion, following the golden mean, which the Rambam praises at length (see his introduction to *Avot*, known as Eight Chapters). The *Sefat Emet* explains that even when faced with two mitzvot, one evaluates which is preferable and less likely to lead to undesirable side effects.

The salvation of the Holy One, Blessed be He – יְשׁוּעָתוֹ שֶׁל הַקָּדוֹשׁ בָּרוּךְ הוּא: refers to God's salvation of the Jewish people, which is called in various places in the Bible the salvation of the Lord (Ritva).

On Shabbat of a Festival – בְּשַׁבְּתָא דְּרִיגְלָא: *Tosafot* explain that this refers to the Shabbat during a Festival. Others say that this refers to the Shabbat before a Festival, when public lectures would be delivered about the *halakhot* of the Festival (*Talmid Rabbeinu Yeḥiel of Paris*; Rabbi Shlomo ben HaYatom). This custom continues nowadays in the form of the public lectures customarily delivered on the Shabbat before Passover and before Yom Kippur. The *Iyyun Ya'akov* writes that it is customary not to raise challenging questions during these lectures, as the purpose of the lecture is for the public to come and listen attentively, absorbing the practical halakhic teachings.

קָרֵי עֲלֵיהּ: ״וְשָׂם דֶּרֶךְ אַרְאֶנּוּ בְּיֵשַׁע אֱלֹהִים.״

Rabbi Yannai **read this verse about him: "And to him who orders his way,**[N] **I will show the salvation of God"** (Psalms 50:23), for he considered his conduct and determined when it was inappropriate to challenge his master.

תָּנוּ רַבָּנַן: אֵין מְצַיְּינִין לֹא עַל כַּזַּיִת מִן הַמֵּת, וְלֹא עַל עֶצֶם כִּשְׂעוֹרָה, וְלֹא עַל דָּבָר שֶׁאֵינוֹ מְטַמֵּא בְּאֹהֶל. אֲבָל מְצַיְּינִין עַל הַשִּׁדְרָה, וְעַל הַגּוּלְגּוֹלֶת, עַל רוֹב בִּנְיָן וְעַל רוֹב מִנְיַן הַמֵּת.

§ With regard to the *halakhot* of marking graves, **the Sages taught** the following *baraita*: The courts **do not mark**[N] the area **of an olive-bulk of a corpse; nor of a bone** that is the size of a **barleygrain-bulk; nor of any item**[N] **that** imparts impurity only through physical contact but **does not impart ritual impurity by means of a tent** to an individual or object that it overshadows, or that is overshadowed by it, or that is found together with it under the same structure. **But they do mark** the area of **the spine** of a corpse, **the skull,** or the bones that comprise **the majority of the** skeletal **structure or the majority of the number** of bones in the body.[H]

וְאֵין מְצַיְּינִין עַל הַוַּודָּאוֹת, אֲבָל מְצַיְּינִין עַל הַסְּפֵיקוֹת. וְאֵלּוּ הֵן הַסְּפֵיקוֹת: סְכָכוֹת, וּפְרָעוֹת, וּבֵית הַפְּרָס. וְאֵין מַעֲמִידִין צִיּוּן בִּמְקוֹם טוּמְאָה – שֶׁלֹּא לְהַפְסִיד אֶת הַטְּהָרוֹת, וְאֵין מַרְחִיקִין צִיּוּן מִמְּקוֹם טוּמְאָה – שֶׁלֹּא לְהַפְסִיד אֶת אֶרֶץ יִשְׂרָאֵל.

And furthermore, **they do not mark** the area **of certain** ritual impurity, i.e., a place that is known to all as ritually impure, **but they do mark** a place **of uncertain** ritual impurity. **And these are the** places of **uncertain** ritual impurity: **Overhanging boughs, protrusions, and a** ***beit haperas.***[L] **And they do not erect the marker** directly **over the site of the ritual impurity, so as not to cause a loss of ritually pure** food items, as one who is carrying such food might inadvertently walk up to the site of ritual impurity and only then notice the marker, after the food has already contracted impurity. **Similarly, they do not distance the marker from the** actual **site of ritual impurity, so as not to cause a loss of Eretz Yisrael,**[N] i.e., so as not to increase the area into which individuals refrain from entering.

וְכַזַּיִת מִן הַמֵּת אֵינוֹ מְטַמֵּא בְּאֹהֶל? וְהָא תְּנַן: אֵלּוּ שֶׁמְּטַמְּאִין בְּאֹהֶל – כַּזַּיִת מִן הַמֵּת!

The Gemara begins to analyze this *baraita* by asking: **Is it** really **so that an olive-bulk of a corpse does not impart ritual impurity by means of a tent? But didn't we learn** in a mishna (*Oholot* 2:1): **These are** the items **that impart ritual impurity by means of a tent,** and among other items this list includes **an olive-bulk of a corpse?**

אָמַר רַב פָּפָּא: הָכָא בְּכַזַּיִת מְצוּמְצָם עָסְקִינַן, דְּסוֹף סוֹף מִיחֲסַר חָסַר, מוּטָב יִשָּׂרְפוּ עָלָיו תְּרוּמָה וְקָדָשִׁים לְפִי שָׁעָה, וְאַל יִשָּׂרְפוּ עָלָיו לְעוֹלָם.

Rav Pappa said: Here, we are dealing with a case where the piece of flesh **is exactly an olive-bulk, which,** as it decays, **will ultimately diminish** in size to less than an olive-bulk. Accordingly, **it is preferable that** ***teruma*** **and consecrated items be burned because of it for the time being,** in a case where one inadvertently encounters this impurity because it was not marked and consequently one must burn any *teruma* or consecrated items that became ritually impure, **and not be burned because of it forever** afterward. After some time the piece of flesh will be less than an olive-bulk, yet if the area is marked, people will continue to burn *teruma* or consecrated items because of it, as, due to the marking, they will assume that ritual impurity was imparted by means of a tent.

NOTES

Rabbi Yannai read this verse about him: And to him who orders his way – קָרֵי עֲלֵיהּ: וְשָׂם דֶּרֶךְ: This student appraised his ways; although he sacrificed the opportunity to clarify what he was learning and perhaps did not find out the reason behind what his teacher had said, it was more important to refrain from embarrassing him (Ritva).

The courts do not mark – אֵין מְצַיְּינִין: Some explain that it is prohibited to mark these locations lest a passerby unnecessarily burns *teruma* even after the quantity of remains has become reduced (*Talmid Rabbeinu Yeḥiel of Paris*; see *Tosafot*).

Nor of any item – וְלֹא עַל דָּבָר: This includes not only parts of a corpse that do not impart ritual impurity by means of a tent, but also other sources of impurity, e.g., a creeping animal or the carcass of an animal, which do not impart impurity by means of a tent (*Talmid Rabbeinu Yeḥiel of Paris*; Ritva).

To cause a loss of Eretz Yisrael – לְהַפְסִיד אֶת אֶרֶץ יִשְׂרָאֵל: Some explain that because it is common practice not to sow there, or according to others, because it is prohibited to do so, this would cause damage to the land (Rashi manuscript). Others say that it would cause a narrowing of the roads (Rabbi Shlomo ben HaYatom).

LANGUAGE

***Beit haperas* – בֵּית הַפְּרָס:** Opinions are divided as to the origin of this term. Rashi and *Tosafot* explain the word *peras* to mean broken, as the field became impure when it was plowed and the bones were broken and scattered about. The Rambam apparently understands the term in the sense of spreading [*perisa*], as the impurity spreads over the entire area. Some explain the term as derived from the Greek **πάρος**, *paros*, meaning before, as the field is like a courtyard around the grave. Finally, some maintain that it comes from the Greek **ἄπορος**, *aporos*, meaning a place through which one may not pass.

HALAKHA

Marking graves – צִיּוּן קְבָרוֹת: If one finds a grave or part of a corpse that imparts ritual impurity by means of a tent, he must mark the location in order to inform others that walking there will cause them to become impure. One does not mark the location of a piece of a corpse that is precisely an olive-bulk, despite the fact that it imparts ritual impurity by means of a tent, because its size will decrease as it decomposes. The marker should be placed adjacent to the location of the corpse; it should not be placed directly over it, as it may not effectively prevent others from becoming impure. It should neither be distanced from the corpse, so as not to section off parts of Eretz Yisrael unnecessarily. Markers must be placed only in locations where it is not widely known that there is a grave (Rambam *Sefer Tahara, Hilkhot Tumat Met* 8:9).

HALAKHA

A field in which a grave was plowed – שָׂדֶה שֶׁנֶּחְרַשׁ בּוֹ קֶבֶר: A field in which a grave was plowed is called a *beit haperas*. The Sages decreed that the area is ritually impure due to a concern that bones were scattered throughout the field. No distinction is made based on the particulars of the case, and the *halakha* applies even if the corpse was buried deep in the ground in a coffin. The field has the status of a *beit haperas* to a distance of one hundred cubits from the location of the grave (Rambam *Sefer Tahara, Hilkhot Tumat Met* 10:1).

He may blow upon the earth in the *beit haperas* – מְנַפֵּחַ אָדָם בֵּית הַפְּרָס: One who is traveling to sacrifice the Paschal lamb may blow the dirt along the path of a *beit haperas* as he travels through it. If he does not find any bones, he may slaughter and eat his Paschal lamb. Similarly, one who passes through a well-trodden *beit haperas* remains ritually pure and may offer the Paschal lamb (Rambam *Sefer Korbanot, Hilkhot Korban Pesaḥ* 6:8).

וְאֵלּוּ הֵן הַסְּפֵיקוֹת: סְכָכוֹת וּפְרָעוֹת;

The Gemara continues to explicate the *baraita*: **And these are the** places of **uncertain** ritual impurity: **Overhanging boughs, and protrusions,**[N] and a *beit haperas*.

סְכָכוֹת – אִילָן הַמֵּיסַךְ עַל הָאָרֶץ;

The Gemara explains: **Overhanging boughs** is referring to **a tree that hangs over the ground** next to a cemetery, and under one of its branches there might be a corpse. If there is a corpse there, the branch overhanging it creates a tent and therefore imparts ritual impurity to anyone who passes underneath it.

פְּרָעוֹת – אֲבָנִים פְּרוּעוֹת הַיּוֹצְאוֹת מִן הַגָּדֵר;

Protrusions[N] is referring to **protruding stones that jut out from a wall** and are not flush with it, under which there might be a corpse. Once again, if the stones protrude over a corpse, they create a tent and impart ritual impurity to anyone who passes underneath.

בֵּית הַפְּרָס – כְּדִתְנַן: הַחוֹרֵשׁ אֶת הַקֶּבֶר הֲרֵי הוּא עוֹשֶׂה בֵּית הַפְּרָס. וְכַמָּה הוּא עוֹשֶׂה? מְלֹא מַעֲנָה מֵאָה אַמָּה.

The definition of a *beit haperas* is **as we learned** elsewhere in a mishna (*Oholot* 17:1): **One who plows** a field containing **a grave,**[H] thereby raising concern that bones may have become strewn throughout the field, **renders** the field **a *beit haperas*. And how much** of the field **does he render** a *beit haperas*? **The full** length of **a furrow,** which is **a hundred cubits.**

וּבֵית הַפְּרָס מִי מְטַמֵּא בְּאֹהֶל? וְהָאָמַר רַב יְהוּדָה אָמַר שְׁמוּאֵל: מְנַפֵּחַ אָדָם בֵּית הַפְּרָס וְהוֹלֵךְ.

The Gemara asks: **Does a *beit haperas*** really **impart ritual impurity by means of a tent?**[N] **But didn't Rav Yehuda say** that **Shmuel said:** If **a person** is carrying ritually pure items or wishes to remain ritually pure so that he may consume consecrated items, yet he must cross a *beit haperas*, he **may blow upon** the earth in **the *beit haperas***[H] before each step to clear away any small bones that may have become strewn across the field **and** proceed to **walk** across the area, thereby remaining ritually pure. This indicates that there is no concern about contracting ritual impurity by means of a tent in a *beit haperas*; otherwise, it would be prohibited to cross in this way, as it is possible that in the course of blowing one may already have contracted ritual impurity by leaning over the bones or by passing over bones that are buried beneath the surface.

וְרַב יְהוּדָה בַּר אַמִי מִשְּׁמֵיהּ דְּעוּלָּא אָמַר: בֵּית הַפְּרָס שֶׁנִּידַּשׁ טָהוֹר!

Similarly, **Rav Yehuda bar Ami said in the name of Ulla: A *beit haperas* that was trampled,**[N] i.e., a well-trodden *beit haperas*, **is ritually pure,** as passersby have certainly cleared away any bones with their feet. If a *beit haperas* were to impart ritual impurity by means of a tent, there should be a concern that the bones may have been trampled upon and buried in the ground. Both these sources prove that a *beit haperas* does not impart impurity by means of tent, posing a contradiction to the mishna.

NOTES

Overhanging boughs and protrusions – סְכָכוֹת וּפְרָעוֹת: The commentaries disagree about the meaning of this phrase. Rashi explains that it refers to trees or walls adjacent to a cemetery where there is a concern that a corpse or part of a corpse may be buried beneath them. According to this interpretation, the tree or wall must be located in a private domain, as cases of questionable impurity are judged leniently in the public domain. However, some say that there is certainly a corpse buried underneath the branch or protrusion from the wall, but there is doubt as to the precise location of the corpse. Other commentaries explain that there is certainly a corpse underneath the branch or protruding stone, but the branch or stone is not wide enough to constitute a tent by Torah law. The uncertainty is about whether by rabbinic law it constitutes a tent in combination with the other branches of the tree or the other stones protruding from the same row of stones on the wall (Ramban on *Nidda* 57a, citing Ra'avad; Rabbeinu Shimshon on *Oholot* 8:2; see Ritva).

Protrusions – פְּרוּעוֹת: Some interpret this to mean large stones, as in the verse: "He shall let the locks of the hair of his head grow [*pera*]" (Numbers 6:5). *Pera* in this verse is rendered in the Aramaic translation as: Grow long (Rashi manuscript; *Talmid Rabbeinu Yeḥiel of Paris*).

Does a *beit haperas* impart ritual impurity by means of a tent – וּבֵית הַפְּרָס מִי מְטַמֵּא בְּאֹהֶל: Several commentaries had a different version of the text, according to which it is taken for granted that a *beit haperas* does not impart ritual impurity by means of a tent. The Gemara's question according to their version is: Does a *beit haperas* require marking? The ensuing discussion in the Gemara can also be understood according to this explanation (*Tosefot Rid*).

A *beit haperas* that was trampled – בֵּית הַפְּרָס שֶׁנִּידַּשׁ: The Rambam, and apparently also Rashi, rule that this is a case where an individual is on his way to sacrifice the Paschal lamb. The Sages did not impose their decree that one who walks through a *beit haperas* becomes ritually impure in a situation where it would prevent someone from fulfilling the mitzva of the Paschal lamb, which carries a punishment of *karet* for those who fail to fulfill it.

אָמַר רַב פַּפָּא: לָא קַשְׁיָא; כָּאן – בְּשָׂדֶה שֶׁאָבַד בָּהּ קֶבֶר, כָּאן – בְּשָׂדֶה שֶׁנֶּחֱרַשׁ בָּהּ קֶבֶר.

Rav Pappa said: It is **not difficult,** as a distinction can be made between different types of *beit haperas*: **Here,** where the *baraita* states that a *beit haperas* must be marked because it imparts tent impurity, it is referring to **a field in which a grave was lost,**[H] i.e., a field that was known with certainty to contain a grave, though its precise location can no longer be recalled. **There,** where it ruled that a *beit haperas* does not convey tent impurity, it is a case of **a field where a grave was plowed** and it is not at all clear whether there are bones strewn across the field. In that case ritual impurity is not imparted by means of a tent, and so it need not be marked.

וְשָׂדֶה שֶׁנֶּחֱרַשׁ בָּהּ קֶבֶר ״בֵּית הַפְּרָס״ קָרֵי לֵיהּ? אִין, וְהָתְנַן: שְׁלֹשָׁה בֵּית הַפְּרָס הֵן: שָׂדֶה שֶׁנֶּאֱבַד בָּהּ קֶבֶר, וְשָׂדֶה שֶׁנֶּחֱרַשׁ בָּהּ קֶבֶר, וּשְׂדֵה בּוֹכִין.

The Gemara asks: **But is a field where a grave was plowed called a** ***beit haperas,*** such that one must be concerned about its ritual impurity? The Gemara answers: **Yes, and so we learned** in a mishna (*Oholot* 18:2–4): **There are three** types of ***beit haperas*** through which those who eat *teruma* and consecrated items are prohibited to walk: **A field in which a grave was lost** and its precise location is no longer known, **a field in which a grave was plowed** and bones may have been scattered about, **and a weepers' field.**[HN]

מַאי שְׂדֵה בּוֹכִין? רַב יְהוֹשֻׁעַ בַּר אַבָּא מִשְּׁמֵיהּ דְּעוּלָּא אָמַר: שָׂדֶה שֶׁמַּפְטִירִין בָּהּ מֵתִים.

The Gemara asks: **What is meant by a weepers' field? Rav Yehoshua bar Abba said in the name of Ulla: A field where** those escorting the deceased **would take leave of the deceased,**[N] handing the corpse over to those who would perform the actual interment.

וְטַעֲמָא מַאי? אָמַר אֲבִימִי: מִשּׁוּם יֵאוּשׁ בְּעָלִים נָגְעוּ בָּהּ.

And what is the reason that one must be concerned about ritual impurity in a weepers' field? **Avimi said:** It is **due to the** possible **despair by the owners** of recovering bones[N] that the Sages **touched** upon **it.** There is a concern that in transporting the deceased from far away, a loose limb may have fallen from the corpse into the field, and unseen by those transporting the deceased, it was abandoned there. Since over time many corpses passed through this weepers' field, it is assumed that ritual impurity might be found in many places throughout the field.

וְשָׂדֶה שֶׁנֶּחֱרַשׁ בָּהּ קֶבֶר לָא בָּעֵי צִיּוּן? וְהָא תַּנְיָא: מָצָא שָׂדֶה מְצוּיֶּינֶת, וְאֵין יָדוּעַ מַה טִּיבָהּ. יֵשׁ בָּהּ אִילָנוֹת – בְּיָדוּעַ שֶׁנֶּחֱרַשׁ בָּהּ קֶבֶר; אֵין בָּהּ אִילָנוֹת – בְּיָדוּעַ שֶׁאָבַד בָּהּ קֶבֶר.

The Gemara asks: **And does a field in which a grave was plowed not require marking? But isn't it taught** in a *baraita*: **If one encountered a field that was marked**[HN] due to ritual impurity, **and it is no longer known what the nature of the** ritual impurity was, **if there are trees in** the field, **it is known that a grave was plowed in it,** as it is permitted for one to plant trees in such a field. **If there are no trees in** the field, **it is known that a grave was lost in it,** as it is prohibited for one to plant trees in such a field. If a field is suitable for planting trees and yet there are none, clearly it is because a grave was lost in it.

רַבִּי יְהוּדָה אוֹמֵר: עַד שֶׁיְּהֵא שָׁם זָקֵן אוֹ תַּלְמִיד, לְפִי שֶׁאֵין הַכֹּל בְּקִיאִין בַּדָּבָר!

Rabbi Yehuda says: We do not rely on these signs **unless there is an Elder or** a rabbinic **scholar** who can testify about the subject, **as not all are experts in this matter,** and perhaps the field was not plowed at all. In any case, this *baraita* teaches that a field in which a grave was plowed is also marked.

אָמַר רַב פַּפָּא: כִּי תַּנְיָא הַהִיא – בְּשָׂדֶה שֶׁאָבַד בָּהּ קֶבֶר, דְּצִיְּינוּהָ. יֵשׁ בָּהּ אִילָנוֹת – בְּיָדוּעַ שֶׁנֶּחֱרַשׁ בָּהּ קֶבֶר. אֵין בָּהּ אִילָנוֹת – בְּיָדוּעַ שֶׁאָבַד בָּהּ קֶבֶר.

The Gemara answers: **Rav Pappa said: When that** *baraita* concerning a marked field **is taught,** it is taught with regard to **a field where a grave was** certainly **lost** and **they** immediately **marked it.** However, **if there are trees in the field, it is known that a grave was** later **plowed in it,** i.e., it was forgotten that a grave had been lost in the field and so it was inappropriately plowed and prepared for planting. But **if there are no trees in** the field, **we know that a grave was lost in it** and it was not later plowed.

וְלֵיחוּשׁ דִּלְמָא אִילָנוֹת מִגַּוַּאי וְקֶבֶר מִבָּרַאי!

The Gemara raises a question about this ruling: **But let us be concerned that perhaps the trees were** located **inside** the field **and the grave was** located **outside** of it, and the actual site of the grave was never plowed but simply lost? How then can one rely on the presence of trees to indicate that the grave had been plowed in the field?

HALAKHA

A field in which a grave was lost – שָׂדֶה שֶׁאָבַד בָּהּ קֶבֶר: The soil of a field in which a grave was lost imparts ritual impurity through direct contact and to those who carry the soil even without direct contact, and the field imparts ritual impurity to those who pass over it (Rambam *Sefer Tahara, Hilkhot Tumat Met* 8:1).

A weepers' field – שְׂדֵה בּוֹכִין: A field near the cemetery, where women sit and weep, is called a weepers' field. Due to the concern that perhaps a corpse has been buried there, it is prohibited to plant in this field so that people will not accustom themselves to going there. However, since there is no known source of impurity there, the soil of such a field is presumed to be ritually pure and may be used to fashion ovens for cooking consecrated food items (Rambam *Sefer Tahara, Hilkhot Tumat Met* 8:4).

A field that was marked – שָׂדֶה מְצוּיֶּינֶת: If one finds a field that was marked as ritually impure but he does not know what type of impurity the field contains, he can assume that if the field has a tree, it is presumably a field where a grave was plowed. Therefore, the field does not impart ritual impurity by means of a tent. If there is no tree, it is presumably a field where a grave was lost. Therefore, it does impart ritual impurity by means of a tent. However, this applies only if there is a local Torah scholar who knows that it is permitted to plant trees in a field where a grave was plowed and prohibited to plant trees in a field where a grave was lost. The *Kesef Mishne* notes that this is in accordance with the opinion of Rabbi Yehuda, who merely explains the opinion of the anonymous first *tanna* (Rambam *Sefer Tahara, Hilkhot Tumat Met* 10:10).

NOTES

A weepers' [*bokhin*] field – שְׂדֵה בּוֹכִין: The Rashbam's version of the text reads: A field of crypts [*kokhin*]. He explains that this refers to a field adjoining a cemetery where the deceased would be buried temporarily in a crypt until a proper grave could be prepared. The Sages were concerned about the ritual purity of this field, due to the possibility that corpses interred there had not been transferred to permanent graves.

Where those escorting the deceased would take leave of [*maftirin*] the deceased – שֶׁמַּפְטִירִין בָּהּ מֵתִים: Some commentaries explain that this refers to a field where corpses would be brought from distant locations and where the local residents would begin to attend to them. The *ge'onim* explain that it is called a weepers' field because family members from different places would assemble there to mourn their dead together. Indeed, some understand the word *maftirin* as it is used in the Jerusalem Talmud, in the sense of eulogizing the dead (see Ritva).

Due to the despair by the owners of recovering bones – מִשּׁוּם יֵאוּשׁ בְּעָלִים: According to one explanation, this means that a corpse would sometimes be brought there after it had already begun to decompose, and perhaps a body part had fallen off without being noticed. Alternatively, perhaps several corpses were brought together and one of them, possibly the corpse of an infant or stillborn child, was left behind (*Talmid Rabbeinu Yeḥiel of Paris*). The Ritva offers a completely different explanation, citing Rabbeinu Shimshon: The despair of the owners refers to the fact that once the field has been used regularly for these purposes, the original owners no longer have a right to prevent its continued use in this way by planting in the field.

If one encountered a field that was marked – מָצָא שָׂדֶה מְצוּיֶּינֶת: Most commentaries explain that finding trees in a field is the indication that there is no grave there, as it is prohibited to plant trees in a field where there is a grave whose precise location one does not know (*Tosefot Rid*; Ritva). The Ra'avad adds that when the Gemara states that the field has no trees, it means that the trees have been cut down (see Rashi, Meiri, and Ritva).

כִּדְאָמַר עוּלָּא: בְּעוֹמְדִין עַל הַגְּבוּלִין; הָכָא נַמִי: בְּעוֹמְדִין עַל הַגְּבוּלִין.

The Gemara answers: It is **as Ulla said** elsewhere. This is a case **where** the trees **are standing along the** field's **boundaries,** next to a public domain, as the grave is certainly not outside the trees in the public domain, since people do not bury a corpse in the public thoroughfare. Rather, the grave must be between the trees, and was therefore plowed. **Here too,** then, this is a case **where** the trees **are standing along the borders.**

Perek **I**
Daf **6** Amud **a**

וְדִלְמָא טוּמְאָה מִגַּוַּאי וְאִילָנוֹת מִבָּרָאִי!

The Gemara asks: **But perhaps the ritual impurity was on the inside and the trees were on the outside,** and only the area between the trees was plowed, while the inner portion of the field with the grave was not plowed?

בִּמְסוּבָּכִין. וְאִיבָּעֵית אֵימָא: הָא אֲמַרַן אֵין מַרְחִיקִין צִיּוּן מִמְּקוֹם טוּמְאָה, שֶׁלֹּא לְהַפְסִיד אֶת אֶרֶץ יִשְׂרָאֵל.

The Gemara answers: The case is where the trees are **scattered**[N] throughout the entire field, so that it is likely that the entire field was plowed. **And if you wish, say** instead: This is not a concern, as **we said** earlier that **one does not distance the marker** too far **from the** actual **site of ritual impurity, so as not to cause a loss of Eretz Yisrael.** As the marker is located near the trees, presumably the trees are close to the actual site of the grave, and the site of the grave was plowed.

״רַבִּי יְהוּדָה אוֹמֵר: עַד שֶׁיְּהֵא שָׁם זָקֵן אוֹ תַּלְמִיד, לְפִי שֶׁאֵין הַכֹּל בְּקִיאִין בַּדָּבָר״. אָמַר אַבַּיֵי: שְׁמַע מִינָּהּ: צוּרְבָא מֵרַבָּנַן דְּאִיכָּא בְּמָתָא – כָּל מִילֵּי דְּמָתָא עֲלֵיהּ רַמְיָא.

It is taught in the *baraita* that **Rabbi Yehuda says:** One relies on these signs **only** when **there is an Elder or** a rabbinic **scholar** who can testify about the matter, **as not all are well versed in this matter,** and perhaps the field was not plowed at all. **Abaye said: Learn from this** statement of Rabbi Yehuda that when **there is a Torah scholar in the city, all affairs of the city**[N] **are thrust upon him,** i.e., are his responsibility. Consequently, he is expected to know what has happened in the city.

אָמַר רַב יְהוּדָה: מָצָא אֶבֶן מְצוּיֶּינֶת – תַּחְתֶּיהָ טָמֵא. שְׁתַּיִם, אִם יֵשׁ סִיד בֵּינֵיהֶן – בֵּינֵיהֶן טָמֵא. וְאִם אֵין סִיד בֵּינֵיהֶן – בֵּינֵיהֶן טָהוֹר.

§ The Gemara continues its discussion of marking graves. **Rav Yehuda said: If one found** a single **marked stone,**[N] this indicates that the ground **underneath it is ritually impure.** If he found **two** marked stones,[B] the following distinction applies: **If there is lime** on the ground **between them,** this indicates that the area **between them is ritually impure** and the two stones mark the boundaries of the impure area; **and if there is no lime** on the ground **between them,** this indicates that the area **between them is ritually pure** and each stone marks a separate area of ritual impurity.[H]

NOTES

Scattered [*mesubakhin*] – בִּמְסוּבָּכִין: The Ritva explains that the trees have large branches that cover some portion of the field. This may be based upon versions of the text that read *mesukhakhin*, covered, instead of *mesubakhin*, scattered.

All affairs of the city, etc. – כָּל מִילֵּי דְּמָתָא וכו׳: Rabbi Shlomo ben HaYatom derives from here that a Torah scholar must pay attention to communal affairs, as halakhic rulings will be issued in accordance with his reports of what has taken place in his community.

A single marked stone – אֶבֶן מְצוּיֶּינֶת: Rashi explains that although one does not generally place a marker of ritual impurity directly over the source of the impurity, this is not the case with regard to a stone, as the marker is noticeable from a distance due to the height of the stone. However, it is apparent in the Jerusalem Talmud that even in the case of a stone, the marker should not be directly over the source of the impurity. Consequently, if a single stone was marked, it is assumed that the stone covers an area greater than the source of the impurity (see *Tosefot HaRosh*).

BACKGROUND

Two marked stones – שְׁתֵּי אֲבָנִים מְצוּיָּנוֹת: This refers to two stones that have lime on top of them and, at least minimally, on the sides that face each other, so that it is plausible that there was once lime between the stones that peeled off.

Two stones marked with lime

HALAKHA

Marking on stones – צִיּוּן עַל אֲבָנִים: If one finds a single marked stone, the area beneath it is ritually impure. If two stones are marked and there is lime between them, the area between them is ritually impure. If the lime is found only on the tops of the stones and there are pottery fragments between them, it is assumed that the fragments were part of a structure. This is in accordance with the versions of the text that include the word *ḥeres* instead of *ḥoresh* (see *Tosafot*; *Kesef Mishne*). If there is no pottery between them and the lime spreads down from the tops of the stones to the area between them, the area between the stones is ritually impure. The Ra'avad writes that if the area between the stones has been plowed, it is considered ritually pure, as it is assumed that the plowing caused the lime to fall from the stones to the ground between them. This is in accordance with the version of the text found in the Vilna Talmud, which includes the word *ḥoresh* (Rambam *Sefer Tahara, Hilkhot Tumat Met* 8:11, and *Kesef Mishne* there).

וְאַף עַל גַּב דְּלֵיכָּא חוֹרֵשׁ? וְהָתַנְיָא: מָצָא אֶבֶן אַחַת מְצוּיֶּנֶת – תַּחְתֶּיהָ טָמֵא. שְׁתַּיִם, אִם יֵשׁ חוֹרֵשׁ בֵּינֵיהֶן – בֵּינֵיהֶן טָהוֹר; וְאִם לָאו – בֵּינֵיהֶן טָמֵא!

The Gemara asks: **And** is the area between them deemed ritually pure **even though there is no** sign of **plowing** having taken place between the stones? **But isn't it taught** otherwise in a *baraita* as follows: **If one found a single marked stone,** this indicates that the ground **underneath it is ritually impure.** If he found **two** marked stones, then the following distinction applies: **If there is** evidence of **plowing**[N] having taken place **between them,** the area **between** the two stones **is ritually pure; and if not,** the area **between them is ritually impure.**

אָמַר רַב פַּפָּא: הָכָא כְּשֶׁהַסִּיד שָׁפוּךְ עַל רָאשֵׁיהֶן וּמְרוּדֶּה לְכָאן וּלְכָאן. אִי אִיכָּא חוֹרֵשׁ בֵּינֵיהֶן – בֵּינֵיהֶן טָהוֹר, דְּאֵימוֹר מֵחֲמַת חוֹרֵשׁ הוּא דְּאִיקְּפַל. וְאִי לָא – סִיד דְּבֵינֵי בֵּינֵי הוּא, וְטָמֵא.

Rav Pappa said: The contradiction can be resolved by explaining that **here,** in the *baraita*, the case is **where the lime** used as a marker of ritual impurity **had been poured on top** of the stones, **and it is spread thinly this way and that.** In this case, **if there is** evidence of **plowing** having taken place **between** the stones, the area **between them is ritually pure, as one** can **say** that the lime **was peeled off** from the stones **due to the plowing;** originally the lime was only on top of the stones, to indicate that there is ritual impurity underneath them, but then fell into the area between them during the plowing. **But if** there is **no** evidence of a plow having passed between them, then it is most likely that **the lime was** meant to mark the ground **between** the stones, and the entire area between them **is ritually impure.**

אָמַר רַבִּי אַסִּי: מֵצַר אֶחָד מְצוּיָּן – הוּא טָמֵא, וְכָל הַשָּׂדֶה כּוּלָּהּ טְהוֹרָה. שְׁנַיִם – הֵם טְמֵאִין, וְכָל הַשָּׂדֶה כּוּלָּהּ טְהוֹרָה. שְׁלֹשָׁה – הֵם טְמֵאִין, וְכָל הַשָּׂדֶה כּוּלָּהּ טְהוֹרָה. אַרְבָּעָה – הֵן טְהוֹרִין, וְכָל הַשָּׂדֶה כּוּלָּהּ טְמֵאָה.

Rabbi Asi said: If only **one border of a field**[B] **is marked,**[N] it is assumed that the border itself **is ritually impure while the entire** rest of the **field is ritually pure.** If **two** borders are marked, it is assumed that **they are** both **ritually impure while the entire** rest of the **field is ritually pure.** If **three** borders are marked, it is assumed that the three of **them are ritually impure while the entire** rest of the **field is ritually pure.** If all **four** borders are marked, the borders themselves **are ritually pure, while the entire field** enclosed by the borders **is ritually impure.**[H]

דְּאָמַר מָר: אֵין מַרְחִיקִין צִיּוּן מִמְּקוֹם טוּמְאָה, שֶׁלֹּא לְהַפְסִיד אֶת אֶרֶץ יִשְׂרָאֵל.

As the Master said in the *baraita*: **One does not distance the marker from the** actual **site of ritual impurity, so as not to cause a loss of Eretz Yisrael,** i.e., not to increase the area into which people refrain from entering. Consequently, they marked all of the borders to indicate that the entire field is ritually impure.

״וְיוֹצְאִין אַף עַל הַכִּלְאַיִם״.

§ It is taught in the mishna: **And** inspectors **even go out** on the intermediate days of a Festival **to** uproot **the** shoots of prohibited **diverse kinds** [*kilayim*] that grew in the fields during the rainy season.

וְאַכִּלְאַיִם בְּחוּלּוֹ שֶׁל מוֹעֵד נָפְקִינַן? וּרְמִינְהוּ: בְּאֶחָד בַּאֲדָר מַשְׁמִיעִין עַל הַשְּׁקָלִים וְעַל הַכִּלְאַיִם.

The Gemara asks: **Do they go out to** uproot **diverse kinds during the intermediate days of a Festival?** The Gemara **raises a contradiction** from another mishna (*Shekalim* 1:1), which states: **On the first of Adar** the court **issues a proclamation concerning** the collection of **the shekels,**[HB] i.e., the yearly half-shekel contribution to the Temple treasury made by each adult male for the purpose of buying communal offerings. **And** the court also issues a proclamation **with regard to** the obligation to uproot **diverse kinds**[NH] from the fields.

BACKGROUND

Borders of a field – מִצְרֵי שָׂדֶה: In many places the borders of fields were marked not only with stones, but also with areas of elevated soil, which served both to indicate precisely where the border ran and to provide an easier way to pass through the field without treading upon the cultivated areas.

Elevated ground between fields

The shekels – הַשְּׁקָלִים: All male Jews over the age of twenty were required to contribute half a shekel to the Temple annually, before the first day of the month of Nisan, which was the beginning of the new Temple year. This money was used to cover the expenses of the Temple, including purchasing communal offerings and paying for repairs to the structure of the Temple. It was also used to maintain and repair the walls of Jerusalem. From the beginning of the month of Adar, notice was served to the public that the half-shekel contributions would soon be due. Nowadays, toward the end of the Fast of Esther on the thirteenth of Adar, before the beginning of Purim, it is customary to donate charity in commemoration of the half-shekel contribution. The *halakhot* of the half-shekel contributions made to the Temple are discussed in tractate *Shekalim*.

HALAKHA

Marked borders of a field – מִצְרֵי שָׂדֶה מְצוּיָּנִים: If one finds a field with a single border marked with lime, the area beneath the border is ritually impure. The same is true if two or three borders are marked in this manner. However, if all of the field's borders are marked with lime, the area directly beneath the borders is ritually pure, and the rest of the field is ritually impure (Rambam *Sefer Tahara, Hilkhot Tumat Met* 8:11).

The court issues a proclamation concerning the collection of the shekels – מַשְׁמִיעִין עַל הַשְּׁקָלִים: On the first of Adar a public proclamation would be made concerning the contribution of half-shekels, so that all would prepare the half-shekel to be given on the fifteenth of Adar (Rambam *Sefer Zemanim, Hilkhot Shekalim* 1:9).

The court also issues a proclamation with regard to the obligation to uproot diverse kinds – מַשְׁמִיעִים עַל הַכִּלְאַיִן: On the first of Adar the court would proclaim that everyone must uproot the diverse kinds growing in his fields and gardens. On the fifteenth of Adar, agents appointed by the court would go out to ensure that this was done (Rambam *Sefer Zera'im, Hilkhot Kilayim* 2:15).

NOTES

If there is evidence of plowing – אִם יֵשׁ חוֹרֵשׁ: If there is evidence that the area between the stones has been plowed, it is assumed that the plowing caused the lime to fall from the stone, and originally the area between the stones had not been marked. Alternatively, if the area had been plowed, even if there was a corpse buried there, one who walks there remains pure. This is because a grave that has been plowed does not impart ritual impurity by way of a tent, as it is assumed that the corpse has been torn to pieces (*Peirush*; see also *Tosafot*, *Divrei David*, and *Sefat Emet*).

Some versions of the text read *ḥeres*, earthenware, instead of *ḥoresh*, plowing. Some suggest that according to this version, if one found fragments of pottery between the stones, it is possible that the pottery fell from the stones and caused some of the lime to fall between the stones as well (Rabbeinu Gershom Meor HaGola; Rabbi Shlomo ben HaYatom). Others suggest that the absence of pottery is a sign of virgin soil, and the presence of pottery indicates that the area has been plowed (*Peirush*). The Rambam explains that the potsherds between the stones indicate that some structure had once stood there, and this accounts for the presence of the lime.

If one border of a field is marked – מֵצַר אֶחָד מְצוּיָּן: Ordinarily, one does not mark the ritual impurity directly over the location of the source of the impurity. However, since the border of the field is elevated above the ground and therefore easily noticeable, the marking may be placed on the border, directly over the source of the impurity (Ritva).

The court also issues a proclamation with regard to the obligation to uproot diverse kinds – מַשְׁמִיעִים עַל הַכִּלְאַיִן: Some explain that the proclamation is that people should take care not to sow diverse kinds in their fields (*Talmid Rabbeinu Yeḥiel of Paris*).

בַּחֲמִשָּׁה עָשָׂר בּוֹ קוֹרִין אֶת הַמְּגִילָּה בַּכְּרַכִּים, וְיוֹצְאִין לְקַוֵּץ אֶת הַדְּרָכִים, וּלְתַקֵּן הָרְחוֹבוֹת, וְלָמוֹד הַמִּקְוָואוֹת, וְעוֹשִׂין כׇּל צוֹרְכֵי רַבִּים, וּמְצַיְּינִין אֶת הַקְּבָרוֹת, וְיוֹצְאִין עַל הַכִּלְאַיִם!

On the fifteenth of Adar **the Megilla,** the Scroll of Esther, **is read in the** walled **cities,**[H] **and they go out to clear thorns**[N] from the **roads, to repair the** city **streets, and to measure the ritual baths** to ascertain that they have the requisite quantity of water. **And they tend to all** other **public needs, and they mark graves** with lime, **and they go out to** uproot **the** shoots of **diverse kinds.**[N] If they already went out in Adar to uproot the diverse kinds, why would they go out again on the intermediate days of the festival of Passover?

רַבִּי אֶלְעָזָר וְרַבִּי יוֹסֵי בַּר חֲנִינָא; חַד אָמַר: כָּאן – בְּבַכִּיר, כָּאן – בְּאָפִיל. וְחַד אָמַר: כָּאן – בִּזְרָעִים, כָּאן – בִּירָקוֹת.

Rabbi Elazar and Rabbi Yosei bar Ḥanina disagreed about this issue: **One said: Here,** in the mishna that states that they go out on the fifteenth of Adar, it is referring to **the early crop,** while **there,** in the mishna that states that they go out on the intermediate days of the Festival, it is referring to **the late crop,**[H] which isn't clearly recognizable until the intermediate days of Passover. **And one said: Here,** in the mishna that states that they go out on the fifteenth of Adar, it is referring to **grains** that are sown in the winter and have already grown tall by Adar, while **there,** in the mishna that states that they go out on the intermediate days of the Festival, it is referring to **vegetables,**[B] which only grow later in the season.

אָמַר רַבִּי אַסִּי אָמַר רַבִּי יוֹחָנָן: לֹא שָׁנוּ אֶלָּא שֶׁאֵין נִיצָּן נִיכָּר, אֲבָל נִיצָּן נִיכָּר – יוֹצְאִין עֲלֵיהֶן.

Rabbi Asi said that **Rabbi Yoḥanan said: They taught** that court messengers go out to uproot diverse kinds in the middle of the month of Adar **only** in a case **where the blossom was not** yet **recognizable** at an earlier date, so it was still impossible to determine whether or not the seedling was from diverse kinds of seeds. **But** if **the blossom was** already **recognizable** at an earlier date, **they go out** at that time to uproot the shoots of diverse kinds of seeds.

מַאי שְׁנָא בְּחוּלּוֹ שֶׁל מוֹעֵד דְּנָפְקִינַן? אָמַר רַבִּי יַעֲקֹב אָמַר רַבִּי יוֹחָנָן: מִשּׁוּם שְׂכַר פְּעוּלָּה, דְּמוֹזְלִי גַּבָּן.

The Gemara asks: **What is different about the intermediate days of a Festival that we** specifically **go out** to uproot shoots of diverse kinds of seeds during that week? **Rabbi Ya'akov said** that **Rabbi Yoḥanan said:** It is **due to the wages** paid to the workers hired by the court to uproot the diverse kinds. On the intermediate days of the Festival it is prohibited for them to perform ordinary labor, and so **they reduce** their rates **for us,** i.e., for public works, as otherwise they would have no income at all.

אָמַר רַב זְבִיד וְאִיתֵּימָא רַב מְשַׁרְשְׁיָא: שְׁמַע מִינָּהּ כִּי יָהֲבִינַן לְהוּ שָׂכָר – מִתְּרוּמַת הַלִּשְׁכָּה יָהֲבִינַן לְהוּ. דְּאִי סָלְקָא דַּעְתָּךְ מִדִּידְהוּ יָהֲבִינַן לְהוּ – מַאי נַפְקָא לָן מִינַּיְיהוּ, כׇּל כַּמָּה דְּבָעוּ לִיתֵּן לְהוּ!

Rav Zevid said, and some say that it was **Rav Mesharshiyya** who **said: Learn from this** explanation **that when we give** the workers who uproot the diverse kinds their **wages, we give** it **to them from** the funds of **the collection of the** Temple treasury **chamber.**[NB] Since they are paid with consecrated money, an attempt is made to minimize the expenses. **As, if it enters your mind** that **we pay them from theirs,** i.e., the court forces the owners of the fields where the diverse kinds are found to pay the workers who uproot them, **what** benefit **would we derive from** saving the expense? **However much** the workers **desire, they should pay them.**[N]

וְעַד כַּמָּה? אָמַר רַב שְׁמוּאֵל בַּר יִצְחָק: כְּאוֹתָהּ שֶׁשָּׁנִינוּ: כׇּל סְאָה שֶׁיֵּשׁ בָּהּ

Concerning the issue of uprooting diverse kinds, the Gemara asks: **And how much**[N] of another species must be mixed in with a crop in order to be considered diverse kinds that must be uprooted by these workers? **Rav Shmuel bar Yitzḥak said:** The amount is **like that which we learned** in the mishna (*Kilayim* 2:1): **Any** ***se'a*** of seeds **that contains**

HALAKHA

Reading the Megilla in walled cities – **קְרִיאַת הַמְּגִילָּה בִּכְרַכִּים:** On the fifteenth of Adar, the Megilla is read in cities that were walled during the time of Joshua, son of Nun (*Shulḥan Arukh, Oraḥ Ḥayyim* 688:1).

The early crop and the late crop – **בַּכִּיר וְאָפִיל:** On the intermediate days of Passover, agents of the court would go out to check for diverse kinds growing in the fields. If they found more than the permitted quantity, they would declare the entire field ownerless. If the diverse kinds blossomed before Passover, the court agents would investigate the matter immediately (Rambam *Sefer Zera'im, Hilkhot Kilayim* 2:17).

NOTES

They go out to clear thorns – **יוֹצְאִין לְקַוֵּץ:** These tasks were performed at that time of year in order to prepare the roads for the pilgrims who would come to Jerusalem for Passover. Similarly, they would repair the ritual baths so that the pilgrims would be able to immerse and purify themselves. They would also mark the graves so that the pilgrims would not inadvertently become ritually impure on their way to the Temple (*Talmid Rabbeinu Yeḥiel of Paris*; Rabbi Shlomo ben HaYatom).

They go out to uproot the shoots of diverse kinds – **יוֹצְאִים עַל הַכִּלְאַיִם:** The Gemara addresses only the question of why they would go out to uproot the shoots of diverse kinds both in Adar as well as on the intermediate days of Passover. However, there are other, additional items listed that were apparently performed twice, including marking the graves, fixing the roads, and measuring the ritual baths. It is explained in the Jerusalem Talmud that although the graves were marked in Adar, they would go out to mark them again during Passover because of the possibility that it rained in the meantime and the lime was washed away. It may be suggested that the roads also needed to be fixed again for that reason (see Rashi). Some write that the Gemara addresses only the issue of diverse kinds because the other activities assigned to the fifteenth of Adar were not immediately obligatory, and it is possible that they would not have been performed by Passover. However, the uprooting of diverse kinds, which is performed in order to prevent violating Torah law, was certainly not delayed, and so the question arises why it was done twice (*Talmid Rabbeinu Yeḥiel of Paris*). Others propose that the other tasks, e.g., repairing the roads, were performed a second time on the intermediate days of Passover for the benefit of the pilgrims returning home from Jerusalem after the Festival (Rabbi Shlomo ben HaYatom).

From the funds of the collection of the Temple treasury chamber – **מִתְּרוּמַת הַלִּשְׁכָּה:** *Tosafot* write that the court would stipulate that money from these funds would be dedicated to pay for various communal needs. A list of communal needs that were funded in this way is found in tractate *Shekalim* (10b). The later commentaries discuss why the Gemara says that the payment was made from the collection of the Temple treasury chamber, and not from the remains of the chamber, i.e., the money that remained in the chamber after the three collections of money were taken to use for communal offerings (see *Tosefot Yom Tov*; *Tal Ḥayyim*).

However much the workers desire, they should pay them – **כׇּל כַּמָּה דְּבָעוּ לִיתֵּן לְהוּ:** Since the owners of the fields have transgressed and sown or maintained diverse kinds, it would have been appropriate to hire workers to do the work necessary without taking pains to minimize the expense (Rabbi Shlomo ben HaYatom; Meiri).

And how much – **וְעַד כַּמָּה:** It is unclear from the Gemara whether the quantity discussed here refers to a percentage of the seeds planted or a percentage of the plants that are growing in the field. However, it is clear in the Jerusalem Talmud that the discussion refers to the percentage of the plants that are growing. Consequently, one can understand why the Gemara discusses a matter that appears to be explicit in the mishna in tractate *Kilayim* (2:1); the mishna is referring to a percentage of the seeds, and the Gemara applies the same percentage to the plants that are growing in the field (see *Tal Ḥayyim*).

BACKGROUND

Grains [*zera'im*] and vegetables – **זְרָעִים וִירָקוֹת:** Rashi explains that the term *zera'im*, which literally means seeds, refers to grains, which are sown before vegetables. The Meiri explains that it refers to all plants whose seeds are consumed, while vegetables are plants whose leaves are eaten.

The funds of the collection of the Temple treasury chamber – **תְּרוּמַת הַלִּשְׁכָּה:** These funds were called the collection of the Temple treasury chamber because the half-shekels donated by the Jewish people each year were kept in a specific chamber in the Temple complex. Three times a year, a priest would enter this chamber with three containers and remove some of the coins. This money was used to purchase animals for communal offerings and for other needs of the Temple. The money that remained in the chamber was used for building and maintaining communal structures in Jerusalem and for purchasing offerings to be sacrificed when no other offerings were being brought.

רוֹבַע זֶרַע מִמִּין אַחֵר – יְמַעֵט.

a quarter-*kav* or more **of seeds of a different type,**[H] i.e., one twenty-fourth of the mixture is a type of seed other than the main type, **one must reduce**[N] the other type of seeds in the mixture by uprooting the shoots.

וְהָתַנְיָא: הִתְקִינוּ שֶׁיְּהוּ מַפְקִירִין כָּל הַשָּׂדֶה כּוּלָּהּ! לָא קַשְׁיָא: כָּאן – קוֹדֶם תַּקָּנָה, כָּאן – לְאַחַר תַּקָּנָה.

With regard to the *halakha* that inspectors must go out and uproot the shoots of diverse kinds of seeds that grew in the fields, the Gemara asks: **But isn't it taught** in a *baraita* that the Sages **ordained that they should pronounce** the crop of **the entire field** in which diverse kinds was found **ownerless,** rather than uprooting the diverse kinds? The Gemara responds: **This is not difficult. Here,** in the mishna, where it says that the inspectors go out and uproot the diverse kinds, it is referring to the time **before the** institution of the new **ordinance; there,** in the *baraita*, where it says that the entire field is pronounced ownerless, it is referring to the time **after the** institution of that **ordinance.**

דְּתַנְיָא: בָּרִאשׁוֹנָה הָיוּ עוֹקְרִין וּמַשְׁלִיכִין לִפְנֵי בְּהֶמְתָּן, וְהָיוּ בַּעֲלֵי בָתִּים שְׂמֵחִין שְׁתֵּי שְׂמָחוֹת: אַחַת – שֶׁמְּנַכְּשִׁין לָהֶם שְׂדוֹתֵיהֶן, וְאַחַת – שֶׁמַּשְׁלִיכִין לִפְנֵי בְּהֶמְתָּם.

The Gemara explains this ordinance **as it is taught** in another *baraita*: **At first,** the agents of the court **would uproot** the diverse kinds **and cast them before the livestock** belonging to the owners of the fields. However, **the property holders would rejoice for two** reasons: **One, that** the agents of the court **weeded their fields for them** when they uprooted the plants of the other type; and another **one, that they cast** the diverse kinds **before their livestock,** thereby saving them from having to feed them. Accordingly, the field owners took no steps to keep their fields free of diverse kinds of seeds.

הִתְקִינוּ שֶׁיְּהוּ עוֹקְרִין וּמַשְׁלִיכִין עַל הַדְּרָכִים. וַעֲדַיִין הָיוּ שְׂמֵחִין שִׂמְחָה גְּדוֹלָה שֶׁמְּנַכְּשִׁין שְׂדוֹתֵיהֶן. הִתְקִינוּ שֶׁיְּהוּ מַפְקִירִין כָּל הַשָּׂדֶה כּוּלָּהּ.

The Sages, therefore, **ordained that** the agents of the court **should uproot** the diverse kinds **and cast** them **on the roads.** Yet the property holders **would still greatly rejoice that** the agents of the court **weeded their fields** free of charge. Finally, the Sages **ordained that they should pronounce** the crop of **the entire field** in which diverse kinds was found **ownerless.**[H]

מתני׳ רַבִּי אֱלִיעֶזֶר בֶּן יַעֲקֹב אוֹמֵר: מוֹשְׁכִין אֶת הַמַּיִם מֵאִילָן לְאִילָן, וּבִלְבַד שֶׁלֹּא יַשְׁקֶה אֶת כָּל הַשָּׂדֶה. זְרָעִים שֶׁלֹּא שָׁתוּ לִפְנֵי הַמּוֹעֵד – לֹא יַשְׁקֵם בַּמּוֹעֵד. וַחֲכָמִים מַתִּירִין בָּזֶה וּבָזֶה.

MISHNA **Rabbi Eliezer ben Ya'akov**[P] **says:** In a field that is filled with trees, **one may draw water**[N] via channels **from** one **tree to** another **tree**[H] on the intermediate days of a Festival because trees are in dire need of water. **And** this is permitted **provided that** in doing so **he does not water the entire field.**[N] With regard to **plants that were not watered**[HN] **prior to the Festival, one may not water them on** the intermediate days of **the Festival** because they do not need the water. **But the Rabbis permit** watering **in this** case, i.e., trees, **and that** case, i.e., plants.

HALAKHA

The measure of diverse kinds of seeds – שִׁיעוּר כִּלְאֵי זְרָעִים: If seeds of a vegetable, grain, or legume became mixed with another of these types of seeds in a ratio of more than one to twenty-four, it is prohibited to sow the mixture until the ratio is reduced. If one sows the mixture, he is liable to flogging. The same *halakha* applies to plants of these types that grow together in a field: If one type is growing amidst another type in a ratio of at least one to twenty-four, it must be reduced (*Shulḥan Arukh, Yoreh De'a* 297:5, 8).

The action of the court concerning diverse kinds of seeds – מַעֲשֵׂה בֵּית דִּין בְּכִלְאֵי זְרָעִים: At first the agents of the court would uproot the diverse kinds and cast them from the field, but the owners of the fields found this beneficial. It was therefore ordained that if diverse kinds are found in a field, the entire crop is pronounced to be ownerless property, provided that the diverse kinds are found in a ratio of at least one to twenty-four. The agents of the court do not interfere if the field contains a lower ratio of diverse kinds (Rambam *Sefer Zera'im, Hilkhot Kilayim* 2:16).

One may draw water from tree to tree – מוֹשְׁכִין אֶת הַמַּיִם מֵאִילָן לְאִילָן: One may draw water from tree to tree provided that he does not irrigate the entire field. This is in accordance with the opinion of Rabbi Eliezer ben Ya'akov, whose opinions are always accepted as *halakha*. The Ra'avad and *Maggid Mishne* disagree about whether this refers to a field that requires irrigation or to a field that does not require irrigation. If the field was already moist, one is permitted to water it while drawing water from tree to tree, in accordance with the statement of Rav Yehuda (*Shulḥan Arukh, Oraḥ Ḥayyim* 537:7).

Plants that were not watered – זְרָעִים שֶׁלֹּא שָׁתוּ: Plants that were not watered prior to the Festival may not be watered during the Festival, in accordance with the opinion of Rabbi Eliezer ben Ya'akov (Rambam *Sefer Zemanim, Hilkhot Yom Tov* 8:4).

PERSONALITIES

Rabbi Eliezer ben Ya'akov – רַבִּי אֱלִיעֶזֶר בֶּן יַעֲקֹב: There are two *tanna'im* by this name, one who lived during the Second Temple period, and the other who was a student of Rabbi Akiva. The Gemara comments in several places that the teaching of Rabbi Eliezer ben Ya'akov measures a *kav*, but is clean, meaning that it is small in quantity but clear and complete. This indicates that his opinion is followed in almost every case. This statement appears to refer to the earlier Sage. Rabbi Eliezer ben Ya'akov merited to see the service in the Second Temple prior to its destruction. Tractate *Middot*, which relates many traditions about the physical structure of the Temple, is attributed to him.

NOTES

One must reduce – יְמַעֵט: *Tosafot* note that the mishna is referring to reducing the ratio of seeds prior to sowing them, whereas the Gemara is referring to reducing the plants growing in the field once they have already been sown. Standing behind these *halakhot* is the fact that although diverse kinds of seeds may not be eaten, it is permitted to derive benefit from them. Therefore, at first the Sages merely ordained that the diverse kinds be removed from the field, and only when they saw that their ordinance caused property holders not to heed the prohibition at all, did they begin to declare the plants and fields ownerless.

One may draw water – מוֹשְׁכִין אֶת הַמַּיִם: Some commentaries explain this to mean that they would open the water channel that brought water to one tree, allowing the water to flow from there through channels to other trees. Others understand that when a large quantity of water would collect in the circular ditch beneath one tree, they would dig a channel to allow the water to flow from there to other trees as well (Rabbeinu Yehonatan; Ran; Meiri).

And provided that he does not water the entire field – וּבִלְבַד שֶׁלֹּא יַשְׁקֶה אֶת כָּל הַשָּׂדֶה: The commentaries differ as to the nature of this field: Rashi and the Rid understand that it refers to a field that does not require irrigation. The Ra'avad identifies it as a field that requires irrigation but has not yet been sown, and one wishes to water it now in order to prepare it for future sowing. In the Jerusalem Talmud there is a distinction between a field where the trees are close together, in which case it is certainly permitted to water the trees as well as the areas between them, and a field where the trees are very spread out, in which case all agree that it is prohibited to water all the areas between the trees. This dispute is restricted to a case where there are ten trees within an area of fifty by fifty cubits. The dispute is whether they are considered to be planted close together or spread out (see *Tosefot HaRosh*).

Plants that were not watered – זְרָעִים שֶׁלֹּא שָׁתוּ: The commentaries dispute whether the determining factor in this passage is loss of property or the effort necessary to perform the labor. Rashi and most other commentaries understand that plants that were not watered prior to the Festival will not be harmed if they are not watered during the Festival, whereas refraining from watering plants that had already been watered before the Festival would result in the complete loss of those plants. The Rambam explains that plants that were not watered prior to the Festival require a great deal of water, and this would entail excessive effort.

גמ׳ אָמַר רַב יְהוּדָה: אִם הָיְתָה שָׂדֶה מְטוּנֶּנֶת – מוּתָּר. תַּנְיָא נַמִי הָכִי: כְּשֶׁאָמְרוּ אָסוּר לְהַשְׁקוֹתָן בַּמּוֹעֵד – לֹא אָמְרוּ אֶלָּא בִּזְרָעִים שֶׁלֹּא שָׁתוּ מִלִּפְנֵי הַמּוֹעֵד, אֲבָל זְרָעִים שֶׁשָּׁתוּ לִפְנֵי הַמּוֹעֵד – מוּתָּר לְהַשְׁקוֹתָן בַּמּוֹעֵד.

GEMARA **Rav Yehuda said: If the field was moist** [*metunenet*][LN] before the Festival but in the meantime it dried up, **it is permitted** to water the entire field even according to Rabbi Eliezer ben Ya'akov. **That** ruling **is also taught** in a *baraita*: **When they said** that **it is prohibited to water them on** the intermediate days of **a Festival, they said this only with regard to plants that were not watered** at all **before the Festival. However,** with regard to **plants that were** already **watered before the Festival** and had begun to grow, **it is permitted to water them on** the intermediate days of **the Festival** because failure to water them would lead to substantial financial loss.

וְאִם הָיְתָה שָׂדֶה מְטוּנֶּנֶת – מוּתָּר. וְאֵין מַשְׁקִין שְׂדֵה גָּרִיד בַּמּוֹעֵד. וַחֲכָמִים מַתִּירִין בָּזֶה וּבָזֶה.

And if the field was moist before the Festival, **it is permitted** to water it even if the field had not been watered prior to the Festival. **And one may not water a dry field**[N] **on** the intermediate days of **a Festival. But the Rabbis permit** watering **this and that,** i.e., plants that were not watered before the Festival and a dry field.

אֲמַר רָבִינָא: שְׁמַע מִינָּהּ, הַאי תַּרְבִּיצָא שָׁרֵי לְתַרְבּוּצֵי בְּחוּלָּא דְּמוֹעֲדָא. שְׂדֵה גָּרִיד מַאי טַעְמָא? דְּאַפְלָא מְשַׁוֵּי לָהּ חָרְפָא; הָכָא נַמִי – אַפְלָא מְשַׁוֵּי לָהּ חָרְפָא.

Ravina said: Learn from here that one is permitted to sprinkle a garden [*tarbitza*][LN] with water **on the intermediate days of a Festival.**[H] Ravina explains how he arrived at this conclusion: **What is the reason** that the Rabbis permit one to water **a dry field**[N] despite the fact that the plants will not die from a lack of moisture? This is because watering the field in advance **turns a late crop into an early crop.**[B] It can be understood from this that the late ripening of a crop is considered a substantial financial loss that serves as a reason to permit labor that would otherwise be prohibited on the intermediate days of a Festival. **Here too,** in the case of a garden, sprinkling it with water **turns a late crop into an early crop,** and so it is permitted on the intermediate days of a Festival.

תָּנוּ רַבָּנַן: מַרְבִּיצִין שְׂדֵה לָבָן בַּשְּׁבִיעִית, אֲבָל לֹא בַּמּוֹעֵד.

The Sages taught the following *baraita*: **One may sprinkle** water in **a field of grain during the Sabbatical Year,**[H] **but not on the** intermediate days of **a Festival.**[N]

וְהָא תַּנְיָא: מַרְבִּיצִין בֵּין בַּמּוֹעֵד בֵּין בַּשְּׁבִיעִית! אָמַר רַב הוּנָא: לָא קַשְׁיָא: הָא – רַבִּי אֱלִיעֶזֶר בֶּן יַעֲקֹב, הָא – רַבָּנַן.

The Gemara asks: **But isn't it taught** in another *baraita*: **One may sprinkle** water in a field of grain **both on** the intermediate days of **a Festival and during the Sabbatical Year? Rav Huna said: This is not difficult. This** *baraita* that prohibits sprinkling water in a field of grain on the intermediate days of a Festival is in accordance with the opinion of **Rabbi Eliezer ben Ya'akov,** who prohibits watering an entire field. **That** *baraita* that permits it is in accordance with the more lenient opinion of **the Rabbis.**

LANGUAGE

Moist [*metunenet*] – מְטוּנֶּנֶת: Some say that this word is derived from the root *tin*, which means mud in Aramaic and Arabic. By extension, this led to the formation of the root *tanan*, meaning watering or moistening. Some maintain that in this sense, *tanan* is a verb of its own. This difference in opinion concerning the etymology of the root *tanan* may have contributed to the dispute about the meaning of a field that is *metunenet*: Does it refer to clay-like soil that had been wet but then became dry, or does it refer simply to a moist field?

Garden [*tarbitza*] – תַּרְבִּיצָא: Some maintain that this word, which is found in various Aramaic dialects, is derived from Assyrian, and it originally referred to a sheep pen. It is used here in the borrowed sense of a yard or garden. Others say that the term *rabbatz* means to be watered, and that this may be the source of the word *tarbitza* in the sense of a garden.

HALAKHA

Sprinkling water on a field during a Festival – הַרְבָּצַת שָׂדֶה בַּמּוֹעֵד: It is permitted to sprinkle a field with water during the intermediate days of a Festival, in accordance with the opinion of Ravina. However, the Ra'avad disagrees with this ruling, as he understands that Ravina follows the opinion of the Rabbis, rather than that of Rabbi Eliezer ben Ya'akov. The *Maggid Mishne*, however, explains that here too, the Rambam rules in accordance with Rabbi Eliezer ben Ya'akov, but that he is referring to plants that may be sprinkled with water during a Festival even before they are sown, because failure to do so would result in an irretrievable loss (Rambam *Sefer Zemanim*, *Hilkhot Yom Tov* 8:3).

Sprinkling water during the Sabbatical Year – הַרְבָּצַת שָׂדֶה בַּשְּׁבִיעִית: One may sprinkle a field of grain with water during the Sabbatical Year so that the trees do not suffer damage (Rambam *Sefer Zemanim*, *Hilkhot Shemitta VeYovel* 1:8).

BACKGROUND

Turns a late crop into an early crop – אַפְלָא מְשַׁוֵּי לָהּ חָרְפָא: A lack of water in winter crops delays the development of their root systems, resulting in a general delay in the development of the plants. This ultimately causes the crop to ripen late. Early supplemental watering is likely to significantly quicken the ripening process.

NOTES

The field was moist – הָיְתָה שָׂדֶה מְטוּנֶּנֶת: Some explain that this is referring to a field that was previously watered but has since dried up, and the owner will suffer an irretrievable loss if the field is not watered again (Rashi; Rabbeinu Gershom Meor HaGola; *Talmid Rabbeinu Yeḥiel of Paris*). Others understand that this refers to a field that is naturally moist and therefore suffices with a small amount of water, and watering it does not require substantial effort (Rabbeinu Ḥananel; Rabbi Shlomo ben HaYatom; Rambam's Commentary on the Mishna). According to Rabbeinu Yehonatan, since the field is moist on its own, the plants are regarded as having been irrigated prior to the Festival.

A dry field – שְׂדֵה גָּרִיד: The *ge'onim* explain that this is a field one intends to sow at some later point and he is watering it now in advance. Others understand that this refers to an orchard (see *Tosafot*).

Garden [*tarbitza*] – תַּרְבִּיצָא: Most commentaries understand that a *tarbitza* is a vegetable garden, which requires only a little bit of water for the vegetables to grow. The Ra'avad explains similarly that a *tarbitza* is a garden of ornamental and aromatic plants, located in close proximity to a house; since it is shaded by the walls of the house it needs little water. The Rid explains that it is a field of flax, which must be sprinkled with water before being sown.

What is the reason that the Rabbis permit one to water a dry field – שְׂדֵה גָּרִיד מַאי טַעְמָא: This sentence is critical to understanding the entire passage. Rashi understands these words to be a continuation of the previous statement, meaning that Ravina's opinion is in accordance with that of the Sages. On the other hand, Rabbeinu Ḥananel and the Rif interpret these words as a challenge to the previous statement: Just as Rabbi Eliezer ben Ya'akov holds that it is prohibited to water a dry field because one will thereby cause the crop to ripen earlier, the same should be true in the case of a vegetable garden. According to this explanation, since the Gemara does not respond, Ravina's opinion has been rejected.

The Sabbatical Year and the intermediate days of a Festival – שְׁבִיעִית וּמוֹעֵד: In the Jerusalem Talmud, the differences between the *halakhot* of the Sabbatical Year and those governing the intermediate days of a Festival are explained in two different ways. According to one explanation, the difference lies in the fact that during the Sabbatical Year there is no general prohibition against labor, as it is only agricultural labor that is prohibited. According to the other explanation, the differences are due to the fact that the Sabbatical Year is a much longer period of time and there are tasks that cannot be postponed for an entire year.

תַּנְיָא אִידָךְ: מַרְבִּיצִין שְׂדֵה לָבָן עֶרֶב שְׁבִיעִית כְּדֵי שֶׁיֵּצְאוּ יְרָקוֹת בַּשְּׁבִיעִית. וְלֹא עוֹד אֶלָּא שֶׁמַּרְבִּיצִין שְׂדֵה לָבָן בַּשְּׁבִיעִית כְּדֵי שֶׁיֵּצְאוּ יְרָקוֹת לְמוֹצָאֵי שְׁבִיעִית.

It is taught in another *baraita*: **One may sprinkle** water in a **white field**[N] **on the eve of the Sabbatical Year so that vegetables will sprout during the Sabbatical Year; and not only that, but one may sprinkle** water in a **field of grain even during the Sabbatical Year** itself, **so that vegetables will sprout upon the conclusion of the Sabbatical Year.** Since sprinkling water is not regarded as full-fledged agricultural labor, it is permitted as long as the sprinkling and the sprouting of the vegetables do not both occur during the Sabbatical Year itself.

מתני׳ צָדִין אֶת הָאִישׁוּת וְאֶת הָעַכְבָּרִים מִשְּׂדֵה הָאִילָן וּמִשְּׂדֵה הַלָּבָן כְּדַרְכּוֹ, בַּמּוֹעֵד וּבַשְּׁבִיעִית. וַחֲכָמִים אוֹמְרִים: מִשְּׂדֵה הָאִילָן – כְּדַרְכּוֹ, וּמִשְּׂדֵה הַלָּבָן – שֶׁלֹּא כְּדַרְכּוֹ.

MISHNA **One may trap moles** [*ishut*][B] **and mice in an orchard and in a field of grain in his** usual **manner,** i.e., as he would trap them all year round, both **on** the intermediate days of a **Festival and during the Sabbatical Year.**[N] **But the Rabbis say: In an orchard** he may trap them **in his** usual **manner, but in a field of grain,** where there is no danger of substantial financial loss, he may only trap them in a way that is **not his** usual **manner.**[N]

וּמְקָרִין אֶת הַפִּירְצָה בַּמּוֹעֵד, וּבַשְּׁבִיעִית בּוֹנֶה כְּדַרְכּוֹ.

And one may seal a breach in the wall of his garden **on the** intermediate days of a **Festival, and during the Sabbatical Year one may** even **build** a wall **in his** usual **manner,** as this is not considered an agricultural labor. Consequently, despite the fact that this benefits the garden by offering it protection, it is not prohibited during the Sabbatical Year.

גמ׳ מַאי אִישׁוּת? אָמַר רַב יְהוּדָה: בְּרִיָּה שֶׁאֵין לָהּ עֵינַיִם. אָמַר רָבָא בַּר יִשְׁמָעֵאל, וְאִיתֵּימָא רַב יֵימַר בַּר שֶׁלַמְיָא: מַאי קְרָא? ״כְּמוֹ שַׁבְּלוּל תֶּמֶס יַהֲלֹךְ נֵפֶל אֵשֶׁת בַּל חָזוּ שָׁמֶשׁ״.

GEMARA The Gemara asks: **What is** meant by the term ***ishut*? Rav Yehuda said:** An *ishut* is **a creature that has no eyes,** a rodent that digs holes in the ground and can cause damage to roots and vegetables. **Rava bar Yishmael said, and some say** that it was **Rav Yeimar bar Shelamya** who **said: What is the verse** that indicates the identity of the *ishut*? **"As a snail that melts and disappears; like the fall of a young mole** [***eshet***] **that has not seen the sun"** (Psalms 58:9). It is understood that this creature has not seen the sun because it does not have eyes.

תָּנוּ רַבָּנַן: צָדִין אֶת הָאִישׁוּת וְאֶת הָעַכְבָּרִים מִשְּׂדֵה הַלָּבָן וּמִשְּׂדֵה הָאִילָן כְּדַרְכּוֹ, וּמַחְרִיבִין חוֹרֵי נְמָלִים. כֵּיצַד מַחֲרִיבִין? רַבָּן שִׁמְעוֹן בֶּן גַּמְלִיאֵל אוֹמֵר: מֵבִיא עָפָר מֵחוֹר זֶה וְנוֹתֵן לְתוֹךְ חוֹר זֶה, וְהֵן חוֹנְקִין זֶה אֶת זֶה.

The Gemara expands upon the *halakha* recorded in the mishna. **The Sages taught** the following *baraita*: **One may trap moles and mice in a field of grain and in an orchard in his** usual **manner, and one may destroy ant holes** so that the ants will cause no damage. **How does one destroy** ant holes? **Rabban Shimon ben Gamliel says: One brings soil from this** ant **hole and places it in that** ant **hole, and** since the ants from the two nests are not familiar with each other, **they strangle each other.**[B]

אָמַר רַב יֵימַר בַּר שֶׁלַמְיָא מִשְּׁמֵיהּ דְּאַבַּיֵי: וְהוּא דְּקָאֵי בִּתְרֵי עֶבְרֵי נַהֲרָא, וְהוּא דְּלֵיכָּא גִּשְׁרָא, וְהוּא דְּלֵיכָּא גַּמְלָא, וְהוּא דְּלֵיכָּא מִצְרָא.

Rav Yeimar bar Shelamya said in the name of Abaye: And this advice works only in certain circumstances: **When the** ant holes **are** located **on two** opposite **sides of a river, when there is no bridge** connecting the two sides, **when there is not** even a **plank** bridge over the water, **and when there is not** even **a rope** stretched taut across the river. If there is any connection whatsoever between the two sides of the river, the ants from the two nests are likely to recognize each other and not fight.

BACKGROUND

Moles [*ishut*] – אִישׁוּת: Based on the descriptions in the Gemara, the *ishut* is the rodent referred to in the Torah as *ḥoled*, a member of the genus *spalax*. The species most commonly found in Eretz Yisrael is the *Spalax ehrenbergi*, which is 12–25 cm long with a cylindrical body and gray fur. Its tiny eyes are covered with fur and they become atrophied to the point that the animal is blind. The mole lives in the ground and digs tunnels, forming scattered mounds with the removed soil. It eats the roots of plants and can cause serious damage to crops.

Mole

The destruction of ant holes – הַחְרָבַת חוֹרֵי נְמָלִים: Every nest of ants has a particular scent that is affected by the scent of the soil and the objects that collect in the nest, including leftover food and deceased ants. Ants excrete a liquid with a particular odor from small nodes in their chests. Ants from the same nest that are separated for some time do not recognize each other as members of the same nest. When ants from a distant nest are introduced, they begin to fight and kill each other.

NOTES

A white field – שְׂדֵה לָבָן: This term generally denotes a field of grain. However, Rashi explains that it is used here in a more general sense as a reference to a field that suffices with rainwater, similar to a field of grain.

A mole during the Sabbatical Year – אִישׁוּת בַּשְּׁבִיעִית: Rabbeinu Yehonatan explains that even though the process of trapping a mole in the ground looks like digging in preparation for planting a field, which is a prohibited agricultural labor during the Sabbatical Year, the Sages did not issue a decree prohibiting one from trapping it (see *Tosafot*).

From a field of grain in an unusual manner – מִשְּׂדֵה הַלָּבָן שֶׁלֹּא כְּדַרְכּוֹ: The Rambam, in his Commentary on the Mishna, explains that a mole causes only minor damage in a grain field, and the main concern is that the mole will move into an orchard. Therefore, in a field of grain one is not permitted to trap it in the usual manner.

עַד כַּמָּה? עַד פַּרְסָה.

Up to what distance are the ant holes considered to be adjacent such that a river is required in order to separate between them? **Up to a parasang** [*parsa*].[N]

״רַבִּי יְהוּדָה אוֹמֵר מִשְּׂדֵה הָאִילָן כְּדַרְכּוֹ, וּמִשְּׂדֵה הַלָּבָן שֶׁלֹּא כְּדַרְכּוֹ״. תָּנוּ רַבָּנַן: כֵּיצַד כְּדַרְכּוֹ? חוֹפֵר גּוּמָא, וְתוֹלֶה בָּהּ מְצוּדָה. כֵּיצַד שֶׁלֹּא כְּדַרְכּוֹ? נוֹעֵץ שַׁפּוּד, וּמַכֶּה בְּקוּרְדּוֹם, וּמְרַדֶּה הָאֲדָמָה מִתַּחְתֶּיהָ.

§ We learned in the mishna that **Rabbi Yehuda says:**[N] **In an orchard** one may trap moles and mice **in his usual manner, but in a field of grain,** he may trap them only in a way that is **not his usual manner. The Sages taught** the following *baraita*: **How** does one trap **in his** usual **manner? He digs a hole** in the ground **and hangs a trap in it. How** does one trap in a way that is **not his** usual **manner? He inserts a spit**[N] into the ground where the rodents are suspected of hiding, **strikes** it **with a spade, and removes the earth from beneath it**[B] until he finds and kills the rodents.

תַּנְיָא, רַבִּי שִׁמְעוֹן בֶּן אֶלְעָזָר אוֹמֵר: כְּשֶׁאָמְרוּ ״מִשְּׂדֵה לָבָן שֶׁלֹּא כְּדַרְכּוֹ״ – לֹא אָמְרוּ אֶלָּא בִּשְׂדֵה לָבָן הַסְּמוּכָה לָעִיר, אֲבָל בִּשְׂדֵה לָבָן הַסְּמוּכָה לִשְׂדֵה הָאִילָן – אֲפִילּוּ כְּדַרְכּוֹ, שֶׁמָּא יֵצְאוּ מִשְּׂדֵה הַלָּבָן וְיַחֲרִיבוּ אֶת הָאִילָנוֹת.

It is taught in a *baraita* that **Rabbi Shimon ben Elazar says: When they said** that one may trap moles and mice **in a field of grain** on the intermediate days of a Festival[H] only in a way that is **not his** usual **manner, they spoke only with regard to a field of grain** that is **adjacent to the city,** where the damage is limited to that field and is not extensive. **But in a field of grain** that is **adjacent to an orchard,** one may trap **even in his** usual **manner, lest** the moles and mice **leave the field of grain and destroy the trees** in the adjacent orchard, causing great damage.

״וּמְקָרִין אֶת הַפִּירְצָה בַּמּוֹעֵד״. כֵּיצַד מְקָרִין? רַב יוֹסֵף אָמַר: בְּהוּצָא וְדַפְנָא.

§ It is taught in the mishna: **And one may seal a breach** in the wall of his garden **on** the intermediate days of **a Festival.** The Gemara asks: **How does one seal** such a breach? **Rav Yosef said: With palm branches** [*hutza*][L] **and** the branches of a **bay tree** [*dafna*],[NL] which do not create a significant partition, but simply a temporary barrier.

בְּמַתְנִיתָא תָּנָא: צָר בִּצְרוֹר וְאֵינוֹ טָח בְּטִיט. אָמַר רַב חִסְדָּא: לֹא שָׁנוּ אֶלָּא כּוֹתֶל הַגִּינָּה, אֲבָל כּוֹתֶל הֶחָצֵר – בּוֹנֶה כְּדַרְכּוֹ.

It was taught in a *baraita*: **One fills** in the breach **with stone, but he does not plaster** the stones **with clay.**[H] **Rav Ḥisda said: They taught** that he may seal a breach but not build a wall in his usual manner **only** with regard to **the wall of a garden,** as no significant loss will be suffered if he delays building until after the Festival. **However,** with regard to **the wall of a courtyard,** which prevents the entry of strangers who are likely to steal from him, **he may build** a wall **in his** usual **manner** even on the intermediate days of a Festival.

לֵימָא מְסַיַּיע לֵיהּ: כּוֹתֶל הַגּוֹחֶה לִרְשׁוּת הָרַבִּים – סוֹתֵר וּבוֹנֶה כְּדַרְכּוֹ מִפְּנֵי הַסַּכָּנָה? הָתָם כִּדְקָתָנֵי טַעְמָא: מִפְּנֵי הַסַּכָּנָה.

The Gemara suggests: **Let us say that** the following *baraita* **supports** Rav Ḥisda's statement: With regard to **a wall that is leaning** [*goḥeh*][L] **toward the public domain** and is likely to fall, **one may demolish and rebuild** it **in his** usual **manner** on the intermediate days of a Festival, **due to the danger**[N] that it poses to passersby. The Gemara rejects this opinion: **There, the reason is as** the *baraita* explicitly **teaches,** i.e., it is **due to the danger** that the wall poses to passersby, and not due to the protection that it affords the courtyard.

LANGUAGE

Palm branches [*hutza*] – הוּצָא: This Aramaic term is similar to the Hebrew *hutz* and the Arabic خوص, *hūṣ*. It refers to a palm branch, specifically after it has hardened and become sharp.

Bay tree [*dafna*] – דַּפְנָא: Rashi and others identify the *dafna* with the plant known today as bay, *Laurus nobilis*. The word *dafna* comes from the Greek name for this plant, δάφνη, *daphnè*.

Leans [*goḥeh*] – גּוֹחֶה: This term for "leans" is similar to the Hebrew *goḥen*, which refers to a person who is leaning.

BACKGROUND

Trapping a mole – צֵיד הָאִישׁוּת: These two methods were common in the past. If one wished to trap the animal or kill it when it was resting in its burrow, he had to locate the tunnel between the mounds that are visible on top of the ground, and insert a trap. If one killed the mole in the second way, then removing the soil beneath the mound, as suggested here, was apparently done in order to ensure that the mole would not escape, and to remove its carcass.

HALAKHA

Trapping pests during the intermediate days of a Festival – צֵיד מַזִּיקִים בַּמּוֹעֵד: Moles and mice that are found in an orchard or in a field of grain near an orchard may be trapped in the usual manner on the intermediate days of a Festival. If they are found in a field of grain that is not near an orchard, they may be trapped in a manner that is different than how they are usually trapped. The Rambam rules that in a field of grain that is near an orchard, the moles may be trapped in an unusual manner, whereas in a field of grain that is not near an orchard, they may not be trapped at all, in accordance with the opinion of Rabbi Shimon ben Elazar as recorded in some versions of the Gemara (*Beit Yosef*). The halakha is that no objection is raised toward those who are lenient, as most commentaries accept the lenient opinion. However, if possible, the trapping should be done by a gentile. In a case of significant loss, it may be done by the Jew himself in an unusual manner (*Kaf HaḤayyim*; *Shulḥan Arukh*, *Oraḥ Ḥayyim* 537:13).

Sealing a breach during the intermediate days of a Festival – גִּידוּר פִּירְצָה בַּמּוֹעֵד: Construction is prohibited during the intermediate days of a Festival. If the wall separating an individual from his neighbor is breached (Rema), or if the fence around one's garden is breached, one may perform simple repairs such as replacing stones without cementing them in place, or fencing the area with reeds and branches, in accordance with the statement of Rav Yosef. If a wall adjacent to the public domain falls, it may be rebuilt in the usual manner. If the wall is leaning and in danger of collapse, it may be demolished and then rebuilt in the usual manner (*Shulḥan Arukh*, *Oraḥ Ḥayyim* 540:1).

NOTES

Up to a parasang [*parsa*] – עַד פַּרְסָה: Most commentaries maintain that a river is needed to separate between the two ant holes only when the distance between them is less than a parasang. However, if the distance is more than a parasang, no river is necessary (Rashi manuscript; Riaz; *Talmid Rabbeinu Yeḥiel of Paris*; however, see Rashi's second explanation and *Tosafot*.)

Rabbi Yehuda says – רַבִּי יְהוּדָה אוֹמֵר: This is a quote from the mishna on 6b. The version of the mishna that appears in the Vilna Talmud ascribes this quote to the Rabbis rather than to Rabbi Yehuda. However, according to the version of the mishna found in *Tosafot* and several other early commentaries, the mishna ascribes this statement to Rabbi Yehuda, in accordance with the Gemara here.

He inserts a spit – נוֹעֵץ שַׁפּוּד: Some commentaries explain that he pierces the ground with a spit repeatedly until the mole emerges, and then he catches it in a trap (Rabbeinu Gershom Meor HaGola; Meiri; Rabbeinu Yehonatan of Lunel).

Bay tree – דַּפְנָא: Rav Hai Gaon explains that a *hutza* is a fence of reeds, while *dafna* refers to the poles that hold up this fence. According to this, *dafna* is derived from the word *dofen*, meaning wall (Rabbeinu Yehonatan of Lunel of Lunel; *Nimmukei Yosef*; Ran).

Due to the danger – מִפְּנֵי הַסַּכָּנָה: Some understand that initially, the danger was thought to mean danger of theft. Consequently, no distinction was drawn between the wall of a courtyard and a wall abutting the public domain, as this consideration applies to both. Subsequently, the Gemara understood the danger to be referring to the physical danger of the wall collapsing (*Talmid Rabbeinu Yeḥiel of Paris*).

וְאִיכָּא דְּאָמְרִי, תָּא שְׁמַע: כּוֹתֶל הַגּוֹחֶה לִרְשׁוּת הָרַבִּים – סוֹתֵר וּבוֹנֶה כְּדַרְכּוֹ מִפְּנֵי הַסַּכָּנָה. מִפְּנֵי הַסַּכָּנָה – אִין; שֶׁלֹּא מִפְּנֵי הַסַּכָּנָה – לָא. לֵימָא תֶּיהֱוֵי תְּיוּבְתֵּיהּ דְּרַב חִסְדָּא!

And some say that this *baraita* was cited not to support Rav Ḥisda's opinion but in order to refute it, as follows: **Come and hear** that which is taught in a *baraita*: With regard to **a wall that is leaning toward the public domain** and is likely to fall, **one may demolish and rebuild** it **in his usual manner, due to the danger** that it poses to passersby. The Gemara explains: The *baraita* indicates that if the need to build the wall is **due to the danger** that it poses, **yes,** he is permitted to rebuild the wall, but if the reason is **not due to the danger, no,** he is not permitted to do so. **Shall we say that this is a conclusive refutation of** the opinion of **Rav Ḥisda,** who says that one may build the wall of his courtyard in his usual manner, even if no danger is present?

אָמַר לָךְ רַב חִסְדָּא: הָתָם – סוֹתֵר וּבוֹנֶה; הָכָא – בּוֹנֶה וְלֹא סוֹתֵר.

The Gemara answers: **Rav Ḥisda** could have **said to you: There,** in the case where the existing wall poses a danger, **he is** even permitted to **demolish** the wall **and build** it from scratch. **Here,** in the case of an ordinary wall enclosing a courtyard, **he is permitted to build** the breached wall in the usual manner, **but not to demolish** it.

הָתָם נַמִי לִיסְתּוֹר וְלָא לִיבְנֵי! אִם כֵּן מִימְנַע וְלֹא סוֹתֵר.

The Gemara asks: **There too,** in the case of the leaning wall, let us say that he is permitted **to demolish** it and thereby remove the danger, **but not to rebuild** it until after the Festival. The Gemara answers: **If so, he might refrain** even **from demolishing** it, as demolishing the wall would leave his courtyard unprotected. Therefore, to eliminate the danger posed by the leaning wall, he is permitted not only to demolish it, but to rebuild it as well.

אָמַר רַב אַשִׁי: מַתְנִיתִין נַמִי דַּיְקָא, דְּקָתָנֵי: וּבַשְּׁבִיעִית בּוֹנֶה כְּדַרְכּוֹ.

Rav Ashi said: The wording of **the mishna is also precise** and indicates that it is referring to the wall of a garden, as understood by Rav Ḥisda, **as it teaches: During the Sabbatical Year one may** even **build in his** usual **manner.**[N]

דְּהֵיכָא? אִילֵימָא דְּחָצֵר – צְרִיכָא לְמֵימַר? אֶלָּא לָאו – דְּגִינָּה, וְאַף עַל גַּב דְּמֶיחֱזֵי כְּמַאן דְּעָבֵיד נְטִירוּתָא לְפֵירֵי? שְׁמַע מִינָּהּ.

The Gemara clarifies: **Where** is the wall to which the mishna refers? **If we say** that the mishna is referring to the wall **of a courtyard, need it be said** that it may be built during the Sabbatical Year? Only agricultural labors are prohibited during the Sabbatical Year, but construction is permitted. **Rather, is it not** referring to the wall **of a garden,** and it was necessary to state that this wall may be built during the Sabbatical Year to indicate that **even though he appears as one who is building a protection for his produce,**[N] he is nevertheless permitted to do so. This proves that the mishna's discussion pertains to building the wall of a garden. The Gemara concludes: **Learn from this** that Rav Ḥisda's **interpretation is** indeed the correct understanding of the mishna.

מתני׳ רַבִּי מֵאִיר אוֹמֵר: רוֹאִין אֶת הַנְּגָעִים בַּתְּחִילָּה לְהָקֵל, אֲבָל לֹא לְהַחְמִיר. וַחֲכָמִים אוֹמְרִים: לֹא לְהָקֵל וְלֹא לְהַחְמִיר.

MISHNA When symptoms of leprosy appear, they must be examined by a priest, who determines whether or not the symptoms qualify as leprosy. **Rabbi Meir says:** A priest[N] **may initially examine** an individual showing **symptoms of leprosy**[N] **on the intermediate days of a Festival**[H] in order **to be lenient,** i.e., he may pronounce the individual to be free of leprosy, **but not** in order **to be stringent;** he may not pronounce the individual to be impure. The individual does not become ritually impure until the priest pronounces him to have leprosy, and therefore the priest may remain silent and thereby prevent causing the afflicted individual distress during the Festival. **And the Rabbis say:** The priest may **not** examine the symptoms in order **to be lenient or** in order **to be stringent.**[N]

NOTES

During the Sabbatical Year one may even build in his usual manner – בִּשְׁבִיעִית בּוֹנֶה כְּדַרְכּוֹ: The Meiri cites tractate *Shevi'it* of the Jerusalem Talmud, where a distinction is drawn between the wall of a courtyard facing the public domain and a wall between two neighbors, which may not be built even during the Sabbatical Year.

Protection for his produce – נְטִירוּתָא לְפֵירֵי: This could have been prohibited for two reasons: First, an action performed in order to protect one's produce is considered an agricultural labor and is consequently prohibited during the Sabbatical Year. Additionally, by guarding one's produce, one transgresses the mitzva to leave the produce ownerless and available for all. The reason it is permitted to build the wall is that he can leave the doors open (Rashi manuscript; Rabbeinu Yehonatan of Lunel).

The role of the priest in determining the ritual impurity of leprosy – הַכֹּהֵן בְּטוּמְאַת נְגָעִים: Leprosy is unique among ritual impurities in that the ritual purity is dependent not only upon specific symptoms, but also upon the determination of a priest. If an individual, a garment, or a house, which are all subject to leprosy, are stricken with leprous symptoms, they are not ritually impure until a priest determines this to be so. Moreover, a leper does not regain his ritual purity until a priest declares that he is pure. Even an exceedingly learned Sage may not declare ritual purity and impurity; rather, he must inform a priest who pronounces the individual to be either ritually pure or impure. As no one nowadays has reliable genealogical proof of his priesthood, the *halakhot* of leprosy are no longer applicable (*Minḥat Ḥinnukh* 169).

A symptom of leprosy – נֶגַע הַצָּרַעַת: The primary *halakhot* of leprosy are spelled out in the Torah (Leviticus, chapters 13–14) and in tractate *Nega'im*. If an individual finds a white spot on his skin he must appear before a priest, who is authorized to determine the status of the spot. He may declare the individual to be pure or to be a confirmed leper, or he may quarantine him for seven days and then examine him further. If he is quarantined, the individual is ritually impure and most of the laws that apply to a confirmed leper apply to him. After this initial quarantine the priest inspects the individual a second time; if there has been no change, he is quarantined for an additional seven days. If after this time there still has been no change in the symptoms, the individual is declared to be pure. However, if the leprous symptoms have increased or spread after either quarantine period, the priest declares the individual a confirmed leper. When the symptoms of leprosy eventually recede, the individual again appears before the priest; if the priest determines that he has indeed been cured, the leper counts seven days before bringing various purification offerings. Although the primary principles of leprosy are well explained, there are several issues that are not discussed in the Talmud, and are subject to dispute between the medieval commentaries. Their differences of opinion on these matters impact upon their interpretations of the Gemara's discussion here.

Not to be lenient or to be stringent – לֹא לְהָקֵל וְלֹא לְהַחְמִיר: Most commentaries explain that the dispute between Rabbi Meir and the Rabbis hinges upon the question of whether a priest is permitted to remain silent even after examining the leprous symptoms, or if he must declare the individual ritually pure or impure. The Ran explains that according to the Rabbis, the priest's silence is irrelevant to the case under discussion; even if he does not explicitly pronounce the individual to be ritually impure, since it is clear from his silence that the symptoms do constitute leprosy, he causes the individual distress on the Festival.

HALAKHA

Examining symptoms of leprosy during the intermediate days of a Festival – רְאִיַּית נְגָעִים בַּמּוֹעֵד: Leprous symptoms may not be examined during a Festival, lest an individual be found to be ritually impure and his celebration of the Festival turn into mourning. This applies even to an individual at the end of his first period of quarantine, contrary to the opinion of Rava (Rambam *Sefer Zemanim*, *Hilkhot Yom Tov* 7:16, and *Maggid Mishne* there).

NOTES

His first week of quarantine – הסגר ראשון: *Tosafot* ask: Why does the priest examine a leper after the first quarantine on the intermediate days of a Festival when it is certainly possible that the leprous symptoms will have spread and the priest will be forced to declare the individual a confirmed leper? *Tosafot* answer that since at the end of the first quarantine the priest may extend the quarantine for an additional week, even Rabbi Yosei, who derives from the phrase: "to pronounce it pure or to pronounce it impure" (Leviticus 13:59), that the priest is generally not permitted to be silent, agrees that in this case, the priest may remain silent. The Meiri explains that signs of confirmed leprosy are usually not found at the end of the first quarantine, and therefore the possibility that this may occur is not taken into consideration. The *Divrei David* similarly explains that the symptom may disappear, and even if it does not, it may remain as it was; since the likelihood is that the symptom will not have spread, the priest examines the leper.

גמ׳ תניא, רבי מאיר אומר: רואין את הנגעים להקל, אבל לא להחמיר. רבי יוסי אומר: לא להקל ולא להחמיר. שאם אתה נזקק לו להקל – נזקק לו אף להחמיר.

GEMARA It is taught in a *baraita*: **Rabbi Meir says:** A priest **may examine** an individual showing **symptoms of leprosy on the intermediate days of a Festival** in order **to be lenient, but not** in order **to be stringent. Rabbi Yosei says:** The priest **may not** examine the symptoms **to be lenient or to be stringent.** The reasoning behind Rabbi Yosei's opinion is **that if you attend to** the individual with the symptoms of leprosy **to be lenient, you must attend to him even to be stringent.** If the priest sees that the symptom is in fact leprosy, he must declare the affected person ritually impure rather than remain silent. Consequently, in order to avoid declaring that he has leprosy on the Festival, the priest should not examine him at all.

אמר רבי: נראין דברי רבי מאיר במוסגר, ודברי רבי יוסי במוחלט.

Rabbi Yehuda HaNasi **said: The statement of Rabbi Meir appears** to be correct **with regard** to the case of **a quarantined** leper. In this case, the priest may reexamine him at the end of the week even on the intermediate days of a Festival, because if he declares the individual to be pure, he will cause him to rejoice, and if he declares that the individual must be quarantined for another week, his situation is no worse than it was previously. On the other hand, **the statement of Rabbi Yosei appears** to be correct **with regard to** the case of **a confirmed** leper, one who has already been declared conclusively impure by a priest. The Gemara (7b) will explain the reason for this statement.

אמר רבא: בטהור – כולי עלמא לא פליגי דלא חזו ליה. בהסגר ראשון – דכולי עלמא לא פליגי דחזי ליה. כי פליגי

Rava said: With regard to an individual with symptoms of leprosy who is still **ritually pure,** i.e., who has not yet been examined by a priest, **everyone agrees that** the priest **does not examine him,** as his status can only worsen due to the examination. **With regard to** a suspected leper who is in his **first** week of **quarantine,**[N] **everyone agrees that** the priest **examines him,** as the priest may declare him pure if his symptoms have subsided, and even if his symptoms remained as they were, he will simply be quarantined for another week. **When they disagree**

Perek **I**
Daf **7** Amud **b**

NOTES

The statement of Rabbi Yosei appears correct with regard to a confirmed leper – נראין דברי רבי יוסי במוחלט: The interpretation of this passage depends upon some *halakhot* pertaining to a leper's quarantine that are not entirely clear. Some commentaries hold that a quarantined leper is forbidden to engage in conjugal relations and is expelled from the Israelite camp (*Tosafot*; Rashi manuscript). According to this opinion, Rabbi Meir's statement is more convincing because no additional stringency is added with regard to his relationship with his wife or with the world at large when he is declared a confirmed leper. There are, however, those who hold that a quarantined leper is permitted to engage in conjugal relations or that he is not expelled from the Israelite camp (Rashi; see *Tosefot HaRosh* and Ritva). According to these opinions, the status of a confirmed leper is significantly more severe than that of a quarantined leper.

בהסגר שני. מר סבר: בכהן תליא מילתא. אי טהור – אמר ליה טהור; ואי טמא – שתיק. ומר סבר: "לטהרו או לטמאו" כתיב.

it is with regard to a suspected leper who is already in his **second** week of **quarantine. One Sage,** Rabbi Meir, **holds** that **the matter depends upon** the discretion of **the priest; if he is** found ritually **pure, the priest declares him pure, and if he is** found **ritually impure, the priest** can **remain silent.** As long as the priest does not declare the affected individual ritually impure, he does not become impure. **And one Sage,** Rabbi Yosei, **holds** that since **it is written:** "This is the law of the plague of leprosy… **to pronounce it pure or to pronounce it impure**" (Leviticus 13:59), the priest is not permitted to be silent; just as he is obligated to declare him pure when that is the case, so too, he is bound to declare him impure when his symptoms indicate impurity.

אמר מר, אמר רבי: נראין דברי רבי יוסי במוחלט ודברי רבי מאיר במוסגר. והתניא איפכא!

The Gemara proceeds to analyze the *baraita*. **The Master said** that **Rabbi** Yehuda HaNasi **said: The statement of Rabbi Yosei appears** correct **with regard to a confirmed leper,**[N] **and the statement of Rabbi Meir appears** correct **with regard to a quarantined** leper. The Gemara raises an objection: **But isn't the opposite taught** in a different *baraita*, namely, that Rabbi Yosei's statement appears correct with regard to the case of a quarantined leper, while Rabbi Meir's statement appears correct with regard to the case of a confirmed leper?

תַּנָּאֵי הִיא אַלִּיבָּא דְּרַבִּי, מָר סָבַר צַוְותָּא דְּעָלְמָא עָדִיף לֵיהּ,

The Gemara answers: **This is** a dispute between ***tanna'im* in accordance with** the opinion of **Rabbi** Yehuda HaNasi. **One Sage,** the author of the latter *baraita,* **holds that the company of the world** at large **is preferable to** the leper. Consequently, the priest may examine a confirmed leper during the Festival because the priest will either decide that the leper's symptoms are still present, in which case the leper's situation will be no worse than before, or the priest will declare that his symptoms have subsided, in which case the leper may reenter the community, which will bring him joy.

וּמָר סָבַר צַוְותָּא דְּאִשְׁתּוֹ עֲדִיפָא לֵיהּ.

And one Sage, the author of the *baraita* (7a), **holds that the company of his wife is preferable to** the leper. Consequently, the priest may not examine a confirmed leper on the Festival, because if he declares that his symptoms have subsided, the leper will begin his seven day purification process, during which time he is prohibited from engaging in conjugal relations with his wife. Due to the distress that this causes him, it is preferable that the priest not examine him at all during the Festival.

לְמֵימְרָא דִּמּוּחְלָט מוּתָּר בְּתַשְׁמִישׁ הַמִּטָּה? אִין, וְהָתַנְיָא: ״וְיָשַׁב מִחוּץ לְאׇהֳלוֹ שִׁבְעַת יָמִים״ – שֶׁיְּהֵא אָסוּר בְּתַשְׁמִישׁ הַמִּטָּה. וְאֵין אׇהֳלוֹ אֶלָּא אִשְׁתּוֹ, שֶׁנֶּאֱמַר: ״לֵךְ אֱמוֹר לָהֶם שׁוּבוּ לָכֶם לְאׇהֳלֵיכֶם.״ רַבִּי יְהוּדָה אוֹמֵר: ״שִׁבְעַת יָמִים יִסְפְּרוּ לוֹ״ – יְמֵי סְפִירוֹ, וְלֹא יְמֵי חִלּוּטוֹ.

The Gemara asks: **Is this to say that a confirmed** leper **is permitted** to engage **in conjugal relations** with his wife? The Gemara answers: **Yes, and so too it is taught** in a *baraita*: With regard to a leper who is counting his seven days, it is written: **"But he shall remain outside his tent seven days"** (Leviticus 14:8). This verse teaches **that** the leper **is prohibited** from engaging **in conjugal relations,** as the words **his tent** refer **only to his wife, as it is stated: "Go, say to them: Return again to your tents"** (Deuteronomy 5:27).[N] **Rabbi Yehuda says:** The verse states: "And after he is cleansed, **they shall count for him seven days"** (Ezekiel 44:26),[N] indicating that he is prohibited from having conjugal relations during **the days of his counting, but not** during **the days of his confirmed** leprosy.[H]

רַבִּי יוֹסֵי בְּרַבִּי יְהוּדָה אוֹמֵר: שִׁבְעָה יְמֵי סְפִירוֹ, קַל וָחוֹמֶר לִימֵי חִלּוּטוֹ.

Rabbi Yosei, son of Rabbi Yehuda, says: Since the verse indicates that the prohibition to engage in conjugal relations applies during **the seven days of his counting** before becoming ritually pure, it follows based on an ***a fortiori*** inference that the prohibition should also apply during **the days of his confirmed** leprosy, when his impurity is more severe.

וְאָמַר רַבִּי חִיָּיא: דַּנְתִּי לִפְנֵי רַבִּי: לִימַּדְתָּנוּ רַבֵּינוּ, יוֹתָם לֹא הָיָה לוֹ לְעוּזִּיָּהוּ אֶלָּא בִּימֵי חִלּוּטוֹ. אָמַר לוֹ: אַף אֲנִי כָּךְ אָמַרְתִּי.

And Rabbi Ḥiyya said: I deliberated this matter **before Rabbi** Yehuda HaNasi[P] and said: **Have you not taught us, our teacher,** that King **Jotham was only** born **to Uzziah,**[N] the king of Judah, **during the days of his confirmed** leprosy? This would indicate that a confirmed leper is permitted to engage in conjugal relations. Rabbi Yehuda HaNasi **said to him: I too said this;** I am also of the opinion that a confirmed leper is permitted to engage in conjugal relations, in contrast to the opinion of Rabbi Yosei, son of Rabbi Yehuda.

בְּמַאי קָמִיפַּלְגִי? רַבִּי יוֹסֵי בְּרַבִּי יְהוּדָה סָבַר: גַּלֵּי רַחֲמָנָא בִּימֵי סְפִירוֹ, וְכׇל שֶׁכֵּן בִּימֵי חִלּוּטוֹ. וּמָר סָבַר: מַאי דְּגַלֵּי – גַּלֵּי, וּמַאי דְּלָא גַּלֵּי – לָא גַּלֵּי.

The Gemara asks: **With regard to what** principle do **they disagree?** The Gemara explains that **Rabbi Yosei, son of Rabbi Yehuda, holds: The Merciful One revealed** the prohibition of conjugal relations with one's wife **during the days of his counting; and all the more so** the prohibition applies **during his days of confirmed** leprosy, when his ritual impurity is more severe. **And one Sage,** Rabbi Yehuda, **maintains: That which** the verse **revealed, it revealed, but that which it did not reveal, it did not reveal;** the prohibition is not interpreted in a way that adds an extra stringency beyond what is stated explicitly in the Torah.

לְמֵימְרָא דִּבְכֹהֵן תַּלְיָא מִילְּתָא? אִין, וְהָתַנְיָא: ״וּבְיוֹם הֵרָאוֹת בּוֹ״ – יֵשׁ יוֹם שֶׁאַתָּה רוֹאֶה בּוֹ, וְיֵשׁ יוֹם שֶׁאִי אַתָּה רוֹאֶה בּוֹ.

§ The Gemara returns to the original dispute with regard to the priest's examination of the symptoms of leprosy. **Is this to say that the matter depends upon** the discretion of **the priest,** i.e., the priest can decide whether to declare the affected person ritually pure or impure or whether to examine the leprous symptoms or not? The Gemara answers: **Yes, and so too it is taught** in a *baraita*: The verse states: **"But on the day it appears in him"** (Leviticus 13:14), from which it may be inferred that **there is a day when you examine** the symptoms found in **him and there is a day when you do not examine** those symptoms.

NOTES

As it is stated...Return again to your tents – שֶׁנֶּאֱמַר...שׁוּבוּ לָכֶם לְאׇהֳלֵיכֶם: The proof is from the fact that prior to the giving of the Torah, the people were told: "Prepare yourselves for the third day; do not approach a woman" (Exodus 19:15). After the giving of the Torah, this prohibition was lifted with the words: Return again to your tents (Rashi manuscript; *Talmid Rabbeinu Yeḥiel of Paris*).

They shall count for him seven days – שִׁבְעַת יָמִים יִסְפְּרוּ לוֹ: The commentaries write that it was unnecessary to cite this verse as the matter could have been derived from the verse in Leviticus. This verse is cited here only because it is mentioned later in the tractate (15b) with regard to another topic (Rashi manuscript; see *Tosafot*).

Jotham was only born to Uzziah – יוֹתָם לֹא הָיָה לוֹ לְעוּזִּיָּה: The biblical proofs for Rabbi Ḥiyya's statement are discussed at length by *Tosafot*, the *She'iltot*, and many other commentaries. The primary difficulty lies in the fact that there is no clear record as to the year in Uzziah's reign when he became a leper, and the date can be determined only indirectly. This is further complicated by the fact that several verses concerning the dates of various kings of Judah and Israel cannot be easily reconciled (see II Kings 15:1, 8, 30; I Chronicles 5:11).

Some of the contradictions can be resolved with the assumption that Uzziah was considered the king even while afflicted with leprosy, yet it was his son, Jotham, who actually ruled during this period. Most commentaries understand that Uzziah became a leper in the twenty-seventh year of his fifty-two-year reign, and therefore it stands to reason that his son Jotham, who was twenty-five when he officially ascended to the throne, was conceived when Uzziah was already a leper. In accordance with Rabbi Yosei, son of Rabbi Yehuda, it may be suggested that Uzziah was stricken with leprosy at the end of the twenty-seventh year of his reign, and Jotham was conceived shortly before then (*Tosafot*).

HALAKHA

The *halakha* of a leper with regard to conjugal relations – מְצוֹרָע בְּתַשְׁמִישׁ הַמִּטָּה: A leper is permitted to engage in conjugal relations, in accordance with the opinion of Rabbi Yehuda, as Rabbi Yehuda HaNasi and Rabbi Ḥiyya agree with his opinion (Rambam *Sefer Tahara, Hilkhot Tumat Tzara'at* 10:6, and *Kesef Mishne* there).

PERSONALITIES

Rabbi Yehuda HaNasi – רַבִּי יְהוּדָה הַנָּשִׂיא: Rabbi Yehuda HaNasi closed the period of the *tanna'im* with his arrangement of the Mishna. The son of Rabban Shimon ben Gamliel II, he lived from 135–220 CE. When he was thirty years old he was appointed *Nasi*, or prince, and his great scholarship led him to be referred to in the Talmud simply as Rabbi. Rabbi Yehuda HaNasi spoke Greek, which was the language spoken by the elite in Eretz Yisrael, and he was friendly with the Roman Emperor, Antonius. His knowledge of Hebrew was legendary, to the extent that the Sages learned the meaning of difficult words by overhearing the speech of servants who worked in his house.

According to the Gemara (*Gittin* 59a), from the time of Moses until Rabbi Yehuda HaNasi, Torah scholarship and prominent leadership were not found in a single individual. His life's work was the collection of oral traditions and opinions that he wove into the Mishna, which serves as the basis for the Talmud that is studied to this day.

His students were the Sages of the first generation of *amora'im*, including Rabbi Yoḥanan, Rabbi Ḥiyya, Rav, and bar Kappara.

HALAKHA

A bridegroom upon whom leprous symptoms came into being – **חָתָן שֶׁנּוֹלַד בּוֹ נֶגַע**: A bridegroom upon whom leprous symptoms have appeared is given all seven days of his wedding feast before he must be examined by a priest. The same *halakha* applies if leprous symptoms appeared on his clothes or house. Similarly, based on an *a fortiori* inference, one is given all seven days of a Festival in a case of leprosy of houses, in accordance with the opinion of Rabbi Yehuda HaNasi (Rambam *Sefer Tahara, Hilkhot Tumat Tzara'at* 9:8; see *Mishne LaMelekh*).

NOTES

The interpretation of the meaning of the verses – **מַשְׁמָעוּת דּוֹרְשִׁין**: This expression may be understood to mean that there is actually no halakhic difference between these two opinions, but only a difference in explaining the verses. It seems, however, that a difference with regard to the source of the *halakha* affects other exegetical interpretations of the verses in question, so that while there may be no halakhic difference in this case, there could conceivably be a halakhic difference in other cases whose *halakhot* are derived from these verses.

A novelty – **חִידּוּשׁ**: Many *halakhot* are derived by way of analogies, which apply exegetical inferences from the details of a particular case to other similar cases. However, when the detail is unique and has particular elements that set it apart from other areas, it is considered a novelty, which cannot be extended to other cases.

מִכָּאן אָמְרוּ: חָתָן שֶׁנּוֹלַד בּוֹ נֶגַע – נוֹתְנִין לוֹ שִׁבְעַת יְמֵי הַמִּשְׁתֶּה, לוֹ וּלְבֵיתוֹ וְלִכְסוּתוֹ. וְכֵן בָּרֶגֶל, נוֹתְנִין לוֹ שִׁבְעַת יְמֵי הָרֶגֶל, דִּבְרֵי רַבִּי יְהוּדָה.

From here they stated: With regard to **a bridegroom upon whom leprous symptoms came into being,**[H] **we give him the seven days of the** wedding **feast** before the examination that determines ritual purity or impurity. This ruling applies whether the leprous symptoms appeared **upon him, upon his house, or upon his clothing. Similarly,** if the symptoms of leprosy appeared upon an individual **during a pilgrimage Festival, we give him the seven days of the Festival** in order to avoid causing him distress during that time; this is **the statement of Rabbi Yehuda.**

רַבִּי אוֹמֵר: אֵינוֹ צָרִיךְ, הֲרֵי הוּא אוֹמֵר: ״וְצִוָּה הַכֹּהֵן וּפִנּוּ אֶת הַבַּיִת״, אִם מַמְתִּינִים לוֹ לִדְבַר הָרְשׁוּת – כָּל שֶׁכֵּן לִדְבַר מִצְוָה.

Rabbi Yehuda HaNasi **says:** The ruling is correct, but **there is no need** to prove it from this verse, as a much simpler proof can be brought from a different source. **It says: "Then the priest shall command that they empty the house** before the priest goes into it to see the plague, so that all that is in the house be not made unclean" (Leviticus 14:36). **If we delay** the priest's examination of the house in order to give the owner time to remove his utensils and prevent them from contracting ritual impurity, which is merely **an optional matter, all the more so** should we delay his examination **for a matter of mitzva,** e.g., so as not to detract from the bridegroom's joy or from the joy of a Festival.

מַאי בֵּינַיְיהוּ? אָמַר אַבַּיֵי: מַשְׁמָעוּת דּוֹרְשִׁין אִיכָּא בֵּינַיְיהוּ. וְרָבָא אָמַר: דְּבַר הָרְשׁוּת אִיכָּא בֵּינַיְיהוּ.

The Gemara asks: **What is** the practical difference **between them,** whether the source of the *halakha* is one verse or another? **Abaye said:** There is no practical difference between the opinions; rather, **the interpretation of the meaning** of the verses[N] **is** the difference **between them,** as each has a different interpretation of the verse from which the other derived this *halakha*. **And Rava said:** There is in fact a practical difference **between them** with regard to whether or not one delays the examination of leprous symptoms found on an individual's body for **an optional matter.** Rabbi Yehuda holds that one delays the examination only for the sake of a mitzva, while Rabbi Yehuda HaNasi holds that one may delay it even for the sake of an optional matter.

וְרַבִּי יְהוּדָה: מֵהָתָם לָא גָּמְרִינַן, דְּחִידּוּשׁ הוּא,

The Gemara asks: **And** according to the opinion of **Rabbi Yehuda,** why is it not permitted to delay the priest's examination of leprous symptoms on an individual's body for an optional matter, just as with regard to leprous symptoms on one's house? The Gemara answers: **We do not learn** a halakhic principle **from there because** the *halakha* of leprosy of houses **is** itself **a novelty,**[N] a unique biblical law from which one cannot extrapolate to other cases.

Perek **I**
Daf **8** Amud **a**

דְּהָא עֵצִים וַאֲבָנִים בְּעָלְמָא לָא מִטַּמְּאוּ, וְהָכָא מִטַּמְּאוּ.

The Gemara explains that the *halakha* of leprous symptoms on a house constitutes a novelty, **as** by Torah law, **wood and stones are generally not susceptible to ritual impurity, yet here** in the case of house leprosy **they are susceptible to ritual impurity.**

וְרַבִּי אָמַר: אִיצְטְרִיךְ. דְּאִי כְּתַב רַחֲמָנָא ״וּבְיוֹם הֵרָאוֹת בּוֹ״ – הֲוָה אָמִינָא: לִדְבַר מִצְוָה – אִין, לִדְבַר הָרְשׁוּת – לָא. כְּתַב רַחֲמָנָא ״וְצִוָּה הַכֹּהֵן״.

And Rabbi Yehuda HaNasi **said: It was necessary** for the Torah to state both verses: "But on the day it appears in him" (Leviticus 13:14), as well as: "Then the priest shall command that they empty the house" (Leviticus 14:36). **As, if the Merciful One had written** only: **"But on the day it appears in him," I would have said** that **for a matter of mitzva, yes,** one may delay the priest's examination of the leprous symptoms, but **for an optional matter, no,** one may not, in accordance with the opinion of Rabbi Yehuda. Therefore **the Merciful One wrote: "Then the priest shall command,"** in order to teach that one may delay his examination even for an optional matter.

וְאִי כְּתַב רַחֲמָנָא "וְצִוָּה הַכֹּהֵן" – הֲוָה אָמֵינָא: הָנֵי – אִין, דְּלָאו טוּמְאָה דְגוּפֵיהּ. אֲבָל טוּמְאָה דְגוּפֵיהּ – אֵימָא מֵיחְזָא חָזְיָא לֵיהּ. צְרִיכָא.

And conversely, if the Merciful One had written only: "Then the priest shall command," I would have said that for these utensils that are found in the house, yes, one may delay the priest's examination, as this is not a case of impurity of the individual's body[N] but only that of his possessions; but in a case of impurity of the individual's body, I would say that the priest must examine it immediately. Therefore, it is necessary for the Torah to state that even in this case, one may delay his examination.

אָמַר מָר: יֵשׁ יוֹם שֶׁאַתָּה רוֹאֶה בּוֹ וְיֵשׁ יוֹם שֶׁאִי אַתָּה רוֹאֶה בּוֹ.

§ The Gemara proceeds to analyze the aforementioned *baraita*. The Master said that as the verse states: "But on the day it appears in him," it may be inferred that there is a day when you examine the symptoms found in him and there is a day when you do not examine those symptoms.

מַאי מַשְׁמַע? אָמַר אַבָּיֵי: אִם כֵּן לִיכְתּוֹב רַחֲמָנָא "בְּיוֹם". מַאי "וּבְיוֹם"? שְׁמַע מִינַּהּ: יֵשׁ יוֹם שֶׁאַתָּה רוֹאֶה בּוֹ וְיֵשׁ יוֹם שֶׁאִי אַתָּה רוֹאֶה בּוֹ.

The Gemara asks: From where in this verse may it be inferred? Abaye said: If it were so that the priest must always examine the symptoms immediately, the Merciful One should have written simply: On the day it appears in him. What is implied by the actual formulation of the verse: "But on the day"? Learn from here, i.e., from the seemingly superfluous word "but" at the beginning of the phrase, that this is not an absolute *halakha*, but a conditional one, depending upon other factors: There is a day when you examine the leprous symptoms found in him and there is a day when you do not examine those symptoms.

רָבָא אָמַר: כּוּלֵּיהּ קְרָא יְתֵירָא הוּא. דְּאִם כֵּן לִכְתּוֹב רַחֲמָנָא "וּבְהֵרָאוֹת". מַאי "וּבְיוֹם"? שְׁמַע מִינַּהּ: יֵשׁ יוֹם שֶׁאַתָּה רוֹאֶה בּוֹ, וְיֵשׁ יוֹם שֶׁאִי אַתָּה רוֹאֶה בּוֹ.

Rava offered a different explanation and said: The entire phrase "but on the day," is superfluous. As, if it were so that the priest must always examine the symptoms immediately, the Merciful One should have written simply: And when it appears. What is the meaning of the additional words "but on the day"? Learn from here that the issue is dependent upon other factors, as there is a day when you examine the symptoms of leprosy in him and there is a day when you do not examine them.

וְאַבָּיֵי: הַהוּא מִיבְּעֵי לֵיהּ: בַּיּוֹם וְלֹא בַּלַּיְלָה.

The Gemara explains: And according to Abaye, who derives the *halakha* from the word "but," why does the verse include the phrase "on the day"? That phrase is necessary in order to teach that the priest examines the symptoms of leprosy only during the day, but not at night.[H]

וְרָבָא, בַּיּוֹם וְלֹא בַּלַּיְלָה מְנָא לֵיהּ? נָפְקָא לֵיהּ מִ"לְכׇל מַרְאֵה עֵינֵי הַכֹּהֵן". וְאַבָּיֵי: הַהוּא מִיבְּעֵי לֵיהּ לְמַעוּטֵי סוּמָא בְּאַחַת מֵעֵינָיו.

The Gemara asks: And from where does Rava derive the *halakha* that the examination is performed during the day but not at night? The Gemara answers: He derives it from the verse: "As far as the priest's eyes can see" (Leviticus 13:12), which indicates that the priest must be able to carry out a careful examination of the leprous symptoms; this cannot be done at night, when his vision is limited. And Abaye could say that this verse is necessary to exclude a priest who is blind in one eye[H] from inspecting symptoms of leprosy, as it says "eyes," in the plural.

וְרָבָא נַמִי מִיבְּעֵי לֵיהּ לְהָכִי! אִין, הָכִי נַמִי.

The Gemara asks: But Rava also requires this verse to teach this *halakha*, i.e., that a priest who is blind in one eye is unfit to examine symptoms of leprosy. The Gemara answers: Yes, it is indeed so; he agrees that this verse is the source of the *halakha* concerning a priest who is blind in one eye, and it is not the source of the *halakha* that the priest may only view leprous symptoms by day.

וְאֶלָּא בַּיּוֹם וְלֹא בַּלַּיְלָה מְנָא לֵיהּ? נָפְקָא לֵיהּ מִ"כְּנֶגַע נִרְאָה לִי בַּבָּיִת", לִי – וְלֹא לְאוֹרִי.

If so, from where does Rava derive the *halakha* that a priest examines leprous symptoms during the day but not at night? The Gemara answers: He derives it from the verse that quotes a homeowner saying to a priest: "There seems to me as it were a plague in the house" (Leviticus 14:35), which emphasizes that the leprous symptom is seen by me, and not by way of my light, i.e., that this takes place during the day. When the next verse states that the priest comes to view the leprous symptom, it means that this also takes place by day.

NOTES

Impurity of the individual's body – טוּמְאָה דְגוּפֵיהּ: Rashi seems to distinguish between ritual impurity in general and ritual impurity due to leprosy of houses, which is a novelty. The *Talmid Rabbeinu Yeḥiel of Paris* distinguishes between ritual impurity originating from one's body and ritual impurity that is contracted from external sources (see *Tal Hayyim*).

HALAKHA

Examining leprous symptoms during the day – רְאִיַּית נְגָעִים בַּיּוֹם: Leprous symptoms may be examined only during the day, whether to determine if the leper should be quarantined, declared a confirmed leper, or declared pure (Rambam *Sefer Tahara, Hilkhot Tumat Tzara'at* 9:6).

A blind priest – כֹּהֵן סוּמָא: A priest who is blind in one eye or whose eyesight has grown dim is unfit to examine leprous symptoms (Rambam *Sefer Tahara, Hilkhot Tumat Tzara'at* 9:5).

וְאַבַּיֵי: אִי מֵהָתָם הֲוָה אָמֵינָא: הָנֵי מִילֵּי – טוּמְאָה דְּלָאו דְּגוּפֵיהּ, אֲבָל טוּמְאָה דְּגוּפֵיהּ – אֲפִילּוּ לְאוֹרוֹ נַמִּי, קָא מַשְׁמַע לָן.

And why does **Abaye** require the proof that he adduces when it would seem that the verse that Rava brings offers sufficient proof? The Gemara explains: According to Abaye, **if** the source was derived **from there, I would have said** that **this** *halakha*, that one must wait until the light of day to examine the symptom, **applies** only to leprous symptoms on a house, which is **an impurity that is not** related to **the** individual's **body. However,** in a case of **impurity of the** individual's **body,** perhaps the priest may conduct his examination **even by** artificial **light,** as it is a more severe impurity. Therefore the verse **teaches us:** "But on the day," to indicate that even in the case of impurity of the body the priest may perform the examination only during the day by natural sunlight, and not by any artificial light.

מתני׳ וְעוֹד אָמַר רַבִּי מֵאִיר: מְלַקֵּט אָדָם עַצְמוֹת אָבִיו וְאִמּוֹ, מִפְּנֵי שֶׁשִּׂמְחָה הִיא לוֹ.

MISHNA **Rabbi Meir also stated** another leniency concerning the *halakhot* of the intermediate days of a Festival: **A person may gather the bones of his father and mother** from their temporary graves on the intermediate days of a Festival. In ancient times, it was customary to first bury a corpse in a temporary grave. After the flesh had decomposed, the bones would be collected, placed in a coffin, and buried in a vault together with the bones of the deceased individual's ancestors. This is permitted on the intermediate days of a Festival **because** the fact that one merited to bring the bones of his deceased parents to the graves of their ancestors **is** a source of **joy for him.**[N]

רַבִּי יוֹסֵי אוֹמֵר: אֵבֶל הוּא לוֹ.

Rabbi Yosei says: One does not gather these bones on the intermediate days of a Festival, because **it is** a source of **mourning for him.**[NH] Even though he is happy to be able to bury his parents' bones in their ancestral graves, he is still pained by the memory of their death.

לֹא יְעוֹרֵר אָדָם עַל מֵתוֹ וְלֹא יַסְפִּידֶנּוּ קוֹדֶם לָרֶגֶל שְׁלֹשִׁים יוֹם.

And all agree that **a person may not arouse** [*ye'orer*] lamentation[NL] **for his deceased** relative, **and he may not eulogize him** during the **thirty days before a pilgrimage Festival.**[H]

גמ׳ וּרְמִינְהוּ: הַמְלַקֵּט עַצְמוֹת אָבִיו וְאִמּוֹ – הֲרֵי זֶה מִתְאַבֵּל עֲלֵיהֶם כָּל הַיּוֹם, וְלָעֶרֶב אֵין מִתְאַבֵּל עֲלֵיהֶן. וְאָמַר רַב חִסְדָּא: אֲפִילּוּ צְרוּרִין לוֹ בִּסְדִינוֹ!

GEMARA The Gemara **raises a contradiction** to Rabbi Meir's opinion that gathering the bones of one's parents is considered an occasion of joy, based on what is taught in a *baraita*: **One who gathers the bones of his father or his mother mourns for them the entire day, but he does not mourn for them in the evening.**[H] **And Rav Ḥisda said: And even** in a case where he does not gather the bones from a temporary grave, but where **he had them bundled up in his sheet,**[N] when he buries them he mourns for them all day. This indicates that gathering one's parents' bones is an occasion of mourning rather than joy.

NOTES

The joy of gathering bones – שִׂמְחַת לִיקּוּט עֲצָמוֹת: Rashi explains that the individual is happy because he has merited burying his parents' bones in their ancestral burial plots. It is explained in the Jerusalem Talmud that his joy stems from the fact that once the flesh of the deceased has decomposed, his transgressions have been forgiven. The Ra'avya suggests that he is happy because worms are no longer consuming his parents' flesh.

It is a source of mourning for him – אֵבֶל הוּא לוֹ: Most commentaries understand that it is a sad occasion for him because he sees his parents' skeletons, but Rabbeinu Yehonatan of Lunel explains that the source of his distress is that when he sees the skeletons he is reminded of death.

A person may not arouse [*ye'orer*] lamentation – לֹא יְעוֹרֵר: The commentaries differ in their explanations of the difference between this phrase and the next. It is explained in the Jerusalem Talmud that eulogizing refers to a eulogy in memory of that individual, whereas arousing lamentation occurs when the deceased individual is mentioned during a eulogy for someone else. The *Sefer Hashlama* suggests that arousing lamentation refers to eulogizing a great deal during the period of mourning. *Talmid Rabbeinu Yeḥiel of Paris* explains that it refers to memorial services that were held on the seventh or thirtieth day of the mourning period. Alternatively, it refers to the eulogizer passing among the relatives of the deceased and urging them to participate in the eulogy.

Even where he had them bundled up in his sheet – אֲפִילּוּ צְרוּרִין בִּסְדִינוֹ: Some commentaries explain that Rav Ḥisda means to say that one who gathers the bones of his father or mother must mourn for them even if the bones were bundled up in a sheet and not visible to him (Rashi; Rabbeinu Gershom Meor HaGola). Others say that whenever he unties the sheet he is obligated to mourn for them (Commentary on *Moed Katan*). Still others say that he means that he does not mourn for them in the evening, even if the bones are bundled in a sheet and have not yet been reinterred (*Talmid Rabbeinu Yeḥiel of Paris*; *Tosafot*; Rambam; Rosh).

LANGUAGE

Arouse [*ye'orer*] lamentation – יְעוֹרֵר: This seems to be a unique usage of the verb *or*, in the sense of raising one's voice in sorrow and weeping, used specifically with regard to eulogies. The commentaries have noted the connection to the verse: "Those who are ready to arouse [*orer*] the leviathan" (Job 3:8).

HALAKHA

Gathering bones during a Festival – לִיקּוּט עֲצָמוֹת בַּמּוֹעֵד: One may not gather his parents' bones during a Festival, and certainly not the bones of other relatives, in accordance with the opinion of Rabbi Yosei, whose opinion is accepted as *halakha* when he disagrees with a colleague (*Shulḥan Arukh, Yoreh De'a* 403:4).

Eulogy before a Festival – הֶסְפֵּד קוֹדֶם הַמּוֹעֵד: During the thirty days before a Festival one may not eulogize an individual who died prior to this period. It is permitted to eulogize someone who died within this thirty-day period (Jerusalem Talmud); however, one may not eulogize another individual who died prior to this period along with the individual who died during this period. In the case of a Torah scholar who died before this time period, there are some who prohibit eulogizing him within thirty days of the Festival and some who permit it (*Mishna Berura*, citing *Peri Megadim*). With regard to this *halakha*, Rosh HaShana and Yom Kippur are not considered Festivals (*Pitḥei Teshuva*), and it is permitted to eulogize during the entire month of Elul (Ramban, citing Rav Nissim Gaon). Everything stated above is according to the majority of the halakhic authorities, who rule in accordance with the opinion of Shmuel (Rambam; Ra'avad; *Smag*; Rosh; Ritva). However, some rule in accordance with the opinion of Rav, as is the general policy in the area of ritual law (Rabbi Yitzḥak ibn Giat; *Tosafot*; Ramban), and maintain that whereas it is prohibited to pay for a eulogizer within thirty days of a Festival, it is permitted to eulogize without pay. According to this opinion, it makes no difference whether the individual being eulogized died before or during this time period. The *Shulḥan Arukh* rules in accordance with the opinion of Shmuel (*Shulḥan Arukh, Oraḥ Ḥayyim* 547:3; *Yoreh De'a* 347:1).

Mourning when gathering bones – אֲבֵלוּת בְּלִיקּוּט עֲצָמוֹת: One who gathers the bones of his parents must observe all the rites of mourning for the entire day, but he does not mourn for them in the evening, even if the bones are still bundled in a sheet, in accordance with the statement of Rav Ḥisda (*Shulḥan Arukh, Yoreh De'a* 403:1).

אָמַר אַבַּיֵי: אֵימָא, מִפְּנֵי שֶׁשִּׂמְחַת הָרֶגֶל עָלָיו.

Abaye said: Say that Rabbi Meir means that collecting and reinterring the bones of one's parents is permitted on the intermediate days of a Festival, not because it causes one joy, but rather **because the joy of the pilgrimage Festival is upon him.**[N] The pain of gathering the bones of his parents is overpowered by the joy of the Festival.

"וְלֹא יְעַרְעֵר עַל מֵתוֹ". מַאי לֹא יְעַרְעֵר עַל מֵתוֹ? אָמַר רַב: כַּד הָדַר סַפְדָּנָא בְּמַעְרְבָא אָמְרִי: יִבְכּוּן עִמֵּיהּ כָּל מְרִירֵי לִיבָּא.

§ It is taught in the mishna: **One may not arouse** lamentation **for his deceased** relative during the thirty days before a Festival. The Gemara asks: **What is meant by: One may not arouse** lamentation **for his deceased** relative? **Rav said: In the West,**[B] Eretz Yisrael, **whenever** a professional **eulogizer would circulate** and ply his trade, **they would say: Let all those of bitter heart weep with him.**[N] When they would say this, all those who had recently suffered losses would recall their pain and lament their losses.

"קוֹדֶם הָרֶגֶל שְׁלֹשִׁים יוֹם". מַאי שְׁנָא שְׁלֹשִׁים יוֹם?

It is taught in the mishna that one may not arouse lamentation or eulogize his relative for **thirty days before a pilgrimage Festival.**[N] The Gemara asks: **What is different** about **thirty days,** that it is prohibited for one to lament the dead for specifically that amount of time before the Festival?

אָמַר רַב כַּהֲנָא אָמַר רַב יְהוּדָה אָמַר רַב: מַעֲשֶׂה בְּאָדָם אֶחָד שֶׁכִּינֵּס מָעוֹת לַעֲלוֹת לָרֶגֶל, וּבָא סַפְדָּן וְעָמַד עַל פֶּתַח בֵּיתוֹ, וּנְטָלָתָן אִשְׁתּוֹ וּנְתָנָתָן לוֹ, וְנִמְנַע וְלֹא עָלָה. בְּאוֹתָהּ שָׁעָה אָמְרוּ: לֹא יְעוֹרֵר עַל מֵתוֹ, וְלֹא יַסְפִּידֶנּוּ קוֹדֶם לָרֶגֶל שְׁלֹשִׁים יוֹם.

Rav Kahana said that Rav Yehuda said that Rav said: There was an **incident** involving **a certain man who saved up money to ascend** to Jerusalem **for the pilgrimage Festival.** A professional **eulogizer came and stood at the opening to his house and** the man's **wife took** the money that he had saved **and gave it to** the eulogizer for his services. As a result, the man did not have enough money and **he refrained and did not ascend** to Jerusalem for the Festival. **At that time, they said: One may not arouse** lamentation **for his deceased** relative, **nor may** he **eulogize him** during the **thirty days before a pilgrimage Festival.**

וּשְׁמוּאֵל אָמַר:

And Shmuel said:

NOTES

Because the joy of the pilgrimage Festival is upon him – מִפְּנֵי שֶׁשִּׂמְחַת הָרֶגֶל עָלָיו: Rashi explains that the joy of the Festival overpowers his pain. Alternatively, many commentaries understand that since one does not observe the general customs of mourning on the intermediate days of a Festival, the mourning that is associated with reinterring the bones will not overpower the joy of the Festival (Rid; Rabbeinu Yehonatan of Lunel; Meiri). According to this approach, Rabbi Yosei's reasoning is that even though one does not observe the customs of mourning during the Festival, he still feels pain in his heart, and it is prohibited to cause oneself pain during a Festival.

Let all those of bitter heart weep with him – יִבְכּוּן עִמֵּיהּ כָּל מְרִירֵי לִיבָּא: Some explain that the eulogizer would recite these words in his eulogy and in this way he would arouse the mourners to recall their grief. Others, among them the Ritva, suggest that the eulogizer would say these words when inviting people to come hear a eulogy, or else that he would say this to advertise his expertise and encourage mourners to hire him (Ran).

Thirty days before a pilgrimage Festival – קוֹדֶם הָרֶגֶל שְׁלֹשִׁים יוֹם: This period was chosen because thirty days before a Festival one begins to expound the *halakhot* of that Festival. Consequently, people are reminded of the upcoming Festival and begin to prepare their finances for the expenses of the Festival (Rashi manuscript; Rashba; Ritva).

BACKGROUND

The West – מַעַרְבָא: In the Babylonian Talmud, Eretz Yisrael is referred to as: The West, since it is southwest of Babylonia. In later periods, the customs in Eretz Yisrael were referred to as western ones, as opposed to the eastern customs of Babylonia.

Perek **I**
Daf **8** Amud **b**

לְפִי שֶׁאֵין הַמֵּת מִשְׁתַּכֵּחַ מִן הַלֵּב שְׁלֹשִׁים יוֹם. מַאי בֵּינַיְיהוּ? אִיכָּא בֵּינַיְיהוּ דְּקָעָבֵיד בְּחִנָּם.

It is **because the dead is not forgotten from the heart** and put out of mind **for thirty days,** and therefore, when one laments the loss of a deceased relative within thirty days before a Festival, the pain is still remembered on the Festival. The Gemara asks: **What is** the practical difference **between** the two reasons? The practical difference **between them** is in a case **where** the eulogizer **performs** the eulogy **free** of charge.[N] In that case there is no worry that money that had been set aside for the Festival will be spent, but there is still room for concern about the lingering pain that will be felt on the Festival.

NOTES

The practical difference between them is in a case where the eulogizer performs the eulogy free of charge – אִיכָּא בֵּינַיְיהוּ דְּקָעָבֵיד בְּחִנָּם: The commentaries discuss other possible distinctions between the opinions of Rav and Shmuel. Rabbi Yitzḥak ibn Giat writes that according to Rav, since the concern is that one might not be able to travel to Jerusalem for the Festival, this *halakha* does not apply in the absence of the Temple. The Ramban, however, disagrees, and writes that Rav's concern applies to funds set aside for all of the Festival needs and not just the pilgrimage to Jerusalem. Rabbeinu Yehonatan of Lunel notes an additional distinction between the opinions: According to the opinion of Shmuel, that the reason is that one will be distressed during the Festival due to one's memory of the recent loss, this *halakha* does not apply if one's relative dies during the thirty day period preceding the Festival, as he will not be forgotten by the Festival in any event.

BACKGROUND

Crypts – כּוּכִין:

Ancient burial cave with crypts in Beit She'arim

A pond and a small pond – גִּיהָא וּבַר גִּיהָא: The *Arukh* explains that the pond refers to a laundry pond that is dug in the ground, and there is a smaller pond connected to it, into which goes the overflow from the larger pond.

HALAKHA

Digging graves on the intermediate days of a Festival – חֲפִירַת קְבָרִים בַּמּוֹעֵד: One may not dig a crypt or build a grave on the intermediate days of a Festival to prepare for the possibility that a corpse may need to be buried. However, if there is a corpse that actually needs to be buried, one may dig a grave for it (*Tur*). Adjusting the dimensions of a grave or crypt by making it shorter or longer is permitted on the intermediate days of a Festival (*Shulḥan Arukh, Oraḥ Hayyim* 547:11).

A laundry pond – נִבְרֶכֶת: A laundry pond may be constructed on the intermediate days of a Festival (Rambam *Sefer Zemanim*, *Hilkhot Yom Tov* 8:4).

מתני׳ אֵין חוֹפְרִין כּוּכִין וּקְבָרוֹת בַּמּוֹעֵד, אֲבָל מְחַנְּכִין אֶת הַכּוּכִין בַּמּוֹעֵד. וְעוֹשִׂין נִבְרֶכֶת בַּמּוֹעֵד, וְאָרוֹן עִם הַמֵּת בֶּחָצֵר. רַבִּי יְהוּדָה אוֹסֵר, אֶלָּא אִם כֵּן יֵשׁ עִמּוֹ נְסָרִים.

MISHNA **One may not dig crypts**[B] **or graves on the** intermediate days of **a Festival**[NH] in preparation for those who are still alive, **but one may adjust**[N] previously dug **crypts on** the intermediate days of **a Festival** in order to receive a particular corpse. **And one may** also **construct** a laundry **pond**[H] **on** the intermediate days of **a Festival** as it does not involve excessive effort. **And** one may also prepare **a coffin** if he is together **with the corpse in the** same **courtyard,** as in that case everyone knows that he is preparing the coffin for the deceased. **Rabbi Yehuda prohibits** making the coffin **unless** one **has** wooden **boards with him**[N] that had already been cut before the Festival and that need only to be attached.

גמ׳ מַאי כּוּכִין וּמַאי קְבָרוֹת? אָמַר רַב יְהוּדָה: כּוּכִין – בַּחֲפִירָה, וּקְבָרוֹת – בְּבִנְיָן. תַּנְיָא נַמִי הָכִי: אֵלּוּ הֵן כּוּכִין וְאֵלּוּ הֵן קְבָרוֹת, כּוּכִין – בַּחֲפִירָה, וּקְבָרוֹת – בְּבִנְיָן.

GEMARA The Gemara asks: **What are crypts and what are graves,** and what is the difference between them? **Rav Yehuda said: Crypts** are constructed **by digging and graves** are constructed **by building.**[N] The Gemara adds: **That is also taught** in the following *baraita*: **These are crypts and these are graves: Crypts** are constructed **by digging and graves** are constructed **by building.**

״אֲבָל מְחַנְּכִין אֶת הַכּוּכִין״. כֵּיצַד מְחַנְּכִין? אָמַר רַב יְהוּדָה: שֶׁאִם הָיָה אָרוֹךְ – מְקַצְּרוֹ. בְּמַתְנִיתָא תָּנָא: מַאֲרִיךְ בּוֹ וּמַרְחִיב בּוֹ.

It is taught in the mishna: **But one may adjust** previously dug **crypts** on the intermediate days of a Festival. The Gemara asks: **How does one adjust** a crypt? **Rav Yehuda said: If** the crypt **was longer** than the corpse, **he shortens it.** With regard to this issue it **was taught in a** ***baraita*****: He lengthens** the crypt **and widens it** to make it the right size for the particular corpse.

״וְעוֹשִׂין נִבְרֶכֶת״ כו׳. מַאי נִבְרֶכֶת? אָמַר רַב יְהוּדָה: זוֹ בָּקִיעַ. וְהָתַנְיָא: הַנִּבְרֶכֶת וְהַבָּקִיעַ! אָמַר אַבַּיֵי וְאִיתֵּימָא רַב כָּהֲנָא: גִּיהָא וּבַר גִּיהָא.

It was further taught in the mishna: **And one may** also **construct a** laundry **pond**[N] on the intermediate days of a Festival. The Gemara asks: **What is a** laundry **pond? Rav Yehuda said: This is a ditch** dug in the ground for washing clothes. The Gemara raises a difficulty: **Isn't it taught** in a *baraita*: **A** laundry **pond and a** laundry **ditch,** which indicates that they are different from one another? **Abaye said, and some say** that it was **Rav Kahana** who said: **A pond and a small pond,**[B] i.e., the only difference between them is their size; a laundry pond is larger than a laundry ditch.

NOTES

Digging graves on the intermediate days of a Festival – חֲפִירַת קְבָרוֹת בַּמּוֹעֵד: The commentaries dispute the precise parameters of the mishna's statement that it is prohibited to dig graves on a Festival. It is certainly permitted to dig a grave for someone who has died and is awaiting burial. Many say that the mishna's prohibition applies to digging graves in advance for those who will die after the Festival (see Rabbeinu Hananel and Rif). Others understand that the mishna is even referring to a case of digging graves in a big city, where although it is clear that someone will die on the Festival itself, there is still no corpse awaiting burial when the grave is being prepared (Rabbeinu Yehonatan of Lunel; Ran; see Ramban).

But one may adjust – אֲבָל מְחַנְּכִין: There is an opinion in the Jerusalem Talmud that this actually refers to applying lime to the grave, while the Gemara below explains that it refers to adjusting the size of the crypts. The Ramban likens this *halakha* to the allowance to perform certain labors for the public welfare, e.g., repairing wells, on the intermediate days of a Festival: It is prohibited to dig the well or the crypt to begin with, but if it is already dug, it may be adjusted or repaired. The Ra'avad explains that it is permitted to adjust the crypts because it must be adjusted according to the dimensions of a particular corpse awaiting burial. This is in accordance with the policy that on the intermediate days of a Festival one is permitted to tend to all of the needs of a corpse awaiting burial.

Unless one has wooden boards with him – אֶלָּא אִם כֵּן יֵשׁ עִמּוֹ נְסָרִים: Some write that the reason for this is that not all people are buried in wooden coffins, and therefore it is not a disgrace to the deceased to be buried without a coffin. Consequently, when preparation of the coffin would involve excessive work on a Festival, it is prohibited (Ran).

Graves are constructed by building – קְבָרוֹת בְּבִנְיָן: Some explain that this refers to building walls for a grave that is dug into the ground, while others suggest that it refers to erecting a memorial stone on top of the grave (Rabbi Shlomo ben HaYatom).

A laundry pond [*nivrekhet*] – נִבְרֶכֶת: Many explanations have been suggested for this word. Some say that it is a ditch dug in a courtyard for collecting sewage (Rid). Others propose that it is a stone that is placed next to the laundry pond and used to assist in the laundering process (*Arukh*). Some suggest that it is a regular laundry pond for the clothes that are permitted to be laundered on the intermediate days of a Festival (*ge'onim*; Rabbeinu Hananel). Although it is generally prohibited to dig new ditches for personal use, in this case it is permitted for purposes of modesty, so that women would not have to go down to the river or some other public place to launder clothes. The mishna mentions this here in the context of burial because both have to do with digging on the Festival (Rabbeinu Yehonatan of Lunel). Many, however, connect this *nivrekhet* to burial, explaining that it is a place to wash the body (see *Tosafot*; Meiri), or a place to wash the hands of those accompanying the dead (Meiri). The Ra'avad explains that it refers to a grave dug into the ground but not surrounded by a structure; the deceased would later be transferred to a permanent grave. The Ramban understands that the *nivrekhet* is an extension to a grave that had already been dug.

”וְאָרוֹן עִם הַמֵּת בֶּחָצֵר“. תָּנֵינָא לְהָא דְּתָנוּ רַבָּנַן: עוֹשִׂין כָּל צוֹרְכֵי הַמֵּת: גּוֹזְזִין לוֹ שְׂעָרוֹ, וּמְכַבְּסִין לוֹ כְּסוּתוֹ, וְעוֹשִׂין לוֹ אָרוֹן מִנְּסָרִין הַמְנוּסָּרִין מֵעֶרֶב יוֹם טוֹב. רַבָּן שִׁמְעוֹן בֶּן גַּמְלִיאֵל אוֹמֵר: אַף מְבִיאִין עֵצִים, וּמְנַסְּרָן בְּצִינְעָא בְּתוֹךְ בֵּיתוֹ.

It was taught in the mishna: **And** one may also prepare **a coffin** on the intermediate days of a Festival if he is together **with the corpse in the** same **courtyard.** The Gemara comments: **We** already **learned this, as the Sages taught** in the following *baraita*: **One may tend to all the needs of the deceased** on the intermediate days of a Festival:[H] **One** may **cut** the deceased's **hair for him** if it was too long, **and one may wash his clothing,** i.e., his shrouds, **for him, and one may construct a coffin for him from boards that had** already **been cut from the eve of the Festival. Rabban Shimon ben Gamliel says: One may even bring timber and discreetly cut it** into boards **in the privacy of his house.**

מתני׳ אֵין נוֹשְׂאִין נָשִׁים בַּמּוֹעֵד, לֹא בְּתוּלוֹת וְלֹא אַלְמָנוֹת, וְלֹא מְיַיבְּמִין, מִפְּנֵי שֶׁשִּׂמְחָה הִיא לוֹ, אֲבָל מַחֲזִיר הוּא אֶת גְּרוּשָׁתוֹ.

MISHNA **One may not marry a woman on the** intermediate days of **a Festival, not virgins and not widows, and one may not perform levirate marriage**[B] with his sister-in-law, if his brother died childless, **because it is a joyous** occasion **for him. However, one may remarry his divorced wife** on the intermediate days of a Festival, as this is not as great a joy for him.[H]

וְעוֹשָׂה אִשָּׁה תַּכְשִׁיטֶיהָ בַּמּוֹעֵד. רַבִּי יְהוּדָה אוֹמֵר: לֹא תָּסוּד, מִפְּנֵי שֶׁנִּיוּוּל הוּא לָהּ. הַהֶדְיוֹט תּוֹפֵר כְּדַרְכּוֹ, וְהָאוּמָּן מַכְלִיב. וּמְסָרְגִין אֶת הַמִּטּוֹת, רַבִּי יוֹסֵי אוֹמֵר: מְמַתְּחִין.

And a woman may engage in all her usual **cosmetic treatments** to enhance her physical appearance **on** the intermediate days of **a Festival. Rabbi Yehuda says: She may not apply lime** to her skin **because it is** temporarily **a disgrace to her,** as she is unattractive before the lime is peeled off and will therefore be distressed during the Festival. The mishna continues: **A layman,** who is not a skilled tailor, **may sew in his** usual **manner** if necessary for the Festival, **whereas a craftsman may** form only **temporary stitches.**[H] **And one may interweave** the cords attached to the frames of **beds** upon which a mattress is placed. **Rabbi Yosei says: One may** only **tighten** the cords but not interweave them.

גמ׳ וְכִי שִׂמְחָה הִיא לוֹ מַאי הָוֵי? אָמַר רַב יְהוּדָה אָמַר שְׁמוּאֵל, וְכֵן אָמַר רַבִּי אֶלְעָזָר אָמַר רַבִּי אוֹשַׁעְיָא, וְאָמְרִי לָהּ אָמַר רַבִּי אֶלְעָזָר אָמַר רַבִּי חֲנִינָא: לְפִי שֶׁאֵין מְעָרְבִין שִׂמְחָה בְּשִׂמְחָה. רַבָּה בַּר [רַב] הוּנָא אָמַר: מִפְּנֵי שֶׁמַּנִּיחַ שִׂמְחַת הָרֶגֶל וְעוֹסֵק בְּשִׂמְחַת אִשְׁתּוֹ.

GEMARA It was taught in the mishna that one may not marry a woman on the intermediate days of a Festival, because it is a source of joy for him. The Gemara asks: **And if it is a source of joy for him, what of it?** Isn't there is a mitzva to rejoice on a Festival? **Rav Yehuda said** that **Shmuel said, and, so, too, Rabbi Elazar said** that **Rabbi Oshaya said, and some say** that **Rabbi Elazar said** that **Rabbi Ḥanina said:** The reason that one may not get married on the intermediate days of a Festival is **because one may not mix** one **joy with another joy,**[N] as each requires its own celebration. **Rabba bar Rav Huna said:** The reason is **because he forsakes the rejoicing of the pilgrimage Festival and occupies** himself **with rejoicing** with **his wife.**

אֲמַר לֵיהּ אַבַּיֵי לְרַב יוֹסֵף: הָא דְּרַבָּה בַּר [רַב] הוּנָא – דְּרַב הוּא, דְּאָמַר רַב דָּנִיֵּאל בַּר קְטִינָא אָמַר רַב: מִנַּיִן שֶׁאֵין נוֹשְׂאִין נָשִׁים בַּמּוֹעֵד? שֶׁנֶּאֱמַר: ”וְשָׂמַחְתָּ בְּחַגֶּךָ“, בְּחַגֶּךָ – וְלֹא בְּאִשְׁתְּךָ.

Abaye said to Rav Yosef: This statement **of Rabba bar Rav Huna is** actually a statement **of Rav, as Rav Daniel bar Ketina said that Rav said: From where** is it derived **that one may not marry a woman on** the intermediate days of **a Festival? As it is stated: "And you shall rejoice in your Festival"** (Deuteronomy 16:14). This verse emphasizes that you must rejoice **in your Festival and not in your wife.**

עוּלָּא אָמַר: מִפְּנֵי הַטּוֹרַח. רַבִּי יִצְחָק נַפָּחָא אָמַר: מִפְּנֵי בִּיטּוּל פְּרִיָּה וּרְבִיָּה.

Ulla said: The reason one may not marry on the intermediate days of a Festival is **due to the** excessive **exertion** that the wedding preparations demand, which is prohibited during the Festival. **Rabbi Yitzḥak Nappaḥa said:** The reason is **due to the neglect of** the mitzva to be **fruitful and multiply.** If it were permissible to get married during the intermediate days of a Festival, people would delay getting married until then in order to save money by avoiding the necessity of preparing separate feasts for the Festival and for the wedding. In the meantime they would neglect the mitzva of procreation.

מֵיתִיבִי: כָּל אֵלּוּ שֶׁאָמְרוּ אֲסוּרִין לִישָּׂא בַּמּוֹעֵד

The Gemara **raises an objection** from the following *baraita*: **All those whom** the Sages **said are prohibited to marry on** the intermediate days **of a Festival**

HALAKHA

The needs of the deceased on the intermediate days of a Festival – צוֹרְכֵי הַמֵּת בַּמּוֹעֵד: It is permitted to tend to all the needs of the deceased on the intermediate days of a Festival, including cutting his hair, washing his clothes, and sewing him shrouds, even when the labor is performed by a craftsman (*Mishna Berura*, citing *Peri Megadim*). Similarly, a coffin may be prepared, provided this takes place in the courtyard where the deceased is located, so that it is evident that the coffin is constructed for him. If there are no boards for the coffin, wood may be brought and discreetly cut in one's house, in accordance with the opinion of Rabban Shimon ben Gamliel. If the deceased was a well-known individual, this may be done even in a public venue (Jerusalem Talmud). In a place where there are few Jews, everyone is considered well-known (*Tosafot*; *Shulḥan Arukh, Oraḥ Ḥayyim* 547:10).

Marrying a woman on the intermediate days of a Festival – נְשִׂיאַת אִישָּׁה בַּמּוֹעֵד: One may not marry on the intermediate days of a Festival, regardless of whether the woman is a virgin or a widow. Levirate marriage may also not be performed on the intermediate days of a Festival. However, one is permitted to remarry a woman whom he had previously married and divorced. In this case, some are stringent and do not permit preparing a wedding feast (*Beit Yosef*). Engagement and betrothal are permitted on the intermediate days of a Festival as long as one does not prepare a feast to celebrate the occasion (*Shulḥan Arukh, Oraḥ Ḥayyim* 546:1–2; *Even HaEzer* 64:6).

A craftsman may form only temporary stitches – הָאוּמָּן מַכְלִיב: It is permitted for one who is not a professional tailor to sew in his usual manner on the intermediate days of a Festival. A professional tailor is permitted to sew only in the manner of an ordinary individual (*Shulḥan Arukh, Oraḥ Ḥayyim* 541:5).

BACKGROUND

Levirate marriage – יִבּוּם: A man whose brother died without children is obligated by Torah law to marry his deceased brother's widow or free her by means of a *ḥalitza* ceremony (see Deuteronomy 25:5–10). As long as neither levirate marriage nor *ḥalitza* has taken place, it is prohibited for her to marry another man. According to the Torah, levirate marriage is effected by the act of sexual intercourse. The Sages, however, instituted the practice of *ma'amar*, in which the deceased husband's brother betroths the widow, even though this betrothal is not effective by Torah law without intercourse. Conjugal relations consummate the marriage between the deceased's brother and the widow and she is thereafter considered his wife in all respects. A bill of divorce would be necessary to formalize a divorce between them. Nowadays, the brother-in-law is required to free his brother's widow of her obligation through *ḥalitza*, and he is not permitted to marry her through levirate marriage.

NOTES

One joy with another joy – שִׂמְחָה בְּשִׂמְחָה: According to this opinion, every cause for joy should be celebrated separately. See *Tosafot*, who discuss different types of celebrations and whether or not it is fitting for them to be observed on the intermediate days of a Festival. The Ritva writes that this is the opinion of a single authority, one of several explanations of the prohibition, and it is not accepted as *halakha*. Consequently, only weddings are prohibited on the intermediate days of a Festival, due to the excessive effort involved in preparing a wedding feast (Rav Hai Gaon; Rashi manuscript).

HALAKHA

Weddings on the eve of a pilgrimage Festival – נִישּׂוּאִין בְּעֶרֶב הָרֶגֶל: It is permitted to marry a woman on the eve of a Festival, preferably in the morning (*Mishna Berura*), and to hold the wedding feast on the Festival itself. However, the *Magen Avraham* writes it is customary not to have weddings on the eve of a Festival (*Shulḥan Arukh, Oraḥ Hayyim* 546:3).

NOTES

One may not mix one joy with another joy – אֵין מְעָרְבִין שִׂמְחָה בְּשִׂמְחָה: In the Jerusalem Talmud, proof is adduced for this principle on the basis of Laban's statement to Jacob: "Fulfill her week, and we will give you this one also" (Genesis 29:27). Some note that this applies only to wedding celebrations, and therefore the proof of the Gemara here is necessary to include other celebrations (Riaf).

BACKGROUND

The cubit-wide plates with spikes to eliminate the ravens – אַמָּה כַּלְיָא עוֹרֵב: The Temple courtyards, including the priestly courtyard and the site of the altar, were not roofed. As the meat of offerings was always present there, steps had to be taken to keep away the ravens and other carnivorous birds. Since the Temple courtyards were adjacent to the Sanctuary, which due to its height was apt to become a gathering place for the ravens, spiked metal plates were placed on top of the Sanctuary to deter the ravens from landing there.

Since the muscles in the feet of birds usually tighten due to the pressure of their weight on those muscles, relatively heavy birds cannot perch on narrow places, especially sharp points. These iron spikes made it very difficult for ravens and other birds of prey to live on the roof of the Sanctuary.

Spikes on the roof of the Sanctuary

מוּתָּרִין לִישָּׂא עֶרֶב הָרֶגֶל. קַשְׁיָא לְכוּלְּהוּ!

are permitted to marry on the eve of the pilgrimage Festival.[H] This poses **a difficulty to all of** the opinions, as a wedding celebration ordinarily extends for seven days, and the majority of the celebration will coincide with the Festival.

לָא קַשְׁיָא; לְמַאן דְּאָמַר מִשּׁוּם שִׂמְחָה – עִיקַּר שִׂמְחָה חַד יוֹמָא הוּא.

The Gemara answers: This is **not difficult,** as this *baraita* can be reconciled with all of the opinions. **According to the one who said** that one may not get married on the intermediate days of a Festival **because of joy,** i.e., because one must not mix one joy with another, or because one may not put aside the rejoicing of the Festival and occupy himself with rejoicing with his wife, this is not difficult, as **the primary joy** of a wedding **is** only **one day,** and after that, the joy of the wedding will not affect the joy of the Festival.

לְמַאן דְּאָמַר מִשּׁוּם טִירְחָא – עִיקַּר טִירְחָא חַד יוֹמָא הוּא. לְמַאן דְּאָמַר מִשּׁוּם בִּיטּוּל פְּרִיָּה וּרְבִיָּה – לְחַד יוֹמָא לָא מַשְׁהֵי אִינִישׁ נַפְשֵׁיהּ.

And **according to the one who said** that one may not marry on the intermediate days of a Festival **due to** the excessive **exertion** that the wedding preparations demand, it is not difficult, as **the primary exertion is** only **one day.** After the wedding, excessive exertion is not required. And **according to the one who said** that the reason is **due to the neglect of** the mitzva to be **fruitful and multiply,** there is no room for concern: Since there is only **one day,** the eve of the Festival, when he can get married and save money on the feast, **a man will not delay** his wedding in order to get married then, lest some unforeseen circumstance arise that will prevent him from getting married on that day. Therefore, according to all the reasons offered, there is no need to prohibit weddings on the eve of a Festival.

וּדְאֵין מְעָרְבִין שִׂמְחָה בְּשִׂמְחָה מְנָלַן? דִּכְתִיב: ״וַיַּעַשׂ שְׁלֹמֹה בָעֵת הַהִיא אֶת הֶחָג וְכָל יִשְׂרָאֵל עִמּוֹ קָהָל גָּדוֹל מִלְּבוֹא חֲמָת עַד נַחַל מִצְרַיִם [לִפְנֵי ה׳ אֱלֹהֵינוּ] שִׁבְעַת יָמִים וְשִׁבְעַת יָמִים אַרְבָּעָה עָשָׂר יוֹם״. וְאִם אִיתָא דִּמְעָרְבִין שִׂמְחָה בְּשִׂמְחָה – אִיבָּעֵי לֵיהּ לְמִינְטַר עַד הֶחָג, וּמֶיעֱבַד שִׁבְעָה לְהָכָא וּלְהָכָא.

§ The Gemara asks: With regard to the principle that **one may not mix** one **joy with** another **joy,**[N] **from where do we** derive it? The Gemara explains that the source is **as it is written** with regard to the dedication of the Temple: **"So Solomon held the feast at that time, and all Israel with him, a great congregation, from the entrance of Hamath to the Brook of Egypt, before the Lord our God, seven days and seven days, fourteen days"** (I Kings 8:65). **And if it is so** that **one may** in fact **mix** one **joy with** another **joy, he should have waited until the festival** of *Sukkot*, which was the second set of seven days, **and made** a feast of **seven** days **for this and for that,** i.e., for the dedication of the Temple and for the festival of *Sukkot* together. The fact that he did not do so indicates that one must not mix one joy with another.

וְדִלְמָא: מִינְטַר – לָא נָטְרִינַן, וְהֵיכָא דְּאִתְרַמֵּי – עָבְדִינַן! אִיבָּעֵי לֵיהּ לְשַׁיּוּרֵי פּוּרְתָּא.

The Gemara raises a question: **Perhaps,** however, it may be derived from here only that **we may not delay** a wedding to be on a Festival, just as King Solomon did not delay the Temple dedication to be on the Festival, but nevertheless, **where it happens** to occur that way, **we may** indeed **prepare** a feast to celebrate both occasions together. The Gemara answers: If this were permitted, Solomon **should have left a small** part of the Temple unfinished until the Festival, and thereby arranged for a joint celebration of the dedication of the Temple and the festival of *Sukkot*.

שַׁיּוּרֵי בִּנְיַן בֵּית הַמִּקְדָּשׁ לָא מְשַׁיְּירִינַן! אִיבָּעֵי לֵיהּ לְשַׁיּוּרֵי בְּאַמָּה כַּלְיָא עוֹרֵב.

The Gemara responds: **One may not leave** any part of **the building of the Temple** undone, as a mitzva should be completed as quickly as possible. The Gemara modifies its previous opinion: Solomon **should have left the cubit**-wide plates with spikes, which were designed to **eliminate the ravens,** unfinished.[B] The roof of the Temple was fitted with sharp metal spikes to deter the ravens, who were attracted by the smell of the sacrificial meat, from perching there. Although this was not considered a part of the building itself, delaying its installation would have allowed Solomon to delay the celebration of the Temple dedication.

אַמָּה כַּלְיָא עוֹרֵב צוֹרֶךְ בִּנְיַן הַבַּיִת הוּא. אֶלָּא, מִדְּמִייַּתַּר קְרָא; מִכְּדֵי כְּתִיב: ״אַרְבָּעָה עָשָׂר יוֹם״, ״שִׁבְעַת יָמִים וְשִׁבְעַת יָמִים״ לָמָּה לִי? שְׁמַע מִינָּהּ: הָנֵי לְחוּד, וְהָנֵי לְחוּד.

The Gemara rejects this opinion as well: **The cubit**-wide plates with spikes to **eliminate the ravens was a necessary** element **in the building of the Temple,**[N] and consequently Solomon could not delay its construction either. **Rather,** the proof is **from the redundancy** in **the verse. Since it is written "fourteen days," why do I** need the verse to specify **"seven days and seven days"? Learn from it** that **these** seven days of celebrating the Temple dedication must **be discrete, and** similarly, **these** seven days of celebrating the Festival must **be discrete,** due to the principle that one may not mix one joy with another.

אָמַר רַבִּי פַּרְנָךְ אָמַר רַבִּי יוֹחָנָן: אוֹתָהּ שָׁנָה לֹא עָשׂוּ יִשְׂרָאֵל אֶת יוֹם הַכִּפּוּרִים, וְהָיוּ דּוֹאֲגִים וְאוֹמְרִים: שֶׁמָּא נִתְחַיְּיבוּ שׂוֹנְאֵיהֶן שֶׁל יִשְׂרָאֵל כְּלָיָיה. יָצְתָה בַּת קוֹל וְאָמְרָה לָהֶם: כּוּלְּכֶם מְזוּמָּנִין לְחַיֵּי הָעוֹלָם הַבָּא.

§ Apropos the discussion of the celebration at Solomon's dedication of the Temple, the Gemara relates that **Rabbi Parnakh said that Rabbi Yoḥanan said: That year,** the Jewish people **did not observe Yom Kippur,** as the seven-day celebration of the dedication of the Temple coincided with Yom Kippur and all seven days were celebrated with feasting. **And** the people **were worried and said: Perhaps the enemies of the Jewish people,** a euphemism for the Jewish people themselves, **have become liable to be destroyed** for the transgression of eating on Yom Kippur, which is punishable by *karet*. **A Divine Voice issued forth and said to them: All of you are designated for life in the World-to-Come.**

מַאי דְּרוּשׁ? אָמְרוּ: קַל וָחוֹמֶר; וּמָה מִשְׁכָּן שֶׁאֵין קְדוּשָּׁתוֹ קְדוּשַּׁת עוֹלָם, וְקָרְבַּן יָחִיד – דּוֹחֶה שַׁבָּת, דְּאִיסּוּר סְקִילָה, מִקְדָּשׁ, דִּקְדוּשָּׁתוֹ קְדוּשַּׁת עוֹלָם, וְקָרְבַּן צִבּוּר, וְיוֹם הַכִּפּוּרִים דַּעֲנוּשׁ כָּרֵת – לֹא כׇּל שֶׁכֵּן?!

The Gemara asks: **What derivation** led them to conclude that it was permitted for them to eat on Yom Kippur? The Gemara explains that they based their ruling on an *a fortiori* inference: **If** at the dedication of **the Tabernacle, whose sanctity is not a permanent sanctity,**[N] **an individual's offering,** i.e., an offering of one of the tribal princes, **overrides** the prohibition of **Shabbat,** as the princes' offerings were brought every day including Shabbat despite the attendant transgression of **a prohibition** that is punishable by **stoning;** then with regard to the dedication of **the Temple, whose sanctity is a permanent sanctity** and the offerings brought there were **communal offerings,** is it **not all the more so** clear that the dedication of the Temple overrides the prohibition of **Yom Kippur,** a violation that is **punishable by** the less severe punishment of ***karet*****?**

אֶלָּא אַמַּאי הָיוּ דּוֹאֲגִים? הָתָם – צוֹרֶךְ גָּבוֹהַּ; הָכָא – צוֹרֶךְ הֶדְיוֹט. הָכָא נַמִי, מִיעֲבַד – לִיעַבְדוּ, מֵיכַל לָא נֵיכְלוּ וְלָא לִישְׁתּוּ! אֵין שִׂמְחָה בְּלֹא אֲכִילָה וּשְׁתִיָּה.

The Gemara asks: **But** if they had firm basis for their behavior, **why were they worried?** The Gemara answers that one can refute this *a fortiori* inference as follows: **There,** at the dedication of the Tabernacle, Shabbat was desecrated only **for the necessities** of the Temple service to God on **High,** i.e., by sacrificing offerings. **Here,** at the dedication of the Temple, they desecrated Yom Kippur by eating and drinking, which was for **the need of common** mortals. Based on this distinction the Gemara suggests: **Here too,** at the dedication of the Temple **they should** have **performed** the rites of the sacrificial offerings and **they should not** have **eaten or drunk.** The Gemara answers: **There is no** complete **rejoicing without eating and drinking.**[N]

וּמִשְׁכָּן דְּדָחֵי שַׁבָּת מְנָלַן? אִילֵּימָא מִדִּכְתִיב: ״בַּיּוֹם הָרִאשׁוֹן״ וּ״בַיּוֹם הַשְּׁבִיעִי״ – דִּלְמָא שְׁבִיעִי לְקׇרְבָּנוֹת! אָמַר רַב נַחְמָן בַּר יִצְחָק: אָמַר קְרָא: ״בְּיוֹם עַשְׁתֵּי עָשָׂר יוֹם״, מָה יוֹם כּוּלּוֹ רָצוּף – אַף עַשְׁתֵּי עָשָׂר כּוּלָּן רְצוּפִין.

With regard to the proof itself, the Gemara asks: **And from where do we** derive that the offerings brought at the dedication of **the Tabernacle overrode Shabbat?**[N] **If we say** it is **as it is written** with regard to the offerings brought by the tribal princes: **"On the first day"** (Numbers 7:12) **and "on the seventh day"** (Numbers 7:48), this is not a conclusive proof, as **perhaps** this refers not to the seventh day of the week but to **the seventh** day of sacrificial **offerings.** Perhaps they skipped Shabbat and did not sacrifice offerings connected to the dedication of the Tabernacle on that day. **Rav Naḥman bar Yitzḥak said: The verse** also **states: "On the day of the eleventh day"** (Numbers 7:72). The repetition of the word day indicates that **just as a day is all** one **continuous** period of time, **so too, the eleven** days **were all** one **continuous** period of time, with no break in the middle, even for Shabbat.

NOTES

The cubit-wide plates with spikes to eliminate the ravens was a necessary element in the building of the Temple – **אַמָּה כַּלְיָא עוֹרֵב צוֹרֶךְ בִּנְיַן הַבַּיִת הוּא**: Some explain that this was considered a necessary element in the building of the Temple because it completed the required height of the structure (Rashi manuscript). Many have pointed out that if this was considered a part of the building, it should not have been permitted to leave it undone, and if it was not part of the building, leaving it undone should not have been sufficient cause to delay the dedication of the Temple. Some explain, based on Rashi, that this was not considered a part of the structure of the Temple, and therefore as long as the Temple was not yet functioning, it was permitted to delay installing this arrangement of spikes. Once the Temple was to start functioning, this arrangement became necessary (*Mishḥat Aharon*).

Whose sanctity is not a permanent sanctity – **אֵין קְדוּשָּׁתוֹ קְדוּשַּׁת עוֹלָם**: Some explain that the fact that the Tabernacle's sanctity was not permanent is demonstrated by the fact that when the Jewish people entered Eretz Yisrael it was permissible to sacrifice offerings on private altars rather than in the Tabernacle (Rashi manuscript). Others suggest that after the Temple was built, the Tabernacle was no longer used and was concealed, so that from the outset the Tabernacle's sanctity was planned to be only for a limited time, until the permanent Temple was to be built (Rabbi Shlomo ben HaYatom).

There is no complete rejoicing without eating and drinking – **אֵין שִׂמְחָה בְּלֹא אֲכִילָה וּשְׁתִיָּה**: An allusion to this idea can be found in the command given to the Jewish people that after they cross the Jordan, set up stones as monuments, and build the first altar in Eretz Yisrael, they must bring peace-offerings (Deuteronomy 27:7), which are partly consumed on the altar and partly consumed by the priests and by its owners. Alternatively, it can be found in the passage referring to the Temple (Deuteronomy 12:6–7), which also mentions sacrificing and eating peace-offerings (*Talmid Rabbeinu Yeḥiel of Paris*).

Overriding Shabbat to sacrifice offerings – **דְּחִיַּית שַׁבָּת לְקׇרְבָּנוֹת**: The fact that these offerings overrode Shabbat could not be proven from the daily offerings that had to be sacrificed even on Shabbat, as these daily offerings were brought at God's command, whereas the tribal princes' offerings were brought on their own initiative (Maharsha). The Ritva explains that they decided to sacrifice these offerings through divine inspiration, and their actions received divine approval. Therefore, this incident served as the historical precedent in the similar situation of the dedication of the Temple many generations later (*Ramat Shmuel*).

NOTES

Why do I need two verses – תְּרֵי קְרָאֵי לָמָּה לִי: The version of the text known to Rabbi Shlomo ben HaYatom, and perhaps also the Ritva, may not have contained the second verse cited here at all, in which case the proof is from the double usage of the word day in the first verse, with regard to the eleventh day.

And glad of heart – וְטוֹבֵי לֵב: *Talmid Rabbeinu Yeḥiel of Paris* notes that an allusion to the idea that the birth of a male child gladdens the heart may be found in what the verse says about the birth of Moses: "And she saw him that he was good" (Exodus 2:2).

וְדִלְמָא יָמִים הָרְאוּיִין! כְּתִיב קְרָא אַחֲרִינָא: ״בְּיוֹם שְׁנֵים עָשָׂר יוֹם״, מַה יּוֹם כּוּלּוֹ רָצוּף – אַף שְׁנֵים עָשָׂר יוֹם כּוּלָּן רְצוּפִין.

The Gemara asks: **But perhaps** this refers only to **days that are fit** for an individual's offerings, i.e., the offerings were sacrificed on eleven consecutive days that were suitable for sacrificing the offerings of an individual, but not on Shabbat. The Gemara answers: In **another verse it is written: "On the day of the twelfth day"** (Numbers 7:78), indicating that **just as a day is all** one **continuous** period of time, **so too, the twelve days were all** one **continuous** period of time.

וְדִלְמָא הָכָא נַמִי: יָמִים הָרְאוּיִין! אִם כֵּן, תְּרֵי קְרָאֵי לָמָּה לִי?

The Gemara asks again: **But perhaps here too** this is referring to **days that are fit** for sacrificing the offerings of an individual? The Gemara rejects this opinion: **If so, why do I need two verses,**[N] the verse with regard to the eleventh day and the verse with regard to the twelfth day, to teach the same principle? The fact that the Torah uses repetitive phraseology in both verses indicates that all the days were consecutive, without a break for Shabbat.

וּמִקְדָּשׁ דְּדוֹחֶה יוֹם הַכִּפּוּרִים מְנָלַן? אִילֵימָא מִדִּכְתִיב: ״אַרְבָּעָה עָשָׂר יוֹם״ – וְדִלְמָא יָמִים הָרְאוּיִין? גָּמַר ״יוֹם״ ״יוֹם״ מֵהָתָם.

The Gemara asks: **And from where do we** derive that the feasting at the time of the dedication of **the Temple overrides Yom Kippur,** so that the people did not have to fast? **If we say** it is derived **from that which is written: Fourteen days, perhaps** this is referring to **days that are fit** for feasting, to the exclusion of Yom Kippur. The Gemara answers: This is **derived** by means of a verbal analogy between the word **"day"** mentioned in this context **and** the word **"day"** mentioned **there,** with regard to the dedication of the Tabernacle. Just as there the days were consecutive, without a break for Shabbat, so too here, the days were consecutive, without a break for Yom Kippur.

יָצְתָה בַּת קוֹל וְאָמְרָה לָהֶם: כּוּלְּכֶם מְזוּמָּנִין לְחַיֵּי הָעוֹלָם הַבָּא. וּמְנָלַן דְּאַחֵיל לְהוּ? דְּתָנֵי תַּחְלִיפָא: ״בַּיּוֹם הַשְּׁמִינִי שִׁלַּח אֶת הָעָם וַיְבָרֲכוּ אֶת הַמֶּלֶךְ וַיֵּלְכוּ לְאָהֳלֵיהֶם שְׂמֵחִים וְטוֹבֵי לֵב עַל כָּל הַטּוֹבָה אֲשֶׁר עָשָׂה ה׳ לְדָוִד עַבְדּוֹ וּלְיִשְׂרָאֵל עַמּוֹ״.

It was stated above that **a Divine Voice issued forth and said to them: All of you are designated for life in the World-to-Come.** The Gemara asks: **And from where do we** derive **that** God **pardoned them** for this sin? The Gemara answers: The Sage **Taḥlifa taught** in a *baraita* that the verse states: **"On the eighth day he sent the people away, and they blessed the king, and went to their tents joyful and glad of heart for all the goodness that the Lord had done for David His servant and for Israel His people"** (1 Kings 8:66).

״לְאָהֳלֵיהֶם״ – שֶׁהָלְכוּ וּמָצְאוּ נְשֵׁיהֶם בְּטׇהֳרָה; ״שְׂמֵחִים״ – שֶׁנֶּהֱנוּ מִזִּיו הַשְּׁכִינָה; ״וְטוֹבֵי לֵב״ – שֶׁכׇּל אֶחָד וְאֶחָד נִתְעַבְּרָה אִשְׁתּוֹ בְּבֵן זָכָר. ״עַל כׇּל הַטּוֹבָה״ – שֶׁיָּצְתָה בַּת קוֹל וְאָמְרָה לָהֶם: כּוּלְּכֶם מְזוּמָּנִין לְחַיֵּי הָעוֹלָם הַבָּא.

This verse may be expounded as follows: The words **"to their tents"** indicate **that they went and found their wives in** a state of **purity,** as the terms tent and house often denote one's wife. The term **"joyful"** is referring to the fact **they had enjoyed the splendor of the Divine Presence,** as there was a revelation of the Divine Presence when the offerings were sacrificed in the Temple. The phrase **"and glad of heart"**[N] refers to the fact that **each of their wives conceived a male child.** The words **"for all the goodness"** indicate **that a Divine Voice issued forth and said to them: All of you are designated for life in the World-to-Come,** which is the ultimate good.

״לְדָוִד עַבְדּוֹ וּלְיִשְׂרָאֵל עַמּוֹ״. בִּשְׁלָמָא לְיִשְׂרָאֵל עַמּוֹ – דְּאַחֵיל לְהוּ עֲוֹן יוֹם הַכִּפּוּרִים. אֶלָּא לְדָוִד עַבְדּוֹ מַאי הִיא?

The aforementioned verse stated: "For all the goodness that the Lord had done **for David His servant and for Israel His people.**" The Gemara asks: **Granted,** when the verse mentions the goodness that God did **for Israel His people,** this is referring to the fact **that He pardoned them the sin of** eating on **Yom Kippur** that year; **but what is** the goodness that God performed **for David His servant?**

אָמַר רַב יְהוּדָה אָמַר רַב: בְּשָׁעָה שֶׁבִּיקֵּשׁ שְׁלֹמֹה לְהַכְנִיס אָרוֹן לַמִּקְדָּשׁ דָּבְקוּ שְׁעָרִים זֶה לָזֶה. אָמַר שְׁלֹמֹה עֶשְׂרִים וְאַרְבַּע רְנָנוֹת וְלֹא נַעֲנָה. פָּתַח וְאָמַר: ״שְׂאוּ שְׁעָרִים רָאשֵׁיכֶם״ וגו׳ וְלֹא נַעֲנָה.

Rav Yehuda said that Rav said: When Solomon sought to bring the Ark into the Temple the gates clung together and could not be opened. **Solomon uttered twenty-four songs** of praise, **and** his prayer **was not answered. He began and said: "Lift up your heads, O you gates,** and be lifted up, you everlasting doors; and the King of glory shall come in" (Psalms 24:7), **but** once again his prayer **was not answered,** and the Temple gates remained closed.

כֵּיוָן שֶׁאָמַר: ״ה׳ אֱלֹהִים אַל תָּשֵׁב פְּנֵי מְשִׁיחֶךָ זָכְרָה לְחַסְדֵי דָּוִד עַבְדֶּךָ״ – מִיָּד נַעֲנָה. בְּאוֹתָהּ שָׁעָה נֶהֶפְכוּ פְּנֵי שׂוֹנְאֵי דָוִד כְּשׁוּלֵי קְדֵירָה וְיָדְעוּ הַכֹּל שֶׁמָּחַל לוֹ הַקָּדוֹשׁ בָּרוּךְ הוּא עַל אוֹתוֹ עָוֹן.

Once he said: "Now therefore arise, O Lord God, into your resting place, You, and the Ark of Your strength; Let your priests, O Lord God, be clothed with victory and let Your pious ones rejoice in goodness. **O Lord God, do not turn away the face of Your anointed; remember the faithful love of David Your servant"** (II Chronicles 6:41–42), **he was immediately answered. At that moment the faces of David's enemies turned** dark **like the** charred **bottom of a pot, and all knew that the Holy One, Blessed be He, forgave him for that sin** involving Bathsheba, as they saw that it was only in his merit that the gates of the Temple opened.

רַבִּי יוֹנָתָן בֶּן עַסְמַיי וְרַבִּי יְהוּדָה בֶּן גֵּרִים תָּנוּ פָּרָשַׁת נְדָרִים בֵּי רַבִּי שִׁמְעוֹן בֶּן יוֹחַי. אִיפַּטּוּר מִינֵּיהּ בְּאוּרְתָּא. לְצַפְרָא הֲדוּר וְקָא מִפַּטְרִי מִינֵּיהּ. אֲמַר לְהוּ: וְלָאו אִיפַּטְרִיתוּ מִינִּי בְּאוּרְתָּא?

The Gemara relates that **Rabbi Yonatan ben Asmai and Rabbi Yehuda, son of converts,**[P] **studied the portion** dealing with **oaths in the study hall of Rabbi Shimon ben Yoḥai.**[P] After completing their studies, the disciples **took leave of** their master **in the evening,** but did not yet leave the city. **In the morning they went back and took leave of him** a second time. **He said to them: Did you not** already **take leave of me** yesterday **in the evening?**

אֲמַרוּ לֵיהּ: לִמַּדְתָּנוּ רַבֵּינוּ, תַּלְמִיד שֶׁנִּפְטַר מֵרַבּוֹ וְלָן בְּאוֹתָהּ הָעִיר – צָרִיךְ לִיפָּטֵר מִמֶּנּוּ פַּעַם אַחֶרֶת, שֶׁנֶּאֱמַר: ״בַּיּוֹם הַשְּׁמִינִי שִׁלַּח אֶת הָעָם וַיְבָרְכוּ אֶת הַמֶּלֶךְ״, וּכְתִיב: ״וּבְיוֹם עֶשְׂרִים וּשְׁלֹשָׁה לַחֹדֶשׁ הַשְּׁבִיעִי שִׁלַּח אֶת הָעָם״!

They said to him: You have taught us, our teacher,[N] that **a disciple who takes leave of his teacher**[H] **and** then **stays overnight in the same city must take leave of him an additional time, as it is stated** at the conclusion of the dedication of the Temple: **"On the eighth day he sent the people away, and they blessed the king"** (I Kings 8:66), **and** elsewhere **it is written: "And on the twenty-third day of the seventh month he sent the people away"** (II Chronicles 7:10). The eighth day in the verse is referring to the Eighth Day of Assembly, the twenty-second of the month of Tishrei, yet it says that he sent the people away on the next day, the twenty-third of the month.

אֶלָּא מִכָּאן לְתַלְמִיד הַנִּפְטָר מֵרַבּוֹ וְלָן בְּאוֹתָהּ הָעִיר – צָרִיךְ לִיפָּטֵר מִמֶּנּוּ פַּעַם אַחֶרֶת.

Rather, it can be derived **from here** that **a disciple who takes leave of his teacher and** then **stays overnight in the same city must take leave of him an additional time,** just as the Jewish people took leave of Solomon an additional time on the day after the Festival, on the twenty-third of Tishrei.

אֲמַר לֵיהּ לִבְרֵיהּ: בְּנֵי אָדָם הַלָּלוּ אֲנָשִׁים שֶׁל צוּרָה הֵם, זִיל גַּבַּיְיהוּ דְּלִיבָרְכוּךְ. אֲזַל, אַשְׁכַּחִינְהוּ דְּקָא רָמוּ קְרָאֵי אַהֲדָדֵי; כְּתִיב: ״פַּלֵּס מַעְגַּל רַגְלֶךָ וְכָל דְּרָכֶיךָ יִכֹּנוּ״, וּכְתִיב: ״אֹרַח חַיִּים פֶּן תְּפַלֵּס״!

Rabbi Shimon ben Yoḥai **said to his son: These** two **people,** Rabbi Yonatan ben Asmai and Rabbi Yehuda, son of converts, **are men of** noble **form** [*tzura*][N] i.e., wise and learned individuals; **go to them so that they will bless you. He went and found them** deep in discussion, **raising** apparent **contradictions between verses** as follows: **It is written: "Make level the path of your feet, and let all your ways be established"** (Proverbs 4:26), indicating that when one has the opportunity to perform more than one mitzva, he must evaluate which of them is most important. **And** elsewhere **it is written: "Lest you level out the path of life,"** (Proverbs 5:6),[N] indicating that one must perform each mitzva as the opportunity arises, without considering its relative importance.

לָא קַשְׁיָא: כָּאן – בְּמִצְוָה שֶׁאֶפְשָׁר לַעֲשׂוֹתָהּ עַל יְדֵי אֲחֵרִים,

They explained that it is **not difficult: Here,** in the first verse cited above, it is discussing **a mitzva that can be done by others,** and therefore one must consider what is most worthwhile for him to perform himself and what he will leave to others.

PERSONALITIES

Rabbi Yehuda, son of converts – רַבִּי יְהוּדָה בֶּן גֵּרִים: As Rashi in tractate *Shabbat* (33b) writes, this Sage's name indicates that he was the son of two converts. The passage here indicates that he was an important scholar who was shown honor even by Rabbi Shimon ben Yoḥai. Their relationship, however, had a tragic ending. Rabbi Yehuda repeated Rabbi Shimon's derogatory comments about Roman rule, and these came to the attention of the Roman authorities, who decreed a death sentence against Rabbi Shimon. Consequently, Rabbi Shimon and his son were forced into hiding for many years. When Rabbi Shimon finally emerged and saw Rabbi Yehuda, son of converts, he directed his eyes toward him, and Rabbi Yehuda died.

Rabbi Shimon ben Yoḥai – רַבִּי שִׁמְעוֹן בֶּן יוֹחַי: Rabbi Shimon ben Yoḥai was a *tanna* in the second generation following the destruction of the Second Temple. He was born in the Galilee, and according to tradition he died on *Lag BaOmer* in Meron. He was one of Rabbi Akiva's closest students, and he studied with him for thirteen years in Benei Berak.

Initially, Rabbi Shimon was not involved in the rebellion against the Romans, but the persecutions of the Romans, and their subsequent execution of Rabbi Akiva turned him against them. According to the Gemara in tractate *Shabbat* (33b), Rabbi Shimon's criticism of Roman rule in the presence of Rabbi Yehuda, son of converts, led to a death sentence being placed on him, forcing him to hide in a cave together with his son for thirteen years. According to tradition, it was during that period that he compiled kabbalistic material that became the Book of the Zohar. This is disputed by the academic world.

Among his many teachings in Jewish law and lore, the Gemara in tractate *Berakhot* (5a) quotes him as asserting: Three wonderful gifts were bestowed upon the Jewish People by God, but all are attained only by means of ordeal: Torah, Eretz Yisrael and the World-to-Come.

HALAKHA

A disciple who takes leave of his teacher – תַּלְמִיד שֶׁנִּפְטַר מֵרַבּוֹ: If a disciple takes leave of his teacher and then spends the night in the same city, he must take leave from him again the next day. This applies only if he did not inform his teacher that he would spend the night in the city; however, if he told this to him when he took leave of him the first time, he need not take leave of him again (*Shulḥan Arukh, Yoreh De'a* 242:16, and in the comment of Rema).

NOTES

You have taught us, our teacher – לִימַּדְתָּנוּ רַבֵּנוּ: The commentaries question why Rabbi Shimon ben Yoḥai asked his question if he himself had taught them this *halakha*. However, the *halakha* is that when a disciple cites a *halakha* before his teacher, he should always use the wording: You have taught us, our teacher, even if he heard it elsewhere (see *Shulḥan Arukh, Yoreh De'a* 242:23, and the comment of the Vilna Gaon).

Men of noble form [*tzura*] – אֲנָשִׁים שֶׁל צוּרָה: This expression appears in several places in the Talmud, but it may not always have the same meaning. Some explain that in tractate *Ta'anit* (15a) this expression refers to the external appearance of these individuals, which leaves an impression on others, whereas here it apparently indicates that these were people of importance, stature, and wisdom. Perhaps the word *tzura* is used here in the sense of the imprint on a coin, indicating famous and well-known people.

Lest you level out the path of life – אוֹרַח חַיִּים פֶּן תְּפַלֵּס: The most common interpretation of the Gemara is that this refers to weighing the value of one mitzva against another. However, many explain that the path of life mentioned here refers to the Torah, and that the Gemara is stating that one should not interrupt his Torah study even in order to fulfill another mitzva, unless it cannot be fulfilled by anyone else (Rashi manuscript; Ra'avad; *Talmid Rabbeinu Yeḥiel of Paris*).

NOTES

May it be God's will that you should sow and not reap – יְהֵא רַעֲוָא דְּתִזְרַע וְלָא תֶּחֱצַד: Various commentators ask: Why did Rabbi Yonatan ban Asmai and Rabbi Yehuda, son of converts, formulate their blessing in a way that made it possible to understand it as a curse? The answer is that they knew Rabbi Shimon ben Yoḥai's son would not understand what they said and he would certainly go to his father for an explanation, and his father would then bless him a second time with the same blessings (Riaf; *Paḥad Yitzḥak*; see Maharsha).

כָּאן – בְּמִצְוָה שֶׁאִי אֶפְשָׁר לַעֲשׂוֹתָהּ עַל יְדֵי אֲחֵרִים.

There, in the other verse, it is referring to **a mitzva that cannot be done by others,** and therefore, one must not consider its relative importance, but rather do it immediately.

הֲדַר יָתְבִי וְקָא מִבָּעֵי לְהוּ: כְּתִיב: "יְקָרָה הִיא מִפְּנִינִים וְכָל חֲפָצֶיךָ לֹא יִשְׁווּ בָהּ", הָא חֶפְצֵי שָׁמַיִם – יִשְׁווּ בָהּ, וּכְתִיב: "כָּל חֲפָצִים לֹא יִשְׁווּ בָהּ" – דַּאֲפִילּוּ חֶפְצֵי שָׁמַיִם לֹא יִשְׁווּ בָהּ!

The two scholars, Rabbi Yonatan ben Asmai and Rabbi Yehuda, son of converts, **once again sat and raised the** following **dilemma:** In one place **it is written** in praise of the Torah: **"She is more precious than rubies; and all of your desires are not to be compared to her"** (Proverbs 3:15). One can infer from here that all human desires cannot be compared to the Torah, **but the desires of Heaven,** i.e., mitzvot, **can** indeed **be compared to her. And** elsewhere **it is written:** "For wisdom is better than rubies; **and all the things that may be desired are not to be compared to it"** (Proverbs 8:11), which indicates that even mitzvot cannot be compared to the Torah.

כָּאן בְּמִצְוָה שֶׁאֶפְשָׁר לַעֲשׂוֹתָהּ עַל יְדֵי אֲחֵרִים; כָּאן – בְּמִצְוָה שֶׁאִי אֶפְשָׁר לַעֲשׂוֹתָהּ עַל יְדֵי אֲחֵרִים.

They resolved this contradiction by stating that **here,** in the second verse, it is discussing **a mitzva that can be done by others.** In that case, even mitzvot cannot be compared to the Torah, and accordingly, one who is engaged in Torah study should not interrupt his studies in order to perform another mitzva. However, **there,** in the first verse, it is discussing **a mitzva that cannot be done by others.** In that case Torah study is not more important than the mitzva, and one should interrupt his studies in order to perform the mitzva.

אֲמַרוּ לֵיהּ: מַאי בָּעֵית הָכָא? אֲמַר לְהוּ: דַּאֲמַר לִי אַבָּא: זִיל גַּבַּיְיהוּ דְּלִיבָרְכוּךְ. אֲמַרוּ לֵיהּ: יְהֵא רַעֲוָא דְּתִזְרַע וְלָא תֶּחֱצַד; תְּעַיֵּיל וְלֹא תֵּיפּוֹק; תֵּיפּוֹק וְלָא תְּעַיֵּיל; לִיחֲרוּב בֵּיתָךְ וְלֵיתוּב אוּשְׁפִּיזָךְ; לְבַלְבֵּל פְּתוֹרָךְ; וְלָא תֶּחֱזֵי שַׁתָּא חַדְתָּא.

When Rabbi Yonatan ben Asmai and Rabbi Yehuda, son of converts, noticed Rabbi Shimon ben Yoḥai's son, **they said to him: What do you want here? He said to them: Father told me: Go to them so that they should bless you. They said to him** as follows: **May it be God's will that you should sow and not reap,**[N] **that you should bring in and not take out, that you should take out and not bring in, that your house should be destroyed and your lodging place should be inhabited, that your table should become confused, and that you should not see a new year.**

כִּי אֲתָא לְגַבֵּי אֲבוּהּ, אֲמַר לֵיהּ: לָא מִבָּעְיָא דְּבָרוּכֵי לָא בֵּירְכָן – אֲבָל צַעוּרֵי צַעוּרָן. אֲמַר לֵיהּ: מַאי אֲמַרוּ לָךְ? הָכִי וְהָכִי אֲמַרוּ לִי. אֲמַר לֵיהּ: הָנָךְ כּוּלְּהוּ בִּרְכָתָא נִינְהוּ; תִּזְרַע וְלָא תֶּחֱצַד – תּוֹלִיד בָּנִים וְלֹא יָמוּתוּ. תְּעַיֵּיל וְלָא תֵּיפּוֹק – תְּעַיֵּיל כַּלָּתָא וְלָא לֵימוּתוּ בְּנָךְ דְּלֵיפְּקוּן. תֵּיפּוֹק וְלָא תְּעַיֵּיל – תּוֹלִיד בְּנָתָא וְלָא יָמוּתוּ גּוּבְרַיְיהוּ וְלִיהַדְרוּ לְוָתִיךְ.

When he came back **to his father, he said to him: Not only did they not bless me, but they** even **caused me pain** with their negative words. His father **said to him: What** exactly **did they say to you?** He answered: **They said to me such and such.** Rabbi Shimon ben Yoḥai **said to** his son: **These are all blessings,** uttered in a cryptic manner, and this is what they meant: When they said that **you should sow and not reap** they meant that **you should bear sons and they should not die.** Their statement that **you should bring in and not take out** means that **you should bring in brides** for your sons **and your sons should not die,** which would cause their wives **to leave.** When they said **you should take out and not bring in** they meant that **you should have daughters and their husbands should not die,** which would cause your daughters to **return to you.**

לִיחֲרוּב בֵּיתָךְ וְלֵיתוּב אוּשְׁפִּיזָךְ – דְּהַאי עָלְמָא אוּשְׁפִּיזָךְ וְהַהִיא עָלְמָא בֵּיתָא, דִּכְתִיב: "קִרְבָּם בָּתֵּימוֹ לְעוֹלָם". אַל תִּקְרִי "קִרְבָּם" אֶלָּא "קִבְרָם".

When they said that **your house should be destroyed and your lodging place should be inhabited,** this should be interpreted allegorically. **As this world is** compared to **your lodging place, and the World-to-Come is** compared to **your house, as it is written: "Their inward thought [*kirbam*], is that their houses shall continue forever"** (Psalms 49:12), and the Sages said: **Do not read** it as **"their inward thought [*kirbam*]"; rather** read it as **their graves [*kivram*].** According to this reading, one's grave is considered his permanent house. The Sages gave Rabbi Shimon ben Yoḥai's son a blessing that he should dwell in his temporary home rather than his permanent home, i.e., he should live a long life.

לְבַלְבֵּל פְּתוֹרָךְ – בִּבְנֵי וּבְנָתָא. וְלָא תֶּיחֱזֵי שַׁתָּא חַדְתָּא – דְּלָא תְּמוּת אִנְתְּךָ וְלָא תִּנְסַב אִינְתְּתָא אַחְרִיתִי.

When they said that **your table should become confused,** they meant that you should be blessed **with** many **sons and daughters,** so that there will be noise and confusion at your table. When they said that **you should not see a new year,** they meant **your wife should not die and** as a result **you should not** have to **marry another woman,** about which it says: "When a man has taken a new wife, he shall not go out to war, neither shall he be charged with any business; he shall be free at home for one year" (Deuteronomy 24:5).

רַבִּי שִׁמְעוֹן בֶּן חֲלַפְתָּא אִפְּטַר מִינֵּיהּ דְּרַב. אֲמַר לֵיהּ אֲבוּהּ: זִיל לְגַבֵּיהּ דְּלִיבָרְכָךְ. אֲמַר לֵיהּ: יְהֵא רַעֲוָא דְּלָא תְּבַיֵּישׁ וְלָא תִּתְבַּיֵּישׁ. אֲתָא גַּבֵּי אֲבוּהּ. אֲמַר לֵיהּ: מַאי אֲמַר לָךְ? אֲמַר לֵיהּ: מִילִּין בְּעָלְמָא הוּא דַּאֲמַר לִי.

Apropos a blessing with an obscure meaning, the Gemara relates: **Rabbi Shimon ben Ḥalafta took leave of Rav.**[P] **His father said to him: Go to him so that he should bless you.** When **Rabbi Shimon ben Ḥalafta** returned to him for a blessing, Rav **said to him: May it be** God's **will that you should not shame** others[N] **and that you should not feel ashamed. He came** home **to his father,** who **said to him: What did he say to you? He said to him: Mere words he said to me,** i.e., he did not say anything of significance.

– אֲמַר לֵיהּ: בְּרָכָךְ בִּרְכְתָא דְּבָרְכָן קוּדְשָׁא בְּרִיךְ הוּא לְיִשְׂרָאֵל וּתְנָא בָּהּ, דִּכְתִיב: ״וַאֲכַלְתֶּם אָכוֹל וְשָׂבוֹעַ וְהִלַּלְתֶּם״ וגו׳ ״וְלֹא יֵבֹשׁוּ עַמִּי לְעוֹלָם וִידַעְתֶּם כִּי בְקֶרֶב יִשְׂרָאֵל אָנִי״ וגו׳ ״וְלֹא יֵבֹשׁוּ עַמִּי לְעוֹלָם״.

After Rabbi Shimon ben Ḥalafta repeated what Rav had said, his father **said to him: He blessed you with the blessing with which the Holy One, Blessed be He, blessed Israel and** then **repeated** the blessing, indicating that is a very great blessing, **as it is written: "And you shall eat in plenty, and be satisfied, and praise** the Name of the Lord your God, who has dealt wondrously with you; **and My people shall never be ashamed. And you shall know that I am in the midst of Israel,** and that I am the Lord your God, and there is none else; **and My people shall never be ashamed"** (Joel 2:26–27).

״וְעוֹשָׂה אִשָּׁה תַּכְשִׁיטֶיהָ״. תָּנוּ רַבָּנַן: אֵלּוּ הֵן תַּכְשִׁיטֵי נָשִׁים: כּוֹחֶלֶת, וּפוֹקֶסֶת, וּמַעֲבִירָה סָרָק עַל פָּנֶיהָ. וְאִיכָּא דְּאָמְרִי: מַעֲבֶרֶת סָרָק עַל פָּנֶיהָ שֶׁל מַטָּה.

§ It was taught in the mishna: **And a woman may engage in** all of her usual **cosmetic treatments**[NH] on the intermediate days of a Festival. **The Sages taught** in a *baraita*: **These are the cosmetic treatments of women** that are permitted: **She may paint her eyelids, she may remove** unwanted **hair** [*pokeset*],[NL] **and she may put rouge on her face. And some say: She may pass a comb over her lower face,** i.e., she may remove the hair from her pubic area.

דְּבֵיתְהוּ דְּרַב חִסְדָּא מְקַשְּׁטָא בְּאַנְפֵּי כַּלְּתָהּ. יָתֵיב רַב הוּנָא בַּר חִינָּנָא קַמֵּיהּ דְּרַב חִסְדָּא, וְיָתֵיב וְקָאָמַר: לֹא שָׁנוּ אֶלָּא יַלְדָּה, אֲבָל זְקֵנָה – לָא.

The Gemara relates that **Rav Ḥisda's wife would adorn herself** on the intermediate days of a Festival **in the presence of her daughter-in-law,**[N] i.e., when she already had a married son. **Rav Huna bar Ḥinnana sat before Rav Ḥisda,**[P] **and he sat and said: They taught only** that a woman is permitted to engage in cosmetic treatments on the intermediate days of a Festival **only** with regard to **a young woman,** as such treatments bring her joy, **but** in the case of **an old woman, no,** the treatments are not permitted, as she does not need them.

NOTES

That you should not shame others – דְּלָא תְּבַיֵּישׁ: Some explain the blessing to mean that he should become increasingly scrupulous in his observance of *halakha*, so that he not sin; in that way, he would never have to be embarrassed about his deeds. This parallels the substance of the blessing in the Bible (see Maharsha; *Iyyei HaYam*).

Some texts have *teivosh*, be shamed, instead of *tevayesh*, to shame others. According to this reading, they said the same blessing twice, just as this blessing is doubled in the Bible (Rabbeinu Gershom Meor HaGola).

A woman may engage in her cosmetic treatments – עוֹשָׂה אִשָּׁה תַּכְשִׁיטֶיהָ: Even though this may involve excessive effort, and even though it is not connected to food preparation, it is permitted, since it brings a woman enjoyment. Rabbi Shlomo ben HaYatom adds that it is permitted in order to promote peace within the household. There is also no concern that a woman will purposely delay her cosmetic treatments to the intermediate days of a Festival, as women do not commonly delay such treatments (Ritva).

She may remove unwanted hair [*pokeset*] – פּוֹקֶסֶת: This has been understood in many different ways; Some explain that the woman applies a sticky substance to her hair to keep it in place (Rashi manuscript; *Tosafot*; Rabbi Zekharya Agamati). In another reading, recorded by Rabbeinu Yehonatan of Lunel, the word is *poseket*, meaning that the woman parts her hair with a special instrument designed for this purpose (Rabbi Shlomo ben HaYatom). Alternatively, this has been understood to mean that the woman places a doughy substance on her face to remove facial hair and refine the skin.

In the presence of her daughter-in-law – בְּאַנְפֵּי כַּלְּתָהּ: Rabbi Shlomo ben HaYatom suggests that she did this in order to teach her daughter-in-law the proper way to adorn herself.

HALAKHA

A woman may engage in all of her usual cosmetic treatments – עוֹשָׂה אִשָּׁה תַּכְשִׁיטֶיהָ: A woman, even if she is unmarried (*Peri Megadim*), is permitted to engage in all of her usual cosmetic treatments on the intermediate days of a Festival. She may paint her eyelids, remove unwanted hair, and apply rouge to her face. She may also apply lime to her skin for beautification purposes, provided that she can peel it off during the Festival, in accordance with the opinion of Rabbi Yehuda. Some disagree and say that this is permitted even if she cannot remove it during the Festival, in accordance with the opinion of the Rabbis (Rabbi Yitzḥak ibn Giat; Ritva). She may also remove hair from her armpits and pubic area, by hand or with an instrument. However, she may not get a haircut, just as it is prohibited for a man to get a haircut (*Shulḥan Arukh*, *Oraḥ Ḥayyim* 546:5; *Peri Megadim*; Vilna Gaon).

LANGUAGE

Remove unwanted hair [*pokeset*] – פּוֹקֶסֶת: This word apparently derives from Greek, but there are several possibilities depending on how the term is understood. It may derive from φῦκος, *fukos*, red paint, meaning rouge for the face. Alternatively, it may be related to the root πέκω, *peko*, which means to comb or cut hair.

PERSONALITIES

Rav – רַב: Rav, whose full name was Rabbi Abba bar Ivu was the first, and perhaps the greatest, of the Babylonian *amora'im*. Known as Abba Arikha because of his great height, Rav established the academy in Sura that lasted for over eight hundred years, through the period of the *ge'onim*. The Gemara reports that aside from the visiting students who attended the academy only during the *yarḥei kalla* months of Adar and Elul, 1,200 full-time students learned in the academy throughout the year.

In his youth, Rav traveled with his uncle, Rabbi Ḥiyya, to Eretz Yisrael, where he studied under Rabbi Yehuda HaNasi, the redactor of the Mishna. He traveled back and forth between Eretz Yisrael and Babylonia until he settled in Babylonia in the year 219 CE. Rav's greatness is apparent not only in the large number of *amora'im* who were his students and quote him throughout the Gemara, but also by the fact that he is recognized as the last of the *tanna'im*, and is permitted to disagree with tannaitic rulings.

Rav's teachings are found throughout both the Jerusalem Talmud and the Babylonian Talmud. Among his many rulings are several that concern issues of marriage, such as his ruling that a man cannot marry a woman without first meeting her, and the requirement that underage girls cannot be married until they are old enough to state whom they want to marry. His rulings in the area of ritual law were invariably accepted, although the rulings of his colleague and adversary, Shmuel, were accepted in criminal and financial matters.

Rav's son, Rabbi Ḥiyya, followed in his father's footsteps and became a great scholar; his other son, Ivu, was a merchant.

Rav Ḥisda – רַב חִסְדָּא: One of the greatest second-generation Babylonian *amora'im*, Rav Ḥisda was one of Rav's younger students as well as being a priest. Throughout his life, Rav Ḥisda showed great affinity for the teachings of Rav, and constantly tried to learn from other statements that Rav made. After Rav's death, he remained a disciple-colleague of Rav's student, Rav Huna. Although he was poor as a youth, he became wealthy and lived most of his life in comfort. He was very generous toward his fellow man. Rav Ḥisda was devoted to his students and his children, guiding them in both spiritual and worldly matters.

אֲמַר לֵיהּ: הָאֱלֹהִים! אֲפִילּוּ אִמָּךְ, וַאֲפִילּוּ אִימָּא דְאִימָּךְ, וַאֲפִילּוּ עוֹמֶדֶת עַל קִבְרָהּ. דְּאָמְרִי אֱינָשֵׁי: בַּת שִׁיתִּין כְּבַת שִׁית, לְקָל טַבְלָא רְהָטָא.

Rav Ḥisda **said to him: By God! Even your mother, and even your mother's mother, and even a woman** so old **that** she **is standing at** the edge of **her grave** are all permitted to adorn themselves. **As people say** in the popular adage: **A woman of sixty years, like one of six, runs at the sound of the timbrel** [*tavla*],[L] implying that women of all ages are young in spirit; since they all take pleasure in their adornments, they are allowed to adorn themselves, regardless of age.

"רַבִּי יְהוּדָה אוֹמֵר לֹא תָּסוּד". תַּנְיָא, רַבִּי יְהוּדָה אוֹמֵר: אִשָּׁה לֹא תָּסוּד, מִפְּנֵי שֶׁנִּיוּוּל הוּא לָהּ. וּמוֹדֶה רַבִּי יְהוּדָה בְּסִיד שֶׁיְּכוֹלָה לְקַפְּלוֹ בַּמּוֹעֵד שֶׁטּוֹפַלְתּוֹ בַּמּוֹעֵד, שֶׁאַף עַל פִּי שֶׁמְּצֵירָה הִיא עַכְשָׁיו – שְׂמֵחָה הִיא לְאַחַר זְמַן.

§ It was taught in the mishna that **Rabbi Yehuda says: She may not apply lime** to her skin **because it renders her** temporarily **unattractive** and she will be distressed during the Festival. **It is taught** in a *baraita*: **Rabbi Yehuda says: A woman may not apply lime** to her skin[N] on the intermediate days of a Festival **because it** is temporarily **a disgrace to her,** as she appears unattractive until it is peeled off. **But Rabbi Yehuda concedes that with regard to lime that she can peel off during the Festival, she may apply it on** the intermediate days of **the Festival,**[B] **as even though she is distressed now,** as the lime renders her appearance unattractive, **she will be happy afterward,** when the lime is removed and she sees the results.

וּמִי אִית לֵיהּ לְרַבִּי יְהוּדָה הַאי סְבָרָא? וְהָתְנַן,

The Gemara asks: **But does Rabbi Yehuda accept this reasoning** that it is permitted, despite the fact that it causes distress, because it will cause joy later? **Didn't we learn** elsewhere in a mishna (*Avoda Zara* 2a): On the three days before the holidays of idolaters, it is prohibited to do business with them, so as not to cause them to thank their idols for their success. Similarly, it is prohibited on these days to lend to them, to borrow from them, to repay a debt to them, or even to collect a debt from them.

רַבִּי יְהוּדָה אוֹמֵר: נִפְרָעִין מֵהֶן מִפְּנֵי שֶׁמֵּיצַר. אָמְרוּ לוֹ: אַף עַל פִּי שֶׁמֵּיצַר עַכְשָׁיו – שָׂמֵחַ הוּא לְאַחַר זְמַן!

Rabbi Yehuda says: One may collect a debt **from them** during this period, **due to** the fact **that** the gentile **is distressed** when he makes the payment. The Rabbis **said to him: Even though he is distressed now, he will be happy afterward,** as he is relieved of the debt, and therefore, it is prohibited to collect a debt from him during the three days before his holiday.[H] In this mishna, Rabbi Yehuda considers only the immediate distress and does not consider the joy that will be experienced after some time.

אָמַר רַב נַחְמָן בַּר יִצְחָק: הַנַּח לְהִלְכוֹת מוֹעֵד, דְּכוּלְּהוּ מֵיצַר עַכְשָׁיו וְשָׂמֵחַ לְאַחַר זְמַן נִינְהוּ.

Rav Naḥman bar Yitzḥak said: Leave aside **the *halakhot* governing a Festival,**[N] which cannot be compared to other areas, as **all** of the labors that are permitted on a Festival are permitted because even though **one is distressed** by them **now, he will be happy** about them **afterward.** For example, cooking and baking are permitted even though preparing food involves effort and trouble, because eating the food after it is prepared provides pleasure and enjoyment.

רָבִינָא אָמַר: גּוֹי לְעִנְיַן פֵּרָעוֹן לְעוֹלָם מֵיצַר.

Ravina said a different explanation: According to Rabbi Yehuda, **with regard to repaying** a debt, **a gentile is always distressed,** even after he repays a debt. However, in general, even Rabbi Yehuda accepts the principle of taking into account the joy that will be experienced at a later time.

LANGUAGE

Timbrel [*tavla*] – טַבְלָא: This word is found in Arabic, طبلة, *ṭabla*, and in Greek, τάβλα, *tabla*. In this context, it refers to a type of drum. See also LANGUAGE, p. 182.

NOTES

A woman may not apply lime to her skin – אִשָּׁה לֹא תָּסוּד: According to one opinion cited in the Jerusalem Talmud, if the woman will remove the lime only after the Festival, all agree that it is prohibited to apply it on the Festival. The *Sefat Emet* suggests that this may be the reason that the Rambam ruled, in accordance with the opinion of Rabbi Yehuda, that it is permitted for a woman to apply lime to her skin only if she will remove it during the Festival.

Leave aside the *halakhot* governing a Festival – הַנַּח לְהִלְכוֹת מוֹעֵד: This refers to the labors that are permitted on the Festival days themselves; it is permitted for one to exert himself in preparing the meal because he derives pleasure from it in the end (Rashi; Rid; Rabbeinu Yehonatan of Lunel). The Ran, however, explains that this refers to the labors that are permitted during the intermediate days of a Festival, which also bring eventual enjoyment.

BACKGROUND

Applying lime [*tefila*] – טְפִילָה: Historically, extraneous hair, especially for women, has been considered an aesthetic blemish, and various methods have been developed to remove such hair. Even today there are people in some areas of the world who apply lime or similar materials to excess hair on their bodies to hairy areas on their bodies, although this can cause burns or other damage to sensitive skin. Applying lime to a large portion of the body at once can even be fatal, as it can block the spores of the skin. Other, less caustic, materials are used as a refining cream for the skin.

HALAKHA

Business before the holidays of idolaters – מִסְחָר לִפְנֵי אֵידֵי נׇכְרִים: On the three days preceding the holidays of idol worshippers, it is prohibited to borrow money from them, to lend money to them, to collect a debt from them, or to pay off a debt to them. However, it is permitted to collect a debt for which there is no documentation, as it is considered like rescuing money that would otherwise be lost. If the idol worshipper is powerful, one may collect a debt from him even if a document had been written. For these and other reasons, many authorities in recent generations have permitted business transactions with gentiles on their holidays (*Shulḥan Arukh, Yoreh De'a* 148:1).

אָמַר רַב יְהוּדָה: בְּנוֹת יִשְׂרָאֵל שֶׁהִגִּיעוּ לְפִירְקָן וְלֹא הִגִּיעוּ לְשָׁנִים, עֲנִיּוֹת – טוֹפְלוֹת אוֹתָן בְּסִיד; עֲשִׁירוֹת – טוֹפְלוֹת אוֹתָן בְּסוֹלֶת; בְּנוֹת מְלָכִים – בְּשֶׁמֶן הַמּוֹר, שֶׁנֶּאֱמַר: "שִׁשָּׁה חֳדָשִׁים בְּשֶׁמֶן הַמּוֹר".

With regard to applying lime to one's body, **Rav Yehuda said: The daughters of Israel who reached** physical **maturity, but had not** yet **reached the age** of majority, i.e., girls that were less than twelve years of age, and therefore embarrassed by their precocious physical development, would seek to remove the excess hair from their bodies. **The poor** among them would **smear their** skin **with lime** in order to remove the hair. **The wealthy ones** would **smear themselves with fine flour** for this purpose, **and the daughters of kings would smear themselves with *shemen hamor*. As it is stated** with regard to the women who were brought to King Ahasuerus: **"Six months with *shemen hamor*"** (Esther 2:12).

מַאי שֶׁמֶן הַמּוֹר? רַב הוּנָא בַּר חִיָּיא אָמַר: סְטַכְּת. רַב יִרְמְיָה בַּר אַמִּי אָמַר: שֶׁמֶן זַיִת שֶׁלֹּא הֵבִיא שְׁלִישׁ.

The Gemara asks: **What is *shemen hamor*? Rav Huna bar Ḥiyya said:** This is the perfume called ***setaket***.[L] **Rav Yirmeya bar Ami said:** It is **olive oil** extracted **from** an olive **that has not** yet **reached one-third** of its growth; the acidic oil is effective as a depilatory.

תַּנְיָא, רַבִּי יְהוּדָה אוֹמֵר: אַנְפִּיקִינוֹן – שֶׁמֶן זַיִת שֶׁלֹּא הֵבִיא שְׁלִישׁ. וְלָמָּה סָכִין אוֹתוֹ? שֶׁמַּשִּׁיר אֶת הַשֵּׂעָר וּמְעַדֵּן אֶת הַבָּשָׂר.

It is taught in a *baraita* that **Rabbi Yehuda says:** Wherever the Mishna mentions ***anpikinon***,[L] it is referring to **olive oil** from an olive **that has not yet reached one-third** of its growth. **And why do** women **spread it** on the body? It is due to the fact **that it removes the hair and pampers the skin.**

רַב בֵּיבַי הֲוָה לֵיהּ בְּרַתָּא, טְפַלָּהּ אֵבֶר אֵבֶר, שְׁקַל בָּהּ אַרְבַּע מְאָה זוּזֵי. הֲוָה הַהוּא גּוֹי בִּשְׁבָבוּתֵיהּ דַּהֲוָה לֵיהּ בְּרַתָּא. טְפַלָּהּ בְּחַד זִמְנָא – וּמֵתָה. אֲמַר: קְטַלָא בֵּיבַי לִבְרַתִּי. אָמַר רַב נַחְמָן: רַב בֵּיבַי דְּשָׁתֵי שִׁיכְרָא – בָּעֲיָין בְּנָתֵיהּ טַפְלָא; אֲנַן דְּלָא שָׁתֵינַן שִׁיכְרָא, לָא בָּעֲיָין בְּנָתִין טַפְלָא.

It was related that **Rav Beivai had a daughter,** and **he spread** lime **on her limb** by **limb,** which caused her hair to fall out and her skin to whiten. She became so beautiful that when marrying her off, **he took four hundred dinars for her. There was a certain gentile in his neighborhood who** also **had a daughter** and wanted to do this as well. **He spread her** entire body with lime all **at once, and she died.** That gentile **said: Beivai killed my daughter. Rav Naḥman said: Rav Beivai,** who regularly **drinks beer, his daughters require** that they be **smeared** with lime, as beer causes hair growth, **but we who do not drink beer, our daughters do not require** that they be **smeared** with lime, as they have little hair even without this treatment.

Perek **I**
Daf **10** Amud **a**

"הַהֶדְיוֹט תּוֹפֵר כְּדַרְכּוֹ". הֵיכִי דָּמֵי הֶדְיוֹט? אָמְרִי דְּבֵי רַבִּי יַנַּאי: כֹּל שֶׁאֵינוֹ יָכוֹל לְהוֹצִיא מְלֹא מַחַט בְּבַת אַחַת. רַבִּי יוֹסֵי בַּר חֲנִינָא אָמַר: כֹּל שֶׁאֵינוֹ יָכוֹל לְכַוֵּין אִימְרָא בְּחֵפֶת חֲלוּקוֹ.

§ It was taught in the mishna: **A layman,** who is not a skilled tailor, may **sew in his** usual **manner** on the intermediate days of a Festival. The Gemara asks: **What are the circumstances** in which an individual is considered **a layman?** The Sages **of the school of Rabbi Yannai said: Anyone who cannot** deftly **pull a full needle** of stiches[N] through the fabric **at the same time** is considered a layman. **Rabbi Yosei bar Ḥanina said: Anyone who cannot form a straight seam on the hem** [*ḥefet*][L] **of his shirt**[N] is considered a layman.[H]

HALAKHA

Sewing on the intermediate days of a Festival – תְּפִירָה בְּחוֹל הַמּוֹעֵד: If one needs an article of clothing on the intermediate days of a Festival because he has nothing else to wear (*Arukh HaShulḥan*), he may sew in his usual manner, provided that he is a layman. If he is a professional, he must sew as a layman does, making stitches that are widely spaced and uneven. A layman is defined as one who cannot sew an even seam at the edge of his shirt or cannot pull a full needle of stitches through the fabric at one time. The Rema writes that nowadays, everyone should sew in an unusual manner on the intermediate days of a Festival. Furthermore, holding the needle in an unusual way is not sufficient; there must be a recognizable difference in the final product. The *Mishna Berura* writes that all this applies if one does the work without receiving compensation; one is prohibited to perform the labor for compensation even in the manner of a layman unless it is a situation where he will suffer an irretrievable loss if he does not perform the labor immediately (*Shulḥan Arukh*, *Oraḥ Ḥayyim* 541:5).

LANGUAGE

Setaket – **סְטַכְּת:** From the Greek στακτή, *staktè*, referring to a fragrant oil that is derived from the resin of the myrrh tree, such as the *Commiphora myrrha*.

Myrrh tree

Myrrh tree resin

Anpikinon – **אַנְפִּיקִינוֹן:** From the Greek ὀμφάκινον, *omfakinon*, oil extracted from unripe olives.

NOTES

Pull a full needle of stitches – לְהוֹצִיא מְלֹא מַחַט: Some explain that this means that he inserts a needle several times into the fabric and then pulls the needle through to complete all the stitches at once. Others say that it means that he can align these stitches in a straight line (Rashi manuscript). Another suggestion is that the act of a craftsman discussed here is mending a hole in a garment by filling it in with netlike stitches that cause the fabric to look whole (see Rabbeinu Gershom Meor HaGola; Rabbeinu Yehonatan of Lunel).

A straight seam on the hem [*ḥefet*] of his shirt – אִימְרָא בְּחֵפֶת חֲלוּקוֹ: Some explain that *ḥefet* is a heavy piece of material that would be sewn onto the edge of a shirt to protect it from wear and tear. Anyone who cannot sew its seam evenly is considered a layman (see Rashi). Others propose that this seam refers to an embroidered patch that would be sewn onto the hem of a garment (*ge'onim*; Rabbi Zekharya Agamati).

LANGUAGE

Hem [*ḥefet*] – חֵפֶת: The edge of a garment, which is folded over to ensure that the garment is the right size, or to reinforce the edge of the garment in order to prevent it from becoming frayed. It parallels the Arabic حافة, *ḥāfa*, which has the same meaning.

״וְהָאוּמָּן מַכְלִיב״. מַאי מַכְלִיב? רַבִּי יוֹחָנָן אָמַר: מַפְסִיעַ. רַבָּה בַּר שְׁמוּאֵל אָמַר: שִׁינֵּי כַּלְבְּתָא.

§ It was further taught in the mishna: **A craftsman,** however, **may form** only **temporary stitches** [***makhliv***].[LN] The Gemara asks: **What is** meant by **forming temporary stitches? Rabbi Yoḥanan said: He** does not sew all the stitches that are necessary, but rather **he skips** certain stitches in the middle (Rabbeinu Hananel). **Rabba bar Shmuel said:** He sews stitches that are like **the teeth of a dog.**[N] He does not sew all the stitches in a straight line, so that they resemble the teeth of a dog, which also are not straight.

״מְסָרְגִין אֶת הַמִּטּוֹת״. מַאי מְסָרְגִין וּמַאי מְמַתְּחִין? כִּי אֲתָא רַב דִּימִי אֲמַר: פְּלִיגִי בָּהּ רַבִּי חִיָּיא בַּר אַבָּא וְרַבִּי אַסִּי, וְתַרְוַיְיהוּ מִשְּׁמֵיהּ דְּחִזְקִיָּה וְרַבִּי יוֹחָנָן; חַד אָמַר: מְסָרְגִין – שְׁתִי וָעֵרֶב, וּמְמַתְּחִין – שְׁתִי בְּלֹא עֵרֶב. וְחַד אָמַר: מְסָרְגִין שְׁתִי בְּלֹא עֵרֶב, וּמְמַתְּחִין – שֶׁאִם הָיָה רָפוּי מְמַתְּחוֹ.

§ It was also taught in the mishna: **One may interweave** the cords attached to the frame of **a bed.** Rabbi Yosei says: One may only tighten the cords. The Gemara asks: **What is** meant by **interweaving,**[B] **and what is** meant by **tightening? When Rav Dimi came** from Eretz Yisrael to Babylonia, **he said: Rabbi Ḥiyya bar Abba and Rabbi Asi disagree about** the matter, **and both of them** reported their opinions **in the name of Ḥizkiyya and Rabbi Yoḥanan. One** Sage **said: Interweaving** involves placing and tying the cords of the bed both **lengthwise and widthwise,** whereas **tightening** means arranging the cords only **lengthwise and not widthwise. And one** Sage **said: Interweaving** involves arranging the cords only **lengthwise and not widthwise, while tightening** means **that if** a cord **became loose, he** may **tighten it** but he may not tie any new cords.[H]

אִינִי? וְהָא תָּנֵי רַב תַּחְלִיפָא בַּר שָׁאוּל: וְשָׁוִין שֶׁאֵין מַפְשִׁילִין חֲבָלִים לְכַתְּחִלָּה. בִּשְׁלָמָא לְמַאן דְּאָמַר מְסָרְגִין שְׁתִי וָעֵרֶב, וּמְמַתְּחִין שְׁתִי בְּלֹא עֵרֶב – הַיְינוּ דְּקָתָנֵי רַב תַּחְלִיפָא בַּר שָׁאוּל: וְשָׁוִין שֶׁאֵין מַפְשִׁילִין חֲבָלִים לְכַתְּחִלָּה.

The Gemara asks: **Is that so? Didn't Rav Taḥlifa bar Shaul teach** the following *baraita*: **And** both Rabbi Meir and Rabbi Yosei **agree that one may not braid cords anew**[H] on the intermediate days of a Festival? **Granted, according to the one who said** that **interweaving** means tying the cords **lengthwise and widthwise, and tightening** means tying them only **lengthwise and not widthwise, this** explanation is consistent with **that which Rav Taḥlifa taught: And** they both **agree that one may not braid cords anew,** as even though one is permitted to arrange the cords of the bed, he is not permitted to produce new cords.

אֶלָּא לְמַאן דְּאָמַר: מְסָרְגִין – שְׁתִי בְּלֹא עֵרֶב, מְמַתְּחִין – שֶׁאִם הָיָה רָפוּי הָיָה מְמַתְּחוֹ, הָשְׁתָּא שְׁתִי וָעֵרֶב אָמְרַתְּ לָא, חֲבָלִים לְכַתְּחִלָּה מִיבַּעְיָא! קַשְׁיָא.

However, according to the one who said that **interweaving** means tying the cords only **lengthwise and not widthwise,** while **tightening** means **that if** a cord **became loose, he** may **tighten it,** there is a difficulty. **Now that you said** that tying the cords **lengthwise and widthwise, no,** it is not permitted even though the cords are readily available, **is it necessary** to say that braiding **cords anew** is prohibited? The Gemara comments: Indeed **it is difficult.**

אֲמַר לֵיהּ רַב נַחְמָן בַּר יִצְחָק לְרַבִּי חִיָּיא בַּר אָבִין: מִי אִיכָּא לְמַאן דְּאָמַר מְסָרְגִין שְׁתִי בְּלֹא עֵרֶב? וְהָתְנַן, רַבִּי מֵאִיר אוֹמֵר: הַמִּטָּה – מִשֶּׁיְּסָרוֹג בָּהּ שְׁלֹשָׁה בָּתִּים!

Rav Naḥman bar Yitzḥak said to Rabbi Ḥiyya bar Avin: Is there one who says that interweaving means tying the cords **lengthwise, but not widthwise? Didn't we learn** in a mishna (*Kelim* 16:1) that **Rabbi Meir says: A bed** is considered a utensil and becomes susceptible to ritual impurity **from when one interweaves**[N] **three** rows of **meshes in it,** i.e., three rows lengthwise and widthwise? It is clear from here that interweaving a bed involves tying its cords lengthwise and widthwise.

אֶלָּא, כִּי אֲתָא רָבִין אֲמַר: בִּמְסָרְגִין – כּוּלֵּי עָלְמָא לָא פְּלִיגִי דִּשְׁתִי וָעֵרֶב. אֶלָּא כִּי פְּלִיגִי – בִּמְמַתְּחִין, מָר סָבַר: מְמַתְּחִין שְׁתִי בְּלֹא עֵרֶב, וּמָר סָבַר: שֶׁאִם הָיָה רָפוּי – מְמַתְּחוֹ.

Rather, when Ravin came from Eretz Yisrael to Babylonia **he stated** a different version of the tradition: **With regard to interweaving, everyone agrees** that it is referring to tying the cords of a bed **lengthwise and widthwise. When they disagree it is only about** the meaning of **tightening. One Sage holds** that **tightening** means arranging the cords only **lengthwise and not widthwise. And one Sage holds** that it means that **if** a cord **became loose, he may tighten it.**

מֵיתִיבִי: מְסָרְגִין אֶת הַמִּטָּה וְאֵין צָרִיךְ לוֹמַר שֶׁמְּמַתְּחִין, דִּבְרֵי רַבִּי מֵאִיר. רַבִּי יוֹסֵי אוֹמֵר: מְמַתְּחִין, אֲבָל לֹא מְסָרְגִין. וְיֵשׁ אוֹמְרִים: אֵין מְמַתְּחִין כָּל עִיקָּר.

The Gemara **raises an objection** from the following *baraita*: **One may interweave** the cords attached to the frame of **a bed** on the intermediate days of a Festival, **and needless to say one may tighten** those cords; **this is the statement of Rabbi Meir. Rabbi Yosei says: One may** only **tighten** the ropes **but not interweave** them. **And some say: One may not tighten** them **at all.**

LANGUAGE

Form temporary stitches [*makhliv*] – מַכְלִיב: This refers to poor-quality sewing. It has also been related to the word dog [*kelev*] or cage [*keluv*], manners of describing poor-quality stitching.

NOTES

Form temporary stitches [*makhliv*] – מַכְלִיב: In the Jerusalem Talmud there is an opinion that *makhliv* refers to sewing the stitches one by one, not in the manner of a craftsman, who sews several stitches at once. Skipping refers to sewing wide stitches as if he were taking wide steps, skipping over the space in the middle. Others say that it means sewing quickly and imprecisely (Commentary on *Moed Katan*).

The teeth of a dog – שִׁינֵּי כַּלְבְּתָא: The version of the text recorded by Rashi does not read: Teeth of a dog, but simply: Dog, which is a term for an imprecise manner of sewing (Rashi manuscript).

A bed is considered a utensil and becomes susceptible to ritual impurity from when one interweaves – הַמִּטָּה מִשֶּׁיְּסָרוֹג: The Ritva cites another explanation in the name of Rabbeinu Shimshon of Saens, that the question here relates to the time from which a cord that is tied to the bed is considered part of the bed, so that even the part that has not yet been interwoven becomes susceptible to ritual impurity.

BACKGROUND

Interweaving beds – סֵירוּג הַמִּיטּוֹת: Most beds in the talmudic period had wooden frames that were mounted on legs. On top of this frame, and sometimes within the frame, cords would be tied and interwoven lengthwise and widthwise. The cushions they would use as a mattress would be placed on top. In pressing circumstances, they would use cords tied only widthwise, with firm cushioning on top.

HALAKHA

Weaving a bed – סֵירוּג מִטָּה: It is permitted to interweave the cords attached to the frame of a bed lengthwise and widthwise, and it is certainly permitted to tighten cords that have become loose. Some are stringent and say that one should not interweave the cords unless they had already been placed in their holes before the Festival (*Shulḥan Arukh, Oraḥ Hayyim* 541:2; *Mishna Berura*).

Braid cords anew – מַפְשִׁילִין חֲבָלִים לְכַתְּחִלָּה: One may not braid cords anew on the intermediate days of a Festival (*Shulḥan Arukh, Oraḥ Hayyim* 541:2).

בִּשְׁלָמָא לְמַאן דְּאָמַר מְמַתְּחִין שְׁתִי בְּלֹא עֵרֶב – הַיְינוּ דְּאָתוּ יֵשׁ אוֹמְרִים לְאִיפְּלוּגֵי. אֶלָּא לְמַאן דְּאָמַר שֶׁאִם הָיָה רָפוּי מְמַתְּחוֹ, לְיֵשׁ אוֹמְרִים מְמַתְּחוֹ נַמִי לָא?

Granted, according to the one who said that **tightening** means tying the cords only **lengthwise and not widthwise, this is** why the opinion presented as: **Some say, comes to disagree** and says that one may not tie the cords at all, even only lengthwise. However, if the cords became loose, all agree that they may be tightened. **But according to the one who said** that tightening means **that if** a cord **became loose he** may **tighten it,** then **according to** the opinion presented here as: **Some say,** may **he not even tighten** the cords of his bed? How, then, would he be able to sleep on it?

אִין, כֵּיוָן דְּאֶפְשָׁר לְמַמְלְיֵיהּ בְּמָאנֵי – לָא טָרְחִינַן.

The Gemara answers: **Yes,** indeed, according to this opinion, it is prohibited even to tighten the cords of one's bed. **Since it is possible** for him **to fill** the depression in his bed **with clothing,** so that he can sleep there, **he** may **not exert** himself during the week of the Festival and fix the bed in a more permanent manner.

מתני׳ מַעֲמִידִין תַּנּוּר וְכִירַיִם וְרֵיחַיִם בַּמּוֹעֵד. רַבִּי יְהוּדָה אוֹמֵר: אֵין מְכַבְּשִׁין אֶת הָרֵיחַיִם בַּתְּחִילָּה.

MISHNA **One may set up an oven, a stove, and a mill on** the intermediate days of **a Festival.**[H] **Rabbi Yehuda says: One may not chisel millstones**[B] **for the first time** on the intermediate days of a Festival.

גמ׳ מַאי מְכַבְּשִׁין? רַב יְהוּדָה אָמַר: מִנְקָר רֵיחַיָא. רַב יְחִיאֵל אָמַר: בַּת עֵינָא.

GEMARA The Gemara asks: **What is** meant by **chiseling** millstones? **Rav Yehuda said: Cutting** grooves into **the millstones.** As the millstones wear down over time and become smooth, one must occasionally cut grooves into the stones so that they can grind properly. **Rav Yeḥiel said:** Cutting out **an eyehole**[N] in the upper millstone, through which the grain can pass, so that it can be ground between the two millstones.[N]

מֵיתִיבִי: מַעֲמִידִין תַּנּוּר וְכִירַיִם בַּמּוֹעֵד, וּבִלְבַד שֶׁלֹּא יִגְמוֹר מְלַאכְתָּן, דִּבְרֵי רַבִּי אֱלִיעֶזֶר. וַחֲכָמִים אוֹמְרִים: אַף יִגְמוֹר. רַבִּי יְהוּדָה אוֹמֵר מִשְּׁמוֹ: מַעֲמִידִין אֶת הַחֲדָשָׁה, וּמְכַבְּשִׁין אֶת הַיְשָׁנָה. וְיֵשׁ אוֹמְרִים: אֵין מְכַבְּשִׁין כׇּל עִיקָּר.

The Gemara **raises an objection** from a *baraita*: **One may set up an oven and a stove on** the intermediate days of **a Festival, provided that he does not** fully **complete the labor;** this is **the statement of Rabbi Eliezer. But the Rabbis say: He** may **even complete** the labor. **Rabbi Yehuda says in the name of** Rabbi Eliezer: **One may set up a new** millstone **and one may chisel an old** millstone. **And some say: One may not chisel** a millstone **at all.**

בִּשְׁלָמָא לְמַאן דְּאָמַר מְכַבְּשִׁין מִנְקָר רֵיחַיָא – הַיְינוּ דְּמַשְׁכַּחַתְּ לַהּ בִּישָׁנָה. אֶלָּא לְמַאן דְּאָמַר בַּת עֵינָא – יְשָׁנָה, בַּת עֵינָא לָמָּה לַהּ? כְּגוֹן דְּקָא בָּעֵי לְאַרְווֹחֵי טְפֵי פּוּרְתָּא.

Granted, according to the one who said that **chiseling** a millstone means **cutting** grooves into **the millstones, this is** how **you can find** this activity relevant **to an old** mill. **But according to the one who said** it means cutting out **an eyehole, why does an old** millstone **need an eyehole** to be cut out? It must have one already. The Gemara answers: This is referring to a case **where he wants to widen** the hole **a little more.**

רַב הוּנָא שְׁמָעֵיהּ לְהַהוּא גַּבְרָא דְּקָא מְנַקֵּר רֵיחַיָא בְּחוּלָּא דְּמוֹעֲדָא, אֲמַר: מַאן הַאי? אִיתְחִיל גּוּפֵיהּ דְּקָא מֵחִיל חוּלָּא דְּמוֹעֲדָא! סָבַר לַהּ כְּיֵשׁ אוֹמְרִים.

The Gemara relates that **Rav Huna** once **heard a certain man cutting** grooves into **his millstone on the intermediate days of a Festival. He said: Who is this? May his body be desecrated, for he desecrates the intermediate days of a Festival.** The Gemara comments: Rav Huna **holds in accordance** with the statement cited as: **Some say,** that one is not permitted to roughen his millstones at all.

דָּרַשׁ רַב חָמָא: נוֹקְרִין רֵיחַיִם בַּמּוֹעֵד. מִשּׁוּם רַבִּי מֵאִיר אָמַר: אֲפִילּוּ סוּס שֶׁרוֹכֵב עָלָיו וַחֲמוֹר שֶׁרוֹכֵב עָלָיו מוּתָּר לִיטּוֹל צִפׇּרְנַיִם בְּחוּלּוֹ שֶׁל מוֹעֵד,

Rav Ḥama taught as follows: **One may cut** grooves into **millstones on** the intermediate days of **a Festival. In the name of Rabbi Meir he said: Even** with regard to **the horse that** one **rides upon and the donkey that he rides upon, he is permitted to trim** their **hooves**[N] on the intermediate days of a Festival so that they do not suffer when they walk.[H]

BACKGROUND

Chiseling millstones – מְכַבְּשִׁין אֶת הָרֵיחַיִם: The upper millstone could be constructed in various ways, depending upon the general structure of the mill. It had a hole, usually in the middle of the stone, through which the grain was poured, so that it would fall between the two millstones, which would grind it. This image also depicts the rod that would be inserted in a second hole in order to turn the millstone. Some mills also included a hole in the lower millstone that was used to connect the two millstones. In order to render the grinding more effective, grooves or holes would be cut into the millstones in order to hold the kernels in place so that they would be well ground. Over time the stones would become worn and these grooves would disappear. Consequently, it was periodically necessary to cut new grooves in order to return the mill to optimal working condition.

Millstones with eyeholes

NOTES

Eyehole – בַּת עֵינָא: Some explain that this refers to any hole in the millstone, including the hole in the upper millstone through which the grain is poured and the hole in the lower millstone into which the rod that connects the two stones is inserted.

Cutting grooves and an eyehole into the millstones – נִיקּוּר וּבַת עֵינָא: The Ra'avad writes that it is not clear which of these two rulings is a greater novelty. On the one hand, cutting an eyehole is certainly the work of a craftsman, as opposed to cutting grooves into the millstones. Conversely, the mill can be operated even without cutting grooves into the millstones, however, without an eyehole it cannot grind at all, and therefore not cutting an eyehole would cause a great deal of distress on the Festival.

To trim their hooves – לִיטּוֹל צִפׇּרְנַיִם: Some write that this is done in order to prepare the hooves for horseshoes, or that this process includes attaching horseshoes. This is not clarified in the Gemara because animals were not ordinarily fitted with shoes in Babylonia, as it was unnecessary due to the soft ground there (Ran; Meiri).

HALAKHA

Setting up a mill on the intermediate days of a Festival – הַעֲמָדַת רֵיחַיִם בְּחוֹל הַמּוֹעֵד: On the intermediate days of a Festival it is permitted to cut grooves into millstones, to cut the eyehole in the upper millstone, and to set the millstones in place (*Shulḥan Arukh, Oraḥ Ḥayyim* 540:8).

Trimming hooves on the intermediate days of a Festival – תִּיקּוּן פַּרְסוֹת בְּחוֹל הַמּוֹעֵד: One may trim the hooves of a donkey or a horse on the intermediate days of a Festival if he needs to ride on it, provided that he did not intentionally leave this to be done on the Festival (*Shulḥan Arukh, Oraḥ Ḥayyim* 536:1).

אֲבָל חֲמָרָא דְּרֵיחַיָּא – לָא.

However, with regard to the hooves of **a donkey** that turns the **millstones,**[B] **no,** they may not be trimmed. This is unnecessary on the intermediate days of a Festival, as one may only grind grain that one needs to use on the Festival itself, and the donkey can perform this task even if its hooves are not trimmed.

רַב יְהוּדָה שָׁרֵי לְמִישְׁקַל טוּפְרֵיהּ לַחֲמָרָא דְּרֵיחַיָּא, וּלְאוֹקוֹמֵי רֵיחַיָּא, וּלְמִבְנֵי רֵיחַיָּא, וּלְמִבְנֵי אַמַּת רֵיחַיָּא, וּלְמִבְנֵי אוּרְיָא. רָבָא שְׁרָא לְסָרוּקֵי סוּסְיָא, וּלְמִבְנֵי אַקַּרְפִּיטָא, וּלְמִבְנֵי אִיצְטַבָּא.

Rav Yehuda permits one **to trim the hooves of the donkey** that turns **a mill, to set** the stones of **a mill** in their place, **to build** the base of **a mill, to construct** a water **channel** to carry water that drives **a mill,**[NH] **and to build a stable**[N] for horses on the intermediate days of a Festival. **Rava permitted** one **to groom a horse,**[HB] **to build a trough,**[NH] **and to build a bench**[H] on the intermediate days of a Festival.

רָבָא שְׁרָא לְמִישְׁקַל דְּמָא לִבְהֵמָה בְּחוּלָּא דְּמוֹעֲדָא. אֲמַר לֵיהּ אַבַּיֵּי: תַּנְיָא דִּמְסַיַּיע לָךְ: מַקִּיזִין דָּם לִבְהֵמָה, וְאֵין מוֹנְעִין רְפוּאָה לִבְהֵמָה בְּחוּלּוֹ שֶׁל מוֹעֵד.

Rava also **permitted** one **to let the blood of an animal**[NB] for medical purposes **on the intermediate days of a Festival. Abaye said to him:** A *baraita* **is taught that supports you: One may let blood from an animal, and one does not withhold** any **medical treatment**[H] **from an animal on the intermediate days of a Festival.**

רָבָא שְׁרָא לְכַסְכּוּסֵי קִירְמֵי. מַאי טַעְמָא? מַעֲשֵׂה הֶדְיוֹט הוּא. אָמַר רַב יִצְחָק בַּר אַמִּי אָמַר רַב חִסְדָּא: קִיטּוּרֵי בִּירֵי – אֲסִיר. מַאי טַעְמָא? מַעֲשֵׂה אוּמָּן הוּא.

Rava further **permitted** one **to scrub garments**[NH] as part of the laundry process. **What is the reason? It is the work of a layman** and not the work of a craftsman, which is prohibited on the intermediate days of a Festival. **Rav Yitzḥak bar Ami said that Rav Ḥisda said: Tying sleeves** to create pleats[N] **is prohibited. What is the reason? It is the work of a craftsman** and is consequently prohibited on the intermediate days of a Festival.

NOTES

A water channel to carry water that drives a mill – אַמַּת רֵיחַיָּא: Some explain that this phrase actually refers to the base on which the millstones are placed (*Talmid Rabbeinu Yeḥiel of Paris*; Commentary on *Moed Katan*).

To build a stable [*ureya*] – לְמִבְנֵי אוּרְיָא: Some commentaries write that it would seem very surprising if it were permitted to build an entire stable for animals on the intermediate days of a Festival (*Talmid Rabbeinu Yeḥiel of Paris*). They interpret *ureya* to mean a trough, as it does in several other places in the Talmud. Alternatively, it means that one may flatten and smooth the location where the horses sleep (Rabbeinu Yehonatan of Lunel; *Talmid Rabbeinu Yeḥiel of Paris*).

To build a trough [*akarpita*] – לְמִבְנֵי אַקַּרְפִּיטָא: Rashi and Rabbeinu Gershom Meor HaGola explain that an *akarpita* is a trough. Others understand it to be a wooden bench, unlike an *itztabba*, or regular bench, which is of stone (Rabbeinu Yehonatan of Lunel; *Sefer HaMeorot*; Ran). Some say there is no difference between an *itztabba* and an *akarpita*, and that both can be made of wood or stone (*Talmid Rabbeinu Yeḥiel of Paris*; Rabbi Shlomo ben HaYatom; Meiri). Rabbi Shlomo ben HaYatom asserts that the Gemara's next phrase, to build a bench, is meant as an explanation of this phrase.

To let the blood of an animal – לְמִישְׁקַל דְּמָא לִבְהֵמָה: Some explain that the reason for the leniency is in order to prevent an irretrievable loss (Ritva; Meiri). Some later authorities understand that the allowance is due to the pain suffered by the animal (*Keren Ora; Tal Ḥayyim*).

To scrub garments – לְכַסְכּוּסֵי קִירְמֵי: Rashi explains that this is scrubbing the garments by hand after washing them (Rashi manuscript). Others understand it as wetting the clothes and softening them (Rabbeinu Ḥananel, citing *ge'onim*). Alternatively, this means ironing the clothes (Rashi; *Talmid Rabbeinu Yeḥiel of Paris*).

Tying sleeves to create pleats – קִיטּוּרֵי בִּירֵי: Most commentaries explain that this means making special pleats on sleeves that later would be sewn or tied in place; this is the work of a craftsman (Rid; *Arukh*). Some explain that it refers to making pleats in women's pants (*Talmid Rabbeinu Yeḥiel of Paris*). Rabbi Shlomo ben HaYatom understands it to mean burning spices underneath garments so that they will absorb the scent or tying the clothes in a special way before laundering them so that they will not shrink.

HALAKHA

Setting up a mill on the intermediate days of a Festival – תִּקּוּנֵי רֵיחַיִם בְּמוֹעֵד: It is permitted to set up a mill on the intermediate days of a Festival, to construct a water channel for it, and to trim the hooves of the donkey used in the mill, in accordance with the opinion of Rav Yehuda (*Shulḥan Arukh, Oraḥ Ḥayyim* 540:8).

Grooming a horse – סְרִיקַת סוּס: On the intermediate days of a Festival one may groom a horse in order to beautify it (*Shulḥan Arukh, Oraḥ Ḥayyim* 536:2).

To build a trough – לְמִבְנֵי אַקַּרְפִּיטָא: It is permitted to build a trough for an animal on the intermediate days of a Festival (*Shulḥan Arukh, Oraḥ Ḥayyim* 540:5).

To build a bench – לְמִבְנֵי אִיצְטַבָּא: On the intermediate days of a Festival it is permitted to build a bench in a nonprofessional manner in order to be able to sit or lie down upon it (*Shulḥan Arukh, Oraḥ Ḥayyim* 540:6).

Medical treatment for an animal – רְפוּאַת בְּהֵמָה: One may let blood from an animal on the intermediate days of a Festival and take care of any of its health needs, even when this involves actions that are prohibited labors (*Shulḥan Arukh, Oraḥ Ḥayyim* 536:3).

To scrub garments – לְכַסְכּוּסֵי קִירְמֵי: It is permitted to scrub certain articles of clothing on the intermediate days of a Festival after they have been laundered in order to wear them on the Festival (*Magen Avraham*), and it is permitted to iron them in the usual manner (Rema). However, one may not iron pleats into a garment, as this is regarded as the work of a craftsman (*Shulḥan Arukh, Oraḥ Ḥayyim* 541:3).

BACKGROUND

Donkey that turns the millstones – חֲמָרָא דְּרֵיחַיָּא: The image depicts ancient mills found in a bakery in Pompeii. A rod was inserted into the square-shaped hole on the top part and a donkey would pull the rod around the mill, which would in turn crush the grain.

Ancient mills from a bakery in Pompeii

To groom a horse – לְסָרוּקֵי סוּסְיָא: There are different types of combs that are used for grooming horses. Rashi explains that the Gemara here is referring to a metal comb.

Metal horse comb

To let the blood of an animal – לְמִישְׁקַל דְּמָא לִבְהֵמָה: For many generations physicians believed that bloodletting was a powerfully effective remedy, both as a cure and as a general preventative therapy for staying healthy. Bloodletting was based on an ancient system of medicine in which blood and other bodily fluids were considered to be humors, the proper balance of which was believed to maintain health. Bloodletting was the most common medical procedure performed by doctors on both humans and animals from antiquity through the late nineteenth century, a period of almost two millennia. Today it is well established that bloodletting is not effective for most diseases. The only remaining condition for which it is used is polycythemia vera, a disease in which the body produces too many red blood cells.

אָמַר רָבָא: מַאן דְּמַתְקִיל אַרְעָא, אַדַּעְתָּא דְּבֵי דָּרֵי – שָׁרֵי; אַדַּעְתָּא דְּאַרְעָא – אֲסִיר.

§ **Rava said:** With regard to one **who clears the ground**[H] on the intermediate days of a Festival, the following distinction applies: If **his intention** is to prepare **a threshing floor,**[N] **it is permitted,** but if **his intention** is to prepare **the ground** for planting, **it is prohibited.**

הֵיכִי דָּמֵי? מוּלְיָא בְּמוּלְיָא וְנָצָא בְּנָצָא – אַדַּעְתָּא דְּבֵי דָּרֵי; שָׁקַל מוּלְיָא וּשְׁדָא בְּנָצָא – אַדַּעְתָּא דְּאַרְעָא.

The Gemara asks: **What are the circumstances** of each case? The Gemara explains: If he casts earth from one **mound** [*mulya*] **onto** another **mound,**[N] **or from one furrow into** another **furrow** [*natza*], it is clear that he is doing this **with the intention of** preparing **a threshing floor,** as his sole interest is the level area in the middle and not the ground that surrounds it. However, if **he takes** earth **from a mound and casts it into a furrow,** he is presumably doing this **with the intention of** preparing **the ground** for planting, which is prohibited on the intermediate days of a Festival due to its similarity to the prohibited labor of plowing.

וְאָמַר רָבָא: הַאי מַאן דְּזָכֵי זִיכֵי אַדַּעְתָּא דְּצִיבֵי – שָׁרֵי; אַדַּעְתָּא דְּאַרְעָא – אֲסִיר. הֵיכִי דָּמֵי? שָׁקֵיל רַבְרְבֵי וְשָׁבֵיק זוּטְרֵי – אַדַּעְתָּא דְּצִיבֵי; שָׁקַל רַבְרְבֵי וְזוּטְרֵי – אַדַּעְתָּא דְּאַרְעָא.

And Rava said: With regard to **one who clears** his field from **twigs** on the intermediate days of a Festival, the following distinction applies: If **his intention** is to use **the twigs it is permitted,** but if **his intention** is to prepare **the ground** for planting, **it is prohibited.** The Gemara asks: **What are the circumstances** of each case? The Gemara explains: If **he takes the large** twigs **and leaves the small** ones, it is clear that he is doing this **with the intention of** using **the twigs.** But if **he takes** both **the large** twigs **and the small** ones, it appears as though that he is doing so **with the intention of** preparing **the ground,** and it is prohibited.[H]

וְאָמַר רָבָא: הַאי מַאן דְּפָתַח מַיָּא לְאַרְעֵיהּ, אַדַּעְתָּא דְּכַוְורֵי – שָׁרֵי; אַדַּעְתָּא דְּאַרְעָא – אֲסִיר.

And Rava further **said:** With regard to **one who opens the** gates of a **water** channel[H] running **through his land** on the intermediate days of a Festival, the following distinction applies: If **his intention** is to catch **the fish** that come along with the water, **it is permitted,** but if **his intention** is to water **the ground, it is prohibited.**

הֵיכִי דָּמֵי? פָּתַח תְּרֵי בָּבֵי, חַד מֵעִילָּאֵי וְחַד מִתַּתָּאֵי – אַדַּעְתָּא דְּכַוְורֵי; פָּתַח חַד בָּבָא – אַדַּעְתָּא דְּאַרְעָא.

The Gemara asks: **What are the circumstances** of each case? The Gemara explains: If **he opens two gates** in the water channel, **one above** his field **and one below,** so the water that flows in also flows out, it is clear that he is doing this **with the intention of** catching **fish,** as the water will flow out and only the fish will remain in the indentations in his field. But if **he opens** only **one** gate, he is presumably doing this **with the intention of** watering **the ground,** as it is evident that he wants the channel to fill and the water to overflow into the field.

וְאָמַר רָבָא: הַאי מַאן דְּפָשַׁח דִּיקְלָא אַדַּעְתָּא דְּחֵיוָתָא – שָׁרֵי; אַדַּעְתָּא דְּדִיקְלָא – אֲסִיר. הֵיכִי דָּמֵי? שָׁקֵיל כּוּלֵּיהּ מֵחַד גִּיסָא – אַדַּעְתָּא דְּחֵיוָתָא; מֵהַאי גִּיסָא וּמֵהַאי גִּיסָא – אַדַּעְתָּא דְּדִיקְלָא, וַאֲסִיר.

And Rava also **said:** With regard to **one who cuts** the branches of his **date palm** on the intermediate days of a Festival, the following distinction applies: If he does this **with the intention** of feeding **his animals, it is permitted,** but if he does it **with the intention of** enhancing the growth of his **date palm, it is prohibited.**[H] The Gemara asks: **What are the circumstances** of each case? The Gemara explains: If **he takes all** of the branches **from one side** of the tree, he is doing this **with the intention of** feeding the branches to **his animals,** as it is evident that he is not concerned with the damage to the date palm. However, if he takes the branches **from this side** of the tree **and** also **from the other side,** it appears as though he is doing so **with the intention of** enhancing the growth of **the date palm, and it is prohibited.**

וְאָמַר רָבָא: הָנֵי תַּמְרֵי תּוּחֲלָנֵי, מִיגְזְרִינְהוּ – שָׁרֵי; מְיַיצְּנִינְהוּ – אֲסִיר. רַב פַּפָּא אָמַר: כֵּיוָן דְּמִתְלְעֵי – כִּפְרַקְמַטְיָא הָאָבֵד דָּמֵי, וְשָׁרֵי.

And Rava further **said: With regard to these unripe dates,**[H] **cutting them** into pieces in order to render them fit for eating **is permitted** on the intermediate days of a Festival, but **preserving them is prohibited,** as they will not be ready for use until after the Festival. **Rav Pappa said: Since they** are likely to **become infested with worms** if they are not properly attended to, **they** are treated **like merchandise that will be lost, and it is permitted** to preserve them on the intermediate days of a Festival.

HALAKHA

One who clears the ground – **מַאן דְּמַתְקִיל אַרְעָא**: It is prohibited to clear a field on the intermediate days of a Festival for the sake of plowing it. If it is evident that one is flattening the field in order to thresh grain there for the Festival, it is permitted (*Shulḥan Arukh, Oraḥ Hayyim* 537:9).

Gathering wood from a field – **אִיסּוּף עֵצִים מִן הַשָּׂדֶה**: One may not gather wood from a field on the intermediate days of a Festival in order to prepare the field for plowing, but it is permitted for one to do so if it is clear that he needs the wood (*Shulḥan Arukh, Oraḥ Hayyim* 537:10).

Opening the gates to a water channel running through one's field – **פְּתִיחַת מַיִם לַשָּׂדֶה**: It is prohibited to open the gates of a water channel running through one's field in order to water the field. However, if he does this to catch the fish that come with the water, e.g., if he opens both sides of the channel so that the water enters his field and drains from it, it is permitted (*Shulḥan Arukh, Oraḥ Hayyim* 537:8).

Cutting branches – **קְצִיצַת עֲנָפִים**: It is prohibited to cut the branches of a tree if one's intention is to enhance the growth of the tree, but if it is clear that he is cutting them to feed them to an animal, it is permitted (*Shulḥan Arukh, Oraḥ Hayyim* 537:11).

Unripe dates – **תַּמְרֵי תּוּחֲלָנֵי**: Fruit that is slightly ripened and is minimally edible may be picked on the intermediate days of a Festival in order to be eaten. If one picked them in order to eat them and there was fruit left over, and he is concerned that they will spoil, he may press them so that they not become ruined. However, he may not pick them from the outset in order to press them. In the case of a fruit that will not be available after the Festival, it is permitted even to pick them in order to press them, in accordance with the opinion of Rav Pappa (*Shulḥan Arukh, Oraḥ Hayyim* 533:3).

NOTES

If his intention is to prepare a threshing floor [*bei darei*] – **אַדַּעְתָּא דְּבֵי דָּרֵי**: Some explain that *bei darei* refers to a sheep pen. The continuation of the Gemara is to be understood in light of the fact that it is not necessary to flatten the entire field in order to construct a sheep pen (*Talmid Rabbeinu Yeḥiel of Paris*; *Tosefot HaRosh*).

From one mound onto another mound – **מוּלְיָא בְּמוּלְיָא**: Many commentaries had a different version of the text, according to which the ground is completely flattened for a threshing floor, whereas one is not as particular about this for a field (Rabbeinu Gershom Meor HaGola; Rabbeinu Yehonatan of Lunel). Conversely, some say that not only does a threshing floor not have to be entirely flat; it is actually convenient for there to be a slope (Rid; Ran). All agree that the difference is that in the first case, one flattens only part of the field, primarily the mounds and furrows, whereas in the second case one tries to render the entire field completely flat. Rabbeinu Hananel explains *mulya* and *natza* to mean soft and hard places in the ground, respectively.

ואמר רבא: פרקמטיא כל שהוא אסור. אמר רבי יוסי בר אבין: ובדבר האבד – מותר. רבינא הוה ליה ההוא עיסקא דהוה מזדבן בשיתא אלפי. שהייה לזבוניה בתר חולא דמועדא וזבניה בתריסר אלפי.

§ And Rava also said: Any commerce[N] is prohibited on the intermediate days of a Festival. Rabbi Yosei bar Avin said: But with regard to a matter that, if left unattended, will result in significant loss,[N] it is permitted.[H] The Gemara relates that Ravina once had a joint business venture that could have been sold for six thousand dinars, but he delayed selling it until after the intermediate days of a Festival, and he sold it then for twelve thousand dinars.

רבינא הוה מסיק זוזי בבני אקרא דשנואתא. אתא לקמיה דרב אשי, אמר ליה: מהו למיזל האידנא עלייהו? אמר ליה: כיון דהאידנא הוא דמשכחת להו, ביומי אחריני לא משכחת להו – כפרקמטיא האבד דמי, ושרי.

It is further related that Ravina had lent money to the residents of the fortress of Shanvata. He came before Rav Ashi and said to him: What is the *halakha* with regard to going to them now, on the intermediate days of the Festival, to collect my debt? Rav Ashi said to him: Since it is now that you will find them, whereas on other days you will not find them, as during the year these people would travel from place to place to earn their livelihood, this is treated like merchandise that will be lost, and it is therefore permitted.

תניא נמי גבי עבודה זרה כי האי גוונא: הולכין

The Gemara adds: So too, it is taught in a *baraita* with regard to idol worship like this case: One may go

NOTES

Any commerce – פרקמטיא כל שהוא: Even though this seems obvious from the mishna in the next chapter, it was necessary for Rava to emphasize that this applies not only to a substantial business deal, but even to a trivial one (*Tal Hayyim*).

A matter that, if left unattended, will result in significant loss – דבר האבד: There are many different opinions about how to define a loss with regard to this *halakha*. The primary dispute is about whether the loss must be in the principal itself (*Tosafot*; see Rosh), or whether it can even be in the potential profit that one can earn (see Rashi and Ritva).

HALAKHA

Commerce on the intermediate days of a Festival – פרקמטיא במועד: It is prohibited to engage in commerce, including both selling and purchasing merchandise, on the intermediate days of a Festival. It is also prohibited to collect a loan that one had made if he needs the money for his business. The *Taz* holds that if he does not have to go to court, but merely needs to demand that the money be repaid, it is permitted. Others hold that even this is prohibited (Rabbi Akiva Eiger, citing Rosh). However, if he will not be able to find his debtor after the Festival, or if for any reason he will not be able to collect his loan, he may collect it on the intermediate days of the Festival. If he has the opportunity to make a great profit he may engage in commerce privately and then use his profits generously for the sake of the Festival (see Jerusalem Talmud; *Shulḥan Arukh*, *Oraḥ Hayyim* 539:1, and the comment of Rema).

Perek **I**
Daf **11** Amud **a**

ליריד של גוים, ולוקחים בהמה עבדים ושפחות בתים שדות וכרמים, וכותב ומעלה בערכאות שלהן, מפני שהוא כמציל מידן.

to a fair of pagan gentiles[H] held on a day they have designated for idol worship and buy animals, slaves, maidservants, houses, fields, and vineyards from them. And he may write the necessary deeds and confirm them in their courts [*arkaot*][LN] by verifying the signatures on the documents to prevent the sellers from appealing and retracting the sale. Although this behavior might be construed as a display of respect for the gentiles and their idols, it is nevertheless permitted because it is as if he were rescuing his property from their hands, as he would not have another opportunity to acquire these items. This indicates that time-sensitive transactions are considered like cases where one might suffer financial loss, and are permitted.

HALAKHA

A fair of pagan gentiles – יריד של גוים: It is permitted to attend a fair of pagan gentiles and to buy animals, slaves, maidservants, houses, and fields. One may also write the necessary deeds and confirm them in the gentile courts (*Shulḥan Arukh*, *Yoreh De'a* 149:3).

LANGUAGE

Courts [*arkaot*] – ערכאות: Apparently from the Greek ἀρχεῖον, *arkheyon*, which can be translated in a number of ways, including the seat of a judge, or the site of the local ruling council. Apparently this word was adopted into the Hebrew root *a-r-kh* in order to create a word that sounds like Hebrew. In talmudic parlance, *arkaot* refer to the official gentile courts, as opposed to the Jewish rabbinical courts.

NOTES

Gentile fairs and courts – ירידים וערכאות: Ordinarily, one may not do business at a fair of idol-worshipping gentiles, as the fair is held in honor of an idol, and the gentile will come to thank his god for his success. One may also not employ a gentile court, even if the laws are the same as Jewish laws on the issue at hand, as this accords honor to the pagans and detracts from the honor of the Jewish people.

רַב שְׁרָא לְחִיָּיא בַּר אַשִׁי לְמִיגְדַּל אוֹהֲרֵי בְּחוּלָּא דְמוֹעֲדָא. מַאי טַעְמָא? מַעֲשֵׂה הֶדְיוֹט הוּא. אֲבָל אִיזְלֵי – אָסוּר. מַאי טַעְמָא? מַעֲשֵׂה אוּמָּן הוּא.

It was related that **Rav permitted Ḥiyya bar Ashi to weave** simple **traps** [*oharei*][LB] **on the intermediate days of a Festival.** The Gemara explains: **What is the reason** for this? It is because **it is the work of a layman. However, complex nets** [*izlei*][LN] **are prohibited.**[H] **What is the reason? It is the work of a craftsman,** which is prohibited on the intermediate days of a Festival.

רַב יְהוּדָה שְׁרָא לְאַמִּי תַּנּוּרָא לְמִיגְדַּל תַּנּוּרֵי, וּלְרַבָּה בַּר עַשָּׁבִי לְמִיגְדַּל מְהוּלְתָא. אִינִי? וְהָא תָּנֵי רַבָּה בַּר שְׁמוּאֵל: וְשָׁוִין שֶׁאֵין גּוֹדְלִין תַּנּוּר לְכַתְּחִילָּה! לָא קַשְׁיָא: כָּאן – בִּימוֹת הַחַמָּה, כָּאן – בִּימוֹת הַגְּשָׁמִים.

It was further related that **Rav Yehuda permitted Ami the oven maker to construct ovens**[BNH] on the intermediate days of a Festival **and Rabba bar Ashabi to craft sieves.** The Gemara asks: **Is that really so? Didn't Rabba bar Shmuel teach** the following *baraita*: **And they all agree that one may not construct a new oven** on the intermediate days of a Festival. The Gemara answers that this is **not difficult: Here,** where Rav Yehuda permitted constructing an oven, he was referring **to the summer,** i.e., when the weather is hot and dry, so the oven can dry out and already be fit for use on the Festival; **there,** where the *baraita* prohibits constructing an oven, it is referring to **the rainy season,**[N] i.e., when the weather is such that the oven will not be ready for use on the Festival.

מתני׳ עוֹשִׂין מַעֲקֶה לַגַּג וְלַמִּרְפֶּסֶת מַעֲשֵׂה הֶדְיוֹט, אֲבָל לֹא מַעֲשֵׂה אוּמָּן. שָׁפִין אֶת הַסְּדָקִין וּמַעְגִּילִין אוֹתָן בַּמַּעְגִּילָה בַּיָּד וּבָרֶגֶל, אֲבָל לֹא בַּמַּחֲלָצַיִם.

MISHNA **One may construct a railing for a roof or a balcony** if it is done in a nonprofessional manner, as **the work of a layman, but not** if it is done skillfully, as **the work of a craftsman. One may plaster the cracks**[H] in an oven **and roll over them with a roller,**[B] a wooden tool used to smooth out clay, **with a hand or a foot, but not with a presser,**[N] a tool that is specially designed for this task.

NOTES

Simple traps [*oharei*] and complex nets [*izlei*] – **אוֹהֲרֵי וְאִיזְלֵי**: There are various opinions as to the meaning of *oharei* and *izlei*. Some maintain that *oharei* are traps used to catch fish, whereas *izlei* are nets used to catch birds (Rashi). Others suggest that both are used to catch fish, but *oharei* are small nets, while *izlei* are large and intricate professional nets (Rashi on Rif; Rabbi Shlomo ben HaYatom). Yet others propose that *oharei* are fish nets made from branches, whereas *izlei* are nets woven from fabric (Rabbeinu Hananel; Ra'avad; *Talmid Rabbeinu Yeḥiel of Paris*; Ritva).

To construct [*lemigdal*] ovens – **לְמִיגְדַּל תַּנּוּרֵי**: Rabbeinu Yehonatan of Lunel understands that *lemigdal* is like *lemigbal*, meaning to mix [*legabel*] clay to construct an oven. Others explain that the term *lemigdal*, means to tie, as they would tie branches together to build the frame of the oven, cover the frame with clay, and then fire it in a kiln (Rashi on Rif; *Talmid Rabbeinu Yeḥiel of Paris*; Ritva; Meiri). Rabbi Shlomo ben HaYatom suggests that they made ovens by weaving together rolls of clay.

The summer and the rainy season – **יְמוֹת חַמָּה וִימוֹת הַגְּשָׁמִים**: Most commentaries interpret these terms as referring to Passover and Sukkot respectively. However, *Talmid Rabbeinu Yeḥiel of Paris* explains that it depends on the actual weather conditions at a given time.

A roller [*magila*] and a presser [*maḥalatzayim*] – **מַעְגִּילָה וּמַחֲלָצַיִם**: There are various opinions about the meaning of these terms. Some suggest that a *magila* is a roller made of wood or stone with which roofs are straightened (*Arukh*). Others propose that it is a large and heavy piece of wood that is used to even out plaster (Rabbi Shlomo ben HaYatom).

According to most commentaries, *maḥalatzayim* refers to a trowel (Rashi on Rif; Rabbeinu Yehonatan of Lunel; Rabbi Zekharya Agamati; *Talmid Rabbeinu Yeḥiel of Paris*). Others say that it is a piece of wood that is used to knock the plaster in order to even it out, which is difficult work (Meiri). The *Arukh* explains that the term *maḥalatzayim* refers to the handles of the roller.

HALAKHA

Fish traps on a Festival – **רִשְׁתּוֹת דָּגִים בַּמּוֹעֵד**: It is permitted to produce fish traps from willow branches on the intermediate days of a Festival, as this is an ordinary, unskilled task, but one may not weave nets, as this is the work of a craftsman (*Shulḥan Arukh, Oraḥ Ḥayyim* 541:1).

An oven on a Festival – **תַּנּוּר בַּמּוֹעֵד**: It is permitted to construct earthenware ovens and stoves if there is sufficient time for them to dry and be used on the Festival. The same applies to pots and other utensils (Rema). If it is cold, it is permitted to construct an oven for heating (*Magen Avraham*) and to repair a window (*Shulḥan Arukh, Oraḥ Ḥayyim* 540:7; *Ḥayyei Adam*).

Fixing cracks – **תִּיקּוּן סְדָקִים**: It is permitted to fix cracks in the roof with one's hand or foot on the intermediate days of a Festival, but not with a craftsman's tools. If rain is leaking into the house, he may fix the roof even with tools (*Shulḥan Arukh, Oraḥ Ḥayyim* 540:3; *Beur Halakha*).

LANGUAGE

Traps [*oharei*] – **אוֹהֲרֵי**: This word seems to be related to the word *ḥarayot*, palm branches. *Oharei* refers to baskets that are made of palm branches and used to catch fish.

Complex nets [*izlei*] – **אִיזְלֵי**: This word stems from the Syriac root *azel*, which means a target. The reference is to a net woven from string by a skilled craftsman.

BACKGROUND

Traps [*oharei*] – **אוֹהֲרֵי**: According to the *ge'onim*, *oharei* are types of baskets made from braided palm branches that were used to catch fish or birds. The fish or bird would enter the basket on its own, and when it attempted to exit, the top of the basket would close.

Traditional fish trap

To construct ovens – **לְמִיגְדַּל תַּנּוּרֵי**: This term, which literally means braiding ovens, alludes to the manner in which they would construct clay ovens. First they would form a frame out of soft branches. Clay would be applied to the frame, and afterward when the oven would be heated, the branches would burn and the walls of the oven would turn hard and strong.

Roller – **מַעְגִּילָה**: In the talmudic era, most roofs were flat and lined with plaster, which would be reapplied each year before the rainy season. It was necessary to ensure that the surface of the roof would be smooth and at a very slight incline. The first stage in the process of smoothing the plaster was done with a roller, a large, circular piece of wood that would be rolled over the roof while the plaster was still moist. One would generally grip the roller by its handle, but it could be used without a handle as well. After this first stage was completed, the second, more precise stage would be done with a presser.

Ancient rollers found at Mount Gerizim

הַצִּיר וְהַצִּינּוֹר וְהַקּוֹרָה וְהַמַּנְעוּל וְהַמַּפְתֵּחַ שֶׁנִּשְׁבְּרוּ – מְתַקְּנָן בַּמּוֹעֵד, וּבִלְבַד שֶׁלֹּא יִתְכַּוֵּין לַעֲשׂוֹת מְלַאכְתּוֹ בַּמּוֹעֵד.

With regard to **the hinge** of a door, **and the cylinder** of the hinge, **and the** cross **beam**[N] that holds the door, **and a lock and a key that broke, one may fix them on** the intermediate days of a **Festival** as these items are essential for the Festival and their repair cannot be delayed.[H] This is permitted, **provided that he does not intend** ahead of time **to do his labor on the Festival** and delay it until that time.

וְכׇל כְּבָשִׁין שֶׁהוּא יָכוֹל לֶאֱכוֹל מֵהֶן בַּמּוֹעֵד – כּוֹבְשָׁן.

And with regard to **all preserved food from which one can eat on the Festival,** since they become ready to be eaten in a short amount of time, **he** may **preserve them** on the intermediate days of a Festival.

גמ׳ הֵיכִי דָּמֵי מַעֲשֵׂה הֶדְיוֹט? רַב יוֹסֵף אָמַר: בְּהוּצָא וְדַפְנָא. בְּמַתְנִיתָא תָּנָא: צָר בִּצְרוֹר וְאֵינוֹ טָח בְּטִיט.

GEMARA The Gemara asks: **What are the circumstances** in which a railing is considered **the work of a layman? Rav Yosef said:** When it is made **with palm branches and** the branches of **bay trees,** which do not create a permanent structure. **It was taught in a *baraita*** that **he fills in** the space **with stone but he does not plaster** the stones **with clay.**

״שָׁפִין אֶת הַסְּדָקִין וּמַעְגִּילִין אוֹתָן בְּמַעְגִּילָה״. הָשְׁתָּא בְּמַעְגִּילָה אָמְרַתְּ שָׁרֵי, בְּיָד וּבְרֶגֶל מִיבַּעְיָא?! הָכִי קָאָמַר: שָׁפִין אֶת הַסְּדָקִין וּמַעְגִּילִין אוֹתָן כְּעֵין מַעְגִּילָה בְּיָד וּבְרֶגֶל, אֲבָל לֹא בְּמַחֲלָצַיִם.

It was taught in the mishna: **One may plaster the cracks** in an oven **and roll over them with a roller,** with a hand or a foot, but not with a presser. The Gemara asks: **Now** that **you said** that **it is permitted** to roll over the cracks **with a roller, is it necessary** to say that one may plaster the cracks **with a hand or a foot?** The Gemara answers that **this is what** the mishna **is saying: One may plaster the cracks** in an oven **and roll over them as if with a roller,** meaning **with a hand or a foot,**[N] **but not with a presser,** which is a craftsman's tool made especially for this.

״הַצִּיר וְהַצִּינּוֹר וְהַקּוֹרָה וְהַמַּנְעוּל וְהַמַּפְתֵּחַ שֶׁנִּשְׁבְּרוּ מְתַקְּנָן בַּמּוֹעֵד״. וּרְמִינְהִי: עַד יָמָיו הָיָה פַּטִּישׁ מַכֶּה בִּירוּשָׁלַיִם כו׳. עַד יָמָיו – אִין, מִכָּאן וְאֵילָךְ – לָא!

It was taught in the mishna: With regard to **the hinge** of a door, **and the cylinder** of the hinge, **and the** cross **beam** that holds the door, **and a lock and a key that broke, one may fix them on** the intermediate days of **a Festival.** The Gemara **raises a contradiction** to this from a different mishna (*Ma'aser Sheni* 5:15): **Until the days** of Yoḥanan the High Priest, workmen's **hammers would beat in Jerusalem** on the intermediate days of a Festival. One can deduce from this mishna that **until his days, yes,** the workmen's hammers would beat, **but from then on, no,** because Yoḥanan the High Priest banned such work. This seems to contradict the mishna here that permits fixing certain items on the intermediate days of the Festival.

לָא קַשְׁיָא; כָּאן – בִּדְנַפָּחֵי. כָּאן – בִּדְנַגָּרֵי.

The Gemara answers: **This is not difficult: There,** when it is prohibited, it is referring to the work **of smiths,** which generates a great deal of noise; **here,** where it is permitted, it is referring to the work **of carpenters,** which is much quieter.

מַתְקִיף לַהּ רַב חִסְדָּא: יֹאמְרוּ קָלָא רַבָּה – אֲסִיר, קָלָא זוּטָר – שָׁרֵי! אֶלָּא אָמַר רַב חִסְדָּא: לָא קַשְׁיָא; הָא – בְּמַגְלֵי, הָא – בַּחֲצִינֵי. רַב פַּפָּא אָמַר: כָּאן – קוֹדֶם גְּזֵירָה, כָּאן – לְאַחַר גְּזֵירָה.

Rav Ḥisda strongly objects to this: If so, people **will say** that **a loud noise is prohibited,** but **a soft noise is permitted. Rather, Rav Ḥisda said** that the apparent contradiction is **not difficult** for a different reason: **This** mishna that permits labor is referring to **sickles,** as sickles emit no noise at all; whereas **that** mishna that prohibits labor is referring to **chisels.**[N] **Rav Pappa said: Here** in the mishna it is referring to the period **before the decree** of Yoḥanan the High Priest; whereas **there** in the other mishna it is referring to the period **after the decree.**

רַב אַשִׁי אָמַר: הָא – רַבִּי יְהוּדָה, הָא – רַבִּי יוֹסֵי. דְּאָמַר רַבִּי יִצְחָק בַּר אַבְדִּימִי: מַאן תְּנָא שִׁינּוּי בַּמּוֹעֵד בְּדָבָר הָאָבֵד? דְּלָא כְּרַבִּי יוֹסֵי.

Rav Ashi said: That mishna, which prohibits this labor, was taught in accordance with the opinion of **Rabbi Yehuda;** while **this** mishna was taught in accordance with the opinion of **Rabbi Yosei. As Rabbi Yitzḥak bar Avdimi said: Who is the *tanna*** who **taught** that all labor performed **on** the intermediate days of a **Festival** must be done **with a change,** i.e., in an altered manner, even **with** regard to **a matter that will be lost** if timely action is not taken? It is **not in accordance with** the opinion of **Rabbi Yosei,** as Rabbi Yosei permits doing labor that will prevent financial loss even when it is done in the usual manner.

NOTES

The hinge [*tzir*], the cylinder [*tzinor*], and the cross beam [*kora*] – הַצִּיר וְהַצִּינּוֹר וְהַקּוֹרָה: Most commentaries understand that *tzir* refers to a hinge upon which the door swivels. Others suggest that it is the hole into which the hinge is inserted (Rid).

According to most commentaries, *tzinor* refers to the hole into which the hinge is inserted. Some explain that it is a water pipe (Rambam's Commentary on the Mishna). The *kora* is a crossbeam that reinforces the door or serves as a bolt (*Talmid Rabbeinu Yeḥiel of Paris*). Alternatively, it refers to a beam that supports the house (Rabbeinu Yehonatan of Lunel). The reason that these items may be fixed on the intermediate days of a Festival is that the lack of a functioning door is likely to cause an irretrievable loss, in accordance with the talmudic adage: An opening beckons to a thief (Rambam; Rabbeinu Yehonatan of Lunel; Riaz).

As if with a roller, with a hand or a foot – כְּעֵין מַעְגִּילָה בְּיָד וּבְרֶגֶל: For those who explain that *magila* is a kind of roller and *maḥalatzayim* is a trowel, this should be understood as follows: Not only is a roller, which is a special tool used to even out a roof, prohibited; even a trowel is prohibited. One may only do the work by hand, and this is permitted even if the finished product is as smooth and beautiful as if a tool had been used. According to the *Arukh*, who explains *maḥalatzayim* as the handles of the roller, this means that one is permitted to use a roller but only without the handles, by rolling it with his hand or his foot (see Meiri).

Sickles and chisels – מַגְלֵי וַחֲצִינֵי: Rashi and the Rid maintain that tools that emit almost no noise are permitted. Most commentaries understand that sickles are tools that are not made for this kind of work, as opposed to chisels, which are the tools of craftsmen (Commentary on *Moed Katan*; *Tosefot HaRosh*; Ritva).

HALAKHA

Fixing a door or a lock – תִּיקּוּן הַדֶּלֶת וּמַנְעוּלָהּ: If the hinges of a door, its lock, key, cylinder, or crossbeam break even slightly, regardless of whether they are made from wood or metal, it is permitted to repair them on the intermediate days of a Festival in the usual manner. This is true only if one does not intentionally leave the repairs to be done on the Festival (*Shulḥan Arukh*, *Oraḥ Ḥayyim* 540:4, and the comment of Rema).

אָמַר רָבִינָא: כְּמַאן מַדְלֵינַן הָאִידָּנָא קַבְיוּתָא דְּדָשָׁא בְּחוּלָּא דְּמוֹעֲדָא? כְּמַאן – כְּרַבִּי יוֹסֵי.

Ravina said: In accordance with whose opinion **do we now lift the lintel above the door**[N] in order to drive in the nails that had loosened **on the intermediate days of a Festival** in the usual manner? **In accordance with whose** opinion is this done? It is done **in accordance with** the opinion of **Rabbi Yosei,** who permits labor that will prevent financial loss even when it is done in the usual manner.

״כְּבָשִׁין שֶׁהוּא יָכוֹל לֶאֱכוֹל בַּמּוֹעֵד – כּוֹבְשָׁן״. בְּדִיתָא לְבָאי כַּוְורֵי. אָזֵיל כּוּלֵּי עָלְמָא צוּד, אַיְיתוּ כַּוְורָא. שְׁרָא לְהוּ רָבָא לְמִימְלַח מִינַּיְיהוּ.

§ It was taught in the mishna: With regard to all **preserved food from which he can eat on the Festival, he** may **preserve them** on the intermediate days of a Festival. The Gemara relates that the **Bedita** River once **overflowed,** depositing large quantities of **fish**[N] in small water deposits on the river bank on the intermediate days of a Festival. **Everyone went and trapped and brought** home **fish,**[H] **and Rava permitted them to salt** some **of** the fish.

אֲמַר לֵיהּ אַבָּיֵי: וְהָא תְּנַן: כְּבָשִׁין שֶׁהוּא יָכוֹל לֶאֱכוֹל מֵהֶן בַּמּוֹעֵד – כּוֹבְשָׁן! אֲמַר לֵיהּ: כֵּיוָן דְּמֵעִיקָּרָא אַדַּעְתָּא דַּאֲכִילָה אַיְיתִינְהוּ, וְאִי שָׁבֵיק לְהוּ פָּסְדִי – כִּפְרַקְמַטְיָא הָאָבֵד דָּמֵי, וְשָׁרֵי.

Abaye[P] **said to him: Didn't we learn** in the mishna: With regard to **all preserved food from which he can eat on the Festival, he** may **preserve them** on the intermediate days of a Festival? In this case it was impossible to eat that much fish on the Festival, and therefore preserving them should have been prohibited. Rava **said to him: Since they initially brought** these fish **with the intention of eating** them on the Festival,[N] and it only became clear afterward that they had brought too many, **and if one would leave them** without salting them **they would be ruined,** they are treated **like merchandise that will be lost, and** therefore preserving them **is permitted.**

וְאִיכָּא דְּאָמְרִי: שָׁרֵי לְהוּ רָבָא מֵיצָד, מֵיזָל, אַיְיתוּיֵי, וּמִימְלָח. אֲמַר לֵיהּ אַבָּיֵי: וְהָא אֲנַן ״כְּבָשִׁין שֶׁהוּא יָכוֹל לֶאֱכוֹל מֵהֶן כּוֹבְשָׁן״ תְּנַן!

And some say that it did not happen in this manner, rather, **Rava permitted them to trap** the fish, **to bring them** home, **and to salt** them. **Abaye said to him: Didn't we learn** in the mishna: With regard to **all preserved food from which he can eat on the Festival, he** may **preserve them** on the intermediate days of a Festival? These fish were heavily salted and consequently could not be eaten until they thoroughly dried out.

אֲמַר לֵיהּ: הָנֵי נַמִי מִיתְאַכְלִי אַגַּב אִיצְצָא. כִּי הָא דִּשְׁמוּאֵל עֲבַדוּ לֵיהּ שִׁיתִּין אִיצְצֵי, וַאֲכַל. רָבָא אִיקְּלַע לְבֵי רֵישׁ גָּלוּתָא, עָבְדִי לֵיהּ שִׁיתִּין אִיצְצֵי וַאֲכַל.

Rava **said to him: These** fish that were just salted **can also be eaten** now, **by pressing** out the salt and brine, and therefore, they too are fit to be eaten on the Festival, **as in that** case **of Shmuel,** where **they prepared** recently salted fish **for him by pressing** it **sixty times and he ate** the fish. The Gemara relates that **Rava happened** to come **to the house of the Exilarch** and **they prepared** freshly salted fish **for him by pressing** it **sixty times, and he ate** it.

NOTES

The lintel above the door – קַבְיוּתָא דְּדָשָׁא: The meaning of this term is in dispute. Some understand that it refers to a lintel from which nails have fallen out (Ran; see Rabbi Shlomo ben HaYatom). Others explain that it is a bolt that fell out of place and needs to be reinforced with nails (Commentary on *Moed Katan*; *Tosefot HaRosh*). There are also those who understand that it refers to the door's lock. Yet others suggest that it is the hole into which the bolt is inserted (Rabbi Shlomo ben HaYatom).

The Bedita River overflowed [*levai*], depositing large quantities of fish – בְּדִיתָא לְבָאי כַּוְורֵי: Some understand that the river's waters overflowed its banks and some of the fish were carried out into the neighboring fields (*Tosefot HaRosh*; Rabbi Shlomo ben HaYatom). Others interpret *levai* as the name of a place, or meaning to dry up. They explain that the river went dry or its waters were diverted, leaving fish on the river bed (Rabbeinu Gershom Meor HaGola; Rashi; Rid).

Since they initially brought these fish with the intention of eating them on the Festival – כֵּיוָן דְּמֵעִיקָּרָא אַדַּעְתָּא דַּאֲכִילָה אַיְיתִינְהוּ: It is clear from this discussion that it would have been prohibited to catch the fish with the intention of leaving them for after the Festival. The Ra'avad questions why this case is different than the case cited in the Jerusalem Talmud of a passing caravan that offers a unique business opportunity. The *halakha* is that it is permitted to conduct business in that case because not doing so would be considered an irretrievable loss. Here, too, the opportunity to catch these fish should be treated similarly. He answers by distinguishing between buying and selling merchandise and acquiring ownerless property; the latter can never be considered a loss. Alternatively, there is a difference between conducting business, which is prohibited only due to the exertion involved, and catching fish, which involves a prohibited labor.

HALAKHA

Fishing on the Festival – דַּיִג בַּמּוֹעֵד: One may trap as many fish as he can on the intermediate days of a Festival and salt them all, as it is possible for him to eat them on the Festival. Likewise, it is permitted to catch them in public, as it is clear to all that it is for the Festival (*Shulḥan Arukh*, *Oraḥ Hayyim* 53:34, and the comment of Rema).

PERSONALITIES

Abaye and Rava – אַבָּיֵי וְרָבָא: Abaye, whose name was Naḥmani ben Kaylil, and Rava, whose name was Abba ben Yosef bar Ḥama, were among the great Sages of the fourth generation of Babylonian *amora'im*, and lived in the fourth century CE. The dialogues between Abaye and Rava recorded in the Gemara are classic examples of talmudic debate, so much so that the Gemara itself is referred to as the discussions of Abaye and Rava. Among their hundreds of disagreements, the accepted halakhic ruling follows the opinion of Abaye in only six cases.

Abaye and Rava were close friends, and their teachings often appear together in the Gemara. Abaye was orphaned at the time of his birth and raised by his paternal uncle, Rabba. Rava also studied under Rabba as a student in the academy in Pumbedita. After the death of Rabba and of Rav Yosef, Abaye was chosen to head the academy in Pumbedita, and Rava moved to Meḥoza, where he headed a yeshiva. Following Abaye's death, many of the students in Pumbedita joined Rava in Meḥoza, which had become the center of Torah study in Babylonia.

רַב אִיקְּלַע לְבֵי רַב שַׁפִּיר, אַיְיתוּ לְקַמֵּיהּ הַהוּא כַּוְורָא, תִּילְתָּא בִּישׁוּלָא, תִּילְתָּא מִילְחָא, וְתִילְתָּא טַוְיָא.

Apropos eating fish in various ways, the Gemara relates that **Rav** once **happened** to come **to the house of Rav Shapir,** and **they brought before him a certain fish,** of which **one- third** was **cooked, one-third** was **salted** and made edible via pressing, and **one-third** was **broiled.**

אֲמַר רַב, אֲמַר לִי אַדָּא צַיָּידָא: כַּוְורָא, סָמוּךְ לְמִיסְרְחֵיהּ מַעֲלֵי. וַאֲמַר רַב, אֲמַר לִי אַדָּא צַיָּידָא: כַּוְורָא, טַוְויֵא בַּאֲחוּהּ, אַסּוּקֵיהּ בַּאֲבוּהּ, מִיכְלֵיהּ בִּבְרֵיהּ, אִשְׁתִּי עֲלֵיהּ אֲבוּהּ.

Rav said: Adda the fisherman told me that **a fish** that has sat for some time and is **close to spoiling is** at its **best.**[B] **And Rav** also **said: Adda the fisherman told me:** With regard to **a fish, broil it with its brother,** i.e., with salt, which, like fish, also comes from the sea; **place it in its father,** i.e., in water; and **eat it with its son,**[N] i.e., with fish brine which comes from it; **and drink after it its father,** i.e., water.[B]

וַאֲמַר רַב, אֲמַר לִי אַדָּא צַיָּידָא: כַּוְורָא תַּחְלֵי וְחַלְבָּא לִיטְעוֹן גּוּפָא וְלָא לִיטְעוֹן פּוּרְיָא. וַאֲמַר רַב, אֲמַר לִי אַדָּא צַיָּידָא: כַּוְורָא, תַּחְלֵי, וְחַלְבָּא – מַיָּא וְלָא שִׁיכְרָא, שִׁיכְרָא וְלָא חַמְרָא.

And in addition **Rav said: Adda the fisherman told me:** After eating **fish, cress, and milk, let the body carry them**[N] **and let not the bed carry them,** i.e., it is advisable to go for a walk after eating them, rather than immediately going to sleep. **And Rav said: Adda the fisherman told me:** After eating **fish, cress,**[N] **and milk,** it is better to drink **water and not beer,** and if he has no water, he should drink **beer and not wine,** in order to avoid harming his body.

הדרן עלך משקין בית השלחין

BACKGROUND

Close to spoiling is at its best – סָמוּךְ לְמִיסְרְחֵיהּ מַעֲלֵי: One of the ways of processing raw meat is to leave it out for an extended period of time, almost to the point of rotting. With the help of bacteria, the meat begins to decompose and the hard meat softens. This bacterial activity also adds flavor to the meat. It seems that certain fish (see *Tosafot*) were also prepared in this manner. Of course, this process can lead to food poisoning if the meat or fish are left out too long.

Ways to eat fish – דַּרְכֵי אֲכִילַת דָּגִים: The Ra'avad explains that these pieces of advice were intended to ensure that the food not be digested too quickly and that the digestive process not interfere with sleep. Therefore, one was advised not go to sleep immediately after eating. On the other hand, it was believed that alcoholic beverages, e.g., beer, and certainly wine, speed up the digestion of fats, and so, in order to prolong the feeling of satiation and the taste of the food, it was advised that one not drink such beverages after eating these foods.

NOTES

Eat it with its son – מִיכְלֵיהּ בִּבְרֵיהּ: Some explain that this means that it should be eaten with a sauce made from young fish, in which case the word son is even more precise (*Arukh*).

Let the body carry [*liton*] them – לִיטְעוֹן גּוּפָא: Rav Sherira Gaon explains that these foods are good for the body but increase semen, and therefore it is better not to go to sleep immediately after eating them. Some have an alternative version of the text that reads: Let the body taste [*litom*] them, which means that the tastes of these foods remain in one's mouth for a certain period of time after they are eaten, and therefore it is recommended that one let the body savor these tastes and not go to sleep immediately (Ra'avad).

Cress – תַּחְלֵי: Some explain that the reference is to a type of dates (Rabbi Shlomo ben HaYatom).

Summary of **Perek I**

Despite the fact that the Sages stated that the *halakhot* of the Festival are sterile, i.e., isolated, and may not be learned one from the other (*Moed Katan* 12a), there are clear criteria that can be used to determine which activities are prohibited or permitted on the intermediate days of the Festival.

Among the activities permitted on the intermediate days of the Festival are those that are defined as incurring financial loss, i.e., refraining from this work will cause significant loss, and therefore the Sages permitted them on the intermediate days of the Festival.

Another category of permitted activity on the intermediate days of the Festival includes labors that are not performed by craftsmen, i.e., those that do not require a specific skill, or that are not performed in the manner of the craftsmen. Additionally, an activity that is necessary for the celebration of the Festival would be permitted on the intermediate days of the Festival. In general, the Sages prohibited labors that involved significant exertion, especially those that were directly related to agricultural labor.

Because there was often a clash between the various criteria delineated above, the Sages established individualized rulings on a case by case basis. In each case, in order to determine the *halakha* they applied the principles that had been set in place.

With regard to the injunction to rejoice on the Festival, it was concluded that one should not do anything on the intermediate days of the Festival that would likely lead to distress. Thus, a priest may not examine a leper on the intermediate days of the Festival, and one may not make public eulogies during this period. Out of a similar concern for the commandment to rejoice on the Festival, the Sages prohibited marrying during this time, as this would impinge upon the preparations for the Festival as well as introduce a conflicting source of celebration.

Introduction to **Perek II**

The clarification of the conditions and considerations that permit or prohibit labor on the intermediate days of a Festival is the central topic of this chapter.

In the previous chapter the justifications for a person's performing labor on the intermediate days of a Festival were discussed. One of the most common and important dispensations to work on the intermediate days of a Festival would be for a matter for which there is a high probability that loss will occur if timely action is not taken to safeguard it. In the present chapter the discussion of various issues, with regard to which such a concern is significant, continues.

One question is: What exactly is a matter that, if left unattended, will result in meaningful loss? Would an item suffering any amount of damage or monetary loss be considered a matter that will be lost? Or perhaps only the probability of serious damage or monetary loss would permit the performance of labor on the intermediate days of a Festival.

Another fundamental question concerns employment of artifice, since a person could intentionally create circumstances that require performing labor on the intermediate days of a Festival such that, if he does not perform it at that time, it will cause a great loss. The question, therefore, is whether we operate according to the existing situation, which has been caused by artifice, in which we have a matter that will be lost that can justify performing labor, or whether we punish the perpetrator for his trickery.

Two other justifications for the performance of labor on the intermediate days of a Festival are discussed in this chapter: Performance of labor for the community and performance of labor in order to enable the laborer to have food for the days of the Festival.

מתני׳ מִי שֶׁהָפַךְ אֶת זֵיתָיו, וְאֵירְעוֹ אֵבֶל אוֹ אוֹנֶס, אוֹ שֶׁהִטְעוּהוּ פוֹעֲלִים – טוֹעֵן קוֹרָה רִאשׁוֹנָה, וּמַנִּיחָה לְאַחַר הַמּוֹעֵד, דִּבְרֵי רַבִּי יְהוּדָה.

MISHNA The mishna discusses **one who had** already **turned over his olives**[BH] as part of the process of preparing them for pressing, **and mourning** for a close relative **befell him**[N] and as a result he was prohibited from engaging in work, **or** some other **unavoidable accident** occurred, **or** his **workers misled him,** promising to come but failing to do so, so that he could not press his olives before the Festival. Under these circumstances, during the intermediate days of the Festival, **he may** place the olives in the press and **load the beam**[B] with weights for the **initial** pressing of the olives and **leave it** this way **until after the Festival;** this is **the statement of Rabbi Yehuda.**

רַבִּי יוֹסֵי אוֹמֵר: זוֹלֵף וְגוֹמֵר וְגָף כְּדַרְכּוֹ.

Rabbi Yosei says: He may press the olives **and complete** the process **and** then **plug** each barrel of oil **in its usual manner.**[N] Since delay can entail financial loss, the Sages did not require him to alter the normal process of extracting the oil.

גמ׳ פָּתַח בְּאֵבֶל וְסַיֵּים בְּמוֹעֵד! אָמַר רַב שֵׁישָׁא בְּרֵיהּ דְּרַב אִידִי: זֹאת אוֹמֶרֶת דְּבָרִים הַמּוּתָּרִין בַּמּוֹעֵד – אֲסוּרִים בִּימֵי אֶבְלוֹ.

GEMARA The Gemara asks: The *tanna* **opens** the mishna **with** a case of **mourning and ends** it **with** the *halakhot* of the intermediate days of **the Festival,** leaving the connection between them unclear. **Rav Sheisha, son of Rav Idi, said: That is to say: Actions that are permitted on** the intermediate days of a **Festival**[N] **are prohibited during the days of one's mourning.**[H] Therefore, if a mourning period befell one before the Festival, and he could not prepare properly for the Festival due to the prohibition against performance of labor by a mourner, he is permitted to perform labor during the intermediate days of the Festival to avoid financial loss.

BACKGROUND

Turning over the olives – הֲפִיכַת הַזֵּיתִים: In order to extract the maximum amount of oil from olives, one must first soften them. For this purpose, they are collected into piles. The fermentation that results releases heat, which aids the softening process but necessitates that the olives be turned from time to time to prevent spoilage.

Beam – קוֹרָה: The beam of an olive press is a large, heavy pole that is placed in a hole in a wall above a basket of olives and weighted down on the other side in such a way that it presses down on the olives. The olive oil that is squeezed out is collected in a hole in the ground or in special utensils prepared for it.

Ancient olive press

HALAKHA

One who had already turned over his olives – מִי שֶׁהָפַךְ אֶת זֵיתָיו: If one had turned over his olives, or had his wine in the pit, and an unavoidable accident befell him, preventing him from finishing the task on time, or even if he began these labors because he thought he could complete them after the Festival but was in fact unable to do so, then since it is a matter that, if unattended, will result in significant loss, he may finish it as usual and line the barrels with pitch. Any labor that, if unattended, will result in significant loss is permitted on the intermediate days of the Festival (*Shulḥan Arukh, Oraḥ Ḥayyim* 538:1).

Festival and mourning – מוֹעֵד וְאֵבֶל: With regard to all matters that are permitted on the intermediate days of a Festival for the needs of the Festival, a mourner is prohibited from engaging in them, even through others (*Shulḥan Arukh, Yoreh De'a* 380:10).

NOTES

Mourning befell him – אֵירְעוֹ אֵבֶל: Rashi explains that this mishna is addressing two distinct cases: The case of one whose relative died unrelated to the Festival and was therefore prohibited from completing the process of pressing his olives, etc., and a different case of one who suffered some accident that prevented him from completing the process of pressing his olives before the Festival. According to Rashi, the dispute between Rabbi Yehuda and Rabbi Yosei is with regard to the labors permitted either during the mourning period or during the intermediate days of the Festival. Other commentaries understand the mourning as occurring right before the Festival. According to that explanation, it is merely another example of an unforeseen circumstance that can interfere with preparations for the Festival, and the dispute between Rabbi Yehuda and Rabbi Yosei with regard to what one is permitted to do concerns only the intermediate days of the Festival (Ritva).

And plug each barrel of oil in its usual manner – וְגָף כְּדַרְכּוֹ: The early authorities understood the dispute between Rabbi Yehuda and Rabbi Yosei in different ways. Some maintain that they disagree with regard to whether labor is permitted during the intermediate days of a Festival in order to prevent even a moderate loss. The most valuable oil is extracted in the first press, and the loss of the oil extracted subsequently is not as substantial (Rashi; Rabbeinu Yehonatan of Lunel; Ritva). Others explain that the dispute is about the nature of the allowance to perform labor during the intermediate days of the Festival due to financial loss. Rabbi Yehuda requires that it be performed in an altered manner and Rabbi Yosei permits one to perform the labor in the usual way (Rosh).

That is to say, actions permitted on the intermediate days of a Festival, etc. – זֹאת אוֹמֶרֶת דְּבָרִים הַמּוּתָּרִין בַּמּוֹעֵד וכו׳: Rav Sheisha's point is that the allowance of labor on the intermediate days of the Festival in order to avoid financial loss does not apply in parallel to one who is in mourning. According to those who explain that the mourning period mentioned in the mishna is merely an example of circumstances interfering with preparations for the Festival, Rav Sheisha's point is derived directly from the fact that the mishna allows labor in cases of loss on the Festival. Since the loss in this case arises from the fact that one could not complete his labor beforehand because he was in mourning, it must be the case that such labors were prohibited during the mourning period (Ritva). According to Rashi's reading of the mishna, Rav Sheisha's point is derived from the fact that the mishna specifies the allowance only in the context of the Festival.

NOTES

Rav Ashi said that he is speaking utilizing the didactic style of: It is not necessary – **רב אשי אמר לא מיבעיא קאמר**: Rav Ashi disagrees with Rav Sheisha and claims that there is an allowance for performance of labor to avoid financial loss during the mourning period as well. In fact, since the mourning period is by rabbinic law while the intermediate days of the Festival are by Torah law, one could derive the allowance with regard to the mourning period from the *halakha* pertaining to the intermediate days of the Festival *a fortiori* (Rid). According to the reading of the mishna that the mourning period occurs just before the Festival and serves as the justification for performing labor during the Festival, Rav Ashi claims that mourning can justify performing labor during the Festival even though in principle labor was permitted during the mourning period that befell him just before the Festival (Ritva).

On the intermediate days of the Festival, when the prohibition against labor is by Torah law – **במועד דאיסור מלאכה מדאורייתא**: Rav Ashi's statement serves as evidence for those commentaries that understand that the prohibition against performing labor during the intermediate days of a Festival is by Torah law. Those who argue that it is a rabbinic decree explain that Rav Ashi's point is that the prohibition against performing labor during the intermediate days of a Festival is more stringent than during the mourning period. This is because there is at least an intimation in the Torah to that effect with regard to Festivals, as opposed to the mourning period, where there is no such association (*Tosefot Rabbeinu Yehuda HaHasid*).

HALAKHA

A matter relating to a mourner that, if unattended, will result in significant loss – **דבר האבד לאבל**: It is permitted for others to perform labor for a matter that, if unattended, will result in significant loss for a mourner. Labors prohibited on the intermediate days of a Festival because they require excessive effort or a high level of expertise may be performed for the mourner by others. Some permit the mourner himself to perform tasks that cannot be performed by others and that, if unattended, will result in significant loss (Rema, citing Ramban and Rosh). According to some opinions, it is permitted for the mourner himself to perform labor after the first three days of mourning in cases of significant loss, but he should perform such tasks only in private (*Shakh*; *Shulhan Arukh*, *Yoreh De'a* 380:5).

רב אשי אמר: לא מיבעיא קאמר: לא מיבעיא בימי אבלו דמדרבנן הוא, ושרי, אלא אפילו במועד, דאיסור מלאכה מדאורייתא, במקום פסידא – שרו רבנן.

Rav Ashi said that the *tanna* of the mishna **is speaking** utilizing the didactic style of: **It is not necessary,**[N] and he is teaching two separate *halakhot*, one about mourning and the other about the Festival: **It is not necessary** to state that **during the days of his mourning, when** the prohibition against labor **is rabbinic, it is permitted** to perform labor that, if delayed, could cause serious loss; **but even on the** intermediate days of the **Festival, when the prohibition against** performing **labor is by Torah law,**[N] performing such labor is permitted because **in a case of a loss the Sages permitted** it.

תניא כוותיה דרב שישא בריה דרב אידי: אלו דברים העושין לאבל בימי אבלו: זיתיו הפוכין – טוענין לו, וכדו לגוף, ופשתנו להעלות מן המשרה, וצמרו להעלות מן היורה, ומרביצים שדהו משתגיע עונת המים שלו.

The Gemara comments: **It is taught** in a *baraita* **in accordance with** the opinion **of Rav Sheisha, son of Rav Idi: These are actions that** others **perform for the mourner during the days of his mourning:** If **his olives have** already **been turned over, they may load** them **for him** into the olive press, **and** likewise if **his cask** needs **to be plugged, or** if **his flax** needs **to be lifted out of the soaking pool**[B] where it will rot if not removed in time, **or** if **his wool** needs **to be lifted from the cauldron** into which it was placed for dyeing, they perform all these actions for him. **They** also **irrigate his field when his turn for water**[B] **arrives,** as in many places, each field would receive water in turn according to a prearranged schedule. If one does not utilize the water when his turn arrives, he loses that water. This supports Rav Sheisha's opinion that the prohibition against performing labor is waived in cases of loss only on the Festival. Under such circumstances, labor is prohibited to a mourner and in cases of loss may only be performed for him by others.

רבי יהודה אומר: אף זורעין לו שדה ניר, ושדה העומדת לפשתן. אמרו לו: אם לא תזרע בבכיר – תזרע באפל, אם לא תזרע פשתן – תזרע ממין אחר.

The *baraita* continues: **Rabbi Yehuda says: They also sow for him a plowed field or a field set aside for flax,**[B] where the time of sowing is critical. If the field is sown later, it will cause a loss. The Sages **said to him: If** that field **is not sown in the early** season, **it can be sown in the later** season; and similarly, **if it is not sown with flax, it can be sown with another species.** Therefore, this is not considered a great loss, and the Sages did not permit it.

רבן שמעון בן גמליאל אומר: זיתיו הפוכין ואין שם אומן אלא הוא, כדו לגוף ואין שם אומן אלא הוא, פשתנו להעלות מן המשרה, וצמרו להעלות מן היורה ואין שם אומן אלא הוא – הרי זה יעשה בצינעא.

Rabban Shimon ben Gamliel says: If **his olives have** already **been turned over and there is no skilled worker** available who knows how to press them properly **but him,** or **his cask** needs **to be plugged and there is no skilled worker** available **but him,** or **his flax** needs **to be lifted out of the soaking pool, or his wool** needs **to be lifted from the cauldron, and there is no skilled worker** available **but him, he may perform** all of these actions himself **in private.**[H]

יתר על כן אמר רבן שמעון בן גמליאל: אם היה אומן לרבים, וספר ובלן לרבים, והגיע עת הרגל ואין שם אומן אלא הוא – הרי זה יעשה.

Rabban Shimon ben Gamliel said further: If this mourner **was a craftsman** who serves **the public,** providing a necessary service, **or a barber or a bath attendant for the public, and the time of the Festival arrived,** i.e., it was the eve of a Festival, **and there is no** other **skilled worker** available **but him,** then **he may perform** the labor even in public, as the needs of the public takes precedence over the mourning of an individual.

BACKGROUND

Flax in a soaking pool – **פשתן במשרה**: After the stems of flax are reaped, they are soaked in water in order to cause the husks around the fibers to rot. The fibers are then removed from the water and beaten in order to remove unwanted material before the fibers are processed. If the flax soaks for too long, the fibers themselves might rot.

Turn for water – **עונת המים**: In Eretz Yisrael, where water was scarce and depended upon shared springs, and in Babylonia, where the water reached the fields through irrigation canals, the owners of the fields would set turns for watering. Since the success of the crop depended upon its receiving water at the appropriate time, everyone would be careful not to lose his turn.

Planting flax seed – **זריעת פשתן**: Flax is planted during the winter, or shortly beforehand. Early planting is critical, particularly for flax grown for its fiber. This flax is made into linen, which was the main use of flax at the time of the Talmud. Flax requires cold weather for its growth, and high temperatures or dryness can cause damage both to the quality of the fibers and the oil extracted from the flax seeds.

Flax field in bloom during the spring

הָאֲרִיסִין וְהַחֲכִירִין וְהַקַּבְּלָנִין – הֲרֵי אֵלּוּ יַעֲשׂוּ אֲחֵרִים בִּשְׁבִילָן. הַחַמָּרִין הַגַּמָּלִין וְהַסַּפָּנִין – הֲרֵי אֵלּוּ לֹא יַעֲשׂוּ. וְאִם הָיוּ מוּחְכָּרִין אוֹ מוּשְׂכָּרִין אֵצֶל אֲחֵרִים – הֲרֵי אֵלּוּ יַעֲשׂוּ. שְׂכִיר יוֹם, אֲפִילּוּ בְּעִיר אַחֶרֶת – לֹא יַעֲשֶׂה. הָיְתָה מְלֶאכֶת אֲחֵרִים בְּיָדוֹ, אַף עַל פִּי שֶׁבְּקִיבּוֹלֶת לֹא יַעֲשֶׂה.

The *baraita* continues: **Tenant farmers,** who farm others' land in exchange for a certain percentage of the crop, **and leasers,**[N] who work the land in exchange for a fixed amount of the crop, **and contractors,**[N] who work the land in exchange for a set amount of money, are included amongst **those for whom others may perform** their labor when they are in mourning.[H] In contrast, **donkey drivers, camel drivers,**[H] **and sailors** are **those** for whom others **may not perform** their work during their mourning periods. **However, if they** or their animals **were leased or hired out to others, then they may perform** work, because they were hired personally and cannot be replaced without loss. **A day laborer, even** if he is **in a different city** where his mourning status is not public knowledge, **may not perform** his work.[H] If **a commission for others was his responsibility, even if it was by contract** and he was paid not by the day but upon its completion, **he may not perform** that labor.[H]

אַף עַל פִּי שֶׁבְּקִיבּוֹלֶת וְלָא מִיבַּעְיָא שֶׁאֵינָהּ קִיבּוֹלֶת?! אַדְּרַבָּה, קִיבּוֹלֶת כְּדִידֵיהּ דָּמֵי! אֶלָּא, אֵימָא: בֵּין קִיבּוֹלֶת בֵּין שֶׁאֵינָהּ קִיבּוֹלֶת לֹא יַעֲשֶׂה.

The statement in the *baraita* that one may not perform a task for others **even if it was by contract** implies that **it is not necessary** to state that if it was **not by contract** the work is prohibited to a mourner. The Gemara asks: **On the contrary,** when he works **by contract it is considered as** though it were **his** own work, since he simply receives payment for the completed task. Non-contracted labor, where he is paid for the time he works, is not viewed as his own and it is conceivable that it would be permitted during his mourning period. The Gemara concludes: **Rather,** emend the text and **say** that the *baraita* should read: If a commission for others was his responsibility, **whether by contract or not by contract, he may not perform it.**

הָיְתָה מְלַאכְתּוֹ בְּיַד אֲחֵרִים, בְּבֵיתוֹ – לֹא יַעֲשׂוּ; בְּבַיִת אַחֵר – יַעֲשׂוּ.

The *baraita* continues: If **he commissioned others** to perform **his work,**[H] then if it was **in his house they may not perform** the work, but if it was **in another house they may perform** it.

מָרְיוֹן בְּרֵיהּ דְּרָבִין וּמָר בְּרֵיהּ דְּרַב אַחָא בְּרֵיהּ דְּרָבָא הֲוָה לְהוּ הַהוּא גַּמְלָא דְּתוֹרָא בַּהֲדֵי הֲדָדֵי. אִיתְרְעָא בֵּיהּ מִילְּתָא בְּמָר בְּרֵיהּ דְּרַב אַחָא בְּרֵיהּ דְּרָבָא, וּפְסַקֵיהּ לְגַמְלֵיהּ. אֲמַר רַב אָשֵׁי: גַּבְרָא רַבָּה כְּמָר בְּרֵיהּ דְּרַב אַחָא עָבֵיד הָכִי?! נְהִי דִּלְפְסֵידָא דִּידֵיהּ לָא חָיֵישׁ, אַדַּאֲחֵרִים לָא חָיֵישׁ? וְהָא תַּנְיָא: אִם הָיוּ מוּשְׂכָּרִין אוֹ מוּחְכָּרִין אֵצֶל אֲחֵרִים – הֲרֵי אֵלּוּ יַעֲשׂוּ!

The Gemara relates that **Maryon, son of Ravin, and Mar, son of Rav Aḥa, son of Rava, held a team of** two oxen in partnership **between them,** one ox apiece. **An event,** i.e., a death in the family, **befell Mar, son of Rav Aḥa, son of Rava, and he detached his** ox **from the team,** preventing any work from being performed by the team, because he did not want work performed with his animal during his days of mourning. **Rav Ashi said: A distinguished man like Mar, son of Rav Aḥa, is behaving this way? Granted, he is not concerned about his own loss, but is he not concerned about the loss of others,** i.e., his partner? **Isn't it taught** in the *baraita* cited above: **If they** or their animals **were hired out or leased to others, then they may perform** their work? In that case, why not allow the partner to work with the animal of Mar, son of Rav Aḥa?[NH]

וְהוּא סָבַר: אָדָם חָשׁוּב שָׁאנֵי.

The Gemara explains: **But Mar, son of Rav Aḥa, maintains: An important person**[N] **is different.** Even if strictly speaking something is permitted, an important person must be more rigorous with himself, so that people learn not to take the *halakha* lightly.

NOTES

Tenant farmers and leasers, etc. – הָאֲרִיסִין וְהַחֲכִירִין וכו׳: Some commentaries understand that the tenant farmers and leasers themselves are mourners (Rashi; Rabbi Shlomo ben HaYatom). However, most maintain that the reference is to the tenant farmers, leasers, and contractors of a mourner (Rif; Ra'avad; Rid; Rosh; Ramban).

And contractors – וְהַקַּבְּלָנִין: The early commentaries ask: Why mention contractors together with tenant farmers and leasers, since the contractor performs his own work for a set amount of money? Some explain that the reference is to a contractor who receives his payment from the produce of the field, and will therefore suffer a loss if the field is not worked properly (Rabbeinu Yehonatan of Lunel; Ran).

Partners, one of whom is a mourner – שׁוּתָּפִים שֶׁאֶחָד מֵהֶם אָבֵל: According to the Ra'avad, the partner who is not in mourning may not work in public but may do so in private (see Meiri). This situation is discussed at greater length in the Jerusalem Talmud.

An important person – אָדָם חָשׁוּב: This is referring to one whose actions people take into consideration and learn from. Such a person is obligated according to *halakha* to be stringent with himself even with regard to matters that are technically permitted, since gossip about him can lead to desecration of God's name (see Rabbi Shlomo ben HaYatom).

HALAKHA

A tenant farmer during his mourning period – אָרִיס בִּימֵי אֶבְלוֹ: A tenant farmer who becomes a mourner is prohibited from performing labor himself, but it is permitted for him to have the work performed by others (*Shulḥan Arukh, Yoreh De'a* 380:12).

Donkey drivers, camel drivers – הַחַמָּרִין, הַגַּמָּלִין: One who has a donkey, a boat, or the like and becomes a mourner, is prohibited from hiring it out to others during his mourning period. However, if it was hired out already and the rental period has not yet concluded, it is permitted for the arrangement to continue (Ra'avad; *Shulḥan Arukh, Yoreh De'a* 380:14).

Working in the field of a mourner – עֲבוֹדָה בִּשְׂדֵה הָאָבֵל: A day laborer may not work in the field of a mourner even in a different city (*Shulḥan Arukh, Yoreh De'a* 380:13).

A mourner commissioned to perform a task for others – אָבֵל שֶׁמְּלֶאכֶת אֲחֵרִים בְּיָדוֹ: A mourner may not perform labor for others, regardless of whether or not it is contract work. If it is a matter that, if unattended, will result in significant loss, he may have others perform it for him. Some say that even if there is no concern for loss, others may perform his work for him (*Ateret Zahav*; *Shulḥan Arukh, Yoreh De'a* 380:17).

If he commissioned others to perform his work – הָיְתָה מְלַאכְתּוֹ בְּיַד אֲחֵרִים: A contractor may perform a commission for someone who became a mourner after the onset of the contract. If the job is movable, he should not perform it in the mourner's house (*Shulḥan Arukh, Yoreh De'a* 380:18).

Partners, one of whom is a mourner – שׁוּתָּפִים שֶׁאֶחָד מֵהֶם אָבֵל: When one member of a partnership becomes a mourner, the other partners are prohibited from performing work in public, though they may continue to do so in private. If the mourner is an important person, and the partnership is associated with his name, his partners may not work even in private (*Shulḥan Arukh, Yoreh De'a* 380:21).

אָמַר שְׁמוּאֵל: מְקַבְּלֵי קִיבּוֹלֶת, בְּתוֹךְ הַתְּחוּם אָסוּר, חוּץ לַתְּחוּם – מוּתָּר.

§ **Shmuel said:** With regard to gentile **contractors,**[NH] who are paid for the completed job rather than by the day, **it is prohibited** for them to work for a Jew **within** the boundaries of **the** Shabbat **limit** on a day that it is prohibited for the Jew to work. It looks like the Jew assigned work for them to do on that day, even though they in fact make their own schedule. **Outside the** Shabbat **limit,** where Jews will not see the work being done, **it is permitted.**

אָמַר רַב פַּפָּא: וַאֲפִילּוּ חוּץ לַתְּחוּם לָא אֲמַרַן אֶלָּא דְּלֵיכָּא מָתָא דְּמִקַּרְבָא לְהָתָם, אֲבָל אִיכָּא מָתָא דְּמִקַּרְבָא לְהָתָם – אָסוּר.

Rav Pappa said: And even outside the Shabbat **limit, we said only** that it is permissible to let them work **when there is no** other **city in close proximity to there, but if there is** another **city in close proximity to there,**[N] **it is prohibited,** since the work is likely to be seen by a Jew.

אָמַר רַב מְשַׁרְשְׁיָא: וְכִי לֵיכָּא מָתָא דְּמִקַּרְבָא לְהָתָם נַמִי, לָא אֲמַרַן אֶלָּא בְּשַׁבָּתוֹת וּבְיָמִים טוֹבִים, דְּלָא שְׁכִיחִי אֱינָשֵׁי דְּאָזְלִי לְהָתָם. אֲבָל בְּחוּלּוֹ שֶׁל מוֹעֵד, דִּשְׁכִיחִי אֱינָשֵׁי דְּאָזְלִי וְאָתוּ לְהָתָם – אָסוּר.

Rav Mesharshiyya said: And even when there is no other **city in close proximity, we said** that it is permissible for gentile contractors to work for a Jew **only on *Shabbatot* and Festivals, when** Jewish **people do not routinely go there,** i.e., to the place where the work is being performed. **However, on the intermediate days of a Festival, when** Jewish **people routinely come and go from there** and see the work being done, **it is prohibited.**[H]

מָר זוּטְרָא בְּרֵיהּ דְּרַב נַחְמָן בָּנוּ לֵיהּ אַפַּדְנָא מְקַבְּלֵי קִיבּוֹלֶת חוּץ לַתְּחוּם. אִיקְּלַע רַב סָפְרָא וְרַב הוּנָא בַּר חִינָּנָא, וְלָא עָלוּ לְגַבֵּיהּ. וְאִיכָּא דְּאָמְרִי: הוּא נַמִי לָא עָל בְּגַוֵּיהּ.

The Gemara relates about **Mar Zutra, son of Rav Naḥman,** that gentile **contractors built a mansion** [*apadana*][L] **for him outside the** Shabbat **limit. Rav Safra and Rav Huna bar Ḥinnana happened** to come there, **but they did not enter it,** because it had been built on Shabbat in a prohibited manner. **And there are** those **who say: Even he,** Mar Zutra himself, **did not enter it.**[N]

וְהָאָמַר שְׁמוּאֵל: מְקַבְּלֵי קִיבּוֹלֶת, בְּתוֹךְ הַתְּחוּם – אָסוּר, חוּץ לַתְּחוּם – מוּתָּר! אָדָם חָשׁוּב שָׁאנֵי. וְאִיכָּא דְּאָמְרֵי: סִיּוּעֵי סַיַּיע בְּתִיבְנָא בַּהֲדַיְיהוּ.

The Gemara asks: **But didn't Shmuel say:** With regard to gentile **contractors, within** the boundaries of **the** Shabbat **limit, it is prohibited** to let them work on Shabbat, but **outside the** Shabbat **limit it is permitted?** The Gemara answers: **An important person is different** and must behave in a stricter manner. **And there are** those **who say: He provided them with assistance**[N] **with straw** for making the bricks. Consequently, they were not fully independent contractors, and therefore it was prohibited for them to work on Shabbat, even outside the Shabbat limit.

רַב חָמָא שְׁרָא לְהוּ לְאַבּוּנַגְרֵי דְּבֵי רֵישׁ גָּלוּתָא לְמֵיעֲבַד לְהוּ עֲבִידְתָּא בְּחוּלָּא דְּמוֹעֲדָא. אֲמַר: כֵּיוָן דַּאֲגַר לָא קָא שָׁקְלִי – שַׁרְשׁוּיֵי הוּא דְּקָא מְשַׁרְשׁוּ לֵיהּ. וְלֵית לָן בָּהּ.

The Gemara relates that **Rav Ḥama permitted the bath attendants** [*abunagrei*][NL] **of the Exilarch's house to work for them,** i.e., the Exilarch and his household, **on the intermediate days of a Festival. He said** in explanation of this leniency: **Since they do not take payment** for working during the week of the Festival, they **are** merely **conferring a favor**[N] on the Exilarch. Therefore, it is not viewed as actual labor, **and we have no** problem **with it.**[H]

NOTES

Gentile contractors – מְקַבְּלֵי קִיבּוֹלֶת: Most commentaries explain that Shmuel's extension of the prohibition against a gentile performing work for a Jew to include contract work was stated with regard to Shabbat and Festivals, as is indicated by Rav Mesharshiyya's qualification of that ruling stated later in the Gemara (Rashi; Ritva, citing Rabbeinu Yitzḥak of Dampierre). However, some explain that this *halakha* was stated with regard to a mourner and that contract work by a gentile is permitted on Shabbat and Festivals (Rabbeinu Tam).

But if there is another city in close proximity to there – אֲבָל אִיכָּא מָתָא דְּמִקַּרְבָא לְהָתָם: Rashi manuscript explains differently: If the city is nearby there is a concern lest one come to the assistance of the contractor.

Even he did not enter it – הוּא נַמִי לָא עָל בְּגַוֵּיהּ: Some ask: If he thought it was prohibited, why did he build it in the first place? They explain that he did not instruct the contractors to build at prohibited times and only discovered that they had done so after the fact (Rashi manuscript; *Nimmukei Yosef*).

He provided… assistance – סִיּוּעֵי סַיַּיע: Some early commentaries had the following version of the text: His slave provided assistance, i.e., without the master's knowledge. The early commentaries discuss whether there is an actual halakhic prohibition against having labor performed for one by a contractor on Shabbat or a Festival when he or his slave is assisting by providing material. Some say that it is merely a stringency for an important person; others claim that for a permanent structure whose construction details are widely known, it is an unequivocal halakhic prohibition (see Meiri).

Permitted the bath attendants, etc. – שְׁרָא לְהוּ לְאַבּוּנַגְרֵי וכו׳: According to most commentaries, the work performed by these bath attendants was not in itself prohibited on the intermediate days of the Festival. They derive from here that even permitted labor should not be performed for pay (see Rosh). This assumes that these workers were Jews. Others explain that these people were performing carpentry work, which is prohibited labor, and they were gentiles (Rashi; Rabbeinu Gershom Meor HaGola).

Conferring a favor, etc. – שַׁרְשׁוּיֵי הוּא וכו׳: These workers were not paid a set salary; rather, they received only collateral benefits, such as food, or small gifts (Rabbeinu Ḥananel; Rashi manuscript). One early commentary explains that these people did not receive payment at all, and they donated their labor to the Exilarch (Rabbi Shlomo ben HaYatom).

LANGUAGE

Mansion [*apadana*] – אַפַּדְנָא: This word is mentioned in the Bible (Daniel 11:45). Its origin is the Old Persian apadāna, and from there it was adopted by a number of languages. It means a palace or audience hall.

Bath attendants [*abunagrei*] – אַבּוּנַגְרֵי: The preferred reading in the better manuscripts and medieval commentaries is *avzangrei*, which apparently comes from the Middle Persian ābzan, bath, and the agent, gar, and means bath attendant.

HALAKHA

Gentile contractors – מְקַבְּלֵי קִיבּוֹלֶת: If a Jew gives a gentile contract work to build his house or work his field, if the work is performed in the city or within the Shabbat limit, the Jew must not allow the gentile to perform it on Shabbat, lest those who see suspect him of misconduct, not knowing that it is contract work. Even if his neighbors are all gentiles, it is prohibited due to concern that Jewish passersby or the members of his own household will misinterpret the situation (Rema). If the work is done beyond the Shabbat limit and there is no other city nearby in which Jews dwell, he need not prevent the gentile from working on Shabbat (*Shulḥan Arukh, Oraḥ Ḥayyim* 244:1).

The work of a gentile on the intermediate days of the Festival – עֲבוֹדַת נׇכְרִי בְּחוֹל הַמּוֹעֵד: It is prohibited to allow a gentile who was contracted to build a house for a Jew to work on the intermediate days of the Festival, even if the house is beyond the Shabbat limit, in accordance with the ruling of Rav Mesharshiyya. If a house was built in this prohibited manner, it is permissible to enter the house (*Magen Avraham*; *Taz*). There is no obligation to prevent gentiles from doing contract work in the privacy of their own homes (*Shulḥan Arukh, Oraḥ Ḥayyim* 543:2).

Labor performed by others – מְלָאכָה עַל יְדֵי אֲחֵרִים: One may not hire workers to perform labor that one is permitted to do oneself on the intermediate days of the Festival, though one may work for another for free. If a worker is not paid but is only allowed to eat with the employer, it is permitted. It is permitted to perform labor, even for pay, for a matter that, if unattended, will result in significant loss (Rema), but it is preferable to be stringent and have it done for free or by a gentile (*Mishna Berura*; *Shulḥan Arukh, Oraḥ Ḥayyim* 542:1).

תָּנוּ רַבָּנַן: מְקַבְּלִין קִיבּוֹלֶת בַּמּוֹעֵד לַעֲשׂוֹתָהּ לְאַחַר הַמּוֹעֵד, וּבַמּוֹעֵד – אָסוּר. כְּלָלוֹ שֶׁל דָּבָר: כָּל שֶׁהוּא עוֹשֶׂה – אוֹמֵר לְגוֹי וְעוֹשֶׂה; וְכָל שֶׁאֵינוֹ עוֹשֶׂה – אֵינוֹ אוֹמֵר לְגוֹי וְעוֹשֶׂה. תַּנְיָא אִידָךְ: מְקַבְּלִין קִיבּוֹלֶת בַּמּוֹעֵד לַעֲשׂוֹתָהּ לְאַחַר הַמּוֹעֵד, וּבִלְבַד שֶׁלֹּא יִמְדּוֹד וְשֶׁלֹּא יִשְׁקוֹל וְשֶׁלֹּא יִמְנֶה כְּדֶרֶךְ שֶׁהוּא עוֹשֶׂה בַּחוֹל.

The Sages taught in a *baraita*: Gentiles **may receive contract work on** the intermediate days of a **Festival** in order **to execute it after the Festival, but it is prohibited** to execute it **during the Festival** week itself. **The principle of the matter is: Any** action **that** a Jew **may perform** himself, **he may tell a gentile to perform, and any action that he may not perform** himself, **he may not tell a gentile to perform. It is taught** in **another** *baraita*: A gentile **may receive contract work on** the intermediate days of a **Festival** in order **to execute it after the Festival, provided that he does not measure, weigh, or count,** in order to plan the work, **in the same manner as he does on an** ordinary **weekday.**[H]

תָּנוּ רַבָּנַן: אֵין מַרְבִּיעִין בְּהֵמָה בְּחוּלּוֹ שֶׁל מוֹעֵד. כַּיּוֹצֵא בּוֹ אֵין מַרְבִּיעִין בִּבְכוֹר, וְלֹא בִּפְסוּלֵי הַמּוּקְדָּשִׁין.

The Sages taught in a *baraita*: **One may not breed an animal,** i.e., coax or compel a male to mate with a female, **on the intermediate days of a Festival,**[H] as this is similar to prohibited labor. **Similarly, one may not breed a firstborn** animal,[HNB] **nor an unfit consecrated animal.** It is prohibited to ever work these animals because of their sanctified status, and breeding them resembles working them.

תַּנְיָא אִידָךְ: אֵין מַרְבִּיעִין בְּהֵמָה בְּחוּלּוֹ שֶׁל מוֹעֵד. רַבִּי יְהוּדָה אוֹמֵר: חֲמוֹרָה שֶׁתָּבְעָה – מַרְבִּיעִין עָלֶיהָ זָכָר בִּשְׁבִיל שֶׁלֹּא תִּצְטַנֵּן. וּשְׁאָר כָּל הַבְּהֵמוֹת מַכְנִיסִין אוֹתָן לַבְּקָרוֹת.

It is taught in **another** *baraita*: **One may not breed an animal on the intermediate days of a Festival. Rabbi Yehuda says:** If **a she-donkey yearns** for a mate because she is in heat, **one may breed her with a male, lest she cool off,** i.e., lest her estrus cycle pass without her mating, which will cause a significant loss. With regard to **all other animals** that are in heat, **they are** merely **brought into corrals** in which there are males, there being no need for further human intervention.

תָּנוּ רַבָּנַן: אֵין מְדַיְּירִין לֹא בְּשַׁבָּתוֹת, וְלֹא בְּיָמִים טוֹבִים, וְלֹא בְּחוּלּוֹ שֶׁל מוֹעֵד. וְאִם בָּאוּ מֵאֲלֵיהֶן – מוּתָּר.

The Sages taught in a *baraita*: **One may not enclose** livestock in particular areas of a field, in order to fertilize that area with their manure, **on *Shabbatot*, or on Festivals, or on the intermediate days of a Festival.**[H] **But if** the animals **came on their own** to the field, **it is permitted,** and he need not remove them although he benefits from their manure.

וְאֵין מְסַיְּיעִין אוֹתָן, וְאֵין מוֹסְרִין לָהֶם שׁוֹמֵר לְנַעֵר אֶת צֹאנָם. הָיָה שְׂכִיר שַׁבָּת, שְׂכִיר חֹדֶשׁ, שְׂכִיר שָׁנָה, שְׂכִיר שָׁבוּעַ – מְסַיְּיעִין אוֹתָן, וּמוֹסְרִין לָהֶם שׁוֹמֵר לְנַעֵר אֶת צֹאנָם. רַבִּי אוֹמֵר: בְּשַׁבָּת – בְּטוֹבָה, בְּיוֹם טוֹב – בִּמְזוֹנוֹת, בַּמּוֹעֵד – בְּשָׂכָר. אָמַר רַב יוֹסֵף: הִלְכְתָא כְּרַבִּי.

The *baraita* continues: **And one may not assist** gentile shepherds in pasturing their sheep in his field so that it will be fertilized, **nor may one provide them with a shepherd to** help **herd their sheep**[N] all around the field so that it is completely fertilized. If the gentile shepherds **were hired by the week, by the month, by the year,** or **by the septennial** period, i.e., the seven years from one Sabbatical Year to the next, **one may assist them and provide them with a shepherd to herd their sheep.** Since they were hired for an extended period of time, it is not as though they were hired specifically for Shabbat or the Festival. **Rabbi** Yehuda HaNasi **says: On Shabbat** one may have the gentile pasture the sheep in one's field **as a favor,** i.e. in order to earn one's good graces, but not for pay; **on a Festival,** it is permitted even in exchange **for food;** and **on the** intermediate days of **the Festival,** it is permitted **for pay. Rav Yosef said: The** ***halakha*** **is in accordance with** the opinion of **Rabbi** Yehuda HaNasi.

HALAKHA

Allocating work on a Festival – מְסִירַת עֲבוֹדָה בַּמּוֹעֵד: It is permitted to allocate work for execution after the Festival provided one does not measure or count or weigh in the same manner as he does on an ordinary weekday. One may do so with both Jewish and gentile workers by contract or for wages (*Mishna Berura*, citing Ritva). Even if ultimately the gentile executes it on the intermediate days of the Festival, the result is permitted, since the Jew stipulated with the gentile not to do so (*Shulḥan Arukh*, *Oraḥ Ḥayyim* 543:3, and in the comment of Rema).

Breeding an animal on the Festival – הַרְבָּעַת בְּהֵמָה בַּמּוֹעֵד: One may not coax or compel an animal to mate on the Festival. Some say that if a female donkey yearns for a mate because she is in heat, it is permissible to coax her to mate (*Eliyahu Rabba*), and some prohibit it (see *Mishna Berura*; *Shulḥan Arukh*, *Oraḥ Ḥayyim* 536:3).

Breeding a firstborn – הַרְבָּעָה בִּבְכוֹר: It is prohibited to coax a firstborn or disqualified consecrated animals to mate (Rambam *Sefer Avoda*, *Hilkhot Me'ila* 1:9).

One may not enclose livestock in a field in order to fertilize the field on the Festival – אֵין מְדַיְּירִין בַּמּוֹעֵד: One may not bring sheep into a field on the intermediate days of the Festival in order to fertilize it. If a gentile brought them in, as long as the Jew does not pay for it, it is permitted even on Shabbat. On a Festival, it is permitted even if the gentile is given food. On the intermediate days of a Festival, it is permitted to pay him for this, provided it is included in payment for other work. One should not hire a gentile explicitly to enclose animals in a field, nor should one assist him or give him an assistant to herd the sheep. However, if the gentile is hired for a more extended period, it is permitted to assist him and give him an assistant to herd the sheep (*Shulḥan Arukh*, *Oraḥ Ḥayyim* 537:14).

NOTES

One may not breed a firstborn animal, etc. – אֵין מַרְבִּיעִין בִּבְכוֹר וכו׳: The early commentaries explain that this is considered labor. It is prohibited to shear or to work firstborn animals, even after they have become blemished and unfit for sacrifice. This prohibition likewise applies to any animal that was meant to be sacrificed as an offering and became unfit and was deconsecrated (see Ran). Some give an additional reason for prohibiting the breeding of these animals: These animals are meant to be consumed for their meat, and if one allows the owner to breed them he will delay slaughtering them (Rabbeinu Yehonatan of Lunel).

To herd [*lena'er*] their sheep – לְנַעֵר אֶת צֹאנָם: The standard explanation is that *lena'er* means to transfer from place to place so that the whole field be fertilized (Rambam, based on Jerusalem Talmud, tractate *Shevi'it*). Some explain that it is referring to guarding the sheep (Rashi; Rabbeinu Yehonatan of Lunel), and others explain that it involves cleansing the animals from the debris adhering to them (Commentary on *Moed Katan*; *Shibbolei HaLeket*).

BACKGROUND

A firstborn animal – בְּכוֹר: The firstborn males of cattle, sheep or goats belonging to a Jew are sacred from birth. They are the property of the priests; the owner of the herd in which the animal is born may decide to which priest to give it, at his own discretion. Unblemished animals are consecrated as offerings and, once they are sacrificed, the meat is eaten by the priests and their families (Numbers 18:17–18). If a firstborn animal acquires a physical blemish that disqualifies it from being sacrificed as an offering, it ceases to be consecrated and may be slaughtered and eaten like any other non-sacred, kosher animal. However, even after becoming blemished, it is prohibited to work the animal or shear its fleece. It is prohibited to intentionally inflict a wound on a firstborn that will cause it to be unfit for sacrifice.

The *halakhot* of firstborn animals still apply nowadays, despite the fact that it is impossible to sacrifice them as offerings in the absence of the Temple. In the present time, they may be slaughtered only if they have a disqualifying blemish. Various halakhic devices are employed to restrict the number of animals classified as consecrated firstborn.

מתני׳ וְכֵן מִי שֶׁהָיָה יֵינוֹ בְּתוֹךְ הַבּוֹר וְאֵירְעוֹ אֵבֶל אוֹ אוֹנֶס, אוֹ שֶׁהִטְעוּהוּ – זוֹלֵף וְגוֹמֵר וְגָף כְּדַרְכּוֹ, דִּבְרֵי רַבִּי יוֹסֵי. רַבִּי יְהוּדָה אוֹמֵר: עוֹשֶׂה לוֹ לִימּוּדִים בִּשְׁבִיל שֶׁלֹּא יַחְמִיץ.

MISHNA **And similarly,** with regard to **one whose wine was** already **in the** collection **pit** beside the wine press and needed to be removed lest it sour, **and mourning** for some close relative **or** some other **unavoidable accident befell him, or** his workers **misled him,** promising to come but failing to do so, during the intermediate days of the Festival **he may draw off**[N] the wine **and complete** the process, **and** then **plug**[N] each barrel of wine **in its usual manner;** this is **the statement of Rabbi Yosei.**[H] **Rabbi Yehuda says: He should construct a wooden panel** to cover the collection pit **so that** the wine **will not sour.**

גמ׳ וּצְרִיכָא. דְּאִי אַשְׁמְעִינַן קַמַּיְיתָא – בְּהַהִיא קָאָמַר רַבִּי יוֹסֵי, מִשּׁוּם דְּמִישְׁחָא נְפִישׁ פְּסֵידֵיהּ. אֲבָל חַמְרָא דְּלָא נְפִישׁ פְּסֵידֵיהּ – אֵימָא מוֹדֵי לֵיהּ לְרַבִּי יְהוּדָה. וְאִי אַשְׁמְעִינַן בָּתְרַיְיתָא – בְּהַהִיא קָאָמַר רַבִּי יְהוּדָה, אֲבָל בְּהָךְ אֵימָא – מוֹדֶה לְרַבִּי יוֹסֵי. צְרִיכָא.

GEMARA The Gemara comments: **And** both this mishna and the previous one (11b), about the olive press, are **necessary, as, if** the *tanna* **teaches us** only **the first** mishna, one might say that only **in that** case **does Rabbi Yosei say** that one is permitted to complete the process, **because** in the case of **oil, the** potential **loss is considerable. However,** in the case of **wine, where the loss is not** as **considerable,** one might say **that he concedes to Rabbi Yehuda** that it must be done in an altered manner. **And if he teaches us** only **the last** mishna, one might say that only **in that** case involving wine **did Rabbi Yehuda say** that one must be stringent, **but in the other** case involving oil one might **say that he concedes to Rabbi Yosei** and is lenient. Therefore, it is **necessary** to teach both cases.

אָמַר רַב יִצְחָק בַּר אַבָּא: מַאן תְּנָא שִׁינּוּי בְּמוֹעֵד בְּדָבָר הָאָבֵד? דְּלָא כְּרַבִּי יוֹסֵי. אָמַר רַב יוֹסֵף: הֲלָכָה כְּרַבִּי יוֹסֵי.

Rav Yitzhak bar Abba said: Who is the *tanna* who teaches that labor performed **during the intermediate days of the Festival** must be performed in **an altered fashion** even **with regard to a matter that,** if unattended, will result in significant **loss?** That ruling is **not** in accordance with **Rabbi Yosei's** opinion, as Rabbi Yosei permits one to perform labor that will prevent such a loss even in the usual manner. **Rav Yosef said:** The ***halakha*** **is in accordance with** the opinion of **Rabbi Yosei,**[H] and it is permitted in cases of loss to perform labor in the usual manner.

בְּעוֹ מִינֵּיהּ מֵרַב נַחְמָן בַּר יִצְחָק: מַהוּ לְמֵישַׁע חָבִיתָא דְּשִׁיכְרָא בְּחוּלָּא דְּמוֹעֲדָא? אֲמַר לְהוּ: סִינַי אָמַר: הֲלָכָה כְּרַבִּי יוֹסֵי. אֵימוּר דְּאָמַר רַבִּי יוֹסֵי בְּחַמְרָא; בְּשִׁיכְרָא מִי אָמַר?

The students **asked of Rav Nahman bar Yitzhak: What is** the *halakha* with regard **to sealing a barrel**[N] **of beer during the intermediate days of the Festival?** If it is not properly sealed, the beer will leak out through the sides of the barrel. **He said to them: Sinai,**[P] i.e., Rav Yosef, **said:** The ***halakha*** **is in accordance with** the opinion of **Rabbi Yosei.** They asked: **Say that Rabbi Yosei said** that one may be lenient **about wine,** but **about beer does he say** the same thing? Beer is much cheaper than wine, and the loss would be much less significant.

חַמְרָא טַעְמָא מַאי? מִשּׁוּם דִּנְפִישׁ פְּסֵידֵיהּ; שִׁיכְרָא נַמִי אִית בַּהּ פְּסֵידָא. דַּאֲמַר אַבָּיֵי, אֲמַרָה לִי אֵם: בַּר שִׁית סָאוֵי וְשָׁיֵיעַ – מִבַּר תַּמְנֵי וְלָא שָׁיֵיעַ.

The Gemara explains why no distinction should be made: With regard to **wine, what is the reason** that Rabbi Yosei was lenient? It is **because the loss** involved **is considerable;** with **beer as well, there is a loss** if the barrel is not properly sealed, **as Abaye said:** My foster **mother told me:** It is better to have a barrel **of six** *se'a* **that is sealed than** a barrel **of eight** *se'a* **that is not sealed,** as in the end more beer will remain in the smaller sealed barrel than in the larger unsealed one.

אָמַר רַב חָמָא בַּר גּוּרְיָא אָמַר רַב: הִלְכוֹת מוֹעֵד כְּהִלְכוֹת כּוּתִים בַּהֲלָכָה. לְמַאי הִלְכְתָא? אָמַר רַב דָּנִיאֵל בַּר קְטִינָא אָמַר רַב: לוֹמַר שֶׁהֵן עֲקוּרוֹת, וְאֵין לְמֵידוֹת זוֹ מִזּוֹ.

§ **Rav Hama bar Gurya said** that **Rav said:** The ***halakhot*** **relating** to the intermediate days of **a Festival resemble the** ***halakhot*** **relating to the Samaritans in the** ***halakha*****.**[N] The Gemara asks: **With regard to what** aspect of **the** ***halakha*** are they similar? **Rav Daniel bar Ketina said** that **Rav said:** He meant **to convey that they are sterile, and one may not learn** further *halakhot* by extrapolation **one from one another** in both of these areas of *halakha*.

NOTES

Draw off [*zolef*] – זוֹלֵף: Some explain *zolef* as removing all the wine from the wine press (Rashi). Others explain it as placing the grapes in the press (Rabbi Ovadya MiBartenura). Still others explain that it means pouring water on the grapes (Rabbeinu Shlomo ben HaYatom).

And plug – וְגָף: The commentaries differ as to whether this is referring to sealing the barrels or constructing some sort of seal for the pit in which the wine is stored (see Rabbeinu Yehonatan of Lunel).

Sealing a barrel – לְמֵישַׁע חָבִיתָא: Some explain that the question here is whether it is permitted to seal the cork on a barrel with plaster in its usual manner (*Tosefot Rabbeinu Yehuda HaHasid*; *Tosefot HaRosh*).

Resemble the *halakhot* relating to the Samaritans in the *halakha* – כְּהִלְכוֹת כּוּתִים בַּהֲלָכָה: Most commentaries understand that the *halakhot* relating to the Samaritans follow no clear principles or logic; there were areas in which the Samaritans were reliable and areas in which they were not (*Tosefot Rabbeinu Yehuda HaHasid*). Others understand this phrase to refer to the manner in which the Samaritans interpret the Torah, which insists that only matters explicit in the Torah are binding and does not derive new *halakhot* through legal reasoning (Rabbeinu Shlomo ben HaYatom; see Ran and Ritva).

HALAKHA

Wine in a collection pit on the intermediate days of the Festival – יַיִן בְּבוֹר בְּחוֹל הַמּוֹעֵד: If one had wine in his collection pit and an unavoidable accident befell him, or for some other reason he did not complete his wine processing before the Festival, since it is a matter that, if unattended, will result in significant loss, it is permitted to complete the process and plug the barrels in the usual manner. It is also permitted to do this for beer, even though the loss is not as great (*Shulhan Arukh, Orah Hayyim*, 538:1).

A matter that, if unattended, will result in significant loss on a Festival – דָּבָר הָאָבֵד בְּמוֹעֵד: It is permitted to perform labor on the intermediate days of the Festival for any matter that, if unattended, will result in significant loss, in accordance with Rabbi Yosei's opinion. Moreover, it is permitted even in cases of uncertainty about the loss (*Magen Avraham*). Nevertheless, one should reduce the amount of the exertion one expends as much as possible (*Shulhan Arukh, Orah Hayyim*, 537:1, and in the comment of Rema).

PERSONALITIES

Sinai – סִינַי: Sinai was the appellation for Rav Yosef, who was one of the greatest of the third-generation Babylonian *amora'im*. He was called Sinai due to his expert knowledge of *baraitot* and the oral traditions of the Torah. His colleague Rabba was called: Uprooter of mountains, in contrast, as he was known for his brilliant analysis. Rav Yosef was a disciple of Rav Yehuda and eventually headed the Pumbedita academy, where his most prominent students were Abaye and Rava. An illness caused him to forget much of his knowledge, and the Talmud often recounts how Abaye helped him recall matters that he had taught previously. At his death, he was succeeded by Abaye as head of the Pumbedita academy.

דְּאָמַר שְׁמוּאֵל: זוֹפְתִין כּוּזְתָא, וְאֵין זוֹפְתִין חָבִיתָא. רַב דִּימִי מִנְּהַרְדְּעָא אָמַר: זוֹפְתִין חָבִיתָא וְאֵין זוֹפְתִין כּוּזְתָא. מָר חָיֵישׁ לִפְסֵידָא, וּמָר חָיֵישׁ לְטִירְחָא.

The Gemara offers an example: **For instance, Shmuel said: One may seal a jug with pitch,**[N] **but one may not seal a barrel with pitch** on the intermediate days of a Festival. **Rav Dimi from Neharde'a said: One may seal a barrel with pitch,**[H] **but one may not seal a small jug with pitch.** Their reasoning is as follows: **This Sage,** i.e., Rav Dimi, was more **concerned about** possible financial **loss,** and so he permitted sealing the larger vessel, for which the potential for loss is great, but not the smaller one. **And this Sage,** i.e., Shmuel **was concerned about** unnecessary **exertion** on the Festival, and therefore he permitted sealing the smaller vessel, which requires less effort.

אָמַר אַבַּיֵי: נָקְטִינַן, הִלְכוֹת מוֹעֵד כְּהִלְכוֹת שַׁבָּת;

Abaye stated a different principle: **We have a tradition** that **the** ***halakhot*** **of** the intermediate days of **a Festival are like the** ***halakhot*** **of Shabbat:**

NOTES

One may seal a jug with pitch – זוֹפְתִין כּוּזְתָא: In the Jerusalem Talmud this dispute appears as two versions of Shmuel's opinion. The reasoning behind the two opinions is explained as follows: A barrel requires a thin layer of pitch, which is relatively easy to apply and so is permitted on the intermediate days of the Festival. The jug requires a thicker layer, and it is prohibited to apply it because of the effort required. On the other hand, the barrel is used for long-term storage, and it is prohibited to apply pitch to it on the Festival because only those labors which are for the sake of the Festival are permitted. The jug is to be used on the Festival itself, and therefore it is permitted (see *Tosefot Rabbeinu Yehuda HaḤasid*).

HALAKHA

One may seal a barrel with pitch, etc. – זוֹפְתִין חָבִיתָא וכו׳: Both a barrel and a small jug may be sealed with pitch on the intermediate days of a Festival. This is in accordance with the leniencies of both Shmuel and Rav Dimi (Rambam *Sefer Zemanim, Hilkhot Yom Tov* 8:14).

Perek **II**
Daf **12** Amud **b**

יֵשׁ מֵהֶן פָּטוּר אֲבָל אָסוּר, וְיֵשׁ מֵהֶן מוּתָּר לְכַתְּחִלָּה.

Some of the actions for which one is **exempt** by Torah law **are** nevertheless **prohibited,**[N] **and some of them** are **permitted** ***ab initio.***

רַב הוּנָא חֲצַדוּ לֵיהּ חֲצָדָא בְּמוֹעֲדָא. אֵיתִיבֵיהּ רַבָּה בַּר רַב הוּנָא לְרַב הוּנָא: טוֹחֲנִין קֶמַח בַּמּוֹעֵד לְצוֹרֶךְ הַמּוֹעֵד, וְשֶׁלֹּא לְצוֹרֶךְ הַמּוֹעֵד – אָסוּר. דָּבָר שֶׁאָבוּד בַּמּוֹעֵד – מוּתָּר לַעֲשׂוֹתוֹ בַּמּוֹעֵד; דָּבָר שֶׁאֵינוֹ אָבוּד בַּמּוֹעֵד – אָסוּר.

§ The Gemara relates that **Rav Huna had his crop harvested for him on** the intermediate days of **a Festival. Rabba bar Rav Huna raised an objection to** his father **Rav Huna** from a *baraita*: **One may grind flour on** the intermediate days of **a Festival for the sake of the Festival, but** if it is **not for the sake of the Festival,** it is **prohibited.** With regard to **a matter that,** if unattended, will result in significant **loss on the Festival, it is permitted to perform** labor to prevent that loss **on** the intermediate days of **the Festival.** For **a matter that** will not result in **loss** if unattended during the intermediate days of **the Festival, it is prohibited** to perform labor.

בַּמֶּה דְּבָרִים אֲמוּרִים – בְּתְלוּשִׁין מִן הַקַּרְקַע, אֲבָל מְחוּבָּר לַקַּרְקַע – אֲפִילּוּ כּוּלּוֹ אָבוּד אָסוּר. וְאִם אֵין לוֹ מַה יֹּאכַל – קוֹצֵר, וּמְעַמֵּר, וְדָשׁ, וְזוֹרֶה, וּבוֹרֵר, וְטוֹחֵן, וּבִלְבַד שֶׁלֹּא יָדוּשׁ בְּפָרוֹת!

In what case is this statement said? In the case of crops that are already **detached from the ground, but** in the case of crops that are still **attached to the ground, even if it all will be lost,** labor **is prohibited** during the intermediate days of the a Festival. **And if one does not have anything to eat, then he may reap**[H] **and bind sheaves, and thresh, and winnow** the grain in the wind, **and separate** the grain from the chaff, **and grind** the grain into flour, **provided that he does not thresh with cows,**[N] the way that threshing is performed on an ordinary weekday. Why, then, did Rav Huna, who certainly had enough to eat, allow his workers to reap the field during the Festival week?

NOTES

Some of the actions for which one is exempt by Torah law are nevertheless prohibited, etc. – יֵשׁ מֵהֶן פָּטוּר אֲבָל אָסוּר וכו׳: In the context of the *halakhot* of Shabbat, the concept: Exempt but prohibited, means that one who performs a certain action is exempt from punishment or from the obligation to offer a sin-offering, but the action is still prohibited by rabbinic law (Rambam *Sefer Zemanim, Hilkhot Shabbat* 1:3). It is unclear how this terminology applies to the *halakhot* of the intermediate days of a Festival. Most commentaries explain that matters permitted due to loss are permitted *ab initio*, while the term: Exempt but prohibited, extends to all those actions prohibited on the intermediate days of a Festival. There is no punishment by Torah law for violating the sanctity of these days, either because the prohibition is by rabbinic law (Rambam) or because it is founded on a positive mitzva (Ra'avad). Some commentaries explain that the category: Exempt but prohibited, is referring to actions that are permitted only in private (Rashi manuscript). The Ritva understands this passage to be making simply the general point that the *halakhot* on the intermediate days of a Festival involve cases in which one action may be prohibited and a very similar one permitted. The *Sefat Emet* suggests that the Gemara uses the term: Exempt but prohibited, to indicate prohibitions that it is prohibited to circumvent by artifice.

That he does not thresh with cows – שֶׁלֹּא יָדוּשׁ בְּפָרוֹת: Despite the fact that the *halakha* is that one need not alter the manner of performing an action that is permitted due to loss, the prohibition against threshing with cows remains extant. Rashi and others explain that this is due to the public nature of the activity. Rambam holds that even according to Rabbi Yosei, who is the source of the ruling that one need not diverge from the normal manner of performing the action, any change that can be made without causing a loss should be made.

HALAKHA

Reaping on the Festival – קְצִירָה בַּמּוֹעֵד: One should not reap a field on the intermediate days of the Festival if the grain will not be ruined if it remains until after the Festival. If one has nothing to eat, then even if he could find food in the marketplace, he may perform all of the required labor in its usual manner until he has produced enough grain for the needs of his home, provided he does not thresh with cows. Some say that in places where it is not customary to thresh with cows he must effect another change (*Magen Avraham*), while others disagree (see *Mishna Berura*). And if the threshing is for the sake of the community, it is permitted to thresh in the usual manner, even with cows (Rosh, citing the Jerusalem Talmud). This *halakha* is not in accordance with Rabbi Yosei's opinion that the allowance for loss is limited to items that are detached from the earth (*Shulḥan Arukh, Oraḥ Ḥayyim* 537:15).

אָמַר לֵיהּ: יְחִידָאָה הִיא, וְלָא סְבִירָא לַן כְּווֹתֵיהּ. דְּתַנְיָא, כְּלָל אָמַר רַבָּן שִׁמְעוֹן בֶּן גַּמְלִיאֵל מִשּׁוּם רַבִּי יוֹסֵי: דָּבָר הַתָּלוּשׁ מִן הַקַּרְקַע, אֲפִילּוּ מִקְצָתוֹ אָבוּד – מוּתָּר. וְהַמְחוּבָּר לַקַּרְקַע – אֲפִילּוּ כּוּלּוֹ אָבוּד אָסוּר.

Rav Huna **said to** his son: The opinion expressed in this unattributed *baraita* **is an individual** opinion, **and we do not hold in accordance with it; as it is taught** in a different *baraita*: **Rabban Shimon ben Gamliel stated a principle in the name of Rabbi Yosei:** In the case of **an item that is** already **detached from the ground, even if** only **a portion of it will be lost** by not working during the Festival, **it is permitted** to perform labor to prevent the loss, **whereas** for crops **that are** still **attached to the ground, even if all of them will be lost, it is prohibited** to perform labor for them. The opinion that all labor is prohibited for crops that have not yet been harvested is the opinion of an individual authority, Rabbi Yosei, with whom the Rabbis disagree.

וְאִי רַבִּי יוֹסֵי – יָדוּשׁ נַמִי בְּפָרוֹת, הָא אָמַר רַב יִצְחָק בַּר אַבָּא: מַאן תְּנָא שִׁינּוּי בַּמּוֹעֵד – בְּדָבָר הָאָבֵד? דְּלָא כְּרַבִּי יוֹסֵי!

The Gemara asks: **But if** the unattributed *baraita* reflects the opinion of **Rabbi Yosei,** and it is permitted to work when one has nothing to eat, **let him thresh even with cows.** Didn't **Rav Yitzḥak bar Abba say: Who** is the *tanna* who **taught** that labor performed **on** the intermediate days of **a Festival** must be done in **an altered manner** even **with regard to a matter that** will involve **a loss** if unattended? It is **not in accordance with** the opinion of **Rabbi Yosei,** as Rabbi Yosei does not require altering the manner in which one performs the labor. Why, then, does the *baraita* say that the threshing must be done in an altered manner and not with cows?

אָמַר לָךְ: הָכָא נַמִי, כֵּיוָן דְּכׇל יוֹמָא לָאו בְּפָרוֹת דָּיְישִׁי – הָאִידָּנָא נַמִי לָאו שִׁינּוּי הוּא.

The Gemara rejects this argument: Rabbi Yosei could have **said to you: Here, too, since one does not always thresh with cows,** threshing without them **now** on the intermediate days of the Festival **is also not** considered threshing in **an altered manner.** The prohibition against threshing with cows is not because one must perform that labor in an altered manner but in order to avoid attracting public attention to the fact that one is working during the Festival week.

תָּנוּ רַבָּנַן: טוֹחֲנִין בַּמּוֹעֵד לְצוֹרֶךְ הַמּוֹעֵד; וְשֶׁלֹּא לְצוֹרֶךְ הַמּוֹעֵד – אָסוּר. וְאִם טָחַן וְהוֹתִיר – הֲרֵי זֶה מוּתָּר. קוֹצְצִין עֵצִים בַּמּוֹעֵד, לְצוֹרֶךְ הַמּוֹעֵד; וְשֶׁלֹּא לְצוֹרֶךְ הַמּוֹעֵד – אָסוּר. וְאִם קָצַץ וְהוֹתִיר – הֲרֵי זֶה מוּתָּר.

The Sages taught in a *baraita*: **One may grind** flour **on** the intermediate days of **a Festival for the sake of the Festival, but** if it is **not for the sake of the Festival,** it is **prohibited. And if he ground and left** some flour **over, it is permitted** for use after the Festival. Similarly, **one may cut down trees on** the intermediate days of **a Festival for the sake of the Festival, but** if it is **not for the sake of the Festival** it is **prohibited. And if he cut down** trees for the Festival **and left** some wood **over, it is permitted** for use after the Festival.[H]

מַטִּילִין שֵׁכָר בַּמּוֹעֵד לְצוֹרֶךְ הַמּוֹעֵד, וְשֶׁלֹּא לְצוֹרֶךְ הַמּוֹעֵד – אָסוּר, וְאִם הִטִּיל וְהוֹתִיר – הֲרֵי זֶה מוּתָּר. וּבִלְבַד שֶׁלֹּא יַעֲרִים.

The *baraita* continues: **One may brew beer on** the intermediate days of **a Festival for the sake of the Festival, but** if it is **not for the sake of the Festival,** it is **prohibited. And if he brewed** beer for the sake of the Festival **and left** some **over, it is permitted** for use after the Festival **provided that he does not employ an artifice,** exploiting the allowance to work on a Festival by knowingly making more than was needed.

וּרְמִינְהוּ: מַטִּילִין שֵׁכָר בַּמּוֹעֵד לְצוֹרֶךְ הַמּוֹעֵד; וְשֶׁלֹּא לְצוֹרֶךְ הַמּוֹעֵד – אָסוּר. אֶחָד שֵׁכַר תְּמָרִים, וְאֶחָד שֵׁכַר שְׂעוֹרִים. וְאַף עַל פִּי שֶׁיֵּשׁ לוֹ יָשָׁן – מַעֲרִים וְשׁוֹתֶה מִן הֶחָדָשׁ! תַּנָּאֵי הִיא; דְּתַנְיָא: אֵין מַעֲרִימִין בְּכָךְ. רַבִּי יוֹסֵי בַּר יְהוּדָה אוֹמֵר: מַעֲרִימִין.

The Gemara **raises a contradiction** from a *baraita*: **One may brew beer on** the intermediate days of **a Festival for the sake of the Festival, but** if it is **not for the sake of the Festival,** it is **prohibited.** This applies **both to date beer and to barley beer. And even though he has old** beer, **he may employ an artifice and drink from the new** beer, i.e., he may say he prefers new beer and brew a new batch, although he has enough old beer for the Festival. This statement contradicts the previous *baraita* that prohibited circumventing the prohibition against labor through artifice. The Gemara answers: **This** matter **is** a dispute between *tanna'im*, **as it is taught** in a *baraita*: **One may not employ an artifice in this regard,**[H] i.e., to circumvent the prohibition against labor during the intermediate days of a Festival. **Rabbi Yosei bar Yehuda says: One may employ an artifice.**

HALAKHA

Work that one benefits from on the Festival – מְלָאכָה שֶׁנֶּהֱנָה מִמֶּנָּה בַּמּוֹעֵד: It is permitted to grind flour for the sake of the Festival, even if one deliberately planned to do this work during the Festival week. Work not for the sake of the Festival is prohibited. If one performs labor for the sake of the Festival, he need not meticulously limit himself to what he needs for the Festival, but he should not employ an artifice to produce extra from the outset. It is permissible to brew beer and to cut wood for the sake of the Festival (*Shulḥan Arukh, Oraḥ Ḥayyim* 533:1).

Employing an artifice – הַעֲרָמָה: One who has flour or stored beer should not employ an artifice and intentionally produce new stock for the sake of the Festival. If one employed an artifice in this way, it is nevertheless permitted to benefit from it (*Magen Avraham*). However, if the new stock actually is better than the old, it is permitted to produce new stock (*Shulḥan Arukh, Oraḥ Ḥayyim* 533:1, and in the comment of Rema).

רַב חֲצַדוּ לֵיהּ חֲצָדָא בְּחוּלָּא דְּמוֹעֲדָא. שְׁמַע שְׁמוּאֵל אִיקְּפַד. לֵימָא שְׁמוּאֵל כִּיחִידָאָה סְבִירָא לֵיהּ? לָא, חֲצָדָא דְּחִיטֵּי הֲוָה, דְּלָא הֲוָה פְּסִיד.

§ The Gemara relates that **Rav had his crop harvested on the intermediate days of a Festival. Shmuel heard** about this and **was dismayed.** The Gemara asks: **Shall we say that Shmuel holds in accordance with the individual** opinion of Rabbi Yosei, who prohibits all labor for crops that are attached to the ground, even if inattention will result in significant loss? The Gemara answers: **No, it was a crop of wheat, which would not have been ruined** had the harvest been pushed off a week, and therefore Shmuel was offended.

וְרַב מַאי טַעְמָא עָבֵיד הָכִי? ״אֵין לוֹ מַה יֹּאכַל״ הֲוָה. וּשְׁמוּאֵל – לָא סִיְּימוּהָ קַמֵּיהּ. אִי נַמִּי: אָדָם חָשׁוּב שָׁאנֵי.

The Gemara asks: **What is the reason** that **Rav acted in this manner?** The Gemara answers: Rav is in the category of **one who does not have anything to eat,**[N] and that is why it was permitted to harvest his crops. The Gemara asks: **And** why, then, did **Shmuel** disapprove? The Gemara explains: The people who reported Rav's actions to Shmuel **did not complete** the story **for him. Alternatively, an important person** such as Rav **is different,** and Shmuel thought Rav should have been stringent even in his difficult circumstances.

רַבִּי יְהוּדָה נְשִׂיאָה נְפַק בְּחוּמַרְתָּא דְּמְדוּשָׁא, וְאִשְׁתִּי מַיָּא דְּאַחֵים קַפֵּילָא אַרְמָאָה. שְׁמַע רַבִּי אַמִּי אִיקְּפַד. אֲמַר רַב יוֹסֵף: מַאי טַעְמָא אִיקְּפַד? אִי מִשּׁוּם חוּמַרְתָּא דִּמְדוּשָׁא – הָא תַּנְיָא: הַשֵּׁירִין הַנְּזָמִים וְהַטַּבָּעוֹת – הֲרֵי הֵן כְּכָל הַכֵּלִים הַנִּיטָּלִין בְּחָצֵר.

It was further related that **Rabbi Yehuda Nesia**[P] once **went out** on Shabbat **with a coral seal** [*ḥumreta*][L] on his ring **and drank water heated by a gentile cook. Rabbi Ami heard** about this and **was dismayed** about both things. **Rav Yosef said: What is the reason** that **he was dismayed?**[N] If it was **because of the coral seal, isn't** it **taught** in a *baraita*: **Bracelets, nose rings, and rings are like all** other **utensils that may be carried in a courtyard?** Therefore, Rabbi Yehuda Nesia's action conformed to *halakha*.

אִי מִשּׁוּם דְּאִישְׁתִּי מַיָּא דְּאַחֵים קַפֵּילָא אַרְמָאָה – הָא אָמַר שְׁמוּאֵל בַּר יִצְחָק אָמַר רַב: כָּל שֶׁנֶּאֱכָל כְּמוֹת שֶׁהוּא חַי – אֵין בּוֹ מִשּׁוּם בִּישׁוּלֵי גּוֹיִם! אָדָם חָשׁוּב שָׁאנֵי.

And if Rabbi Ami was dismayed **because** Rabbi Yehuda Nesia **drank water heated by a gentile cook** [*kapeila*],[L] **didn't Shmuel bar Yitzḥak say** that **Rav said:** With regard to **anything that is eaten raw,** like water, even if it was cooked by a gentile, **it is not subject to** the prohibition against eating **food cooked by gentiles?**[H] The Gemara resolves both difficulties: **An important person is different,** and Rabbi Ami believed that Rabbi Yehuda Nesia should have been more stringent.

אָמַר רַב חֲנַנְאֵל אָמַר רַב: קוֹצֵץ אָדָם דֶּקֶל בַּמּוֹעֵד, אַף עַל פִּי שֶׁאֵינוֹ צָרִיךְ אֶלָּא לַנְּסוֹרֶת שֶׁלּוֹ. לָיֵיט עֲלָהּ אַבַּיֵי.

Rav Ḥananel said that **Rav said: A person may chop down a palm tree on** the intermediate days of **a Festival, although he needs only its sawdust.** The Gemara comments: **Abaye cursed it,** i.e., the behavior of one who exerts such effort on the Festival for so small a need.

LANGUAGE

Seal [*ḥumreta*] – חוּמַרְתָּא: The meaning of the word here, as in many other places, is a ring. Some liken this word to the Middle Persian muhr, meaning a seal.

Cook [*kapeila*] – קַפֵּילָא: The origin of the word is the Greek **κάπηλος**, *kapèlos*, meaning a peddler, the owner of a small store, or the owner of a pub.

HALAKHA

Food cooked by gentiles – בִּישׁוּלֵי גּוֹיִם: Only foods that are important enough to be served at a king's table and that are not eaten raw are subject to the prohibition against eating food cooked by gentiles. The determination of what is considered fit for a king's table depends upon the time and the place. This rabbinic decree applies even when it is certain that the food contains only kosher ingredients (*Kaf HaḤayyim*; *Shulḥan Arukh, Yoreh De'a* 113:1).

NOTES

One who does not have anything to eat – אֵין לוֹ מַה יֹּאכַל: According to the interpretation that Rav, the owner of the field, had nothing to eat, there are those who explain that this need not mean that he had nothing at all to eat, but only that he did not have his own produce, and it was permitted for him to perform labor in order to eat from his own produce. Shmuel's objection was that as an important person, he could buy from the market rather than utilizing labor performed on the Festival (Ritva). The Meiri cites an explanation that the case here is one where the workers had nothing to eat, in which case it is permitted to hire them even for labor that is not performed to avoid loss. Shmuel's objection is that an important person should pursue a different course to aid the poor in order to avoid people misconstruing his action.

What is the reason that he was dismayed – מַאי טַעְמָא אִיקְּפַד: *Tosefot Rabbeinu Yehuda HaḤasid* explains the question as an attempt to identify the action of which Rabbi Ami disapproved. The answer is that his disapproval was specifically related to the food cooked by a gentile, about which an important person should be more careful.

PERSONALITIES

Rabbi Yehuda Nesia – רַבִּי יְהוּדָה נְשִׂיאָה: Rabbi Yehuda Nesia was the son of Rabban Gamliel, who was the son of Rabbi Yehuda HaNasi. He was called Nesia to differentiate him from his illustrious grandfather, the redactor of the Mishna. One of the earliest *amora'im* in Eretz Yisrael, he was a colleague of Rabbi Yehuda HaNasi's great students. His own students included Rabbi Yoḥanan and Reish Lakish.

Rabbi Yehuda Nesia's court enacted various decrees. It was considered the Torah center in the Jewish world, to the extent that even the great *amora* Rav deferred to its authority. Rabbi Yehuda Nesia served as *Nasi* for many years and was probably the last *Nasi* to have outstanding Torah knowledge and to serve as the head of the Sanhedrin. As a mark of great respect, he, like his grandfather, is sometimes referred to simply as Rabbi, especially in the Jerusalem Talmud. He was succeeded as *Nasi*, but not as head of the Sanhedrin, by his son, Rabban Gamliel.

LANGUAGE

Forest [*ava*] – אבא: The meaning of the Aramaic word is a forest, which is similar to the Syriac *eba*.

HALAKHA

Uprooting various plants – עקירת צמחים שונים: It is permitted to uproot flax on the intermediate days of the Festival, since it is suitable for covering food, and to harvest hops, because they are suitable to put into beer, and to uproot sesame plants, since one can use the dry seeds (*Shulḥan Arukh*, *Oraḥ Ḥayyim* 533:2).

רב אשי הוה ליה אבא בשלנייא. אזל למיקצייה בחולא דמועדא. אמר ליה רב שילא משלנייא לרב אשי: מאי דעתיך? דקאמר רב חננאל אמר רב: קוצץ אדם דקל במועד אף על פי שאינו צריך אלא לנסורת שלו? הא לייט עלה אביי! אמר ליה: לא שמיע לי, כלומר: לא סבירא לי. אישתמיט נרגא, בעי למיפסקיה לשקיה. שבקיה, והדר אתא.

The Gemara relates that **Rav Ashi had a forest** [*ava*][L] **in Shelaniya. He went to cut it down on the intermediate days of the Festival. Rav Sheila from Shelaniya said to Rav Ashi: What is your opinion** about what you are doing? Do you rely on **that** which **Rav Ḥananel said** that **Rav said: A person may chop down a palm tree on** the intermediate days of **a Festival even though he needs only its sawdust? Didn't Abaye curse** such behavior? Rav Ashi **said to him: I did not hear** that Abaye said that; **that is to say,** in a delicate way, **I do not hold** in accordance with his opinion. **The** iron of Rav Ashi's **ax** then **slipped** and **was about to cut off his leg. He left it,** ceasing his chopping, **and came back again**[N] to chop down the forest only after the Festival.

רב יהודה שרא למיעקר כיתנא, ולמיקטל כשותא, ולמיעקר שומשמי. אמר ליה אביי לרב יוסף: בשלמא כיתנא – חזי לחפיפה; כשותא – חזי לשיכרא; אלא שומשמי למאי חזי? חזי לנזיי דאית בהו.

The Gemara relates that **Rav Yehuda permitted uprooting flax, cutting hops, and uprooting sesame plants** on the intermediate days of a Festival. **Abaye said to Rav Yosef: Granted,** this is reasonable in the case of **flax,** which is **suitable for** use as **a cover** [*ḥafifa*][N] for various objects and therefore has a use even during the Festival, and so too **hops,** which are **suitable for** making **beer, but for what are sesame plants suitable,** since the sesame seeds require a long drying period before oil can be extracted from them? Rav Yosef said to him: **They are suitable for the seeds** [*nazyei*][N] **on them,** which can be consumed immediately.[H]

רבי ינאי הוה ליה ההוא פרדיסא דמטא זמניה בחולא דמועדא, קטפיה. לשנה שהיוה כולי עלמא לפרדיסייהו לחולא דמועדא. אפקריה רבי ינאי לפרדיסיה ההוא שתא.

It was further mentioned that **Rabbi Yannai had an orchard whose time** for harvesting the fruit **arrived during the intermediate days of the Festival. He harvested it** during the Festival, as the fruit would otherwise have spoiled. **The following year, everyone delayed** the harvest of **their orchards until the intermediate days of the Festival. Rabbi Yannai declared** the earnings from **his orchard ownerless**[N] **that year,** since his harvesting of his fruit provided a misleading example for the public, causing many people to adopt an inappropriate leniency.

NOTES

He left it and came back again – שבקיה והדר אתא: Most commentaries explain that from the time of this mishap, he ceased chopping wood on the intermediate days of a Festival. The Meiri explains that though it is technically permitted, it is inappropriate to exert oneself so strenuously for such a minor matter on the intermediate days of a Festival. Some explain that Rav Ashi never conceded the point, and though he left the forest at that time, he returned and chopped it down on the intermediate days of the Festival (Commentary on *Moed Katan*; Ritva). Similarly, Rabbi Shlomo ben HaYatom explains that though he returned home, he did not tell anyone why he did not chop the trees, so that they should not rule that it is prohibited.

Suitable for use as a cover [*hafifa*] – חזי לחפיפה: Some explain that *ḥafifa* does not mean covering but rather washing. Accordingly, the point is that the soaked flax would be used to prepare a substance used in washing one's hair (Rosh, citing Ra'avad; *Nimmukei Yosef*).

They are suitable for the seeds [*nazyei*] – חזי לנזיי: Rav Hai Gaon explains that the seeds, even while still moist, can be burned to provide heat; some explain in his name that the sesame stalks can be burned to provide heat (Rif). Others explain that the seeds are suitable for eating with honey (Rid; *Tosefot Rabbeinu Yehuda HaḤasid*). Yet others explain that *nazyei* are seeds that withered on the plant, from which oil can be extracted immediately (Rashi manuscript; Commentary on *Moed Katan*).

Rabbi Yannai declared the earnings from his orchard ownerless – אפקריה רבי ינאי לפרדיסיה: Some explain that Rabbi Yannai declared the orchard as ownerless for the entire coming year (Rabbeinu Shlomo ben HaYatom). Others understand that he declared the orchard completely ownerless and would not benefit from it ever again (Rabbeinu Yehonatan of Lunel). In Rabbeinu Shlomo ben HaYatom's version of the text, the Gemara adds: The Sages applied this verse to him: "They are wise to do evil" (Jeremiah 4:22), i.e., an important person must be cautious in his actions, because people imitate his leniencies but not his stringencies. Similarly, in the Jerusalem Talmud it is stated that Rabbi Yannai said: They learn from deficiency, but they do not learn from correctness.

מתני׳ מַכְנִיס אָדָם פֵּירוֹתָיו מִפְּנֵי הַגַּנָּבִים, וְשׁוֹלֶה פִּשְׁתָּנוֹ מִן הַמִּשְׁרָה בִּשְׁבִיל שֶׁלֹּא תֹּאבַד, וּבִלְבַד שֶׁלֹּא יְכַוֵּין אֶת מְלַאכְתּוֹ בַּמּוֹעֵד. וְכוּלָּן, אִם כִּוְּונוּ מְלַאכְתָּן בַּמּוֹעֵד – יֹאבְדוּ.

MISHNA **A person may bring his fruit in** from the field on the intermediate days of the Festival **because** he is concerned **about thieves, and he may draw his flax out of the soaking pool so that it is not ruined** from soaking too long in the water, **provided that he does not plan** from the outset to perform **his work on** the intermediate days of **the Festival. And** with regard to **all of** these cases, **if one planned** from the outset to perform **his labor on** the intermediate days of **the Festival,** the fruit of that labor **must be lost**[N] and no benefit may be derived from it.

גמ׳ תָּנָא: וּבִלְבַד שֶׁיַּכְנִיסֵם בִּצְנְעָא לְתוֹךְ בֵּיתוֹ.

GEMARA It is **taught** in a *baraita* that one may bring in crops out of concern for thieves, **provided that he brings them into his house discreetly.**[NH]

רַב יוֹסֵף הֲוָה לֵיהּ כְּשׁוּרֵי, עַיְּילִינְהוּ בִּימָמָא.

The Gemara relates: **Rav Yosef had** wooden **beams,** which **he brought into** his house **during the day** on one of the intermediate days of a Festival.

אֲמַר לֵיהּ אַבַּיֵי, וְהָתַנְיָא: וּבִלְבַד שֶׁיַּכְנִיסֵם בִּצְנְעָא בְּתוֹךְ בֵּיתוֹ! אֲמַר לֵיהּ: צִנְעָא דְּהָנֵי – יְמָמָא הוּא. כֵּיוָן דִּבְלֵילְיָא בָּעוּ גַּבְרָא יַתִּירֵי, וּבָעוּ מְדוֹכְרֵי דְּנוּרָא – אַוְושָׁא מִילְּתָא.

Abaye said to him: But isn't it taught in a *baraita*: One may bring in items **provided that he brings them into his house discreetly?** Rav Yosef **said to him: Discretion** with respect **to these** beams **is** moving them during **the day, since at night more people**[N] **are required,** and also **torchbearers** [*medokhrei denura*][L] **are needed,** and **the matter** would be more **noticeable.**

״וְשׁוֹלֶה פִּשְׁתָּנוֹ מִן הַמִּשְׁרָה״ כו׳. בָּעֵי מִינֵּיהּ רַבִּי יִרְמְיָה מֵרַבִּי זֵירָא: כִּוֵּין מְלַאכְתּוֹ בַּמּוֹעֵד וּמֵת, מַהוּ שֶׁיִּקְנְסוּ בָּנָיו אַחֲרָיו?

The mishna states: **And he may draw his flax out of the soaking pool** so that it is not ruined from soaking too long in the water, provided that he does not plan from the outset to do his work on the intermediate days of the Festival. And with regard to anyone, if he planned from the outset to perform his labor on the intermediate days of the Festival, the fruit of that labor must be destroyed. **Rabbi Yirmeya asked Rabbi Zeira: If one planned** from the outset to perform **his labor on** the intermediate days of **a Festival, and he died** after doing so, **what is the** *halakha*? **Should his children be penalized after him** and have to lose the products of their father's labor?

אִם תִּמְצֵי לוֹמַר

Even **if you might say** that

NOTES

If one planned to perform his labor…it must be lost – אִם כִּוְּונוּ מְלַאכְתָּן...יֹאבְדוּ: The commentaries disagree about what it means that the labor is lost. Some say that the court confiscates whatever was produced on the intermediate days of the Festival (Rambam; Rabbi Yitzḥak ibn Giat). Others say that one may not take any action to preserve the products of the illicit work, even if they will be ruined as a result (Meiri).

That he brings them into his house discreetly – שֶׁיַּכְנִיסֵם בִּצְנְעָא לְתוֹךְ בֵּיתוֹ: The Ramban wonders why the Gemara insists in this case that the crops be brought in discreetly while in other cases of potential loss one is permitted to work in public. He explains that there is a difference between cases where the loss is internal to the object, such as spoilage, and cases where the potential loss is due to some external cause, e.g., the risk of it being stolen. In the former case, insistence on discretion could be an obstacle and cause loss, and therefore it was not required. In the latter case, as long as the discretion does not interfere, it is required (Ritva).

More people – גַּבְרָא יַתִּירֵי: More effort is required to find people to work at night, and therefore it is more noticeable (*Tosefot Rabbeinu Yehuda HaḤasid*).

HALAKHA

Bringing objects to a secure place – הַכְנָסַת חֲפָצִים לְמָקוֹם מִשְׁתַּמֵּר: It is permitted for one to bring fruit into a secure place for fear of thieves, but he must do so discreetly, e.g., at night. However, an action that will attract more attention at night should be accomplished during the day, and all actions are permitted in the case of potential loss (*Shulḥan Arukh, Oraḥ Ḥayyim* 538:2, and in the comment of Rema).

LANGUAGE

Torchbearers [*medokhrei denura*] – מְדוֹכְרֵי דְּנוּרָא: In the *Arukh* the phrase is *medubrei denura*. According to that version of the text, the first word derives from the root letters *d-b-r*, meaning transported, so that the meaning of the phrase *medubrei denura* would be carriers of fire, or bearers of torches.

צָרַם אֹזֶן בְּכוֹר קָנְסוּ בְּנוֹ אַחֲרָיו – מִשּׁוּם דְּאִיסּוּרָא דְּאוֹרָיְיתָא.

in the case of **one who slit the ear of a firstborn** animal,[N] the Sages **penalized his son after him,** that is **because the prohibition is by Torah law.**[N] A firstborn animal is disqualified from sacrifice if it becomes blemished, rendering it permitted to be eaten as non-sacred meat. It is prohibited to deliberately engender a blemish in a firstborn animal, and one who does so is prohibited from eating the meat.

NOTES

One who slit the ear of a firstborn animal – צָרַם אֹזֶן בְּכוֹר: Firstborn animals are sanctified from birth and must be sacrificed as an offering unless they are blemished, at which point the animal is deconsecrated and may be eaten without being sacrificed on the altar. It is prohibited to deliberately cause such a blemish, from the verse: "There shall be no blemish in it" (Leviticus 22:21), which the Sages interpreted as meaning that no blemish should be effected on it. The Sages penalized a priest who deliberately caused a blemish, and a firstborn with a purposeful blemish may not be slaughtered until another blemish occurs.

NOTES

Because the prohibition is by Torah law – מִשּׁוּם דְּאִיסּוּרָא דְּאוֹרָיְיתָא: Even according to those authorities who understand that the prohibition against labor on the intermediate days of the Festival is by Torah law, in cases of loss, labor is permitted. Even if one planned that it be done on the Festival, labor that will prevent financial loss is permitted by Torah law. However, the Sages prohibited labor in that case (Rashi manuscript; Ritva).

וְאִם תִּמְצֵי לוֹמַר: מָכַר עַבְדּוֹ לְגוֹי וּמֵת קָנְסוּ בְּנוֹ אַחֲרָיו – מִשּׁוּם דְּכָל יוֹמָא מַפְקַע לֵיהּ מִמִּצְוֹת,

And if you might say that in the case of **one who sold his slave to a gentile**[N] and then **died** the Sages **penalized his son after him,** that is **because every day** the slave **is in the gentile's possession precludes him from** performing mitzvot. A Canaanite slave is obligated in the same mitzvot as a Jewish woman. If he is illicitly sold to a gentile and escapes, requiring the seller to compensate the gentile, the seller may not them re-enslave the slave, who is regarded as emancipated. The Sages extended this penalty to the owner's heirs as well.

הָכָא מַאי? גַּבְרָא קָנֵיס רַבָּנַן – וְהָא לֵיתֵיהּ, אוֹ דִּלְמָא: מָמוֹנָא קָנֵיס רַבָּנַן, וְהָא אִיתֵיהּ!

What, then, is the *halakha* **here,** where one planned from the outset to perform his work on the intermediate days of a Festival and then after performing the work he died? Should one say that **the Sages penalized the man** himself **and he is no longer** alive, **or perhaps the Sages imposed a penalty on the money,** such that no benefit may be derived from it, **and it** still **exists** in the hands of his heirs?

אֲמַר לֵיהּ: תְּנִיתוּהָ, שָׂדֶה שֶׁנִּתְקַוְּוצָה בַּשְּׁבִיעִית – תִּזָּרַע לְמוֹצָאֵי שְׁבִיעִית. נִטַּיְּיבָה אוֹ נִדַּיְּירָה – לֹא תִּזָּרַע לְמוֹצָאֵי שְׁבִיעִית. וְאָמַר רַבִּי יוֹסֵי בַּר חֲנִינָא: נְקִטִינַן, הֵטִיבָהּ וּמֵת – בְּנוֹ זוֹרְעָהּ. אַלְמָא: לְדִידֵיהּ – קָנְסוּ רַבָּנַן, לִבְרֵיהּ – לָא קָנְסוּ רַבָּנַן; הָכָא נַמִי: לְדִידֵיהּ – קָנְסוּ רַבָּנַן, לִבְרֵיהּ – לָא קָנְסוּ רַבָּנַן.

Rabbi Zeira **said to** Rabbi Yirmeya: **You** already **learned** the answer to your question in a mishna (*Shevi'it* 4:2): **A field whose thorns were removed**[N] **during the Sabbatical Year**[H] **may be sown in the eighth year,** as removing thorns is not full-fledged labor that renders the field prohibited; but **if it had been improved**[NH] with fertilizer, **or if had been enclosed** so that animals therein would fertilize it with their manure, **it may not be sown in the eighth year.** The Sages imposed a penalty that one not benefit from prohibited labor. **And Rabbi Yosei bar Ḥanina said: We have a tradition** that if one **improved** his field in a prohibited manner **and then died, his son may sow it. Apparently, the Sages penalized** only **him,** the one who acted wrongly, but **the Sages did not penalize his son. Here, too,** with regard to work performed on the intermediate days of a Festival, **the Sages penalized him,** but **the Sages did not penalize his son.**

אָמַר אַבַּיֵי: נְקִטִינַן, טִימֵּא טָהֳרוֹתָיו וּמֵת – לֹא קָנְסוּ בְּנוֹ אַחֲרָיו. מַאי טַעְמָא? הֶיזֵּק שֶׁאֵינוֹ נִיכָּר לָא שְׁמֵיהּ הֶיזֵּק. לְדִידֵיהּ – קָנְסוּ רַבָּנַן, לִבְרֵיהּ – לָא קָנְסוּ רַבָּנַן.

Abaye said: We have a tradition that if one **rendered impure** another's **ritually pure items and died** before paying, the Sages **did not penalize his son after him** and require him to pay for the damage. **What is the reason** for this? It is that **damage that is not evident,**[H] i.e., that does not involve any physical change visible to the eye, **is not considered damage** by Torah law; nevertheless, the injured party suffers a loss, and **the Sages penalized** only **him,** but **the Sages did not penalize his son.**

מתני׳ אֵין לוֹקְחִין בָּתִּים, עֲבָדִים וּבְהֵמָה אֶלָּא לְצוֹרֶךְ הַמּוֹעֵד, אוֹ לְצוֹרֶךְ הַמּוֹכֵר שֶׁאֵין לוֹ מַה יֹּאכַל.

MISHNA **One may not purchase houses, slaves, and cattle** on the intermediate days of a Festival **unless** it is **for the sake of the Festival, or** to provide **for the needs of the seller who does not have anything to eat.**[H]

גמ׳ בְּעָא מִינֵּיהּ רָבָא מֵרַב נַחְמָן: שְׂכַר פְּעוּלָּה שֶׁאֵין לוֹ מַה יֹּאכַל מַהוּ? אֲמַר לֵיהּ: תָּנֵינָא, אוֹ לְצוֹרֶךְ הַמּוֹכֵר שֶׁאֵין לוֹ מַה יֹּאכַל. לְאַתּוּיֵי מַאי? לָאו לְאַתּוּיֵי שְׂכַר פְּעוּלָּה? אֲמַר לֵיהּ: לָא, פָּרוּשֵׁי קָא מְפָרֵשׁ.

GEMARA **Rava asked Rav Naḥman: What is the** *halakha* with regard to **wages**[N] for a worker **who does not have anything to eat?** Is it permitted to provide a poor worker with work on the intermediate days of the Festival? Rav Naḥman **said to him: We learned** this in the mishna: **Or** to provide **for the needs of the seller, if he has nothing to eat. What is added** by mentioning the condition that he has nothing to eat? Does it not **add** the case of **wages** and not only the case of one selling items he owns? Rava **said to him: No,** it is merely **explaining** what is meant by the needs of the seller.

HALAKHA

A field whose thorns were removed during the Sabbatical Year – שָׂדֶה שֶׁנִּתְקַוְּוצָה בַּשְּׁבִיעִית: It is prohibited to remove thorns from one's field during the Sabbatical Year in order to prepare it for the year after. If one did so, or if one removed rocks from the field, which is also prohibited, the Sages did not penalize him, and it is permitted for him to sow it in the eighth year (Rambam *Sefer Zera'im, Hilkhot Shemitta VeYovel* 1:14).

Improved in the Sabbatical Year – נִיטַּיְּיבָה בַּשְּׁבִיעִית: One who plows his field or fertilizes it during the Sabbatical Year in order to prepare it for the next year is penalized and may not sow it in the following year. It is also prohibited for others to lease it from him in order to sow it; rather, the field should be left fallow that year. However, if he dies, his heirs are permitted to sow it (Rambam *Sefer Zera'im, Hilkhot Shemitta VeYovel* 1:13).

Damage that is not evident – הֶיזֵּק שֶׁאֵינוֹ נִיכָּר: One who causes damage to another person that is not evident, e.g., by making his ritually pure items impure or mixing forbidden wine into his wine, is exempt by Torah law; if he did so unintentionally or as a result of coercion, he need not pay for the damages. However, if he did so intentionally, the Sages penalize him such that he must pay for the damage with his superior quality land. If he died before paying, his son is not penalized. Some (*Shakh*) say that if the father stood trial and was ordered to pay the damages but died before he paid, the son is obligated to pay, and some (*Sefer Meirat Einayim*) say he is exempt (*Shulḥan Arukh, Ḥoshen Mishpat* 385:1).

Purchasing during the intermediate days of the Festival – קְנִיָּה בַּמּוֹעֵד: One may not purchase houses, stones, slaves, or animals from a Jew on the intermediate days of the Festival, except for the sake of the Festival, or to provide for the needs of the seller if he has nothing to eat, or to provide for the needs of the porter hired to transport the merchandise if he has nothing to eat. The prevailing custom permits the discreet purchase of small implements and clothes (Rema), but some (*Magen Avraham*) say it is not appropriate to do so (*Shulḥan Arukh, Oraḥ Ḥayyim* 539:12).

NOTES

Sold his slave to a gentile – מָכַר עַבְדּוֹ לְגוֹי: The Sages imposed a double penalty in this case: First, the slave is emancipated according to *halakha*, such that the owner may not enslave him even if the gentile sells him back. Second, the owner is obligated to redeem the slave from the gentile at any cost, even for much more than his worth.

A field whose thorns were removed – שָׂדֶה שֶׁנִּתְקַוְּוצָה: Many commentaries explain that this is specifically when one removes detached thorns, but actually uprooting thorns and grass from the ground during the Sabbatical Year is prohibited by Torah law (Ritva, citing Rabbeinu Ḥananel; *Tosafot*).

If it had been improved – נִיטַּיְּיבָה: Some explain this to mean that one brought in fertilizer from outside, as opposed to enclosing animals in the field to fertilize it with their manure (Rashi). Others explain, in accordance with the Jerusalem Talmud, that the improvement was that one plowed it several times to make the field more productive (Rabbeinu Ḥananel).

Wages – שְׂכַר פְּעוּלָּה: Although the mishna permitted the purchase of an item because of the seller's financial difficulties, Rava did not think he could readily extrapolate from that precedent with regard to wages, as selling does not involve labor (*Tosefot Rabbeinu Yehuda HaḤasid*).

אִיתִּיבֵיהּ אַבָּיֵי: אֵין כּוֹתְבִין שְׁטָרֵי חוֹב בַּמּוֹעֵד; וְאִם אֵינוֹ מַאֲמִינוֹ אוֹ שֶׁאֵין לוֹ מָה יֹּאכַל – הֲרֵי זֶה יִכְתּוֹב. שֶׁאֵין לוֹ מַה יֹּאכַל לְאֵתוּיֵי מַאי? לָאו לְאֵתוּיֵי שְׂכַר פְּעוּלָּה? שְׁמַע מִינָּהּ.

Abaye raised an objection from a mishna (18b): **Promissory notes may not be written on** the intermediate days of **a Festival, but if** the lender **does not trust** the borrower and is concerned that without such a note he will be unable to collect, **or if he has nothing to eat, he may write**[H] a promissory note. The Gemara elaborates: **What is added** here by the words: **If he has nothing to eat?** Are they not meant to add that a promissory note may be written for the sake of **the wages** of the scribe who draws up the document? **Conclude from it** that it is permitted to hire a worker who is in need of a livelihood[H] even for work that would otherwise be prohibited on the intermediate days of a Festival.

מוֹתִיב רַב שֵׁשֶׁת: וַחֲכָמִים אוֹמְרִים: שָׁלֹשׁ אוּמָּנִיּוֹת עוֹשִׂין מְלָאכָה בְּעַרְבֵי פְסָחִים עַד חֲצוֹת: הַחַיָּיטִין, וְהַסַּפָּרִין, וְהַכּוֹבְסִין. הַחַיָּיטִין – שֶׁכֵּן הֶדְיוֹט תּוֹפֵר כְּדַרְכּוֹ בְּחוּלּוֹ שֶׁל מוֹעֵד; הַסַּפָּרִין וְהַכּוֹבְסִין – שֶׁכֵּן הַבָּאִין מִמְּדִינַת הַיָּם וְהַיּוֹצֵא מִבֵּית הָאֲסוּרִין מוּתָּרִין לְסַפֵּר וּלְכַבֵּס בְּחוּלּוֹ שֶׁל מוֹעֵד.

Rav Sheshet raised an objection from a mishna (*Pesaḥim* 55a) that addresses the prohibition against performing labor on the eve of Passover: **And the Rabbis say:** The practitioners of only **three crafts** are permitted to **perform labor until midday on Passover eve,** and they are **the tailors, the barbers, and the launderers,** whose work is needed for the Festival.[H] The *baraita* elaborates: **The tailors** may perform labor on Passover eve, **as a layperson** is permitted to **sew in his usual manner during the intermediate days of the Festival.** Since similar labor is permitted during the Festival, one may be lenient on Passover eve as well. **The Barbers and the launderers** are permitted to work, **as those who arrive from overseas** or **one who leaves prison** are permitted to **cut** their **hair and wash** their clothes **on the intermediate days of the Festival** because they had no opportunity to do so prior to the Festival.

וְאִי סָלְקָא דַּעְתָּךְ שְׂכַר פְּעוּלָּה שֶׁאֵין לוֹ מַה יֹּאכַל שָׁרֵי – כָּל מְלָאכוֹת נָמֵי לִישְׁתְּרוּ, דְּהָא אִיכָּא שְׂכַר פְּעוּלָּה שֶׁאֵין לוֹ מַה יֹּאכַל!

And if it enters your mind that paying **wages** to a worker **who does not have anything to eat is permitted** on the intermediate days of the Festival, then **all** other types of **labor should also be permitted** on the eve of Passover, **as there is** something similar permitted on the intermediate days of the Festival, namely, **the wages** paid to a worker **who does not have anything to eat.** Tailors are permitted to work on the eve of Passover because similar work is permitted during the intermediate days of the Festival. The payment of wages to a worker who does not have anything to eat on the Festival must be prohibited, as otherwise similar work, i.e., any work involving the payment of wages, would be permitted on the eve of Passover, which is not the case.

מַתְקִיף לַהּ רַב פָּפָּא: אֶלָּא מֵעַתָּה, בִּנְיָן לִישְׁתְּרֵי, שֶׁכֵּן כּוֹתֶל הַגּוֹהֶה לִרְשׁוּת הָרַבִּים – סוֹתֵר וּבוֹנֶה כְּדַרְכּוֹ מִפְּנֵי הַסַּכָּנָה!

Rav Pappa strongly objects to this:[N] **If that is so,** that one can derive *halakhot* in this manner, then **building** as well **should be permitted** on the eve of Passover, **as a wall that tilts toward the public domain** and is likely to fall **may be demolished and rebuilt in the usual manner** on the intermediate days of a Festival **due to the danger** posed to passersby. Since building under such circumstances is permitted on the intermediate days of a Festival, it should be permitted in general on the eve of Passover.

מַתְקִיף לַהּ רָבִינָא: אֶלָּא מֵעַתָּה, לַבְלָר לִישְׁתְּרֵי, שֶׁכֵּן כּוֹתְבִין קִידּוּשֵׁי נָשִׁים גִּיטִּין וְשׁוֹבָרִין!

Ravina also **strongly objects to this: If that is so, a scribe** [*lavlar*][L] who draws up documents **should be permitted** to do so on the eve of Passover, **as one may write betrothal deeds, bills of divorce, and receipts** on the intermediate days of a Festival.

אֶלָּא אָמַר רַב אָשֵׁי: מוֹעֵד אַאַרְבָּעָה עָשָׂר קָא רָמֵית?! מוֹעֵד – מִשּׁוּם טִירְחָא הוּא, וּבִמְקוֹם פְּסֵידָא – שָׁרוּ רַבָּנַן. אַרְבָּעָה עָשָׂר – מִשּׁוּם צוֹרֶךְ יוֹם טוֹב הוּא, מִידֵּי דְּצוֹרֶךְ יוֹם טוֹב – שָׁרוּ רַבָּנַן, מִידֵּי דְּלָאו צוֹרֶךְ יוֹם טוֹב – לָא שָׁרוּ רַבָּנַן.

Rather, Rav Ashi said that Rav Sheshet's original objection has no basis: **Are you raising a contradiction** between the *halakhot* of the intermediate days of **a Festival and** the *halakhot* of **the fourteenth** day of Nisan, i.e., the eve of Passover? They are not comparable, as the prohibition against labor on each is for a different reason: Labor is prohibited on the intermediate days of a **Festival because it involves** excessive **exertion,**[N] **and in a situation** of significant **loss the Sages permitted** it. In contrast, the prohibition against labor on **the fourteenth** of Nisan **is due to the need** to prepare **for the Festival,** and especially the Paschal lamb. **Whatever is needed for the Festival,** e.g., the work of tailors and barbers, **the Sages permitted,** but **whatever is not needed for the Festival, the Sages did not permit.**

HALAKHA

Writing documents on the Festival – כְּתִיבַת שְׁטָרוֹת בַּמּוֹעֵד: It is prohibited to write promissory notes on the Festival unless the borrower needs the money (Rema) and the lender does not trust him without a document, or the scribe has nothing to eat. It is permitted to write a bill of sale on the Festival, but one may not write contracts for tenant farming or contracting that were undertaken before the Festival (*Shulḥan Arukh, Oraḥ Ḥayyim* 545:6, and in the comment of Rema).

Wages of a worker who does not have anything to eat – שְׂכַר פְּעוּלָּה שֶׁאֵין לוֹ מַה יֹּאכַל: It is permitted to hire a person to perform any task on the intermediate days of the Festival if that person has nothing to eat, in order to provide him a livelihood from the work. Even if he has household utensils that he could sell, he is still included in the category of one who does not have anything to eat (*Taz*, citing the *Tur*). With regard to one who has only bread and water, some say he is not considered someone with nothing to eat (*Eliyahu Rabba*), while according to others, someone who has only bread and water may work for wages during the intermediate days of the Festival (*Shulḥan Arukh, Oraḥ Ḥayyim* 542:2, and in the comment of Rema).

Labor on the eve of Passover – מְלָאכָה בְּעֶרֶב פֶּסַח: In a place where the custom is to work on the eve of Passover, one should not begin a new task on this day, even if he can complete it before noon. This does not apply to three types of craftsmen: Tailors, barbers, and launderers, and some replace barbers with shoemakers (*Havvot Yair*, citing *Roke'aḥ*), who may begin a new task as long as they complete it by noon. Other craftsmen are only permitted to continue tasks begun before the fourteenth day of Nisan, until noon. Some (Rema) say that craftsmen of the three aforementioned types are permitted to begin a task on the fourteenth even in a place where the custom is not to work on the eve of Passover. According to that opinion, tasks of other craftsmen, if they are for the sake of the Festival, are also permitted to be continued on the fourteenth until noon. Accordingly, the custom not to work before noon on the eve of Passover applies only to other craftsmen beginning new tasks or anyone performing tasks not for the sake of the Festival (*Shulḥan Arukh, Oraḥ Ḥayyim* 468:5).

NOTES

Rav Pappa strongly objects to this – מַתְקִיף לַהּ רַב פָּפָּא: Some explain that the objections of Rav Pappa and Ravina are against the opinion of Rav Naḥman permitting the hiring of a worker in need of a livelihood for a wage (Rabbi Shlomo ben HaYatom). Others explain that the objections are against Rav Sheshet's inference that hiring someone who has nothing to eat during the intermediate days of the Festival must be prohibited because otherwise hiring would be permitted on the eve of Passover. They show that this argument is impossible and that the *halakhot* of the eve of Passover and of the intermediate days of a Festival are not interdependent. This understanding fits the standard printed version of the text, which reads: Rather Rav Ashi said, introducing an explanation of the *halakhot* that makes a distinction between the two.

On the intermediate days of a Festival because it involves excessive exertion – מוֹעֵד מִשּׁוּם טִירְחָא הוּא: Some infer that anyone who works in order to have enough to eat is not engaging in excessive exertion (*Nimmukei Yosef*).

LANGUAGE

Scribe [*lavlar*] – לַבְלָר: The origin of the word is the Latin librarius, meaning scribe, one who copies and writes documents.

מתני׳ אֵין מְפַנִּין מִבַּיִת לְבַיִת, אֲבָל מְפַנֶּה הוּא לַחֲצֵרוֹ. אֵין מְבִיאִין כֵּלִים מִבֵּית הָאוּמָּן. אִם חוֹשֵׁשׁ לָהֶם – מְפַנָּן לְחָצֵר אַחֶרֶת.

MISHNA **One may not move**[N] his possessions **from house to house** during the intermediate days of a Festival, **but he may move** them **to his courtyard** if that is necessary. **One may not bring** home **utensils**[N] **from the house of a craftsman** after he has completed his work, but **if one is concerned about them**[N] that if he leaves them in the craftsman's house they are likely to be stolen, **he may move them to another courtyard.**[H]

גמ׳ וְהָאָמְרַתְּ רֵישָׁא אֵין מְפַנִּין כְּלָל! אָמַר אַבַּיֵי: סֵיפָא אֲתָאן לַבַּיִת שֶׁבֶּחָצֵר.

GEMARA The Gemara asks: **But didn't you say in the first clause** of the mishna that **one may not move** one's possessions **at all,** even from one house to another? How is it that the mishna then permits moving objects from one courtyard to another in the second clause? **Abaye said** in explanation: **In the latter clause we come to** the case of moving objects from **the house in his courtyard** to that same courtyard.

"וְאֵין מְבִיאִין כֵּלִים מִבֵּית הָאוּמָּן". אָמַר רַב פַּפָּא: בָּדֵיק לָן רָבָא: תְּנַן, אֵין מְבִיאִין כֵּלִים מִבֵּית הָאוּמָּן. וּרְמִינְהוּ: מוֹלִיכִין וּמְבִיאִין כֵּלִים מִבֵּית הָאוּמָּן וְאַף עַל פִּי שֶׁאֵינָן לְצוֹרֶךְ הַמּוֹעֵד!

The mishna states: **And one may not bring** home **utensils from the house of a craftsman. Rav Pappa said: Rava tested us** with the following question: **We learned** in the mishna that **one may not bring** home **utensils from the house of a craftsman. And this raises a contradiction to** another mishna (*Pesaḥim* 55b): **One may take utensils to and bring them from the house of a craftsman, even if they are not** needed **for the sake of the Festival.**

וְשַׁנֵּינַן לֵיהּ: כָּאן – בְּאַרְבָּעָה עָשָׂר, כָּאן – בְּחוּלּוֹ שֶׁל מוֹעֵד. אִיבָּעֵית אֵימָא: הָא וְהָא בְּחוּלּוֹ שֶׁל מוֹעֵד; כָּאן – בְּמַאֲמִינוֹ, כָּאן – בְּשֶׁאֵינוֹ מַאֲמִינוֹ.

And we answered him: Here, the mishna that permits the practice is referring **to the fourteenth** of Nisan, the eve of Passover,[H] and **here,** the mishna that prohibits it, is referring **to the intermediate days of a Festival.** And **if you wish, say** another explanation: Both **this and that refer to the intermediate days of a Festival,** but **here,** the mishna that prohibits the practice is referring to a case **where he trusts** the craftsman and is not concerned about his utensils being lost or stolen, whereas **here,** the mishna that permits taking utensils to and from the craftsman is referring to a case **where he does not trust** the craftsman.

NOTES

One may not move – אֵין מְפַנִּין: In the Jerusalem Talmud it states that it is permitted to move objects from another house to one's own because that is a source of joy. According to the Ra'avad, the Babylonian Talmud does not dispute this. The *Maggid Mishne* disagrees and infers from the fact that the Gemara specifically mentions the case of moving items from the house to one's courtyard that it is not permitted to move them from one house to another, even if the destination is one's own house.

One may not bring home utensils – אֵין מְבִיאִין כֵּלִים: Three reasons are given for this *halakha*: Some say that it involves excessive exertion, or that people will suspect that the craftsman works on the intermediate days of the Festival (Ran). Others say that collecting an item from the craftsman is not appropriate behavior for the Festival (Ritva).

If one is concerned about them – אִם חוֹשֵׁשׁ לָהֶם: Either he fears that the craftsman's house is vulnerable to thieves, or he is concerned that the craftsman will try to cheat him by requesting payment again even though he already received it (Rashi manuscript; Rabbeinu Yehonatan of Lunel).

HALAKHA

Moving utensils on the intermediate days of a Festival – פִּינּוּי כֵּלִים בְּחוֹל הַמּוֹעֵד: One should not move items on the intermediate days of a Festival from courtyard to courtyard, through the public domain, if it is not for the sake of the Festival. It is certainly prohibited to transport one's property from one city to another (Rema). However, it is permissible to move items from one house to another in the same courtyard. If he needs to take them through an alleyway, some permit transferring from one house to an adjacent one, and some prohibit it if the alleyway is open on both sides (*Baḥ*; Vilna Gaon). If he is concerned about theft or other types of loss, it is permitted to transfer from courtyard to courtyard and even from city to city (*Shulḥan Arukh*, *Oraḥ Ḥayyim* 535:1, and in the comment of Rema).

Transporting utensils on the eve of Passover – הוֹלָכַת כֵּלִים בְּעֶרֶב פֶּסַח: One may take utensils to, and bring them back from, the craftsman's house all day, even those that are not for the sake of the Festival (*Shulḥan Arukh*, *Oraḥ Ḥayyim* 468:10).

Perek **II**
Daf **13** Amud **b**

וְהָתַנְיָא: מְבִיאִין כֵּלִים מִבֵּית הָאוּמָּן כְּגוֹן כַּד מִבֵּית הַכַּדָּר, וְכוֹס מִבֵּית הַזַּגָּג, אֲבָל לֹא צֶמֶר מִבֵּית הַצַּבָּע, וְלֹא כֵּלִים מִבֵּית הָאוּמָּן. וְאִם אֵין לוֹ מַה יֹּאכַל – נוֹתֵן לוֹ שְׂכָרוֹ, וּמַנִּיחוֹ אֶצְלוֹ. וְאִם אֵינוֹ מַאֲמִינוֹ – מַנִּיחוֹ בַּבַּיִת הַסָּמוּךְ לוֹ. וְאִם חוֹשֵׁשׁ לָהֶם שֶׁמָּא יִגָּנְבוּ – מְפַנָּן לְחָצֵר אַחֶרֶת. וְאִם אֵינוֹ מַאֲמִינוֹ – מְבִיאָן בִּצְנְעָה בְּתוֹךְ בֵּיתוֹ.

And so **it is taught** in a *baraita*: **One may bring** home **utensils from the house of a craftsman;**[H] **for example, a jug from the jug-makers house**[N] **and a cup from the glass-blower's house,** as they will be used on the Festival itself. **But** he may **not** bring home **wool from the dyer's house or utensils from the craftsman's house,** as they are not needed on the Festival. **But if** the craftsman **has nothing to eat, he may give him his wages** during the Festival week **and leave** the utensil **with him. And if he does not trust** the craftsman to properly safeguard his utensil, **he may** take the utensil from the craftsman and **leave it in a house near him. And if he is concerned about** his utensils **lest they be stolen, he may move them to another courtyard. And if he does not trust** the owner of the other courtyard, **he may bring them into his house discreetly.**

NOTES

A jug [*kad*] from the jug-maker's house – כַּד מִבֵּית הַכַּדָּר: Some have the version: A pillow [*kar*] from the house of the pillow-maker, meaning one whose craft is making pillows (Commentary on *Moed Katan*).

HALAKHA

One may bring home utensils from the house of a craftsman – מְבִיאִין כֵּלִים מִבֵּית הָאוּמָּן: One may bring utensils from the craftsman's house for the sake of the Festival, but not utensils that are not for the sake of the Festival, like a plow. This is the case even with a gentile craftsman (*Magen Avraham*). And if the craftsman does not have anything to eat, he should give him his wages but leave the utensils with him. And if he does not trust him, he should leave them in an adjacent house. And if he is concerned lest they be stolen there, he may relocate them to another courtyard; but he may only bring them into his house in a private manner (*Shulḥan Arukh*, *Oraḥ Ḥayyim* 534:3).

תַּרְצְתְּ מְבִיאִין; מוֹלִיכִין – קַשְׁיָא! דְּקָתָנֵי: אֵין מְבִיאִין, וְכׇל שֶׁכֵּן שֶׁאֵין מוֹלִיכִין! אֶלָּא: מְחַוַּורְתָּא כִּדְשַׁנִּין מֵעִיקָּרָא.

The Gemara comments: **You have** adequately **explained** the contradiction between the *mishnayot* about whether **one may bring** home utensils from the house of a craftsman. The mishna that permits it can be understood as referring to a case where the craftsman is not to be trusted. But the mishna in *Pesaḥim* also states that **one may take** utensils to the house of a craftsman, and this is **difficult, as** the mishna above **teaches: One may not bring** home utensils from the house of a craftsman. **And** this indicates that **all the more so, one may not take** utensils from his house to that of the craftsman. **Rather, it is clear as we answered initially** that one mishna is referring to the eve of Passover and the other to the intermediate days of a Festival.

מתני׳ מְחַפִּין אֶת הַקְּצִיעוֹת בְּקַשׁ, רַבִּי יְהוּדָה אוֹמֵר: אַף מְעַבִּין. מוֹכְרֵי פֵּירוֹת, כְּסוּת וְכֵלִים – מוֹכְרִים בְּצִנְעָה לְצוֹרֶךְ הַמּוֹעֵד. הַצַּיָּידִין וְהַדָּשׁוֹשׁוֹת וְהַגָּרוֹסוֹת – עוֹשִׂין בְּצִנְעָה לְצוֹרֶךְ הַמּוֹעֵד. רַבִּי יוֹסֵי אוֹמֵר: הֵם הֶחְמִירוּ עַל עַצְמָן.

MISHNA On the intermediate days of a Festival, **figs** that were spread out to dry **may be covered with straw** to protect them from rain and dew.[H] **Rabbi Yehuda says: One may even condense**[N] the figs. **Those who sell produce, clothing, and utensils may sell** them **in private, for the sake of the Festival.**[H] **Fishermen, and groats makers** [*dashoshot*],[L] **and** bean **pounders,** who pulverize the beans, **may** ply their trades **in private for the sake of the Festival.**[H] **Rabbi Yosei says: They were stringent with themselves** to refrain from this work even with respect to what was needed for the Festival.

גמ׳ פְּלִיגִי בָּהּ רַבִּי חִיָּיא בַּר אַבָּא וְרַבִּי אַסִי, וְתַרְוַיְיהוּ מִשְּׁמֵיהּ דְּחִזְקִיָּה וְרַבִּי יוֹחָנָן. חַד אָמַר: מְחַפִּין – אַקְלוּשֵׁי; מְעַבִּין – אַסְמוּכֵי. וְחַד אָמַר: מְחַפִּין – בֵּין אַקְלוּשֵׁי בֵּין אַסְמוּכֵי; מְעַבִּין – עוֹשֶׂה אוֹתוֹ כְּמִין כְּרִי. תַּנְיָא נַמִי הָכִי: מְעַבִּין – עוֹשֶׂה אוֹתוֹ כְּמִין כְּרִי, דִּבְרֵי רַבִּי יְהוּדָה.

GEMARA **Rabbi Ḥiyya bar Abba and Rabbi Asi disagree about** the following issue, **and both of them** assert their opinions **in the name of Ḥizkiyya and Rabbi Yoḥanan. One said: Cover** the figs means to **lightly** cover them with straw, and **condense** means to spread straw over them **densely. And the other one said: Cover** means to spread straw over them **whether lightly or densely,** and **condense** means to amass the figs into a pile, **making it as if** it were **a pile** of grain.[N] **This is also taught** in a *baraita*: **One may condense,** i.e., amass the figs into a pile, **making it as if** it were **a pile** of grain. This is **the statement of Rabbi Yehuda.**

״מוֹכְרֵי פֵּירוֹת כְּסוּת וְכֵלִים מוֹכְרִין בְּצִנְעָה״ וכו׳. אִיבַּעְיָא לְהוּ: הֵן הֶחְמִירוּ עַל עַצְמָן – דְּלָא הָווּ עָבְדִי כְּלָל, אוֹ דִּלְמָא: דְּהָווּ עָבְדִי בְּצִנְעָה?

§ The mishna states: On the intermediate days of a Festival, **those who sell produce, clothing, and utensils may sell** them **in private,** for the sake of the Festival. Fishermen, groats makers, and bean pounders may ply their trades in private for the sake of the Festival. Rabbi Yosei says that they were stringent with themselves. The Sages were **asked:** When it says that **they were stringent with themselves,** does it mean that **that they did not work at all** on the intermediate days of a Festival, **or perhaps** it means **that they did** their work **in private,** though it is permitted to do it publicly?

NOTES

One may even condense – אַף מְעַבִּין: Some early commentaries, based on a version of the text that reads: Rabbi Yehuda says one may condense, understand that Rabbi Yehuda is more stringent than the first *tanna* and holds that one may not cover the figs, but only assemble them into a pile (Rabbeinu Yehonatan of Lunel).

Cover…and condense – מְחַפִּין...וּמְעַבִּין: In the Jerusalem Talmud the question is raised as to how an action that is permitted on Shabbat could be prohibited on the intermediate days of the Festival. It is explained that the dispute is about whether it is permitted to pick straw in order cover with it.

LANGUAGE

Groats makers [*dashoshot*] – דָּשׁוֹשׁוֹת: There are several textual variants of this word. If the word is *dashoshot*, it is from the root *d-o-sh*, meaning threshing. Some texts have *dasosot*, from the word *daisa*, meaning porridge; and some have the version *rashoshot* or *rasosot*, from the word *resisim*, meaning fragments, since they break the seeds into slivers or fragments.

HALAKHA

Covering figs spread out to dry – חִיפּוּי קְצִיעוֹת: One who had figs laid out in the field to dry and is concerned lest rain fall on them, is allowed to cover them even with a thick layer of straw. He is even allowed to uproot straw for this purpose (*Mishna Berura* citing the Jerusalem Talmud; *Shulḥan Arukh, Oraḥ Ḥayyim* 538:4).

Selling on the intermediate days of the Festival – מְכִירָה בְּחוֹל הַמּוֹעֵד: Sellers of produce, clothing, and utensils may sell discreetly for the sake of the Festival (*Shulḥan Arukh, Oraḥ Ḥayyim* 539:11).

Fishermen, and groats makers, etc. – הַצַּיָּידִין וְהַדָּשׁוֹשׁוֹת וכו׳: Any task for the sake of the Festival performed by craftsmen in their own fields must be performed discreetly. Therefore, hunters, as well as the millers and grape harvesters, who perform their tasks in order to sell immediately for the sake of the Festival, must nevertheless do so discreetly. According to the Rema, this applies to animal and bird hunters, but not fishermen, as it is obvious to all that a fisherman's catch is for immediate use (*Mishna Berura*); some authorities (*Magen Avraham*) prohibit even fishermen from selling in public (*Shulḥan Arukh, Oraḥ Ḥayyim* 533:5).

תָּא שְׁמַע: מוֹכְרֵי פֵּירוֹת כְּסוּת וְכֵלִים מוֹכְרִין בְּצִנְעָה לְצוֹרֶךְ הַמּוֹעֵד. רַבִּי יוֹסֵי אוֹמֵר: תַּגָּרֵי טְבֶרְיָא הֵן הֶחְמִירוּ עַל עַצְמָן שֶׁלֹּא יְהוּ מוֹכְרִין כָּל עִיקָּר. צָדֵי חַיּוֹת וְעוֹפוֹת וְדָגִים צָדִין בְּצִנְעָה לְצוֹרֶךְ הַמּוֹעֵד. רַבִּי יוֹסֵי אוֹמֵר: צָדֵי עַכּוֹ הֵן הֶחְמִירוּ עַל עַצְמָן שֶׁלֹּא יְהוּ צָדִין כָּל עִיקָּר. דָּשׁוֹשֵׁי חִילְקָא טַרְגִּיס וְטִיסָנֵי דּוֹשְׁשִׁין בְּצִנְעָה לְצוֹרֶךְ הַמּוֹעֵד. רַבִּי יוֹסֵי אוֹמֵר: דָּשׁוֹשֵׁי צִיפּוֹרִי הֵן הֶחְמִירוּ עַל עַצְמָן שֶׁלֹּא יְהוּ דּוֹשְׁשִׁין כָּל עִיקָּר.

The Gemara answers based on a *baraita*. **Come and hear: Those who sell produce, clothing, and utensils may sell** them **in private, for the sake of the Festival. Rabbi Yosei says: The merchants of Tiberias**[B] **were stringent with themselves not to sell at all,** even in private. **Hunters of animals, fowlers, and fishermen may hunt** their quarry **discreetly for the sake of the Festival. Rabbi Yosei says: The hunters of Akko**[N] **were stringent with themselves not to hunt at all. Groats makers** who crack grain into groats called ***ḥilka*,**[L] ***targis*,**[L] **and *tisanei*,**[L] **crack** the grain **in private for the sake of the Festival. Rabbi Yosei says: The groats makers of Tzippori**[B] **were stringent with themselves not to crack** grain **at all.** According to Rabbi Yosei, the stringencies involve refraining from work entirely.

אָמַר אַבַּיֵי: חִילְקָא – חֲדָא לְתַרְתֵּי; טַרְגִּיס – חֲדָא לִתְלָת; טִיסָנֵי – חֲדָא לְאַרְבָּעָה. כִּי אֲתָא רַב דִּימִי אֲמַר: כּוּנְתָּא.

Abaye said: The term ***ḥilka*** means **one** kernel that is broken **into two;** the term ***targis*** means **one** kernel that is broken **into three;** and the term ***tisanei*** means **one** grain that is broken **into four. When Rav Dimi came** from Eretz Yisrael to Babylonia, **he said:** *Ḥilka* is referring to **emmer wheat.**

מֵיתִיבִי: חִילְקָא טַרְגִּיס וְטִיסָנֵי – טְמֵאִין בְּכָל מָקוֹם. בִּשְׁלָמָא לְמַאן דְּאָמַר חֲדָא לְתַרְתֵּי לִתְלָת וּלְאַרְבָּעָה – מִשּׁוּם הָכִי טְמֵאִין בְּכָל מָקוֹם, דְּאִתְכַּשּׁוּר. אֶלָּא לְמַאן דְּאָמַר כּוּנְתָּא – אַמַּאי טְמֵאִין בְּכָל מָקוֹם? הָא לָא אִיתְכַּשּׁוּר!

The Gemara **raises an objection** from a *baraita*: ***Ḥilka*, *targis*,**[H] **and *tisanei* are** susceptible to **ritual impurity everywhere.**[N] **Granted, according to the one who said** that these are **one** grain broken **into two, into three, and into four, due to that** reason **they are** susceptible to **impurity everywhere, as they** have already **become fit** to contract ritual impurity by being rinsed with water in their processing. **But according to the one who says that *ḥilka* is emmer wheat** that has not necessarily been processed, **why is it** susceptible **to** ritual **impurity everywhere,** since **it has not** necessarily **become fit** to contract impurity by coming into contact with water?

כְּגוֹן דְּמִיקַּלְפָן, דְּאִי לָאו דִּשְׁרָא לְהוּ בְּמַיָּא – לָא הֲוָה מִיקַּלְפָא. וְאַמַּאי קָרֵי לֵיהּ חִילְקָא? דִּשְׁקַל חֶלְקַיְהוּ.

The Gemara answers: The *baraita* is referring to a case **where, for example,** the emmer wheat **was husked, since if it had not been** previously **soaked in water, it would not have been possible to husk it. And why,** according to this opinion, **is it called *ḥilka*?** It is called this **because their husks [*ḥelkayhu*] were removed.**

NOTES

The hunters of Akko – צָדֵי עַכּוֹ: Mishnaic Hebrew uses the same term for hunters and fishermen. Since Akko is on the sea, it is likely that the reference is to fishermen rather than hunters of animals.

In the Jerusalem Talmud it is recounted that the fishermen of Tiberias also accepted upon themselves a stringency that they would fish in an altered manner on the intermediate days of the Festival. Some of the Sages objected to this practice, as it resulted in a shortage of fish that might mar the joy of the Festival for the entire community.

Susceptible to ritual impurity everywhere – טְמֵאִין בְּכָל מָקוֹם: Apparently, the production of these types of cracked wheat always involved them coming into contact with water. Most commentaries and halakhic authorities explain that that is why they are susceptible to impurity everywhere, as opposed to other wheat products. Some flours are not malted before grinding and are not ground with water; since the wheat has not come into contact with water, it is not susceptible to impurity in those places.

HALAKHA

***Ḥilka, targis*, etc. – חִילְקָא טַרְגִּיס וכו׳:** All types of flour and grist sold in the marketplace are presumed to be susceptible to ritual impurity (Rambam *Sefer Tahara, Hilkhot Tumat Okhalin* 16:1).

LANGUAGE

***Ḥilka* – חִילְקָא:** Some think that this word derives from the Latin halica or alica, meaning grist. According to this, the explanations given for the word are attempts at finding allusions in a foreign word to the meaning of the concept that is then expressed in Hebrew or Aramaic; there are many examples of this in the Talmud.

***Targis* – טַרְגִּיס:** Apparently from the Greek τράγος, *tragos*, among whose meanings are buckwheat and wheat grist.

***Tisanei* – טִיסָנֵי:** Apparently from the Greek πτισάνη, *ptisanè*, which means grist or barley grist.

BACKGROUND

Tiberias – טְבֶרְיָא: Tiberias is a town on the shore of the Sea of Galilee founded by Herod Antipas, c. 18 CE. It was apparently founded on the site of earlier settlements, and according to some opinions in the Talmud (*Megilla* 6a) Tiberias was the site of the biblical city of Rakkath. From the outset, Tiberias was a town of mixed Jewish and gentile population. The Jewish population was not distinguished for its Torah scholarship. However, after the destruction of the Temple, important Torah scholars such as ben Azzai and Rabbi Meir lived there. Its period of greatness came when the Sanhedrin moved there, c. 235 CE, and it became the seat of the Great Council, presided over by Rabbi Yehuda Nesia I. After him Rabbi Yoḥanan became its leading spiritual figure and headed the yeshiva there. From that time on, Tiberias was the Torah center of Eretz Yisrael. Most of the disciples of Rabbi Yoḥanan, particularly those who immigrated from Babylonia, lived and continued their studies there. Reish Lakish lived in Tiberias, as did Rabbi Elazar ben Pedat, Rabbi Ami, Rabbi Yirmeya, and Rabbi Yona. It is likely that most of the Jerusalem Talmud was redacted there. After the talmudic period, Tiberias remained a significant creative religious and spiritual center, and many of the works of aggadic midrash were composed there, as were many liturgical poems. During the post-talmudic era, the inhabitants of Tiberias were renowned as experts in Hebrew grammar, and the system of Hebrew vocalization used today is called Tiberian vocalization because it was formulated and established there.

Tzippori – צִיפּוֹרִי: Tzippori, or Sepphoris in Greek, was a large town in the Upper Galilee, and rivaled Tiberias as the religious capital of Galilee. During the Second Temple period it enjoyed special status among the towns of the Galilee because of its large and learned Jewish community. Among the *tanna'im* who lived there were Rabbi Yoḥanan ben Nuri, Rabbi Ḥalafta, and his famous son Rabbi Yosei. Rabbi Yehuda HaNasi moved to Tzippori toward the end of his life, and it was the seat of the Sanhedrin for about a generation. Rabbi Yehuda HaNasi's leading disciples lived in Tzippori: Rabbi Yishmael, son of Rabbi Yosei; Rabban Gamliel, son of Rabbi Yehuda HaNasi, who was later appointed *Nasi*; his brother Rabbi Shimon; Rabbi Ḥanina bar Ḥama, who was later the head of the Tzippori academy; and Rabbi Yannai. Even after the Sanhedrin moved to Tiberias, Torah scholars continued to live in Tzippori, among them the important *amora'im* of Eretz Yisrael, Rabbi Ḥanina of Tzippori and Rabbi Mana.

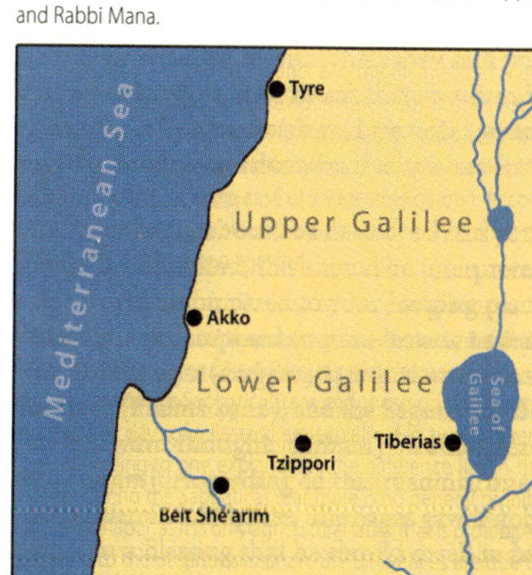

Tiberias, Tzippori, and Akko

מֵיתִיבִי: הַנּוֹדֵר מִן הַדָּגָן אָסוּר אַף בְּפוֹל הַמִּצְרִי יָבֵשׁ, וּמוּתָּר בְּלַח, וּמוּתָּר בְּאוֹרֶז, בְּחִילְקָא וְטַרְגִּיס וְטִיסָנֵי. בִּשְׁלָמָא לְמַאן דְּאָמַר חֲדָא לְתַרְתֵּי חֲדָא לִתְלָת וַחֲדָא לְאַרְבָּעָה – שַׁפִּיר, דִּנְפַקוּ לְהוּ מִתּוֹרַת דָּגָן. אֶלָּא לְמַאן דְּאָמַר כּוּנְתָּא – דָּגָן מְעַלְיָא הוּא! קַשְׁיָא.

The Gemara **raises an objection** from a *baraita*: **One who vows to** prohibit himself **from** eating **grain** [*dagan*] **is prohibited to** partake **of even dry Egyptian beans, and it is permitted** for him to partake **of fresh** beans. **And** it is **permitted** for him to partake **of rice,** as well as **of *ḥilka*, and *targeis*, and *tisnei*. Granted, according to the one who said** that these are **one** grain broken **into two, one** grain broken **into three, and one** grain broken **into four, it is fine,** as when the wheat is crushed into these **it leaves the category of grain. But according to the one who says** that *ḥilka* is **emmer wheat, it is** still **a proper grain.** The Gemara concludes: Indeed, it is **difficult.**

רַב הוּנָא שְׁרָא לְהוּ לְהַנְהוּ כְּרוּפַיָּיתָא לְמֵיזַל לְזַבּוּנֵי כִּי אוֹרְחַיְיהוּ בְּשׁוּקָא. אֵיתִיבֵיהּ רַב כַּהֲנָא: חֲנוּת פְּתוּחָה לְסְטָיו – פּוֹתֵחַ וְנוֹעֵל כְּדַרְכּוֹ;

§ The Gemara relates that **Rav Huna permitted the spice merchants** [*kerufayata*][N] **to go and sell** their products **in their usual manner in the marketplace** on the intermediate days of a Festival. **Rav Kahana raised an objection to** Rav Huna's ruling from a *baraita*: If **a store opens into a row of pillars** that runs along the street, the storekeeper **may open and close it in his usual manner** on the intermediate days of a Festival, since it is not in the public's view.

פְּתוּחָה לִרְשׁוּת הָרַבִּים – פּוֹתֵחַ אַחַת וְנוֹעֵל אַחַת; וְעֶרֶב יוֹם טוֹב הָאַחֲרוֹן שֶׁל חַג – מוֹצִיא, וּמְעַטֵּר אֶת שׁוּקֵי הָעִיר בְּפֵירוֹת בִּשְׁבִיל כְּבוֹד יוֹם טוֹב הָאַחֲרוֹן. מִפְּנֵי כְּבוֹד יוֹם טוֹב הָאַחֲרוֹן – אִין; שֶׁלֹּא מִפְּנֵי כְּבוֹד יוֹם טוֹב – לָא!

However, if it is **open to the public domain, he may open** only **one** door and must **close the other.**[H] **And on the eve of the last day of the festival** of *Sukkot*, **he may take out** his wares from the store **and adorn the markets of the city with fruit in honor of the last day of the Festival.** The Gemara infers: **For the honor of the last day of the Festival, yes,** it is permitted for him to open the store in order to give people the opportunity to prepare for the holiday, but when **not for the honor of the Festival,** i.e., during the other intermediate days of the Festival, he is **not** permitted to do so. How, then, did Rav Huna permit those spice merchants to sell as usual on the intermediate days of the Festival?

לָא קַשְׁיָא: הָא – בְּפֵירֵי, הָא – בְּתַבְלִין.

The Gemara answers: This is **not difficult: This** *baraita* that prohibits selling in the usual manner is referring **to** the sale of **fruit,** which is usually bought in large quantities and could have been purchased before the Festival; people might therefore suspect the buyer of purchasing it for use after the Festival. In contrast, **this** lenient ruling of Rav Huna is referring **to** the sale of **spices,** which is permitted[H] because people buy them only in small quantities for the sake of the Festival.

הדרן עלך מי שהפך

NOTES

Spice merchants [*kerufayata*] – כְּרוּפַיָּיתָא: There are several versions and explanations of this word. Many commentaries suggest that it is referring to spice merchants (Rabbeinu Gershom Meor HaGola; Rabbi Shlomo ben HaYatom; Rosh). In the Rashi manuscript, the term is explained as referring to merchants who sell cabbage, vetch, and other kinds of vegetables.

HALAKHA

Selling discreetly – מְכִירָה בְּצִנְעָה: One may sell discreetly on the intermediate days of the Festival in the following manner: If the store opens to an isolated corner or an alleyway, one may open it in its usual manner. If it is open to the public domain he must open only one door and keep the other door closed. On the eve of the concluding Festival day of *Sukkot*, and also the eve of the seventh day of Passover (*Taz*), one may sell in the usual manner and adorn the market with fruits to honor the Festival, and it is permissible to buy even for the sake of the second day of the concluding Festival (*Shulḥan Arukh, Oraḥ Ḥayyim* 539:11, and in the comment of Rema).

Permitting the spice merchants – שְׁרָא לִכְרוּפַיָּיתָא: Merchants selling spices and vegetables, as well as anything that does not keep, may sell their wares in the usual manner in public, as all know that this is for the sake of the Festival. The same applies to the perfume merchants (*Mishna Berura*; *Shulḥan Arukh, Oraḥ Ḥayyim* 539:10).

Summary of **Perek II**

The conclusive ruling on permitting labor on the intermediate days of a Festival for a matter that, if unattended, will result in significant loss, is that it is permissible to perform labor to prevent a loss of any size. Additionally, once a labor is deemed permissible it may be performed in its usual manner without any change.

Despite that, the Sages were very strict with regard to one who engages in artifice and directs his labor to the intermediate days of a Festival. In such a case, the Sages ruled that even if he incurs a great loss, the perpetrator must not perform the labor and therefore must lose everything. However, they specified that such a penalty falls only on the perpetrator himself, and not on the object, so that his heirs, if he should die, are permitted to complete the labor in such a case.

The blanket authorization to perform labor on the intermediate days of a Festival was extended to include one who has to work in order to buy food for the days of the Festival. Clearly this does not mean only in a case of a life-threatening lack of food; he is allowed to work on those days even where performing labor is for the purpose of increasing his provisions for the Festival.

In order for celebrants to honor the Festival and in order to provide for the community's needs, the Sages permitted merchants to operate stores during the intermediate days of a Festival and to sell their merchandise in their usual weekday manner, even if it is not perishable merchandise. Though in many places the residents adopted a more stringent practice, various labors are permitted on the intermediate days of a Festival as long as they are for community needs or for the sake of the Festival itself.

Image **Credits**

p7 © Ivar Leidus; **p10** © Steve Heap, www.shutterstock.com; **p32** © Nick Woolley; **p46** © Clara Amit, Yoram Lehman, Yael Yolovitch, Miki Koren, and Mariana Salzberger, courtesy of the Israel Antiquities Authority; **p48** © Ariely; **p57** © Chaojoker; **p58** 2nd image © marikond, www.shutterstock.com; **p69** © Almog; **p70** © Stephane Bidouze, www.shutterstock.com.

My Notes

My Notes